国家社科基金后期资助项目研究成果

传播侵权研究

罗　斌　著

国家图书馆出版社

图书在版编目(CIP)数据

传播侵权研究/罗斌著. --北京:国家图书馆出版社,2018.12
ISBN 978 - 7 - 5013 - 6643 - 9

Ⅰ.①传… Ⅱ.①罗… Ⅲ.①传播媒介—侵权行为—研究—中国
Ⅳ.①D923.494

中国版本图书馆 CIP 数据核字(2018)第 271384 号

书　　名　传播侵权研究
著　　者　罗　斌　著
责任编辑　高　爽　唐　澈　王炳乾

出　　版　国家图书馆出版社(100034　北京市西城区文津街 7 号)
　　　　　　(原书目文献出版社　北京图书馆出版社)
发　　行　010 - 66114536　66126153　66151313　66175620
　　　　　　66121706(传真)　66126156(门市部)
E-mail　btsfxb@ nlc. gov. cn(邮购)
Website　www. nlcpress. com ──→投稿中心
经　　销　新华书店
印　　装　北京鲁汇荣彩印刷有限公司
版　　次　2018 年 12 月第 1 版　2018 年 12 月第 1 次印刷

开　　本　710×1000(毫米)　1/16
印　　张　46.25
字　　数　800千字

书　　号　ISBN 978 - 7 - 5013 - 6643 - 9
定　　价　258.00 元

国家社科基金后期资助项目
出版说明

后期资助项目是国家社科基金设立的一类重要项目，旨在鼓励广大社科研究者潜心治学，支持基础研究多出优秀成果。它是经过严格评审，从接近完成的科研成果中遴选立项的。为扩大后期资助项目的影响，更好地推动学术发展，促进成果转化，全国哲学社会科学工作办公室按照"统一设计、统一标识、统一版式、形成系列"的总体要求，组织出版国家社科基金后期资助项目成果。

全国哲学社会科学工作办公室

自　　序

自 20 世纪 80 年代初, 传播法的研究在我国已近 40 年。近 40 年来, 从"新闻法"到"传播法"或"媒体法"(传播法学界通常将后二者通用), 我国传播法学界的视野与时俱进, 逐步开阔。然而, 虽然传播法在信息社会中是一个体系庞大、非常重要的研究领域, 而且"新闻法规与伦理"也早就被教育部确定为新闻学专业核心课程之一, 但是由于交叉学科的性质, 以及近 20 年来信息技术的飞速发展、传播方式的根本变革和传播生态的颠覆式变化, 根本性质属于法学的"传播法"或"媒体法"的研究在与时俱进过程中仍呈现出被动性。这种被动性的原因之一就是学科体系的模糊, 或者说研究范畴的不清晰, 而研究中的被动又进而导致学科体系、范畴研究的薄弱, 这种循环使传播法在作为一级学科的新闻传播学内始终处于边缘状态。

当然, 在一个急功近利的社会, 愿意待在寂寞的书斋里去构思一个学科体系的人, 恐怕得不到重视。问题是: 任何一个学科或学科领域, 尤其是内容广博、范畴不甚清晰的学科或学科领域, 如果没有体系的指引, 其研究者将难以科学评估自己所探讨问题的价值, 而学科或学科领域也将踟蹰不前。

传播法就是如此。

事实上, 如果将各个部门法都考虑在内, 从历史的角度看, 我国早在古代就有相关传播的法律法规, 但直到 20 世纪末 21 世纪初, 人们并未将其作为一个学科领域对待, 至少未清晰地将其作为一个独立的学科领域对待, 更不用说作为一个法律部门或学科。

目前, 在我国学术期刊网上, 可查到的最早的以"传播法"或"大众传播法"为关键词或主题的学术论文, 是香港中文大学新闻与传播学系教授梁伟贤发表于 1997 年第 2 期《新闻与传播研究》上的《新闻与传播法的回顾与前瞻》一文,以及发表于 1997 年 5 月《中央检察官管理学院学报》的《我国台湾地区大众传播法的特点及其启示》一文,但这两篇文章的研究范畴其实均局限于新闻传播。中山大学政治学与行政学系的学者林锦峰发表于 1998 年第 1 期《中山大学学报》的《传播法制化的必要性与传播法的思考》,不仅正式以"传播法"为基础概念,而且其研究范畴突破了新闻传播,着眼于内容更为广泛的"信息传播",这是我国有据可查、发表于学术期刊、真正意义上探讨传播法的体系、范畴、内容及性质的第一篇学术论文,而且,其认识到:传播法没有统一、完整、系统的法典,不是一个独立的法律部门;传播法既调整平等主体之间的因信息传播而产生的法律关系即民商事法律关系,也调整不平等主体,如政府与自然人之间的法律关系,甚至还调整刑事法律关系和宪法法律关系,因此,传播法具有私法和公法结合的特征。作者还列举了因传播行为涉及的诸多部门法的法律法规,并预测"也许将来传播法会发展成为一个独立的法律部门"。上海交通大学出版社出版的《传播法学》(田磊,2004)是笔者目前所见到的我国最早以"传播法"为基础概念的专著,但其主要内容也是新闻传播法或者说大众传播法,且未对传播法的体系进行系统梳理,因此并非真正意义上的"传播法学";北京大学出版社出版的《传播法——解决信息不对称及相关问题的法律》(雷润琴,2005)则对传播法的体系与内容进行了探讨,并对传播法与新闻法、媒介法的关系进行了分析,而且,作者认为"传播法是一个独立的法的部门";武汉大学出版社出版的《传播法概论》(夏晓鸣,2006),对传播法律关系、传播法的历史发展、传播内容的规范进行了梳理,但未对传播法的体系有系统阐述。

此后,探讨传播法体系、内容的论文不时出现,而同时我国新闻传播学界还在辛勤地构筑"新闻传播法"体系——这当然是可以理解的,英美传播法的起步就是以"新闻传播法"为基点,我国也不例外。但对于"新闻传播法"的执着,无疑是影响传播法体系构建的主要因素之一。

传播法的体系当然尚未构建起来:一个学科领域的构建,不会因为几部教材式专著的概述和几篇研究其体系的论文指出所涉及的法律法规就能完成,而需要这个学科领域志同道合的学者对相关问题孜孜不倦的研究,这些问题绝非只是细节性、个别性问题,纵然这些问题的研究是建筑高楼必需的砖石,但体系恰如"四梁八柱"构筑的框架,为传播法体系的构建提供了基础。以民法为比照,如果只有民法体系的概述型教材,而没有对其所属的物权法、合同法、人格权法、婚姻法、继承法和侵权法这些分体系内容进行进一步的构建,民法不可能成为一个部门法,传播法目前缺少的就是这种对分体系的进一步建构。

传播法主要涉及法制史、法理学、宪法学、行政法学、民法学、刑法学这几个部门法。目前而言,在我国,民事传播法的研究成果最为突出,但主要集中于侵权角度,合同角度的研究很少,且主要探讨媒介消费问题;新闻法制史的研究比较丰满,但也仅限于"新闻法制"史;宪法部门内的传播法研究,虽有不少关于表达自由的专著,但很难说是基于传播的研究,当然传媒与司法关系的研究则多如牛毛;行政传播法方面,关于特殊传播内容(如涉色情、暴力及未成年人传播)和政府信息公开方面的研究比较丰厚,其他方面难言深入;刑事传播法的研究则最为薄弱,虽有涉及网络法的研究,但其不仅涉及网络传播法,也涉及以网络为工具以及对网络进行的违法犯罪的内容,所以其很难归属于传播法体系,而是与传播法有交叉的一个学科领域……至于其他部门法的研究,虽在具体问题上已经比较深入,但有体系性、类型化思维的专著目前尚未见成果。

此外,由于英美传播法教材把著作权法中的部分内容囊括在内(我国学者照搬了这种体系),也因部分研究知识产权(主要是著作权)法出身的学者加入新闻传播院系,传播法的一小部分研究内容与著作权法研究内容高度重合,而且一些研究机构发布的年度传播法案例大多是著作权案例,所以近年在我国传播法学界产生了一定疑虑:体系尚未构建起来、"疆界"尚未清晰的传播法有被"侵蚀"的可能。

当然,也有学者可能会质疑:传播法本就是交叉学科领域,民法中的有关侵权问题不也一直是传播法的重点研究范畴吗?

这种质疑当然有其道理,交叉学科产生这种问题,亦属自然。但一个学科领域或方向,如果没有自己清晰的内容体系、范畴、语言,没有自己的特点,将难以得到广泛承认。

至于如何构建传播法,什么是传播法的特点,我认为出发点是传播,归宿是传播,但(思维与逻辑)过程必须是法律的、法学的——这就是传播法的特点。对此,赵中颉和洪海林早在 2006 年《新闻与传播研究》第 2 期刊发的《新闻法学研究的体系化缺失及新路径》一文,就列举出新闻法学研究在体系化方面的三种缺失类型(体系完备内容庞杂型、内容完备体系紊乱型、体系紊乱内容缺失型),并指出由于新闻学对法学的误读、新闻法在法律与道德之间定位的摇摆,导致新闻法对法学的背离——当然,该文是从"新闻法"而非"传播法"的角度来研究问题,但其指出的问题至今依然存在。

民事传播法是传播法体系中的重要分体系,其中,侵权问题又是民事传播法中的重中之重。在英美法系国家的传播法教材中,侵权问题几乎占篇幅的一半;在我国新闻传播法界,侵权问题也是传统的重点研究领域。本研究突破"新闻传播侵权"的范畴,以传播侵权为研究对象,在研究中基于法学的思维方式构筑分体系,希望对传播法大体系的建构有所裨益。

传播法内容广博,疆界广袤,体系庞大,唯愿与同人共耕之、共乐之。

罗　斌

2018 年 10 月

目　录

第一编　总　论

1

第二编（上）　一般传播侵权行为

第二编(下)　特殊传播侵权行为

第三编　传播侵权特殊问题

第四编　传播侵权立法

Table of Contents

Second Part(I) Common Tort of Communication

Second Part (Ⅱ)　　Special Tort of Communication

Third Part Legalization of Communication Tort

前　　言

一、目的与意义

侵权行为在学理与立法上的分类传统上遵循如此标准：对适用过错归责原则的一般侵权行为（责任），原则上以受到侵害的不同性质的民事权益作为逻辑基础；对适用过错推定和无过错原则的特殊侵权，则从行为、方式或途径的角度来入手，如医疗侵权、产品损害、环境污染侵权等。

侵权行为上述分类的逻辑在学术与理论研究中形成一种现象：对于一般侵权行为，从权益本体角度进行类型化的研究很多，如人身权、财产权和知识产权（在其下又可具体分类）保护的研究，但从某种类型的侵权"行为"角度进行的研究则极少。也就是说，在侵权法体系内，多以权益为本体进行横向研究，少从"行为"角度进行纵向研究——在侵权法学的历史上，这种情况已经习以为常。当然，对于特殊侵权行为的研究并非如此，因为特殊侵权本身就是从行为、方式进行的分类。

从某种角度上讲，上述现象也有其逻辑与依据，比如，对精神性人格权的侵害，新闻传播行为与其他侵权行为（人际传播和组织传播导致的相关侵权），在归责原则和构成要件方面完全相同；在责任范围与责任方式方面上也大致相同。所以，对于精神性人格权，学理分类与立法分类通常都是一致的。

然而，上述传统研究方法产生一个问题：对侵权问题的研究多集中在共性问题上，而忽略了特性研究。因为即使各类侵权损害责任在归责原则、构成要件、责任范围和责任方式上完全或大致相同，但各类侵权行为毕竟有其特征、规律。

在侵权法体系内，有一种侵权行为，其对他人合法权益的侵害不是以有形的、物理接触的方式进行（比如不是以击打他人身体，占有、损坏

1

他人财物的方式），而是通过使用媒体、传播信息，使人精神直接受到伤害或产生误判、不适当行为，从而造成身体或财产损害——这种侵权就是媒体组织、其他组织或自然人的媒体传播行为侵权。如果将以有形的、物理接触的方式进行的侵权行为称为"硬侵权"，那么媒体传播行为侵权就是"软侵权"。

本研究的目的就是：通过对媒体传播行为侵权这种"软侵权"的系统研究，在侵权法体系内，构筑一个立足于"传播"的分体系，探讨媒体传播行为侵权的总体特征、规律及侵害各种权益时在归责原则、构成要件、证明责任、侵权方式、责任主体、责任形态、责任方式与抗辩事由等方面的不同，从而为此类侵权进入《民法典·侵权责任编》提供理论支撑。

具体而言，本研究有以下意义：

（一）理论意义

1. 本研究将丰富侵权法理论体系

侵权法理论或立法对侵权行为的分类，对一般侵权以侵害客体为标准，对特殊侵权以行为、方式为标准，即在整个侵权法体系内对侵权行为采用一般列举加类型化的分类方法，这是自《法国民法典》诞生以来200余年的传统。而本研究将突破这种方法：以"传播"行为为线。这种类型化的研究方法类似于特殊侵权的分类标准，但其涉及的侵权客体既有一般侵权针对的精神性人格权，也有特殊侵权针对的物质性人格权和财产权；其适用的归责原则既有过错原则，也有过错推定和无过错原则；从立法上看，此研究贯穿总则与分则。这种贯穿性体系属于纵向体系，故此研究丰富了侵权法理论体系。

2. 本研究将丰富传播法理论体系

在传播法体系中，侵权问题是非常重要的一部分。美国传播法教材中，关于侵权问题的内容往往占有三分之一的篇幅。但是，以往的传播法研究中，对侵权问题的研究多集中于精神性人格权，对物质性人格权和财产权侵害问题的研究则非常薄弱。本成果对传播侵害物质性人格权和财产权问题的研究，与传播侵害精神性人格权问题的研究"同等对待"，无疑将丰富传播法的理论体系。

3. 本研究是适应信息时代的侵权法理论研究

不可否认，目前各国侵权法理论研究都带有浓厚的工业时代特色，因为各国侵权法体系都是适应工业社会的需要构筑的。从经济特征而言,"媒体"是信息社会的产业代表;从社会行为而言,"传播"本身就是信息社会的代表性行为。与代表工业社会的产品侵权、机动车交通事故侵权等侵权客体的单一性(主要是物质性人格权)不同,媒体传播行为侵权客体不仅包括传统的精神性人格权如名誉权、隐私权、荣誉权、姓名权、名称权、肖像权,也包括新型人格权如个人信息权;不仅包括精神性人格权,也包括物质性人格权,如生命权、健康权;不仅包括人格权,也包括财产权和知识产权等其他财产权益。所以,媒体传播行为侵权研究与以前的侵权理论研究不同,其带有明显的信息社会特征。

(二)立法意义

1.有利于构筑具有信息社会特色的侵权法

截至目前,包括我国《侵权责任法》在内,全世界的侵权法都是典型的工业社会的侵权法,这有其深厚的社会背景。在自由资本主义后期,随着工业化和社会化大生产的发展,具有高度危险性的工业企业及交通运输工具带来大量事故,对社会造成广泛、长期而严重的威胁。为保护受害者,各国民法开始采用过错推定或无过错责任原则。在现代侵权法体系中,虽然适用于一般侵权行为的过错责任原则仍是主要的归责原则,过错推定、无过错原则适用领域的广泛性和在侵权法中列举的详细性,使现代侵权法在整体上深深打上工业社会的烙印。

工业社会的立法惯例,使信息社会的侵权行为很难进入立法。所以,在我国《侵权责任法》制订过程中,虽然不少知名学者提出将"新闻侵权""媒体(介)侵权"或"网络侵权"单独规定,但鉴于前述"一般列举加类型化"200余年的立法惯例,作为一般侵权的前述媒体传播行为侵权最终未能入法规制。

而本研究将强化对媒体传播行为侵权独特性的认识:其侵权客体从传统的精神性人格权到物质性人格权和财产权、知识产权,其侵权对象从零散的个体到大规模的消费者或网络用户,其侵权工具从工业社会的机器到信息社会的网络媒体(包括自媒体),其侵权主体从主要以传统大众媒体为主到亿万网络用户,其侵权内容从传统的新闻信息到当代的投资信息、广告信息和网络时代的"个人信息"——如此一种侵权行为,其进入未来的《民法典·侵权责任编》,系适应信息社会的需要,使立法具有信息社会特色。

2.有利于立法中对媒体传播行为侵权的科学分类

在我国《侵权责任法》制订过程中,学界提出将"新闻侵权""媒体(介)侵权"或"网络侵权"单独规定,但是,单单上述三种概念就引发了激烈争议。且不说其本身在语法等方面的瑕疵,三种概念的分类标准也存在明显的问题:"新闻侵权"系从传播内容进行的定义,"媒体(介)侵权"或"网络侵权"则是从传播工具进行的定义,两种分类在内涵与外延上互有交叉,但有学者在立法建议中将两种分类并列规制。之所以出现这种问题,关键原因是:对媒体传播行为侵权的研究不够深入,对其规律与特性认识不足,尤其是缺乏对媒体传播行为侵权的体系性研究。

本研究围绕媒体传播行为侵权的本质特征即"传播"进行定义和体系建构,使各类媒体侵权行为都聚焦于其本质特征之下,并在该本质之下,进行以侵权客体为横向座标的分类研究,即一般传播侵权和特殊传播侵权,这就克服了对媒体传播行为侵权分类的混乱问题,从而增强此类侵权行为立法规制的可能性。

二、研究现状

作为纵向性、体系性研究,我国法学界和新闻学界对于媒体传播行为侵权的理论研究,以及出版的一些专著[①]主要以"新闻侵权""媒体(介)侵权"为基础概念。但需要强调的是:无论是法学界还是新闻学界,无论是"新闻侵权"还是"媒体(介)侵权"概念的建议者,其对媒体传播行为侵权中传播内容的界定主要是新闻、文学,其建议规制的对象限于新闻传播、文学传播(在杨立新教授的侵权责任法草案建议稿中,涉及"网络用户信息"即现在所称的个人信息[②])。至于侵权客体,学界的主流观点认为:"新闻侵权"或"媒体(介)侵权"的客体主要是人格权;另有一些未以"新闻侵权""媒体(介)侵权"为基础概念的著作,研究对象也是如此。上述研究,事实上只考虑了传统大众传播主要侵害的客体即人格权;对新媒体即网络(大众)传播的侵害客体,如财产权益,则未予以全

---

①　如王利明、杨立新主编的《人格权与新闻侵权》,郭卫华的《新闻侵权热点问题研究》,顾理平的《新闻侵权与法律责任》,徐迅主编的《新闻(媒体)侵权研究新论》,张西明、康长庆的《新闻侵权:从传统媒体到网络》等。

②　杨立新的《中华人民共和国侵权责任法草案建议稿及说明》中,第六十九条规定"以非法收集、披露、传播网络用户信息等方法,侵害隐私或商业秘密的,应当承担侵权责任"。但此规定将侵害个人信息归属于过错原则。

面考虑;对于物质性人格权和知识产权,更未予以考虑。

当然,也有个别媒体传播侵权的著作,如张新宝的《互联网上的侵权问题研究》,认为侵权客体包括人格权、个人信息权、著作权等,但其并未将此类侵权作为一个类型,因而也未给予统一的定义。

在研究方法上,有几项课题用定量分析、实证分析,增加了此项研究的科学性。国内主要有:中国传媒大学张鸿霞副教授从北大法意"中国司法案例库"、网络、报纸、书刊上收集了自《民法通则》生效至2009年期间267个相关案例,并进行相关研究;徐迅教授主持、中国青年政治学院新闻系与美国耶鲁大学法学院中国法律中心共同发起的"中国新闻侵权案例精选与评析"项目,从北大法意"中国司法案例库"、中国法院网等媒体收集了800起媒体侵权案例,其中758起案件涉及名誉权诉讼。国外相关研究有:美国耶鲁大学陈志武教授从中国国家法律法规光盘数据、互联网以及报纸出版物等方面收集了1987—2003年上半年期间发生的210起媒体侵害名誉权诉讼案例;美国哥伦比亚法学院Benjamin L. Liebman发表在《哈佛法律评论》2006年第1期的研究,该研究以从互联网、传统媒体及学术期刊上收集的自1995—2005年间裁判的223例此类案例为基础,并进行了实证研究。上述研究的共同点是:均在我国《侵权责任法》生效之前进行;传统媒体侵权案件居多;均发现媒体败诉率偏高;均发现此类案件中证明责任倒置的适用比较多,等等。

上述研究,从媒体传播行为侵权角度,对细化侵权法理论体系均有贡献。但其问题与局限在于:主要研究传统媒体传播侵权;研究的侵权内容比较单一,主要是新闻和文学;研究的侵权客体局限于精神性人格权,焦点是名誉权;主要研究适用过错归责原则的一般传播侵权,而忽略了适用过错推定和无过错归责原则的特殊传播侵权;研究的立足点仍然是权利而不是"传播"行为,即这种研究多基于人格权法角度而不是侵权法角度,最关键的问题是其均未将媒体传播行为侵权作为一种统一的类型进行研究,即其本身并未将自己的研究定位于体系化研究。

三、研究范围、思路与内容

本研究中的媒体传播行为侵权,是指媒体组织或其他利用新旧媒体的组织或自然人,在利用媒体面向大众进行传播时,侵害自然人或者法人名誉权、隐私权、个人信息权、荣誉权、姓名权、名称权、肖像权、(精

（神）健康权、知识产权、财产权或其他权益的行为。需要强调的是，依照国内外传播法学界约定俗成的研究范围，此类传播行为不包括人际传播和组织传播，但包含大众传播与网络传播（含自媒体传播）。

本研究第一编有 8 章，主要是传播侵权总论部分的内容；第二编分上、下两部分，分别研究适用过错归责原则的一般传播侵权（6 章）和适用过错推定、无过错归责原则的特殊传播侵权（3 章）；第三编研究传播侵权的特殊问题即公众人物制度（1 章）；第四编研究传播侵权立法体例（1 章）。

本研究的主要内容（依章节）为：

第一章：主要确立媒体传播行为侵权的概念。本研究认为，无论从语义还是司法实践，"新闻侵权"与"媒体（介）侵权"概念存在诸多问题，而"传播侵权"则是一个能反映媒体传播行为侵权本质特征、包容性强、无语义问题的概念。作为一个侵权类型，"传播侵权"有利用媒介工具、侵权客体广泛性、包含了一般侵权和特殊侵权、属于非物理接触性的"软侵权"、可反映信息社会侵权行为的特征。

第二章：主要研究传播侵权责任的归责原则。内容包括传播侵权适用归责原则的中外理论及其争议、传播侵害人格权适用归责原则的中外法律规定及司法实践、传播侵害人格权适用过错责任原则的理论依据、传播侵权的特殊归责原则。

第三章：主要研究传播侵权责任的构成要件。内容包括传播侵害人格权中过错判断及证明客观化、传播侵权中的非法行为、传播侵权中的损害、传播侵权中的因果关系。

第四章：主要研究传播注意义务。内容着重于注意义务在传播侵权责任两个构成要件即过失和非法性的构成方面的功能，及在证明过失和非法性的客观路径方面的功能，并检讨我国相关法律规定在此方面的问题，从而提出相关司法建议。

第五章：主要研究我国传播侵权诉讼中的证明责任分配问题。内容主要包括证明责任维度下我国新闻传播诽谤诉讼的历史演进：从无结果意义证明责任，到法官自由裁量证明责任分配，到证明责任的法定分配，并探讨这种转变的动因和背景。

第六章：主要研究传播侵权责任的责任方式。内容包括传播侵权责任方式中的停止侵害（更正与答辩、禁令）、传播侵权责任方式中的其他非赔偿方式,并探讨惩罚性赔偿在传播侵权责任中的适用。

第七章:主要研究传播侵权责任的责任形态。内容包括侵权责任形态基础理论、网络服务提供者侵权责任形态、转载传播者侵权责任形态和虚假广告传播侵权责任形态。

第八章:主要研究传播侵权责任的抗辩事由。内容包括传播侵权责任抗辩的目的、传播侵权中的违法抗辩、我国传播侵权抗辩的问题、我国传播侵权抗辩体系的完善。

第九章:主要研究传播侵害名誉权问题。内容包括名誉权概述、新闻传播诽谤诉讼内容真伪不明证明责任演进例证、传播侵害名誉权诉讼中损害的证明、传播侵害法人等组织名誉权相关问题、传播侵害名誉权诉讼中的消极现象及其影响及网络传播侵害名誉权问题。

第十章:主要研究传播侵害隐私权问题。内容包括隐私权概述、我国隐私权纠纷诉讼现状统计分析、传统传播行为侵害隐私权、网络传播侵害隐私权在类型、特征与后果方面的复杂性、"人肉搜索"中的隐私权保护问题、网络服务提供者收集使用个人网络信息的性质。

第十一章:主要研究传播侵害肖像权问题。内容包括肖像权概述、我国肖像权纠纷诉讼现状统计分析、传播侵害肖像权是否必须以营利为目的、艺术作品中肖像权与著作权的关系、集体肖像权问题研究、肖像权扩张保护的可识别性标准和网络传播侵害肖像权问题。

第十二章:主要研究传播侵害姓名权问题。内容包括姓名权概述、传播侵害姓名权的方式、传播侵害姓名权中的"暗示"问题、网络传播侵害姓名权问题。

第十三章:主要研究传播侵害信用权问题。内容包括信用权及其立法、传播侵害姓信用权的方式和网络传播侵害信用权问题。

第十四章:主要研究传播侵害死者(英烈)人格利益问题。内容包括死者(英烈)人格利益保护的法理依据;我国死者(英烈)人格利益保护从批复性司法解释到规范性司法解释,再到法律的进程;分析目前死者(英烈)人格利益侵害案法律适用的特点;研究《民法总则》"英烈条款"中"侵害社会公共利益"的理解及法律适用。

第十五章:主要研究传播侵害知识产权问题。内容包括著作权和商标权概述、传播对文字新闻作品著作权的侵害及其保护、电视节目模板法律保护问题、媒介品牌的法律保护问题、网络著作权概述、"避风港规则"在我国网络著作权领域的"消解"、深层链接对著作权侵害的认定问题、网页快照对著作权侵害认定问题、云传播与流媒体中临时复制对著作权的挑战。

第十六章:主要研究传播侵害个人信息权问题。内容包括个人信息权概述、传播侵害个人信息权方式及其特征、我国个人信息权民事保护的问题与现状、个人信息权的民事立法。

第十七章:主要研究虚假传播侵害财产权问题。内容包括虚假广告侵害财产权益、虚假陈述侵害财产权益。

第十八章:主要研究公众人物人格权保护问题。内容包括公众人物制度的确立及各国的相关实践、关于公众人物制度的理论、公众人物制度在我国司法实践中的适用状况、公众人物制度质疑。

第十九章:主要研究传播侵权立法体例问题。内容包括我国传播侵权立法体例问题的研究历史与现状、从传播侵权存在特殊归责原则看作为一类侵权行为由《民法典·侵权责任编》单列规制的合理性,从我国目前传播侵权法律规范的凌乱及矛盾看传播侵权由《民法典·侵权责任编》单列规制的必要性,从目前我国司法实践中传播侵权的数量、社会影响看传播侵权由《民法典·侵权责任编》单列规制的重要性。

四、研究方法

(一)归纳法

1.从各类传播侵权行为归纳作为一大类传播侵权的总体特征。

2.从侵害各类权益的传播侵权责任适用的归责原则,归纳出其是一大类适用过错归责、过错推定和无过错原则的混合型侵权。

(二)定量研究与定性研究结合

为论证具体问题,本研究在定性研究的基础上,结合定量研究,第五章第三节、第九章第二节、第十章第二节、第十一章第二节、第十八章第三节、第十九章第三节分别对名誉权纠纷、隐私权纠纷、肖像权纠纷、涉证券虚假陈述责任纠纷和虚假广告纠纷进行了定量统计分析,统计并分析案例约700起,涉及案例近3000起。

(三)比较研究法

用比较的方法研究制度,也是本研究的特色。在本研究的第二至第十九章中,每章都有对国外相关法律制度的比较分析,以及对我国相关制度的建构以启发。

（四）案例研究法

本研究的特点之一就是案例分析，这不仅在具体细节问题的论述中体现出来；而且，在一些章节中，全部以案例进行具体制度的研究，如第九章第三节、第十章第五节。

五、研究特色

（一）体系化研究

本研究将媒体传播行为侵权作为一种统一的侵权类型，即将研究定位于体系化研究。

（二）注重网络传播侵权研究

本研究在兼顾传统媒体侵权内容的同时，注重网络传播生态下的侵权新问题，如在第二编的每一章中（除第十四章）均有网络传播侵权的专节（目）研究，在第十五章"传播侵害知识产权"一章中，涉及网络传播侵害著作权的内容占全章将近一半。

（三）注重定量研究

为论证具体问题，在定性研究的基础上，结合定量研究，而且，在案例样本选择上，本研究根据侵害的不同权利客体（如名誉权纠纷、隐私权纠纷、肖像权纠纷）统一为"中级法院""二审""判决书"，保证了样本的权威性、代表性。如为证明我国新闻传播侵害名誉权诉讼已发生有利于新闻传播者的转变，第五章第二节以定量分析方法对 110 多起案件进行了统计分析；第九章为确定我国司法实践中大众传播与非大众传播、传统媒体大众传播与网络媒体大众传播引发的名誉权纠纷的类型与比例，统计分析了 2014—2017 年的 2000 余起二审判决的名誉权纠纷，并对 200 起新闻传播侵害名誉权案件进行重点统计分析；第十章第二节，统计分析了 2014—2017 三年共 165 起隐私权纠纷案件，对我国近年来隐私权案件的类型与现状进行定量研究；第十一章第二节，统计分析了 2014—2017 三年共 234 起肖像权纠纷，对我国近年来肖像权纠纷的类型与现状进行定量研究；第十八章第三节，统计分析 98 起案例，对公众人物制度在我国司法实践中的适用现状进行了定量研究；第十九章第三节，为说明传播侵权数量足以进行立法规制，统计分析了 2014—2017 四年所有 7 类特殊侵权案件数量和名誉权纠纷、证券虚假陈述责任纠纷和虚假广告纠纷。

（四）注重引用权威性及文献价值

本研究涉及的理论，尽量引用权威学者的观点；参考文献注重原始来源，如对案例的引用尽量以案号注明出处，对所有重点统计分析案例的案号均在参考文献中列出。

六、研究创新与主要建树

（一）概念创新

对于媒体传播行为侵权的理论研究，我国学界主要以"新闻侵权""媒体（介）侵权"为基础概念。新的研究体系应该有新的基础概念。经过科学论证，作为概括各类媒体传播行为侵权的总概念，本人提出"传播侵权"，而且专门确定此概念的相关文章已得到权威期刊的采用①。

（二）体系创新

如前所述，作为中观性、体系性、纵向性研究，我国法学界和新闻学界对于媒体传播行为侵权的研究，主要局限于适用过错归责原则的一般传播侵权，即侵害精神性人格权，而忽略了适用过错推定和无过错归责原则的特殊传播侵权。

本研究则将媒体传播行为侵权作为一种统一的类型，在体系上新增加以下内容：传播侵害个人信息问题、传播侵害信用权问题、传播侵害知识产权问题和虚假传播侵害财产权益问题。另外，证券市虚假陈述问题以前未进入传播学或传播法学的视野，本研究首次将其纳入传播侵权的研究体系。

由于研究体系扩大，本研究的一个显著特征是：适用过错推定和无过错责任的特殊传播侵权在传播法体系内得到强调、扩展、丰富、细化了传播侵权的研究体系。

（三）内容与观点创新

在新的研究体系内，本研究创新之处主要表现在：

第一章：对媒体组织或其他利用新旧媒体的组织或自然人，在利用

---

① 参见：罗斌."新闻侵权"、"媒体（介）侵权"抑或"传播侵权"[J].国际新闻界,2016（10）:143-159.

媒体面向大众进行传播时,侵害他人人身权、财产权、知识产权或其他权益的行为,业界和学界习惯使用"新闻侵权"和"媒体(介)侵权"概念。本章从侵权主体、侵权行为形态、侵权责任形态、侵权责任承担主体等方面,对这两个概念进行了否定,同时指出概念的不科学、不严谨也是导致此类侵权行为未能入法规制的原因之一,并从是否可以反映侵权行为的本质特征、包容性和语义方面,提出以"传播侵权"作为概念取代"新闻侵权"和"媒体(介)侵权",也确立本研究体系的基础概念。

第二章:对侵害知识产权传播、侵害个人信息权传播、虚假陈述、虚假广告四种特殊侵权的特殊归责原则进行研究,强调了传播侵权中特殊侵权的存在,明确了传播侵权是一种兼有一般侵权和特殊侵权的混合型侵权。

第四章:研究传播注意义务,内容着重于注意义务在传播侵权责任两个构成要件即过失和非法性的构成方面的功能,及在证明过失和非法性的客观路径方面的功能,并检讨我国相关法律规定在此方面的问题。我国法学界和传播学界未曾对此问题进行专门研究,因此可以说全章皆为创新。

第五章:研究证明责任维度下我国新闻传播诽谤诉讼的历史演进——从无结果意义证明责任,到法官自由裁量证明责任分配,到证明责任的法定分配,并探讨这种转变的动因和背景。我国法学界和传播学界未曾对该问题进行专门研究,因此也可以说全章皆为创新。

第六章:一是研究了禁令制度在传播侵权诉讼中的适用;二是探讨惩罚性赔偿在传播侵权责任中的适用,提出属于大规模侵权的网络传播侵害个人信息权、著作权及证券投资权益中,应该适用惩罚性赔偿。

第七章:一是从网络中间服务商责任制度与连带责任机理的悖离角度,指出网络中间服务商与网络用户之间不构成共同侵权、共同危险责任,而是无意思联络的数人侵权,应承担按份责任;二是对虚假广告侵权中的连带责任,首先明确了《广告法》第五十六条规定的过错和无过错情形下的真正连带责任,并提出对广告代言人的连带责任按提示类广告、描述类广告、劝导类广告和证言类广告分别适用补充连带和真正连带处理的观点。

第八章:一是研究了传播侵权抗辩的目的、目标与对象,指出传播侵权抗辩的目的是否定传播侵权请求权,传播侵权抗辩的目标是破坏侵权责任的构成;对违法抗辩,认为存在合宪抗辩、合法抗辩和合公序良俗抗辩;过错抗辩则包括合传播职业要求和合传播规律要求两类。二是研究了我国借鉴的英美法抗辩制度的主要问题是在成文法体系内没有明确的抗辩对象,还指出我国传播侵权抗辩中的结构性缺陷,并提出从明确抗辩对象入手,完善我国传播侵权抗辩体系。

第九章:一是用定量分析方法统计分析了2014—2017年约2000起二审判决的名誉权案件,基本明确了目前我国司法实践中大众传播与非大众传播、传统媒体大众传播与网络媒体大众传播引发的名誉权案件的11个类型与比例;通过对200起案例的统计分析,厘清了我国新闻传播诽谤诉讼的基本现状。二是用案例分析法,以世奢会诉《新京报》名誉权案为例,具体论证了我国新闻传播诽谤诉讼内容真伪不明证明责任分配从法官裁量到法定的演进。

第十章:一是统计分析了2014—2017三年共165起隐私权纠纷案件,对我国近年来隐私权案件的类型与现状进行定量研究;二是以案例分析法,对南京中级人民法院终审的原告朱某诉百度网讯公司(下称百度公司)侵害隐私权案件中涉及的侵害网络隐私的方式等问题进行研究,提出传播与公开他人网络信息只是侵害他人网络隐私权的一种方式,而收集、使用个人网络信息可能在两方面构成侵害他人隐私权;网络隐私权人的明确许可是判断其放弃权利的合理与合法的前提。

第十一章:一是统计分析了2014—2017三年共234起肖像权纠纷案件,对我国近年来肖像权案件的类型与现状进行定量研究;二是对近年来网络传播侵害肖像权纠纷中"以营利为目的"的实践认定进行了梳理;三是探讨了我国肖像权扩张保护的司法实践及核心依据:可识别;四是对"表情包侵权"的演变及类型进行了研究,并"网络圈人"问题进行了探讨。

第十三章:一是我国民法未确立信用权,而国外及我国民法学界主流在理论上都予以承认,故研究传播侵害信用权问题本身即是创新;二是在研究网络传播侵害信用权问题时,对网络比较广告和电子商务平台对信用权的侵害进行了分类研究。

第十四章:系统梳理我国死者(英烈)人格利益保护从批复性司法解释到规范性司法解释,再到法律的进程;分析目前死者(英烈)人格利益侵害案法律适用的特点;研究《民法总则》第一百八十五条即"英烈条款"的理解及法律适用。

第十五章：一是对新闻作品著作权提出按不同体裁分类保护，同时对著作人身权和财产权区分保护的思路；二是对媒介品牌的保护，提出争取驰名商标认定、扩展商标注册领域及用不正当竞争法的三层保护的思路；三是对网络传播侵害著作权中的"避风港规则"，提出该规则在我国司法实践中仅作为抗辩理由，而《侵权责任法》则彻底终结了"避风港规则"在我国人身侵害领域的适用；四是针对云传播与流媒体中临时复制对著作权的挑战，对我国《著作权》法相关条款提出修改建议。

第十六章：一是从传播角度研究侵害个人信息，本身就是新领域；二是研究了我国个人信息权民事立法缺乏系统性与可操作性问题，及我国个人信息权民事保护司法问题，并提出和论证：在《民法典·侵权责任编》中确立个人信息的"权利"地位，明确其权能。

第十七章：一是对网络贴吧中的虚假广告和竞价排名虚假广告侵权问题进行了研究；二是论证了证券市场虚假陈述的传播特征。

第十八章：统计分析98起案例，对公众人物制度在我国司法实践中的适用现状进行了定量研究；从法律依据、民事权利平等、诉讼权利平等、言论自由与名誉权作为法定基本权利的平等、"公众人物"概念本身及"合理容忍"的模糊性五个方面，认证公众人物制度即使被引进，也难以消化。

第十九章：提出我国现行的《侵权责任法》是典型的工业社会侵权法，已不能适应信息社会的需要；而传播侵权是包含适用过错原则与过错推定和无过错原则的混合型侵权，《民法典·侵权责任编》应适应信息社会要求，参考《侵权责任法》中的医疗损害责任的规定，以一章的规模对传播侵权单列规制，与其他特殊侵权并列，并行规定适用过错归责原则、过错推定和无过错归责的传播损害。而且从数量和社会影响方面论证了此类侵权入法规制的必要性，正面论证反对传播侵权入法规制的理由已不存在。

（四）主要建树

（1）提出"传播侵权"的概念，将适用过错推定和无过错责任的特殊传播侵权纳入研究范畴，扩展、丰富、细化了传播侵权的研究体系——传播侵权行为入《民法典·侵权责任编》进行规制也有了清晰的理论基础。

（2）第四章关于传播注意义务的研究弥补了国内相关研究空白；第

五章厘清了我国新闻传播诽谤诉讼的历史演进,并揭示了证明责任分配在此演进中的关键作用;第八章以抗辩目的与目标为研究对象,拓展了传播侵权诉讼中的抗辩事由体系;第十九章则回应了反对传播侵权入法的两大主要理由,并系统论证传播侵权立法体例及具体内容。

(3)第九至十一章的定量分析,在国内首次将网络传播环境下传播侵害人格权的诉讼类型与现状(包括媒介使用状况、胜败诉率、当事人身份情况、责任方式等)得以准确体现;第十八章第三节的定量分析,则摸清了公众人物制度在我国司法实践中的适用现状。

七、不足与遗憾

传播侵权研究是一个庞大的体系,由于本研究是体系性研究,第二编中相关章节不够深入,这由本研究的性质决定;而由于精力问题,传播侵害名誉、隐私权、肖像权的相关定量研究,统计框架也只设计了若干重要问题,并不全面;另外,由于司法实践中传播侵害荣誉权和名称权诉讼数量不多,本研究也未予专门探讨。可以说,第二编中每一章均可作为独立的课题进行研究,新媒体环境下传播侵害人格权的定量研究本身也可作为一个重要课题。上述不足与遗憾,也是本人以后的研究方向之一。

第一编 总 论

第一章 "传播侵权"概念的确立

自 20 世纪 80 年代因媒体发表新闻作品引发我国人格权诉讼的第一次浪潮[1]后,此类侵权成为新闻传播法学的热点问题之一,但学界对其进行界定的"新闻侵权""媒体(介)侵权""传播侵权"等 10 余个概念,既不科学,又显杂乱;同时,媒体传播行为侵权也未能在法律中单列规制,其概念也未能法律化。但这些内涵与外延不一致的概念在研究范围上有共同点:聚焦于使用媒体、面向大众的传播行为侵权,而排除了人际传播与组织传播中的侵权行为。事实上,英美法系和大陆法系传播法对此类侵权行为的研究范围也是如此。

媒体组织或其他利用媒体的组织或自然人因利用媒体面向大众进行传播而导致的侵权问题,在两大法系及我国均为传播法重点研究范畴,然而,内涵与外延不一致的概念,不仅常常导致学术探讨不在同一层面,而且也成为当时对此类侵权进行界定的概念未能法律化即进入《中华人民共和国侵权责任法》(下称《侵权责任法》)单列规制,为法律所承认的重要原因之一。而本研究主张对此类侵权进行科学的概念界定,探求一个更科学的概念来涵盖新旧传播侵权行为形态,主要是基于减轻立法障碍、使此概念法律化的需要。当然,网络媒体普及导致的传播生态及侵权行为形态的变化,是此种探索的基础。

随着网络媒体对社会影响的增强,早在 20 世纪末,国外就有观点认为大众传播中"大众"的说法应被"媒体(介)"所替代[2]。21 世纪初,国

---

① 徐迅. 中国新闻侵权纠纷的第四次浪潮[M]. 北京:中国海关出版社,2002:19.
② Turow J. On Reconceptualizing "Mass Communication" [J]. Journal of Broadcasting & Electronic Media,1992(36):105 – 110.

外有学者正式提出"媒体（介）传播"应代替"大众传播"①。所以，在未对上述侵权行为最终进行概念界定之前，本研究暂将此类侵权称为媒体传播行为侵权，指媒体组织或其他利用新旧媒体的组织或自然人，在利用媒体面向大众进行传播时，侵害自然人或者法人名誉权、隐私权、个人信息权、荣誉权、姓名权、名称权、肖像权、（精神）健康权、知识产权、财产权等其他权益的行为。

需要强调的是，依照国内外传播法学界约定俗成的研究范围，本研究的媒体传播行为不包括人际传播和组织传播，但包含了大众传播与网络传播（含自媒体传播）。

第一节　媒体传播行为侵权概念法律化的意义

媒体传播行为侵权入法，既有必要性，也有合理性。当然，首先应确定一个基础概念，此概念必须无语义问题，能揭示此类侵权行为的本质特征及发展趋势。

一、媒体传播行为侵权概念法律化标志其单列入法的完成

媒体传播行为侵权单列、规制分两步：第一步是在全国人大通过的侵权法律中规定此类侵权的归责原则、构成要件、责任方式与形态等内容；第二步是在司法解释中确定此类侵权的概念，完成学术概念的法律化，并对法律中相关规定的司法适用进行详细解释。

（一）媒体传播行为侵权入法的必要性

对某一类法律行为进行的界定，有学术概念和法律概念之别，但二者并无天然障碍，相反，其有相通性，学术概念有可能成为法律概念。如果不以成为法律概念为目标，学术探讨将与实践脱节，将无的放矢，起码在相关大众传播的侵权行为领域是如此。

传播活动涉及政治、经济、军事、文化等错综复杂的社会关系。在传

---

① 2001 年，史蒂芬·霞飞（Steven H. Chaffee）和米里亚姆·梅兹格（Miriam J. Metzger）提出了"大众传播终结"的命题，对大众传播（Mass Communication）与媒介传播（Media Communication）的差异做了归纳。Chaffee S H, Metzger M. The End of Mass Communication? [J]. Mass Communication and Society, 2001(4): 365 – 379.

媒技术高速发展、传媒触角无所不及的今天,更需要一部法典化的传播法来调整传播活动,来规定媒体组织、媒体用户的权利与义务,保护传播者的合法权益,并限制、处罚违法传播行为;如果没有传播法,媒体与媒体用户的正当权利很难得到保护,其侵权行为也很难得到追究。但由于种种原因,我国短期内不可能制定传播法,因此,出于对传播法功能的替代性考虑,如果对媒体传播侵权行为在《中华人民共和国民法典·侵权责任编》(下称《民法典·侵权责任编》)中列入,规定传播活动构成侵权的归责原则、构成要件、侵权责任、抗辩事由,划清媒体传播行为侵权与否的界限,将可在一定程度上维护正当的传播活动秩序、达到传播法的社会调整目标,而这本身就是对新闻媒体及新闻传播工作者合法权益的保护。所以,民法学界有学者认为,中国的法学、新闻学研究人员和民事法官研究媒体传播行为侵权,"更多的不是注重立法技术问题,而是一个大众传播法律调整的替代问题,即用媒体侵权责任法弥补新闻法制不健全的问题"[①]。

(二)媒体传播行为侵权入法的合理性

1.媒体传播行为侵权虽属于一般侵权,但有其特殊性

媒体传播行为的自身规律决定了媒体传播行为侵权的特殊性:即时传播要求迅速、及时、连续,其不可能像警察、检察官的侦查活动和法官的法庭调查活动那样,每个细节都经得起推敲;其往往与言论自由、出版自由和新闻自由相关联,是公民实现宪法规定的知情权与监督权的重要渠道,故相关权力机构有义务向专业传播机构提供权威的公务信息;传播影响力巨大,既丰富了人格权(如网络隐私权),甚至创造了新型人格权(如个人信息权),同时对公民人格权的损害威胁也巨大。

媒体传播行为的特殊性决定了此类侵权行为在法律适用上的特殊性:

(1)媒体传播行为侵权的抗辩事由有特殊性。由于司法实践中出现大量媒体传播行为侵权诉讼,相关部门在 20 世纪末就已认可其特殊性,并在此后针对此类诉讼的规范性司法解释和行政法规中,正式确立了新

---

① 杨立新.我国的媒体侵权责任与媒体权利保护[J].中国法学,2011(6):179.

闻传播内容基本真实①、新闻传播内容有权威来源②、公正评论③、公共利益④和著作权侵权中的"避风港规则"⑤五项抗辩事由或免责事由。

在抗辩事由方面，民法学界也有其他建议。杨立新教授的《中华人民共和国侵权责任法草案建议稿及说明》就公众人物的规定，事实上也是传播侵权的抗辩事由：为社会公共利益进行新闻宣传和舆论监督等目的，公开披露公众人物与公共利益相关的以及涉及相关人格利益的隐私，不构成侵权。超过必要范围的，应当承担侵权责任⑥。

（2）此类侵权责任的最终确定不能仅依据单一事件或当事人的部分在先传播内容，而应依据全部传播内容。传播的迅速、及时要求传播者在最短的时间里捕捉最有传播价值的信息并进行报道，而且传播活动通过连续不断的报道过程，逐步接近事物的全貌和本质。在此过程中，如果传播出现失误，媒体可利用关于同一对象的新的材料、新的事实去纠正原来的传播内容。对新闻传播活动的上述特点，马克思早就有论述："只要报刊有机地运动着，全部事实就会完整地被揭示出来。最初，这个完整的事实只是以同时发展着的各种观点的形式出现在我们面前，这些观点有时有意地，有时无意地揭示出现象的某一个方面，但是归根到底……报刊就是这样通过分工……一步一步地弄清全部事实的。"⑦所以，媒体传播行为侵权责任的确定，需尊重传播活动规律，而连续传播、最终传播内容真实也应该是媒体传播行为侵权的抗辩事由。杨立新教授在《中华人民共和国侵权责任法草案建议稿及说明》"媒体侵权"一节

---

① 该抗辩事由规定在《最高人民法院关于审理名誉权案件若干问题的解答》第8条"文章反映的问题基本真实，没有侮辱他人人格的内容的，不应认定为侵害他人名誉权"中。

② 该抗辩事由规定在《最高人民法院关于审理名誉权案件若干问题的解释》第6条"新闻单位根据国家机关依职权制作的公开的文书和实施的公开的职权行为所作的报道，其报道客观准确的，不应当认定为侵害他人名誉权"中。

③ 该抗辩事由规定在《最高人民法院关于审理名誉权案件若干问题的解释》第9条"消费者对生产者、经营者、销售者的产品质量或者服务质量进行批评、评论，不应当认定为侵害他人名誉权……新闻单位对生产者、经营者、销售者的产品质量或者服务质量进行批评、评论，内容基本属实，没有侮辱内容的，不应当认定为侵害其名誉权"中。

④ 此抗辩事由规定在《最高人民法院关于审理利用信息网络侵害人身权益民事纠纷案件适用法律若干问题的规定》第十二条第二款"……（二）为促进社会公共利益且在必要范围内"中。

⑤ 规定在国务院《信息网络传播权保护条例》第20－23条中。

⑥ 杨立新.中华人民共和国侵权责任法草案建议稿及说明[M].北京:法律出版社,2007:17.

⑦ 中共中央马克思恩格斯列宁斯大林著作编译局.马克思恩格斯全集:第一卷[M].北京:人民出版社,2006:211.

中列举的媒体侵权的抗辩事由中,除报道具有权威性来源、评论基本公正、当事人同意公布相关内容、正当行使舆论监督权外,就有"连续报道,最终报道内容真实、合法"一项。

(3)媒体传播行为侵权在责任形态上存在替代责任和连带责任。替代责任主要是新闻传播机构对其工作人员(记者)因职务传播行为侵权而承担的责任;连带责任指传播者之间或传播服务提供者与传播者之间,因共同侵权或法律规定而需要承担的责任。

(4)在网络传播行为侵权情况下,在归责原则上有过错推定原则的特殊情况,在责任方式上还有惩罚性赔偿①。

2.国务院、最高人民法院针对媒体传播行为侵权诉讼制定的一部行政法规和七部规范性司法解释

虽然未将媒体传播行为侵权作为一类独立的案由,但早在20世纪90年代,最高人民法院就对此类案件中一些具体的法律适用问题做出有针对性的批复或者复函,而且制定了两个司法解释,即1993年的《最高人民法院关于审理名誉权案件若干问题的解答》(下称《解答》)、1998年的《最高人民法院关于审理名誉权案件若干问题的解释》(下称《解释》);进入21世纪,则颁布了5部与传播相关的司法解释:2000年的《最高人民法院关于审理涉及计算机网络著作权纠纷案件适用法律若干问题的解释》(下称《网络著作权司法解释》)、2002年的《最高人民法院关于审理著作权民事纠纷案件适用法律若干问题的解释》(下称《著作权司法解释》),2013年和2014年,又分别制定了针对网络传播侵权的《最高人民法院关于审理侵害信息网络传播权民事纠纷案件适用法律若干问题的规定》(下称《信息网络传播权规定》)、《最高人民法院关于审理利用信息网络侵害人身权益民事纠纷案件适用法律若干问题的规定》(下称《信息网络侵害人身权益规定》),针对证券市场虚假陈述,2002年还专门规定了《最高人民法院关于审理证券市场因虚假陈述引发的民事赔偿案件的若干规定》(下称《虚假陈述案审理规定》)。另外,国务院2002年发布了《中华人民共和国著作权法实施条例》(下称《著作权法实

---

① 关于归责原则,许多国家和地区对个人信息侵权行为规定了过错推定归责原则;关于责任方式,根据2015年9月1日生效的我国《广告法》第五十六条之规定,广告经营者、广告发布者与广告代言人在三种情形中承担连带责任,而根据《消费者权益保护法》第五十五条的规定,这种责任可以是惩罚性赔偿。本研究在相关章节中将详述,此不赘述。

施条例》）,2006 年发布了《中华人民共和国信息网络传播权保护条例》（下称信息网络传播权保护条例），该条例是首部针对信息网络传播权的行政法规。一部行政法规和七部司法解释针对媒体传播行为侵权责任适用实体法和程序法的相关问题,进行了系统规定,也为学术探讨提供了重要参照材料。专门就立法没有规范的一类案件制定两部行政法规和七部司法解释①,这既罕见,也说明此类案件有其特殊性。这七部司法解释,前两部虽在新媒体环境前制定,但相关内容同样适用于新媒体;后两部虽针对网络传播侵权,但有关内容（如《信息网络侵害人身权益规定》第 12 条对隐私权的限制）对适用传统媒体传播侵权也有启发。因此,制定《民法典·侵权责任编》时,既有条件、也有必要对上述司法解释进行梳理,专门就传播侵权活动单独进行规定。

3. 媒体传播行为侵权诉讼作为一个属于一般侵权下有明显规律与特殊性的诉讼类型,已得到广泛承认

正因得到广泛承认,新闻界、法学界为将媒体传播行为侵权诉讼进行单列付出了巨大努力,不仅民法学界在相关《侵权责任法》建议稿中建议列入"媒体侵权"行为②,新闻法学界也起草了媒体侵权责任认定的司法解释草案建议稿。在《侵权责任法（草案）》征求意见阶段,新闻法学者及媒体从业人员多次组织座谈会、研讨会,讨论《侵权责任法》规定媒体侵权的必要性和迫切性。中国记者协会召开新闻侵权研讨会,提请立法机关在《侵权责任法》中规定新闻侵权;新闻法专家、学者强烈建议在《侵权责任法》中规定一个"新闻（媒体）侵权"的条文,为"新闻（媒体）侵权"司法解释提供上位法依据。2008 年 5 月 16 日,全国人大法工委在人民大会堂宾馆专门就"新闻侵权责任"问题召开研讨会,与会的法学家、新闻法专家和新闻机构相关领导中,除 1 人反对外,其他人都支持在《侵权责任法》中规定"媒体侵权"③。2018 年 9 月,全国人大公布的《中华人民共和国民法典（草案）》（下称《民法典（草案）》）第七百七十九条、第八百零五条、第八百零六条、第九百七十至九百七十二条,分别就新闻传播侵权和网络传播侵权进行了规定。

---

① 其中的《信息网络传播权保护条例》《信息网络侵害人身权益规定》和《信息网络传播权规定》专门针对媒体传播行为侵权;其他 4 部司法解释主要针对媒体传播行为侵权,也针对其他行为引发的对相关权益的侵害。

② 杨立新. 中华人民共和国侵权责任法草案建议稿及说明[M].北京:法律出版社,2007:17.

③ 杨立新. 我国的媒体侵权责任与媒体权利保护[J]. 中国法学,2011(6):186.

4.媒体传播行为侵权包括特殊侵权

媒体传播行为侵权既有针对精神性人格权、适用过错责任原则的一般侵权,也有针对财产权益、著作权、个人信息权的适用过错推定和无过错责任原则的特殊侵权(下文详述)。

二、媒体传播行为侵权概念法律化的要求①

(一)无语义问题

学术概念与法律概念的要求不能等同:与法律概念相比,学术概念可以相对自由设定,如"大众传播"概念,其内涵是传播机构向大众进行传播,但如果从语法上理解为主谓结构,此概念则有逻辑问题。但作为学术概念,"大众传播"概念并不存在向民众普及的需要,所以语法缺陷不影响其学术概念的成立(当然,无语法问题的学术概念更好)。而法律概念不同,法律概念不仅在学术界使用,更需要向大众普及,其存在法言法语的简洁性、深奥性与通俗性之间的平衡问题,因此,法律概念尽量不要有语法缺陷。媒体传播行为侵权基本概念要成为法律概念,也有此要求。

(二)揭示此类侵权行为的本质特征

对一类侵权行为进行概念归纳,从主体上考虑当然也是一个角度。但是,既然要归纳的是一类"行为",那么从此类"行为"的特征上入手比从其他角度入手显然更能揭示其本质特征。比如,"医疗侵权"就比"医院侵权""医生侵权"或者"药品侵权"更为科学。

传播技术发展和新媒介传播的变化,以及公民记者、融合媒介的出现,突破了传统的对传播主体和传播媒介的定义,因此在媒体传播行为侵权中,以传播主体或传播媒介入手来界定此类"行为"的概念,就难免出现顾此失彼的漏洞。而从"行为"特征入手,则可打通媒体传播行为侵权中不同媒介和主体的共同空间,揭示此类行为的共同特征。

(三)符合媒介及媒体传播行为侵权诉讼发展趋势

媒体传播行为侵权的概念界定,其不仅应该可以涵盖传媒与此类诉讼的现状,也应该可以包容传媒与此类诉讼的发展趋势,这就要求其能

---

① 罗斌."新闻侵权"、"媒体(介)侵权"抑或"传播侵权"[J].国际新闻界,2016(10):146.

从媒体传播行为侵权的主体与客体,侵权行为形态与责任形态上进行全面和长远考量。

三、媒体传播行为侵权概念法律化的途径

媒体传播行为侵权单列入法,只是完成了对此类侵权行为规制的主要任务,但尚未"功德圆满",因为依照我国立法惯例,全国人大通过的正式立法即"法律"中,节与条没有题目,而概念是在题目中确定却不会出现在条文中。媒体传播行为侵权进入《民法典·侵权责任编》,或者占一章,也可能只有一条——如果只有一条,其没有确定媒体传播行为侵权概念的可能;如果占一章,条文中也不会对概念进行界定。因此,在司法解释中详细解释媒体传播行为侵权基本概念及相关法律适用,才标志着此类侵权行为单列入法的完成。

第二节 "新闻侵权"与"媒体(介)侵权"概念的问题

我国20世纪80年代大众传媒传播中出现的侵犯人格权行为,多为新闻作品即新闻传播行为引发的侵权,故在对此侵权行为进行概念界定时,多与"新闻"一词相关,其中使用最广泛的是"新闻侵权"。而在学术上最早使用此概念者,有学者认为是中国社会科学院新闻学研究生王晋闽在其硕士论文《试论新闻侵权》中对"新闻侵权"的界定①。当然,共同的观点是:在1991年5月6至8日第一次全国新闻法制学术研讨会上②,有5篇文章直接使用了"新闻侵权"概念作为文章的标题,自此,"新闻侵权"概念得以正式、广泛使用③。

"新闻侵权"得以正式、广泛使用后,关于新闻媒体传播行为侵权的概念,在新闻业界、新闻学界、法学界、司法系统同时还使用着这样一些词语:"新闻官司""新闻纠纷""新闻诉讼""新闻诽谤""报道侵权""新

---

① 魏永征.从"新闻侵权"到"媒介侵权"[J].新闻与传播研究,2014(2):7.
② 此次会议由中国新闻法制研究中心、上海社会科学院新闻研究所、上海市新闻出版局和南通日报社联合发起,6个省市以及全国人大法工委、国务院法制局、中宣部和新闻出版署等50余位专家学者参会。
③ 杨立新.我国的媒体侵权责任与媒体权利保护[J].中国法学,2011(6):182.

闻报道侵权""新闻采访侵权""新闻名誉侵权"①等,甚至同一作者在探讨此问题时,还使用不同概念。当然,讨论此类问题时,主要还是使用"新闻侵权"这一概念。

但是,并非法律概念的"新闻侵权"也没有"约定俗成"。近年来,此概念在我国新闻学界受到冷静审视,所以21世纪以来学界开始使用"媒体(介)侵权""传媒侵权"②"传播侵权"等概念。

必须强调:即使在21世纪以来权威学者已经认识到"新闻侵权"概念的局限性并身体力行地开始使用"媒体(介)侵权"③,即使学界有逐渐使用"媒体(介)侵权"概念的迹象,但意识到这个问题重要性的并不多,所以,在关于媒体传播行为侵权的学术研究或活动中,"新闻侵权""媒体(介)侵权"等概念是混合使用④,从中国知网上有关此类问题的论文搜索中就可以看出:以2000年(含)至2018年2月28日以来的核心期刊和CSSCI期刊为搜索范围,以"新闻侵权"为关键词的论文数量是1042篇,以"媒体侵权"为主题的论文数量是24篇,以"媒介侵权"为主题的论文数量是4篇,以"传播侵权"为主题的论文数量是1篇;而2000年(不含)以前,以"新闻侵权"为关键词的论文数量是160篇,以"媒介侵权""媒体侵权"为关键词的论文数量都是0。另外,中国新闻传播学最著名的两所高等学府的新闻传播学院即中国人民大学新闻学院、复旦大学新闻学院出版使用的新闻传播法教科书中,也仍在使用"新闻侵

---

① 参见:陆萍.新闻报道侵权构成要件的探讨[J].政治与法律,1991(6);魏永征."新闻官司"中的一些特殊性法律问题,"新闻官司"与"新闻诉讼"条例[C]//宋克明.新闻法制全国学术研讨会论文集,北京:中国民主法制出版社,1999;贾安坤."新闻官司"的举证责任[C]//宋克明.新闻法制全国学术研讨会论文集,北京:中国民主法制出版社,1999;曹三明.新闻纠纷的法律思考[J].新闻记者,1991(7);匡敦校.新闻名誉侵权中的新闻报道失实研究[J].法商研究,2005(2);赵小南,刘军义.新闻采访侵权问题的法律探讨[J].广播电视大学学报(哲学社会科学版),2008(2);张建波.关于完善新闻名誉侵权及其责任的立法思考[J].政法论丛,2005(4);罗斌,宋素红.新闻诽谤归责原则与证明责任研究[J].国际新闻界,2011(2);杨立新.不具名媒体报道侵权责任的认定[J].江苏行政学院学报,2011(3);陈华,刘会民.网络新闻报道侵权诉讼的应对措施及风险防范[J].中国广播,2013(1).
② 徐尚青.汉德公式和传媒侵权行为的经济分析[J]新闻记者,2004(10):25.
③ 杨立新.中国媒体侵权责任案件法律适用指引[M].北京:人民法院出版社,2013.
④ 徐迅.新闻(媒体)侵权研究新论[M].北京:法律出版社,2009;"中国新闻侵权案件精选与评析"课题组.中国新闻(媒体)侵权案件精选与评析50例[M].北京:法律出版社,2009.

权"①。所以,从相关论文的数量上看,21世纪以来,以"媒体(介)侵权"为主题的论文数量有所增加,但并没有"媒体(介)侵权"取代"新闻侵权"的明显趋势,"新闻侵权"概念的使用仍占多数,与其他概念并存。

学术概念当然可以自由创设,但对一个问题的多种凌乱的概念,显然不利于学术交流。重要的是:这种不以法律化为目标、没有理想的概念界定,不仅对此类侵权入法单列产生了负面影响(下文详述),而且使相关概念一直处于低学术水准。

一、"新闻侵权"概念存在的问题

"新闻侵权"概念比较权威的界定出自《新闻侵权法律辞典》:"所谓新闻侵权,是指新闻单位和新闻从业人员以及其它组织和个人违反新闻法规和其它法律规范,在新闻采访、写作、编辑、发表过程中侵犯公民和社会组织的人格权和其它权利,造成他人损害的行为。"②这个定义列举了"新闻侵权"行为的主体及新闻传播活动的各种形式,强调该侵权行为的主要客体是人格权和其他权利。

事实上,"新闻侵权"的概念一出现,就有学者意识到此概念存在的问题。正如有学者所言,"严格地说,新闻侵权并不是一个法律术语,而只是对于新闻媒介侵权行为的一种笼统的、通俗化的描述,人们意识到现行法律在新闻媒介的侵权行为上尚存在空白点,正是在这样一种背景下,'新闻侵权'这一概念便出现了,并且逐步为人们所接受"③。也有学者认为,此概念"不太准确然而却是约定俗成"④。

然而,新闻学界对"新闻侵权"的审视并非从此类侵权行为入法单列规制出发,也没有深入此概念的根本缺陷。反倒是民法学界的张新宝教授对"新闻侵权"概念的剖析是一针见血,他认为:"'新闻'一词有多义性,而作为静态的报道作品的'新闻',似乎难以与'侵权'组成主谓结构词组的'新闻侵权',因为侵权必须是人的行为或'准行为',新闻作品本身并不能实施加害行为或准侵权行为。"⑤作为法学学者,张新宝教授已

---

① 参见:魏永征.新闻传播法教程[M].北京:中国人民大学出版社,2002:122-197;孙旭培.新闻传播法学[M].上海:复旦大学出版社,2008:196-241,347.
② 王利明.新闻侵权法律辞典·前言[M].长春:吉林人民出版社,1994:1.
③ 陆萍.新闻报道侵权构成要件的探讨[J].政治与法律,1991(6):78.
④ 刘春阳.新闻侵权的构成及特征[J].人民检察,1997(5):21.
⑤ 张新宝."新闻(媒体)侵权"否认说[J].中国法学,2008(6):185.

经敏锐地看出其他学者对媒体传播行为侵权进行基本概念界定时从侵权主体出发的角度,偏离了从侵权行为出发进行界定的正确轨道。

从是否应该进入《侵权责任法》的角度对"新闻侵权"语义问题进行评判,是没有意义的,因为全国人大通过的正式立法即"法律"中,节与条没有题目,也就没有确定"新闻侵权"概念的可能,而即使"新闻侵权"当时可以进入《侵权责任法》,最多也只能占一条。对"新闻侵权"的语义问题进行的批评只是张新宝教授文章的"序曲",其主要观点是:"新闻侵权"概念下的、作为一般侵权的媒体传播行为侵权,不应该进入当时正在制订的《侵权责任法》。

即使不考虑语义问题和法学界从侵权行为角度进行的剖析,从历史与现实分析,从行为内容角度出发进行概念界定的"新闻侵权"一词,也面对如此窘境:即使在传统媒体的背景下,关于"新闻侵权"的论著或多或少都会涉及超越新闻作品、新闻媒介和新闻传播活动(如文学等艺术创作及其作品)而发生的侵权行为。如此,"新闻侵权"名不符实从一开始就存在;而因信息传播引发的侵权,更难以用"新闻"侵权来概括。

二、"媒体(介)侵权"概念存在的问题

关于"媒体(介)侵权"概念,我国有两个比较典型的界定。

杨立新教授对"媒体侵权"的定义为:指"报纸、杂志、电视、广播、互联网、手机报等传统媒体和新媒体或者他人在利用大众传媒进行传播行为时,故意或者过失非法侵害自然人或者法人的名誉权、隐私权、肖像权、姓名权及其他人格权益的侵权行为"。其认为"媒体侵权"基本特点有以下五点:①媒体侵权的行为主体和责任主体是大众传媒,或者其他利用大众传媒实施侵权行为的人;②媒体侵权的具体行为是利用大众传播媒介进行的传播行为,而不是所谓的新闻采访车在行驶途中撞伤了人;③媒体侵权的传播行为具有违法性,表现为违反了法定义务或者保护他人的法律;④媒体侵权所侵害的是自然人或者法人的姓名权、肖像权、名誉权、隐私权、荣誉权等人格权;⑤侵权责任由侵权的媒体承担替代责任,在特殊情形下,也会出现连带责任等特殊责任形态①。

魏永征则将媒体传播行为侵权定义为"媒介侵权",即"对媒介传播中发生的损害人格权益行为的简称;指各种传播媒介组织或者其他行为

---

① 杨立新.我国的媒体侵权责任与媒体权利保护[J].中国法学,2011(6):185.

人通过媒介进行传播信息活动中损害他人人格权益的行为"。其认为："在世纪之交,学界开始采用'媒介侵权'的词语","从进入新世纪以来,学界在以往称'新闻侵权'的场合较多地改称'媒介侵权'"①。

可见,杨立新教授和魏永征教授对媒体传播行为侵权的界定大同小异。相同点:在说明侵权主体时均将媒体组织置于首位;均认为侵权客体是人格权。不同点:前者用的是"媒体"一词,后者用的是"媒介"一词;前者强调的是侵权行为人通过"大众传媒"进行的侵权,后者强调侵权者通过"媒介"进行的侵权。

首先必须承认,相对于"新闻侵权"而言,"媒体(介)侵权"概念有两个进步:一是部分解决了语法问题,即当将媒体(介)理解为媒体机构时,此概念在语法上成立;二是内在地包含了因信息传播引发的侵权。

然而,"媒体(介)侵权"终究未能进入我国《侵权责任法》而成为法律概念,对此,学者认为主要原因有四点:它不符合按照侵害客体来确定侵权行为的立法通则;它不具有区别于一般侵权行为的特殊性;它只研究部分侵权行为即侵害人格权行为,难以涵盖所有涉及媒介的侵权行为;它会在"侵权"的题目下,讨论刑事犯罪问题②。这种看法讨论的焦点已经不是"媒体(介)侵权"概念能否作为法律概念即其本身科学性问题,而是立足于立法体系及立法惯例角度,即此类侵权行为应否进入《侵权责任法》的问题。事实上,媒体传播行为侵权未能进入《侵权责任法》单列规制,在上述表象性原因后有更复杂的背景,而本研究当然不赞成上述说法,且在前文已有论证,此不赘言。

"媒体(介)侵权"概念在概括此类侵权行为时存在以下问题:

(一)从侵权主体上看,"媒体(介)侵权"不符合媒介发展趋势和诉讼实践

"媒体"指交流、传播信息的工具,如报刊、广播等③。"媒介"一词在《辞海》中有4种解释,与本研究探讨问题相关的解释是第二种解释即"各种信息的传输手段。如新闻广播等"④。尽管"媒介"和"媒体"在词

---

① 魏永征.从"新闻侵权"到"媒介侵权"[J].新闻与传播研究,2014(2):10.

② 魏永征.从"新闻侵权"到"媒介侵权"[J].新闻与传播研究,2014(2):12-15.

③ 中国社会科学院语言研究所.现代汉语词典(第五版)[M].北京:商务印书馆,2005:928.

④ 夏征农.辞海[M].上海:上海辞书出版社,2000:1336.

典中的解释都是一种信息传播工具或手段,但在传播学的研究中,在与侵权行为的关联语境中,其基本含义为媒体组织,那么,依照语法结构,则"媒体(介)侵权"基本含义为媒体组织的侵权,即侵权主体为媒体。然而,即使在传统媒体的传播侵权行为中,自然人即记者本人作为被告的诉讼也很普遍,这就需要对"媒介"和"媒体"做扩张解释——第一层扩张解释。

如果将"媒介"和"媒体"含义扩张解释为记者,似乎并不过分。问题是,随着新媒体的发展、自媒体的普及,媒体组织之外的自然人作为传播侵权行为的当事人越来越多,而媒体则"置身事外":①在网络微博上传播信息侵犯他人权益的许多诉讼中,原告根本不起诉网络服务提供者,即诉讼主体只是自然人对自然人,如中国政法大学刑诉法教授洪道德诉律师陈光武诽谤罪案①、方舟子诉崔永元名誉侵权案②。②在利用自媒体侵权中,主体实际上就是自然人,这种传播方式中,媒体组织的把关作用几乎为零,这类案件会越来越多③。如果将"媒介"和"媒体"扩张解释为媒体组织之外的人,则为第二层扩张解释,不免牵强。

所以,"媒体(介)侵权"虽然在语法结构上比"新闻侵权"合理,但其

---

① 2015年4月28日,山东高院召开聂树斌案听证会,洪道德作为法学专家代表与会。会后,媒体引用洪道德对此案的部分观点。陈光武在其新浪博客和新浪微博上发表了题为《洪道德教授,无道无德》的文章,称"洪道德教授,无道无德"等言论。根据洪的自诉状,截至2015年5月14日证据保全之日,上述博客被点击、浏览次数达到12 779次,微博被点击、浏览达到65 878次,已经远远超过法律规定的14.7倍;博客转发183次、微博转发2939次,已经远远超过法律规定的5.2倍。经法院调解,双方最终签署刑事和解协议书:陈承认自己的行为构成诽谤罪,在《法制日报》刊登道歉声明,并在微博公开和解协议内容。洪自愿放弃对陈的刑事指控。参见:北京市海淀区人民法院(2015)海刑初字第1430号刑事调解书。

② 因崔永元在网上发表了数十条"以肘子为头目的网络流氓暴力集团"等类似内容的微博,方舟子认为其侵犯了自己的名誉权,故于2014年1月将崔永元诉至北京市海淀区人民法院,索赔32万元。随后,崔永元提起反诉,并索赔67万元。法院认为,崔永元和方是民连续发表针对对方、具有人身攻击的系列微博言论,均构成对对方名誉权的损害。法院判决:双方相互道歉,删除侵权微博,相互赔偿对方4.5万元。参见:北京市第一中级人民法院(2015)民一终字第07485号民事判决书。

③ 王女士怀疑丈夫要与其离婚是有了外遇,故处处提防丈夫,希望寻找证据。5月的一天,王女士在丈夫的手机里面发现了几张长得非常漂亮的吴女士的照片,认为丈夫张先生之所以和自己提出离婚是因为吴女士,一气之下,便多次将吴女士的照片发到微信朋友圈,还附上吴女士的姓名、工作单位及大段的贬损文字。经过微信圈朋友转载,吴女士看到了该信息,随即向人民法院提起诉讼,认为王女士的行为严重侵犯了自己的名誉权,应当赔礼道歉,并赔偿精神损害赔偿金。参见:赵泽军.微信圈骂人侵犯名誉权[N].沂蒙晚报,2014-12-04(6).

从侵权主体的角度对大众传媒传播引发的侵权进行概括,注意到了新媒体环境下自然人用户同样是媒介的使用者、信息的发布者,但没有注意到自然人用户作为被告、作为单独被告愈发普遍的现象,因此其对媒体传播行为侵权的定义依然狭隘,不能适应所有侵权主体,已经落后于此类侵权诉讼实践。

另外,既然此类侵权主要属于一般侵权,《侵权责任法》并未在第四章"侵权主体的特殊规定"中将其列为特定主体的侵权,也从一个方面说明:从侵权主体上对此类侵权行为进行归纳并没有实质性意义。

(二)从侵权的行为形态上看,"媒体(介)侵权"不能对应媒体传播行为侵权中的各种行为

在此类侵权中,媒体行为分主动直接侵权即作为和被动间接侵权即不作为两类:前者包括其单独的作为与合作的作为(共同侵权),而"媒体(介)侵权"很难说明合作的作为。关于后者,如前所述,在新媒体环境下,媒体组织之外的自然人作为传播侵权行为的当事人越来越多,如网络用户在网络上发布侵权信息是主动的作为,如网络服务提供者不进行删除则是不作为,如侵权行为不明显则网络服务提供者无义务作为,此种情况使用"媒体(介)侵权"显然不合适。

(三)从侵权责任形态来看,"媒体(介)侵权"不能对应媒体传播行为侵权中的自己责任

就传统媒体而言,如果其记者因履行职务被起诉,责任主体应该是媒体,即替代责任,但媒体之外的作者需自己承担责任。对此,《解答》第六条规定:"因新闻报道或其他作品发生的名誉权纠纷,应根据原告的起诉确定被告。只诉作者的,列作者为被告;只诉新闻出版单位的,列新闻出版单位为被告;对作者和新闻出版单位都提起诉讼的,将作者和新闻出版单位均列为被告,但作者与新闻出版单位为隶属关系,作品为作者履行职务所形成的,只列单位为被告。"在替代责任与自己责任并存的情况下,从文义上分析,同样需要对"媒介"和"媒体"做扩张解释,而且面临与对侵权主体进行第二层解释时同样的牵强。

(四)从侵权责任承担主体来看,"媒体(介)侵权"不能反映司法实践

从司法实践来看,一些案件中,即使媒体是作为被告的当事人,但法院基于案情(如媒体已经进行更正,或媒体没有过错),并未裁判媒体承担责任,而是裁判其他被告承担责任,也就是说:此类案件中,最终法律

意义上的侵权主体并不是媒体。所以,"媒体(介)侵权"不仅不能反映社会实际,也不能反映司法实践。

另外,张新宝教授认为,从文义上进行解释,"如果将'媒体(介)'理解为工具,也会得出与'新闻侵权'相同的结论(即作为静态的概念,'媒体或媒介'本身不能进行侵害活动)。而且,两个概念无法解决的问题是:'新闻'和'媒体'的范围界定是否能够确定,如何解决这两个概念与侵害名誉权、隐私权等人格权的侵权行为之间的关系问题"①。

总之,从侵权主体角度对媒体传播行为侵权进行定义的"媒体(介)侵权"虽然比"新闻侵权"有所进步,但仍然是一个笼统的、通俗化的表述。所以,"媒体(介)侵权"概念,也已经落后于传媒的发展及司法实践。

三、"新闻侵权"与"媒体(介)侵权"的采用原因:未考虑概念的法律化

(一)媒体(介)传播行为侵权诉讼的产生发展有历史阶段性

对利用大众传媒进行传播引发侵权的认识,无论是新闻界还是法学界,都不可能超越历史。从20世纪80年代第一起相关诉讼②出现,直到20世纪末,在我国此类侵权纠纷的四次浪潮中,诉讼主要集中于传统媒体新闻传播引发的纠纷,被告主要是新闻媒体及其记者③。而互联网等新媒体是21世纪才在我国发展起来,随之而来的是媒体传播行为侵权诉讼的第五次浪潮④伊始,虽然相关传播内容已经大大突破新闻作品,媒体及其记者之外的当事人作为被告的现象越发普及,但无论是新闻学界还是法学界,囿于历史局限性,对此类侵权行为的概念界定,并未从法律概念的严谨性出发进行考虑,而是偏离了科学定义侵权行为类型的轨道,从侵权行为内容、侵权工具或侵权主体的角度,选择了"新闻侵权""媒体(介)侵权"这些通俗、直观的概念。

学术概念当然可以自由创设,但针对媒体传播行为侵权的不科学的定义,不仅不利于学术交流和深入研究,重要的是这种情况对此类侵权行为概念法律化产生了负面影响,成为其未能在《侵权责任法》中予以单

---

① 张新宝."新闻(媒体)侵权"否认说[J].中国法学,2008(6):185.
② 1985年杜融诉《民主与法制》记者沈涯夫、牟春霖《二十年"疯女"之谜》诽谤案,参见:上海市中级人民法院(1987)沪中刑上字第531号刑事附带民事裁定书。
③ 徐迅.中国新闻侵权纠纷的第四次浪潮[M].北京:中国海关出版社,2002:19.
④ 杨立新.我国的媒体侵权责任与媒体权利保护[J].中国法学,2011(6):180.

列规制的一个"借口"。

（二）作为一般侵权的媒体（介）传播行为侵权未类型化、系统性进入立法或司法解释

对某一法律行为进行概括的法学学术概念，如果能进入立法或司法，对其科学、统一使用起到关键作用，而作为一般侵权的媒体传播行为侵权却始终未能从整体上、类型化地进入立法或司法解释。

所谓一般侵权，为适用过错责任原则和一般构成要件的侵权行为；所谓特殊侵权，为适用过错推定或无过错责任归责原则的侵权行为，其欠缺侵权责任的一般构成要件。新闻传播活动在古代就已诞生，传播侵权也并非工业化社会的产物。作为一般侵权，进入近代和工业化社会至今，其并未被视为对社会构成特殊侵害的过错推定下的特殊侵权，也未被视为对社会构成大规模侵害的无过错责任下特殊侵权；其既没有可能离开过错责任原则，也没有必要违反过错责任原则。这是既明显又深刻的法理。

与其他法律一样，侵权法立法也要求高度的逻辑性和简约性。对侵权行为类型的划分，大陆法系现代侵权行为法大多采取一般化与类型化相结合的方法，在构建侵权行为类型体系时，主流观点是以不同的归责原则，将侵权行为分为四种：过错责任下的侵权行为、过错推定下的侵权行为、无过错责任下的侵权行为和适用不同归责原则的事故责任侵权行为。对过错责任下的一般侵权，由侵权法的一般条文所规定；对其他归责原则下的特殊侵权，由侵权法进行特殊列举式规定①。我国《侵权责任法》对侵权行为类型的划分，就采纳了这种思路。而既然学界对媒体传播行为侵权界定于针对人格权的一般侵权，其未"整体"进入立法，这很正常。

另外，在司法中，最高人民法院的相关司法解释中，从未使用过"新闻侵权""媒体（介）侵权"概念，也未将媒体传播行为侵权作为一类独立的案由。新闻法学者曾经向最高人民法院提出过相关"新闻侵权"司法解释建议稿，被最高人民法院以"没有上位法"为由予以拒绝②。这也是前述民法学界张新宝教授反对将新闻媒体传播行为侵权作为独立侵权行为纳入《侵权责任法》的理由之一。

作为一般侵权的媒体传播行为侵权未能从整体上、类型化地进入立法或司法解释，从而使相关概念不能固定、统一使用，这客观上影响了媒

---

① 杨立新.类型侵权行为法研究[M].北京:人民法院出版社,2006:33.
② 杨立新.我国的媒体侵权责任与媒体权利保护[J].中国法学,2011(6):183.

体传播行为侵权的统一、学术性概念的形成。

总之,媒体传播行为侵权基本概念未能进行科学定义,既与历史有关,也与未能成为法律概念有关。而要成为法律概念,恰恰又需要其科学界定——二者如果不能良性互动,就有可能导致互相否定。媒体传播行为侵权在法律中的单列、规制,其客观结果之一是在对此类侵权进行界定的学术概念中,确定其中一个作为法律概念,从而成为学术交流中的基本概念,反过来有利于学术交流。

第三节 媒体传播行为侵权基本概念的确定:"传播侵权"

在众多对媒体传播行为侵权进行表述的概念中,"传播侵权"是最科学的概念,其依据有以下几点:

一、"传播侵权"无语义问题

法律概念不仅面临向大众的普及问题,还面临着入法时反对者的苛求。媒体传播行为侵权最终未能在《侵权责任法》中进行规定,其原因之一就是:学界提出的关于媒体传播行为侵权的"新闻侵权"和"媒体(介)侵权"概念,在《侵权责任法》草案征求意见阶段,均遭遇重挫。反对者认为,无论是"新闻侵权"还是"媒体(介)侵权"概念,均存在文义上的问题——显然,如果概念的漏洞太大,进入立法的客观困难就会提高。而"传播侵权"符合基本的汉语语法规则,不存在前文反对者所提的"主谓结构"不成立的问题。

二、"传播侵权"概括媒体传播行为侵权从"行为"本质特征上着手

既然媒体传播侵权是利用媒体进行的侵权,既然其侵犯的客体如人格权等是已经确定的,而侵犯此客体的行为、途径、方法则是多样的,那么在此基础上再想进行细分,只能从侵权行为特征上进行,此类行为的特点是:必须利用媒介传播信息;此类侵权的本质特征或者说显著特征就是:利用传播行为进行的侵权。

"媒体(介)"为传播而生、为传播而存在、为传播而发展,传播是"媒体(介)"的目的、生命与灵魂;离开传播,"媒体(介)"将成为一堆

没有意义的设备,将成为一具空壳。所以"媒体(介)侵权"使用"媒体(介)"一词固然可以在一定程度上表明此类侵权行为的特征,但不能揭示媒体传播引发侵权的本质特征,只有"传播侵权"能准确、科学地概括此类侵权。

前述最高人民法院关于媒体传播行为侵权的司法解释,《解答》和《解释》根本没有从传播活动着手,而是从侵权客体出发,直接落脚于"名誉权案件";《信息网络传播权规定》中的"侵害信息网络传播权民事纠纷案件",除了增加"侵害"一词外,思维逻辑与《解答》和《解释》司法解释相同。而《信息网络侵害人身权益规定》中,"利用信息网络侵害人身权益"并无对此类侵权行为进行概念界定的意思,但其中的"利用信息网络",作为动宾结构,其本质上就是行为——网络传播。从传播学角度看,"利用信息网络"不够简洁、专业,但其概括网络传播侵害人身权益案件的逻辑已经与前几部司法解释不同,其既非从侵权主体出发,也非从侵权客体出发,而是落脚于传播行为,这是一个明显进步。

三、"传播侵权"的包容性强,符合媒介及媒体传播行为侵权诉讼发展趋势

(一)从侵权的内容、主体考虑,"传播侵权"无须做扩张解释

"传播"作为"人与人之间通过符号传递信息、观念、态度、感情,以此实现信息共享和互换的过程"①,既可对应传统大众传媒,也可对应网络新媒体;既可对应目前已有媒体,也可对应未来媒体;既可对应媒体组织的传播,也可对应利用媒介(体)的自然人与组织。从侵权内容上考虑,"传播"的内容不仅包括"新闻",也包括其他信息、观点等。

(二)从侵权行为形态看,"传播侵权"比"媒体(介)侵权"有更强的优越性

从语义即主谓结构上理解,"媒体(介)侵权"只对应积极的作为,即媒体组织的积极侵权行为,最多再包括利用媒体的其他组织或自然人的积极侵权行为。但在网络媒体环境下,侵权行为既有媒体组织和网络用户直接、主动的侵权行为,也包括媒体的不作为行为即消极侵权;既有媒体组织的单独侵权,也有与自然人之间的共同侵权——要涵盖网络媒体

---

① 夏征农.辞海[M].上海:上海辞书出版社,2000:258.

的消极不作为侵权和共同侵权,"媒体(介)侵权"同样需做扩张性解释,而"传播侵权"这里也无须做扩张解释。

(三)从对应的侵权责任形态上看,"传播侵权"也比"媒体(介)侵权"有优越性

如前所述,媒体传播行为侵权导致的责任有替代责任与自己责任并存的情况,在网络媒体侵权的情况下还有网络服务提供者与网络用户承担连带责任的情况,而从语义即主谓结构上理解,"媒体(介)侵权"只对应自己责任和按份责任,要对应替代责任和连带责任,则需对"媒介"和"媒体"做扩张解释;而可对应所有传播主体的"传播侵权"概念,这里也同样无须做扩张解释。

综上,媒体传播行为侵权的基本概念,可以确定为"传播侵权"(Communication Tort)。

第四节 传播侵权的内涵、外延与特征

本章开头对传媒传播行为侵权的定义,事实上即是"传播侵权"的定义,而其内涵与外延,当然只能在此定义中解释。

一、传播侵权的内涵

传播侵权主要指因"传播"行为导致的侵权。媒体组织或其他传播者的其他行为,包括与传播相关的行为,均不在此概念的内涵中。

传播侵权主要指面向大众的传播,而不是人际传播和组织传播,因此其必须是利用传统大众媒体或网络媒体进行的传播。

传播侵权的主体不局限于媒体组织或其工作人员(如记者),还包括媒体组织之外的其他组织或自然人。

二、传播侵权的外延

(一)传播侵权的内容及其分类

传播侵权中传播内容即信息具有公开性、可理解性:公开意味着其应该是可理解的,可理解意味着所传播的信息的特点是大众化的和具有消除不确定性的功能,两者相辅相成。传播侵权中传播内容这种特点,

决定了非常专业或不易被大众接受的信息,原则上不属于此类侵权的研究范畴,如计算机病毒也是一种信息,也可以被网络广泛传播,但其不是本研究中传播侵权的研究内容。

从司法实践和传播内容而言,传播侵权主要有以下类型:

- 事实类和观点类信息传播侵权

事实类信息包括文字、图像、声音或其组合形式的信息,具备新闻价值与不具备新闻价值的事实类信息,真实或虚假事实类信息;观点信息包括一般性观点意见、学术观点信息。在事实类信息或观点类信息传播过程中经常导致侵害他人合法权益的行为,其典型侵权为新闻传播侵权。

- 个人信息传播侵权

根据《中华人民共和国网络安全法》(下称《网络安全法》)第七十六条第(五)款的规定,个人信息指以电子或者其他方式记录的能够单独或者与其他信息结合识别自然人个人身份的各种信息,包括但不限于自然人的姓名、出生日期、身份证件号码、个人生物识别信息、住址、电话号码等——此类信息的传播是信息社会传播侵权的典型形态。

- 广告传播侵权

指商品经营者或者服务提供者即广告主、广告经营者、广告发布者或代言人通过媒介直接或者间接地介绍自己所推销的商品或者服务的商业广告活动中,侵害他人人格权、财产权、健康权、生命权等合法权益的行为。

- 投资信息传播侵权

特指证券市场虚假陈述。根据《虚假陈述案审理规定》第十七条的规定,证券市场虚假陈述是指"信息披露义务人违反证券法律规定,在证券发行或者交易过程中,对重大事件作出违背事实真相的虚假记载、误导性陈述,或者在披露信息时发生重大遗漏、不正当披露信息的行为",据此定义,由于我国股民数量庞大,虚假陈述是一种典型的利用新媒体(网络)进行的大众传播侵权行为。

- 知识产权客体的传播侵权

其典型侵权形态为文学艺术作品或软件作品传播导致的侵权。而商业秘密、地理标志的传播及域名设立等,也会导致侵权。

从传播受众即传播侵权对象考虑,传播侵权又可分为以下两种:

- 传播受众并非侵权对象的传播侵权

此类传播侵权的客体主要是精神性人格权,如名誉权、肖像权,需要受众知悉、接收相关传播信息后,降低对受害者的社会评价。对其他精神性人格权及知识产权的侵害,也以非受害者本人的受众知悉、接收相关传播信息为条件。

- 传播受众本人为侵权对象的传播侵权

此类传播侵权的客体主要是物质性人格权及财产权益,如:关于药品的虚假广告诱导他人购买劣质、无效药品或劣质、无效医疗服务,从而侵害他人财产权、健康权或生命权;关于虚假、欺诈性投资信息诱导他人进行投资,侵害他人财产权益。

(二)传播侵权的客体

1. 人身权益

传播侵权所侵害的人格权益主要是精神性人格权,包括名誉权、隐私权、个人信息权、荣誉权、姓名权、名称权、肖像权、信用权在内的人格权益。当然,传播活动也会侵犯物质性人格权即自然人的健康权乃至生命权,但主要是因侵犯其名誉权、隐私权而间接侵犯精神健康权,导致精神损害赔偿问题。

2. 财产权益

在传播侵权行为中,所侵害的财产权益包括直接经济损失和间接经济损失。直接经济损失主要有两种:一是因不实传播行为直接导致自然人的消费或投资行为,如不实、虚假广告导致消费者的消费行为,虚假新闻导致上市公司股价下跌,虚假陈述导致投资者在证券投资活动中的交易损失。二是传播活动直接影响法人的经营活动,导致其经济损失,如农夫山泉诉《京华时报》侵权案中,农夫山泉因《京华时报》的报道而被迫撤出北京桶装水市场①。

---

① 2013 年 4 月 10 日至 5 月 7 日期间,《京华时报》持续 28 天以连续 67 个版面、76 篇报道,称农夫山泉"标准不如自来水"。2013 年 7 月 23 日和 8 月 6 日,朝阳法院分别受理了京华时报社诉农夫山泉股份有限公司和农夫山泉股份有限公司诉京华时报社两起名誉权纠纷案。农夫山泉要求《京华时报》停止侵犯其名誉权行为,删除相关系列报道,在《京华时报》和"京华网"连续 30 日公开进行书面道歉并赔偿经济损失 2 亿余元。《京华时报》认为农夫山泉于 2013 年 4 月 12 至 19 日在微博和全国各大媒体发布消息,称《京华时报》报道失实、报社和记者缺失"新闻道德良心"的行为,严重侵害其名誉权,要求农夫山泉在《京华时报》方面指定的媒体版面、规格、位置刊登致歉声明,以消除影响,并象征性赔偿经济损失 1 元。2017 年 6 月,朝阳法院判决驳回《京华时报》的诉讼请求,而农夫山泉也撤回对《京华时报》的起诉。参见:陈俊宏. 重磅! 农夫山泉撤诉与《京华时报》互诉案落幕 [EB/OL]. [2017 - 06 - 26]. http://www. cs. com. cn/xwzx/201706/t20170622_5336396. html.

间接经济损失即因传播行为侵犯人格权,进而导致被侵权人的经济损失,主要有三种:一是被侵权人出现身体健康问题导致的支出。二是被侵权人预期利益的损失,包括正在实现的预期利益,如唐季礼诉《青年时报》案中被告的报道侵犯了原告唐季礼作为影片拍摄的导演所享有的预期收益①,也包括具有财产利益的个人信息权受到侵害而导致的合理预期利益的损失。三是被侵权人因维护自己合法权益而支出的诉讼费用等。

3. 知识产权

知识产权包括人身权和财产权,在民法领域,其日益成为一个独立的部门法;在"新闻侵权"作为媒体传播行为侵权基本概念情况下,知识产权通常不是其研究范围。然而,知识产权容易受到传播活动的侵犯,且《侵权责任法》第二条明确规定该法所称民事权益包括了知识产权,故"传播侵权"的客体应该包括知识产权。当然,相关具体问题的处理还应该受《中华人民共和国著作权法》《中华人民共和国商标法》《中华人民共和国专利法》及其司法解释的调整,这是作为一般法的侵权法与作为特别法的知识产权法的关系处理问题,特别之处在于:传播侵权中适用于人格权与财产权的抗辩事由可能并不适用于知识产权,但这个问题也并非抽象到难以理解。

(三)传播侵权的法律后果主要是民事责任

现代侵权法中的"侵权"(Tort)一词,通常指侵犯法律规定的、私法上的民事权益的不法行为或损害行为,其与违约行为及犯罪行为不同,因此,如前所述,"传播侵权"作为法律概念,主要涉及民法即侵权法领域的问题。但"传播侵权"行为在侵犯私法权益时可能会导致犯罪,如侮辱罪、诽谤罪、编造并传播证券期货交易虚假信息罪、诱骗投资者买卖证券期货合约罪、侵犯著作权罪以及出售、非法提供公民个人信息罪和非法获取公民个人信息罪等。此类犯罪领域的相关问题,并非作为法律概念

---

① 2004年2月3日,《青年时报》第27版上发表了一篇题为《怀着孩子为情跳楼成终身残疾 唐季礼前女友惊爆内幕!》的新闻报道,《成都商报》等媒体进行了转载。寰亚电影有限公司后终止了与唐季礼所在斯坦利电影发行公司的协议(唐作为导演协助寰亚公司拍电影)。唐季礼诉至上海市第一中级人民法院,请求判令相关被告停止侵权,刊登声明向原告赔礼道歉,并共同赔偿其经济损失42.3万元,赔偿精神损害抚慰金100万元。上海一中院后判决青年时报社向唐季礼赔礼道歉、消除影响、恢复名誉,赔偿唐季礼经济损失10.5万元、精神损害抚慰金5万元。参见:上海市第一中级人民法院(2004)民一(初)字第13号民事判决书。

的"传播侵权"的研究对象。

三、传播侵权的特征

（一）媒介工具性

不同于人际传播或组织传播,本研究的"传播侵权"中的传播是使用媒介的传播,是使用媒介进行传播导致的侵权。当然,组织传播中也可能会使用媒介,在此情形下,可能与本研究中的传播有重合之处。

（二）属于非物理接触性的"软侵权"

本研究中的"传播侵权"行为,其典型过程有三个阶段:通过传统大众媒体或网络媒体(含自媒体)传播各类信息—作用于受害者的思维、精神、情感和情绪—侵害上述各种权益。在此过程中,其对受害者的侵害不是直接物理性接触导致,而是必须通过信息传播进行,在此意义上,与其说传播侵权通过使用媒介进行,不如说经使用"信息"进行。

需要强调的是,有一种传播侵权,其使用信息网络,而且针对不确定的受众,但此类侵权并不经过作用于受害者的思维、精神、情感和情绪而侵害他人合法权益,而是直接导致受害者财产损失,即黑客或计算机病毒对他人计算机系统软件与硬件的侵害。由于传播内容并不具备可理解性和消除不确定性功能,目前此类主要属于由刑法和行政法规制的侵权,尚未进入传播侵权或侵权法的研究视野。

（三）侵权客体广泛性

如前所述,传播侵权的客体包括《中华人民共和国民法总则》(下称《民法总则》)列举的民事权益的大部分,是各类侵权中侵害客体最为广泛的一类侵权。

（四）侵权对象的单一性与广泛性并存

传播侵权中,在侵害名誉权、隐私权、姓名权、名称权、肖像权、荣誉权等精神性人格权的情形下,尽管传播对象是广泛的,但侵权对象是单一的,如传播一个人的隐私,信息接受者可能成千上万,但受害者可能往往只有一人或极少数人。

但在侵害客体为财产权益时,侵害对象可能非常广泛。如侵害个人信息权时,被泄露的个人信息可能非常多;在虚假广告侵权时,侵害对象也是非常广泛的广告信息接受者。

（五）包含了一般侵权和特殊侵权

从适用的归责原则而言，与其他单一侵权类型不同，传播侵权是一种包括过错原则和过错推定、无过错原则的大的侵权类型，即混合性侵权类型。

四、传播侵权与新闻侵权、媒体（介）侵权的关系：包含关系

由上述对"传播侵权"内涵、外延与特性的归纳，与"新闻侵权""媒体（介）侵权"概念相比，可以看出：其侵权类型远超过后者下的类型；其侵权客体不仅包括后者下的人格权，还包括后者没有的财产权益和知识产权；其五大特性中，前四种特性即媒介工具性、属于非物理接触性的"软侵权"、侵权客体广泛性（前者比后者宽）和侵权对象的单一性与广泛性并存，是两者共有的，但前者包括一般侵权和特殊侵权，后者则只是一般侵权——因此，"传播侵权"与"新闻侵权""媒体（介）侵权"的关系是包含关系。

需要强调的是：虽然"传播侵权"与"新闻侵权""媒体（介）侵权"在内涵与外延上是包含关系，但正如本章前三节所述，这并不说明后者作为概念存在的科学性和必要性。

结论："传播侵权"——学术概念与法律概念互为前提

媒体传播行为侵权此前概念界定的非科学性，是媒体传播行为侵权未能在《侵权责任法》中单列规制的直接原因之一；而概念不能法律化，也不利于学术交流中科学、统一的基本概念的形成。在此问题上，科学的概念既是入法的前提，又因入法而确定，这是一个循环的逻辑。所以，此类侵权行为的概念界定问题，表面上是一个学术问题，实际上不可能回避学术概念向法律概念的转化即法律化问题。

认识的历史列车总是差之毫厘，谬以千里。在对媒体传播行为侵权的概念界定中，无论是从侵权内容进行界定的、有较长使用历史和较广泛接受度的"新闻侵权"，还是21世纪以来开始使用的"媒体（介）侵权"，均明显偏离了从行为角度进行科学界定的轨道，而新媒体的发展及相关侵权诉讼的实践，更加凸显其非科学性，所以，对媒体传播行为侵权

进行更为科学、能够入法的概念界定,不仅必要而且可能。

"传播侵权"并非十全十美,但此概念是从行为角度对媒体传播行为侵权进行的科学概念界定,其不仅无语法问题,且涵盖广泛,可对应新媒体传播侵权及相关诉讼实践的特点。至少,其比"新闻侵权"和"媒体(介)侵权"更为科学、合理。

第二章　传播侵权归责原则

"新闻侵权"和"媒体(介)侵权"概念下的侵害客体主要是精神性人格权,所以,其适用的归责原则是过错责任原则,相应的研究焦点也聚焦于适用过错原则的传播侵权。传播侵权的客体包括精神性人格权、物质性人格权、知识产权和财产权益,所以,作为一种混合性侵权,其适用的归责原则不可能与其他单一侵权类型相同,即传播侵权适用的归责原则包括过错责任原则和过错推定原则、无过错原则。

第一节　传播侵害人格权适用归责原则的理论及其争议

对于人格权的侵害适用过错归责原则,在我国学界和司法界并无异议。然而,由于种种原因,传播侵害人格权的归责原则,在我国是有分歧的。

一、传播侵权归责原则的重要性

在侵权法中,归责原则是灵魂。同样,在传播侵权中,几乎所有的问题都从这个灵魂开始。

归责的基本含义是确定责任的归属,指"负担行为之结果,对受害人言,即填补其所受之损害"①,是"决定侵权行为所造成的损害结果的赔偿责任的归属,即拉伦茨所说的负担行为之结果,或者称之为决定何人对侵权行为的损害结果负担赔偿责任",而其核心是"决定任何人对侵权行为的结果负担责任时应依据的标准,这种标准是某种特定的法律价值判断因素"②。总之,归责的含义为"在行为人因其行为或者物件致他人

---

① 王泽鉴.民法学说与判例研究(5)[M].北京:中国政法大学出版社,1987:272.
② 杨立新.侵权法论[M].北京:人民法院出版社,2011:122.

损害的事实发生以后,应依何种根据使之负责,此种根据体现了法律的判断价值,即法律应以行为人的过错还是应以发生的损害结果,抑或以公平等作为价值判断标准,而使行为人承担侵权责任"①。

在民法学者看来,归责原则是侵权责任法的精髓,其意义体现在:第一,强调侵权责任人承担责任的依据与基础。第二,归责原则确定了侵权责任构成要件。在各种归责原则下,损害与因果关系都是核心要件;在过错责任归责原则中,过错是责任必不可少的构成要件;在无过错责任归责原则中,过错就不是责任构成要件。第三,归责原则确定了不同的免责事由。第四,归责原则是构建侵权责任法内容和体系的支柱②。而且,法官掌握了这个基本原则,可以将千差万别的纠纷与案件归纳为不同的类型,用不同的归责原则去处理,任何棘手的案件都能找出正确的处理方法。

侵权归责原则最重要的实践意义还是体现在诉讼中。在传播侵权诉讼中,各种案件纷繁复杂,尤其是在新媒体环境下,许多纠纷很难引用现行的法律规定来解决。然而,如果能严格遵循过错归责原则,就能纲举目张,正确、准确地区分权利与义务,划清责任归属,充分保护公民和法人的合法权益,维护正当的传播秩序。这不仅是正确适用侵权法,而且是维护宪法规定的言论自由和公民知情权、监督权的前提,其意义是根本性的。

二、传播侵害人格权损害赔偿归责原则的理论分歧

传播侵害人格权的归责原则,在我国既有过错责任原则,也有其他主张。

(一)传播侵害人格权归责原则的理论主流:过错责任原则

1. 主流观点

在国外法学界,极少见到对传播侵权的归责原则进行专门研究,在国内民法学界这种研究则很多,而且侵害人格权的传播侵权是一般侵权,适用过错责任原则已成为通说。我国著名民法学家王利明就认为:"传播侵权是一般侵权行为,应当以过错为构成侵权的必要条件,实行的是过错责任原则。"③侵权法专家杨立新持相同观点:"名誉权责任的归

① 王利明.侵权责任法研究(上)[M].北京:中国人民大学出版社,2011:184.
② 王利明.侵权责任法研究(上)[M].北京:中国人民大学出版社,2011:185-186.
③ 王利明.中国民法典学者建议稿及立法理由·侵权行为篇[M].北京:法律出版社,2005:79.

责原则,是过错责任原则,不适用过错推定原则、无过错原则和公平责任原则。因而,构成侵害名誉权责任,必须具有主观过错的要件,并且须有受害人证明。"①而张新宝教授也认为:"无论是发生在出版物、电视或广播节目中的侵害名誉权、隐私权案件,还是媒体或其从业人员作为侵害名誉权、隐私权等案件之加害人的案件,在构成要件、归责原则甚至抗辩事由等方面都没有特殊性。"②

2. 修正的主流观点

修正的主流观点又分为两种:

第一种,应视原告为公众人物还是普通人物来适用归责原则:对普通人名誉保护应适用过失责任,对公众人物的名誉保护应适用重大过失责任③。

该观点主要从媒体的注意义务出发,认为:在我国公共生活的其他领域,媒体因其正确报道而承担侵权责任的事例并不鲜见。例如,在揭露中国足球黑幕的进程中,就出现相关媒体向报道对象进行赔偿和赔礼道歉,之后报道对象又被提起刑事调查的情况④。媒体因其工作特点而难以在严苛的司法程序中充分举证,这使得本来有污点的当事人反而肆无忌惮。而对"可以理解的误伤"予以宽恕,则是对媒体工作特点的理解,是对其抢时间维护公众信息利益的表彰。重大过失责任意味着责任标准的提高,不是违反"一个有经验的正派的和谨慎的记者"的注意,而是违反一个记者平常或起码应尽的注意才会导致的责任。一旦媒体事实上进行了调查,这种调查是否充分应做有利于媒体的推定。通常,只有两种情况被告才对错误陈述负有责任,即对轻易可得的信息无动于衷,或在调查和信息拣选上呈现出一定的倾向性(包括依靠可信度不高的消息源时没有说明)⑤。媒体的声望恰恰来自于反应迅速,这也就大大增加了失实的风险,对于这一风险法律必须予以限制,以鼓励媒体的进取心。只有重大过失责任才能确保媒体在报道总体真实或做出必要猜测时免于责任,从而保持监督公共生活的进取心。

在新闻侵权案件中,对于普通人与公众人物的名誉保护应加以区别对待的理由在于:普通人因其不具公共影响力而有权保有更加完整的私

---

① 杨立新. 类型侵权行为法研究[M]. 北京:人民法院出版社,2006:133.
② 张新宝. "新闻(媒体)侵权"否认说[J]. 中国法学,2008(6):184.
③ 刘文杰. 论新闻侵权的归责原则[J]. 环球法律评论,2010(4):36-46.
④ 李承鹏,刘晓新,吴策力. 中国足球黑幕[M]. 南京:江苏人民出版社,2010:117.
⑤ Harte-Hanks Communications, Inc. v. Connaughton,109S. Ct. 2678(1989).

人生活,名誉利益则是私人生活的核心组成部分;公众人物因其对公共事件的主动参与和重要影响而有义务让出更多的名誉利益,这是对公众人物参与乃至主导的公共事件展开讨论的前提。一般原则应当是,越是掌握了话语权力,越是应该较少受到名誉侵权法的保护。

第二种,对传播侵权诉讼坚持过错原则,但反对区分原告的身份适用一般过错或重大过错原则,而认为对过错的认定应该采行为路径,以被告的客观行为判断过错的有无。该观点认为,1993 年最高人民法院《解答》选择以损害结果判断过错有无,名曰实行过错归责原则,实则采用淘汰已久的原始客观归责,表达自由沦为名誉保护的牺牲品,无从实现二者的适度平衡。中美两国的法律文化、宪法秩序迥然不同,"自由至上"与"私权平等"两种理念格格不入,故公众人物理论绝非合适的借鉴对象。况且,在互联网迅猛发展,几乎人人都可以成为信息发布者的今天,以公众人物利用媒体机会更多为正当性基础而建构的公众人物理论是否仍有合理性与现实性亦不无疑问。相形之下,英国《人权法案》与我国《宪法》立场一致,均规定平等保护表达自由、个人名誉两项基本权利,从而奠定我国借鉴英国"雷诺兹特权"的先决条件①。

(二)传播侵害人格权归责原则的其他主张

1.过错推定

推定是"由法律规定或者由法院按照经验法则,从已知的前提事实推断未知的结果事实的存在,并允许当事人举证推翻的一种证据法则"②。过错推定就是"在损害事实发生后,基于某种客观事实或条件而推定行为人具有过失,从而减轻或者免除受害人对过失的证明责任,并由被推定者证明自己没有过失的规则。在诉讼过程中,如果受害人能够举证证明损害事实、违法行为和因果关系三个要件,加害人不能证明对于损害的发生自己没有过错,则从损害事实本身推定加害人在致人损害的行为中存在过错,并承担相关责任"③。

持这种观点的学者经考察发现:在"新闻侵犯名誉权"之类的传播侵权诉讼中,绝大部分案件适用过错推定归责原则,原告只需提供有不利

---

① 靳羽."公众人物"理论实证考察与名誉侵权过错判断路径检讨[J].政治与法律,2013(8):129－138.
② 江伟.证据法学[M].北京:法律出版社,1995:214.
③ 程啸,张发靖.现代侵权行为法中过错责任原则的发展[J].当代法学,2006(1):89.

于自己内容的已发表作品,即可立案;而"内容真实""没有过错"的举证责任均由被告承担。如果传播者不能证实新闻内容真实,就推定过错存在,承担败诉责任。该学者认为这种情况是有依据的:第一,主张消极事实者不承担证明责任,主张积极事实者承担证明责任,而目前名誉权诉讼中适用过错责任原则与此证据规则不符;在传播侵权中,作品的传播需经过采访、写作、编辑、校对、印刷等环节,任何一个环节有误都可能对特定人造成侵害,而受害人无从了解这些环节及过程,让其承担证明哪个环节出错的责任不合理;新闻传播者"了解行为发生过程,清楚自己应尽何种注意义务,掌握刊播过程中的证据材料,其离证据比原告近"。第二,如果要求原告证明未发生事项,其会陷于自证清白的境地。第三,社会要求新闻媒介承担更高的注意义务①。

2. 区分民事责任财产性和非财产性承担方式,过错原则、无过错原则、过错推定原则结合适用②

该观点认为,依据我国《中华人民共和国民法通则》(下称《民法通则》)的规定,一般侵权行为应适用过错责任原则。"新闻侵权"未被列入特殊侵权行为之列,应视为一般侵权行为。这就在事实上出现了一个矛盾,即当侵权行为人主观上没有过错时,即使由于侵权行为人的侵权行为给被侵权人造成损害,被侵权人依法律规定则不能请求侵权行为人承担民事责任。而事实上此时侵权行为人主观上没有过错并不阻却被侵权人请求侵权行为人停止侵害,消除影响,恢复名誉等非财产性民事责任的承担。所以,该观点主张将民事责任承担方式区分为财产性和非财产性,来确定传播侵权的归责原则:

对于被侵害人所请求的非财产性民事责任承担方式,应适用无过错责任原则,即不问行为人主观是否有过错,只要其行为与损害后果间存在因果关系,就应承担民事责任的归责原则。

对于财产性民事责任承担方式的归责原则:①对侵害名誉权、隐私权、肖像权、姓名权、名称权、信用权的传播过程中行为,适用过错责任原则。②对于传播侵害他人隐私权和著作权的行为,认为应适用过错推定责任原则。这样就在无形中加大了新闻机构和自然人的责任,可能导致

① 张鸿霞. 新闻侵犯名誉权案实行过错责任原则质疑[J]. 国际新闻界,2010(10):26 – 32.
② 邱平荣,朱明飞. 新闻侵权及其归责原则初探[J]. 政治与法律,2003(6):45 – 54.

限制言论自由,甚至阻碍信息的交流与传播,阻碍社会的进步与发展。所以这里的过错推定责任原则是一般过错推定责任:只要新闻机构或自然人能够证明损害不是由其过错所致,就应当减轻或免除其责任。

第二节 传播侵害人格权适用过错责任的法律规定及实践

在大陆法系或成文法国家,法官虽然可以弥补法律漏洞,但却不可以造法,更不能违背法律。关于侵害人格权的传播侵权诉讼中的归责原则,各国法律或判例均采过错责任原则。

一、大陆法系传播侵害人格权适用过错责任的相关法律

首先必须强调:大陆法系国家的民法典对过错推定下侵权行为均进行了列举,均不包括针对人格权在内的传播侵权。

《法国民法典》没有规定名誉权等人格权,但19世纪初其法院对第1382条"基于过咎(Faute)行为导致他人损害,应负赔偿责任"规定中的"损害"进行了扩大解释,适用到人格权纠纷中,但"受害人要获得赔偿,应证明侵害人具有过错和有损害事实"[1]。

《德国民法典》最初也没有确立一般人格权和名誉权,但"二战"后司法实践将其第823条"因故意或过失不法侵害他人的生命、身体、健康、自由、所有权或其他权利者,对被害人负损害赔偿的义务"中的"其他权利"扩张于人格权,也即包括名誉侵权在内的传播侵权适用过错责任[2]。

二、英美法系传播侵害人格权归责原则的法律传统及演进

(一)英国传播侵害人格权适用严格责任的法律传统及实践演进

1.英国传播侵害人格权适用严格责任的法律传统

早期的普通法中有大量材料表明,存在着"言论自由优于名誉保护"原则。18世纪末,英国议会通过了《福克斯诽谤法》,确立了由陪审团而不是法官决定言辞是否具有诽谤性的原则,这里,原告需要证明言辞为虚假、被告有恶意以及传播造成了损害。换言之,早期的英国名誉侵权

---

① 王利明.人格权法研究[M].北京:中国人民大学出版社,2012:465.
② 王泽鉴.民法学说与判例研究(1)[M].北京:中国政法大学出版社,1998:42-45.

法更倾向于过错责任的归责方式①。

然而，到了19世纪和20世纪，面对日益发展的大众传媒，普通法被加以改造，以应对传播渠道扩展给上流社会带来的威胁。维多利亚女王时代的英国是一个绅士治下的社会，社会政治和法律生活存在于名流俱乐部中。包括法官在内的社会上层秉持这样的观念：对于一位绅士来说，名誉就是他的社会价值，侵害了他的名誉，就是毁掉他的社会存在，因此，对名誉损失必须无条件地以金钱赔偿来弥补。于是，诽谤之诉成了一种用来确定原告是否是真正的绅士的方法。为帮助上流社会人士恢复名誉，法院创设了一系列"推定"，推定任何指摘必定是虚假的，是出于恶意而发布的，会造成严重名誉损害。这些推定的实际效果就是证明责任的倒置，风险转移给了传播者（特别是刚刚出现的大众传媒）。于是，一种严重向名誉保护倾斜、置言论自由于次要地位的法律在英国社会出现②。所以，近200年来，在英国及英联邦国家，包括新闻侵权在内的名誉侵权一直适用严格责任③。

在严格责任的适用中，原告无须证明被告的过错，而只需提供指向原告的诽谤性传播内容已公开④。可以看出，在英美法系的严格责任下，大陆法系中要求的过错与非法均无须证明。

2.英国传播侵害人格权归责原则的实践演变

英国19世纪和20世纪在传播侵权诉讼中适用的严格责任，被新旧世纪之交的两个判例进行了根本改变。

第一个案例是雷诺兹（Reynolds）诉《泰晤士报》侵害名誉权案⑤。该案中，《泰晤士报》在初审程序中以本案所涉报道为政治性报道，关乎公

①② Robertson G，Nicol A. Media Law[M]. 5th ed. Blyford，Suffolk：Penguin Books，2008：96.
③ Fleming J G. The Law of Torts[M]. 9th ed. Sydney：LawBook Company，1998：595.
④ 萨莉·斯皮尔伯利.媒体法[M].周文，译.武汉：武汉大学出版社，2004：66.
⑤ 1994年11月17日，在一次政治危机后，雷诺兹辞去其担任的爱尔兰总理及其所在政党的领导职务。11月20日，《泰晤士报》英国版和爱尔兰版均刊登雷诺兹辞职事件的长篇调查性报道。其中，英国版以《别了，放高利贷者》为标题刊登了一整版的报道，爱尔兰版以《为何一个撒谎成性的人难以证明其作为爱尔兰和平缔造者的重要性》为标题刊登了长达3版的报道。以上两篇报道均对雷诺兹持批评立场，但爱尔兰版详尽报道了事件全过程，英国版则略去了部分重要内容，特别是对雷诺兹本人在议会下院的辩护性声明未置一词。雷诺兹对英国版的报道极为不满，认为该报道将其描述为一个处心积虑且不诚信地误导爱尔兰议会联合政府成员特别是其政治盟友的人，内容严重失实，遂针对报纸编辑及文章作者提起诽谤之诉。参见：Reynolds v. Times Newspapers Ltd.[1998]3 All ER 961，[1999]3 WLR 1010.

共利益为由,援用相对免责特权进行抗辩。初审法院认为,现行反诽谤法并未规定所有涉及公共利益的报道均可以援用相对免责特权而加以保护。虽然雷诺兹辞职的消息因事关北爱尔兰和平进程而与公共利益有关,公众有权知悉,但是《泰晤士报》英国版的报道存在明显瑕疵,爱尔兰政府新闻官员曾经告诉该报记者,雷诺兹将会在议会下院回应所有对他的攻击之词,《泰晤士报》爱尔兰版翔实报道了雷诺兹的回应声明,英国版却只字不提,显然,这样的报道既不公正也不准确,会对英国读者产生误导,所以尽管原告不能证明被告主观存在过错,但被告不能据此免责,只不过仅需承担1便士的象征性赔偿①。初审宣判后,双方均提起上诉,上诉法院和上议院均维持原判。

尽管雷诺兹案判决媒体败诉,似乎延续伦敦"世界诽谤之都"(The Libel Capital of the World)的称号,但是归纳梳理该案三审判决书,特别是上议院李启新(Lord Nicholls of Birkenhead)大法官②主笔的终审判决,明显折射出英国诽谤法的变革动向。李启新大法官主要从两个角度阐述其判决理由:首先,个人名誉与表达自由同等重要,二者应当兼顾。其次,援用相对免责特权的两项前提条件是"公共利益"和"负责任报道"③。

"雷诺兹特权"旨在实现两项基本权利间的适度平衡,因此其所采法律技术亦以均衡性为基本特色。虽然"负责任报道"限制公共利益的适用,以保护个人名誉,但最重要的是该案归责原则从严格责任转向过错原则,三审判决均认为被告过错是侵权责任成立的要件,并要求原告对此承担举证责任。

雷诺兹案以后,虽然部分判例曾经偏离雷诺兹特权的意旨,但自2006年上议院于贾米尔(Jameel)④案对其予以重申后,英国至今再无背离雷诺兹案的判例。在该案中,初审及上诉法庭均否认被告《华尔街时报》享有雷诺兹抗辩,最主要的理由是,由于记者的消息源(美国和沙特情报界人员)均为匿名,不可求证,因此报纸应当隐去原告贾米尔的名

---

① 参见:Reynolds v. Times Newspapers Ltd. [1998] 3 All ER 961,[1999] 3 WLR 1010.

② Lord Nicholls of Birkenhead 曾在香港担任大法官,取中文姓名"李启新"。参见:魏永征,白净.从沙利文原则到雷诺兹特权[J].新闻记者,2007(8):45.

③ Reynolds v. Times Newspapers Ltd. [1999] 4 All ER 609,[1999] 3 WLR 1010. Judgment By &1:Lord Nicholls of Birkenhead.

④ Jameel v. Wall Street Journal Europe Sprl[2006] UKHL 44.

字,代之以"一位有名的沙特商人"。案件打到英国上议院,大法官们推翻了下级法院的判决,认为文章是有分寸的、中立的,报道事项涉及公共利益,简而言之正是雷诺兹抗辩要保护的对象。霍夫曼勋爵指出,将原告的名字加以披露是报道的重要部分,唯此才能显示与美国财政部合作的不限于处在沙特社会边缘的小公司,而是包括处于该国商业核心的那些公司,用"沙特的大公司"这样的概括化表述等于什么都没说,起不到服务文章主题的作用。

Jameel 案实际上提出了一项新的"三步检验法",即:报道的主题是否关乎公共利益——如果是,将诽谤性陈述纳入报道是否正当——如果是,获取和公布材料的做法是否公允和负责任的。上议院特别指出,法官不得以自己的悠然和事后判断去妄度出自繁忙的新闻界的决定。撰写了雷诺兹案判决意见的宾海姆勋爵指出:如果没有证据显示这种判断是随意、漫不经心和马马虎虎的,就应尊重记者和编辑的职业判断。这就是说,除非原告证明被告出于一种不负责任的态度,否则严肃的调查性报道即享有公共利益抗辩。

Jameel 案的意义在于:法院走下了"超级编审"的神坛,对一桩事件报道还是不报道、内容的可信度是否足够的决定权回到媒体之手①。Jameel 案引领英国新闻侵权法进一步走向过错责任。该案明示:媒体报道在涉及公共利益事项上只在有过错的情况下才负责任。

(二)美国:区分公众人物与普通人的归责原则

Sullivan 案之前,美国绝大多数州的诽谤法与英国相同,采普通法下的严格责任原则。普通法中的举证责任被划分为两个层次,分别是提供证据的责任(Burden of Production)和说服责任(Burden of Persuasion)②。依据传统诽谤法,原告提起诽谤之诉仅需提供被告进行诽谤性陈述初步证据,而无须承担说服责任即证明被告陈述不实的责任;与之相对,被告则须就其真实性抗辩承担说服责任,否则,陪审团可据此裁定诽谤成立,这实际上采取了"推定虚假"(Presumed Falsity)法律技术③:行为人陈述的虚假性并非诽谤要件,而是将具有名誉毁损性的陈述一概推定为虚伪

---

① 刘文杰.论新闻侵权的归责原则[J].环球法律评论,2010(4):36-46.

② 齐树洁.美国证据法专论[M].厦门:厦门大学出版社,2011:98-100.

③ 参见:Zelezny J D. Cases in Communications Law:Liberties, Restraints & the Modern Media[M].4th ed. San Francisco:Wadsworth Pub. Co. ,2004:131.

不实,再允许被告证明其陈述为真实的反证,争取免于受罚,至于被告对虚伪陈述是否有过错在所不问①。

自 Sullivan 案起,原告是公众人物的诽谤案件归责原则改采过错责任原则:当属于公众人物的原告提起诽谤之诉时,应适用真实恶意(Actual Malice)法则,即原告只有在以明确而令人信服的证据证明被告明知报道不实或根本不在乎其真伪时,该被告才须承担推定及惩罚性损害赔偿责任(Presumed and Punitive Damages)②。在此案以后 10 年司法实践中,"实质恶意原则"的适用范围延伸到刑事诉讼和涉及公众人物、公共利益的案件。

1974 年的"杰茨诉罗伯特·韦尔奇案"确立一个原则:普通公民获得赔偿,只需证明新闻传播者存在疏忽大意即可③。

以后,美国联邦最高法院的判例确立了这个原则:首先,无论身份,都由原告对报道事实的失实负证明责任④;对实质恶意由公众人物、公务人员承担证明责任,对过失由普通民众承担证明责任⑤。

美国侵权法承袭英国,认为过错的核心意义在于违反注意义务,所谓注意义务是指当事人之间,为他人之利益而负担一项法律义务,就特定行为需符合该项义务所要求之标准⑥。过错并非行为人主观上未尽注意义务,而是以理性人之标准,考量行为人为避免损害发生所需支付的成本,侵害行为引起损害的可能性及损害发生的严重性,而对行为人的

---

① 张金玺.论美国诽谤法之类型化归责体系[J].国际新闻界,2012(8):76.

② New York Times v. Sullivan,376 U. S. 280(1964).

③ 在该案中,一名警察开枪打死了一名少年,死者家属聘请律师杰茨代理他们提起民事诉讼,要求该警察做出赔偿。其间,《美国舆论》杂志发表了一篇文章,称杰茨是为了帮助共和党夺取合众国政权而充当破坏司法的同谋,并诬陷杰茨有犯罪记录。官司最后打到联邦最高法院。在联邦最高法院的判决中,在肯定唯有媒体的故意才能导致惩罚性赔偿的同时,还授权各州法院可以自行确定标准,"只需满足更为宽松的证据要求即可追究出版者或广播者的责任"。参见:唐纳德·M.吉尔摩,杰罗姆·A.巴龙,托德·F.西蒙.美国大众传播法:判例评析[M].第六版.梁宁,等,译.北京:清华大学出版社,2002:193.

④ 唐纳德·M.吉尔摩,杰罗姆·A.巴龙,托德·F.西蒙.美国大众传播法:判例评析[M].第六版.梁宁,等,译.北京:清华大学出版社,2002:168 – 170.

⑤ 唐纳德·M.吉尔摩,杰罗姆·A.巴龙,托德·F.西蒙.美国大众传播法:判例评析[M].第六版.梁宁,等,译.北京:清华大学出版社,2002:200.

⑥ Keeton W P. Prosser and Keeton on Torts[M]. 5th ed. Minnesota:West Publishing Co.,1984:356 – 359.

行为进行客观评价①。以此而论,公众人物理论认定过错是采行为判断路径,根据被告的客观行为,判断其过错之有无以及严重程度。

美国《侵权行为法(第二次)重述》巩固了联邦最高法院的相关判例,根据其第580条A、B款的规定,对于公众人物和公职人员,诽谤责任的构成要求加害人有故意或鲁莽的过错;对于一般人的诽谤责任,故意、鲁莽的过错和一般过失均可构成。这说明:立法对包括传播侵权在内的诽谤责任构成采用的是过错责任原则。

三、我国传播侵害人格权适用过错责任的法律规定及司法实践

(一)我国传播侵害人格权适用过错责任的法律规定

关于包括名誉权侵权在内的传播侵权的归责原则,我国相关法律有明确规定。

我国《民法通则》第106条第2款对一般侵权比较笼统地确立了过错责任原则。1993年,最高人民法院《解答》第七条"是否构成侵害名誉权责任,应当根据受害人确有名誉被损害的事实、行为人行为违法、违法行为与损害后果之间有因果关系、行为人主观上有过错来认定"的规定,虽然只针对名誉权侵权,但对于其他人格权的传播侵权也类推适用。2002年,《最高人民法院关于民事诉讼证据的若干规定》(下称《民事证据规定》)列举的适用过错推定的侵权行为中,不包括传播侵权。而自2010年7月1日生效的《侵权责任法》对过错推定侵权行为的列举,也不包括传播侵权。

同时,涉及"传播侵权"的其他规范性司法解释和一系列关于名誉权的批复性意见②,以及《最高人民法院公报》发布的案例中,均没有传播侵害人格权益适用过错推定或无过错责任原则的规定。

显然,从法律到司法解释,从立法到司法,传播侵权的归责原则都是过错责任原则③。

当然,对于网络(传播)侵权,有观点认为,《侵权责任法》第三十六

---

① 邱聪智.从侵权行为归责原理之变动论危险责任之构成[M].北京:中国人民大学出版社,2006:38-39.
② 这些批复的文号分别为:1993年8月14日第130081号、1995年1月9日第228758号、1996年12月10日第130083号、1999年11月27日第129886号。
③ 罗斌,宋素红.新闻诽谤归责原则及证明责任研究[J].国际新闻界,2010(10):125.

条第一款"网络用户、网络服务提供者利用网络侵害他人民事权益的,应当承担侵权责任"的规定,似乎并没有明确应该适用的归责原则,因为:如果网络(传播)侵权适用过错归责原则,则应当与《侵权责任法》第六条的"行为人因过错侵害他人民事权益,应当承担侵权责任"相似,即应当有"因过错"三字,而《侵权责任法》第三十六条第一款既然没有此规定,则不能说网络(传播)侵权适用过错归责原则。相反,既然关于网络(传播)侵权放在第四章即"关于责任主体的特殊规定"一章中进行规制,而本章规定的侵权行为多适用过错推定与无过错归责原则,所以网络(传播)侵权适用特殊归责原则的意味更浓。然而,这种观点是一种误解:①《侵权责任法》第三十六条第三款"网络服务提供者知道网络用户利用其网络服务侵害他人民事权益,未采取必要措施的,与该网络用户承担连带责任"中"知道"的规定,明显采纳的是过错原则,当然,这里只明确针对网络服务提供者,但对网络用户也一样。②最高人民法院《信息网络侵害人身权益规定》第十条"人民法院认定网络用户或者网络服务提供者转载网络信息行为的过错及其程度,应当综合以下因素……"的规定,明了了网络传播侵权适用过错责任归责原则,当然,这里只明确针对人身权益的侵害。

总之,在网络传播侵权中,针对人身权益的侵权行为,法律和司法解释已明确规定适用过错归责原则。

(二)我国传播侵害人格权适用过错责任的司法实践

1.《侵权责任法》生效之前大部分案件适用的是过错推定归责原则

最高人民法院《解答》第七条虽然明确了名誉权侵权案件适用过错归责原则,但在《侵权责任法》生效之前的司法实践中,大部分案件适用的是过错推定归责原则。

有学者从北大法意"中国司法案例库"及各种媒体上收集了自《民法通则》生效至2009年期间的267个相关案例,其中176个案件因事实清楚等原因,不在考察范围。另外91个没有证据或证据不足的案件中,适用过错责任的有3起,占3.3%;适用过错推定原则的有86起,占94.5%;适用无过错责任,只要内容失实就判被告承担责任、不考虑主观过错的有2起,占2.2%①。因此,在"新闻侵犯名誉权"之类的传播侵权诉讼中,绝

---

① 张鸿霞.新闻侵犯名誉权案实行过错责任原则质疑[J].国际新闻界,2010(10):27.

大部分案件适用过错推定归责原则。

2.《侵权责任法》生效之后遵循过错责任归责原则

《侵权责任法》和最高人民法院《关于适用〈中华人民共和国民事诉讼〉的解释》生效之后,司法实践的错误得到纠正,对侵害人格权的传播侵权诉讼普遍遵循过错归责原则(下文详述)。

第三节 传播侵害人格权诉讼适用过错责任的理论依据

在现代侵权法体系中,侵权行为类型化也是以归责原则为准则进行的,也就是说,在千差万别、纷繁复杂的民事侵权诉讼中,当法官接手案件时,首先要确定案件类型及统帅此类案件的归责原则,准确划分案件类型、确定民事侵权案件的归责原则,这是法官适用侵权法制裁违法行为、保护当事人合法权益的前提与关键。相反,如果法官不能正确地确定归责原则,就不可能正确适用法律以达到公平正义,错案难免发生。而对名誉权、隐私权等精神性人格权在内的传播侵权适用过错责任原则,是现代侵权法的基本原则。

一、近代侵权法确立的过错责任原则有利于保障言论自由

在侵权责任法的发展历史中,归责经历了从原始客观归责到主观归责的扬弃过程。在罗马法以前的古代侵权法中,实行以同态复仇,责任与损害紧密相连,是结果责任主义;罗马法时代出现过错责任;12 世纪,罗马法学者提出,过失应当作为赔偿责任的要件。而 1804 年的《法国民法典》第 1382 条"基于过咎(Faute)行为导致他人损害,应负赔偿责任"的规定,正式确立侵权法一般归责原则。以后,《德国民法典》《日本民法典》等,均采用过错责任原则。

主观归责取代客观归责,过错责任取代结果责任原则,不仅是法律文明的进步,也代表着人类社会文明的进步,原因在于其极大地促进了市场经济的发展,充分保护了人的行为自由和尊严。台湾著名民法学家王泽鉴认为,过错责任原则之所以成为侵权法的基本归责任原则,源于道德观念、社会价值和人的尊严[1]。的确,人在进行社会活动时,如果对

---

① 王泽鉴. 侵权行为法(第一册)[M]. 北京:中国政法大学出版社,2001:13 – 14.

在任何情况下所致损害均需担责,则行为自由将受极大限制,而"一个人通常是在其意志支配下实施一定的行为的,因此,只有在行为人有过错的情形下要求他承担侵权责任,才符合人的自由意志"①。所以,正如德国学者耶林指出:"使人负损害赔偿的,不是因为损害,而是因为有过失,其道理就如同化学上之原则,使蜡烛燃烧的,不是光,而是氧,一般的浅显明白。"②从这个角度来说,过错责任原则维护了人类的行为自由,是市场经济不可或缺的支撑。

就普通公民的使用媒体进行传播活动而言,由于网络媒体的普及,此类活动已成为公民日常生活不可或缺的一部分,如果在其没有过错的情况下使其承担责任,则无论对国家、司法或社会,都不堪承受之重。

就专业新闻传播活动而言,传播者在其自由意志支配下进行新闻传播活动,所以,只有在其有过错的情况下使其承担责任,才符合一般侵权的构成要件及侵权法的意旨。新闻采访的规律及"船头瞭望者"的社会角色,赋予新闻媒体及记者广泛的采访自由,而如果其在既没有故意也没有过失的情况下,即在尽到职业注意义务的情况下,一旦发生报道失实或报道内容真伪不明,即被推定有过错,显然对其不公平,损害的不仅是新闻媒体或记者的个体自由,还有整个社会的言论自由。一旦发生报道失实或报道内容真伪不明,即被推定有过错,损害的不仅是新闻媒体或记者的个体自由,还有整个社会的言论自由③。

二、过错推定原则、无过错责任原则与传播侵害人格权诉讼毫无关联

(一)过错推定原则与传播侵害人格权诉讼无关联

过错推定原则的理论由 17 世纪法官多马特创造,其提出代理人的责任、动物致害责任和建筑物致害责任,应采取推定过错的方式来确定责任④。但 1804 年,《法国民法典》才对该原则正式予以规定,该法典第 1384 条规定:"任何人不仅对自己行为所造成的损害,而且对应由其负责的他人的行为或在其管理下的对象所造成的损害,均应负赔偿责任。"1925 年法国最高法院在一起判例中明确指出:民法典第 1384 条确定了

---

① 王利明.侵权行为法研究[M].北京:中国人民大学出版社,2004:220.
② 王泽鉴.民法学说与判例研究(2)[M].北京:中国政法大学出版社,1998:144 - 145.
③ 罗斌,宋素红.新闻诽谤归责原则与证明责任研究[J].国际新闻界,2011(2):122.
④ 杨立新.侵权法论[M].北京:人民法院出版社,2005:135 - 138.

过错推定责任①。

过错推定下的侵权行为主要有用人者责任、法定代理人责任、国家赔偿责任、专家侵权责任、违反安全保障义务责任、物件致害责任和部分医疗损害责任，其本质是为自己管理下的人或物的行为或灾害负责的替代责任，"而传播侵权中的新闻媒体只是巧合'用人者'的主体范围，而且，在传播侵权诉讼中，被告往往还包括'被用之人'即报道者，这也与过错推定原则下的责任主体不一致"②。

而且，从侵权客体特征上看，"过错推定责任下的侵权行为，其侵权客体往往是物质性人格权即生命权、健康权和身体权，而传播侵权的客体主要是精神性人格权即名誉权、隐私权、姓名权等"③。这也是过错推定归责原则排除适用于传播侵权的关键原因。

（二）无过错责任原则与传播侵害人格权诉讼无关联

在自由资本主义后期，随着工业化和社会化大生产的发展，工业企业及交通工具带来大量事故，而当时的民事诉讼中，对事故责任采过错责任原则，工人应该证明工厂有过错才能得到赔偿，结果很难得到赔偿。无过错责任原则在这种背景下最先诞生于普鲁士王国的《铁路企业法》《矿业法》，随后相继为法国、英国、美国等国家采纳④。当代，无过错责任的适用已经延伸到机动车交通事故责任案件、产品责任案件、医疗损害责任案件、环境污染致害案件、高度危险作业致害案、动物致害案。

总之，过错责任、过错推定和无过错责任归责原则的发展历史及适用范围说明：在现代侵权法体系中，过错责任原则仍是最主要的归责原则，而过错推定、无过错和公平责任原则，只是人类进入工业化社会后针对特殊类型案件的补充性原则，其与侵害精神性人格权的传播侵权没有关联。

结　论

现代侵权法归责原则体系的构筑、侵权行为类型的划分，其理论是经过数千年人类法律文明的演进形成的，有着深厚的历史内涵和科学的

---

① 王利明.侵权行为法归责原则研究［M］.北京：中国政法大学出版社，1991：60－61.
② 罗斌，宋素红.新闻诽谤归责原则与证明责任研究［J］.国际新闻界，2011（2）：122.
③ 宋素红，尹淑洁."新闻侵权"：是否进入法律？［J］.现代传播，2010（11）：60.
④ 杨立新.侵权法论［M］.北京：人民法院出版社，2005：144.

依据,其基本内涵在两大法系的绝大多数国家也都有共识。

传播活动在古代就已诞生,进入近代和工业化社会至今,除极个别情况(下节详述),既没有可能离开过错责任原则,也没有必要违反过错责任原则。正如数学中的三角形内角之和既不是179°,也不是181°,更不是360°,只能是180°,而其他任何推理只能在此公理下进行一样,在大陆法系、在成文法系、在我国,一般传播侵权案件适用过错责任原则,无过错即无责任,这是一个明确而毫不含糊的侵权法公理,是刚性的原则,而不应该是由法官自由裁量的问题。

普遍适用过错推定,在传播侵权诉讼的实践中已经给新闻传播者和新闻业造成了巨大伤害,而要维护正当、合法的新闻传播权,保护言论自由,无论是新闻界、新闻学界还是司法界、法学界都应有清醒而坚定的认识:传播侵权中,过错责任原则绝不应该动摇。

第四节　传播侵权的特殊归责原则

传播侵权是一般侵权,适用过错责任原则已成为通说,但这种通说的前提是基于对精神性人格权的侵害,基于整个社会的信息流通,基于公民知情权、监督权与参政权的实现。而在传播侵权的架构下,针对物质性人格权和非人格权客体的特殊类型的传播侵权,并不宜适用过错责任归责原则,而是适用过错推定或无过错责任的归责原则。

一、传播侵害著作权中的过错推定或无过错归责原则

关于侵害著作权适用的归责原则问题,是一个争议颇多的问题。

(一)域外著作权侵权领域适用的归责原则

1. 大陆法系

德国1995年修订的《著作权法》第97条(1)款中规定:"受侵害人可诉请对于有再次复发危险的侵权行为,现在就采用下达禁令的救济;如果侵权系出于故意或出于过失,则还可以同时诉请获得损害赔偿。"该法第101条(1)款也规定:"如果侵权行为人既非故意,又无过失,却又属于本法第97—99条依法被下禁令、被令销毁侵权复制件或移交侵权复制件之人,则在受害人得到合理补偿的前提下,可免除损害赔偿责

任。"可见,德国《著作权法》对于侵权认定采无过错责任原则,对赔偿采过错责任原则。

日本对于直接侵权和间接侵权实行了不同的归责原则:其《著作权法》第 113 条(1)规定直接侵权属于无过错责任,间接侵权属于过错责任。

法国立法比较特殊,在《知识产权法典》中对专利权部分确立了无过错责任原则,但在著作权法领域与我国相似,也未对侵害著作权行为规定总的归责原则。

2. 英美法系

英国《著作权法》没有关于侵权的一般归责原则,但是其将某些侵权行为归入过错责任。

美国在著作权侵权领域中,对损害赔偿的归责适用严格责任原则。其《著作权法》第 504 条(c)(2)规定:"著作权所有人承担证明责任证明侵权行为系故意实施并且经法院认定的,法院可酌情决定赔偿金增加至不超过 10 万美元的数额;侵权人证明其不知也无任何理由相信其行为侵犯了著作权并且经法院认定的,法院可酌情决定将法定赔偿金减少至不少于 200 美元的数额。无论如何,侵权人认为并且有合理根据相信其对著作权作品的使用依第 107 条系合理使用的,法院应免除法定赔偿……"在著作权损害赔偿方面,此规定事实上明确了相当于我国的过错推定原则。

美国司法实践中,法院对著作权纠纷以无过错原则为主流。在 1931 年的 Buck v. Jewell-LaSalle Reality Co. 案中,联邦最高法院就指出:"根据版权法,(在认定侵权时)侵权的意图不是必要的。"[1]在 Bright TunesMusic Corp. v. Harrisongs Music,Ltd 案中,法院甚至还判定,潜意识的抄袭也不能免除侵权责任[2]。当一个出版商善意出版了他人的侵权作品时,即使他对此没有过错,也不影响侵权的成立[3]。

(二)我国著作权侵权领域侵权诉讼的归责原则

1. 学界关于知识产权侵权归责原则的争议

(1)关于知识产权侵权归责总原则。我国学界有不同的理解。郑成

---

① 孟祥娟. 版权侵权认定[M]. 北京:法律出版社,2001:97.
② 孟祥娟. 版权侵权认定[M]. 北京:法律出版社,2001:98.
③ 郑成思. 知识产权法论[M]. 北京:法律出版社,1998:269.

思先生采用了"倒推"方法,即从专利法及商标法的有关规定,推论出无过错原则在专利法及商标法上的适用,并因此推导出我国知识产权侵权的一般归责原则当为无过错原则①。但其他学者有不同看法,他们认为,不能从某个条文明确列出"有过错"负民事责任,即推出其他知识产权侵权一般应适用无过错责任,就像我们也不能从某条文规定"无过错"也应承担民事责任而推出其他的适用过错责任一样②。

(2)关于直接侵权与间接侵权适用的归责原则。学界一般认为,对直接侵权适用无过错归责原则,对间接侵权适用过错归责原则(可能是过错推定)。

2.我国传播侵害著作权归责原则的法律规定

在对知识产权的侵害中,传播侵权的客体多为著作权,少量为商标权。

著作权侵权应适用何种归责原则,这本是应由立法明确的问题。《著作权法》第四十七条和四十八条开头都如此表述:"有下列侵权行为的,应当根据情况,承担停止侵害、消除影响、赔礼道歉、赔偿损失等民事责任……"而对侵权归责的总原则却未有规定。然而,从该法及司法解释的有关规定,仍然可推出著作权纠纷解决中适用的归责原则。

《著作权法》第五十三条规定:"复制品的出版者、制作者不能证明其出版、制作有合法授权的,复制品的发行者或者电影作品或者以类似摄制电影的方法创作的作品、计算机软件、录音录像制品的复制品的出租者不能证明其发行、出租的复制品有合法来源的,应当承担法律责任。"该规定事实上对作品的出版、制作、出租、发行等方式的侵权明确了过错推定归责原则。但学界对此有疑虑:一是该原则仅适用于复制品的出版者、制作者及发行者等出版、制作、发行和出租的侵权行为,还是同时也适用于其他的著作权侵权行为,即作为一项"总原则"? 二是适用该条款时,如行为人证明其没有过错,则不承担法律责任,该责任仅指赔偿责任,还是也包括停止侵害、消除影响等责任?③

而根据2002年《著作权司法解释》第20条第1款"出版物侵犯他人著作权的,出版者应当根据其过错、侵权程度及损害后果等承担民事赔

---

① 郑成思.知识产权法论[M].北京:法律出版社,1998:272.
② 孟祥娟.版权侵权认定[M].北京:法律出版社,2001:97.
③ 许楚旭,卢梅丽.略论我国著作权侵权的归责原则[J].科技与法律,2010(4):30.

偿责任"的规定,明确了对损害赔偿,应适用过错归责原则;第3款"出版者尽了合理注意义务,著作权人也无证据证明出版者应当知道其出版涉及侵权的,依据民法通则第一百一十七条第一款的规定,出版者承担停止侵权、返还其侵权所得利润的民事责任"的规定,明确了对停止侵害和返还利润,适用无过错责任原则;第4款"出版者所尽合理注意义务情况,由出版者承担举证责任"的规定,事实上是对第1款的补充,即涉及出版物侵害著作权行为的损害赔偿,均适用过错推定。但此规定与《著作权法》第五十三条面临同样的问题:其规定仅针对"出版"行为,还是针对所有的著作权侵权行为?

在信息网络传播权领域,根据《信息网络传播权规定》第三条"网络用户、网络服务提供者未经许可,通过信息网络提供权利人享有信息网络传播权的作品、表演、录音录像制品,除法律、行政法规另有规定外,人民法院应当认定其构成侵害信息网络传播权行为"的规定,对直接侵权——提供作品行为的侵权责任认定,采用的是无过错归责原则;对于间接侵权即帮助和教唆侵权,根据该规定第八条第一款"人民法院应当根据网络服务提供者的过错,确定其是否承担教唆、帮助侵权责任。网络服务提供者的过错包括对于网络用户侵害信息网络传播权行为的明知或者应知"的规定,及第三款"网络服务提供者能够证明已采取合理、有效的技术措施,仍难以发现网络用户侵害信息网络传播权行为的,人民法院应当认定其不具有过错"规定,适用的是过错推定原则。

3. 我国知识产权侵权司法实践中对归责原则的共识

我国法官在司法实践中总结出知识产权侵权归责原则的五项共识:①如果权利人只要求行为人停止侵权的,适用无过错责任;②如果权利人要求赔偿的,适用过错推定责任;③侵权产品的销售者负有注意义务,只要主观上具有轻过失就应承担相应的民事责任;④销售者无过失不承担赔偿责任,但被告之后应停止销售,否则将承担故意侵权责任;⑤行为人虽无过错,但在一定条件下,法官仍可判令其返还不当得利,或适当定额赔偿,或两者并处①。总之,知识产权侵权诉讼中,认定侵权责任适用无过错责任,而确定赔偿应考虑行为人的主观过错,这就是我国司法实践对于知识产权侵权归责原则的主流观点,而这个主流观点与2002年

---

① 蒋志培. 中国知识产权的司法保护与展望[EB/OL]. [2016 – 05 – 10]. http://www.chinaiprlaw.cn/file/19990822955.html.

《著作权司法解释》第 20 条的规定是一致的。

综上,传播侵害著作权的归责原则存在两种标准:一是依照侵权责任方式,对损害赔偿采过错(推定)原则,对损害赔偿以外的责任认定采无过错责任原则;二是依照侵权方式或形态,对直接侵权采无过错责任原则,对间接侵权采过错责任原则。但依然不明确的问题是:对间接侵权中损害赔偿以外责任的认定,是否也适用过错责任原则,笔者认为,如果适用,则对间接侵权的处理将失之过宽。

二、传播侵害个人信息权中的过错推定归责原则

（一）相关国家个人信息侵权中对信息控制者适用过错推定归责原则的法律规定

在已经制定了对个人信息权进行专门法律保护的国家,对信息控制者过错推定归责原则已经成为主流趋势。这以欧洲国家为代表。

丹麦《个人数据处理法》第六十九条规定:"对于违反本法的数据处理活动,主管者应赔偿任何损失。除非他证实该项损失即使通过数据处理所要求的合理努力和注意也无法避免。"本条规定中的"除非……"一句即是侵权者证明自己无过错的要求,而"合理努力和注意"则是判断行为人是否有主观过错的标准。

瑞典《个人数据法》第四十八条第一款规定:"个人数据管理者必须对其在实施个人数据处理的过程中,违反本法而导致的对被注册人的损害以及对其正直信誉的侵害做出赔偿。"从该法条的表述来看,过错与否的界限在于是否违反了《个人数据法》关于个人信息数据的规定,如果没有符合数据法的要求,则可判定个人信息管理者具有主观过错,应当承担侵权赔偿责任。

匈牙利《个人数据保护与公共利益数据公开法》第十八条第一款规定:"数据控制者应当赔偿因处理数据或因违反数据保护的技术性要求而给数据主体造成的损失。数据控制者应当对数据处理者所造成的所有损失负责。数据控制者如果能够证明损失是由超出数据处理所能控制的并且不可避免的原因造成的,则应当免除责任。"该条中"超出数据处理所能控制的并且不可避免的原因造成的,则应当免除责任"的规定,说明匈牙利个人信息侵权纠纷,对数据控制者适用也是过错推定原则。

（二）个人信息侵权中对信息控制者适用过错推定归责原则的原因

侵权案件过错责任原则的适用中,要求受害人证明:被告有法定的

或者作为理性人应承担的,对受害人所负有的特定注意义务,应按照相应行为准则从事行动;被告主观上怠于遵守该义务,客观上其实施的行为不符合行为准则——如果说根据相关法律规定,侵权人的注意义务比较容易证明,那么侵权者遵守该义务则并不容易证明。

个人信息侵权有其自身特点:①个人信息控制者对个人信息的处理和利用,可在不被个人信息主体知道的情况下秘密进行。②个人信息的收集、处理和利用,需依靠专业知识和技能、高新科学技术等,行为人大多受过相关的专门训练,手段隐蔽。不具备此方面专业知识的个人信息主体很难掌握。③对个人信息的侵犯往往有较宽广的时间和空间跨度。上述特点,使个人信息主体证明个人信息控制者的侵权行为基本不可能。相反,个人信息控制者在对个人信息的收集、处理和利用等环节中,会遵循一定的程序,留下程序记录,个人信息控制者对其"不存在过错"的举证较为容易,成本负担较轻。因此,应当由行为人即个人信息控制者承担没有过错的举证责任①。

王利明教授提出的《中国民法典学者建议稿及立法理由·侵权行为编》第一百六十四条就规定:"提供内容服务的网络服务提供者,对权利人要求其提供侵权行为人在其网络的注册资料以追究行为人的侵权责任,无正当理由拒绝提供的,推定其有过错,承担相应的民事责任。"②

综上,个人信息侵权中对信息控制者应适用过错推定归责原则。需要强调的是:前述法律规定中,适用过错推定的对象并非普通网络用户,而是网络服务提供者。

三、虚假陈述侵权中的无过错责任与过错推定归责原则

(一)一级(首次发行即 IPO)市场上虚假陈述的无过错责任与过错推定责任

1. 美国

对发行人在注册申请登记文件中的虚假陈述,美国适用无过错责任原则,其 1933 年《证券法》第 11 条(a)规定:"当注册上市申请表的任何部分在生效时有对重大事实的虚假陈述,或者遗漏了规定应该报告的为

---

① 张涛.个人信息权的界定及其民法保护[D].长春:吉林大学,2012:83.
② 王利明.中国民法典学者建议稿及立法理由·侵权行为编[M].北京:法律出版社,2005:80.

使该上市申请不至于被误解所必需的重大事实时,"任何获得这种证券的人(除非被证明在获得证券时已知这种不真实或者遗漏情况)"都可以根据法律或者衡平法在任何具有合法管辖权的法院向下列人起诉",并获得赔偿。在此条下,被告只能以证明原告购买证券时知道注册申请登记文件中存在虚假陈述而免责。当然,对发行人之外的相关责任人,该条适用的是过错推定原则,其可以自己无过错而免责①。

美国对招股说明书或其他首次发行股票中的口头文件中的虚假陈述适用的是过错推定原则,《证券法》第12条则规定了在招股说明书中含有虚假陈述或重大遗漏时,如果相关人"不能证明其不知道且经过合理注意仍不知道该虚假陈述和遗漏,则其应向从其手中购买证券者负有责任。后者可以在具有管辖权的法院起诉或者诉诸法律或衡平法,以获得购买证券的价款及利息和所获收入之间的差额,同时返还被告证券。如果原告已不再持有该证券则赔偿其损失"②。

2. 澳大利亚

在澳大利亚证券法领域的一级市场,对于发行人,无论是证券发行、声明、兼并或收购文件、分析报告,澳大利亚的《商业贸易法》《证券和投资委员会法》及《公司法》均禁止在金融产品或金融服务中,有误导性、欺骗性或可能导致误导性或欺骗性的行为,而无论该行为是因疏忽大意,或者该行为是在诚实、有理由或已经尽到合理注意义务的情况下所进行③。也就是说,对一级市场发行人的虚假陈述适用无过错责任,被告只能以原告损失与其误导或欺诈无关进行抗辩④。这种情况主要有两类案件:①招股说明书错误或误导引发的诉讼。依据澳大利亚《公司法》的规定,如果招股说明书的重要陈述中含有错误或误导,或者有实质性的遗漏,其制作者或发出者应该对因此遭受损失的人承担责任⑤。②公司兼并文件误导或欺诈引发的诉讼。

对一级市场发行人以外的人员,如公司董事、证券承销人、发起人、专

---

① U,S,Securities Act of 1933 s. 11 (a). (b). (e)

② U,S,Securities Act of 1933 s. 12.

③ Trade Practices Act 1974 (Cth) s52, Australian Securities and Investments Commission Act s12DA.

④ Ashley Black. Corporate class actions in Australia[EB/OL]. [2009 – 11 – 10]. http://www. mallesons. com/publications/2006/Jun/.

⑤ Australian Corporations Act s728,729,731.

家、审计人员、律师等,适用过错推定责任,原告同样不必证明信赖、(被告的)过错及因果关系,而这些责任人除非能够证明已经尽到适当的谨慎义务和有合理根据相信相关陈述的真实性,否则需要承担民事责任[①]。

3.加拿大

根据加拿大安大略《证券法》的规定[②],如果招股说明书、发行计划书和兼并文件中含有虚假陈述,则在一级市场上取得证券的股东有权向相关责任人提起诉讼,请求赔偿或撤销购买合同。加拿大此类案件适用过错推定原则,规定除非其能够证明原告购买证券时明知有关陈述是虚假陈述,或证明其对向投资者送达的相关文件不知情、不同意或尽到合理的注意义务,或证明其知道相关文件含有虚假陈述后发出通知、收回该文件,或证明其没有合理理由怀疑或者不相信基于专家意见的兼并文件的一部分,或证明其已经进行过合理调查而相信基于专家意见的兼并文件的一部分等,否则,被告不能排除相关民事责任[③]。

4.韩国

韩国对股票注册申请登记文件和招股说明书的虚假陈述及错误预测实行的是过错推定原则,其《证券交易法》第14条规定:"由于在有价证券申报书和事业说明书中,有虚假记载表示、不记载或不表示重要事项,从而给有价证券取得者造成重要损害时,属于以下各项之一的人负有损害赔偿责任。但有证据证明赔偿责任人虽尽相当注意、但仍不能知道的,或其有价证券取得者在要约取得时已知其事实的除外……"该规定明显排除了原告对被告过错及损失因果关系的证明责任。

(二)二级(交易)市场上虚假陈述的无过错责任与过错推定责任

1.美国

美国证券法针对二级市场的虚假陈述适用过错推定原则,其《证券交易法》第18(a)条规定:"任何人在依法向美国证券交易委员会呈报登记的文件中,如果就重大事实做出虚假的或误导性陈述,则应向因信赖此陈述并买入或卖出证券之人承担赔偿责任,但被告能够证明其依善意行事且不知道该陈述为虚假的或误导的情况除外。"

① Australian Corporations Act s731.
② Australian Ontario Securities Act s.130.1.
③ Ontario Securities Act s.131.

2．澳大利亚

在二级市场上,澳大利亚《公司法》禁止虚假陈述行为。如果一个人因这些行为遭受损失,可以要求索回损失。当然,欺诈者的心理状态必须是:不关心这些陈述是否虚假,或者知道或应该合理地知道这些陈述在实质性问题上是虚假的或是实质性误导。而如果相关陈述有可能导致投资者购买或出售相关金融产品,或导致相关金融产品价格的升降或稳定,则适用严格责任(Strict Liability)①。但是,对其中一些被告,如果可以证明其业务就是公告或安排公司公告,或者其在正常经营过程中得到这些陈述,而且不知道也没有合理理由相信其得到的公告是违法的,则其可提出抗辩,但需承担证明责任,对这部分被告,适用的是过错推定责任②。

3．加拿大

2005 年,加拿大的安大略省对其《证券法》进行了修订,在第 138 条中单独规定了二级市场投资者的相关权利,有关虚假陈述和未履行及时披露引发的诉讼,适用过错推定责任,规定在被告能够在个别情况下可排除相关民事责任③。

4．韩国

韩国《证券交易法》第 186 条规定了上市公司在二级市场上应该(持续)披露的 13 种事项及事业报告书、年度报告、半期报告及分期报告的如实披露义务。该条也规定:该法第 14—16 条规定一级市场的民事责任也适用于违反二级市场披露义务的情况。两种交易市场虚假陈述案件均适用过错推定原则。

(三)我国虚假陈述案中的特殊归责原则

我国最高人民法院 2002 年 12 月 26 日通过的《虚假陈述案审理规定》第 21—24 条明确了对发起人(包括控股股东)、发行人、上市公司是无过错责任;对其高级管理人员、证券承销商、证券上市推荐人、专业中介服务机构及其直接责任人,规定的是过错推定责任。而且,该规定没有区分一级市场案件和二级市场案件,意味着在二级市场案件中,当事人也没有对被告过错的证明责任。

---

① Australian Corporations Act s1041E,H.

② Australian Corporations Act s1044A.

③ 参见:Ontario Securities Act s.138,该条规定了公开口头声明中虚假及未及时披露的民事责任。

四、虚假广告侵权中的无过错归责原则

依据《中华人民共和国广告法》(下称《广告法》)的规定,广告传播侵权民事责任中,有三种情况适用无过错归责原则:

(一)对广告主适用无过错归责原则

我国《广告法》第五十六条第一款规定:"违反本法规定,发布虚假广告,欺骗、误导消费者,使购买商品或者接受服务的消费者的合法权益受到损害的,由广告主依法承担民事责任。"根据此条规定,无论广告主是生产者还是销售者,均应承担无过错责任原则。

(二)对广告经营者、发布者适用的先行赔偿下的无过错归责原则

根据《广告法》第五十六条第一款"广告经营者、广告发布者不能提供广告主的真实名称、地址和有效联系方式的,消费者可以要求广告经营者、广告发布者先行赔偿"的规定,广告传播者与广告主即产品生产者或销售者同样承担无过错责任。

(三)特殊虚假广告中对广告经营者、发布者、代言人适用的无过错归责原则

《广告法》第五十六条第二款规定:"关系消费者生命健康的商品或者服务的虚假广告,造成消费者损害的,其广告经营者、广告发布者、广告代言人应当与广告主承担连带责任。"依据该规定,对关系消费者生命健康的商品或者服务的虚假广告,适用无过错归责原则。

至于不涉及消费者生命健康的商品或者服务的虚假广告,根据第三款"前款规定以外的商品或者服务的虚假广告,造成消费者损害的,其广告经营者、广告发布者、广告代言人,明知或者应知广告虚假仍设计、制作、代理、发布或者作推荐、证明的,应当与广告主承担连带责任"中"明知或者应知"的规定,应适用过错责任原则。

五、传播侵权中适用特殊归责原则的总结

除针对著作权的传播侵权外,以上适用特殊归责原则的传播侵权有以下特征:

(一)侵权主体是经济实力雄厚的企业

虚假陈述的主体一般是上市公司或其相关人员,其经济实力显而

易见。

目前的个人信息侵权中,侵权主体基本上是网络服务提供者,其中不乏市值巨大的上市公司;即使是一般网站,其与个人信息主体相较而言,也具有巨大的经济优势。而且,对个人信息主体真正构成威胁的是网络服务提供者。

同样,虚假广告中的侵权行为,与消费者相比,作为侵权主体的广告经营者、广告发布者、广告代言人,其经济实力者更为强大。

(二)侵权客体是财产性权益或物质性人格权

无论是个人信息侵权抑或虚假陈述,其目的主要是获取不当财产利益。

目前,个人信息侵权的主要表现形式是:以营利为目的私自买卖(传播)他人信息;未经许可传播他人信息;采取非法手段窃取他人信息并侵犯权利人利益。其中第一种即以营利为目的私自买卖(传播)他人信息最为普遍,根本原因之一是目前我国民法制度对此种权益尚未进行充分保护,在民法的调整范围内很难处理。而虚假广告传播中,则涉及被侵害者的生命权或身体健康权。

(三)侵权对象数量众多,具备大规模侵权的特征

大规模侵权是指造成多人损害的民事不法行为,可以是单个行为,也可以是系列相关行为。大规模侵权是工业社会与信息社会的产物,目前,其主要发生于产(食)品责任、环境污染、工业事故、电脑病毒感染、网络侵权、证券欺诈,以及其他有关消费者保护等领域。其主要特征是:侵权者多是具备相当的实力与影响的企业,被侵权者数量众多,侵权范围广泛而后果严重,侵权影响具有公共性、公害性①。

个人信息侵权抑或虚假陈述作为信息社会的产物,均符合大规模侵权的特征,因此在归责原则上适用无过错原则或过错推定原则,而不符合大规模侵权的其他传播侵权如新闻传播侵权,仍适用过错责任的归责原则。

---

① 陈年冰.大规模侵权与惩罚性赔偿[J].西北大学学报,2010(11):155.

第三章 传播侵权责任构成要件

对于一般侵权,在民法学界,侵权责任构成有"三要件说"和"四要件说":前者认为"侵权责任的成立必须具备损害、因果关系和过错三个要件"①;后者认为"侵权责任的成立必须具备违法行为、损害、因果关系和过错四个要件"②,或者是加害行为的违法性(侵权行为)、损害、因果关系和过错四个要件③。二者的区别在于是否需要违法行为要件。

笔者认为,除上章论及的部分特殊传播侵权(如虚假陈述侵权、涉及受众生命健康的虚假广告侵权)外,作为一般侵权的传播侵权责任构成需具备四个要件:首先,违法行为是行为与违法两个要素的结合。行为,即侵权的外在表现;违法,是确定此行为与法律规范之间关系的要素,没有它,无法确定行为与法律之间的关系,无从认定侵权责任。学界也认为,"法律上纵不明定违法为侵权行为成立之要件,解释上盖属当然"④。其次,《侵权责任法》虽无明确要求侵权责任的构成需违法要件,但暗含了此要求。该法第六条第一款规定:"行为人因过错侵害他人民事权益,应当承担侵权责任。"此规定从字面上确无要求违法要件,但第二条第一款规定:"侵害民事权益,应当依照本法承担侵权责任。"其中的"依照本法"暗含了违法性的要求。再次,司法解释确认了违法行为是侵权责任的构成要件。1993年《解答》第七条第一款规定:"是否构成侵害名誉权的责任,应当根据受害人确有名誉被损害的事实、行为人行为违法、违法行为与损害后果之间有因果关系、行为人主观上有过错来认定。"后,在《〈最高人民法院关于审理名誉权案件若干问题的解答〉的理解与适用》

---

① 王利明.侵权责任法研究(上)[M].北京:中国人民大学出版社,2011:282.
② 杨立新.侵权法论[M].北京:人民法院出版社,2011:156.
③ 张新宝.侵权责任法[M].北京:中国人民大学出版社,2010:29.
④ 胡长青.中国民法债编总论[M].北京:商务印书馆,1946:142.

中又明确指出："对于一个行为是否构成对他人名誉权的侵害,应当按照一般民事侵权责任构成要件去衡量。也就是说构成名誉侵权,必须具备违法行为、损害事实、因果关系和主观过错四个侵权要件。"司法解释虽然只是针对名誉权纠纷责任要件进行的规定,但反映了对人格权侵权案件及传播侵权案件的态度,甚至是对所有一般侵权案件责任要件的态度。

当然,适用无过错原则的传播侵权如虚假陈述和部分虚假广告侵权,不需要过错要件。本章主要研究适用过错原则的传播侵权。

第一节　传播侵害人格权中的过错

在人格权侵权诉讼中,由于适用过错归责原则,作为责任要件之一,过错是不难推定的,但由于种种原因,司法实践中情况并非如此简单。

一、传播侵权中的过错:必须由原告承担结果意义证明责任的要件

如上章所述,侵权责任法的历史发展中,在归责原则上经历了从原始客观归责(损害即有过错)到主观归责的扬弃过程。以 1804 年的《法国民法典》为肇始,主观归责取代客观归责。侵权法发展到现代,一般侵权适用过错归责原则,特殊侵权适用过错推定或无过错责任归责原则。新闻诽谤属于一般侵权,适用过错归责原则,这是侵权法中的公理。

重要的是,在过错责任归责原则下,按照"谁主张　谁举证"的民事诉讼原则,传播侵权诉讼中包括过错在内的"构成侵权责任的四个构成要件的举证责任全部由提出损害赔偿主张的受害人负担,加害人不承担举证责任"[1]。这也是顺理成章的逻辑性结论,作为大陆法系或成文法国家的法官,无权改变民事诉讼这一基本规则[2]。然而,需要说明的是:上述学者阐述的由受害人承担举证责任,是结果意义上的举证责任;而行为意义上的举证责任,诉讼中原告与被告双方均需承担。事实上,作为被告的媒体或记者,为证明自己没有过错,也会主动提供证据(本研究第五章详述)。

---

① 杨立新. 侵权法论[M]. 北京:人民法院出版社,2011:138.
② 罗斌,宋素红. 新闻诽谤归责原则及证明责任研究[J]. 国际新闻界,2011(2):123.

总之,我国民事法律制度已把过错作为重要的原则性根据以法律形式固定下来,它在传播侵权诉讼中有以下几层含义:①过错是侵权责任的构成要件。传播者只有在有过错的情况下才承担民事责任;若传播者没有过错,纵使有行为与损害间的因果关系,传播者也不负民事责任。而且,过错原则也要求考虑受害人对损害发生的过错问题,如损害完全由受害人的过错造成,表明行为人无过错,不承担责任;如损害部分由受害人造成,则适用过失相抵原则。总之,无过错即无责任。②以过错作为确定责任范围的依据。行为人可因故意和重大过失导致责任的加重,也可因无过错或过错轻微而导致责任减免。

二、过错证明责任倒置的原因

在我国以前的许多传播侵权诉讼中,尤其是新闻传播诽谤诉讼,只要作为被告新闻媒体或记者不能证明自己无过错,法官即适用"过错推定"的原则来推定其过错的存在①。

传播侵权中,过错证明责任倒置的原因,除了法官滥用自由裁量权,将行为意义上的证明责任与结果意义上的证明责任混同以及地方保护之外②,还有一层原因:认为过错作为一种主观心理状态,只有被告即媒体或记者自己可以证明,这是过错"主观概念说"的主张。

持过错"主观概念说"的观点认为,过错"是一个主观的概念,是人的主观心理状态,而不是客观的表现",而且,"过错的内容是行为人决定自己的行为时的心理状态。行为人决定自己的行为时,根据自己的价值判断,应当意识到该行为的后果。在其已经意识到自己行为会发生损害他人民事权益的后果时,或者由于疏忽或懈怠应当意识到而没有意识到这样的后果,实施这样的行为,这种主观心理状态就是有过错"③。

虽然过错"主观概念说"的观点也承认过错是法律对行为人的行为的否定性评价,但认为其本质属性是"主观心理状态",既然是"主观心理状态",则在传播侵权诉讼中,作为受害者的原告如何去证明?

---

① 宋素红,罗斌.我国新闻诽谤诉讼中推定的滥用及其原因[J].国际新闻界,2006(6):70.
② 罗斌,宋素红.中美新闻诽谤诉讼比较[J].新华文摘,2011(2):123.
③ 杨立新.侵权法论[M].北京:人民法院出版社,2011:204-205.

第二节　传播侵权中的违法行为

在实践中,非法传播侵权包括传统的侵权行为和新型侵权行为:前者包括侮辱、诽谤、宣扬他人隐私和非法使用他人著作、肖像和姓名、名称;新型传播侵权包括针对个人信息的传播行为,以及虚假广告和虚假陈述等侵害他人人格权益或财产权益的行为。

一、传播侵权的违法性

对违法性的界定,理论上有多种。我国有学者就分别从肯定和否定角度进行界定:肯定说认为,违法有实质性违法和形式违法两种,有悖于善良风俗或公共秩序者为实质违法,违反强制或禁止规定者为形式违法①。这个学说还有狭义论者和广义论者,前者认为违法是违反禁止或命令之规定,后者包括狭义违法和实质违法即故意以有悖于善良风俗的方法加害他人②。

从否定角度界定违法的学说认为,违法是指无阻却违法之事由者,侵害权利虽常属不法,但有阻却违法事由存在时,则非不法③。

属于传统大陆法系的德国法对违法性概念界定包括:违反法定义务,违反保护他人为目的的法律,故意违背善良风俗致人损害④。

如果依照德国法的界定,则传播侵权中的违法性当然指:传播者在传播行为中,违反法定义务、违反保护他人为目的的法律、故意违背善良风俗致人损害——但这个定义仍然过于理论化。

二、传播侵权行为类型

（一）传播侵权中的侮辱

侮辱是指故意以暴力、语言、文字或其他方式贬低他人人格,毁损他

---

① 史尚宽.债法总论[M].台北:荣泰印书馆,1978:120.
② 胡长青.中国民法债编总论[M].上海:商务印书馆,1946:142.
③ 何孝元.损害赔偿之研究[M].上海:商务印书馆,1982:99.
④ 杨立新.侵权法论[M].北京:人民法院出版社,2011:164.

人名誉①。

传播行为中的侮辱，一般是用文字、图画、画面等书面侮辱方式。侮辱常见的情形有：①用贬义的词汇来评论他人。②用贬义的词汇来描写他人。③用贬义的词汇来比喻他人。④利用 Photoshop、光影魔术手或其他照片处理软件对他人的肖像进行恶意的修改或做其他处理，以恶搞的形式把这些照片随意传播到一些论坛、贴吧或者其他网络空间，或虽不对照片进行编辑、修改，但与恶搞性活动结合，与有伤社会风化的其他照片组合在一起，从而给肖像权人带来侮辱性后果。

（二）传播侵权中的诽谤

1. 诽谤的概念

在英美法系中，诽谤有书面诽谤（Libel）和口头诽谤（Slander）之分。传播侵权中的诽谤所研究的是书面诽谤。

在《元照英美法词典》中，书面诽谤（Libel）指"恶意地以虚假的、内容不实的书面（文字、图画、符号）形式公开诋毁和损害他人名声、人格、信誉的行为，其后果是使被侵害者遭受他人或公众愤慨、鄙视、嘲笑，并使其工作、社交和社会地位受损"。符合上述任何情况的行为均属诽谤，一般可以侵权行为起诉。在普通法上，情节严重的可构成妨害社会治安的诽谤罪，以轻罪论处。但在现代美国，基于对言论自由的宪法性保护，诽谤已不再受到刑事追诉。一般地说，"诽谤的构成条件有三：①公开散布内容虚伪不实的信息，意在诋毁他人名誉；②采用书面，包括文字、图画、摄影、电影、广播等持久性形式散布，从而扩大对受害者名誉的损害程度；③主观上具有恶意，即明知内容不实而故意散布，或明知有内容不实的可能而不予详察即公开散布；如果内容虚伪且具有诋毁性质，即应理解为恶意，至于行为人动机如何并不重要"②。

在美国，纽约州刑法第 1340 条对诽谤的定义是被引用最多的诽谤定义之一，即"怀有恶意出版文字、印刷品、图片、画像、标记或其他非口头形式的物品，使活着的人或对去世的人的追忆，受到憎恨、藐视、嘲笑或指责，使他人受到孤立或有受到孤立的倾向，或使他人或任何公司、社团在经营或职业上的声誉受到损害的倾向，皆为诽谤"。

著名的美国哥伦比亚大学新闻学院对诽谤的定义则是："诽谤是以

---

① 王利明. 人格权法研究[M]. 北京：中国人民大学出版社，2012：469.
② 薛波. 元照英美法词典[M]. 北京：法律出版社，2003：842.

文字印刷品或者其他可见的方式侵害他人名誉的行为……以印刷或书写的文字将罪过、欺诈、不诚实、道德败坏、恶习或者耻辱强加于诽谤诉讼中涉及的原告身上,指控或怀疑原告有上述不良行为,暗示原告有传染病,或者有损害他所在服务的部门、职业或者行业中的声誉的倾向,皆为诽谤。同样,以各种文字形式使原告受到藐视、憎恨、轻蔑或嘲笑,使理智清醒的人对他产生反感,致使原告为朋友和社会所抛弃,也是诽谤。"①

学者吕光认为,诽谤罪的构成须有三个要件:故意散布于众;指摘或传述事实;须其事实足以损害他人名誉②。而王利明认为,诽谤是因过错捏造并散布某些虚伪事实,损害他人名誉的行为③。

需要指出的是:在我国,许多人将诽谤理解为捏造并传播虚假事实损害他人名誉权的行为,即将诽谤中的过错理解为故意,而将过失传播虚假事实侵害他人名誉权的行为直接称为"侵害名誉权"。这种现象可能与我国《刑法》对诽谤罪的构成规定有关。但这与国际通行的对诽谤的定义与理解有偏差。

笔者认为,学术研究应遵循学术研究的规则,故传播侵权中的诽谤,指传播当事人在利用新旧媒体面向大众进行传播时,因过错(包括故意与过失)传播不利于受害人的虚伪事实或评论,致使受害人名誉受到损害的民事侵权行为。

2. 传播侵权中诽谤的构成

①传播行为。美国《侵权法第二次重述》第559条对诽谤定义为:"传播消息以使他人的社会评价降低,或阻碍第三人与其交往,而损害他人之名誉者,为诽谤性消息之传播。"从表达方式看,传播包括传播事实和发表评论。②所传播事实为不真实信息。诽谤构成的重要要件是所传播的信息为不真实信息,如为真实信息,则不构成诽谤,可能构成侵害隐私。通常,这些不真实信息包括:关于受害人违法犯罪的虚伪信息;关于受害人违反公序良俗、人伦道德的虚伪信息;关于受害人有某种疾病或有某种不良嗜好的虚伪信息;关于受害人职业能力低下的虚伪信息;关于受害人政治及宗教信仰方面的虚伪信息。③指向特定人。指向特

① 康守玉.新闻侵权的民事责任[D].北京:中国人民大学,1995:31.
② 吕光.大众传播与法律[M].上海:商务印书馆,1985:38.
③ 王利明.人格权法研究[M].北京:中国人民大学出版社,2012:472.

定人,包括传播中指向有真实姓名者,也包括虽无真实姓名但根据具体背景可被指认者。在世奢会(北京)公司诉《新京报》名誉侵权案中①,《新京报》辩称其所刊发文章针对的是世奢会而非世奢会(北京)公司。法院认为,判断争议文章指向应考虑两个方面:一是要看文章内容与特定主体的联系及读者阅读后的感受,而应当以哪些读者的感受为准,则应当结合主张名誉受损者之社会活动范围判断,因为对主张名誉受损者一无所知的一般公众仅凭作品内容往往无法直接辨别和评价,只有知悉或与其发生一定联系的第三人才能做出判断,同时,也只有该特定范围内社会评价才会造成主张名誉受损者的精神损害或经济损失。二是应考察作者的写作目的。本案中,记者以世奢会(北京)公司开展的一系列活动为线索,结合对其"工作人员"及相关人员的采访等内容撰写了争议文章。现有证据显示,世奢会(北京)公司使用世奢会的名义进行相关业务活动,在此过程中形成了一定的社会评价,二者具有较强的关联性。熟悉世奢会(北京)公司或与其存在业务往来的第三者很容易认为争议文章指向了世奢会(北京)公司。所以,争议文章与世奢会(北京)公司具备直接关联性②。④有损于特定人的名誉。诽谤行为所传播的不真实信息,必须使受害人的社会评价降低,给其带来精神损害。

3.传播诽谤诉讼中事实真伪证明的司法实践

传播诽谤诉讼中的一个重要问题是:对所传播的事实的真假的证明。对此问题,我国司法实践出现两种不同的处理思路:①依照过错责任原则下的一般侵权案件的证明规则,由原告承担过错、非法性、损害结果与因果关系的证明责任。如果传播事实证明为真,原告败诉;如果传播事实证明为伪,被告即传播者败诉;如果真伪不明,由原告承担证明责任即败诉。当然,在事实真伪不明的情况下,虽然原告败诉,但判决不应该对事实进行认定,而只应该驳回原告起诉即只进行程序上的审理,不做实体裁判,这是一个妥当的处理思路。如1999年《生活时报》被诉侵

---

① 2012年6月15日,《新京报》A14、A15版发题为《"世奢会"被指皮包公司》的文章,文章中引用网络文章,称世奢会在新产品发布会上拍卖冒牌高档红酒等。世奢会以名誉权受到侵害为由诉至北京市朝阳区人民法院。朝阳法院一审判决《新京报》向世奢会道歉,并赔偿其经济损失两万元。二审北京市第三中级人民法院判决:撤销一审判决,驳回世奢会全部诉讼请求。参见:北京市第三中级人民法院(2014)三中民终字第6013号判决书。

② 参见:北京市第三中级人民法院(2014)三中民终字第6013号民事判决书。

害某医生名誉权案①。有观点认为,本案判决没有把不能证实就简单等同于虚假、诽谤,同时又避免了由于驳回被批评者起诉而可能造成"有罪推定"的后果②。②依照一般人的理解,认为原告如果没有传播中的"虚假事实",则无法证明,即不能搞"有罪推定",所以被告即传播者应承担证明传播内容真实的证明责任,如果不能证明为真实,则败诉。在《侵权责任法》生效前的司法实践中,许多案件采此种处理思路(第五章详述)。

(三)传播他人隐私

隐私包括传统隐私和网络隐私,前者是指"私人私生活不受他人非法干扰,私人信息保密不受他人非法收集、刺探和公开等,它分为私人生活安宁、私人信息秘密两类"③,也包括私生活自决,那么,传统隐私权包括私人秘密信息不受非法收集、公开权,私生活安宁不受侵扰权,私人活动自决权。网络隐私权是指公民在网上享有私人生活安宁和私人信息依法受到保护,不被他人非法侵扰、知悉、搜集、利用和公开的一种人格权,也指禁止在网上泄露某些与个人相关的敏感信息,包括事实图像以及诽谤的意见等。

1.为传播而进行的调查、采访行为侵害隐私权和传播行为本身侵害他人隐私权

为传播而进行的调查、采访行为侵害隐私权指为传播非法侵入他人私人空间;非法在他人私人空间窥视、查寻、取证;为传播非法跟踪、窥视、监视、骚扰他人活动,或窥视、监视他人私人空间。

2.传播行为侵害他人隐私权

传播行为侵害他人隐私权指未经他人同意,适用网络、微信等新媒体或广播、电视、报刊、图书等传播媒体,将合法或非法得到的他人秘密信息向不特定第三人或更广泛的人群散布。需要注意的是:即使是合法得到的他人秘密信息,只要未经他人同意而传播出去,即构成侵权。另

---

① 1999 年,《生活时报》曾报道了一个病人的投诉,称某医生在随同救护车急救病人时收受病人 500 元。医生否认此事并诉到法院,要求病人赔偿道歉、恢复名誉、消除影响。当时,报纸除了病人投诉外并无其他证据,而医生也无法以有力证据证明不存在此事。法院经审理认为:《生活时报》对于病人投诉未进一步核实即予报道,应予批评;某医生是否收受病人 500 元钱,应由有关方面继续查实,在查实前不应处分医生。法院判决:驳回某医生的起诉。参见:北京朝阳区人民法院(1999)朝民初字第 4438 号判决书。

② 魏永征.新闻传播法教程[M].北京:中国人民大学出版社,2002:139-140.

③ 张新宝.隐私权的法律保护[M].北京:群众出版社,1997:16-18.

外,用前述非法任何手段得到他人秘密信息,即使不进行公开传播,同样构成对他人隐私权的侵害。

（四）非法传播他人个人信息

我国《民法总则》第一百一十一条规定:"自然人的个人信息受法律保护。任何组织和个人需要获取他人个人信息的,应当依法取得并确保信息安全,不得非法收集、使用、加工、传输他人个人信息,不得非法买卖、提供或者公开他人个人信息。"

根据上述规定,传播他人个人信息主要是未经信息权人许可公开他人个人信息,非法收集及买卖他人个人信息,包括:国家机关或者金融、电信、交通、教育、医疗等单位的工作人员,违反国家规定,将本单位在履行职责或者提供服务过程中获得的公民个人信息,出售或者非法提供给他人;物业公司、房产中介、保险、快递等企事业单位的工作人员,将在履行职责或者提供服务过程中获取的公民个人信息出售、非法提供给他人的,等等。

（五）非法使用型传播

1. 不经肖像权人许可,非法传播性使用其肖像

肖像,是比照特定的人物制作而成的相似形象;肖像权的内容主要有肖像制作专有权、肖像使用专有权、肖像使用转让权、肖像利益维护权①,还包括许可使用权②。非法传播性使用其肖像,主要指以营利为目的将他人肖像用于广告宣传;非以营利为目的的传播性使用,包括在媒体上刊登未经本人同意拍摄的他人在非公开场合的照片,将他人的非公开场合视频片段传播到网上。

2. 假冒（他人姓名、名称、商标、包装、装潢）型或混淆型传播

假冒他人的注册商标;擅自使用知名商品特有的名称、包装、装潢,或者使用与知名商品近似的名称、包装、装潢,造成和他人的知名商品相混淆,使购买者误认为是该知名商品;擅自使用他人的企业名称或者姓名,引人误认为是他人的商品;在商品上伪造或者冒用认证标志、名优标志等质量标志,伪造产地,对商品质量做引人误解的虚假表示。这些"假冒"行为,如果通过传统大众传媒或新媒体进行传播,不可避免地涉及媒

---

① 杨立新.人身权法论[M].北京:人民法院出版社,2006:508.
② 邓河.论肖像的界定与肖像使用的法律规制[J].山西高等学校社会科学学报,2006(1):67.

体的责任。

假冒型传播中的一个典型类型是恶意使用域名,包括:①恶意抢注域名。抢注是指行为人明知是他人享有权利的知名商标、商号或者其他标识的文字组成,却故意将他人的知名商标、商号涵盖的文字注册为自己的域名,再以高价将这些域名出卖给该知识产权所有人[①]。②恶意混淆域名。指对他人注册在先的商标、商号、域名或者其他标识进行模仿、篡改,只需细微改动获得域名注册。

3.非法使用或传播他人享有著作权的作品

主要类型或方式,见第十五章,此不赘述。

(六)非法虚假型传播

(1)虚假广告传播。利用广告或者其他方法,对商品的质量、制作成分、性能、用途、生产者、有效期限、产地等做引人误解的虚假宣传。

(2)虚假陈述。如第二章第四节三中的定义,此不赘述。

第三节　传播侵权中的损害

作为传播侵权的构成要件之一,损害后果是传播侵权对相关当事人造成的名誉贬损即社会评价之降低、精神痛苦、生活安宁权受影响和财产损失。

一、传播对他人名誉的贬损即社会评价之降低

有学者将名誉分为两个方面,认为名誉"具有客观方面和主观方面两重属性。如果承认名誉具有客观与主观两个方面的属性,那么也就必然要承认侵害名誉权的后果可能包括两个主要方面:一是对受害人社会评价的降低,二是精神损害。对受害人社会评价的降低,是侵害他人名誉权造成的主要损害后果。我们也将对受害人评价的降低这种损害称为外部名誉的损害,将精神损害称为内部名誉的损害。在这两种损害中,外部名誉的损害是必备的和主要的,内部名誉的损害是可能出现的

---

① 党跃臣,曹树人.网络出版知识产权导论[M].北京:北京理工大学出版社,2006:238.

并由外部名誉损害这一前提事实所决定的"①。

当有关人员得悉传播的内容,当事人社会评价降低之必然结果是:①社会其他成员对其产生不良的看法,出现不利于受害人的各种议论、评论甚至攻击等;②使受害人在社会生活中受到孤立、冷落等;③使受害人在其职业、职务、营业等方面发生或者可能发生困难。就对受害人的侮辱和丑化他人人格而言,其结果可能使第三人产生对受害人无能、窝囊、人品低下等不利的看法和评价;就对受害人的诽谤而言,第三人可能错误地相信不利于受害人名誉的虚伪事实是真实的或者认为加害人的不当评价是真实的、中肯的,由此产生对受害人不信任、轻视、蔑视、厌恶等不利的看法,进而在行为上冷落、孤立受害人,不与其发生正常的往来,不与其进行可能的合作,不为其提供可能的方便与机会等,这就是侵害他人名誉权的最为主要的后果——受害人的社会评价被不当降低②。

受害人人格受损、社会评价之降低是名誉侵权的构成要件、必备要件,没有这个要件,就不存在名誉侵权责任。然而,由于社会评价的降低存在于第三人思想或感情之中,是无形的而非有形的,其程度或标准难以量化。

造成社会评价之降低的信息传播后,往往会引发社会舆论。有些传播内容会造成一边倒的社会舆论,但许多传播内容对受众而言,会引发不同的甚至是对立的评论,这是因为不同受众有不同的思想、观点、感情,这就给社会评价之降低的证明带来了难度。

二、传播对他人造成精神损害

(一)精神损害的内涵

广义的精神损害包括精神利益的损失和精神痛苦,前者即公民和法人人身利益(人格利益和身份利益)遭受损害,如名誉贬损、肖像权受侵害;后者即狭义的精神损害,是受害人在人格权或其他权利受到侵害后,而主要遭受的生理疼痛、思想负担、精神痛苦及其他不良情绪③。

在世界范围内,对精神损害是否包括精神利益都有分歧。我国法学

①② 张新宝.侵害名誉权的损害后果及其民事救济方式探讨[J].法商研究,1997(6):6 – 14.

③ 王利明.人格权法研究[M].北京:中国人民大学出版社,2012:674.

界也是如此。王利明教授、张新宝教授主张狭义的精神损害,而杨立新教授主张广义的精神损害,即认为应将生物学意义上精神损害与"法律上的精神损害"区别开来,法人也存在精神损害①。

笔者不能赞同这样的观点,这是因为:①法人作为一个社会组织,不可能像人一样具有思维活动、心理活动和精神状态。②精神利益与精神痛苦不是并列的概念,精神利益受到侵害后才产生精神痛苦问题,而因精神痛苦引发之金钱赔偿就是对于精神利益的补救。③法人诚然存在一些人格方面的利益,但是这样的利益并不需要适用精神损害赔偿的方式加以救济,而可以适用商誉权等方式进行救济。最高人民法院《解答》比较明确地否认了法人存在精神损害的观点。

本研究对精神损害采狭义说:精神损害即公民因人格权受到侵害而遭受的生理、心理上的痛苦及其他不良情绪,包括愤怒、绝望、恐惧、焦虑及其他不良情绪。

(二)传播侵权导致的精神损害

传播侵权造成受害人的精神痛苦,往往是社会评价降低的结果。受害人受到传播侵害后,常常表现出悲伤、忧郁、愤怒、压抑等。精神痛苦在受害人的内心,外在反映并不明显(除非有异常的外人可直观并作为法律证据的表现),后果往往来自受害人的自述,取证困难。有的当事人心理承受力强,对外界压力表现淡定,但并非没有精神痛苦;有些人心理素质较差,稍受舆论指责,表现就很明显。所以,精神痛苦只是传播侵权损害结果的参考,不能以其作为标准来确定侵权责任是否存在。

三、传播对他人秘密信息、生活安宁和私人活动的侵害

传播对他人秘密信息、生活安宁和私人活动造成侵害或妨害,主要是因为侵害他人隐私权所导致。传播侵害他人隐私,同样会造成他人名誉权的侵害及精神损害,有时甚至会造成比名誉权侵害更为严重的后果。在我国,由于传统文化及现行制度的原因,对隐私权的重视及保护程度很低,虽然侵害隐私的行为很普遍,但此类诉讼数量与其他人格权纠纷相比较少,当然,近年来,此类诉讼数量增长较快。

---

① 杨立新.侵权法论[M].北京:人民法院出版社,2010:658.

四、传播对他人财产权益的侵害

（一）因传播活动侵害自然人或法人名誉权、信用权而导致的直接财产损失

（1）传播侵权导致的自然人的直接财产损害。①自然人为了治疗精神损害而支出的医疗、咨询费用；②自然人为维护名誉权而澄清事实和进行诉讼支付的必要费用。

（2）传播侵权导致的法人直接财产损害。①传播活动直接影响法人的名誉权，从而影响其经营活动，导致其经济损失；②法人为维护名誉权或信用权而澄清事实和进行诉讼支付的必要费用。

（二）传播活动间接导致自然人或法人等组织承受财产损害

1.因传播行为间接导致自然人或法人的财产损害

主要是不实传播行为包括广告、虚假陈述等导致自然人或法人的消费或投资行为导致的损失。

2.因传播行为侵犯人格权进而导致被侵权人预期利益等类型的经济损失

这类案件中，被侵权人本来没有直接财产损害，但名誉权等权益被损害，可能导致工作机会、投资机会或其他经营活动受到消极影响而蒙受财产损害。如前述唐季礼诉《青年时报》案中唐季礼因名誉损害而遭受预期利益的损失。

（三）传播活动导致知识产权中的财产权损失

知识产权包括人身权和财产权，其中著作财产权、商标权都可能因非法传播而遭到非法使用，进而导致财产损失。

五、传播对他人信用权①的损害

我国法律没有规定信用权，但根据《民法典（草案）》第八百零八条

---

① 关于信用权纠纷的内容参见本研究第十三章。信用是对民事主体的经济能力包括经济状况、生产能力、产品质量、偿付债务能力、履约状态、诚实信用的程度等的评价，它是对民事主体人格的经济能力的综合评价。杨立新.论信用权及其损害的民法救济［J］.法律科学,1995（4）:48.而所谓信用权,指民事主体享受并支配其信用及其利益的人格权,或者说是自然人、法人或其他组织对其所具有的经济活动及其能力的良好评价所享有的权利。信用权具有财产和人格的双重属性,不能单独转让。

的规定,信用权将以名誉权进行保护。

侵害信用权的典型形态是传播有损他人信用的虚假信息,即毁损他人信用,进行商业诋毁。通常,贬低和诽谤是商业诋毁的常用手段,而媒体是不可或缺的工具。贬低通常用不公平的比较方法对竞争对手的企业、产品、配方、信誉等进行贬损性评价;诽谤则是通过虚假或似是而非的信息,损害竞争对手的商业信誉、商品声誉。上述手段,将导致有关被诋毁者的资信能力的社会评价降低,使其竞争优势遭到破坏。

在侵害信用权的案件中,通常传播者与被诋毁对象的竞争对手联合,或为一体,但在诉讼中,可能被告只有传播者。如农夫山泉起诉《京华时报》侵权案中,农夫山泉因《京华时报》的报道而被迫撤出北京桶装水市场,即典型的信用权诉讼。

第四节 传播侵权中的因果关系

因果关系本是一个哲学概念,指客观现象之间引起与被引起的关系。侵权法上的因果关系,指"违法行为作为原因,损害事实作为结果,在它们之间存在的前者引起后者,后者被前者所引起的客观联系"[1]。

一、侵权法因果关系理论

(一)因果关系的内涵

因果关系的内涵,不仅限于加害人的违法行为与损害事实之间的引起与被引起的关系。引起损害事实发生的各种原因包括加害人的加害行为、第三人行为、受害人行为和自然因素。过去对侵权法因果关系的研究,"认识到了加害人的加害行为(或说违法行为)作为原因这一主要方面,但是忽略了其他方面的原因,如第三人行为,加害人自己的行为、介入的自然因素等,这些在实践中往往构成某一损害后果产生或发展的原因之一部分,只有对这些原因进行全面的认识,才能更恰当地确定相关人员的民事责任之有无与大小"[2]。

---

① 杨立新.侵权法论[M].北京:人民法院出版社,2010:175.
② 张新宝.中国侵权行为法[M].北京:中国社会科学出版社,1998:115.

（二）因果关系的理论学说

1. 大陆法系因果关系的理论学说

大陆法系因果关系的理论说包括：①条件说。该学说是"大陆法系因果关系最古老的学说，从古典刑法因果关系理论演化而来，认为凡是对于损害后果的发生起重要作用的条件行为，都是该损害结果法律上的原因"①。该学说又分为必要原因说和有效原因说。目前多数大陆法系国家已不再坚持这一学说②。②充分原因说。为德国心理学家冯·克里斯提出，流行于西欧国家，克里斯认为："加害人必须对以他的不法行为为'充分原因'的损害负赔偿责任，但对超出这一范围的损害不负责任"，而且"充分原因必须是损害结果发生的必要条件，其具有极大增加损害结果发生的可能性。"③20世纪后，法学家引入公正原则和合法性原则对此进行修正，目前，现代充分原因说包含三方面内容：损害发生可能性之认定；公平原则之适用；合法性之考察。其中第一项内容为充分原因说的核心，后两项为矫正，以保证判决结果之妥当性④。③盖然性说。该学说认为："受害人证明侵害行为与损害结果之间存在相当程度的因果关系即达到了证明责任的要求，然后再由被告对此进行反证。如果被告不能证明不存在因果关系，就认定存在因果关系；反之，如果被告能够证明不存在因果关系，就认定不存在因果关系。"⑤该学说克服了传统侵权法对于受害人的专业知识、资料等要求过高的缺点，在产品责任、环境污染等案件中，已经得到适用。

2. 英美法系因果关系的理论学说

英美法系因果关系的理论说包括：①事实上的因果关系。其不考虑法律政策等因素，确认加害行为是否是损害结果发生之原因。在此方面，英美侵权法又探讨出"必要条件"（即结果发生的必要的、不可缺少的条件才是原因）理论、"实质要素"理论。我国民法学界讨论侵权法上的因果关系时，也多采此学说。②法律上的因果关系。指在确定加害行为与损害后果之间存在事实上的因果关系前提下，再考虑立法及司法政

---

① 刘士国. 论侵权责任中的因果关系[J]. 法学研究,1992(2):46.

② 五旸. 侵权行为法上的因果关系理论研究[D]. 北京:中国社会科学院,1997:49.

③ 王家福. 中国民法学·民法债权[M]. 北京:法律出版社,1991:487.

④ 五旸. 侵权行为法上的因果关系理论研究[D]. 北京:中国社会科学院,1997:57.

⑤ 刘士国. 论侵权责任中的因果关系[J]. 法学研究,1992(2):47.

策、社会福利及公平正义等价值,从而确定加害人是否承担侵权责任。由于没有关于侵权行为的一般规定和民事责任的一般原则,英美侵权法非常注重法律因果关系,这就要求法官在审理案件时进行价值衡量与评判;而大陆法系成文法的结构与内容,使法官不必对个案进行价值判断。

3. 事实因果关系理论要点①

大陆法系,包括我国法官对侵权法上的因果关系的判断主要采取事实因果关系理论。该理论认为,作为结果的必不可少的条件,原因必然先于结果出现;原因是一种客观存在。①必要条件的检验。第一是反证法,即如果没有 A,B 会产生吗? 如果答案是肯定的,则 A 不是 B 的必要条件即原因;如果答案是否定的,则 A 是 B 的必要条件即原因。第二是剔除法,即先综合各种条件,然后逐一剔除这些条件,观察结果是否发生,如发生,则非原因;如不发生,则是原因。第三是代替法,考虑将加害行为被一个合法行为取代,如后果仍然发生,则非原因;反之,则是原因。②实质要素的补充检验。即如果加害行为实足以引起损害结果发生,其就是原因。

4. 事实因果关系的形态与原因力

实践中,因果关系的形态很复杂,包括一因一果、一因多果、多因一果、多因多果。在多个加害人的多个加害行为、受害人的行为、第三人的行为及自然因素的介入下,判断引起结果的原因,就要考虑区分对损害结果发生起主要作用的原因和次要作用的原因:直接原因与间接原因、主要原因与次要原因、强势原因和弱势原因。直接、主要、强势原因具有较大的原因力;间接、次要、弱势原因具有较小的原因力;起相同作用的原因具有相同的原因力。

二、传播侵权因果关系关键环节:传播行为指向特定当事人

我国学界认为,在传播侵权案件中,受害人对人格损害或社会评价之降低等损害后果的举证和证明非常困难,因此应采取事实推定的方法解决这一困难:"考虑到名誉权的特殊性质和受害人承担名誉损害事实举证责任面对难以克服的困难,应该免除受害人对名誉损害事实发生的举证责任,而采取推定的方法确认损害事实的存在。受害人应提供证据

---

① 张新宝. 中国侵权行为法[M]. 北京:中国社会科学出版社,1998:121-122.

证明针对自己的诽谤和侮辱性内容已经为自己以外的第三人所知……"①即在传播侵权法律关系中,侵权行为一旦实施,即不利于当事人的失实或符合事实的作品一旦发表,本身就可能给当事人造成名誉权、隐私权等损害,即发表而为社会知悉本身即代表损害形成。

在传播侵权中,侵权责任要构成,必须有特定的损害对象,侵权行为也只有指向特定权利主体才能实施。如在侵害肖像权案件中,如果肖像本身不能被识别,就不能确定被侵权对象,当然不能认定责任存在。如果传播行为仅仅泛指某一类人,传播内容泛指一种普遍性的社会现象,不能确定具体对象,也不能形成侵权责任。

因此,有观点认为,受害人可以被指认,应该是新闻侵权的第三个构成要件。也就是说,由于有侵权内容的作品的发表,导致了受害人在现实生活中被指认,从而引起其物质和精神权益的贬损。而且,这种"被指认"可以运用因果关系中的反证法②。

这里需要注意:第一,传播内容指向特定的人不一定将其真实姓名予以披露,只要通过一定的方式(如描写特定当事的体貌特征、行为特点),在具体背景与环境下能够让一定范围内的受众识别出该当事人,则可认定传播行为指向该特定人。如胡冀超、周也昭、石达成诉刘守忠、遵义晚报社案,因被告所写小说人物的姓名等特征,一定的社会交际圈内可以识别相对应的真实自然人,因此,其指向特定的对象。第二,传播内容指向特定的人不一定限于某一个人,很可能是一个团体、一个组织。在英美法系,有对"一群人或者一个阶层的人之诽谤",但其对作为群体或阶层的受害人的情况做出了严格限制。美国《侵权法第二次重述》第564条规定:"对于一群人或者一个阶层的人的诽谤需具备下列两个条件之一:(1)该群或阶层的人数少,以致该诽谤性事项的传播被合理地理解为是针对其组成的个人的;或者(2)传播有关一群人或者一个阶层的诽谤事项的客观情况得被合理地推论,该传播特别提及其组成之个人。"

问题是,传播行为的完成本身即说明损害形成的逻辑,能否说明其间的因果关系是必然,即侵权责任因果关系的证明即可完成?

---

① 王利明,杨立新. 人格权与新闻侵权[M]. 北京:中国方正出版社,1995:578–579.
② 顾理平. 论新闻侵权的构成要件[J]. 当代传播,2001(3):56.

三、传播侵权中因果关系的认定路径

在传播侵权诉讼中,有时即使传播者不应独自承担责任或者根本没有责任,但受害人基于种种考虑,可能主要针对传播者行使请求权。

（一）多因一果情况下对传播侵权的认定

社会生活是复杂的,有时一种结果是由多种原因造成的,即所谓多因一果。涉及传播侵权,又有两种情况:一种是传播侵权引发其他当事人对受害人的侵权;一种是传播者与其他非传播当事人一起对受害人的侵权,即传播者只是传播其他加害人或受害人的相关行为而致侵权。前一种情况如西安中院判决某报社侵害了熊小伟名誉权案,侵权新闻本身无疑给受害人带来巨大的损害,而且在报道影响下,税务机关和工商机关分别将熊小伟刑事拘留,扣压其营业执照①。税务机关和工商机关作为独立行使职权的执法机关,其自身对熊小伟的处理负有责任,即熊小伟的损害由报道和政府机关共同造成,这就是多因一果,故而熊小伟的损害不能完全归因于新闻报道。在熊小伟的经济损失中,直接原因、主要原因可能并不是传播者,而是政府机关,这就需要对原因力进行区分。

（二）对传播侵权的排除

只要有传播、能确定受害人,即可推定损害事实即社会评价,这在实践中得到适用,但应注意:诉讼中受害人所称的损害后果可能并非传播行为引起,即社会评价的降低与诉称的损害之间可能没有必然联系;即使有必然联系,侵权作品也可能不是损害后果的直接原因或主要原因。如,1990 年 8 月 6 日,陈某诉《大连日报》案中,原告诉称被告"指名道姓把我称为赌徒……致使大连市优秀企业家评委做出了取消我的优秀企业家评选资格的决定",后经法院查明:陈某被取消参选优秀企业家资格,原因是其单位两项经济指标未达标,且该资格被取消在报纸报道前。此案中,原告所谓损害后果与新闻报道无因果关系②。

---

① 李渡.艰难申诉路　何日是尽头[N].人民日报,2001 – 11 – 29(10).
② 汪洋.新闻侵权的构成[J].新闻前哨,1995(6):31.

第四章 传播注意义务

案例 在浙江丽水"QQ 相约自杀案"中,二审法院认为:第一,腾讯 QQ 是腾讯公司开发的一款基于 Internet 的免费即时通信工具,对于网络用户多次在不特定 QQ 群发布信息的,腾讯公司负有事后被动审查、监管 QQ 群聊信息的义务,而难以通过人工、技术手段事先主动审查、监管群聊信息。第二,此案中腾讯公司不存在作为的侵权行为,也不存在法律明确要求其作为而其不作为的侵权行为;腾讯公司没有接到任何人要求其删除、屏蔽或者断开链接相关有害信息的通知,其主观上并没有过错。第三,腾讯公司的行为与范某的死亡不存在因果关系。总之,本案中腾讯公司不具备侵权损害赔偿责任的构成要件。法院最终判决张某承担 20%(11 万余元)赔偿责任,驳回对腾讯公司诉讼请求[1]。

问题一 作为网络服务提供商(Internet Service Provider)——辅助传播者,其在没有明确的法定义务时[2],未删除明显可能侵害他人合法权益

---

[1] 2010 年 6 月初起,张某多次在腾讯公司经营的不同 QQ 群上向不特定对象发出"浙江男 找一起自杀的 联系我……"等内容的自杀邀请。范某在 QQ 群上看到张某留下的信息后,同年 6 月 23 日晚到达丽水,并与张某在丽水市区一间酒店实施了烧碳自杀。自杀过程中,由于疼痛难忍,张某终止自杀,并劝范某放弃自杀。下午 5 时左右,张某独自一人离开了宾馆。晚 11 时左右,张某打电话给宾馆总台,告诉宾馆工作人员 502 房间可能有人自杀,工作人员撞开房门发现范某死亡后报案。此后,范某父母将张某和深圳市腾讯计算机系统有限公司告上法庭,认为腾讯作为网络服务提供者,未及时对"相约自杀"的内容进行删除或屏蔽,致使其得以传播,应对范某的死亡(与张某)承担连带赔偿责任。参见:浙江省丽水市中级人民法院(2011)浙丽民终字第 40 号判决书。

[2] 我国《侵权责任法》第三十六条规定:"网络用户、网络服务提供者利用网络侵害他人民事权益的,应当承担侵权责任。网络用户利用网络服务实施侵权行为的,被侵权人有权通知网络服务提供者采取删除、屏蔽、断开链接等必要措施。网络服务提供者接到通知后未及时采取必要措施的,对损害的扩大部分与该网络用户承担连带责任。网络服务提供者知道网络用户利用其网络服务侵害他人民事权益,未采取必要措施的,与该网络用户承担连带责任。"该规定只明确了网络服务商"明知"即接到权利人通知情况下的删除、屏蔽、断开链接等义务,对"应知"标准未予明确。

的信息时,是否有过错? 过错产生的根源和依据是什么? 作为受害者的原告通过什么路径证明被告即传播者或辅助传播者的过错? 法官基于原告的证明来认定被告即传播者或辅助传播者的过错时,依据什么标准?

问题二　上述辅助传播者的不作为是否属非法行为即侵权行为? 作为受害者的原告通过什么路径证明该不作为的非法性? 法官认定该不作为的非法性时,依据什么标准?

前述两个问题,分别涉及传播侵权诉讼中两个关键的构成要件即过失与非法性,而其共同点实质上聚焦于传播者的注意义务。本章主要研究传播注意义务对过错(主要是过失)与非法性两大责任要件的确定、证明功能,探讨我国相关传播注意义务法律规定存在的问题,并对相关立法和司法解释提出建议。

第一节　传播注意义务的基础理论

在界定注意义务之前,首先需要理解"注意"。依照德国法,注意可以分为外在注意和内在注意,前者指行为符合法律、善良风俗的规范;内在注意则"是一种情绪的过程,它可能是由多个部分组合的结果……建立在对事实构成要件可能成为现实的认识基础上……"①

一、传播注意义务:概念、类型及其产生根源

(一)传播注意义务

1. 注意义务

在两大法系过失侵权法中,注意义务均有重要地位。而对注意义务的权威解释是:"一个人对他人造成损害后,只有当法院判定被告在当时情况下,对原告负有不为加害行为或不让加害行为发生的法律义务,而被告却未加注意,或未达到法律所要求的注意标准,或未采取法律所要求的预防措施而违反此种义务时,他才在法律上对受害人承担过失责任。如果在当时不存在注意义务,由此发生的损害都属于无侵权行为的

---

① 埃乐温·多伊奇,汉斯－于尔根·阿伦斯.德国侵权法[M].叶名怡,温大军,译.北京:中国人民大学出版社,2016:58.

损害,被告不承担责任。"①

可见,英美侵权法中的注意义务显然是与过错中的过失而非故意紧密相关,而且,其既针对作为,也针对不作为;既针对直接侵权,也针对间接侵权。

我国民法学界对注意义务概念的定义有:"行为人应采取合理的注意,来避免给他人造成人身或财产损失的义务"②;另有观点认为:"注意义务是指行为人谨慎地为一切行为并且谨防自己的行为给他人造成损害的义务"③;还有观点认为:"注意义务是指行为人应采取谨慎、合理的注意从而避免给他人的人身或者财产造成损害的义务。"④

2. 传播注意义务

我国学界尚未有对传播注意义务的界定,笔者对其定义为:利用传统媒体、网络媒体面向大众进行传播或辅助传播(提供传播服务)的行为人,分别以职业标准、善良管理人等合理的标准,以作为或不作为的形式,避免给他人人身或者财产造成损害的义务。

传播注意义务的本质或内涵有以下含义:①其既具有一般抽象性,也需在一定传播法律关系中,根据具体传播环境和情形来决定。②是一种传播行为范式和准则。范式要求传播行为人需尽到内在注意,因为"义务意味着对被告的行为自由加以限制,这个限制就是要如同一个合理谨慎之人在同样的情形下一样行为"⑤;准则要求传播行为人基于特定条件做出谨慎合理的行为,即尽到外在注意,并认为"义务就是说,被告的责任必须依据某些法律原则或者规则来决定,这些规则针对被告的行为而设,并保护受害人免受被告行为造成之损害"⑥,在此意义上,学界和司法界将义务作为"法律规则"。

(二)传播注意义务的基本分类

从不同角度和标准,注意义务有不同的分类。从本文所研究传播行为过失与非法性证明问题的角度,有两种角度分类的注意义务需要首先明确:

---

① 戴维·M.沃克.牛津法律大辞典[M].李双元,等,译.北京:法律出版社,2003:171.

② 王俊.注意义务在侵权责任法中的实践探究[J].泰山学院学报,2012(2):109.

③ 廖焕国.侵权法上的注意义务比较研究[D].武汉:武汉大学,2005:13-14.

④ 屈茂辉.论民法上的注意义务[J].北方法学,2007(1):25.

⑤ Winfield,Duty,34 Col. L. Rev. 43.(1934).

⑥ Leon Green,Duty,41 Tex. L. Rev. 45.(1962).

1. 法定注意义务和一般注意义务

法定注意义务即特殊的或称具体的注意义务,指"由法律对定型化的或常见的危险(如交通危险)进行明确,要求行为人实施各种避免危险结果的义务。法律确定的注意义务一般都具有明确性,容易查明和被人接受"①。

但注意义务产生的依据并不限于法律规范,由法律规定、列举确立的注意义务,远未包括社会生活一般规范和准则产生的一般性注意义务,世界上没有任何一个国家的法律可将不当行为一网打尽,将"不当行为的认定完全交给立法者并以法不禁止即许可为理念的侵权行为,法无异于以违反人权的方式认可了法律漏洞的存在"②。在侵权法上,正如荷兰最高法院在 Lindenbaum/Cohen 案中所认为的那样,"侵权行为必须被理解为是对他人权利以作为或不作为方式的侵犯,或者以作为或不作为的方式违反制定法上的义务、违反善良风俗、违反与社会日常生活相关的对他人人身和财物的必要的注意"③。所以,我国有学者将注意义务分为两大类:一是明示的义务即依据法律、法令的规定所产生的义务;二是依据习惯和常理所产生的注意义务④。事实上,依据习惯和常理所产生的注意义务是本文所称的一般注意义务。

在德国,注意义务也有法定和非法定之别。《德国民法典》第823条第1款、第2款和第826条创设了三种法定注意义务,其中第826条("违反善良风俗加害他人者,应负赔偿责任")中的注意义务,就是从习惯和常理中产生,法院不会仅仅因为遵守了法定义务,就认为一个人的行为是必然可以接受的。

在日本,学界也主张:"以习惯和常理为根据论定注意义务,就是要考虑在具体社会中遇到某具体事态的人进行什么样的行为才是必要的、相当的,必须从这种观点,进行合理的判断……对法律没有特别了解的人,也自然应该懂得,按照社会常识,在实施具体行为的时候,自己该做出怎样的注意。所以,以习惯和常理为根据的注意义务,能够与依照社

---

① 廖焕国. 侵权法上的注意义务比较研究[D]. 武汉:武汉大学,2005:57.
② 克雷斯蒂安·冯·巴尔. 欧洲比较侵权行为法(下卷)[M]. 焦美华,译. 北京:法律出版社,2001:296 – 297.
③ 克雷斯蒂安·冯·巴尔. 欧洲比较侵权行为法(下卷)[M]. 焦美华,译. 北京:法律出版社,2001:36.
④ 周光权. 注意义务研究[M]. 北京:中国政法大学出版社,1998:49.

会常识所认识的注意义务相一致。"①

总之,习惯、常理、道德确立的注意义务,其意义在于:行为合法并不意味着行为合理,而且不一定能免于法律责任。由此,传播行为适用所谓民法中"法无禁止即可为"的原则,显然是一种误解,其同样需接受习惯、常理、道德确立的注意义务的约束。

对于一般注意义务的意义,我国著名民法学家王泽鉴认为:"一百年来德国不法行为法在理论构造及解释上历经重大演变,其中最具突破性的是将德国民法第823条第1款前段所称的其他权利扩张至一般人格权以及营业权,另一个重大突破是创设了Verkehrspflicht(即一般注意义务)的概念,改变了侵权行为法的思考方法。"②对于一般注意义务的内容,学者认为:"演进至今,一般注意义务已包括伦理或日常生活中为阻止损害发生所应为的一切义务,并成为两大法系侵权行为法特有的规范发生器,具有一般条款的性质。"③

2.绝对(抽象)注意义务和相对(具体)注意义务

这种划分是由对各国侵权法上注意义务特征的高度抽象和概括而来。《法国民法典》第1382条"基于过咎(Faute)行为导致他人损害,应负赔偿责任"的规定,是所有非权益人对他人合法权益均有高度严格注意义务的典型(下文详述);而英美法系和德国法系的注意义务(包括一般注意义务)均在特定法律关系中适用,有确立条件和范围限制,故为相对注意义务。绝对注意义务表面上很严格,但因为并未以法律明确表述,没有可操作性,加之法官素质与理解问题,反倒容易产生法律适用中的诸多漏洞;相对注意义务虽然有适用范围和确立条件,但因相对明确、具体,比较容易适用。

在我国,《侵权责任法》并未规定一般注意义务条款,且第六条第一款"行为人因过错侵害他人民事权益,应当承担侵权责任"的规定,类似于《法国民法典》第1382条确立的严格而抽象的注意义务模式,但在包括媒体传播行为侵权在内的许多具体侵权行为类型和其他侵权单行法中均规定了注意义务,所以我国侵权法注意义务在制度上呈现出混合性,在司法实践中表现出矛盾情形。

---

① 大塚仁.犯罪论的基本问题[M].冯军,译.北京:中国政法大学出版社,1993:234.
② 王泽鉴.侵权行为法[M].北京:中国政法大学出版社,2001:46.
③ 杜景林,卢谌.德国民法典全条文注释[M].北京:中国政法大学出版社,2015:667.

（三）传播注意义务产生的根源：损害风险的管控和避免

注意义务分为法定义务和非法定义务：法律明确规定的注意义务如《侵权责任法》第三十六条第二款和第三款设定的删除、屏蔽、断开链接等，当然应当履行，问题在于：如果法律未明确规定注意义务，传播者或辅助传播者的注意义务源自何处？

过失侵权注意义务产生的根源，从深层次上讲是基于道德或自然法的义务，从直接动机上讲自然是管控风险、回避法律责任，德国的一般注意义务的产生过程可以说明此问题。

一般注意义务是由德国 1903 年的"兽医案"①确认，在该案中，德国帝国法院认为："任何从事特殊职业活动并服务于公众者，承担一种责任，即当行使职务时，应担保一个事物井然有序地进行。通过这种职业活动或营业活动，将促使产生特殊的一般法律上的义务，换言之，即注意义务。此种特殊的一般法律上的义务，人们可以统称之为'一般注意义务'。"②德国法上一般注意义务是法官造法的产物，而自"兽医案"后，通过德国法院一系列判例的积累，确认了注意义务的一般原则：无论是危险的制造者还是危险状态的维持者，均有义务采取一切必要、适当的措施，以保护他人和他人的绝对权利③。因此，我国学者王泽鉴认为："德国法上一般注意义务的来源出于三种情形的危险控制和管理：（1）因自己行为致发生一定结果的危险，而负有防范义务；（2）开启或维持某种交通或交往；（3）因从事一定营业或职业而承担防范危险的义务。"④

一般注意义务下的传播注意义务，也具有管控风险的目的和功能。无论是传统还是现代传播工具，在便利信息交流的同时，其导致的人身权益和财产权益的侵害问题日益普遍，而成为突出的社会问题。中国互联网络信息中心（CNNIC）第 39 次《中国互联网络发展状况统计报告》表明，中国网民 2016 年底的数量是 7.31 亿，互联网普及率达到 53.2%，手

---

① 该案中，兽医为一患炭疽病的奶牛做诊断时，知道奶牛可将病毒传染给人，却疏忽大意未对屠杀该牛的屠夫消毒并诊断其伤口。帝国法院以原告即屠夫因此被传染疾病导致长年卧病在床之理由，判决原告胜诉。参见：林美惠. 侵权行为法上交易安全注意之研究[D]. 台北：台湾大学，2000：41.

② 克雷斯蒂安·冯·巴尔. 欧洲比较侵权行为法（下卷）[M]. 焦美华，译. 北京：法律出版社，2001：146.

③ 克雷斯蒂安·冯·巴尔. 欧洲比较侵权行为法（上卷）[M]. 焦美华，译. 北京：法律出版社，2001：145.

④ 王泽鉴. 侵权行为法[M]. 北京：中国政法大学出版社，2002：94 - 95.

机网民规模达 6.95 亿,增长率连续三年超过 10%①。可见,在信息社会的网络传播中,传播主体已由过去传统大众传播中的媒体组织扩充为媒体组织与亿万网络用户,这就是传播行为导致的侵权案件急剧增长的根本原因②,在这个意义上,现代传播工具已经成为信息社会侵权的风险来源之一,而直接传播者(媒体组织和自然人)和辅助传播者(主要指网络服务提供者)均应成为一般注意义务适用对象,以防范对传播行为造成的风险。

依据行为方式,可将过失传播侵权注意义务产生的根源分为以下几类:

1. 积极作为情况下传播注意义务产生的根源

"行为人应对其未尽应有的注意而给他人造成的人身、财产损害负赔偿责任,这是积极作为状态下注意义务产生的一般原则"③。这一原则具有普适性:传播行为人在实施积极作为的行为时,负有不对他人的人身权益和财产权益造成损害的注意义务,这主要指其传播内容可能对他人造成损害而导致的注意义务。在网络传播已经普及的情况下,积极作为导致的传播注意义务已经不是媒体机构所独有,而是亿万网络用户的普遍义务。

2. 消极不作为情况下的传播注意义务产生的根源

此类传播注意义务通常由辅助传播者如网络服务提供者承担,而不是直接传播是承担。普通法有一条基本原则:"我不能损害我的邻人并不意味着我有救助他的义务。"④因此,被告没有义务采取积极的行为,救助那些受到第三者或并非被告引起的事件损害的原告,向这样的原告提供救助或许只是道义上的一种义务。但这一原则不断受到新规则的挑战。司法实践中,英美法系国家的判例要求不作为的当事人在一定情形下承担注意义务,以适应社会的发展和形势的变迁。归结起来看,下列情况下不作为的行为人负有相应的注意义务:①原被告之间存在合同、监护等特殊关系。②被告对原告具有监管或控制关系。如果原告处

---

① 中国互联网信息中心. 中国互联网络发展状况统计报告[EB/OL]. [2017 - 07 - 02]. http://www.cnnic.net.cn/hlwfzyj/hlwxzbg/hlwtjbg/201701/t20170122_66437.html.

② 据中国裁判文书网统计,我国 2016 年的信息网络传播权纠纷即达 8787 起,统计时间为 2017 年 8 月 20 日.

③ 王钦杰. 英美侵权法上注意义务研究[D]. 济南:山东大学,2009:20.

④ Rogers W V H. Winfield & Jolowicz. On Tort[M]. 16th Ed. London:Sweet & Maxwell,2002: 134.

于被告的监管或控制之下，不能有效地进行自我保护时，被告就具有防止原告受到侵害的注意义务。③原告对被告具有合理的信赖或依赖关系。英美法系上的信赖或依赖关系，是一个含义十分丰富和宽泛的概念，它可以灵活地应用于各种领域，如专业技术人员与客户之间的关系，掌管着公共资源的权力部门与社会公众的关系，信息文件的提供者、发布者与使用者的关系等。④对自己控制范围内的事务。范围责任作为一般注意义务的发源地，目前成为一般注意义务中具有决定性意义的基本原则。一般情况下，人们没有监管、控制等特殊关系控制他人的义务，也没有约束他人不对第三人造成损害的义务，因此不承担他人实施的侵权行为造成的损失后果。但被告一旦与他人确立了监护、监管、控制等特殊关系，则具有防止其给第三人造成损害的注意义务，否则承担相应的赔偿责任。⑤被告拥有或控制可导致危险或损害发生的财产。上述五种关系中，第②④⑤类关系符合传播行为导致的法律关系，而且这种不作为下的传播注意义务成为近年我国司法实践中的焦点问题。

二、传播注意义务的成立：英美法系的确立条件和大陆法系的适用范围

注意义务的成立即英美法系的注意义务确立条件或大陆法系（德国）的注意义务适用范围：在过失侵权责任确定中，法官首先要确定的是在具体情况下行为人对侵害对象是否负有注意义务，否则无法判断是否违反义务。而注意义务的确立条件，主要研究的是非法定注意义务的确立条件，因为法定注意义务不存在是否确立问题。

传播注意义务的确立也是如此，如美国1998年《千禧年数字版权法》中，网络服务提供商履行一定注意义务方能适用"避风港规则"，即必须采取一定"标准技术措施"来保护他人著作权，且这种措施对任何合理使用的用户都适用①，这种法定注意义务适用于所有网络服务提供商。

（一）英美法系注意义务的确立条件及其在传播侵权领域的适用

1. 英美法系注意义务的确立条件

来源于习惯、常理和道德中的一般注意义务，其关键问题当然还是确立的标准。英美法系经过近百年的演进，在 Caparo Industries plc v.

---

① 冯晓青. 因特网服务提供商著作权侵权责任限制研究——美国《数字千年著作权法》评析[J]. 河北法学, 2001(6): 127.

Dickman and Others 案和 Murphy v. Berntwood DC 案中,确立注意义务的标准最终形成目前公认的"三步检验法"。英国法官对此方法有明确的表述:"除了损害的可预见性,在任何情况下之所以产生责任的必要因素是:在针对被告而言存在注意义务和针对原告而言处于注意义务保护范围内,被告对原告负有注意义务的基础关系法律称之为相邻性,在这种情况下,法院认为,为了一方当事人的利益课以另一方当事人一定范围内的注意义务是公平、公正、合理的。"①具体而言:①考虑合理可预见性。可预见性指向"原告及其损害"。"预见的损害,则是依据行为人行为前所获得的有效信息"②。可预见性是一个弹性概念,它可以依据具体情况灵活把握。②紧密关联性(近因性)。指原告和被告之间法律上的关系或者法律所认可的关系,是过失责任裁判的核心,它同样应该依据周围的环境、道德准则和裁判标准等确定。对于紧密关联性,学者认为:"法官也总是依据具体案件中的事实不同而选择不同的表达,但其焦点还是在于原告与被告之间的一种直接和紧密的关系。对于确认近因关系,可预见性具有重要功能,如果被告作为或不作为将损害原告权益,法院一般不会认为其间缺乏足够发生注意义务的近因性。"③这说明,近因性和可预见性之间有重叠之处,许多近因性决定可预见性,而这种情况下原告和被告之间的关系将没有必要考虑。③对行为人施加的注意义务有无违反"公平、公正、合理"的原则。其指"法院在认定被告对原告负有注意义务时,应是公平、公正与合理的……事实上,这一要素通常与公共政策要素相关"④。确立注意义务的上述"三步检验法"虽然仍然存在语言模糊、含义重叠等弊端,但其在英美法系现代司法实践中已成为通行方法。

2."三步检验法"在传播侵权领域的理论推演

如果以"三步检验法"为"模板",则传播注意义务的确立条件可进行以下理论推演:

(1)可预见性。传播注意义务中的可预见性主要针对损害,因为在有些情况下传播信息有确定指向或确定的损害对象,在另外情况下则难

---

① Mullis A,Oliphant K. Torts[M]. Beijing:Law Press China,2003:20.

② Murphy v. Berntwood DC[1991]1 A. C. 398(H. L.)

③ Caparo Industries plc v. Dickman and Others(1989)1All E. R. 798. CA. (per Bingham L. J).

④ Caparo Industries plc v. Dickman and Others(1989)1All E. R. 816. CA. (per TaylorL. J).

以判断。同时,可预见性必须是具体的、明确的可预见性,而非抽象的、模糊的可预见性。现代传播技术是一种中立的技术,任何中立的技术都可能被用来侵权;而且,现代传媒所传播和储存的信息是海量的,如果对每一条信息都进行主动审查,将不堪承受之重,所以,如果有抽象的可预见性就给传播者施加注意义务,则会限制整个社会的信息流通。而且,"如果以某种损害是可预见的为充足要件,可以说今天的社会活动几乎都可能发生某种损害,所以最终预见的可能性要件就会被架空,与采无过错责任无异"①。基于此,合理的可预见性包括两个要件:

第一,有义务预见。主要从预见的义务主体而言,指传播者有(经济、技术和人力)能力、有(法律和道德方面)责任、有(法律或政府授予的)权利对传播信息进行监控、审查,或者从相关信息的传播中获利,三者具备其一即可。一般而言,传统媒体和提供内容的网络媒体的上述能力、责任和权利是明确的,但对于提供技术服务的网络媒体即 ISP,则司法实践应给予法官自由裁量权,尤其关于传播者或辅助传播者的预见能力是依照行业平均能力还是本身能力,需要法官根据具体情况而定。目前,传播者预见能力方面一个突出问题是网络服务提供者普遍拒绝履行法律赋予的事中监控义务:根据行政管理部门的内容监管要求,关键词过滤是其基本技术要求,视频网站必须对在线播放的每一个视频文件进行内容审查,所以防止侵害他人合法权益的义务是其法定义务,但其在经营中普遍不主动删除侵权内容,且在相关诉讼中总以无法审查每一条信息为由进行抗辩。

第二,有理由预见。主要针对预见的客体,即传播信息可能带来的损害。这里传统媒体、提供内容的网络媒体与提供技术服务的网络媒体之间应有所区别:前者应对一般信息的损害可能性有预见能力,而后者需对比较明确的可能致害的信息有预见能力即适用"红旗标准"(下文详述)。

此外,确立注意义务还应参考如下因素:一是可审查相关侵权信息是否多次在传播者掌控的媒体上出现,如果偶尔出现,则很难确立传播者的注意义务;如果多次出现,则传播者的注意义务应当确立。二是被侵权主体(自然人、法人或非法人组织)或侵权对象(如作品)的知名度。如果知名度高,则传播者的注意义务随之提高,也容易确立;反之,则需

斟酌具体案情。

（2）近因性。在传播行为引发的过失侵权中,存在着一定的近因性,它们是:传播者(包括提供内容的传统媒体与网络媒体,也包括消息来源[①])与传播信息指向之比较明确的可能受害人之间、再传播(转载和转播)者与原传播者之间、提供信息存储空间的网络服务提供者与网络用户之间。需要强调的是:近因性在传播注意义务的确立中并不重要,其常常只说明注意义务的来源。

（3）公平、公正与合理性。在可预见性和近因性成立之后,传播注意义务的确立仍然要考虑公平、公正与合理性,虽然这种考虑与前两种因素相比是主观的,具有法官自由裁量性。

第一,可能受到损害的利益性质及损害程度是应当首先考虑的因素。首先,关于损害的性质方面,法益是有明显的效力位阶的,其中,生命、身体健康权益居于其他权益之上,这是无争议的。在法理上,如果防止此类损害的行为可能对行为人造成低于此类损害的损害,那么,行为人就有义务采取避免措施[②]。虽然现代社会的正常运行正是建立在对危险行为的一定程度的容忍上,而近现代过错责任和替代责任的侵权法演进过程是一个由保护静态价值(人身和财产)向保护动态价值(行为)演进的过程[③],但对于侵害生命和身体健康权益的行为,普遍采特殊归责原则,即赋予行为严格的注意义务。其次,关于损害程度方面,利益损害程度虽然与利益性质相关,但对于不同的信息涉及对象,同样的信息导致的损害可能有本质区别,如在朋友群中传播一张男性朋友裸露上身的照片与传播一张女性朋友裸露上身的照片,前者可能不会感到任何损害,而后者甚至会因此轻生。

第二,传播者是否获利。此问题涉及以下参考因素:传播者是直接从侵权传播中获利抑或间接获利;网络服务提供者获利是否归因于网络用户的直接侵权行为。目前,职业传播者的新闻传播行为和网络服务提

---

① 最高人民法院《解释》第七条规定:"(一)主动提供新闻材料,致使他人名誉受到损害的,应当认定为侵害他人名誉权。(二)因被动采访而提供新闻材料,且未经提供者同意公开,新闻单位擅自发表,致使他人名誉受到损害的,对提供者一般不应当认定为侵害名誉权;虽系被动提供新闻材料,但发表时得到提供者同意或者默许,致使他人名誉受到损害的,应当认定为侵害名誉权。"
② H.考茨欧.侵权法的统一:违法性[M].张家勇,译.北京:法律出版社,2009:177-178.
③ 徐晓.过错推定论——一种实在法到法哲学的分析方法[D].长春:吉林大学,2014:86.

供者按照服务时间和流量等向用户收取费用,不属于从侵权行为中获取利益,这方面没有争议,但传播者在提供各类信息同时收取的广告费用是否属于从侵权信息中获利,并因此加重其注意义务,则存在争议①。

第三,传播者为履行注意义务所需付出的成本。依照前述注意义务产生的根源,传播者或辅助传播者,或制造了致害危险,或为致害危险提供了条件,其应当承担注意义务,然而,过错责任侵权法目的之一就是平衡除当事人利益之外,还要平衡当事人利益与社会利益②。尤其在法律没有明确规定他人受保护的利益情况下,赋予当事人注意义务就必须平衡当事人之间的利益。如果传播者或辅助传播者无法完全避免侵权行为,或者避免侵权行为必须付出无法承受的代价,就不应当承担相应的注意义务。比如,不能要求一张报纸对其所有转载的新闻均予核实,也不能要求其报道一个重大复杂新闻时一次性将所有细节采访核实清楚,更不能要求一个搜索引擎服务商将所有的侵权信息都筛查和屏蔽。

上述“三步检验法”,可预见性和近因性是比较客观的因素,但也含有主观性因素;公平、公正与合理性是比较主观的因素,却也含有客观性因素。显然,三要素存在模糊性问题,而且可预见性与公平、公正与合理性之间存在含义重叠之处。

(二)大陆法系一般注意义务的适用范围

大陆法系注意义务的适用范围在各个国家有所不同:

德国模式。德国有学者认为,一般注意义务“的含义主要是说,某人的行为或财产如果导致每天日常生活中某种危险的源头,并且这种危险会对他人的利益或权利造成影响的话,此人就必须保护他人以免受自己造成的危险所害。在何处适用这种注意义务经常会引发争议,但就目前而言这种争论是没有必要的,重要的是,注意义务的目的是什么,它用来确定被保护的免受侵害的关系的范围,也用来限制对特别损害后果负责的人的范围”③。德国因主要遵循成文法,其注意义务的适用范围与法律规范关系密切。而德国法对一般注意义务主要从三个方面进行梳理“①对自己控制范围内的安全承担的义务;②因履行职责所需承担的职

---

① 宋哲.网络服务商注意义务研究[M].北京:北京大学出版社,2014:101.

② 张民安.过错侵权责任制度研究[D].北京:中国社会科学院,2002:67.

③ Markesinis B S, Unberath H. The German Law of Torts: A Comparative Treatise[M]. London: Hart Publishing Oxford and Portland Oregon, 2002:86.

业义务;③对于先危险行为须承担的义务。"①

法国模式(包括比利时和卢森堡)。学者认为:"违反任何一个制定法均可以构成一个诉讼,或者说侵权法注意义务不仅适用于旨在保护私人利益的行为标准被违反的情形,也适用于保护公共利益的法律标准被违反的情形。"②

日本侵权法上的注意义务与英美法系相似,通常需要具备可能性、必要性和利益衡量三个要素:可能性包括预见可能性和回避可能性;必要性则包括回避的目的及损害发生的因果关系因素;利益衡量需从整个社会利益考虑③。

(三)非法定传播注意义务确立条件模式选择

在并非所有符合法律规定的行为是合理的、符合注意义务标准这一观点上,两大法系是相同的,而根本分歧在于:是否所有法律规范均产生注意义务。其中,法国模式非常严苛,其"附加给行为人更为广泛和更为广泛严格的法定注意义务"④,也可以说:依照法国模式,注意义务几乎不存在确立问题。

从两大法系的理论和实践来看,注意义务确立的着眼点是不同的:英美法系着重于确立的条件或标准;大陆法系更注重义务的适用范围而不是条件或标准。

但以"三步检验法"为代表的英美法系注意义务成立条件,最大的弊端并非上述模糊与含义的重叠,而是"注意义务的确立需要考虑义务主体的损害风险的判断能力和避免能力",即确立的条件不仅有客观的外在条件,而且有义务主体的主观条件,这产生以下问题:①理论上,义务主体决定是否产生义务因果倒置的逻辑,不仅违反损害风险产生注意义务的基本原则,也违反社会常识。②司法实践中,会导致冗长的证明链条和过多的法律障碍,使传播行为的受害者得到赔偿的可能性非常渺茫。因为以注意义务为基础(下文论述)的过错原则上由原告证明,而如果说风险避免能力尚有客观性,则预见能力基本上是主观的,原告如何

① 廖焕国.侵权法上的注意义务比较研究[D].武汉:武汉大学,2005:26-28.
② 克雷斯蒂安·冯·巴尔.欧洲比较侵权行为法(下卷)[M].焦美华,译.北京:法律出版社,2001:41.
③ 四宫和夫.不法行为[M].东京:青林书院,1993:308-335.
④ 克雷斯蒂安·冯·巴尔.欧洲比较侵权行为法(下卷)[M].焦美华,译.北京:法律出版社,2001:39.

证明被告的这种能力？如果倒置给被告,依据是什么？而且,被告怎么可能证明自己有上述能力(即使实力最为雄厚的传播媒体也可以没有能力进行判断和避免损害风险为由进行抗辩)。③传播行为中,会导致传播者忽视责任,放纵损害风险,即使其完全可以承担注意义务的成本,也为节约成本不履行可以履行的义务。

总之,英美法系注意义务成立条件不仅理论上难以自治,而且判断程序和方法复杂而纠结,无论对法官还是当事人,都不啻是一个"法律迷宫",不利于司法实践。如果确立程序本身就有问题,也就谈不上下一个程序即注意义务履行标准的适用。

作为成文法的我国,如果以英美法系注意义务确立条件为模式,既不符合法系传统,也不符合国情。大陆法系注意义务的适用范围模式门槛较低,判断理由明确,操作性强,可作为我国法律制度与司法实践的选择。

综合考虑,基于注意义务产生根源和依据,采纳大陆法系的注意义务适用范围解决注意义务确立问题,则是一种现实的途径;而有无能力进行风险判断和避免,则由注意义务履行标准制度承担,由法官自由裁量。这种标准更符合社会生活实际与法的妥当性,也更符合成文法传统,而且更简洁、明确。对于传播行为而言,这种标准既可以督促传播者积极履行注意义务,尽可能避免或减轻可能对他人的损害,也可以留下相当的弹性,促进媒体业的发展和言论自由的维护。

三、传播注意义务的履行标准

（一）侵权法中的标准

注意义务确立后,紧接着的问题是:传播注意义务主体需要履行何种标准的义务。在判断传播行为是否有过失和非法性时,履行注意义务是否合乎标准是非常关键的问题,尤其是大陆法系的德国模式,由于注意义务的确立以适用范围解决,故并不是问题,所以标准问题就成为核心问题。

现代侵权责任法确立注意义务,其目的或功能之一即适应过错客观化和过错判断标准客观化的需要。问题是:如何确立注意义务的标准？

1. 大陆法系的"良家父"标准

在罗马法中,注意义务有两种:"疏忽之人"的注意和"良家父"的注意。违反前者,为有重过失;违反后者,为有轻过失①。

罗马法的"良家父"对大陆法系民法影响极深,"在大多数大陆法国家中,过错是指未能像一个'良家父',即一个细心的、谨慎的、顾及他人的人在同样的环境下的行为"②。

法国民法中,过失的含义沿用了罗马法的"良家父"标准,即凡违反"良家父"的注意义务即构成过失。但与古罗马法不同,现代法国民法提高了责任标准,认为违反"良家父"的注意义务构成一般过失而非轻过失;而且,违反"良家父"的注意义务适用于完全行为能力人、限制行为能力人甚至无行为能力人③。

法国最高法院还确定:在欠缺法定义务的情况下,行为人是否对他人负有积极作为的注意义务,应根据"良家父"的标准来确定,如果"良家父"处于被告的位置应当作为而行为人没有作为时,行为人就具有过错④。法国司法界也认为:"过失应该抽象地说明,应该通过与一个细心和谨慎的人的智力状态相比较中发现是否有过错。我们应该使每个未成年人赔偿损害,正如我们要使一个身体残废的人赔偿损害一样,尽管这种残废只是因先天的生理缺陷形成的。如果认为这样做有些不合适,这只是因为我们惯于把过错的概念塞进了某些道德的内容。"⑤可见,在法国民法中,"良家父"的注意义务不仅是客观的,而且是刚性的、可操作的。

2. 英美法系的"理性人"(the Reasonable Man)标准

在英美法系,客观过错的判断主要有理性人的标准和成本与收益标准。

普遍认为,英美法系的关于注意义务的"理性人"标准,等同于大陆法系的"良家父"标准,即按照一个合理的、谨慎的人的标准来判断行为人的行为是否尽到对他人的注意义务。而关于"理性人"的具体内涵,美国学者认为,理性人"并非一个完美无缺的公民,也不是谨慎的楷模",但

---

① 陈朝璧.罗马法原理(上)[M].上海:商务印书馆,1937:148.

②③ Tunc A. Introduction[M]//International Encyclopedia of Comparative Law:Torts. Paul Siebeck,Tubingen:J. C. B Mohr. 1975:71.

④ Lawson F H,Markesinis B S. Tortious Liability for Unintentional Harm in The Common Law and The Civil Law[M]. London:Cambridge University Press,1982:76.

⑤ Limpen J. International Encyclopedia of Comparative Law:Torts. [M]//Paul Siebeck,Tubingen:J. C. B Mohr,1975:94.

是他是谨慎的、勤勉的、小心的人，"如果法律需要他在与他人打交道时应有某种程度的技术、能力，他必须具有此种技术和能力；若法律为指导一般人的行为做出了特殊要求，他必须为满足此种要求调整自身的行为"①。

理性人标准确立于 1837 年英国的 Vaughan v. Menlove 案②：在该案中，原告的农舍与被告的土地相邻，被告自己土地上的草堆自燃，漫及原告农舍。法官认为被告没有采取预防措施，防止火灾发生并漫延，而这种措施应达到一个有一般谨慎和普通预见能力的人会采取的标准，所以具有过错，应对原告的损害承担赔偿责任。与 Vaughan v. Menlove 案意韵相通的另一个案例是美国马萨诸塞州最高法院 1850 年判决的 Brown v. Kendall 案③，当然，稍有不同，法官在该案中提出的不是理性人的标准，而是与其相近的"通常注意"的概念，即被告是否承担责任，要看他是否尽到合理的注意，而注意的程度要根据案件的具体情况确定。一个人在行为时如果做到了"通常的注意"就没有过失可言。

至于成本与收益理论，是 20 世纪 70 年代由美国经济分析法学派提出，其认为：在过失判断中，应该通过成本收益的分析来确定行为人是否具有以及具有何种过失；如果行为人付出合理成本仍然无法实现对损害的预防，则不能将避免此种损害作为其义务，未尽到此义务，不能认为有过失④。该理论最早起源于汉德公式，是汉德法官在美国诉卡罗尔拖船公司案件中所确定的过失判断标准。在该案中，一艘游艇被其所有人固定在港口后，未得到照看，后固定游艇的绳索脱落，使该游艇造成对其他轮船的损失。本案涉及游艇所有人照看游艇的义务问题。汉德法官提出如下公式：P = 意外发生的可能，L = 意外所造成的损失，B = 为避免意外所必须负担的预防成本；如果 P × L > B，则被告有过失，即如果意外发生的可能性很大，且意外发生后可能造成的损失也很大，而被告为避免意外的发生所必须付出的成本较小，而被告没有采取措施预防损害的发生，则其有过失，应当负责任⑤。对于该理论，我国也有学者认同，认为传

① Rogers W V H. Winfield & Jolowicz, The Law of Torts[M]. London：Sweet & Maxwell, 1971：47.

② （N. C.）467, 132 Eng. Rep. 490（1837）.

③ Brown v. Kendal, 160 Mass. 292（1850）.

④ Widmer P. Unification of Tort Law：Fault[M]. Alphen：Kluwer Law International, 2005：95.

⑤ United States v. Carrol Towing Co. 159 F. 2d 169（2d. Cir. 1947）.

播侵权中的过错并非传播者未尽注意义务,而是"考量行为人为避免损害发生所需支付的成本,侵害行为引起损害的可能性及损害发生的严重性,而对行为人的行为进行客观评价"①。

成本与收益理论对过失判断的意义,仍然在于其将过失判断客观化。但主要针对事故责任侵权的该理论,在传播侵权中的适用概率很低。

3. 我国学界关于注意义务标准的观点

我国著名民法学者王泽鉴总结了三种不同的注意义务标准:一是普通的的注意义务标准,指在正常情况下,一般人都能注意到,即轻微的注意即可预见;二是与处理自己事务为同一注意义务的标准,自己的事务包括法律上、经济上、身份上一切属于自己利益范围内的事务;三是善良管理人的注意义务标准,要求以具有相当知识、经验的人对一定事务所履行的注意义务为标准。该学者提出根据这三种注意义务标准来确定过失程度:违反普通注意义务标准,构成重大过失;违反处理自己事务为同一注意义务的标准者,一般过失或具体过失;违反善良管理人的注意义务标准者,为轻微过失②。

我国著名民法学者王利明教授提出,过失的认定应当采纳客观的标准,具体而言有以下标准:①以法律、法规等规范所确定的注意义务为标准。需要注意的是,民法上的注意义务并不限于法定义务,还包括道德义务。②以一个合理、谨慎的人所应当具有的注意义务来判断。首先,要确定一个合理、谨慎的人,在行为人实施行为的环境之下应当如何行为,然后确立一般注意义务,即通常情况下作为社会普通人所应当达到的注意标准。其次,一般注意义务是指要按照一般人的标准来衡量行为人是否有过错,而不能考虑行为人自身的弱点或缺陷。③特殊情况下,采用特殊的标准。包括:第一,考虑专业人士的特点,对于从事较高专业性、技术性活动的行为,必须按照专业技术人员通常应有的注意标准提出要求;第二,要考虑不同行业的特点,依据不同行业的经营习惯、交易习惯等,对不同的经营者、管理者提出不同的行为要求;第三,考虑无行

---

① 邱聪智. 从侵权行为归责原理之变动论危险责任之构成[M]. 北京:中国人民大学出版社,2006:38 - 39.
② 王泽鉴. 侵权行为法[M]. 北京:中国政法大学出版社,2001:259.

为能力人和限制行为能力人的特殊情况①。

王泽鉴与王利明教授对注意义务的总结各有特点:王泽鉴教授主要是总结了国外民法中的注意义务,三个标准成梯次,第二、第三个标准显然与"理性人"、专业标准更接近,总体更为合理、细化,其优点是可以认定侵权人的过失程度;王利明的观点,既吸纳了国外的经验,同时增加了法定标准与专业、行业标准,比较实用,可操作性强,但难以认定侵权人的过失程度。

(二)传播注意义务的理论标准

注意义务的标准是必要的。然而,无论是英美法系的"理性人"标准还是大陆法系的"良家父"标准,均具有抽象性,难以操作。具体到传播注意义务,因传播主体不同,新旧媒体不同,其所承担的注意义务也随之不同;而考虑到传播行为的特点,法律难以对其注意义务进行具体规范,需要在借鉴上述关于注意义务标准学说的同时,区分不同的传播主体、分层次确立具体的法律标准、专业标准。学界和业界目前普遍承认两种层次的传播注意义务标准:

1. 理性人标准

通常,此标准适用于新媒体中的技术服务提供者,学界和业界认为其不应当承担如传统媒体那样的专业与职业标准的注意义务。首先,网络服务商提供的是一种中介服务,其在信息交流双方之间保持中立地位,且无法对所有传播信息进行监控与审查。所以,并非"把关人"角色。事实上,司法实践中已经对网络中间服务商引入了民法上的一般注意义务。面对海量的信息,网络中间服务商只要尽到一个普通人的一般注意程度即可免除侵权赔偿责任。这一标准与美国《千禧年数字版权法》中规定的"红旗规则"具有同样的价值追求,即指网络服务商享有"避风港"必须有"没有明知侵权信息或侵权活动在网络系统中的存在,也不知道任何可以明显体现出侵权信息或侵权活动存在的事实情况"的前提②,通俗地讲:网络传播中侵权的事实或性质像一面鲜艳的红旗在网络服务提供者面前飘扬,以至于处于相同情况下的理性人明显能够发现时,如果网络服务提供者采取"鸵鸟政策",即像一头鸵鸟那样将头深深地埋入沙子之中,装作看不见侵权事实,则可认定其至少"应当知晓"侵权材料

---

① 王利明. 侵权责任法研究(上)[M]. 北京:中国人民大学出版社,2011:326－330.
② 17U. S. C § 512(c)&(d).

的存在①。有观点认为,如果用大陆法系理论界定,网络技术服务商的注意义务即"良家父"的注意义务标准②。

2.传播专(职)业标准

注意义务的传播职业标准可概括为:为确保传播内容真实、准确、合法,对所有传播内容进行核实。通常认为,专业人士的能力"至少在每个理性人的一般水平之上"③,按照合理信赖原则,受众对职业传播者有合理信赖,期待其像专业人士一样行为,尽到比"理性人""良家父"标准更高的注意义务。事实上,此标准主要适用于职业传播媒体及传播者,并针对传统媒体及新媒体中的内容提供者(包括社交媒体中的平台拥有者,如个人微信公众号),是传播内容的"把关人",对传播内容应尽职业人士的注意义务。传播法学界支持这种观点,有学者认为:"专业人士对于其专业范围内可能发生的损害,则负有更高的注意义务……新闻媒体和专业媒体人,对于报道对象的名誉、隐私等人格权益自应负有更为重大的注意义务,这种注意义务往往可以从专业规范中找到依据。"④

学者所谓的专业规范,《中国新闻工作者职业道德准则》第三条规定:"坚持新闻真实性原则。要把真实作为新闻的生命,坚持深入调查研究,报道做到真实、准确、全面、客观。1.要通过合法途径和方式获取新闻素材,新闻采访要出示有效的新闻记者证。认真核实新闻信息来源,确保新闻要素及情节准确;2.报道新闻不夸大不缩小不歪曲事实,不摆布采访报道对象,禁止虚构或制造新闻。刊播新闻报道要署作者的真名;3.摘转其他媒体的报道要把好事实关,不刊播违反科学和生活常识的内容;4.刊播了失实报道要勇于承担责任,及时更正致歉,消除不良影响。"这说明,对内容的真实性,新闻传播者履行比理性人更高的、专业人士的注意义务,是基本要求。

对于以消息来源的口述作为内容主体的新闻而言,学者认为:"新闻从业者的职业要求他们在核实责任上承担比普通人更高的注意义务,新闻发布者对新闻内容理应证明自己已尽到职业新闻人应尽的合理注意

---

① Melvile B. Nimmer & David Nimmer, Nimmer on Copyright, §12B.04 [A][1], Matthew Bender & Company, Inc,(2003).
② 胡震远.网络传播帮助者的侵权责任认定[J].法律适用,2009(3):63.
③ 欧洲侵权法小组.欧洲侵权法原则:文本与评注[M].于敏,谢鸿飞,译.北京:法律出版社,2009:120.
④ 魏永征.新闻侵权的归责原则和举证责任[J].青年记者,2014(3):72.

义务。"①而2009年新闻出版总署《关于采取切实措施制止虚假报道的通知》强调："要认真核实报道的基本事实,确保报道的新闻要素准确无误,不得编发未经核实的新闻消息,不得刊载未经核实的来稿。"

另外,作为非职业传播者的网民、受众等,其进行网络传播或传统媒体传播时,也都应尽到一个理性人的注意义务标准。

上述两种层次的传播注意义务标准还相当粗放。传播主体不同,新旧媒体不同,传播信息可能导致的损害风险不同,所应承担的注意义务也随之不同。而考虑到传播行为的特点,对注意义务法律难以进行具体规范,学界需要借鉴注意义务标准的理论,区分不同的传播主体、分层次确立标准。

第二节　传播注意义务与传播过失的成立及演进

作为过失的主要内容,注意义务是确定过失侵权责任的基础。在注意义务理论形成过程中,可以看出其对(传播)过失成立及演进的支撑。

一、注意义务的形成、发展及其对过失要件和过失侵权类型的支撑

过错包括故意和过失两种基本形态,而"故意分为直接故意和间接故意,前者指行为人预见自己行为的后果而追求或希望该结果发生,后者指行为人预见行为的后果而放任该结果发生"②。如一人捏造事实写作了侵权作品向报纸投稿,其为直接故意;而报纸明知是侵权作品而予其发表,放任侵权后果发生,为间接故意。

过失是一种未尽注意义务的心理状态,包括疏忽和懈怠:"前者指行为人对自己的行为结果应当可以预见或者能够可以预见而没有预见;后者系已经预见而轻信可以避免。"③

过失与故意的根本区别在于:从心态上看,前者由于疏忽或懈怠,没有预料到行为会对他人产生损害;从主观意志上看,其也不希望产生损害,只

---

① 张鸿霞.新闻侵犯名誉权案实行过错责任原则质疑[J].国际新闻界,2010(10):30.
② 杨立新.侵权法论[M].北京:人民法院出版社,2011:204.
③ 王利明.侵权责任法研究(上)[M].北京:中国人民大学出版社,2011:320;杨立新.侵权法论[M].北京:人民法院出版社,2011:206.

是由于没有预料到或者预料到而轻信可能避免损害,结果产生损害。

传播侵权中的过错,大部分为过失而非故意。注意义务也与过失而非故意相关联。

(一)英美法系注意义务的形成、发展及其对过失要件和过失侵权类型的支撑

在英美法系,侵权法上没有一般条款的规定,而是将侵权行为分为不同类型,按照不同类型侵权行为分别规定诉讼对策和方法①。过失侵权是独立于故意侵权和严格侵权的侵权行为类型的一种,而注意义务的存在是构成过失侵权的首要条件②,或者如罗杰斯(Rogers)所说的"过失是行为人对其所承担的法定注意义务的违反"③。

英国法院早在1842年在 Winterbottom v. Wright 案中就以"相对义务"概念,确立了违反注意义务是过失侵权的构成要件,但适用前提是合同法律关系的存在④。

"相对义务"在英国的影响深远,但19世纪下半叶以来,为摆脱合同相对性原则,英国法院一直为在侵权法领域建立"普遍性义务"进行努力。1883年,英国上诉法院在审理 Heaven v. Pender 一案时,法官指出:"在普通人看来,如果在从事活动时不使用普通的注意和技能,他就会对他人的人身或财产造成危险或损害,此时,行为人即应承担运用普通注意和技能以避免此种危险的义务",法官进而指出"被指控缺乏普通注意之人对原告有实施一般性注意和预防措施的义务,尽管他们之间不存在合同义务,但人们之间应该有这样的义务"⑤,这是最早的"一般性注意义务"较为完整的表述。

Heaven v. Pender 案后,注意义务理论不断发展。标志成果之一是美国纽约上诉法院1928年在 Palsgraf v. Long Island Railroad Co. 案中确定注意义务的范围:可预见性的范围。此案法官指出:"如果以通常谨慎的目光来看,发生事故的可能性是显而易见的,那么,被告就无需事先知道

---

① 爱伦·M.芭波里克.侵权法重述纲要[M].许传玺等,译.北京:法律出版社,2016:1-3.

② Dobbs D B,Hayden P T. Torts and Compensation:Personal Accountability and Social Responsibility for Injury[M]. Minnesota:West Academic Press Group,2001:108.

③ 参见:Rogers W V H. Winfield & Jolowicz. On Tort[M]. 16th ed. London:Sweet & Maxwell, 2002:103.

④ Winterbottom v. Wright(1842)10 M & W 109. 115. per Alderson. B.

⑤ Heaven v. Pender,[1881—1885]All E. R. Rep 35.

事故发生的特定方式","人身安全并非不受任何形式的侵扰或侵犯,而仅是不受某些形式的侵扰或侵犯。一个人要寻求侵权法上的赔偿,如果他除了证明其人身受了伤害之外,别的什么也没有证明,那他就未能完成一项诉因。如果伤害并非有意为之,他就必须证明尽管伤害并不是有意的,但某一行为对他造成危险的可能是如此之大、如此明显,以至于他有权要求不受该行为的危害。"①

四年后,即1932年的Donohgue v. Stenveson案(下称"Donohgue案")中,"邻人规则"的提出使现代意义上的注意义务概念初步形成。法官阿特金如此表述:"作为你的邻居,你应当爱护他,而不应当损害他,这一规则已被赋予法律意义。问题是,谁是我的邻居?对于该问题不能作宽泛的解答,而是应当有所限制。为避免那些你实施的并且可以合理预见到的有可能损害你邻居的行为(包括作为或不作为),应当负有合理的注意义务。法律上谁是我的邻居?答案显然是,当我实施行为(包括作为或不作为)时,我应当预见到的受我行为影响并且与我有密切关系的人,就是我的邻居。"②可见,"邻人规则"的前提,除了可预见性外还有紧密关联性。在该案之前,英国并不存在一般性的注意义务理论③。欧洲学者认为,根据该案法官的阐述,原告的诉讼请求要成功,其必须证明以下四个方面:形成注意义务、违反注意义务、损害和因果关系的过失侵权责任构成要件;如果因果关系并不重要,那就必须证明形成注意义务、违反注意义务和损害三个要件④。

1977年的Anns v. Merton London Borough Council案中,法官确立了历史上著名的两步检验法理论:"法院判断是否存在注意义务,要分两步进行;第一步,要考虑行为人与受害人二者之间是否存在紧密关联性。如果存在的话,则可以初步认定注意义务也是存在的。第二步,二者之间存在紧密关联性时,考虑是否存在能够否定、减少或限制该注意义务范围的其他因素。"⑤学界认为,在该案中,"两步检验法扩展了注意义务

---

① Palsgraf v. Long Island Railroad Co,248 N. Y. 339,162 N. E. 99.

② 原告与其朋友在某咖啡店购买了一瓶啤酒,该啤酒是深色、不透明装的,原告喝啤酒的过程中,原告的朋友发现啤酒瓶底有一只已经腐烂的蜗牛,原告以惊吓和严重肠周炎为理由起诉啤酒厂商和咖啡店主。Donohgue v. Stenveson［1932］A. C. 562,1932 S. C(H. L.)31.［1932］All ER Rep 1.

③ 理查德·欧文. 侵权法基础[M]. 3版. 武汉:武汉大学出版社,2004:2.

④ 克雷斯蒂安·冯·巴尔. 欧洲比较侵权行为法(下卷)[M]. 焦美华,译. 北京:法律出版社,2001:358.

⑤ Anns v. Merton London Borough Council［1978］A. C. 728,at 751 –2 All ER Rep 492.

的适用范围,引入了公共政策的考量,这也就使得过失侵权作为英国侵权法下的一个独立种类迅速壮大起来,并导致该案之后英国的侵权法遭遇了史上严重的'滥诉期'"①。

"两步检验法"也逐渐过渡到"三步检验法",是在1990年的Murphy v. Berntwood DC 案(下称"Murphy 案"),其要义为:①考虑合理可预见性;②紧密关联性;③施加注意义务有无违反"公平、公正、合理"的原则②。"三步检验法"显然比"两步检验法"谨慎。

通过上述判例的演进,注意义务成为确定过失侵权责任的基础,在英美侵权法中占据重要地位。

(二)大陆法系注意义务的形成、发展及其对过失要件的支撑

20世纪70年代末至80年代,法国学者将过错定义为"一个谨慎人置身于加害人造成损害时的'客观'环境中所不会犯的行为差错"③。

《德国民法典》第276条规定,过错判断也是以"合理人"的能力及注意义务为标准的,而德国关于注意义务形成有三个标志性案例,即①1902年10月30日,帝国法院判决的"枯树案"。该案中,帝国法认为:"依据《德国民法典》第823条第1项确立的一般原则,任何人若只要采取较轻的注意措施即可防止他人损害发生时,均应就自己支配之物产生的损害负责。"④②1903年2月23日,帝国法院判决的"撒盐案"。该案中,帝国法院认为:"就《德国民法典》第823条第1项的规范层面而言,所有权人因为可以针对所有物为排他的管理和处分,因此所有权人在处分、管理或使用所有物时对第三人不得不负注意义务。"⑤③"兽医案"。该案中,帝国法院首次提出"一般注意义务"概念。可见,由上述三大判例,"通过法官的解释类推,交通安全义务成为德国法上的普遍的一般安

---

① 叶强. 英国侵权法下的疏忽[J]. 国际商法论丛,2003(12):134.

② Murphy v. Berntwood DC[1991] 1 A. C. 398(H. L.)

③ 王卫国. 侵权责任原则:第三次勃兴[M]. 杭州:浙江人民出版社,1987:186.

④ 在该案中,某一立于公共道路旁的枯树倒下,造成原告房屋的损害。原审决院判决认为没有任何法律命令倒木的所有人或占有人负民法上的责任。帝国法院撤销了原审法院的判决。林美惠. 侵权行为法上交易安全注意之研究[D]. 台北:台湾大学,2000:39.

⑤ 该案中,原告夜间在属于被告所有的供公众通行的石阶上跌倒受伤。经查,事发当时,尽管下雪路滑,被告并未除雪,亦未撒防滑的盐。又查,被告所有的石头阶梯不但摇摇欲坠,而且未设有照明设备。罗斯托克高等法院将原告的损害赔偿诉讼驳回。帝国法院撤销了原判,将之发回重审。林美惠. 侵权行为法上交易安全注意之研究[D]. 台北:台湾大学,2000:39 - 40.

全注意义务,被理解成为侵权行为法上所有类型的注意义务,扩展到针对不特定主体的私法交易安全,甚至社会生活范围的安全及公共安全的保障方面"①。

日本民法学界目前对过失的定义主要有两种:一种认为"过失不是行为人的主观心理状态,而是一种注意义务(客观确定的行为义务)的违反,这种观点被称为'过失'的客观化";另一种认为过失是在欠缺意思紧张的心理状态下"作出了漫不经心的行为,此时违反了谨慎行为、不得作出加害他人行为的注意义务"②。这两种定义,共同点是都有注意义务。

在我国民法学界,注意义务与过失的这种关系得到认同。王利明认为:"过失的行为人之所以在法律上应负责任,不在于其主观上没有预见到或没有认识,而在于其行为背离了法律和道德对其提出的应对其他人尽到适当注意的要求,在于其没有尽到对他人的注意义务,以至于造成了对他人的损害……行为人对受害人应负的注意义务的违反是行为人负过失责任的根据,所以,在判断行为人的过失时,不应该用主观标准具体判定行为人的心理状态,也无须区别行为人是过于自信还是疏忽大意,而应运用客观尺度,根据行为人的行为来考察其是否具有过失。"③杨立新认为:"疏忽和懈怠,都是过失,都是受害人对应负注意义务的违反。"④著名民法学家王泽鉴明确反对"主观过失说",认为民法(尤其是侵权行为法)"过失的认定应采客观的标准",并提出根据三种注意义务标准来确定过失程度。

综上,在侵权诉讼中,注意义务的存在是过失产生、存在的基础,没有注意义务,就没有过失可言;注意义务履行标准就是过失认定的标准,是"判断责任有无和大小的重要因素"⑤。而注意义务理论的形成、发展,在大陆法系解决了过失要件的构成;在英美法系,其不仅解决了过失要件的构成问题,更使过失侵权作为一种侵权类型与故意侵权和严格侵

① 温世扬,廖焕国.侵权法中的一般安全注意义务[M]//王利明.民法典·侵权责任法研究[M].北京:人民法院出版社,2003:103.
② 吉村良一.日本侵权行为法[M].张挺,译.北京:中国人民大学出版社,2013:50.
③ 王利明.侵权责任法研究(上)[M].北京:中国人民大学出版社,2011:321-322.
④ 杨立新.侵权法论[M].北京:人民法院出版社,2011:207.
⑤ 杨临萍等.《最高人民法院关于审理利用信息网络侵害人身权益民事纠纷案件适用法律若干问题的规定》的理解与适用[J].法律适用,2014(12):27.

权并列①。

二、在注意义务理论支撑下过失判断从主观到客观的演进

过错虽然包括故意与过失,但"客观过错说"的"过错"只有过失而无故意,这是因为:民法学界认为,对于故意的判断,应坚持主观标准,因为这样不至于使受害人无法获得充分救济,也能有效地实现立法宗旨②。还有观点认为:"实际生活中的侵权行为也是多由过失引发的。在一般情况下,确定过失的标准就足够了,这样可以'举轻以明重',因为过失尚且负责,过错程度较重的故意当然更要负责。"③所以,既然"过错客观化"的研究范畴不包括故意,则此概念实际上指的是"过失客观化",当然,过错包括过失和故意,所以"主观过错说"概念本身是成立的,而学界在诸多场合使用的"过错"指的是"过失","客观过错说"则应该以"客观过失说"来替代④。

传播侵权也是如此,如侵害名誉权的故意主要是诽谤与侮辱,其追求对受害人损害的故意或者放纵的主观恶性非常明显,也无必要采客观证明标准,所以其探讨的"过错客观化"实际上也是"过失客观化"。

(一)民法学界从主观到客观演进的过失:注意义务的支撑

"主观过错说"认为,过错是行为人主观上应受非难的一种心理状态;而故意和过失是行为人基本的过错方式,在行为人实施侵权行为时,其内在心理过程对其行为及后果所持的态度各不一样,从而决定了过错程度的不同⑤。在主观过错理论指导下,侵权人需有识别能力和判断能力才能承担侵权责任,因此,婴幼儿和精神病人不承担过错侵权责任,即使其行为损害后果非常严重。

"客观过失说"⑥认为:"过失并非行为人的心理状态,而是行为人违反了行为标准,此标准可能是法律上确定的行为人应当作为或不作为的

---

① 廖焕国.侵权法上的注意义务比较研究[D].武汉:武汉大学,2005:18.
② 王利明.侵权责任法研究(上)[M].北京:中国人民大学出版社,2011:314.
③ 孔祥俊,杨丽.侵权责任要件研究(下)[J].政法论坛,1993(2):53.
④ 如无特殊说明,本章中的"主观过错说"和"客观过错说"分别指"主观过失说"和"客观过失说"。
⑤ 杨立新,杨清.客观与主观的变奏:原因力与过错[J].河南政法干部管理学院学报,2009:10.
⑥ "客观过错说"针对的是过失而不包括故意,所以与"客观过失说"同义,而学界多用前者。

义务,也可能是一个合理的人或善良管理人应当尽到的义务或注意程度等,违反了该行为标准就表明行为人有过失;过失主要在于其行为本身是否具有应受非难性。"①

"主观过错说"的代表是 1804 年诞生的《法国民法典》,其中第 1382 条规定:"基于过咎(Faute)行为导致他人损害,应负赔偿责任";第 1383 条规定:"任何人不仅要对其行为引起的损害承担法律责任,而且也要对自己的过失或疏忽所导致的损害承担法律责任。"这两个条款被认为是法国确立过错侵权责任的一般性条款。1968 年前,法国法院一直对上述两条采主观过错说的理解,而且 19 世纪的多数大陆法系民法典也都采主观过错说。这种观点也是原苏联民法理论过错概念的主流观点,认为过错是"对于自己的违法行为或有害后果的、以故意或过失为形式的心理态度"②,或者认为过错是"对自己所实施的行为和已发生的后果的心理状态,因而被看作是责任的主观要件"③。

作为 19 世纪侵权法过错概念的主导学说,过错主观概念说与当时盛行的理性哲学尤其是以康德为代表的"自由意志理论"的哲学密不可分④。但早在主观过错理论风靡之时,大陆法系就有学者提出过错责任不应建立在行为人的具有可责难性的行为基础之上,而应当建立在某种客观的、既存的权利违反的基础上。Savatier 指出:"所谓过失实际上就是行为人违反他有可能知悉和遵守的义务的行为。"⑤但这些理论并非主流。

到了 20 世纪,由于工业发展和危险事故频发,侵权法保护重心转为受害人。为便利受害人对被告主观要件的证明,在大陆法系,客观过错说渐占上风。直至 20 世纪 70 年代末至 80 年代,法国司法界开始采用古罗马的"良家父"这一拟制人客观标准,客观概念成为通行于法国民法

---

① 王利明.侵权责任法研究(上)[M].北京:中国人民大学出版社,2011:310.

② 马特维也夫.苏维埃民法中的过错[M].彭篮瑾,等,译.北京:法律出版社,1958:185.

③ B.格里巴诺夫等.苏联民法(下册)[M].中国社会科学院法学所民法经济法室,译.北京:法律出版社,1986:398.

④ 其认为,每个具有意志能力和责任能力的人都有意志自由,而人的行为就是在此种自由的意志支配下所产生的。行为人由于滥用意志自由,导致故意或过失造成他人损害,具有道德上和伦理上的可非难性,并要承担责任。所以,过错以自由意志为前提,一切责任都是意志责任。张民安.现代法国侵权责任制度研究[M].北京:法律出版社,2007:189.

⑤ 张民安.现代法国侵权责任制度研究[M].北京:法律出版社,2007:114.

学界的主流学说。学者对过错的主要界定有"与善良公民行为相偏离的行为"①和"对事先存在的义务违反的行为"②。1968 年的《法国民法典》第 489 条第 2 款规定了婴幼儿和精神病人的完全责任能力,这标志着法国对于侵权的归责已逐渐放弃了主观的判断标准,但因具体的客观标准尚未形成,主观的过错界定仍然在适用③。法国最高法院民事审判庭在 1976 年 4 月 30 日的一个判决中宣称:"认定过错应考虑一个合理人在特定情况下将可能如何行为。"④自此,法国民法中主观过错标准终结,取而代之的是考查行为人在行为时是否达到了一个勤勉的、注意的、谨慎的和机敏的人所能达到的注意义务标准。

而《德国民法典》第 276 条规定:"(1)……债务人如无其他规定,应就故意或过失的行为负责任……怠于为交易中必要的注意者,为有过失。"这种界定是以义务人的外在行为作为过失判断标准的,即"一般人处于同一外在状况下并不违反注意义务,而行为人违反时,即构成过失"⑤。

日本对过失的理解也经历了一个从主观到客观的过程。最初,将过失看作主观要件、心理状态的学者占多数;目前虽然对过失存在前述两种定义,将过失作为注意义务违反的客观化标准成为"最为认可、流行的学说"⑥。

过失概念的客观化代表了 20 世纪以来大陆法系侵权法的发展方向⑦,主要有两大因素:一是对抗和消除大工业损害的社会责任概念取代个人过错的思想,并"从日益扩大的侵权行为法领域消除道德因素";二是减轻受害人证明负担,便利法官对过失的判断,从而更好地服务于归责的需要"⑧。而在这个历史趋势之后,是注意义务理论的支撑。

英美法系与大陆法系不同,侵权法中过失一直被牢固界定为注意义

---

① 安德烈·蒂克.过错在现代侵权行为法中的地位[J].法学译丛,1991(4):101.

② 普兰尼奥尔.法国民法实用教程(第 6 卷)[M].北京:法律出版社,1989:863.

③ 郭洁.侵权责任中的过错与违法性研究[J].前沿,2010(24):115.

④ Liability for One's Own Act[M]//Limpens J. International Encyclopedia of Comperative Law: Torts. Paul Siebeck,Tubingen:J. C. B. Mohr. 1975:94.

⑤ 邱聪智.民法研究[M].台北:台湾五南图书公司,2000:202.

⑥ 吉村良一.日本侵权行为法[M].张挺,译.中国人民大学出版社,2013:50.

⑦ 王利明.侵权责任法研究(上)[M].北京:中国人民大学出版社,2011:311.

⑧ 伯纳德·施瓦茨.美国法律史[M].王军,等,译.北京:中国政法大学出版社,1990:206.

务的违反。当代美国社会法学最主要代表者庞德(R. Pound)认为:"过错与个人主观能力并无密切关系,而是建立在客观标准即社会的一般认识和道德意识之上,属社会性过失。"①而这种平均的客观标准"需要个人放弃某种超过一般标准的个人特质"②。当然,英美法系也有一些学者主张主观过错说,比如温菲尔德(Winfield)、萨姆德(Samond)、斯爵特(Street)等③,但其观点未入主流。

我国民法学正式起步于20世纪80年代末期,学界一开始接受的观点主要就是"客观过失说",认为"客观过失指行为未尽到一般人所能尽到的注意义务,也即违背了社会秩序要求的注意"④。

我国也有学者对过错还有"综合概念说",认为过错"既是一种主观心理状态,也是一种受行为人意志支配的外在行为,是法律、道德和其他行为准则对某人的行为的否定评价"⑤⑥。而对过错持"主观概念说"的观点也认为,即使过错的本质属性是一种主观心理状态,但应该从客观行为中检验、判断行为人主观上是否有过错⑦。事实上,这是一种关于过错的修正的主观概念说。所以,无论从"综合概念说"的角度,还是从修正的"主观概念说"的角度,民事过错都是一个主客观因素相结合的概念,而其中的客观因素,就是注意义务。

总体而言,对于过错,我国民法学界认为包含主观与客观因素;对于过失,则主要采客观化观点。这就是近年来我国民法界的"过错(失)标准的客观化"理论,注意义务及其理论的形成、发展,是过失从主观向客观转变的理论基础。

(二)注意义务支撑下我国传播法学界对传播过失理解客观化的过程

过错"主观概念说"认为,过错"是一个主观的概念,是人的主观心理状态,而不是客观的表现",而且,"过错的内容是行为人决定自己的行

---

① 参见:Pound R. An Introduction to the Philosophy of Law[M]. New Haven:Yale University Press,1955:170,179.

② Homes O W. The Common Law[M]. Boston:Little,Brown And Company,1881:77–80.

③ 参见:Winfield P H. The History of Negligence in the Law of Torts[J]. Law Quarterly Review,1926,1(42):193.

④ 孔祥俊,杨丽. 侵权责任要件研究(下)[J]. 政法论坛,1993(2):53.

⑤ 王利明. 侵权责任法研究(上)[M]. 北京:中国人民大学出版社,2011:311–314.

⑥ 张新宝. 中国侵权行为法[M]. 北京:中国社会科学出版社,1998:130–132.

⑦ 杨立新. 侵权法论[M]. 北京:人民法院出版社,2011:204.

为时的心理状态。行为人决定自己的行为时,根据自己的价值判断,应当意识到该行为的后果。在其已经意识到自己行为会发生损害他人民事权益的后果时,或者由于疏忽或懈怠应当意识到而没有意识到这样的后果,实施这样的行为,这种主观心理状态就是有过错"①。

早期,有学者对过失的主观状态以预见损害结果的能力为标准,认为"过失的主观状态以预见(应该预见或已经预见)损害结果为前提。能否预见是因人而异的,即要看行为人对于损害结果是不是具有预见的能力和应当预见的责任。某种损害结果对于有些人来说也许是不应当也不可能预见的,就不存在过失的问题;而对于另一些负有特定责任和负有特定要求的人来说,则是应当也可能预见的,就应当对损害结果承担过失的责任。确保新闻的真实性、准确性是新闻机构、新闻工作者的主要职责,故而新闻发生失实或者其他差错,一般都应认为新闻机构、新闻工作者主观上具有过失","新闻机构和记者对新闻中的差错也存在着不能预见的情况;不能预见就无过错可言,就不应承担侵权责任"②。应当说,学者早期关于过失的定义,基本上持"主观说":虽然涉及注意义务的成立要件——可预见性,但以义务人的预见能力为主要基点,显然受英美法系相关理论的影响。

随着传播侵权实践的发展及民法理论研究的深入,传播法学界对传播侵权中过错的认识也跟上了客观概念说的思潮。学者认为:"过错属于主观要件,但是行为人的主观状态,他的想法、意图、心理、目的,旁人是无从得知的,只能从客观的可以感知的行为人的言行来判断。比如过失,是行为人违背了对于损害的某种注意义务,应该注意而未予注意,具体说,就是应该预见自己某种行为可能发生损害后果,但是却未能预见(疏忽)或轻信可以避免(懈怠),造成了某种损害,所以必须承担一定责任。"但其认为"行为人的注意义务,通常是一个合理人即普通人都应该认识的损害可能性,如果普通人都能够注意到而行为人却没有注意到,就意味着有过错"③。这里,学者虽然坚持过错的主观性心理本质,但判断标准已经外化为行为人的"言行"及注意义务。

侵权过错从主观到客观的演进与传播侵权过失的跟进,为法官确立

---

① 杨立新. 侵权法论[M]. 北京:人民法院出版社,2011:204-205.
② 魏永征. 新闻侵害名誉权的主观要件[J]. 新闻大学,1993(3):27-28.
③ 魏永征. 新闻侵权的归责原则和举证责任[J]. 青年记者,2014(3):72.

较客观的过失判断标准提供了可能,为传播侵权诉讼中过失存在与否从法官认定到双方当事人证明提供了可能,尤其是为证明责任的依法分配提供了可能,从而为举证责任在侵权法领域的全面适用奠定了基础。实体法与程序法的共同进步在这里得到典型的诠释。

三、基于注意义务标准确定的传播者过失程度及其意义

根据过失与注意义务的关系,可以说,注意义务标准就是过失认定的标准,是"判断责任有无和大小的重要因素"[①]。

根据上述注意义务标准,传统媒体及新媒体中的内容提供者,如果尽到了职业传播人的注意义务而仍然造成了侵权,无过失,不应构成侵权;如果履行了"理性人""良家父"的注意义务,为有轻微过失;如果履行与处理自己事务的同一注意义务,为一般过失,应负侵权责任;如果只履行普通的的注意义务,则为重大过失,当然应负侵权责任。

新媒体中的技术服务提供者、非职业传播者,如果尽到了"理性人""良家父"的注意义务,无过失,不承担责任;如果尽到与处理自己事务为同一的注意义务,为有轻微过失;如果只履行普通的注意义务,为一般过失,应负侵权责任。

四、我国传播注意义务的规定与过失认定密不可分

在我国,注意义务成为一个法律概念,或者说对注意义务标准的表述始自有关著作权领域侵权诉讼(也可以说是媒体传播领域的侵权诉讼)的司法解释,而且显然是作为过失证明的基础而规定的。2002 年 10 月施行的《著作权司法解释》第 20 条规定:"出版物侵犯他人著作权的,出版者应当根据其过错、侵权程度及损害后果等承担民事赔偿责任。出版者对其出版行为的授权、稿件来源和署名、所编辑出版物的内容等未尽到合理注意义务的,依据《著作权法》第四十八条的规定,承担赔偿责任。出版者尽了合理注意义务,著作权人也无证据证明出版者应当知道其出版涉及侵权的,依据民法通则第一百一十七条第一款的规定,出版者承担停止侵权、返还其侵权所得利润的民事责任。出版者所尽合理注意义务情况,由出版者承担举证责任。"这里,"合理注意义务"出现了 3

---

① 杨临萍等.《最高人民法院关于审理利用信息网络侵害人身权益民事纠纷案件适用法律若干问题的规定》的理解与适用[J].法律适用,2014(12):27.

次,《著作权司法解释》揭开了我国著作权侵权或媒体传播侵权诉讼中适用"注意义务"认定侵权过失的序幕,同时开创了我国侵权法领域法律规范中以"注意义务"认定侵权过失的先河。

但真正开启适用"注意义务"认定侵权过失通道的,是信息网络传播权民事纠纷案件的司法解释。根据《信息网络传播权规定》第九条的规定,"法院认定网络服务提供者是否构成应知(即是否有过失),应当根据网络用户侵害信息网络传播权的具体事实是否明显,综合考虑以下因素,认定网络服务提供者是否构成应知:(一)基于网络服务提供者提供服务的性质、方式及其引发侵权的可能性大小,应当具备的管理信息的能力;(二)传播的作品、表演、录音录像制品的类型、知名度及侵权信息的明显程度;(三)网络服务提供者是否主动对作品、表演、录音录像制品进行了选择、编辑、修改、推荐等;(四)网络服务提供者是否积极采取了预防侵权的合理措施;(五)网络服务提供者是否设置便捷程序接收侵权通知并及时对侵权通知作出合理的反应;(六)网络服务提供者是否针对同一网络用户的重复侵权行为采取了相应的合理措施;(七)其他相关因素。"遗憾的是,该条规定未明确表述注意义务,但这些因素均为网络服务提供者是否有注意义务和是否履行注意义务的表现,如此,我国传播注意义务的确立事实上与过失建立起法律意义上的关系。

传播注意义务的确立与过失在我国进一步建立法律意义上的关系,是在人身权益侵权诉讼中。根据2014年10月10日起施行的《信息网络侵害人身权益规定》第九条关于网络服务提供者注意义务确立条件的规定,人民法院依据侵权责任法第三十六条第三款认定网络服务提供者是否"知道"(即是否有过失),"应当综合考虑下列因素:(一)网络服务提供者是否以人工或者自动方式对侵权网络信息以推荐、排名、选择、编辑、整理、修改等方式作出处理;(二)网络服务提供者应当具备的管理信息的能力,以及所提供服务的性质、方式及其引发侵权的可能性大小;(三)该网络信息侵害人身权益的类型及明显程度;(四)该网络信息的社会影响程度或者一定时间内的浏览量;(五)网络服务提供者采取预防侵权措施的技术可能性及其是否采取了相应的合理措施;(六)网络服务提供者是否针对同一网络用户的重复侵权行为或者同一侵权信息采取了相应的合理措施;(七)与本案相关的其他因素"。该条规定虽未明确表述注意义务,但第(一)至(六)项均为注意义务确立条件或是否履行注意义务。

如果说该《信息网络侵害人身权益规定》第九条是含蓄地表达了注意义务的确立条件,其第十条则明确表达:"人民法院认定网络用户或者网络服务提供者转载网络信息行为的过错及其程度,应当综合以下因素:(一)转载主体所承担的与其性质、影响范围相适应的注意义务……"

《民法典(草案)》第八百零六条规定:"行为人对转载的或者他人提供的事实是否尽到合理审查义务,可以根据以下因素确定:(一)信息来源的可信度;(二)对明显可能引发争议的内容是否进行必要的调查;(三)事实的时效性和与公序良俗的关联性;(四)受害人名誉贬损的可能程度;(五)审查能力和审查成本。"虽然该规定中的注意义务标准只是"可以"适用的标准,而且也比较模糊,但这是我国正式法律第一次就(传播)注意义务的标准进行规范,具有重大意义。

这样,传播注意义务成为过错的认定依据,在我国已具有法定性。

综上,注意义务支撑下的过失概念的客观化代表了 20 世纪以来侵权法的发展方向,其既减轻了受害人的举证责任,也使法官裁判更为简便。而在传播侵权诉讼中,要证明传播者或辅助传播者有过失,可以而且必须证明其违反了相应的注意义务。如此,过失证明的方向与途径大致得到明确。

第三节　传播注意义务与传播违法性的成立及认定

注意义务对侵权法体系最直接、最明显的作用,就是过失的判断与证明。而事实上,其对违法性的判断也有着基础性作用。

一、传播注意义务:违法性判断的核心内容

侵权法上的违法性有"结果不法说"和"行为不法说"两种学说,后者认为:"违法性有两层含义。第一,违法性是对注意义务的违反,这种客观注意义务是以一般人为标准,一般人认为行为并不违反义务、不存在法益侵害,那么该行为就不存在义务违反,属于行为合价值;反之,则为行为无价值。第二,行为造成了客观的和具体的社会生活利益的损

害,此为结果无价值。"①具体而言,不能仅因引发侵害他人法益的消极结果即推定行为的"违法性",即使不存在对法益的危害,如果某个作为或不作为违反了行为规范,则其同样违法,即"除了侵害绝对法益的消极结果外,还应顾及致损行为本身,更深入积极地探究该行为有无违反社会活动上的一般注意义务。依据行为不法论,故意侵权行为可以直接认定其违法性,而过失侵权则还应以注意义务违反作为违法性的判断条件……"②

"行为不法说"在内涵上包括结果不法说,所以在德国法学界成为通说③;而德国法院也认为,仅仅对他人造成损害不足以构成违法,只有在造成损害的行为被社会一般人视为一种不正当的行为时,才构成违法并应担责④。

在大陆法系的西班牙等国民法典中,以行为不法为内容的违法性被认为是"绝对必要的"和"不可避免的"⑤,在意大利民法和荷兰民法中也得到了不同程度的体现。

在传播侵权中,"行为不法说"也同样可以发挥违法性判断的功能:只要该传播行为(作为或不作为)违反了相应的注意义务,无论是职业标准注意义务或"理性人"标准注意义务,均可认定其违法性。

二、传播注意义务对间接侵权违法性的认定

"行为不法说"对违法性判断的作用并不仅仅体现于直接侵权中,同样施展于间接侵权中。

在传播领域,无论是传统媒体还是网络媒体,均有间接侵权责任,表现为不依照注意义务标准作为或当积极作为而不作为的情形。在传统媒体传播中,有不严格审查核实刊发文章、不认真采访导致新闻传播失实现象;在网络传播中,网络服务商的侵权行为大都属于间接侵权,其责任也主要是间接侵权责任,其表现形态既有以其提供的技术或服务帮助、促成、方便他人侵权的情况,也有(以未接到通知、不知道为由)对侵

---

① 埃乐温·多伊奇,汉斯-于尔根·阿伦斯.德国侵权法[M].叶名怡,温大军,译.北京:中国人民大学出版社,2016:40-41.

② 王泽鉴.侵权行为法[M].北京:中国政法大学出版社,2001:230.

③ 王泽鉴.侵权行为法[M].北京:中国政法大学出版社,2001:231.

④ Limpens J, Liability for One's Own Act[M]//International Encyclopedia of Comparative Law, Torts. Paul Siebeck, Tubingen:J. C. B. Mohr,1975:16.

⑤ 克雷斯蒂安·冯·巴尔.欧洲比较侵权行为法(下卷)[M].焦美华,译.北京:法律出版社,2001:290.

权行为听之任之使得侵权状态或后果得以继续甚至扩大的情况,而目前突出的网络传播间接侵权问题是社交平台中的侵权、自媒体(含微博、微信公众号)中的侵权、接入服务中的侵权、搜索引擎的不当连接、主机服务中的个人主页问题、电子布告板上的言论与作品、新闻传播侵权等。

规范不作为导致的损害,是注意义务的重要功能之一。传统上,只有在法律上具备义务的确定性即积极的作为义务,消极行为或者不作为才可能承担法律责任。换言之,在不作为领域,传统英美法律并不处理纯粹的道德义务,但是,这种思想受到学界广泛批评,司法界也鼓励救助,于是产生这样一种思想:"出于过失制造危险情形的人对于由此受损之人负有法律义务,应采纳合理的措施帮助受害者并避免进一步的损害。"[①]不仅如此,普若瑟认为:"当认识到对他人有重大危险、危及他人生命或者对他人造成巨大伤害,且其很容易就可以避免时,就建立了一个被任何道德和社会公认的充分联系,该联系使其负有采取行为之义务。"[②]事实上,即使没有重大危险,即使不针对生命、身体损害,正如美国《侵权法重述——纲要》所述:"如果某一力量处在行为人的控制之下,其对该力量未能加以控制这一事实将被视同其积极引导了该力量。"[③]

间接侵权中行为与结果并不具有直接、紧密的联系,间接侵权(尤其是不作为侵权)都很难被认定为违法。但是,如果法律规定了一般注意义务,间接侵权和不作为侵权对他人造成不为法律所容忍的危险,则其具备违法性。例如,搜索引擎服务商提供的搜索服务乃为社会"允许"的危险行为,如果其扩大了网络用户直接侵权行为的损害后果,并不当然认定搜索引擎服务商行为具有违法性,但如果侵权损害后果的扩大是因为搜索引擎服务商未尽到注意义务,怠于履行删除侵权链接,则其不作为具备违法性[④]。相反,即使侵害了他人权益,如果行为人已尽到必要注意义务,其行为也不具备违法性。可见,在间接性传播侵权中,一般注意义务同样发挥着裁判违法性的功能。

---

① Linden,Rescures,34 Mod. L. Rev. 242(1971).
② Prosser W L. Law of Torts(4th)[M]. St. PAUL,Mune:West Publishing Co. ,1971:343.
③ 肯尼斯·S.亚伯拉罕,阿尔伯特·C.泰特.侵权法重述——纲要[M].许传玺等,译.北京:法律出版社,2006:69.
④ 宋哲.网络服务商注意义务研究[M].北京:北京大学出版社,2014:69.

三、传播注意义务导致传播领域过失侵权责任有限滑向三要件

最高人民法院《解答》第七条"是否构成侵害名誉权的责任,应当根据受害人确有名誉被损害的事实、行为人行为违法、违法行为与损害后果之间有因果关系、行为人主观上有过错来认定"的规定中,有违法性要件,然而,《侵权责任法》第六条第一款的"行为人因过错侵害他人民事权益,应当承担侵权责任"(类似于《法国民法典》第 1382 条内容)的规定,并未明确违法性要件。虽然目前司法实践中人格权案件依然普遍适用"四要件说",且最高法院目前尚未废除《解答》,但在此问题上究竟是适用新法优于旧法的原则还是特别法优于普通法的原则,理论上并没有统一,这为传播注意义务模糊违法性与过失的界限提供了空间。

在涉及媒体传播的一些案例中,判决并未明确行为的非法性,如在邱少华诉孙杰、加多宝(中国)饮料有限公司一般人格权纠纷案中,对于加多宝公司与孙杰的答谢及互动,法院认为"加多宝公司未尽到合理审慎的注意义务,存在主观上的过错","导致较大社会负面影响产生,再次给邱少云烈士的家属造成了精神上的损害"[①]。在侵权责任四要件中,判决并未明确行为违法性,但判决其构成侵权,这等于间接承认:违反注意义务本身就是一种违法。

注意义务扮演违法性判定的角色,在使其具备一石二鸟功能的同时,也产生一种现象:违法性与过失存在着接近或交错[②]。大陆法系民法学界许多学者已认识到此问题:在欧洲,有学者抱怨,认为行为不法说理论的"结果是导致违法性与过错之间没有区别"[③];在日本,有学者认为

---

① 被告孙杰在新浪微博通过用户名为"作业本"的账号发文称"由于邱少云趴在火堆里一动不动,最终食客们拒绝为半面熟买单,他们纷纷表示还是赖宁的烤肉较好"之行为,法院认定属于"对邱少云烈士的人格贬损和侮辱"。加多宝(中国)饮料有限公司在其举办的"加多宝凉茶 2014 年再次销量夺金"的"多谢"活动中,通过"加多宝活动"微博发布了近 300 条"多谢"海报,感谢对象包括新闻媒体、合作伙伴、消费者及部分知名人士,而被告孙杰作为新浪微博知名博主也是加多宝公司感谢对象之一。2015 年 4 月 16 日,加多宝公司以该公司新浪微博账号"加多宝活动"发博文称:"多谢@作业本,恭喜你与烧烤齐名。作为凉茶,我们力挺你成为烧烤摊 CEO,开店十万罐,说到做到^_^#多谢行动#",并配了一张与文字内容一致的图片。被告孙杰用"作业本"账号于 2015 年 4 月 16 日转发并公开回应:"多谢你这十万罐,我一定会开烤店,只是没定哪天,反正在此留言者,进店就是免费喝!!!"参见:北京市大兴区人民法院第(2015)大民初字第 10012 号民事判决书。

② 吉村良一.日本侵权行为法[M].张挺,译.北京:中国人民大学出版社,2013:62.

③ H.考茨欧.侵权法的统一:违法性[M].张家勇,译.北京:法律出版社,2009:14.

"对违法性进行的评价操作,与过失判断的评价操作类似以致重复,因此,过失能够包括违法性"。在我国,也有学者将此现象作为侵权责任三要件(损害事实、因果关系和过错)的依据之一,认为注意义务使受害人"对加害人超越对其有无过失、违法性及有责任性的举证上的障碍,而获得损害赔偿"①。

注意义务导致的违法性与过失存在着接近或交错还进一步产生这样一个效果:过失侵权构成要件向法国民法看齐,因为根据《法国民法典》第1382条"基于过咎(Faute)行为导致他人损害,应负赔偿责任"和1383条"个人不仅对于因自己之故意行为所发生之损害,且对于因自己之懈怠或疏忽致他人损害者,亦负赔偿责任"的规定,其侵权责任由过咎(包括过错即故意和过失、违法性)、损害和因果关系三要件构成②。

欧洲学者认为,《法国民法典》第1382条隐含了高度严格的注意义务——任何人对他人的合法权益都有绝对的注意义务。而这一高度严格的注意义务体现在以下三个方面:"首先是注意义务来源具有广泛性和普遍性;其次是假定所有的法律,无论公法还是私法,均具有保护私人利益的功效,皆可为注意义务的来源;最后是针对所有未履行法定义务之事实,若没有正当事由,则自动构成过咎。"③

如前所述,产生于英美法系的注意义务是相对性的注意义务,但其在大陆法系的适用却产生了隐含着绝对注意义务的法国民法侵权责任三要件的效果,显然这并不是适用注意义务制度的初衷。

然而,传播注意义务导致过失侵权责任滑向三要件是有范围的:适用于过失侵权领域,在故意侵权领域并不适用。而且,违法性并不只是注意义务的违反,从《德国民法典》来看,违法行为有三种:第823条第1款规定的"因故意或过失,不法侵害他人之生命、身体、健康、所有权或其他权利,对产生之损害应负赔偿责任"的行为;第823条第2款规定的"违反以保护他人为目的的法律者,亦应负同一义务"的行为;第826条中的"故意以违反善良风俗加害他人,应负损害赔偿责任"的行为。我国

---

① 王利明.侵权责任法研究(上)[M].北京:中国人民大学出版社,2011:347.
② 即使在法国侵权法的理论上,也没有区别过错和违法性,二者均包含于"过咎(Faute)"之中。参见:王泽鉴.侵权行为法[M].北京:中国政法大学出版社,2001:41.
③ 克雷斯蒂安·冯·巴尔.欧洲比较侵权行为法(上卷)[M].焦美华,译.北京:法律出版社,2001:44-45.

学者也认可这种违法行为的分类①。在传播领域,除了违反一般注意义务的违法行为,上述三种违法性也都不同程度地存在,尽管有时对第826条的违反也被视为违反注意义务。

显然,注意义务的违反所能判断的传播违法行为远不能概括传播违法行为的全部,其对传播违法性的判断功能(如同在其他侵权类型中一样)是有限的,因此,传播注意义务的适用导致传播行为侵权责任三要件的观点(如同在其他侵权类型中一样)是有一定范围的。

总之,注意义务理论是一种侵权责任构成的背景理论,虽不能取代现有的侵权构成体系,但可作为成文法系侵权责任构成基础之一。

第四节 注意义务与传播过失、传播违法性要件的证明

传播注意义务不仅直接有助于责任要件即过失和违法性的构成,而且还因与客观(传播)行为的关联,间接有助于责任要件即过失和违法性证明。

一、注意义务与传播行为、过失之间的关系

有观点认为,客观过失注重的是对行为人客观外部行为而非对主观心理状态的考察,行为人是否具有过失在于他是否达到某种行为标准的要求,而这种行为标准的确定则以行为人行为时是否尽到合理的注意义务为依据②。事实上,这种观点对侵权行为人的过失、注意义务和行为的逻辑关系的表述并不完整。因为注意义务标准事实上是一个主客观因素掺杂、不是非常具体的衡量标准。

首先,"注意"作为心理学中有关认知方面的问题,实际上也是一个主观问题。依照德国法,注意可以分为外在注意和内在注意,外在注意指行为符合法律、善良风俗要求的行为规范;内在注意则"是一种情绪的过程,它可能是由多个部分组合的结果……建立在对事实构成要件可能

---

① 杨立新. 侵权法论[M]. 北京:人民法院出版社,2011:164 - 165.
② 王俊. 侵权责任法中确立注意义务原因探究[J]. 学术论坛,2010(7):173.

成为现实的认识基础上……"①因此采用"注意"的标准并不意味着走完了过失证明的全程,其"只不过在'注意'的认定上考虑了客观因素"②。这种观点事实上暗示了注意义务标准的缺陷或者说是功能有限性,行为人的主观注意因素并未得到证明。

其次,注意义务标准仍然需要外在因素的解释。内在注意作为一种主观心理状态是难以证明的,所以,德国学者认为,尽管"只有当外在的注意和内在的注意均被违反时,才存在过失",但"如果外在注意未被遵守,则已经存在一个义务违反行为,通常经验认为此时内在注意也遭到违反。按照被违反规范的强度,对于内在注意的证明责任可能会被倒置,更准确地说,外部表象同样代表着内在注意,因此,原则上受害人只需要主张和证明加害人违反了外在注意,之后,加害人必须证明其行为尽到了内在谨慎"③。而且,"讨论被告的思想状况是枉费心机的……因为即使是魔鬼也不知道人打的是什么主意"④。日本民法学界也认为,虽然过失可以从心理状态和违反注意义务两个侧面来理解,"但是,在现代社会中,注意义务违反的外在比重确实变得更加重要了……在现实诉讼中,要探明行为人的内心的心理状态也是不可能的,即使将过失理解为心理状态中的紧张,也不能忽视以下情况:即只能从行为人的客观的行为样态来推测"⑤。

这样,无论是"良家父""理性人"或职业标准,其衡量的对象完全集中于传播者的"外在注意",换句话说:注意义务的履行主体是传播者,但衡量者即衡量主体是法官。如此,注意义务标准在属性上更接近司法标准,这也不难理解:法官需要裁判传播者(或其他行为人)履行注意义务的"合格"性,所以需要一个标准,即法官的裁判标准。最高法院将《信息网络侵害人身权益规定》第九条和第十条中所列举的参考因素,表述为法官"认定"网络传播者过错的参考标准,自然应理解为裁判标准。既然是裁判标准,注意义务标准表面上对过失和违法性判断的贡献似乎只

---

①　埃乐温・多伊奇,汉斯－于尔根・阿伦斯.德国侵权法[M].叶名怡,温大军,译.北京:中国人民大学出版社,2016:58.

②　闫宏宇.侵权法过错判断新论[J].西部法学评论,2013(3):65.

③　埃乐温・多伊奇,汉斯－于尔根・阿伦斯.德国侵权法[M].叶名怡,温大军,译.北京:中国人民大学出版社,2016:58－59.

④　John G. Fleming.民事侵权法概论[M].何美欢,译.香港:香港中文大学出版社,1992:2.

⑤　吉村良一.日本侵权行为法[M].张挺,译.北京:中国人民大学出版社,2013:50.

是针对法官而言,对传播侵权诉讼中双方当事人并无实际意义。但这个主客观掺杂的考量因素与裁判标准是必要的,其为进入过失和违法性判断或证明的客观路径提供了一个过渡、一座桥梁:法官可以经过这座桥到传播者的"外在注意"中进行判断,而传播者或传播行为的受害者则可能通过这座桥向法官证明传播者的"外在注意"是否达到标准,从而证明过失或违法性是否成立。

所以,关于传播者(或其他侵权行为人)过失、注意义务与行为之间关系的完整表述应该是:行为—注意义务标准—过失,或者反过来:过失—注意义务标准—行为。如果单从行为标准与注意义务标准的关系而言,完整的表述是:行为标准以注意义务为理论、法律上的来源和依据,但是否履行注意义务、履行注意义务是否合乎标准需以一定的行为为判断依据。

注意义务的外在标准需要以行为标准来解释或替代,但问题并非将焦点转向传播行为即可解决的,因为行为标准的确立本身也是一大问题,其不可能倒回来以抽象而不具体的注意义务标准来确定,否则就成为概念的循环和文字游戏。

传播注意义务外在标准的确立要考虑的因素绝不仅限于传播行为本身的样态,应包括传播行为的决定因素:传播(注意义务)主体的性质等和传播信息的内容、性质、影响,以及传播背景等客观因素。但考虑这些因素与英美法系中注意义务的确立条件不同,因为这里注意义务确立已经不是问题,要确定的是注意义务的标准或程度问题。所以,传播过失或违法性即违反注意义务的证明应遵循的路径,并不是"客观行为路径"这么简单,而应是包括传播行为、传播信息内容与性质、影响及传播背景等在内的"客观路径"。

二、域外新闻传播侵权过失即违反注意义务之证明的客观路径

目前,关于传播领域违反注意义务证明的"客观路径"的探索,在新闻传播侵权和信息网络传播权侵害纠纷中比较集中,也相对成熟。

媒体传播侵权中,从传播者(被告)的新闻、信息采集行为、编辑行为、传播即发布行为,可以证明其对注意义务的违反或遵循,这就是客观行为判断路径——"客观路径"之一。

美国传播法学界认为,传播者在传播行为中应该做到:①掌握不止

一个信息来源;②对传播的不当行为需进行亲自采访或调查,认真评估信息来源的可靠性,反复检查、验证;③如有可能,与名誉等民事权益可能受到影响的报道对象取得联系,对相关信息进行验证;④如果传播内容有失误,及时纠正并道歉①。这些行为可使传播者尽可能减少、减轻或者没有过失,或者说,这些行为也是传播者证明无过失的行为依据。

事实上,美国司法界普遍认为,原告即传播行为的受害者可以从传播者以下行为中证明其过失:①依赖不可靠的消息来源;②不阅读相关文献或误读相关文献;③未能得到显而易见的消息来源的证实,这个显而易见的消息来源可能就是报道的主人公;④在编辑和处理新闻时粗心大意②。

但对于如何判断过失,美国司法界认为,过失"就是指未能做到一个理性的、谨慎的记者会在类似情况下做到的谨慎"③。但法官在判断传播者(记者)的过失时,通常会审查其报道方法或编辑流程④。

1985年,《今日美国》计划刊发一篇纪念越南战争结束的特稿,其特约记者罗恩·怀曼采访临床心理学家杰弗里·卡塞尔,后者告诉怀曼,他最近看到有文章称越战老兵的痛苦经历可能导致他们罹患"创伤后压力型紊乱",而这种病困扰着许多退伍老兵。怀曼整理了谈话记录,并在电话上念给报社的一位主编,这位主编又通过电话把记录念给另一位主编,并由后者完成定稿。刊发的报道中"引用"卡塞尔的话说:"我们业已成为绝望者之国……有趣的是,当凝固汽油弹和炸弹落到越南人头上时,越战老兵们却觉得自己是受害者。"卡塞尔认为此报道歪曲了其与怀曼的谈话,向法庭起诉。美国第一巡回区上诉法院判决:陪审团可以理所当然地认为这种行为犯有过失⑤。

当然,因为美国各州过失判断行为路径的司法实践不一致,在此问题上也未形成统一的或代表的观点。

与美国不同,英国虽然在传播侵权诉讼中适用过错责任归责原则的时间并不久,适用的范围也不广,但在雷诺兹案中,李启新大法官针对

---

① 唐纳德·M.吉尔摩.美国大众传播法:判例评析[M].梁宁等,译.北京:清华大学出版社,2002:206.

② 唐·R.彭伯.大众传媒法[M].13版.张金玺,赵刚,译.北京:中国人民大学出版社,2005:185.

③ Pegler v. Phoenix Nespaper,547P,2d 1074(1976).

④ 唐·R.彭伯.大众传媒法[M].13版.张金玺,赵刚,译.北京:中国人民大学出版社,2005:186–187.

⑤ Kassel v. Gannet Co,Inc.,875 F 2d935(1989).

"负责任报道"提出了十条判断标准:报道失实程度;报道的公众关注度;信息来源的可靠性;是否对信息进行事前审查;信息所处状态(例如是否正处于调查中);报道是否具有迫切性;是否邀请报道对象回应;是否征询报道对象意见;行文风格是否以指控代替事实陈述;报道的环境与时机。李启新大法官强调,以上十条并未穷尽所有判断标准,应当在个案中根据以上标准并结合其他因素加以综合判断①。

　　总之,无论是美国司法实践中的相关经验,还是英国雷诺兹案中李启新大法官提出的"负责任报道",事实上均为基于注意义务理论对过失和非法性判断标准的探索,其比结果判断路径的优势主要有三点②:第一,可以使被告从证明客观事实的沉重举证负担中解脱出来。李启新大法官提出十条判断标准的核心意旨是通过综合考察媒体报道行为,判断媒体对于确保报道真实性是否措置失当,换句话说,即便媒体报道"严重失实",只要报道行为符合"负责任报道"标准,亦可获得法律保护。据此,法律在强调被告社会责任,要求其尽力确保报道内容真实性的同时,亦减轻了结果判断路径下其承担的沉重举证负担。第二,可以使原告根据被告行为证明过错存在,同时又避免要求原告证明消极事实的"悖论",能够在当事人间均衡配置举证负担。试想,在许多案件中,如果改采行为判断路径,原告绝不可能仅凭不认可讼争内容的真实性就轻松胜诉。第三,行为判断路径不仅符合侵权法"过错"——"违反注意义务"的内涵,奠定转移证明责任于被告的正当性基础,而且符合过错客观化的现代侵权法潮流,有利于过失认定的简化。

三、我国传播侵权诉讼中过失即违反注意义务之证明的客观路径

（一）我国传统媒体传播中违反注意义务之证明的"客观路径"的探索

　　1. 不考虑过失或不以过失为侵权责任必要要件,而以损害即传播内容失实或消息来源无法查证作为认定过错的依据,奉行结果判断路径——无注意义务阶段

---

① Reynolds v. Times Newspapers Ltd. [1999] 4 All ER 609, [1999] 3 WLR 1010. Judgment By &1; Lord Nicholls of Birkenhead.

② 靳羽. "公众人物"理论实证考察与名誉侵权过错判断路径检讨[J]. 政治与法律,2013(8):129 – 138.

传播侵权诉讼中对过错的结果判断路径,在《解答》公布之后的20世纪末期与21世纪之初非常普遍。在这种案例中,过错推定或倒置的适用是必然的,只不过,许多判决并没有明确对过错的认定,而是不提过错。对于北京恒升远东电子计算机集团公司(下称"恒升公司")诉王洪、《生活时报》和《微电脑世界》周刊名誉权案中,学界就认为:"一审法院在判定被告王洪侵权成立后就直接判决媒体侵权成立,根本未考虑媒体已尽适当谨慎义务、不存在过错的举证,显然不是采过错推定原则,而是采无过错责任原则。"①而二审中,法院似乎注意到了应该对媒体的过失进行交代,其认为:"两媒体以网上信息作为新闻的主要来源,而未对该事件做深入细致的采访和严格审查。"②但在判决理由中,同样未对媒体的过失进行认定。

上海市第一中级人民法院2005年4月审理的唐季礼诉青年时报社等传播侵权案判决中,法官不仅将报道内容真伪的证明责任倒置给新闻传播者,而且典型地演绎了《解答》第七条中属于原始客观归责的"有损害就有赔偿"的理念,对传播者有无过失不予认定③。

事实上,在以损害即传播内容失实或消息来源无法查证作为认定过错的依据的阶段,虽然双方当事人对媒体的过失有无提供证据,但由于法官不考虑过失或不以过失为侵权责任必要要件,这种举证没有实质意义,本质上并不存在对过失即注意义务的证明。

2. 认同传播侵权诉讼中的过失(未履行注意义务)证明客观化路径,但将过失即注意义务证明责任倒置给传播者

《重庆商报》记者在网上看到文清"开车撞人不赔偿"的消息,向文清采访而未得到回应,该报于2006年4月1日刊登了题为《车祸后不接电话也不赔偿　央视主持人文清拽什么》的报道,后被大量转载。文清诉至北京市海淀区法院,要求重庆商报社在其报纸上公开道歉,并索赔12万元。法院在认定报道内容严重失实的同时,还认为"重庆商报社未能举证证明其在刊登该文时,向此前网上相关文章作者进行核实;亦未能证明与文清进行核实的相关证据"④。

---

① 陈实,马忆南.在消费者的言论自由与经营者的名誉权之间[J].南京大学法律评论,2000(春季号):182.
② 北京市第一中级人民法院(2000)一中民终字第1438号民事判决书。
③ 上海市第一中级人民法院(2004)民一(初)字第13号民事判决书。
④ 李欣悦.央视主持人文清一审获赔10万[N].新京报,2006−12−07(11).

作为名誉权纠纷，依过错责任原则，应该由原告文清对《重庆商报》在报道过程中的过失承担证明责任，即就《重庆商报》记者是否对网上相关作者及对自己进行核实证明。当然，文清就《重庆商报》记者是否对网上相关作者进行核实存在取证问题，但就《重庆商报》记者是否对自己进行核实证明并不困难。而《重庆商报》记者可以对自己是否对文清进行核实提供证据进行证明，但需要强调的是：《重庆商报》的证明行为不是必需的，而只是尽如前所述的"提供证据的责任"。如果是否进行核实处于真伪不明状态，不是由《重庆商报》承担证明责任即结果责任，而是由文清承担证明责任。在本案中，恰恰出现了《重庆商报》记者是否对网上相关作者及文清进行核实，即《重庆商报》记者是否有过失即履行注意义务真伪不明的状态，此时，依正常的证明责任的原理与相关法律规定，应该由文清来承担真伪不明的不利后果，但法院却将证明责任倒置给了《重庆商报》，这样，法院事实上将本属一般民事侵权的传播侵权诉讼的过错责任变成了特殊民事侵权诉讼的过错推定责任，这是违反侵权法原则的。

3. 认同传播者过失是对注意义务的违反即过失证明客观化路径，也从传播行为路径中分析传播者是否违反此注意义务，但未明确认定传播者是否履行符合标准的注意义务

在世奢会诉新京报社名誉权诉讼中，二审法官认为记者"刘刚使用田某曝料的负面信息作为单一消息源时，从新闻报道的规范要求来看，更应尽到审慎的注意义务"。那么，对于本案中争议文章作者刘刚是否尽到审慎的注意义务，二审如此认定：①"本案中，化名'唐路'的被采访对象田某所述内容大部分经过刘刚本人的核实，但亦有部分内容未经核实的单一曝料信息。"②"刘刚就其质疑亦征询了世奢会（北京）公司副总经理毛欧阳坤方面的意见，一般读者可以判断，争议文章并没有将世奢会定义为皮包公司，而是提出质疑供公众讨论。"这里，法官从记者的采访行为中间接认定其已履行注意义务。但是，法官在判决理由中并没有明确表述刘刚是否尽到审慎的注意义务，没有明确否定其过失，即被告究竟有无过失，在判决书中找不到明确答案。

（二）我国网络传播侵权诉讼中违反注意义务之证明的"客观路径"的探索

与传统媒体传播侵权诉讼不同，我国网络传播侵权司法解释就注意义务的规定比较系统。最高人民法院《信息网络传播权规定》第九条规

定的法官认定网络服务提供者是否构成应知的考虑因素中,第一和第二个因素显然是传播内容即作品本身情况及传播背景的客观因素,第三到第七条才是网络服务提供者的行为样态。在《信息网络侵害人身权益规定》第九条的规定中,情况也大致与《信息网络传播权规定》第九条的规定相同。

在深圳市迅雷网络技术有限公司诉北京卓易迅畅科技有限公司侵害信息网络传播权案中,二审法院以被告的搜索方式、是否直接获利和链接作品是否被判侵权作为被告是否履行了"理性人"标准的客观依据。对于被搜索、链接网站已多次被法院判定为违法、曾经侵权违法的事实对一般理性人而言已然明显时,认为搜索链接服务商应尽到较高的注意义务,并认为"'红旗标准'固然依赖于一般理性人的认知标准,但这一标准不是随着时间的变化而变化,它具有客观性的面向"[①]。显然,司法实践中,关于媒体传播中违反注意义务之证明的"客观路径",法官并未单单指向被告的行为,而是认为还有其他因素。

(三)我国传播法学界关于过失判断标准——传播行为标准的探索

在传播侵权司法实践努力摆脱过失结果判断的窠臼的同时,我国新闻法学界也对过失的行为判断标准进行了有益探索。

有学者对隐私权和名誉权纠纷中传播者过失的判断提出了一套判断标准。关于隐私权纠纷中传播者过失的判断标准是:①是否非法侵入,主要是指侵入私人空间,包括纯粹的私人空间,如家庭,也包括公共场所中可合理期待隐私的准私人空间,如医院病房、饭店包间、商店更衣室等。②是否不当骚扰。是指为获取新闻,而干扰他人私生活的行为。③被侵害人是否同意发表。④是否征得全部隐私共有人同意[②]。

关于名誉权纠纷中传播者过失的判断标准是:①关于事实的核实。应该多源核实,尤其应当向被批评者本人核实;语言、文字、图片等书面核对准确;不歪曲改变事实,不改动和摆拍新闻图片或视频。②关于消息来源的权威性。根据国家机关依职权制作的公开的文书和实施的公开的职权行为所做的报道,应当公正、准确,也就是全面、客观、忠实地报道公开文书或公开职权行为的内容;如果前述文书和职权行为已公开纠

---

① 彭桂兵.“避风港”规则与网络服务商合理注意义务的确立[J].当代传播,2017(3):67.

② 张鸿霞.新闻侵犯隐私权的过错判断标准[J].法制与社会,2015(9):48-49.

正,或者有确切证据证明报道失实,媒体有更正的义务。③关于意见报道,应该平衡报道、客观报道,事实和意见分开,避免使用侮辱性和其他不当词语。④关于使用匿名消息来源。只能在传达事实性信息而非观点时使用匿名消息源;只有在涉及公共利益时才可以使用匿名消息源;当以其他方式就不能传播可靠而有报道价值的信息时使用;使用匿名消息源应经批准;应当多方求证匿名消息来源的真实性。⑤关于对错误传播内容的更正。一旦察觉明显不准确的、误导读者,或被歪曲的内容已经传播,媒体应立即在显著位置予以更正,必要时公开道歉。⑥其他过失的判断。在犯罪新闻报道中遵守"无罪推定"的原则;不收受采访对象财物或其他利益①。

注意义务履行的判断标准中,行为只是标准之一,还有决定传播行为的新闻信息本身性质、传播背景等其他客观因素。

侵权法从传统向现代的转变,经历了从原始客观归责到主观归责的扬弃过程。所谓"原始客观归责"是指"有损害就有赔偿",不区分损害背后的致害原因;所谓"主观归责",最初是指被告的行为具有道德伦理上的可责难性,现代工业风险社会则通过一个事后的角度,拟制出被告应当达到的客观过失的标准,从而简化过失判断②,而这个"事后的角度",即注意义务角度。这样,借由注意义务,现代侵权法实现过失概念的客观化,便利了过失和违法性的证明与认定,考察的对象是被告的行为等客观因素而非加害结果,遵循客观判断路径而非结果判断路径,"原始客观归责"便归于历史的尘土③。

第五节　我国传播注意义务的确立条件、标准及其适用中的问题

我国注意义务确立条件与标准存在抽象、模糊、自相矛盾的问题,这反映到传播注意义务中也是如此。而传播注意义务确立条件和标准,导

---

①　张鸿霞.新闻侵犯名誉权的过错判断标准[J].法制与社会,2015(10):61-65.
②　朱岩.侵权责任法通论(上册)[M].北京:法律出版社,2011:233-240.
③　靳羽."公众人物"理论实证考察与名誉侵权过错判断路径检讨[J].政治与法律,2013(8):129-138.

致司法实践中法律适用的不统一及其他问题。

一、我国传播注意义务确立条件存在的问题

(一)我国传播注意义务确立条件

注意义务的确立解决的是传播者有没有注意义务的问题,而不是是否依标准履行注意义务的问题。

如前所述,职业注意义务标准主要适用于职业传播媒体及传播者,针对传统媒体及新媒体中的内容提供者。目前,最高人民法院对传统媒体传播者注意义务的确立尚无规定统一的认定标准或参考因素,但1988年1月15日对上海市高级人民法院的批复即《关于侵害名誉权案件有关报社应否列为被告和如何适用管辖问题的批复》中指出:"报刊社对要发表的稿件,应负责审查核实。"虽然此批复只是具体针对报刊社和名誉权纠纷,而且已于1996年失效,但其事实上说明:传统媒体对其发表的针对他人人格权益的稿件,均负有"审查核实"的注意义务。2005年,中共中央办公厅、国务院办公厅《关于进一步加强和改进舆论监督工作的意见》中规定:"对报道的内容,必须进行认真核实,做到真实、准确、可靠,不得编发互联网上的信息,不得刊播未经核实的来稿。"2009年,新闻出版总署《关于采取切实措施制止虚假报道的通知》规定:"要认真核实报道的基本事实,确保报道的新闻要素准确无误,不得编发未经核实的信息,不得刊载未经核实的来稿。"因此,可以说:因传统媒体发表文章引发的人格权益诉讼中,不存在注意义务是否确立以及注意义务有"事先""事中"及"事后"之分的问题。

但根据《信息网络传播权规定》第八条第二款"网络服务提供者未对网络用户侵害信息网络传播权的行为主动进行审查的,人民法院不应据此认定其具有过错"的规定,网络服务提供者的"事中"注意义务却存在确立即有无的问题。

如果套用前述英美法系关于注意义务确立的"三步检验法",《信息网络传播权规定》第九条规定的参考因素中,第(一)(二)(三)和(六)项可作为网络服务提供者即辅助传播者注意义务确立的条件,其中,第(三)项是近因性,而其他三项是可预见性;《信息网络侵害人身权益规定》第九条规定的参考因素中,第(一)至第(六)项可作为注意义务确立的条件,其中,第(一)项是近因性,其他五项是可预见性。这些条件中,

也确实可以看到英美法系注意义务确立条件的影响。

（二）我国传播注意义务确立条件存在的问题

前述《信息网络传播权规定》第九条第（一）项"（一）基于网络服务提供者提供服务的性质、方式及其引发侵权的可能性大小，应当具备的管理信息的能力"和《信息网络侵害人身权益规定》第九条第（二）"网络服务提供者应当具备的管理信息的能力，以及所提供服务的性质、方式及其引发侵权的可能性大小"规定的注意义务确立条件中，涉及前述"注意义务的确立需要考虑义务主体损害风险的判断能力和避免能力"这一因果倒置、不合逻辑及放纵风险的问题。此外，这两部司法解释中规定的注意义务确立条件还存在以下问题：

1. 作为认定过失即违反注意义务的参考因素或标准过于抽象

对此问题，最高法院认为："标准过严，会造成网络服务提供者承担责任过重，并可能会促使网络服务提供者自我审查过严，经营负担加大，并进而影响合法信息的自由传播，不利于互联网的发展；标准过宽，则会导致网络服务提供者怠于履行必要的注意义务，放纵甚至主动实施侵权行为。所以，在兼顾两者的前提下，《规定》采取了多个抽象因素来综合认定网络服务提供者是否'知道'。"[①]但过于抽象的规定导致的首要问题就是：相关规定究竟是关于注意义务确立的条件，还是关于履行注意义务是否合乎标准的参考因素。尽管可以套用英美法系的"三步检验法"将相关规定往注意义务确立条件上靠，但这些规定也可以全部理解为履行注意义务是否合乎标准的参考因素。

2. 在整个侵权法体系和涉及媒体传播侵权的法律规范中，关于确立一般性事中注意义务的规定模糊且自相矛盾，亟待澄清

虽然网络服务提供者的采取技术措施（如关键词过滤等）进行监控的注意义务在《中华人民共和国电信条例》（下称《电信条例》）（第五十七条和第六十一条）、《互联网电子公告服务管理规定》（第六条和第十三条）、《互联网信息服务管理办法》（第六条和第十六条）、《互联网新闻信息服务管理规定》（第十二条和第十六条）、《全国人民代表大会常务委员会关于加强网络信息保护的决定》（第四条）均得以确认[②]，但此类

---

① 罗书臻.就关于审理利用信息网络侵害人身权益民事纠纷案件适用法律若干问题的规定最高人民法院民一庭负责人答记者问［N］.人民法院报,2014 – 10 – 10(4).

② 魏永征.网络法和传媒法［J］.汕头大学学报（人文社会科学版）,2016(8)：131.

行政法律规范中的注意义务,尚未在民事法律尤其是侵权法中得以确立。而《侵权责任法》第三十六条过于简约的规定,使此问题更加复杂。

(1)最高法院相关司法政策在理论上的不妥。针对 2013 年 1 月 1 日生效的《信息网络传播权规定》第八条第二款的规定,最高法院声明:"我国著作权法和条例虽然没有明确写明网络服务提供者没有监控义务,但其采用的'通知删除'规则事实上是认可网络服务提供者没有主动监控义务的,为此我们在司法解释中也明确规定了网络服务提供者未对网络用户侵害信息网络传播权的行为主动进行审查的,人民法院不应据此认定其具有过错。"①最高法院的声明存在明显的问题:其一,既然将《著作权法实施条例》这一行政法规作为依据,为什么未采纳其他上述效力位阶更高的全国人大的相关规定和更多确定网络服务提供者有一定的主动监控义务的行政法律规范? 其二,认为采用"通知删除"规则事实上是认可网络服务提供者没有主动监控义务的依据何在? 虽然根据《侵权责任法》第三十六条第二款规定,接到通知可作为网络服务提供者"知道"的认定标准,但并非意味着"通知"是唯一认定其"知道"的标准,也不能倒推即认为未接到"通知"就可以不履行注意义务。其三,立法者明确表示:"虽然网络上的信息是海量的,侵权信息混杂其中,难一逐一辨别,但有些侵权信息是可以通过技术措施进行控制的,某些领域的过滤技术已经比较成熟,而且运用这种技术不会给网络服务提供者在经济上造成过重的负担。"所以,《侵权责任法(草案)》第一次和第二次审议稿均以"明知"作为网络服务提供者的主观过错要件,但经衡量众多意见,第三次审议稿以"知道"作为网络服务提供者的主观过错要件,其包括了"明知"和"应知"②。据此,网络服务提供者的事中注意义务在《侵权责任法》中是确定存在的。

(2)最高法院司法解释的相互矛盾。最高法院的司法政策意味着:只要履行了事先提示和事后(接到侵权通知)删除、屏蔽义务,哪怕网络上侵权信息如洪水猛兽,也无须承担任何责任。然而,最高法院似乎也意识到绝对否定网络服务提供者的"事中"义务于法无据,故《信息网络

① 张先明.加强网络环境下著作权保护　促进信息网络产业健康发展[N].人民法院报,2013-12-27(4).
② 全国人大常委会法制工作委员会民法室.中华人民共和国侵权责任法条文说明、立法理由及相关规定[M].北京:北京大学出版社,2010:152.

传播权规定》第八条第三款"网络服务提供者能够证明已采取合理、有效的技术措施,仍难以发现网络用户侵害信息网络传播权行为的,人民法院应当认定其不具有过错"的规定,似乎又婉转承认网络服务提供者有一定的主动监控义务。需要指出的是,在 2014 年生效的《信息网络侵害人身权益规定》中,就没有了前述两款互相矛盾的规定,从两个规定在行文、内容上具有相当程度对应性来看,这绝不是偶然。

(3)司法实践的矛盾。模糊而自相矛盾的规定导致目前的司法实践中出现裁判不一致的现象,而且即使在最高人民法院为配合《信息网络侵害人身权益规定》实施而发布的 8 起典型案例中,也出现两种截然相反的处理方式①:①案例二和案例七只承认在网络传播服务商"事前提示"及"事后监管"(其接到权利人通知后存在处置)义务,但案例二终审法院"判断网络服务提供者是否知道网络用户侵害他人权益,不能仅以其提供的服务中出现了侵权事实就当然推定其应当'知道'"的表述,又隐含着法院可以根据(非常明显)的侵权事实推定网络服务提供者"知道"即有事中注意义务的观点。②案例六认为"天涯公司经营的天涯虚拟社区网根据有关法律法规制定了上网规则、对上网文字设定了相应的监控和审查过滤措施、在知道网上违法或侵权言论时采取了删除与本案有关的网络信息,已经履行了监管义务";案例八为新浪公司转载某报文章,在该报对该文更正后,因该更正"致歉声明篇幅过小且位置不显著",新浪公司仍未更正或删除该信息,法院认为"新浪公司虽不具有主观恶意但却具有过失,应当承担相应的民事责任"。两起案例事实上均承认了网络传播服务商的"事中注意义务"。

在其他案件中,这种截然相反的司法适用同样存在。在 2007 年的"中国博客第一案"中②,法院引用《全国人民代表大会常务委员会关于维护互联网安全的决定》第七条中的"从事互联网业务的单位要依法开展活动,发现互联网上出现违法犯罪行为和有害信息时,要采取措施,停止传输有害信息,并及时向有关机关报告"的规定,认为"博客信息公司对网络用户发表于该公司经营的网站上的言论负有审查、注意义务,应

---

① 罗书臻. 最高人民法院公布 8 起利用信息网络侵害人身权益的典型案例[N]. 人民法院报,2014 - 10 - 10(3 - 4).

② 徐迅. 网站对博客负有监管责任[G]//"中国新闻侵权案例精选与评析"课题组. 中国新闻侵权案件精选. 北京:法律出版社,2009:313.

确保这些公开发表的言论不会侵害其他主体的合法权益……网上信息量巨大，现有的'过滤技术'只能过滤明显反动、色情的内容，无法对一般有害信息进行自动过滤、识别……"而且明确指出，网站"应当承担监督控制、停止传输有害信息的法定义务，而网络信息中的侮辱内容属于有害信息……网络信息服务提供者可以对存在侮辱的内容直接做出判断，不必依赖于真实权利人的通知或警告"①。而在本章开头引出的浙江丽水"QQ 相约自杀案"中，面对侵权人多次重复发出自杀邀请信息这种明显符合注意义务确立条件(《信息网络侵害人身权益规定》)第九条第六项的情形，法院却判决网络服务提供者没有注意义务。

3.针对目前传播注意义务确立中最为突出的网络传播服务商的间接侵权，"红旗标准"下的注意义务没有明确确立

事实上，"红旗标准"不是确立传播注意义务的唯一参考因素或条件，但其却是网络服务提供者承担"事中"注意义务和间接侵权的主要标准，即没有"红旗"，不一定没有义务；有了"红旗"，必有义务。

4.表达模糊，缺乏请求权基础

法定注意义务产生的法律规范有两种：一种是法律规范明确了注意义务及其侵权请求权基础即救济途径，无须法官再行解释，如我国《侵权责任法》第三十六条第二款和第三款是典型的、明确的传播注意义务条款，虽然并未使用"注意义务"这个概念，但在明确具体行为义务同时，还规定了不履行该义务的后果即连带责任。另一种是法律规范可能明确规定或者隐含了注意义务，但缺乏请求权基础即救济途径，需要对立法者意图加以解释，如我国《信息网络传播权保护条例》第二十二条规定了提供信息存储空间的网络服务提供者免于赔偿责任的"避风港规则"，其第四款"未从服务对象提供作品、表演、录音录像制品中直接获得经济利益"的规定系免责条款，却未规定获利则构成赔偿责任，因此在此情况下是否能够确定注意义务，尚存疑问。

二、我国传播注意义务的法律标准存在的问题

（一）我国传播注意义务的法律标准

如前所述，在我国，注意义务成为一个法律概念，或者说对注意义务

① 徐迅.网站对博客负有监管责任［G］//"中国新闻侵权案例精选与评析"课题组.中国新闻侵权案件精选.北京:法律出版社,2009:314.

标准的表述,始自 2002 年 10 月施行的《著作权司法解释》第 20 条的规定,在此条规定中,"合理注意义务"出现 3 次。10 年后,"注意义务"再次出现在有关著作权领域侵权或媒体传播侵权诉讼的《信息网络传播权规定》,只不过,其第十一条中使用的是"较高的注意义务"①。2014 年,"注意义务"终于出现在有关人身权益侵权领域的《信息网络侵害人身权益规定》第十条中,这次使用的是"相适应的注意义务"②。至此,传播侵权成为司法解释(也是法律规范)中"注意义务"出现最早也最多的侵权领域。

然而,"注意义务"出现最多的诉讼领域,并没有带来明晰、统一的法律适用。在媒体传播侵权的司法实践中,出现以下几种关于注意义务标准的表述:

1. 传统平面媒体的"谨慎的注意义务"

有法官认为:"在发表涉及到被报道对象的人格尊严和名誉的报道时,新闻媒体更应当尽到谨慎的注意义务,对其所报道的事件的真实性进行审查核实。如果新闻媒体未尽此审查义务而使报道严重失实,从而毁损被报道对象之名誉,新闻媒体应负侵权的民事责任。"③法官在判决中表述的这种注意义务,事实上就是前述的"审查核实义务"——传播专业标准的注意义务。

2. 网络服务提供者和网络用户的"善良管理人的注意义务"或"合理的注意义务"

对网络服务提供者,在前述"中国博客第一案"中,法官认为网络服务商"仅仅要求原告提供身份证明而不采取任何措施,未尽到'善良管理人'的注意义务,应承担相应的法律责任"④。对网络用户,在肖传国诉

---

① 该条规定:"网络服务提供者从网络用户提供的作品、表演、录音录像制品中直接获得经济利益的,人民法院应当认定其对该网络用户侵害信息网络传播权的行为负有较高的注意义务。"

② 该条规定:"人民法院认定网络用户或者网络服务提供者转载网络信息行为的过错及其程度,应当综合以下因素:(一)转载主体所承担的与其性质、影响范围相适应的注意义务……"

③ 参见:上海市第一中级人民法院(2004)沪一中民一民(初)字第 13 号判决书。

④ 徐迅.网站对博客负有监管责任[G]//"中国新闻侵权案例精选与评析"课题组.中国新闻侵权案件精选.北京:法律出版社,2009:314.

方舟子名誉权案中,法官适用的是"善良管理人的注意义务"标准①;在方舟子与崔永元互诉侵害名誉权案中,法官适用的是"合理的注意义务"②。

3.专业媒体的"高于一般自媒体的注意义务"

最高人民法院2014年10月公布了8起利用信息网络侵害人身权益的典型案例,其认为"徐杰敖与北京新浪互联信息服务有限公司侵犯名誉权纠纷案"的典型意义为:"在认定互联网时代最普遍的转载行为的法律责任时,应当区分专业媒体和非专业媒体,专业媒体的注意义务应当高于一般自媒体。所以,转载他人信息未更正仍需承担侵权责任。"③

4.公众人物的"更多的注意义务"

最高人民法院2014年10月公布了8起利用信息网络侵害人身权益的典型案例,其认为"北京金山安全软件有限公司与周鸿祎侵犯名誉权纠纷案"典型意义为:"一、二审法院都认为,微博言论是否侵权应当结合博主的身份、言论的内容及主观目的等因素综合认定。公众人物应当承担更多的注意义务,这一判断与侵权法的基本理念相契合。"④

(二)我国传播注意义务法律标准存在的问题

最高法院的前述司法解释,为法官认定传播者是否履行注意义务提供了参考因素,但是,司法实践中出现如此之多的关于传播者注意义务标准的表述,也说明司法解释的问题:

第一,无论在传统媒体传播领域还是网络传播领域,无论是对职业传播者还是非职业传播者,在所有的传播领域,没有法定的、明确的注意

---

① 法官认为,"方是民在对肖传国的职业身份、论文数量进行阐述并据此对肖传国的学术水准、是否符合参选中科院院士的资格等问题发表评论时,所依据的资料为肖传国任职的纽约大学、武汉协和医院、主编的杂志、任董事的公司等网站中有关肖传国的介绍以及相关专业领域权威检索机构的论文、名词检索报告等,上述资料的来源是直接且正当的,内容上会使正常人认为有一定的可信性的权威性,故方是民对其检索的网络资料已经尽到了善良管理人的注意义务……"参见:北京市高级人民法院(2007)高民终字第1146号民事判决书。
② 法官认为:"考虑网络用户对网络言论具有较高的宽容度,以及人们对相关传闻所能尽到的注意义务等因素,微博用户在发言时所表述、引用的事实并不要求达到完全客观真实的程度,而仅需证明其言论有一定的、合理的事实依据,按照其智力水平和认识能力具体分析,其尽到了合理的注意义务……"参见:北京市第一中级人民法院(2015)高民终字第07485号民事判决书。
③④ 罗书臻.最高人民法院公布8起利用信息网络侵害人身权益的典型案例[N].人民法院报,2014-10-10(4).

义务标准。《民法典（草案）》第八百零六条规定："行为人对转载的或者他人提供的事实是否尽到合理审查义务，可以根据以下因素确定：（一）信息来源的可信度；（二）对明显可能引发争议的内容是否进行必要的调查；（三）事实的时效性和与公序良俗的关联性；（四）受害人名誉贬损的可能程度；（五）审查能力和审查成本。"该规定是我国正式法律第一次就（传播）注意义务的标准进行规范，但其中既有注意义务的标准，也有成立条件，需要进一步科学化、明确化。

第二，最高法院意识到对不同类型的传播者，应适用不同标准的注意义务。然而，在努力保持弹性的同时，上述"合理注意义务""较高注意义务""相适应的注意义务""高于一般自媒体的注意义务""更多的注意义务"，其究竟是职业、专业标准的注意义务，还是"理性人"或"良家父"标准的注意义务，抑或属于其他层次的注意义务，并不清晰。

第三，在传统媒体侵害人格权益诉讼领域，公认的职业标准的注意义务过于机械。虽然前述批复性司法解释认定报刊对所刊发文章有相当于专业标准的"审查核实义务"，但毕竟只针对报刊。而且，如果在传统媒体侵害人格权益诉讼领域严格适用专业标准的注意义务，也将导致即时传播的受众热线类节目或栏目（如电视台开办的"观众热线"或广播电台开办的"听众热线"）面临严肃的责任。

模糊、自相矛盾的注意义务确立条件和标准，导致司法实践中法律适用的不统一及其他问题。至此，鉴于上述原因，浙江丽水"QQ相约自杀案"中法官的"腾讯公司负有事后被动审查……难以通过人工、技术手段事先主动审查、监管群聊信息"及"腾讯公司没有接到任何人要求其删除、屏蔽或者断开链接相关有害信息的通知，其主观上并没有过错；其不存在法律明确要求其作为而其不作为的侵权行为"观点存在的问题及制度来源应当已经明晰。

最高法院关于网络传播注意义务确立的相关规定，其本意是"有利于人民法院根据具体案件情况、根据互联网技术的发展现状与时俱进地作出判断，有利于实现权益保护和信息自由传播的多重价值"，但表述过于抽象，没有确立一般性事中注意义务，也没有明确确立"红旗标准"下的注意义务，结果事与愿违：不仅在这个问题上没有进步，反而造成司法实践中截然相反的法律适用，破坏了法律适用的统一性，损害了司法的权威性。

结论与建议

注意义务作为成文法系侵权责任要件的构成基础之一,其理论也成为侵权责任构成的背景理论。本章基于此角度,探讨其对媒体传播侵权责任要件的构成与证明功能。但注意义务的功能绝不仅限于此,法国学者勒内·达维认为:"注意义务在英国过失侵权行为法上的重要性,不亚于约因学说在合同法上的重要性。"①

注意义务概念本身内涵并不确定,"不同情形下行为人所负的注意义务不同,具有很大的弹性和可塑性"②。英美法系的法官正是运用注意义务这一特性,积极应对社会变迁,及时弥补法律的漏洞,调和各种矛盾冲突,从而促进了侵权法的开放性、包容性和适应社会性,在此意义上,注意义务作为控制侵权责任范围的工具,是"政策的监控器和法官用来决定限制或扩张责任的政策中介"③。

一、结论

传播注意义务根源于损害风险的管控和避免,有法律、习惯、常理和善良风俗的广泛来源。根据《侵权责任法》第六条第一款、第三十六条第一款、相关行政法律法规及习惯、常理,传播媒体对其传播和辅助传播的全部信息分别负有不同标准的注意义务,其中网络服务提供者对网络用户利用其网络平台传播的信息,承担"理性人"或"良家父"标准的注意义务。在此标准下,"红旗标准"只是履行《侵权责任法》第三十六条第三款规定的"事中"注意义务的标准之一。

因此,浙江丽水"QQ相约自杀案"中,腾讯公司作为损害风险的制造者(之一)、管控者,作为QQ这一即时通信工具的开发者和拥有者,对其日常可能产生的风险负有一般性注意义务和"应知"情况下的、包括但不限于接到被害人通知的特别注意义务。然而,该案中致害信息对于履行

---

① 勒内·达维.英国法与法国法:一种实质性比较[M].潘华仿,等,译.北京:清华大学出版社,2002:183.

② 王钦杰.英美侵权法上注意义务研究[D].济南:山东大学,2009:28.

③ Mclaren,Negligence,1 Sask. L. Rev. 48 – 50(1967).

"理性人"标准的腾讯公司,是否属于"应知"信息,不是本文研究的理论问题,而是诉讼中的证据问题,由法官裁量。

二、建议

(一)立法:明确注意义务

我国是法典化国家,但我国立法采纳的是类似于法国法那样高度抽象的注意义务,当事人权益受到损害时,往往难以得到救济。原因在于:并非所有的法律规定之注意义务均具有侵权法上的意义。

博大精深的民法在引进我国的过程中,由于种种原因,个别关键"零部件"遗漏的情况在所难免,尤其当这些"零部件"发挥着基础性的、关键性的作用,制度机器运行难免"卡壳":"注意义务"就是其中一例。所以,侵权法确立注意义务显然是非常关键的。在这个角度上,中国社会科学院法学所梁慧星主持的"中国民法典立法研究课题组"对过失侵权行为的"因未达到法律规定或者社会生活一般原则所要求的注意程度而加害他人的"定义①,建议引进一般注意义务,意义深远。

(二)释法:澄清注意义务

源于中世纪英国损害赔偿诉讼令状、经过近现代近二百年发展的注意义务制度及理论,无论在英美法系还是大陆法系,与侵权法都表现为水乳交融的关系。而对于此制度仍处于起步阶段的国度,无疑是在原有的侵权法机器上新加一个"零件",在此阶段,最重要的问题是其适应性:能否顺利完成第一个程序即确立程序。如果此程序的设计过于复杂,甚至自相矛盾、令法官不知所从而难以进入第二步即注意义务履行标准的裁量程序,必然会影响此制度的引进,也会给司法实践带来混乱。

鉴于我国成文法的传统与法官素质,有着明显弊端的"三步检验法",无论对法官还是当事人,都不啻是一个"法律迷宫"。综合考虑,大陆法系注意义务的适用范围模式更符合社会生活实际与法的妥当性,也更符合成文法传统,而且更简洁、明确。

当然,未来的《民法典·侵权责任编》即使采纳梁慧星主持的"中国民法典立法研究课题组"对过失侵权行为定义中嵌入的注意义务表述,出于法典简约化要求,也不可能对每一类侵权行为均规定详细的注意义

---

① 梁慧星. 中国民法典草案建议稿附理由·侵权行为编[M]. 北京:法律出版社,2013:6.

务,这就需要最高法院基于注意义务的根源和依据,在司法实践中加强法规目的解释①,针对不同的传播主体及情形规定不同标准的注意义务。

笔者认为,传播注意义务标准大致应分为四种:一是普通的即轻微的注意义务,适用于网络用户在转载权威传播机构或国家权力机关传播的信息时所承担的义务。二是"理性人"或"良家父"的注意义务,包括网络用户转载非权威传播机构传播的信息;信息源(如消息来源)向专业传播者提供信息;网络服务提供者对网络用户在其网站上发布或其本身搜索、链接信息所需承担的注意义务。三是专业注意义务,指网络服务提供者对敏感或已造成影响的信息或文本承担的合法性审查义务。四是职业注意义务,指传统媒体及新媒体中的内容提供者(包括推销商品及服务的商业网站、社交媒体中的平台拥有者如个人微信公众号)对自己拥有或控制的媒体所发布的信息②。

此外,对于司法解释规定的不同标准的注意义务仍未能解决的问题,由法官裁量。如此,既可以督促传播者积极履行注意义务,尽可能避免或减轻可能对他人的损害风险,也可以留下相当的弹性,促进信息的自由流通、媒体业的发展和言论自由的维护。

(三)修法:完善注意义务

删除《信息网络传播权规定》第八条第二款"网络服务提供者未对网络用户侵害信息网络传播权的行为主动进行审查的,人民法院不应据此认定其具有过错"的规定。

两大法系融合的进程仍在继续。在传播注意义务制度的引进与完善过程中,我们可以感受到法系融合的大潮涌动,可以倾听法系碰撞激发的澎湃涛声——毕竟,这是一种历史潮流。

---

① 法规目的解释,是指以法律规范的目的为依据,阐释法律疑义的一种解释方法。其功能在于维持法律秩序之体系性和安定性,并贯彻立法目的。在社会稳定时期,目的解释有其重大作用。参见:梁慧星.民法解释学[M].北京:中国政法大学出版社,1995:226-230.

② 注意义务标准与过失程度认定等直接相关,是注意义务理论与实践中的另一重大问题,本文仅做框架性建议。

第五章　传播侵权诉讼中的证明责任分配

现代证明责任理论以肯定案件事实真伪不明状态的存在为前提,法官在此情况下将根据证明责任分配规则判决承担证明责任的一方当事人败诉,所以,证明责任作为败诉风险,在任何民事诉讼中始终存在,并由此推动双方当事人的交替证明行为。而正是在这个意义上,证明责任制度被称为"民事诉讼的脊梁"①。

同任何其他类型的民事诉讼一样,传播侵权诉讼中包括过错、内容真伪不明等要件的证明责任分配,是一个关键的问题,而长期以来,此问题在我国传播法学界却成了一个难以厘清的问题。

需要说明的是:属于特殊侵权的传播侵权(如侵害著作权或个人信息权的行为、涉及他人生命安全与身体健康的广告传播侵权,以及虚假陈述侵权),其责任构成要件中,过错或者倒置给被告证明,或者并不需要证明,即其关于过错的证明责任分配是先定的、明确的;而其他构成要件即行为非法性、损害与因果关系,理论上仍需证明,实践中也存在分配的问题。相比之下,一般侵权具备全部责任要件,且理论上均需证明,也均可能存在证明责任分配问题,故选择一般侵权研究证明责任更具科学性。本章以新闻传播诽谤(侵害名誉权)诉讼中的证明责任分配为研究对象,而针对其他权益的传播侵权诉讼中的证明责任分配可以新闻传播诽谤诉讼为参照。

新闻传播作为主要对过往客观事实的报道,其诽谤诉讼注定有报道内容真伪不明的情况存在。而在"脊梁"缺失的制度环境中,民事诉讼程序很难在此类案例中支撑起正义的殿堂,所结出的也不可能是正义之果。正因如此,我国新闻传媒在此类诉讼中曾饱尝高败诉率之苦果。然

---

① 张卫平.最高人民法院民事诉讼法司法解释要点解读[M].北京:中国法制出版社,2015:61.

而,根据笔者对近年相关案例的统计分析,在我国新闻传播诽谤诉讼中,新闻传播者的高败诉率已得到遏制:其不承担侵权责任率已高于承担侵权责任率,这与以往形成鲜明对比。因此,可以说我国新闻传播诽谤诉讼开始发生历史性变化①,而这种变化正源于《侵权责任法》第六条规定的归责原则和《最高人民法院关于适用〈中华人民共和国民事诉讼法〉的解释》(下称《民事诉讼法解释》)第九十一条确立的证明责任分配一般规则对我国新闻传播诽谤诉讼的颠覆性影响。

从数量、当事人等表层特征对新闻传播诽谤诉讼进行探讨,不无价值,但从证明责任分配即诉讼内在机理的角度对新闻传播诽谤诉讼进行阶段划分,探讨其演进过程的法制背景、动因及实践特点,理论上有助于形成对此类诉讼本质特征、历史演变的清晰理论认识,实践中有助于明确并维护新闻传播者的合法权益。

本章以传统大众新闻媒体(报刊、广播、电视)和新闻网站的新闻传播为研究对象。而由于非职业传播者借助新闻媒体进行的新闻传播也在研究范围内,故本章的新闻传播诽谤指:作为当事人的新闻媒体或非职业传播者,因传播虚假、不实新闻而侵害自然人、法人名誉权等民事权益的行为。

另外,对证明责任,我国法学界与司法界还有"举证责任"和"举证证明责任"之概念,本研究采"证明责任"概念。

第一节　传播侵权诉讼中证明责任分配的制度体系

在民事侵权诉讼中,证明责任分配指向侵权责任构成要件,即证明客体。在不同法系,证明责任分配主体不同。另外,证明责任分配还需遵守实体法的基本原则即归责原则,它们共同构成证明责任分配制度体系的框架。

一、双重意义的证明责任

大陆法系证据法有两个概念:在诉讼中当事人对自己所提出的主张有提出证据予以证明的责任,称"行为意义上的证明责任"(简称"行为

---

① 罗斌,宋素红.我国新闻传播诽谤诉讼的历史演进[J].新闻与传播研究,2017(1):47.

责任")。如果双方当事人均履行了行为责任,但案件事实仍真伪不明,一方当事人因法院不适用以该事实存在为构成要件的法律而承担不利的法律后果,称结果意义上的证明责任(简称"结果责任")。当然,也有学者将行为责任称为主观(证明)责任,将结果责任称为客观(证明)责任①。

上述两概念的进一步解释是:①行为意义上的证明责任,指当事人在诉讼中提出一定的主张,且主张的事实不属于免证事实,就要对其主张的事实提供证据,是当事人必须履行的一种行为。《中华人民共和国民事诉讼法》(下称《民事诉讼法》)第六十四条"当事人对自己提出的主张,有责任提供证据"的规定,《最高人民法院关于民事诉讼证据的若干规定》(下称《证据规定》)第二条第一款"当事人对自己提出的诉讼请求所依据的事实或者反驳对方诉讼请求所依据的事实有责任提供证据加以证明"的规定,均系从行为责任角度分配证明责任。②结果意义上的证明责任,指双方当事人虽均尽力提出证据,或者双方当事人提不出具体证据,待证事实真伪不明,法院不能拒绝对案件进行裁判,则在裁判做出之前,必须确定案件的一方当事人承担因事实真伪不明而产生的实体法上的不利后果即败诉风险。

行为责任和结果责任都是证明责任不可或缺的组成部分,二者之间有表和里、程序和实体、动态和静态的区别,而只有结果责任才能真正反映证明责任的本质。

我国司法界在相当长的一段时期内将证明责任简单地理解为当事人向人民法院提供证据的责任,但民事诉讼法学界很早就注意到:尽管行为责任与结果责任存在着一定的联系(如潜在的结果责任的存在是促使当事人履行行为责任的原因,负担潜在结果责任的一方首先需要在诉讼中提供证据等),但两者间的区别还是明显的。

事实上,张卫平教授对结果证明责任本质或特征的阐述也很明确:"证明责任是在事实没有得到证明或没有证明时所承担的一种责任,而不是因为当事人没有提出证据所要承担的一种责任,也就是说不是一种应进行证明活动所附带的责任。即使当事人不举证,如果事实真伪是明

---

① 张卫平.最高人民法院民事诉讼法司法解释要点解读[M].北京:中国法制出版社,2015:63.

确的,那么当事人也不会因此而承担败诉的后果。"①

尽管民事诉讼法学界对行为责任和结果责任的区别很早就进行了划分,但司法界于2002年《证据规定》第2条第2款"没有证据或者证据不足以证明当事人的事实主张的,由负有举证责任的当事人承担不利后果"的规定中,才明确了包括行为证明责任与结果证明责任在内的完整意义的证明责任。

另外,对结果意义的证明责任,我国法学界与司法界主要有"举证责任"(《证据规定》第二条第二款)、"证明责任"和"举证证明责任"(《民事诉讼法解释》第九十一条)之概念,概念混乱也是导致实务界长期将行为责任与结果责任混淆的原因之一②。

二、传播侵权诉讼的证明客体

新闻传播诽谤属于一般侵权,一般侵权适用过错归责原则,这是侵权法中的公理。虽然民法理论上侵权责任构成要件有"三要件"说和"四要件"说,但1993年最高人民法院《解答》第七条第一款"是否构成侵害名誉权的责任,应当根据受害人确有名誉被损害的事实、行为人行为违法、违法行为与损害后果之间有因果关系、行为人主观上有过错来认定"的规定,毫无疑问地确定了新闻诽谤的四个侵权要件。这就是新闻传播诽谤诉讼的证明客体。

司法实践中,法官多将证明责任客体重点集中于新闻报道内容真伪(行为非法性)要件,但需要强调:不仅新闻报道内容存在事实真伪不明情况,过错、损害和因果关系三个要件均可能存在真伪不明情况,因此均可能存在证明责任分配问题。

当然,由于民法学界和司法界均认同降低证明标准的方法,解决受害人对损害后果即人格受损或社会评价降低的举证和证明问题:对于损害,受害人只需提供证据证明针对自己的诽谤和侮辱性内容已经传播并

---

① 张卫平.证明责任概念解析[J].郑州大学学报,2000(6):59.

② 我国法学界引进大陆法系的"行为责任"与"结果责任"时,有的学者用"证明责任"称前者,还有学者用"举证责任"称前者(从汉语语义上看,"举证"二字在字面上比"证明"二字更贴近"提供证据",故笔者采此界定);有用"证明责任"来称后者,也有用"举证责任"称后者。事实上,英美法系的burden of producing evidence和burden of persuasion or proof两个概念,更能有效地区别二者。罗斌,宋素红.中美新闻诽谤诉讼理念比较[J].新华文摘,2007(2):16.

为第三人所知即可(损害赔偿则需要严格证明);对于因果关系,只要受害人能够证明相关传播行为指向其本人即可①。事实上,民法学界的观点即民事诉讼法学的"释明"或"表见证明"的标准,即"在某些情况下,当事人对自己所主张的事实虽没有达到证明的程度,但提出足以使法官推测大体上确实程度的证据的,也可以认定"②的标准。

司法界对学界观点普遍予以认可并适用。所以,新闻传播诽谤侵权责任四个构成要件中,只有违法行为即诽谤(传播内容虚假或为诋毁、侮辱等)和过错是证明的重点要件。

三、传播侵权诉讼证明责任分配的主体

包括新闻传播诽谤诉讼在内的所有侵权诉讼,其证明责任分配问题,首先要解决的是分配主体问题。

国外对民事诉讼证明责任分配主体有两种处理:

一是以英美法系为代表,诉讼中证明责任的分配由法官基于经验,依据公正、便利及政策考虑,在双方当事人之间进行分配③,即司法分配,也称裁量型分配。持这种观点的原因是,"民事诉讼中证明责任分配错综复杂,情况各异,因而事先很难制定一套分配证明责任的统一标准,而只能针对案件事实的具体情况由个案法官自由裁量分配证明责任。在确定具体事实的证明责任由哪一方当事人负担时,法官应综合考虑各种相关因素"④。

另一种处理是以大陆法系或成文法系为代表,主张由立法者或者法律对证明责任进行确定,称为立法分配。此法系的主流观点认为,尽管民事诉讼证明责任的分配非常复杂,但还是有规律可循。而且,在许多类型(如侵权诉讼)的诉讼中,归责原则本身就已确定了证明责任的分配规则。因为担心法官对法律理解的不同而导致法律适用的不同,这种处理原则上排除了法官在诉讼中对证明责任的分配权。正如日本民事诉讼法学家高桥宏志在评述罗森贝克的"规范说"时所言:"在证明责任的分配上,应当排除每个法官的实质性考虑(否则容易造成不同法官做出

---

① 王利明,杨立新.人格权与新闻侵权[M].北京:中国方正出版社,2010:317-324.
② 章武生.民事诉讼法新论[M].北京:法律出版社,2002:246.
③ 毕玉谦.证据法要义[M].北京:法律出版社,2003:373.
④ 常怡.比较民事诉讼法[M].北京:中国政法大学出版社,2002:428.

不同证明责任分配的结局),而只能基于由精明的立法者经历几个世纪构筑起来的正义——实定的实体法规来进行。"①

　　我国是成文法系,遵循大陆法系的传统,关于证明责任分配问题:在民事诉讼法学界,采用以"法律要件分类说"为基础的证明责任分配基本原则的观点是主流,而多数学者接受了罗森贝克的"规范说"②。而且,无论是《证据规定》第二条对行为意义证明责任与结果意义证明责任概念的接受与阐述,还是《证据规定》第四至第六条对特殊侵权案件明确规定的证明责任倒置,都表明司法实践对"法律要件分类说"的构架上的接受,而(包括新闻传播诽谤诉讼在内的侵权诉讼中的)证明责任法定也是必备之义。

　　但是,《证据规定》第七条"在法律没有具体规定,依本规定及其他司法解释无法确定举证责任承担时,人民法院可以根据公平原则和诚实信用原则,综合当事人举证能力等因素确定举证责任的承担"的规定,为证明责任的司法裁量留下了余地,是一度给包括新闻传播诽谤诉讼中证明责任分配带来混乱的重要原因之一。

四、传播侵权诉讼证明责任分配的实体法基本原则

　　事实上,包括新闻传播诽谤诉讼在内的侵权案件,其证明责任的分配首先取决于其适用的归责原则:一般侵权案件适用过错责任原则,与诉讼请求相对应的案件事实的证明责任由原告承担;特殊侵权案件适用无过错责任或过错推定原则,过错或者无须证明,或者倒置给被告证明,而相关案件事实也可能由被告承担。

　　在此方面,学者认为:"在侵权案件中,归责原则决定了原告(被侵权人)和被告(侵权人)如何承担证明责任。在侵权责任构成要件(或侵权请求权产生要件)、免责事由和减责事由、证明责任的分配和适用对象方面,一般侵权责任或过错责任则应遵循侵权责任法一般条款的规定……"③所以,在侵权法归责原则与证明责任的关系中,前者是前提、

---

① 高桥宏志.民事诉讼法制度与理论的深层分析[M].林剑锋,译.北京:法律出版社,2003:440.
② 参见:陈刚.证明责任法研究[M].北京:中国人民大学出版社,2000:261-272;张卫平.诉讼构架与程式[M].北京:清华大学出版社,2000:313-314;李浩.民事证明责任研究[M].北京:法律出版社,2003:149-158.
③ 邵明.侵权证明责任分配释论[J].人民司法·应用,2010(19):69.

原则,后者是结果、技术,前者决定后者。

正如本研究在第二章第三节中所述,主要以名誉权为侵权客体的新闻传播诽谤诉讼属于适用过错责任原则的一般侵权案件,有着深刻的法理①:一是近代侵权法确立的过错责任原则有利于保障言论自由;二是近现代侵权法诞生的过错推定和无过错原则与新闻诽谤毫无关联。

但归责原则在我国对证明责任的影响以前主要局限于对过错的证明方面,即理论上普遍承认作为适用过错归责原则的新闻诽谤诉讼,由原告承担被告过错的证明责任,因为只有特殊侵权案件对过错进行证明责任倒置(由被告证明或无须证明),而且需由法律明确规定,这一点是确定的。

然而,问题在于新闻传播内容虚假的证明责任上。"民事证明责任分配的一般规则,即证明责任正置……按照证明责任分配一般规则,原告主张权利产生的事实之后,随之承担证明责任"②。在新闻诽谤诉讼中,对于权利产生即传播内容虚假的事实,首先由原告负责提供证据(本证)来证明,只有达到证明标准,本证才属成功。若被告的反证使权利产生的事实处于真伪不明的状态,即属成功。也就是说,按照证明责任分配的一般规则,即证明责任正置的原则,就由原告对传播内容的虚假承担证明责任。虽然具备一般法律知识与法学修养的人不会认为应该由被告对传播内容的虚假承担证明责任,但问题是,归责原则不能给这个问题以明确的答案,或者说,以往的司法实践中,法官对这个问题并没有正确、清醒的认识。这就需要更具体的证明责任分配规则来解决问题。

第二节　传播侵权诉讼中证明责任分配的理论基础

传播侵权诉讼中法律适用的错误不仅源于概念的混淆,同时也源于证明责任分配学说的演进及多样化。证明责任的分配标准,通常有待证事实分类说、法律要件分类说(又称规范说)和反规范说三种。

---

① 罗斌,宋素红.新闻诽谤归责原则及证明责任研究[J].国际新闻界,2011(2):123.
② 邵明.侵权证明责任分配释论[J].人民司法·应用,2010(19):69.

一、在大陆法系证明责任问题占据通说地位的罗森贝克的"规范说"及其在传播侵权诉讼中的适用

新闻传播诽谤属于适用过错归责原则的一般侵权,相关诉讼中诉讼请求赖以成立的事实不能倒置给被告,这只是一个原则性规定。在诉讼中,决定诉讼请求成立与否的法律关系的存否、变更、消灭等,双方当事人会有相反的主张,其依据在于众多的不同甚至相反的事实。这就需要具体的规则对于这些事实的证明责任进行具体的分配,显然,此类规则的作用是归责原则不能代替的。

在大陆法系解决证明责任分配的理论中,居于通说地位的是"法律要件(即构成法律关系的基本要件)分类说",其中,又以德国法学家罗森贝克创建的"规范说"为主导。

按照罗森贝克的理论,实体法规范分为四类:权利产生规范,指能够引起权利发生的法律规范;权利妨碍规范,即在权利产生开始时妨碍权利产生的效果,使权利不能产生的法律规范;权利消灭规范,即在权利产生之后使权利归于消灭的法律规范;权利限制规范,即权利人欲行使已经产生的权利时,对此权利予以遏制或消除,从而使该权利不能实现的法律规范。根据对民事实体法的上述四种分类,当事人对有利于自己的法律要件事实(法律关系的基本事实)承担证明责任,具体而言,凡主张权利产生或存在的当事人应当就权利产生或存在的(法律要件)事实承担证明责任;否认权利存在的当事人需对权利妨碍、权利消灭或权利限制的(法律要件)事实承担证明责任①。

罗森贝克认为:"通常情况下,原告的诉讼请求系建立在法律规范基础之上的,这就表明,一般情况下在每个诉讼程序中,原告均必须承担主张责任和证明责任,也就是说,对于构成诉讼的法律规范的前提条件的此类事实,原告必须承担主张责任和证明责任。只有当被告主张的事实与一个新的对其有利的法律规范特征相适应,且该事实说明该规范的介入是正当的之时,被告才承担证明责任……每一个想使法律规范的效果有利于自己的当事人,均必须对此等规范的前提条件加以证明。"②这里,罗森贝克指的是被告对自己主张的不同于原告主张的事实需承担证

---

① 莱奥·罗森贝克.证明责任论[M].庄敬华,译.北京:中国法制出版社,2002:109.

② 莱奥·罗森贝克.证明责任论[M].庄敬华,译.北京:中国法制出版社,2002:110.

明责任。

罗森贝克还进一步说明："除被告对原告诉讼请求的前提条件提出异议⋯⋯他可以说明：构成原告诉讼请求前提的法律规范并不存在，或者该规范有不同于原告所主张的其他前提条件，或者有更多的前提条件，或者该法律规范应当做其他解释，或者他可以试图说明：法律规范和所提出的事实并不能得出原告所主张的权利的结果，或者，他还可以对构成诉讼请求基础的事实关系进行否认⋯⋯在上述所有情况下，被告均不承担证明责任。"①这里，罗森贝克指的是被告进行的反驳，而反驳只针对原告主张的事实。

"规范说"自 20 世纪 60 年代以来受到诸如"消极事实说""利益衡量说"等新学说的挑战，但结果是其 20 世纪末以来均在罗森贝克"规范说"前黯然退场。学界认为原因在于："前者源于古罗马法，因其简单、粗糙已失去支持的基础；后者因缺乏标准、明显不易确定证明责任分配而被抛弃。"②而因合理成分更多、缺陷更少，"规范说"在大陆法系的通说地位并未受到根本动摇，"至今，在大陆法系，还没有哪一种关于证明责任分配的理论能够取代罗氏理论"③。所以，"规范说"演绎的证明责任分配规则成为通行的一般规则。

至于如何将罗森贝克的证明责任理论运用于侵权诉讼中，李浩教授的观点是："根据侵权法的规定，产生损害赔偿请求权须具备四个要件：损害的发生；加害行为；加害行为与损害结果有因果关系；加害人有故意或过失。因此，原告在诉讼中应主张或证明与这四个要件相对应的具体事实并加以证明。如果与侵权法规定的四个要件相对应的具体事实全部被证明存在的话，法官就适用该法规判决原告胜诉；而只要其中一个要件事实处于真伪不明状态，法官就不能适用该法规作为原告请求依据的规范，就只能驳回原告诉讼请求。"④

具体到新闻诽谤诉讼，按照罗森贝克的"规范说"，作为被告的新闻

---

① 莱奥·罗森贝克.证明责任论[M].庄敬华,译.北京:中国法制出版社,2002:111 – 113.

② 张卫平.民事诉讼法教程[M].北京:法律出版社,2003:213 – 214.

③ 张卫平.证明责任:世纪之猜想——《证明责任论》代译序[M]//莱奥·罗森贝克.证明责任论.庄敬华,译.北京:中国法制出版社,2002:18.

④ 李浩教授在文中以侵害身体健康权为例进行说明,此处与侵害名誉权的内在机理一致。李浩.证明责任与不适用规范说——罗森贝克常说及其意义[J].现代法学,2003(4):82.

传播者,其为加强法官的内心确信,可以提供证据证明自己无过错和传播内容的真实性,但是,只要不提出新的事实主张或者反诉,其不应承担有无过错、事实不清或传播内容真伪不明的结果意义上的证明责任。例如,在某新闻报道中,A 媒体报道 B 在某日某地有某劣迹,B 起诉 A 媒体,称自己在 A 媒体报道的时间出差在外,不可能有某劣迹,并提供出差的证据;而 A 媒体若没有现场音像资料,或音像资料模糊不清,则可对 B 在报道所称的时间并未出差的事实提供其他证据进行证明,也可对 B 的类似劣迹提供旁证。但是,如果双方提供的证据均不能使法官对 B 被报道劣迹的有无形成内心确信,则应由 B 承担证明责任即败诉风险:诉讼请求被驳回。

也就是说,依照罗森贝克的"规范说",新闻传播内容的真实或内容真伪不明,均可以而且应该导致原告败诉的后果。而在现实中,如果新闻报道的确失实,即原告没有相关劣迹,而由其提供证据进行证明,并不困难,这也是法律和理论背后的生活逻辑。当然,因新闻传播内容真伪不明导致的原告败诉,并不说明在法律上确认新闻传播内容真实,在上述例子中,也不说明在法律上确认 B 在某日某地确有某劣迹。

二、"规范说"主要内容的法律化

罗森贝克"规范说"理论的重要性还在于其内容的详细与明晰对法律化的便利,其阐释到:"证明责任分配是以法律规范的多样性为前提的。原告必须证明:其诉讼请求赖以存在的法律规范的前提条件在事实上已经实现,也就是说:原告必须对权利形成的前提条件加以证明;被告则必须对其试图用于反驳原告的诉讼请求的法律规范的前提条件加以证明,这里主要是指权利妨碍规范的前提条件、权利消灭规范的前提条件和权利排除规范的前提条件。因为,只有当法官认为法律规范的构成要件已经具备,他才可能考虑适用这一法律规范。"①罗森贝克这一说明就是证明责任分配的一般规则,这一规则如此明确,以至于《德国民法典》未规定基于"规范说"的证明责任分配的一般规则。德国学者汉斯·普维庭在分析原因时指出,这一基本规则"已经明确或默认地为所有的法律秩序所承认,属于所谓的'世界习惯法',因此,毫无疑问,这条

---

① 莱奥·罗森贝克.证明责任论[M].庄敬华,译.北京:中国法制出版社,2002:111.

基本规则在世界范围内是有效的,因此不必加以特别规定"①。

然而,明文规定基于"规范说"的民事证明责任分配的一般规则,在我国仍有重要意义。虽然以"规范说"为证明责任的分配标准的理论在我国民事诉讼法学界早已形成共识②,虽然《证据规定》第 2 条明确了行为证明责任与结果证明责任的区别,但并未确立证明责任分配的一般规则,实务界当时对这一理论也没有清醒的认识,多数法官还是在"谁主张、谁举证"这一概念下根据一般公正的感觉进行证明责任的分配。所以,司法解释将"规范说"的主要内容进一步作为明确的法律条文加以规定,是对《证据规定》的延续与完善,不仅可以对证明责任分配起到精确化作用,也有利于加深对该学说理论的认识。

第三节　我国传播侵权诉讼证明责任分配的历史演进

从证明责任分配角度,我国传播侵权诉讼经历了无结果意义证明责任、证明责任法官自由裁量和证明责任法定分配三个阶段:在每个阶段,关于传播诽谤诉讼都有不同的问题,当然总体上呈进步趋势。

一、传播侵权诉讼无证明责任分配阶段(1987—2001 年)③

新中国成立后直到 1986 年,我国没有保护公民人格权益的民事法律,也没有新闻传播诽谤诉讼。规定了名誉权等具体人格权及其他民事权利的我国《民法通则》于 1987 年 1 月生效,民事诉讼进入勃发期。而数量上并不多的新闻传播诽谤诉讼集中出现于 20 世纪 80 年代末期,其与《民法通则》的实施密切相关④。

（一）客观真实证明要求下不存在结果意义证明责任

在《证据规定》生效之前,我国证据学理论认为,民事诉讼与刑事诉讼、行政诉讼一样,证明要求是客观真实,即法院在判决中认定的事实,

---

① 汉斯·普维庭. 现代证明责任问题[M]. 吴越,译. 北京:法律出版社,2000:394.
② 李浩,刘敏. 新编民事诉讼法学[M]. 北京:中国人民公安大学出版社,2003:185 - 186.
③ 关于我国新闻传播诽谤诉讼的历史发展阶段的划分,参见:罗斌,宋素红. 我国新闻传播诽谤诉讼的历史演进[J]. 新闻与传播研究,2017(1):51 - 59.
④ 魏永征. 从"新闻侵权"到"媒介侵权"[J]. 新闻与传播研究,2014(2):6.

应当与发生在诉讼前的案件事实完全吻合,它要求:①据以定案的各种证据均已查证属实;②案件事实都有必要的证据予以证明;③证据之间、证据与案件事实之间的矛盾已得到合理排除;④得出的结论是唯一的,排除了其他可能性①。

此阶段关于民事诉讼中的提供证据的责任,虽然当事人需要承担一部分,但在法律上主要由法官承担。1982 年 10 月 1 日起施行的我国《民事诉讼法(试行)》第五十六条"当事人对自己提出的主张,有责任提供证据。人民法院应当按照法定程序,全面地、客观地收集和调查证据"的规定,1984 年最高人民法院颁发的《关于贯彻执行〈民事诉讼法(试行)〉若干问题的意见》中"人民法院收集和调查证据,应当深入群众,依靠有关组织,认真查清纠纷发生的时间、地点、原因、经过和结果,不受当事人提供证据范围的限制"的规定,均强调了法院收集调查证据。这样,"当事人动动嘴,法官跑断腿""法官调查取证、律师对法官出示的证据进行质疑"诉讼现象经常发生②。有法官"托底",当事人举证与否事实上不起关键作用。

当然,在包括新闻传播诽谤诉讼在内的民事诉讼中,当事人为胜诉自然会尽可能举证。但法官调查取证是民事审判的重要工作之一,而且,随着案件数量大幅度增加,法官取证不堪重负。

为适当减轻法官因调查收集证据导致的工作负荷,1991 年《民事诉讼法》第六十四条规定了法官调查收集证据的范围,即"当事人及其诉讼代理人因客观原因不能自行收集的证据,或者人民法院认为审理案件需要的证据",此规定被认为是超职权主义向职权主义转化的标志之一,其"在一定程度上削弱了《民事诉讼法(试行)》中的职权主义,与旧法相比强调了对当事人处分权的尊重,使该法朝着当事人主义的方向迈进了一步……"③虽然法官收集调查证据的范围被限定在上述规定范围内,但是,1992 最高人民法院《关于适用〈中华人民共和国民事诉讼法〉若干问题的意见》第 73 条规定:"依照民事诉讼法第六十四条第二款的规定,由人民法院负责调查收集的证据包括:(1)当事人及其诉讼代理人因客观原因不能自行收集的;(2)人民法院认为需要鉴定、勘验的;(3)当事人提供的证据有矛盾、无法认定的;(4)人民法院认为应当用自己收集的其他证据。"。由此可见,人

---

① 江伟.民事诉讼法[M].北京:高等教育出版社,北京大学出版社,2003:174 – 175.
② 章武生等.司法现代化与民事诉讼制度的建构[M].北京:法律出版社,2003:257.
③ 张卫平.转制与应变[J].学习与探索,1994(4):91.

民法院可以调查收集证据非常广泛,事实上仍然没有范围规定。

从本章第一部分的研究可以看出,在此阶段,民事诉讼法学界对证明责任问题进行了比较系统的研究,不仅明确了行为意义证明责任与结果意义证明责任的区别,而且也探索了证明责任分配的一般规则;相关法律及司法解释也有当事人行为意义举证义务的原则性规定,但没有结果意义举证义务的规定。而以客观真实为证明要求的司法界,基本没有意识到行为意义证明责任与结果意义证明责任是两个概念的区别,在客观真实证明要求下,法官与当事人共同进行诉讼证明活动。如此,在新闻传播诽谤诉讼中,双重完整意义的证明责任制度不可能存在。

(二)传播侵权诉讼法律适用的问题:认定报道内容真伪推定过错和损害

这一阶段,新闻传播诽谤诉讼中,证明中心客体是报道内容真伪,但在真伪不明时,法官倾向于认定报道失实。在1999年判决的陆俊诉《羊城体育》报名誉侵权案中,陆俊为证明未受贿提供了11份证据,《羊城体育》为证明消息来源,提供了9份证据,而在陆俊是否受贿的客观事实不可能由外人知晓即报道内容真伪不明的情况下,法官判决《羊城体育》"严重失实"[1],等于判定陆俊未受贿。

但本阶段新闻传播诽谤诉讼法律适用的主要问题是根据报道失实推定过错和损害。而且,与过错推定归责原则不同,根据报道失实推定过错相当于"认定"过错,媒体被告几无机会证明自己无过错。

虽然在《关于贯彻执行〈中华人民共和国民法通则〉若干问题的意见》第150条[2]和《解答》第七条第一款中,最高人民法院明确规定名誉侵权案件采纳过错责任原则,《最高人民法院公报》刊发的案例也要求名誉侵权案件中需要确定被告的主观动机[3],但《解答》第七条第二款和第八条分别规定:"因新闻报道严重失实,致他人名誉受到损害的,应按照侵害他人名誉权处理""文章的基本内容失实,使他人名誉受到损害的,

---

① 参见:北京市第一中级人民法院(1999)一中民终字第2391号民事判决书。
② 该条规定:"公民的姓名权、肖像权、名誉权、荣誉权和法人的名称权、名誉权、荣誉权受到侵害,公民或者法人要求赔偿损失的,人民法院可以根据侵权人的过错程度、侵权行为的具体情节、后果和影响确定其赔偿责任。"
③ 如"胡骥超等诉刘守忠、《遵义晚报》社侵害名誉权纠纷案"中,判决理由中明确认定"被告侵害三原告名誉权的故意是明显的"。参见:《最高人民法院公报》1992年第2期,第61页。

应认定为侵害他人名誉权",而《解释》第九条第二款也规定:"新闻单位……主要内容失实,损害其名誉的,应当认定为侵害名誉权。"。这些规定,使司法界对于名誉侵权诉讼中"过错"的认定采取结果判断即"失实即有过错"路径,对于损害采推定方法,从而与过错责任原则的要求南辕北辙①。例如,在茅惠芳诉河南文艺出版社、福建日报社等名誉侵权案判决书中,法官认为:"报刊杂志社对所发表的稿件负有审查核实的义务,只要发表了损害他人名誉的稿件,就可认定其在主观上未尽到审查核实的义务。"②但司法解释的相关规定也得到理论界的一定响应。当时有学者认为:"在新闻报道侵害名誉权纠纷中,新闻媒介的过错主要是指其违反了法律赋予的稿件审查义务……这种稿件审查义务是绝对的,只要新闻报道的基本事实失实,即可认定新闻媒介过错的存在。"③

"失实即有过错"发展到极端,法官在审判中根本不考虑媒体对自己已尽适当谨慎义务、不存在过错的举证④,而是秉承"有损害就有赔偿"的理念,回到"原始客观归责"阶段⑤。

关于损害要件,无论《解答》第七条或《解释》第九条,均未明确可以推定。而如前所述,由于学界主张,实践中对损害采释明标准(类似于推定方法),故有学者认为,这一阶段新闻传播诽谤诉讼庭审中,"绝大部分时间花在判断言论是否失实上。一旦证明言论失实,法院应用'过错推定'和'损害推定'的判案原则……使被告媒体处于劣势,让其经常败诉"⑥。不仅如此,加之其他原因,使一些构不上严重失实、基本内容失实、主要内容失实的部分内容失实的新闻报道,也被认定构成侵权⑦。

在根本没有证明责任分配的背景下,新闻传播诽谤诉讼的结果自然对新闻传播者不利。美国耶鲁大学一名学者一项关于当时此类侵权的研究,从北京法律信息咨询公司、"中国国家法律法规光盘数据"、互联网

---

① ⑤　靳羽."公众人物"理论实证考察与名誉侵权过错判断路径检讨[J].政治与法律,2013(8):133.

②　参见:上海市第一中级人民法院(2000)沪一中民初字第301号民事判决书。

③　郭卫华.新闻侵权热点问题研究[M].北京:人民法院出版社,2000:61.

④　参见:北京市海淀区人民法院(1999)海民初字第3538号民事判决书。

⑥　陈志武.媒体、法律与市场[M].北京:中国政法大学出版社,2005:87.

⑦　如在北京市朝阳区人民法院一起民事判决书中,判决理由认为:"张某等人1988年6月6日和9日分别发表在《农民日报》和《法制日报》上的《执行政策者何罪之有》、《有这样一起故意伤害案》,两篇报道部分内容失实……两篇报道已构成对原告名誉权的侵害,理应承担民事责任。"参见:北京市朝阳区人民法院(1994)朝民初字第4766号民事判决书中。

以及报纸出版物等上面,收集了 210 起在 1987—2003 年上半年期间发生的以新闻媒体或记者为被告的侵权诉讼样本,研究发现,在新闻诽谤诉讼中,中国新闻媒体的平均败诉率为 63% ,其中,在原告是公众人物或者政府官员的诉讼中,媒体败诉率高达 65.07% ,而在原告为普通公民的诉讼中,媒体败诉率是 60.94% 。与此同时,法官判决新闻媒体赔偿原告精神损失的概率为 85% ,平均赔偿额为 6698 元。而且,判决新闻媒体侵权赔偿额逐年增高①。

而根据美国哥伦比亚法学院一名学者当时的研究,从互联网、传统媒体及学术期刊上收集了 1995—2005 年间裁判的 223 例此类案例,经统计:传播者被告在此类诉讼中的一审败诉率为 68% ;在传播者被告提起上诉后,二审裁判其胜诉的案件比例为 12.8%②。综合一审和二审,传播者败诉率为 55.2% 。

我国学者的研究中,根据徐迅主持的一个项目中对 1985—2001 年间 398 起此类(判决)案件的统计,传播者被告侵权责任成立的案件比例为 50.7%③。

所以,总体上可看出:这一阶段新闻媒体在此类诉讼中败诉率很高。

(三)该阶段传播侵权诉讼裁判文书在证据方面的问题

既然当事人举证与否、举证充分与否均不影响审判结果,那么其所举证据及对证据的质证与认证当然也无关紧要。

1991 年之前的裁判文书,在证据方面的普遍问题包括④:①不列出双方当事人所提供的证据;②不说明质证情况;③不说明法官对证据的分析与判断。裁判文书过于简单,在列出双方当事人的诉辩主张后,往往接下来在"经本院审理查明"部分列出法官认定的案件事实,并用"以下事实有书证、物证、证人证言等证明"表明法院对相关事实的认定有根据。但是,在裁判文书中既看不出法官用什么证据来认定案件事实,也没有法官对争议的证据如何评价与采信的说明。

① 陈志武.媒体、法律与市场[M].北京:中国政法大学出版社,2005:75 - 94.
② Liebman B L. Innovation Through Intimidation:An Empirical Account of Defamation Litigation in China[J]. Harvard International Law Journal,2006,47(1):50 - 82.
③ 此数字将名誉权、隐私权与肖像权纠纷合并统计,但后两者占案例样本总量 15.6% ,不影响对名誉权案件败诉率的总体判断。徐迅.新闻(媒体)侵权研究新论[M].北京:法律出版社,2009:60 - 68.
④ 章武生等.司法现代化与民事诉讼制度的建构[M].北京:法律出版社,2003:254.

1991 年之后的裁判文书,虽然普遍列出双方当事人提供的证据,但仍然少有关于质证和证据分析、判断的内容。

由于以上问题,新闻传播诽谤诉讼的裁判文书在证明责任方面自然会出现以下问题:①即使对于行为意义上的证明责任,都极少出现过原告应证明报道事实的虚假、被告应证明报道事实的真实之类的语句;②事实认定均为"非黑即白",要么是失实(包括严重失实、基本内容失实、主要内容失实等),要么是属实(包括基本属实、基本内容属实、主要内容属实等),无"事实真伪不明"之类的表述,更无当事人承担证明责任的表述。

总之,在 2002 年最高人民法院《证据规定》出台之前,由于客观真实的证明要求,与其他类型的侵权诉讼一样,"推定"是普遍现象,"证明"则是一个"奢侈"的概念,整体而言,此阶段我国新闻传播诽谤诉讼在证明责任的分配方面还处于历史的"蛮荒期"。

二、传播侵权诉讼证明责任自由裁量即法官分配阶段(2002—2009 年)

(一)法律真实的证明要求和法官自由裁量证明责任分配的普遍选择

2002 年 4 月 1 日起生效的《证据规定》摒弃了客观真实的证明要求,在第六十三条"人民法院应当以证据能够证明的案件事实为依据依法作出裁判"的规定中,确立了法律真实的证明要求,也就承认了案件事实真伪不明的客观存在,因此,《证据规定》在第二条"当事人对自己提出的诉讼请求所依据的事实或者反驳对方诉讼请求所依据的事实有责任提供证据加以证明。没有证据或者证据不足以证明当事人的事实主张的,由负有举证责任的当事人承担不利后果"的规定中,首次在法律制度层面完整表述双重意义的证明责任[①]:前款是对行为意义证明责任的阐释,后款是对结果意义证明责任的阐释。同时,《证据规定》第七十三条明确要求:"因证据的证明力无法判断,导致争议事实难以认定的,人民法院应当依据举证责任分配的规则作出裁判。"

然而,实践中,诉讼请求成立的前提是不同类型法律关系(侵权法律关系或合同法律关系)的存在、变更、消灭或权利受到妨害,其对应不同类型、多种多样的事实,所以应当明确双方当事人应该对何种类型的事

---

① 李国光.最高人民法院《关于民事诉讼证据的若干规定》的理解与适用[M].北京:中国法制出版社,2002:33.

实承担证明责任。而遗憾的是：《证据规定》未确立证明责任分配的一般规则——该规定只是宣示了结果意义证明责任的存在，至于应该哪一方当事人承担，依然未做出规定。

不仅如此，《证据规定》第七条规定："在法律没有具体规定，依本规定及其他司法解释无法确定举证责任承担时，人民法院可以根据公平原则和诚实信用原则，综合当事人举证能力等因素确定举证责任的承担。"从文本解释的角度，该条规定授予法官的证明责任分配权力是一种补充性的，前提是"法律没有具体规定，依本规定及其他司法解释无法确定证明责任承担"，但是，由于《证据规定》并未确立证明责任分配的一般规则，在理论上出现了三种观点：①"法官分配证明责任补充论"，认为法律和司法解释虽然没有明文规定证明责任分配的一般规则，但"法官司法裁量规则是对一般规则、特殊规则的补充"①，法官分配证明责任只直到"拾遗补阙"的作用。②"法官分配证明责任主导论"，认为法律和司法解释关于证明责任分配的规定极少，大部分案件无法确定证明责任的归属，如果"认为最高人民法院《证据规定》第7条确立的法官分配举证责任的原则只适用于相对较窄的特殊范围，反而是一种误解"②。③"疑难案件证明责任分配论"③，法官分配证明责任的权力并不以法律和司法解释没有明确规定为前提，而是以"公平""正义"为目标，对法律或司法解释的一种修正。曾任最高人民法院的一位副院长就认为："在法律、司法解释有规定，但该规定违反了现代民法保护弱者、追求实质正义的价值取向时，法官能否在个案中改变法律要件分类说的证明责任分配规则，而实行举证责任倒置？……如果不倒置举证将严重损害个案的实质公平时，应允许经一定的程序限制，可以例外地倒置举证责任。"④还有法官认为："举证责任部分转移制度（即法官分配证明责任的裁量）的适用仅能发生在依据法定证明责任分配裁判将导致显失公平的情形下"⑤。法学界也有对此观点背书者，其认为："只有在个别案件中出现法官依照

---

① 杨西玲. 论法官在民事证明中的司法裁量权[J]. 山西省政法管理干部学院学报, 2007 (12): 36.

② 杨路, 鞠晓红. 法官分配举证责任的实质性思考[J]. 法律适用, 2002(10): 66.

③ 胡学军. 法官分配证明责任: 一个法学迷思概念的分析[J]. 清华法学, 2010(4): 92.

④ 李国光. 最高人民法院《关于民事诉讼证据的若干规定》的理解和适用[M]. 北京: 中国法制出版社, 2002: 113-114.

⑤ 程春华, 洪秀娟. 论民事诉讼举证责任转移的正当性及其制度构建[J]. 法律适用, 2008 (1): 142.

证明责任分配的一般规则分配证明责任将产生明显不公正的结果时,方可由法官通过自由裁量来分配证明责任。"①

上述三种观点,前两种有共同之处:均依照法律条文的字面含义进行解释,均认为法官自由裁量证明责任分配的案件限于法律没有明确规定及无法明确规定的范围。而第三种观点则完全抛开了法律,以抽象的"公平""正义"理念为依据,事实上是一种可以不依法办案的观点。

可想而知:既然法律没有明确规定,理论上又有争议,而且职权主义的影响还远未消散,最终,在新闻传播诽谤诉讼司法实践中,法官自由裁量证明责任分配占了上风,而且普遍选择证明责任倒置②。

但是,《证据规定》第十五条将《民事诉讼法》第六十四条规定的法院收集调查证据的"人民法院认为审理案件需要的证据"范围,明确为两种情形:涉及国家利益、社会公共利益或者他人合法权益的事实与涉及依职权追加当事人、中止诉讼、终结诉讼、回避等与实体事项无关的程序事项;第十六条则强调除第十五条规定的情形外,"人民法院调查收集证据,应当依当事人的申请进行";而第十七条规定了三种情况下当事人可申请法院调查收集证据:证据属于国家有关部门保存并须人民法院依职权调取的档案材料,涉及国家秘密、商业秘密和个人隐私的材料,当事人及其诉讼代理人确因客观原因不能自行收集的其他材料。如此,法官在新闻传播诽谤诉讼中调查收集证据的范围也相应大幅度缩小,这是证明制度的进步在此类诉讼中的体现。

(二)传播侵权诉讼中报道内容真伪与过错的证明责任倒置

这一阶段的新闻传播诽谤诉讼法律的适用,在延续前一阶段推定过错和损害的基础上,主要问题是证明责任倒置,倒置的客体主要是传播内容真伪及传播者的过错。倒置的原因,除《证据规定》第7条与上述随之出现的三种论点外,传播内容真伪与过错的证明责任倒置分别还有"消极事实说"和"利益衡量说"的支持。

1.传播侵权诉讼中事实真伪的证明责任倒置

学界主张在新闻传播诽谤诉讼事实真伪的证明中适用证明责任倒置的主要理论依据是"待证事实分类说"中的"消极事实说",该学说将需要证明的事实按难易程度分为积极事实(已发生、存在的事实)和消极

---

① 张榕.事实认定中的法官自由裁量权[J].法律科学,2008(4):78.

② 罗斌,宋素红.中美新闻诽谤诉讼理念比较[J].新华文摘,2007(2):15.

事实(未发生、不存在的事实)两种,认为主张积极事实的当事人应承担证明责任,主张消极事实的当事人不承担证明责任①。

依照"消极事实说",新闻诽谤诉讼中如媒体被告主张不存在过错,则过错的证明责任应由原告承担,对于该说的主张者,这有明显的逻辑矛盾。但在司法界和新闻学界,该说的影响却很大。司法界认为,如果让原告证明消极事实,"他将因此而丧失保护自己名誉权之可能"②;新闻学界也有观点认为:"包括名誉权案件在内的传播侵权适用过错责任原则与通行的证据规则不符,因为主张积极事实的当事人负有证明责任,主张消极事实的当事人无证明责任……如果要求原告证明未发生事项,其会陷于自证清白的境地……"③。这样,既有理论支撑又有司法解释规定的的自由裁量权做依据,对新闻报道内容真实性的证明责任倒置成为我国新闻传播诽谤诉讼中最普遍适用的证明责任倒置。在此方面,从 2002 年的世纪星源公司诉《财经》杂志案④,到 2005 年的唐季礼诉青年时报社案⑤,再到 2014 年世奢会(北京)国际商业管理有限公司(下称"世奢会")诉《新京报》名誉侵权案一审判决(关于该案 2014 年一审证明责任倒置的情况,详见第九章第三节),三案在证明责任分配思

---

① 章武生.民事诉讼法新论[M].北京:法律出版社,2002:227.

② 李大元.新闻报道侵害名誉权案件的受理问题[J].新闻与传播研究,1995(3):21.

③ 张鸿霞.新闻侵犯名誉权案实行过错责任原则质疑[J].国际新闻界,2010(10):29 – 30.

④ 2002 年《财经》第 5 期刊发了《世纪星源候:一家上市公司的财务报表操纵》一文,报道世纪星源公司操纵报表,虚增利润和资产达 12.3 亿元。世纪星源公司以侵犯名誉权提起诉讼。对于文章中列举的世纪星源操纵财务报表的 5 个实例,法院审理认定其中 3 个实例内容基本属实,另两则无相关证据。法院认为:"根据新闻法规规定,新闻单位对自己发表的新闻报道、文章具有审查、核实的义务,而世纪星源已举出侵权文章,至于文章内容真实性问题由《财经》举证。"深圳中院实际上明确表述了证明责任倒置的适用,而且明确表示"根据《最高人民法院关于民事诉讼证据的若干规定》第 7 条,法院对举证责任分配有自由裁量权"。结果当然是《财经》败诉。参见:深圳市中级人民法院(2002)深中法民终字第 2654 号判决书。

⑤ 2005 年 4 月,上海市第一中级人民法院判决的唐季礼诉青年时报社等新闻诽谤案中,法官认为:"如新闻媒体不能证明被报道对象确实从事过媒体所报道之行为,则应当认为其新闻报道严重失实。否则,每个被报道的对象将不得不自证清白,这同我国宪法保护人权的要求是严重相悖的","本案中,《怀着孩子为情跳楼成终身残疾 唐季礼前女友惊爆内幕!》一文虽以转述所谓'孙先生'的陈述为报道形式,但该报道给普通读者的主要印象为陈美芬曾为原告怀孩跳楼。如果此节事实失真,则应当认为该文严重失实。撰写、刊载该文的被告青年时报社、芮艳红对此节事实的真实性负有证明责任。现被告青年时报社、芮艳红不能证明陈美芬曾为原告怀孩跳楼一事的真实性,故本院认定《怀着孩子为情跳楼成终身残疾 唐季礼前女友惊爆内幕!》一文严重失实。"参见:上海市第一中级人民法院(2004)沪一中民一民(初)字第 13 号判决书。

路上一脉相承：法官一般是认为被告即媒体或记者应当承担对报道内容真实的证明责任，而原告通常是一告了之，不用提供证据。这种思路下，结果不是"谁主张　谁举证"，而是"谁主张　谁胜诉"，媒体败诉率很高。

2. 传播侵权诉讼中的过错推定与证明责任倒置

新闻传播诽谤诉讼中的过错推定与证明责任倒置主要有两个理论依据：①"过错推定原则属于过错责任原则说"。此说又有两种："特殊情况说"和"方法说"。"特殊情况说"认为，过错推定指"在适用过错责任原则时，对法律有规定的场合，对行为人的过错实行推定的方式来确定"①；"方法说"认为，"过错推定没有脱离过错责任原则的轨道，而只是适用过错责任原则的一种方法"②。既然过错推定只是过错责任原则的一种表现形式，那么对属于过错责任原则下的新闻传播诽谤诉讼适用过错推定，并无违反归责原则之虞。如果说法官的这种适用可能"违法"，那么问题是：在《侵权责任法》生效之前，没有法律对过错推定进行明确。②"利益衡量说"。在新闻诽谤诉讼中，"消极事实说"可作为事实真伪不明时原告不承担证明责任的依据，但如被告即传播者主张不存在过错，则过错的证明责任应由原告承担。对于该说的主张者，这是不可克服的逻辑矛盾。为解决新闻诽谤诉讼过错证明责任倒置的合理性问题，学界又有援用证明责任分配的"利益衡量说"，依据该学说，立法者意思不明确时，证明责任分配应依证据的距离为标准，距离证据较近者负证明责任③。而我国民法学界有过错"主观概念说"，即认为过错是一种主观心理状态④。所以有学者认为，在新闻传播诽谤诉讼中，过错作为当事人主观心理状态，是证明过程中最有难度的一个要件，因此，"从证据的客观距离、证明难度的角度而言，如果证明责任需要倒置给被告，以过错是否存在作为倒置客体为宜"⑤。

理论分歧为新闻传播诽谤诉讼适用过错证明责任倒置提供了依据。结果，这一阶段的新闻传播诽谤诉讼中，过错推定大行其道。文清状告

---

① 杨立新. 侵权法论[M]. 北京：人民法院出版社，2011：140.

② 王卫国. 过错责任原则：第三次勃兴[M]. 杭州：浙江人民出版社，1988：180.

③ 章武生. 民事诉讼法新论[M]. 北京：法律出版社，2002：230.

④ 杨立新. 侵权法论[M]. 北京：人民法院出版社，2011：204－205.

⑤ 何四海，王奕森. 论证明责任在新闻侵权中的适用[J]. 湖南人文科技学院学报，2008（1）：152.

重庆商报社名誉侵权案中,法院在认定报道内容严重失实的同时,还认为"重庆商报社未能举证证明其在刊登该文时,向此前网上相关文章作者进行核实;亦未能证明与文清进行核实的相关证据"[1]。

有学者从北大法意"中国司法案例库"、网络、报纸、书刊上收集了自《民法通则》生效至 2009 年期间的 267 个相关案例,其中 176 个案件因事实清楚等原因,不在考察范围。另外 91 个没有证据或证据不足的案件中,适用过错责任,原告就报道内容虚假、被告有过错承担证明责任的有 3 起,占 3.3%;适用过错推定原则,传播者就内容真实、无过错承担证明责任的有 86 起,占 94.5%;适用无过错责任,只要内容失实就判被告承担责任、不考虑主观过错的有 2 起,占 2.2%[2]。即在事实不清的新闻诽谤诉讼中,"内容真实""没有过错"的举证责任基本由被告承担。如果传播者不能证实新闻内容真实,就被推定报道内容虚假与过错存在,承担败诉责任。而如果将适用和不适用证明责任的情况综合考虑,根据一项调查中对 2002 至 2009 年间 395 起此类(判决)案件的统计,传播者被告侵权责任成立的案件比例为 43%[3]。

需要说明,与前一阶段不同的是:本阶段在过错推定适用中,被告即传播者可举证证明自己无过错。

(三)传播侵权诉讼裁判文书在证据方面的进步与问题

《证据规定》的实施,使我国法院在此阶段民事诉讼中对证据问题的重视得以显著提高:①在裁判文书中普遍列明双方当事人提供的证据。②在涉及适用证明责任问题的裁判文书中,要求一方当事人承担证明责任的表述明显增多,且对双方当事人交叉质证结果及法院认定证据的结果都予以明确表述。如在唐季礼诉青年时报社等新闻传播诽谤案判决书中,对原告唐季礼提供的 6 组证据、被告青年时报社提供的 5 组证据,均有详细的双方质证结果和法院认定结果;对于不予认定的证据及证据三性(真实性、合法性与关联性)中不予认定的方面,法院也有表述[4]。

---

① 李欣悦.央视主持人文清一审获赔 10 万[N].新京报,2006 – 12 – 07(A8).

② 张鸿霞.新闻侵犯名誉权案实行过错责任原则质疑[J].国际新闻界,2010(10):27.

③ 徐迅.新闻(媒体)侵权研究新论[M].北京:法律出版社,2009:68.

④ 参见:上海市第一中级人民法院(2004)沪一中民一民(初)字第 13 号判决书质证与认证部分。

但这一阶段,裁判文书在证据方面也存在以下问题:①对于不予认定的证据的合法性、关联性,往往不阐明原因。如唐季礼诉青年时报社裁判书中,法院对被告青年时报社提供的第一组证据的合法性与关联性、对第三组证据的关联性、对第四组其中一个证据的合法性与关联性未予认定,但未说明理由。②因对"证明责任"的理解存在偏差,所以裁判理由中,一方面要求某一方当事人对案件事实承担证明责任(因报道事实真伪不明),另一方面却在该方当事人未能予以证明的情况下认定报道"严重失实"①,这种自相矛盾,一方面说明客观真实证明要求的影响依然存在,一方面说明此阶段法官对《证据规定》第二条规定的证明责任,仍然主要从行为意义上予以理解和适用,而未能上升到结果意义上进行适用。

总之,这一时期司法界在新闻传播诽谤诉讼中倒置证明责任的普遍选择,与学术界的理论通说形成巨大反差,在我国民事诉讼中形成一道独特的"景观"。

三、传播侵权诉讼证明责任分配的法定阶段(2010 年至今)

(一)传播侵权诉讼证明责任分配法定一般规则的确立

2010 年 7 月 1 日起,我国《侵权责任法》施行,其第六条第二款"根据法律规定推定行为人有过错,行为人不能证明自己没有过错的,应当承担侵权责任"的规定,基本捆住了我国法官在新闻传播诽谤诉讼中适用过错推定的自由裁量的"闲不住的手",因为推定当事人过错需要"根据法律规定",而(即使对这里的"法律"做广义的解释)我国没有任何法律规定对新闻传播诽谤诉讼适用过错推定归责原则。自此,新闻传播诽谤诉讼过错推定的问题在法律上得到彻底解决,我国法官在此问题上确定没有自由裁量权。

但作为实体法的《侵权责任法》只明确解决了新闻传播诽谤诉讼中过错的证明责任分配问题,其他侵权责任要件如非法行为、损害和因果关系及其他诉讼如合同诉讼的证明责任分配,也都需要法律明确规定。

2015 年《民事诉讼法解释》第 91 条规定:"人民法院应当依照下列原则确定举证证明责任的承担,但法律另有规定的除外:(一)主张法律

---

① 参见:上海市第一中级人民法院(2004)沪一中民一(初)字第 13 号判决书质证与认证部分。

关系存在的当事人,应当对产生该法律关系的基本事实承担举证证明责任;(二)主张法律关系变更、消灭或者权利受到妨害的当事人,应当对该法律关系变更、消灭或者权利受到妨害的基本事实承担举证证明责任。"此规定针对所有民事诉讼中所有法律关系的构成要件,至此,罗森贝克的"规范说"在我国终于"修成正果",我国民事诉讼证明责任分配的一般规则得以确立。

依据最高人民法院的解释①:①证明责任的分配具有法定性,即是由法律分配而在原则上并不能由法官来分配。法官只能根据本条规定,在对民事实体法规范进行类别分析的基础上,对法律要件事实即导致权利产生、限制、消灭或妨碍的事实进行分类,从而确定证明责任的负担。②这里的"基本事实"即是指"法律要件事实",即法律关系或者权利构成所依赖的事实。

而且,《民事诉讼法解释》第九十四至第九十六条延续了《证据规定》第十五到第十七条限缩法官调查收集证据的范围,加重当事人行为意义证明责任的思路和内容②,在第九十五条强调"当事人申请调查收集的证据,与待证事实无关联、对证明待证事实无意义或者其他无调查收集必要的,人民法院不予准许"。

新闻传播诽谤诉讼作为侵权诉讼的一类,适用于该条第一款则指侵权法律关系的成立。至此,在《解答》第七条明确侵害名誉权成立的四个构成要件和《证据规定》第二条区分行为意义和结果意义证明责任的基础上,作为法定民事证明责任分配一般原则的《民事诉讼法解释》第九十一条适用于新闻传播诽谤诉讼的结论就是:由原告对新闻传播诽谤责任成立的四个构成要件承担证明责任。新闻传播诽谤诉讼证明责任分配的一般原则自此得以确立。

(二)传播侵权诉讼及其证明责任分配走上正常轨道

在此阶段,虽然新闻传播诽谤诉讼中证明责任倒置与过错推定并未绝迹,但已经是"强弩之末"。

---

① 最高人民法院修改后民事诉讼法贯彻实施工作领导小组. 最高人民法院民事诉讼法司法解释理解与适用(上)[M]. 北京:人民法院出版社,2015:317.
② 最高人民法院修改后民事诉讼法贯彻实施工作领导小组. 最高人民法院民事诉讼法司法解释理解与适用(上)[M]. 北京:人民法院出版社,2015:322 – 327.

笔者以"名誉权纠纷""中级法院""二审""再审""判决书"为关键词,在 2014 年 1 月到 2016 年 12 月 31 日之间的 1212 起案例中,再排除因侮辱引发或因人际传播、组织传播等类型的案例,对被告为新闻媒体的 122 个新闻传播诽谤案例(单一被告为新闻媒体,共同被告必须有新闻媒体)进行统计分析①,结果表明,《民事诉讼法解释》生效前的 2014年,①29 例案件因案件事实清楚,不涉及证明责任分配。其中:23 例案件因法官认定新闻报道属实或基本属实、连续报道纠正前期报道、有权威消息来源、无电视报道的视频证据②、不能确定报道内容指向原告或诉讼时效等原因,媒体被告不承担侵权责任;5 例案件因新闻报道失实、有过错等原因,媒体被告需承担侵权责任(其中 2 例推定损害的存在及赔偿额③,1 例法官认定原告不能证明损害存在而被告不承担损害赔偿责任④)。②2 例案件因事实难以认定而涉及证明责任分配,确定原告就报道内容虚假、被告过错承担证明责任,且被告最终不承担侵权责任⑤。③1 例案件因事实难以认定但未涉及证明责任分配,法院直接认定失实,判决媒体被告败诉⑥。2014 年全年共收集 32 例新闻传播诽谤案例,7 例媒体被告败诉,传播者不承担侵权责任率约 78%。只有 2 例涉及证明责任分配,占 6.25%,传播者均不承担侵权责任。

《民事诉讼法解释》生效后的 2015 年至 2016 年 12 月 31 日:①79 例案件因案件事实清楚,不涉及证明责任分配。其中 52 例案件因法官认定新闻报道属实或基本属实、连续报道纠正前期报道、有权威消息来源、

---

① 根据《最高人民法院关于人民法院在互联网公布裁判文书的规定》,从 2014 年 1 月 1日起,全国四级人民法院须将依法能够公开的裁判文书在生效后七日内传送至该网公布,即在该网公布裁判文书是各级法院的法定任务,因此,虽然目前全国法院尚未实现将可公布的裁判文书全部在该网公开,但从其他渠道统计收集相关案例,在权威性、全面性上不可能超过从该网进行的统计分析。另外,即使目前全国四级法院并未实现依法能够公开的裁判文书全部上网为主观原因导致,那么已经上网的裁判文书应该是其"放心"或"比较放心"的部分。从这个角度,中国裁判文书上网公布的相关案例也具有指导性。

② 参见:安徽省芜湖市中级人民法院(2014)芜中民一终字第 00102 号判决书;山东省济南市中级人民法院(2014)济民四终字第 193 号判决书。

③ 参见:北京市第二中级人民法院(2014)二中民终字第 06286 号判决书;河南省南阳市中级人民法院(2014)南民二终字第 00327 号判决书。

④ 参见:安徽省合肥市中级人民法院(2014)合民一终字第 03454 号判决书。

⑤ 参见:北京市第一中级人民法院(2014)一中民终字第 06843\06844 号判决书。

⑥ 参见:河南省周口市中级人民法院(2014)周民终字第 962 号判决书。

无电视报道的视频证据或不能确定报道内容指向原告①等原因,媒体被告不承担侵权责任;2 例因原告不能证明损害存在而判决被告不承担侵权责任②;17 例案件因新闻报道失实、有过错等原因,媒体被告需承担侵权责任(其中 1 例因不履行更正义务而被判定有过错③)。②11 例案件因事实难以认定而涉及证明责任分配。其中 10 例确定原告就报道内容虚假、被告过错承担证明责任,且被告最终不承担侵权责任④;1 例确定被告需对报道内容真实性承担证明责任,且最终承担侵权责任⑤。2015—2016 年共收集 90 例新闻传播诽谤案例,17 例被告即传播者败诉,传播者不承担侵权责任率占 79%;11 例涉及证明责任分配,占12.2%,其中传播者不承担侵权责任率 91%。

总之,近三年来被告即传播者胜诉率约 79%;适用证明责任分配的案例在新闻传播诽谤诉讼中占比平均为 11.4%;《民事诉讼法解释》生效后两年,适用证明责任分配的案例显著提高。

总体而言,近三年来我国新闻传播诽谤诉讼中被告即传播者不仅胜诉率高,而且表现出以下特点:①在所有 114 个相关案例中,没有适用过错推定原则和无过错责任(只要内容失实就判被告承担责任、不考虑主观过错的有无)的案件,仅有的一例判定传播者对报道事实真实性承担

---

① 参见:北京市第一中级人民法院(2015)一中民终字第 09185 号判决书;福建省厦门市中级人民法院(2014)厦民终字第 3257 号判决书;广东省梅州市中级人民法院(2015)梅中法民一终字第 266 号判决书;湖北省鄂州市中级人民法院(2016)鄂 01 民终 1860 号判决书;上海市第二中级人民法院(2016)沪 02 民终 5075\5076\5077 号判决书。

② 参见:山西省阳泉市中级人民法院(2016)晋 03 民终 350 号判决书;上海市第一中级人民法院(2015)沪一中(民)终字第 751 号判决书。

③ 参见:湖南省郴州市中级人民法院(2014)郴民一终字第 1011 号判决书。

④ 参见:北京市第三中级人民法院(2014)三中民终字第 6013 号判决书;北京市第三中级人民法院(2014)三中民终字第 7694 号判决书;北京市第三中级人民法院(2016)京 03 民终字 899 号判决书;北京市第三中级人民法院(2016)京 03 民终第 3876 号判决书;北京市第三中级人民法院(2016)京 03 民终第 1683 号判决书;北京市第三中级人民法院(2016)京 03 民终第 1685 号判决书;辽宁省沈阳市中级人民法院(2015)沈中民一终字第 00468 号判决书;辽宁省丹东市中级人民法院(2015)丹民一终字第 00295 号判决书;内蒙古自治区巴彦淖尔市中级人民法院(2016)内 08 民终 125 号判决书;山西省大同市中级人民法院(2016)晋 02 民终 566 号判决书。

⑤ 参见:北京市第二中级人民法院(2016)京 02 民终 127 号判决书认为:"本案的新闻报道内容没有严重失实一节,应当由新闻报道者即北京日报社承担举证责任,如果北京日报社不能证明其报道符合新闻真实原则,则应当承担诉讼中的不利后果……北京日报社未能举证证明其报道的亿城佳居公司使出'堵锁眼'、'粘电闸'的手段赶走租户的内容是真实的……"

证明责任(倒置)的案例,也未对过错进行推定①。而且,在一些案例中,法官明确表述"是否构成侵害名誉权的责任,应当根据受害人确有名誉被损害的事实、行为人行为违法、违法行为与损害后果之间有因果关系、行为人主观上有过错来认定,上述四方面的条件缺一不可",明确了侵权四要件全部具备方构成侵权的观点②。②《民事诉讼法解释》第91条规定的证明责任分配规则基本得以适用。一些案件判决中明确指出"报道失实的证明责任应当由提出侵权主张的一方承担,而尽到了真实性审核义务则由提出不侵权抗辩的新闻媒体承担"或"有合理可信赖的消息来源是提出不侵权抗辩的新闻媒体所需举证证明的"③。即使一些案例中法官可能还不"习惯"引用该条的规定,而是引用《证据规定》第2条的规定,但在判决思路中也实际按该条进行证明责任分配。③虽然依然有推定损害的案例④,但也有主要以原告不能证明损害的存在而判决传播者不承担侵权责任案例,如在金某诉辽宁北方报业传媒股份有限公司案中,法官认为金某"未提交充分证据证实其因北方报业传媒股份有限公司刊登的文章导致其名誉受损或社会评价降低。故对其主张北方报业传媒股份有限公司侵犯其名誉权并要求该公司赔偿的主张不予支持"⑤。也有传播者虽然承担侵权责任但不承担损害赔偿责任的案例,如在苟某诉新疆大晨报股份有限公司、新疆经济报社、胡洁等名誉权案中,法官认为:"虽然报道因未与苟刚核实有关问题,造成部分内容与事实有出入,但给苟某造成了何种严重后果,致使其在社会、生活中的信誉度、评价度降低,其没有证据予以证实,故其主张要求赔偿经济损1500元、精神损害抚慰金500 000元的请求,本院不予支持。"⑥这说明法官关于原告需对侵权责任四个构成要件承担证明责任的明确态度,与之前的损害推定有明显不同。④在判决被告即传播者胜诉的案例中,不仅普遍认同新闻

---

① 参见:北京市第二中级人民法院(2016)京02民终127号判决书。
② 参见:北京市第三中级人民法院(2016)京03民终第1683、1685、3876、6013、7694号判决书。
③ 参见:北京市第三中级人民法院(2016)三中民终字第1683、1685、3876、6013、7694号判决书。
④ 参见:北京市第二中级人民法院(2014)二中民终字第06286号判决书;河南省南阳市中级人民法院(2014)南民二终字第00327号判决书。
⑤ 参见:辽宁省沈阳市中级人民法院(2016)沈中民一终字第10722号判决书。
⑥ 参见:新疆维吾尔自治区乌鲁木齐市中级人民法院(2014)乌中民一终字第1345号判决书。

媒体有舆论监督的职责或功能，而且普遍认为新闻真实不等同于客观真实，不应对新闻采访进行"绝对真实"的苛求。如在北京蜂飞文化推广有限公司诉《法治周末》报社名誉权案中，法官认为："新闻媒体有正当进行舆论监督和新闻批判的权利……《法治周末》报社记者系在培训结束后了解到相关信息，故而要求《法治周末》报社记者再行现场核实不具备可能性。结合上述情况，如蜂飞公司认为涉案报道与事实严重不符，蜂飞公司应提供反证予以证明。"①

但值得重视的是：在笔者收集的以新闻网站为被告的 10 例新闻传播诽谤诉讼中，新闻网站在 5 起案例中被判决承担侵权责任，占 50%②。

判决结果朝着有利于媒体被告的方向发展，对于保护言论自由、公民的知情权、监督权及新闻媒体采访报道权的合理实现，有着积极的意义，但在实践中，也存在一些"矫枉过正"的情况，如在个别判决中，法官"判断新闻报道是否失实，不应当脱离报道当时的现实条件而仅凭事后事实判断；正确合理的判断标准应当是依据报道当时一般人的认知能力水平，若有合理的消息来源使一般人可以相信存在相应事实的，据此作出的报道内容即为真实，否则，报道即为失实"的裁判理由，不仅不符合新闻真实的一般判断依据，而且事实上也否定了证明责任分配一般原则的适用前提：法官不是万能的，报道内容真伪不明的情况在一些案件中客观存在。

（三）传播侵权诉讼裁判文书在证据方面的进步与问题

这一阶段，我国法官对双重意义证明责任的理解得到进一步提高，反映在案件事实存在真伪不明情况的裁判文书中，就是：①关于证据认定的说理比较充分；②明确指出"行为意义上的证明责任"的承担；③直接或间接承认案件事实真伪不明。当然，这一阶段涉及报道内容真伪不明的新闻传播诽谤诉讼的裁判文书也还存在不足。①明确指出原告需对报道内容的虚假承担结果意义证明责任的表述并不普遍；②很少有直接引用《解释》第 91 条内容的判决书；③很少有要求原告承担媒体被告

---

① 参见：北京市第三中级人民法院（2016）三中民终字第 1685 号判决书。

② 这 5 起案件案号为：北京市第二中级人民法院（2014）二中民终字第 00385 号判决书；湖南省长沙市中级人民法院（2015）长中民一终字第 05910 号判决书；北京市第三中级人民法院（2015）三中民终字第 10947 号判决书；北京市第一中级人民法院（2015）一中民终字第 03108 号判决书；山东省高级人民法院（2015）鲁民提字第 344 号判决书。

过错的证明责任的明确表述。

还以世奢会诉《新京报》名誉权案为例：如前，在该案一审中，法官将几乎所有证明责任都分配给了被告新京报社。而该案一审和二审正好分别在《民事诉讼法解释》前后进行，二审中法官对证明责任的分配典型地说明了《民事诉讼法解释》第91条对新闻传播诽谤诉讼的影响。从行为意义证明责任到结果意义证明责任，该案法官虽然完整地适用了证明责任分配的一般原则，然而，美中不足的是：在判决主文引用的法律依据中，并未有《解释》第91条，这不能不说是一个遗憾。

第四节　传播侵权诉讼证明责任分配演进的动因与背景

新闻传播诽谤诉讼证明责任分配制度与实践演进的根源，既有社会对法院中立客观的要求和改革开放的背景，又有司法审判工作的内在动因，也有学术理论的指导。

一、外部压力：转变审判模式　保持客观公正

审判模式是指"法院审判行为（职权行业）与当事人诉讼行为（诉权行为）之间的关系模式，亦即法院和当事人之间诉讼权限的配置模式"[1]。民事诉讼法学界通常认为世界各国的审判模式有两种：一种是以英国、美国为代表的普通法系国家实行的注重当事人诉权的当事人主义；另一种是以德国、法国为代表的大陆法系国家实行的、重法院职权的职权主义。当事人主义的主要特征之一就是法官仅仅以裁判者的身份进行听证，不干预当事人诉讼权利的行使，不参与调查取证；职权主义的主要特征之一则是法官在诉讼活动中居于主导、中心地位，注重法官调查取证[2]。

而直到20世纪80年代末，"我国民事诉讼制度受两千多年封建专制制度和大陆法系国家法律制度的影响，实际上实行的是超职权主义诉

---

① 陈桂明.民事诉讼模式之选择与重塑［M］//江平.民事审判模式改革与发展.北京：中国法制出版社，1998：183.

② 苏力.关于对抗制的几点法理学和法社会学思考［J］.法学研究，1995（4）：98.

讼模式",受这种模式影响,不仅"证明责任被视为旧法观念长期受到冷落"①,1982 年施行的《民事诉讼法(试行)》"其内容从总则到分则,从基本原则到具体程序的运作,无不显示出超强的国家意志、过强的法官意识,职权主义的东西表现得淋漓尽致。而在审判实践中,法官的作用较之法律条文的规定更有过之无不及",表现之一就是法院包揽证据的收集调查任务,当事人举证成为一纸空文。1991 年《民事诉讼法》第六十四条规定了法官调查收集证据的范围,即"当事人及其诉讼代理人因客观原因不能自行收集的证据,或者人民法院认为审理案件需要的证据",此规定被认为是超职权主义向职权主义转化的标志之一,但其在"基本结构上仍然是传统的民事诉讼体制,即以职权主义为特征的诉讼体制"②。而且,由于《民事诉讼法》第六十四条规定的人民法院调查收集证据的范围依然宽泛,在包括新闻传播诽谤诉讼在内的案件待证事实真伪不明时,法官调查收集证据的负担依然很重。

职权主义模式及其对法官调查收集证据的过分强调,不仅是人民法院审判工作中的一个重要负担,也不利于保持法院的中立立场及客观公正的形象,不利于社会主义市场经济的建立发展,不符合改革开放的要求。为"适应民事审判模式改革和我国加入世界贸易组织,坚持法制统一、改善法制环境的需要",最高人民法院制定了《证据规定》③,该规定明确了双重意义的证明责任,并以当事人举证、庭审前证据交换、庭审质证和认证为主线,基本将庭审方式转变为法官居中裁判(少量调查收集证据)的当事人主义。

二、内在动因:尊重审判规律　减轻审判压力

在任何类型的诉讼中,证据都是对过往案件事实的反映,而且都只是对案件事实的局部反映,追求证据证明全部案情不符合唯物主义认识论。不仅如此,案件事实真伪不明的情况在任何国家、任何类型的(包括新闻传播诽谤)诉讼中都客观存在,判决中认定的事实应当与诉讼前的案件事实完全吻合的客观真实的证明要求不符合审判规律。而以案件

---

① 江伟.民事诉讼法学原理[M].北京:中国人民大学出版社,1999:504.
② 张卫平.转制与应变[J].学习与探索,1994(4):93.
③ 李国光.最高人民法院《关于民事诉讼证据的若干规定》的理解和适用[M].北京:中国法制出版社,2002:1.

事实真伪不明为前提的证明责任分配制度,恰恰是法官不应拒绝裁判的表现,是尊重审判规律的产物。

随着社会主义市场经济的发展与诉讼量呈几何级的增长,人民法院审判工作量越来越大。改革开放以来,人民法院受理案件数量不断增长,从1978年的61万件①,到1991年的191.0013万件,到2001年的593.0707万件,到2010年的1171.2349万件,到2015年1952.6985万件②。可见,1991年对《民事诉讼法(试行)》修改时案件数量是1978年的3倍多;2001年即《证据规定》生效前一年,案件数量是1991年的近3倍;而确立证明责任分配一般规则的《民事诉讼法解释》生效当年的案件数量是2001年的3倍多。这种情况下,法院"全面地、客观地"调查收集证据已不可能。

2002年生效的《证据规定》,即是最高人民法院为解决"案件逐渐增多,办案力量不足的矛盾,以减轻法院调查取证的负担",③为"适应民事审判模式改革和我国加入世界贸易组织,坚持法制统一、改善法制环境的需要"④,也为进一步削弱职权主义诉讼模式对民事审判工作的影响,增加当事主义的要素而制定,其主要内容之一就是在第15到第17条限缩法官调查收集证据的范围,加重当事人的行为意义证明责任。而《民事诉讼法解释》第九十四至第九十六条延续了《证据规定》的上述思路和内容⑤,而且在第九十五条强调"当事人申请调查收集的证据,与待证事实无关联、对证明待证事实无意义或者其他无调查收集必要的,人民法院不予准许"。

随着审判模式的转变和《证据规定》的实施,作为民事诉讼中"名誉权纠纷"案由下的一个诉讼类型,新闻传播诽谤诉讼自然会受到规范,而无论是原告还是媒体被告,其行为意义证明责任当然加重;而行为意义证明责任的加重,又会导致结果意义证明责任的明确。

---

① 张晓宁.改革开放以来中国法院受案数量增长近20倍[EB/OL].[2016-06-09]. http://www.chinanews.com/fz/2012/04-24/3843038.shtmll.

② 分别参见:1992、2002、2011和2016年《最高人民法院工作报告》[EB/OL].[2016-09-09].http://www.npc.gov.cn/wxzl/gongbao/2000-12/28/content_5002556.htm.

③ 章武生等.司法现代化与民事诉讼制度的建构[M].北京:法律出版社,2003:22.

④ 李国光.最高人民法院《关于民事诉讼证据的若干规定》的理解和适用[M].北京:中国法制出版社,2002:1.

⑤ 最高人民法院修改后民事诉讼法贯彻实施工作领导小组.最高人民法院民事诉讼法司法解释理解与适用(上)[M].北京:人民法院出版社,2015:322、327.

然而,《民法通则》《解答》的归责原则的"原则性规定"和《证据规定》的直接具体列举,都未能束缚住我国法官在新闻传播诽谤诉讼中适用过错推定的"自由裁量之手",法官挥舞这双"自由裁量之手"有其依据:法律没有规定不可以,而且《证据规定》规定了自由裁量权,而且未确立结果意义证明责任分配的原则或规则,在理论上和司法实践中均引起歧义和混乱。对于新闻传播诽谤中事实(报道内容)真伪的证明责任分配,法官在某些情况下对证明责任分配难以判断,当事人未尽到举证责任应当承担什么后果也不明确,这表明《证据规定》不能完全解决证明责任分配问题,不仅不利于当事人权利的保护,也给审判权威性和公正性造成消极影响。

在侵权法中,过错推定意味着将对过错的证明责任倒置给被告。在《侵权责任法》生效之前,我国侵权责任归责原则规定于《民法通则》,包括第一百零六条在第二和第三款规定的过错责任原则和无过错责任原则,以及第一百三十二条规定的公平责任原则,并没有过错推定原则。如前所述,《解答》第 7 条虽然明确了新闻传播侵权责任的四个构成要件,但并没有明确过错要件是否可以推定;《证据规定》列举的适用过错推定的侵权行为类型中,虽然不包括新闻传播诽谤,但也没有规定此类诉讼不能适用过错推定。

2010 年,我国《侵权责任法》生效。该法在《民法通则》确定的归责原则体系的基础上,增加了过错推定原则。根据该法第 6 条第 2 款的规定,适用过错推定的案件必须是"法律规定"的,而至今我国没有任何法律规定对新闻传播诽谤诉讼适用过错推定,这样,法官在此类诉讼中自由适用过错推定之路被彻底封死。

可见,侵权法的逐步完善、归责原则的细化,形成有利于新闻传播诽谤诉讼证明责任分配演进的外部法制环境。

三、理论支撑:"规范说"的引进 学术界的引导

20 世纪 80 年代中后期,罗森贝克关于证明责任分配的"规范说"理论逐渐介绍到我国。李浩教授最早撰文指出,"应当从行为和结果两个方面来解释举证责任。即,举证责任具有双重含义:行为意义上举证责任和结果上举证责任"。李浩教授给自己的这一观点取名为"双重含义

说"①。此后,民事诉讼法学界依照"规范说"的理论,对证明责任问题继续进行探索研究,"规范说"理论在我国法学界和司法界得以系统认识和理解,民事诉讼法学界许多知名学者接受了罗森贝克的"规范说"。② 或许是巧合,2002 年 1 月罗森贝克的《证明责任论》在我国翻译出版,3 个月后《证据规定》生效。

如前,尽管《证据规定》第 2 条未在对要件事实进行分类的基础上明确规定证明责任分配的一般原则或规则,但根据"规范说"的理论理解证明责任分配一般规则的观点,不仅是民事诉讼法学界一直以来的主流观点,也是最高人民法院的一贯立场③。事实上,我国民事实体法的规范结构与大陆法系国家的实体法规范结构基本相同,各种法律要件(如新闻传播诽谤诉讼中的侵权行为、损害、因果关系及过错)事实的分类相对明确,对法官而言,区分和适用权利产生规范、限制规范、妨碍规范、消灭规范并不困难。比起其他证明责任分配的学说,罗森贝克创建的"规范说"规则相对明确、简单,具有较强的操作性。而该学说的一些缺点,如不能完全兼顾个案公平,则可以通过实体法律和司法解释的特别规定予以矫正。而且,经过近 30 年民事诉讼法学界的研究与提倡,该学说也为司法界所熟悉和理解,"也在审判实践中被广为接受"④。《证据规定》生效后,有学者对最高人民法院《公报》刊发的案例的实证研究表明:"符合'规范说'的'当事人对有利于自己的法律要件事实负证明责任'的原则同样为我国法院所采用,在我国审判实践中,法官们能够自觉地通过对实体法的分析,抽象出相关的法律要件,按照这一原则在当事人之间分配证明责任。"⑤最终,"规范说"在《民事诉讼法解释》第 91 条中得以法律化。

"规范说"既然在司法解释中主导着民事诉讼证明责任分配规则的

---

① 李浩.我国民事诉讼中举证责任含义新探[J].西北政治学院学报,1986(3):43.
② 李汉琴.论民事诉讼中的举证责任[J].法学研究,1990(4):66 – 72;李浩.民事举证责任研究[M].北京:中国政法大学出版社,1993;江伟.证据法学[M].北京:法律出版社,1999:83 – 87;张卫平.证明责任概念解析[J].郑州大学学报,2000(6):56 – 62;陈刚.证明责任法研究[M].北京:中国人民大学出版社,2000;李浩.民事证明责任研究[M].北京:法律出版社,2003。
③ 最高人民法院民事审判第一庭.民事诉讼证据司法解释的理解与适用[M].北京:中国法制出版社,2002:23 – 24.
④ 最高人民法院修改后民事诉讼法贯彻实施工作领导小组.最高人民法院民事诉讼法司法解释理解与适用(上)[M].北京:人民法院出版社,2015:316.
⑤ 李浩.民事判决中的举证责任分配[J].清华法学,2008(6):25 – 37.

产生、确立,其在新闻传播诽谤诉讼中已不是可否接纳的问题,而是其主导下的证明责任分配规则的具体适用问题。

事实上,与接纳"规范说"相呼应,学界也一直将新闻传播诽谤诉讼中的证明责任分配向"规范说"主导的规则引导。

早在《证据规定》出台前,针对在新闻传播诽谤诉讼中频繁适用的过错推定、损害推定乃至无过错责任,学术界就出现了相反的观点,认为应当严格按《民事诉讼法》第六十四条规定的"谁主张、谁举证"的原则审理,"谁报道、谁举证"的做法于法无据①;而采无过错责任原则的做法②更是"明显违反了《民法通则》和最高人民法院1993年《解答》的规定"③。而司法界如北京市高级人民法院规定:对于起诉报刊侵害名誉权的,应由原告举证,经审查确有证据方予立案;上海市高级人民法院规定:起诉侵害名誉权应提供认为侵权的报刊所登内容不是事实的证据④。实践中,对报道事实真伪不明的处理,此阶段也有驳回原告起诉,判决媒体被告胜诉者⑤。当然,上述观点、规定与案例,都未涉及结果意义的证明责任问题。

《证据规定》实施后,针对法官自由裁量证明责任分配的观点,我国学界的主导性理论认为:作为一般侵权的新闻传播诽谤诉讼应适用证明责任正置。如前所述,民事诉讼法学界对一般侵权诉讼中包括过错在内的四个构成要件均需原告证明的立场始终明确不二,而民法学界的主流观点也如此。我国著名民法学家王利明认为:"新闻诽谤是一般侵权行为,应当以过错为构成侵权的必要条件,实行的是过错责任原则"⑥;杨立新教授也认为:"名誉权责任的归责原则,是过错责任原则,不适用过错推定原则、无过错原则和公平责任原则。因而,构成侵害名誉权责任,必须具有主观过错的要件,并且须有受害人证明。"⑦而张新宝教授则连

---

① 贾安坤. 新闻官司和举证责任[C]//上海社会科学院新闻研究所. 上海:全国首次新闻纠纷和法律责任研讨会论文集,1992.

② 参见:北京市海淀区人民法院(1999)海民初字第3538号民事判决书。

③ 陈实,马忆南. 在消费者的言论自由与经营者的名誉权之间[J]. 南京大学法律评论,2000(春季号):182.

④ 魏永征. 中国大陆新闻诽谤法与台港诽谤法之比较[J]. 新闻大学,1999(冬季号):18.

⑤ 参见:北京朝阳区人民法院(1999)朝民初字第4438号判决书。

⑥ 王利明. 中国民法典学者建议稿及立法理由·侵权行为篇[M]. 北京:法律出版社,2005:79.

⑦ 杨立新. 类型侵权行为法研究[M]. 北京:人民法院出版社,2006:133.

"新闻诽谤"作为法律概念的存在都持否定态度,他说:"无论是发生在出版物、电视或广播节目中的侵害名誉权、隐私权案件,还是媒体或其从业人员作为侵害名誉权、隐私权等案件之加害人的案件,在构成要件、归责原则甚至抗辩事由等方面都没有特殊性。"[1]同一时期,我国新闻(法)学界的主流观点更认为:"谁报道、谁举证"的做法"对于民诉法来说,完全是'偷换概念',至少是对民诉法中举证责任的曲解……举证变成了被告单方面的责任,法庭只要求报道者举证'事实'是否客观存在"[2];有学者则明确指出:"目前我国审判中通行的这种类似于普通法诽谤法把证明真实作为被告的抗辩理由那样的在诽谤言辞的事实真伪方面实行举证责任倒置的做法,在法律上并无根据。我国是成文法国家,举证责任倒置应该以法规定……"[3]

如果将"规范说"确立的证明责任分配规则作为一座遥远的灯塔,那么学界的研究和呼吁,则是指向这座灯塔的路灯。

结论与建议

传播侵权诉讼的历史演进是在整个民事法律制度和审判模式变革的大背景下发生的,其与民事诉讼证明责任分配的历史演进息息相关,当然,其不无个性。

在任何类型的民事诉讼中,由于法官追求客观真实、不愿承认事实真伪不明的天然取向,真正适用证明责任分配规则的案件数量不会很多,但重要的是:作为败诉风险的证明责任是民事诉讼中双方当事人力所能及进行举证的内在动因,而证明责任分配规则则是新闻传播诽谤诉讼中媒体被告胜诉的最重要的"技术"保障,因为它确定构成侵权责任四要件(包括我国民法学界曾经普遍认可的无须证明的损害)的基本事实都需要原告证明而不是法官认定或推定。因此适用证明责任分配规则的案例是新闻传播诽谤诉讼中真正的"指导性案例"。而即使从社会一般经验考量,媒体和记者进行传播时不履行审慎注意义务的情况是极少

---

① 张新宝. "新闻(媒体)侵权"否认说[J]. 中国法学,2008(6):184.

② 孙旭培. 规范举证责任,保障舆论监督[J]. 新闻大学,2002(夏季号):13.

③ 魏永征. 名誉权案事实真伪的举证责任及相关问题[J]. 国际新闻界,2008(2):8.

数,而故意诽谤、侮辱他人的情况更少,所以,在过错责任归责原则的前提下,在证明责任分配规则的保障下,媒体被告的败诉率不应该很高。但法律文明总以人们不满意的步伐缓慢向前,新闻传播诽谤诉讼也受制于宏观法制环境:从《民事诉讼法》规定的"谁主张、谁举证"、《解答》第7条明确的侵害名誉权成立的四个构成要件,到《证据规定》第2条表述双重意义的证明责任,到《侵权责任法》确定的过错推定需要"根据法律规定",再到《民事诉讼法解释》第九十一条,在媒体饱尝近30年的高败诉率苦果后,以"规范说"为理论依据的我国民事诉讼证明责任分配的一般规则终于明晰,并奠定了媒体被告的诉讼优势地位,而原告仅凭提供一页报道就坐等胜诉的情形将难以发生①。

但证明责任分配规则的改革与完善,是针对整个民事诉讼,而非为新闻传播诽谤诉讼量身定做。作为民事诉讼中一个小类型,作为30年来民事诉讼改革大潮中的一朵浪花,新闻传播诽谤诉讼的历史演进,在理念上与司法界、法学界对公众知情权、新闻媒体舆论监督权和公民人格权关系的认识有关,在制度上则与证明责任分配规则的变革密切相关,可以说,此类诉讼中新闻传播者承担侵权责任率与不承担侵权责任率的消长,是证明责任分配规则变革的直接结果。

当然,由于中国裁判文书网存在着"选择性上网"②问题,也由于(出于权威性考虑)仅选择了二审和再审案件为研究对象,本文中新闻传播者被告近三年来不承担侵权责任率的统计数字与实践会有差别,而且,这个统计数字也可能因以下两个因素存在不确定性:一是证明责任分配规则的变化,二是传统媒体新闻传播与网络媒体新闻传播占有率的消长。但是,"选择性上网"恰恰说明经过选择案例整体上的权威性、指导性与趋势性;同时,可以确定的是:新闻传播诽谤作为过错责任归责原则下的一般侵权,在可预见的未来不会改变,经过30年探索确立的证明责任分配规则也不会轻易改变,因此,原告仅凭提供一份报道就坐等胜诉的情形很难在中国司法史上大规模重演。

但是,值得注意的是,《民法典(草案)》第八百零六条第二款"行为

---

① 罗斌,宋素红.我国新闻传播诽谤诉讼的历史演进[J].新闻与传播研究,2017(1):62.
② 沙雪良.最高法:加大公开力度 杜绝裁判文书选择性上网[N].京华时报,2016 – 11 – 06(5)。参见:最高人民法院院长周强在2016年11月5日十二届全国人大常委会第二十四次会议第三次全体会议上所做的《关于深化司法公开、促进司法公正情况的报告》。

人应当就自己已尽到合理审查义务承担举证责任"的规定可能导致过错推定在新闻传播侵害名誉权诉讼中的死灰复燃,虽然此款规定仅针对"行为人对转载的或者他人提供的事实是否尽到合理审查义务",即一小部分新闻传播侵害名誉权诉讼,其究竟能否在 2020 年生效的《民法典》中予以保留也是未知数,但给刚刚走上正途的新闻传播诽谤诉讼投下了阴影。至于《民事诉讼法解释》第九十一条带来的证明责任分配的天平是否继续向新闻界倾斜,"谁主张、谁胜诉"是否将淹没于历史的尘埃……都将由历史来回答。

无论历史如何答复,但目前最高人民法院应着手对新闻传播诽谤诉讼进行专项司法解释的制订工作,并对以前的司法解释进行清理,当务之急是废止与《民事诉讼法解释》中法定证明责任分配规则相矛盾的《解答》第七条第二款、第八条和《解释》第九条第二款。

第六章　传播侵权责任方式

侵权责任方式,指侵权人依据侵权法就自己实施的侵权行为以及管理的人或物造成损害所应当承担的侵权责任的具体形式,"从抽象的意义上说,侵权责任方式,就是侵权法规定的侵权人实施侵权行为所应当承担的具体法律后果"①。

我国《侵权责任法》第十五条规定了 8 种侵权责任方式:"承担侵权责任的方式主要有:(一)停止侵害;(二)排除妨害;(三)消除危险;(四)返还财产;(五)恢复原状;(六)赔偿损失;(七)赔礼道歉;(八)消除影响、恢复名誉。"这 8 条承担侵权责任的方式中,排除妨害、消除危险是返还财产物权请求权的内容,与传播侵权所需承担的侵权方式无关,本章不予探讨。关于恢复原状,广义的恢复原状指将受到侵害的民事权益恢复到受侵害之前的状态,包括金钱赔偿在内,而涉及传播侵权的责任方式中,对人格权的侵害可用恢复名誉,对财产权的侵害可用赔偿损失,所以,恢复原状也不是本章所研究的内容。

这样,本章所研究的传播侵权责任方式,包括停止侵害、赔偿损失、赔礼道歉、消除影响、恢复名誉。

第一节　传播侵权责任方式中的停止侵害

停止侵害,是指不法行为人的行为及其物件给他人财产和人身造成了现实损害,受害人有权请求法院制止正在进行的侵害②。而所谓"正在进行的侵害",指加害行为处于进行之中,或损害结果尚未出现。停止侵

---

① 杨立新.侵权法论[M].北京:人民法院出版社,2011:212.
② 王利明.中国民法典学者建议稿及立法理由[M].北京:法律出版社,2005:8.

害是我国《侵权责任法》第十五条列为第一的责任方式，几乎适用于各种侵权行为，其两大功能：一是防止或减轻传播损害的发生或扩展、蔓延，二是可以使侵权人避免诉讼，所以，停止侵害应该是传播侵权责任方式中的首选。

一、传播侵权停止侵害责任方式中的更正权与答辩权

（一）更正权与答辩权

1. 传播者的主动撤回与更正

传播侵权人主动地停止侵害，指传播者意识到或接到受害人关于传播内容侵权的通知后，在未进入诉讼的情况下主动将传播内容撤回的一种方式。这种方式可以减轻受害人的损害，但并不一定能消除传播带来的影响，尤其是在网络传播时代，侵权传播内容一经发出，瞬间扩散，影响不可估量，所以，主动撤回是否能够免于民事责任，在法律上并不确定。

与撤回同步的往往是传播者的更正。如果传播者认定所传播内容确实为侵权，则可进行更正声明。国务院《出版管理条例》第二十七条第一款规定："出版物的内容不真实或者不公正，致使公民、法人或者其他组织的合法权益受到侵害的，其出版单位应当公开更正，消除影响，并依法承担其他民事责任。"此种方式虽然也不一定能消除影响，但也可减轻损害，取得受害人一定程度的谅解。

2. 受害者的更正权与答辩权

答辩权（Right of Reply），指受害人人格权受损害时，对传播者去函，请求刊发更正声明，以恢复名誉、消除影响的权利。《出版管理条例》第二十七条第二款规定："报纸、期刊发表的作品内容不真实或者不公正，致使公民、法人或者其他组织的合法权益受到侵害的，当事人有权要求有关出版单位更正或者答辩，有关出版单位应当在其出版的报纸、期刊上予以发表；拒绝发表的，当事人可以向人民法院提起诉讼。"

总之，更正与答辩作为减轻受害人损害的手段，是传播法的一项重要救济渠道，可以缓冲传播者与受害人之间的矛盾，避免或减少诉讼的发生。

（二）传播更正与答辩的比较研究

世界各国对失实传播内容的更正处理方法，可分以下三种模式[①]：①国家以立法形式对更正问题进行调整与规范。日本《新闻纸法》第17条规定："新闻纸刊载事项有错误时，倘与该事项有关之本人或直接关系者请求更正或刊载正误书、辩驳书，须在接收到请求后次回或第三回发行时进行更正，或刊载正误书、辩驳书全文。"其他国家，如法国《出版自由法》第12条和第13条分别规定了更正权与反驳权（答辩权），丹麦《新闻法》第9条和第10条、芬兰《新闻自由法》第25条也规定了相关权利。②新闻业自律组织建立新闻评议制度，监督传播者履行相关责任。如蜚声西方新闻界的英国报业总评议会，其《新闻行为准则》第1条规定："一旦发现发表了具有实际意义的不准确、误导性词语或歪曲性报道，应立即更正并在版面上给予必要的突出处理；必要时应发表适当的致歉声明。"③传播者自律。源于对新闻自由的强烈保护与追求，美国是典型的此种处理方式。其一家报社的《新闻道德原则》中规定："本报尽量避免新闻内容不准确、粗枝大叶、包含偏见，或因内容繁简造成的歪曲事实的情况。出现差错时，不管是记者、编辑还是肖像提供者的过错，均应作出声明。一般使用直接更正，不在后续报道中掩盖或以文过饰非的方法处理。"[②]而美国《纽约时报》前执行总编辑亚伯罕姆·为切尔·罗森索认为："勇于认错的原则应当成为我们一般性的新闻原则。"[③]事实上，《纽约时报》《波士顿环球报》《洛杉矶时报》等报纸上，都开辟有专门进行更正的专栏。

总之，无论是何种更正与答辩模式，西方新闻界在处理更正与答辩时有如下特点[④]：①只要确属失实，就立即更正，不以各种借口搪塞；②平等、公正；③免费发表更正或答辩。

二、传播侵权停止侵害责任方式中的作为与不作为

传播侵权停止侵害责任方式中，有作为与不作为之分。

在传统媒体（报刊、广播与电视）传播侵权中，停止侵害的方式为不

---

① 胡正强.新闻传播中的更正与答辩制度[J].新闻爱好者,2002(4):33.
② 宋克明.美英新闻法制与管理[M].北京:中国民主法制出版社,1998:130.
③ 李子坚.纽约时报的风格[M].长春:长春出版社,1999:91.
④ 孙旭培.新闻传播法学[M].上海:复旦大学出版社,2008:338-339.

作为,即要求传播者不传播某种侵害他人合法权益的信息。但在网络媒体传播侵权中,应该根据侵权主体分两种情况:对于提供侵权信息内容的传播者,停止侵害即停止作为——不作为;对于提供平台服务的网络服务提供者(ISP)而言,停止侵害应该是去积极作为,即采取更正、删除等行为进行作为。

在网络传播中,侵权行为具有持续性:其一,积极性网络信息的传播行为具有持久性与扩展性。从传播技术上看,与传统媒体的"一次性传播"不同,网络上的信息如不进行更改或删除,其可以持续保留在网络上,并持续扩散传播;从经营角度上看,出于对投资与利润的追逐,网络经营者将收集到的个人信息转为利润,催生了新的信息经营行业,甚至成为一种产业,客观上使侵害他人人格权的行为具有持续性。其二,消极性侵害他人个人信息权的行为也具有持久性。网络传播的信息传播不会像传统媒体传播的信息那样随着时间的流逝而逐渐模糊、灭失,网络信息一旦被传播,短时间内不会消灭,信息搜索工具也可以提供方便的查阅和复制。而不作为本身就是一种持续性的"行为"。例如,如果网络平台提供者的相关防范措施不完善导致侵害他人人格,而其对此不采取有效措施加以制止,为违反作为义务,此时,对于此种不作为侵害他人个人权益的行为,停止侵害就需要侵权行为人去积极作为,如加强信息系统的管理,履行作为"理性人"或"善良管理人"的信息审查义务,减少或杜绝侵权行为的发生。

因此,在网络传播时代,作为与不作为都是停止侵害的重要方式。

三、传播侵权责任方式中的侵权行为保全与禁令

(一)禁令制度的源起、类型与功能

禁令制度源于英国衡平法院,"是一种由法院自由裁量给予当事人的救济,用以弥补普通法法院给予的法律救济的不足的措施,其主要作用在于预防侵权行为的发生和阻止侵权行为的继续"①。《布莱克法律词典》如此界定禁令(Injunction):"要求或禁止某种行为的法院命令。"(A court order commanding or preventing an action②)英美法系中,禁令制度既适用于普通民事诉讼,也适用于知识产权保护、对环境侵权的制止

---

① 王利明. 人格权法研究[M]. 北京:中国人民大学出版社,2012:660.
② Garner B A. Black's Law Dictionary[M]. Minnesota:West Publishing Co. ,2004:2296.

等特殊领域。

　　根据划分的标准不同,禁令可以表现为不同的种类:①根据禁令的形式,常见的禁令有临时禁令(Temporary Restraining Injunction)、中间禁令(Interlocutory Injunction)和最终禁令(Final Injunction)。临时禁令指"在诉讼提起后、正式审理前,为制止诽谤性言词进一步传播,受害人申请的禁令,以制止损害的传播"①。如2017年9—10月,美国洛杉矶高等法院在同意贾跃亭申请的对顾颖琼的临时禁令后,又因管辖问题驳回了其对该禁令的延期申请②。中间禁令又称初步禁令,是"在一定的期限内维持其法律效力的禁令,一般由申请人在诉讼开始前或者诉讼中提出,它在某些特殊情况下可以口头或者不经书面直接通知对方当事人,其效力可以维持到判决作出"③。最终禁令又称永久禁令(Permanent Injunction),"是经过审理程序最终确定的权利义务关系,有类似裁决文书的功能,效力永久,除非被依法撤销"④。②根据禁令的内容,有在知识产权保护和环境保护等领域的禁令;有针对财产的冻结禁令(Freezing Injunction)⑤;为保护个人隐私出发的"超级禁令",是法院对媒体发出的关于特定事件的报道禁令,违反可导致"藐视法庭"的后果,英国查尔斯王子就曾获得此禁令,禁止《星期日邮报》发表他的个人日记⑥。③根据禁令的对象,英美诽谤法中的禁令还可分为禁止侵权人进行损害他人人格权传播行为的禁令与禁止侵权人继续进行损害他人人格权传播行为的

---

①　Price D, Duodo K. Defamation Law, Procedure and Practice[M]. London: Sweet & Marxell, 2004:231.

②　2017年,美国 eBay 公司西雅图办公室的华人软件工程师、公众号"顾颖琼博士说天下"作者顾颖琼在个人自媒体公众号连续发布了一系列关于贾跃亭和乐视的内幕爆料,涉及贾跃亭在美国购买豪宅、为家人申请不可撤销信托、贾跃亭根本没去香港融资、乐视美国数据作假欺骗中国外汇管理局等诸多负面内容,吸引了国内外媒体的报道与关注。贾跃亭因此于2017年9月29日向美国洛杉矶高等法院成功申请了针对顾的临时禁令,禁令要求顾不得骚扰、恐吓、攻击、跟踪、威胁、殴打、辱骂贾跃亭,不可直接或间接联系贾跃亭,不可公布贾跃亭私人信息,不可接近贾跃亭100码(约91米)等。10月6日,洛杉矶高等法院受理了贾跃亭对顾颖琼提起的诽谤诉讼。10月19日,由于管辖原因,洛杉矶高等法院法官拒绝临时禁令延期。郑峻. 贾跃亭诉顾颖琼第一回合落败[EB/OL]. [2017 - 10 - 20]. http://tech. sina. com. cn/i/2017 - 10 - 20/doc - ifymzqpq 2632688. shtml.

③　白绿纯. 美国民事诉讼法[M]. 北京:经济日报出版社,1999:278 - 279.

④　沈达明. 衡平法初论[M]. 北京:对外经济贸易大学出版社,1997:291.

⑤　杨良宜,杨大明. 禁令[M]. 北京:中国政法大学出版社,2000:293.

⑥　秦绪栋. 英国的超级禁令制度[N]. 人民法院报,2012 - 07 - 27(8).

禁令①。

作为一种民事程序性救济方法,禁令功能主要是事先防止侵害行为的发生或者损害后果的扩大,其多数情况下是针对行为。正因如此,传播侵权中对禁令制度的引入更为有效。

在大陆法系,与禁令制度类似的制度是诉讼保全制度:指在紧急情况下,不受理讼争实质问题的法官根据一方当事人的请求,立即命令采取的必要措施。在法国,这种制度称为临时裁定。但一些大陆法系国家借鉴了英美法系的禁令制度,如日本,其通说认为,当人格权面临被侵犯的危险时,当事人有权向法院要求禁令救济②。

(二)我国的诉讼保全制度及其与英美法系禁令制度的区别

《民事诉讼法》第一百条规定:"人民法院对于可能因当事人一方的行为或者其他原因,使判决难以执行或者造成当事人其他损害的案件,根据对方当事人的申请,可以裁定对其财产进行保全、责令其作出一定行为或者禁止其作出一定行为;当事人没有提出申请的,人民法院在必要时也可以裁定采取保全措施。人民法院采取保全措施,可以责令申请人提供担保,申请人不提供担保的,裁定驳回申请。人民法院接受申请后,对情况紧急的,必须在四十八小时内作出裁定;裁定采取保全措施的,应当立即开始执行。"该规定在以前仅针对财产进行保全的基础上,增加了行为保全,为传播侵权中适用该制度提供了法律依据。

禁令和我国行为保全都是避免当事人的利益受到损害或进一步的损害,法院责令相关当事人为一定行为或不为一定行为的措施,但两者依然是相互区别,不可替代的。学界认为,其区别在于:①在目的上。行为保全最终目的是诉讼的提起;禁令目的是及时解决即将发生,或者虽然发生但尚未造成损害的侵权行为,起诉不是其目的。②在申请条件上。行为保全不要求情况紧急;而禁令则要求情况紧急。③在执行措施上。行为保全需与被申请人的正常生活和经营相适应,并且以能实现财产利益、判决执行为目的;禁令下的为或者不为,则为干预和制止现实违法或侵权行为,以达到恢复秩序和常态的需要③。

2016 年 3 月,北京市海淀区法院在受理的杭州网易雷火科技有限公

---

① 黄辙文.妨害名誉民事责任之研究[D].新北:台湾辅仁大学,1991:202.
② 参见:Supreme Court,11 June 1986,Hanrei-Times,No 605,(Hoppou Journal Case).
③ 王琳,关正义.建立我国民事诉讼禁令制度的思考[J].求是学刊,2015(3):90.

司(下称"网易雷火公司")诉中国经营报社(下称"中经报社")、北京新浪互联信息服务有限公司(下称"新浪互联公司")侵害名誉权纠纷一案,首次在北京地区涉网络名誉权新闻报道中支持原告行为保全的申请①。

(三)传播侵权停止侵害责任方式中对禁令制度的借鉴

从侵权法角度,停止侵害如果不适用禁令制度,将完全没有意义。我国需借鉴英美法系的禁令制度,使传播侵权中的停止侵害有实质性意义:

1.适用条件

我国《民事诉讼法》规定的保全不以情况紧急为条件,也就是说,我国的诉讼保全制度在适用条件上比禁令制度宽松,这一点可保留。如果传播侵权禁令需以情况紧急为条件,则其所侵害的权益中,隐私权、个人信息权、信息网络传播权及投资权益应该是考虑的重点。

2.适用范围

禁令制度显然应该适用于传播所侵犯的相关权利:人格权、知识产权及财产权益。

3.禁令的申请

禁令的适用在诉讼前应该由权利人即传播侵权对象提出申请,在诉讼中可由法官依职权做出裁定。禁令的形式应该是书面而非口头。

4.禁令申请的审查与批准

禁令的获得和适用无须当事人对相关事项及证据进行质证和认证。当然,根据我国《民事诉讼法》对诉讼保全的规定,禁令也应该由申请人

---

① 《中国经营报》于2016年2月1日刊登的《跨境电商命门凸显　网易考拉现自营危机》的报道,称"网易考拉海购"售假,新浪互联公司全文转载了上述文章,更改标题,直指网易考拉售假。网易雷火公司请求法院判令两被告承担停止侵权行为、赔礼道歉、赔偿经济损失等侵权责任。诉中,网易雷火公司向法院提出行为保全申请,责令中经报社和新浪网站停止发布涉案报道。网易雷火公司对其此项申请向海淀法院提供相关现金担保。法院认为:通观全文,并未报道得出"考拉假货"这一定性的明确依据,且中经报社未向法院提交相应证明是假货的充分证据。在此情况下,涉案文章所报道的前述事实可能构成失实,如继续传播可能对网易雷火公司造成社会评价降低的严重后果。为避免网易雷火公司可能受到的难以弥补的商誉损害进一步扩大,中经报社应暂时停止传播前述文章,直至本案法律文书生效之日。因新浪互联公司已自行删除了涉案报道,网易雷火公司撤回对新浪互联公司的行为保全申请。北京市海淀区人民法院.法院对《中国经营报》社报道"网易考拉海淘售假"作出诉讼禁令[EB/OL].[2016-03-21]. http://bjhdfy.chinacourt.org/public/detail.php? id=4028.

即传播侵权对象提供担保。

5. 禁令的复议与异议

对禁令的批准也应该有救济制度,这就是复议与异议。复议是对被申请人的救济方式,被申请人可以在接到法院裁定后的法定期限内提出复议;而由于目前网络传播生态下有害信息传播扩散速度极快,复议期限应以短期限为优选,可规定为 3 日之内。异议是利害关系案外人对裁定的否定,是对案外人的救济;案外人异议期限应与复议期限一致。

传播禁令经复议或异议,或经法官审查,可以中止或解除。经过复议或者异议,发现申请存在一时难以解决的疑点,或者对传播行为禁令所采取的强制措施在实施时会难以执行,或者虽然能够执行,但会对传播侵权对象带来不当的后果等情形,可以中止。如果复议或者异议的理由推翻申请人的申请理由,应当采取撤销的方式终止禁令。

第二节　传播侵权责任方式中的其他非赔偿方式

传播侵权非赔偿责任方式中,关于消除影响、恢复名誉与赔礼道歉,是应当谨慎适用的方式,也是值得研究的问题。

一、传播侵权责任方式中的消除影响、恢复名誉

消除影响指"行为人因其行为侵害公民或法人的人格权而应承担的,在影响所及的范围内消除不良后果的一种责任方式。恢复名誉是指行为人因其行为侵害了公民或法人的名誉权,而应在影响所及范围内将受害人的名誉恢复至未受侵害时状态的一种责任形式"[1]。

消除影响与恢复名誉作为针对人格权侵害的救济手段,经常结合使用,而且是传播侵权救济方式的主要手段。"一方面,如果媒体或网络上发生了新闻侵权,相关单位或个人应当负有及时更正、准许受害人予以答辩或辩驳的义务,并应当在合理的期限内及时通过近期出版物予以更正,以澄清事实,说明真相,向相关人及读者致歉。如采取此种方式,也可能因及时消除了损害后果而不构成侵权。另一方面,如果相关单位或

---

① 张新宝. 侵权责任原理[M]. 北京:中国人民大学出版社,2005:538.

个人拒绝更正,必将使损害后果进一步扩大"①。

然而,在新媒体传播环境中,消除影响、恢复名誉有以下问题:

(一)消除影响、恢复名誉的范围问题

通常而言,消除影响、恢复名誉应该遵守比例相当原则,即在造成影响与损害的范围内进行消除影响、恢复名誉。但是,由于网络传播的迅速性与全球性,一旦发生网络传播侵权行为,则其产生的影响可能扩散到极为广泛的范围,损害也很难估量。因此,在网络传播中,消除影响、恢复名誉效果往往非常有限,充其量作为一种补充性的责任方式,配合其他责任方式进行。

(二)消除影响、恢复名誉中的二次伤害问题

消除影响、恢复名誉有两大缺陷:首先,其发挥作用的范围只能是"熟人社会",在网络社会中此种方式基本没有价值。其次,加害人在承担消除影响、恢复名誉的民事责任的同时,事实上可能会继续传播他人相关信息,其结果"非但没有使受害人的精神得到抚慰,反而使其受到进一步损害"②。在隐私权侵害行为中,这种缺陷更为明显,所以有学者认为,消除影响、恢复名誉"主要是对名誉权遭受侵害时的补救,也可以适用于对侵害信用权的补救,但是对于其他人格权受侵害原则上不能适用,除非是由于侵害其他人格权导致了对名誉的毁损。因为对其他人格权而言,其保护的人格利益遭受侵害之后,虽然可以通过财产损害赔偿、精神损害赔偿等方法来补救,但是已经无法恢复人格利益的原有状态"③。

二、传播侵权责任方式中的赔礼道歉

赔礼道歉作为侵害人格权的救济方式,指"责令违法行为人向受害人承认错误、做自我批评、请求谅解的一种非财产责任形式。它不同于基于礼仪道德而进行的一般的赔礼道歉,而是以国家强制力为后盾的民事责任形式"④。

赔礼道歉本身当然可以减轻损害,但其在执行中也遇到一些问题:作为法人的被执行人,往往遵守法院的判决;作为自然人的被执行人,常常有拒绝执行的问题。当然,法院可以强制通过刊载道歉声明的方式来

① 王利明.人格权法研究[M].北京:中国人民大学出版社,2012:663.
② 张新宝.隐私权的法律保护[M].北京:群众出版社,2004:370.
③ 王利明.人格权法研究[M].北京:中国人民大学出版社,2012:664.
④ 李建华,彭诚信.民法总论[M].长春:吉林大学出版社,2000:309.

处理。如,在"狼牙山五壮士"后人葛长生、宋福保分别诉洪振快名誉权、荣誉权纠纷案中,根据判决,洪振快须在判决生效后三日内在媒体上公开发布公告,向葛长生、宋福保赔礼道歉。因洪振快逾期未履行,北京市西城区人民法院决定刊登两案一、二审判决书的主要内容,所需费用由洪振快承担。随后,两案判决书的内容摘要在《人民法院报》上刊登①。

赔礼道歉应该具备以下要件:一是由受害人提出,如果受害人未提出,法院不宜强制要求;二是须法院在确定被告行为构成的情况下,否则不能要求被告进行赔礼道歉;三是赔礼道歉必须是无条件的,被告须对其所有侵权行为进行道歉,而不是有保留的。

有学者认为,应该将损害赔偿额的确定与赔礼道歉结合起来考虑,"如果被告拒绝赔礼道歉,则应适当增加损害赔偿的数额……如果赔礼道歉不与精神损害赔偿的数额发生一定的联系,则很难促使被告作出道歉"②。

与消除影响、恢复名誉相同的是:赔礼道歉也有二次伤害的缺陷。隐私权纠纷中,对受害人赔礼道歉应在非公开场合进行。

第三节　传播侵权责任方式中的惩罚性赔偿

惩罚性赔偿(Punitived Damages)指判定的损害赔偿金不仅是对原告人的补偿,而且也是对故意加害人的惩罚。《布莱克法律辞典》将惩罚性赔偿界定为"指当被告的行为是轻率、恶意、欺诈时,(法庭)所判处的超过实际损害的部分。其目的在于通过处罚做坏事者或以被估计的损伤作例子对其他潜在的侵犯者产生威慑"③。

传播侵权产生的损害有财产损害与精神损害,而相关的赔偿有补偿性的财产损害赔偿与精神损害赔偿,但一些国家在传播侵权诉讼中,却有惩罚性赔偿,我国学界也有在相关传播侵权领域适用该制度的建议。

本节主要研究惩罚性赔偿在各国传播侵权诉讼中的适用状况及其在我国究竟能否适用、如何适用。

---

① 参见:2016 年 10 月 21 日《人民法院报》第三版公告栏目。
② 王利明.人格权法研究[M].北京:中国人民大学出版社,2012:671.
③ Garner B A. Black's Law Dictionary[M].8th ed. Minnesota:West Group,2004:418.

一、惩罚性赔偿概述

(一)惩罚性赔偿的源起与发展

在英国,有观点认为,第一例关于惩罚性赔偿的案例是 1763 年判决的 Wilkes v. Wood—案。此案中,国务秘书怀疑某出版商印刷一种诽谤国王的宣传册,在没有搜查证的情况下,派人搜查了该出版商的房子,并扣压了财产,结果法院判决该出版商惩罚性赔偿金[①]。然而,学界通常认为,惩罚性赔偿措施在英国普通法上首次得以运用,源于 1763 年英国法官 Lord Camden 在 Huckl v. Money 一案中的判决[②]。

在美国,虽然学者对于惩罚性赔偿制度一度有过争议,但它在 1784 年的 Genay v. Norris 案中最早得以确立[③]。19 世纪中叶,惩罚性赔偿已被美国法院普遍采纳[④]。1851 年的 Day 诉 Woodworth 案中,美国联邦最高法院就在判决中指出:"……惩罚性赔偿制度因一百多年的司法实践而被确立。"[⑤]

17 至 18 世纪,惩罚性损害赔偿主要适用于诽谤、诱奸、恶意攻击、诬告、不法侵占住宅、占有私人文件、非法拘禁等使受害人遭受名誉损失及精神痛苦的案件,当时,惩罚性损害赔偿在很大程度上具有弥补受害人精神痛苦的作用。20 世纪以来,由于大工业的发展,各种不合格商品也对消费者造成了严重损害,尽管消费者可以通过一般损害赔偿而获得补救,但补偿性赔偿难以对大企业制造和销售不合格甚至危险商品的行为起到遏制作用,为保护广大消费者的利益,惩罚性损害赔偿逐渐适用于产品责任。目前,该制度在美国不仅已广泛适用于侵权法领域,而且也已适用于合同法、财产法、劳工法以及家庭法领域,同时赔偿的数额也在不断提高[⑥]。

---

① Wilkes v. Wood,98 Eng. Rep. 489(C. P. 1763)

② 该案中,一名印刷工人,他被错误拘禁了 6 小时,陪审团遂判决这名印刷工人得到 300 英镑的赔偿。Wils. K. B. 205,95 Dlg. Rep. 768(C. P. 1763).

③ 该案中,原告是一个医生,与被告发生纠纷,双方准备以枪战解决争议,后被告提议以饮酒和解。被告在原告的酒中加入某种药物,使原告感到非常痛苦,法院判决被告承担惩罚性损害赔偿。Genay v. Norris 1S. C. L. 3,1 Bay6(1784).

④ Oven D. Punitive Damage;in Products Liability Litigation74[J]. Michigan Law Review 1976 (74):1257 - 1287.

⑤ Ocotchett J W, Mollmphy M. Punitive Damages;How Much is Enough? [J]. By 20 Civil Litagation Reporter,August(1998),P166.

⑥ 王利明. 美国惩罚性赔偿制度研究[J]. 比较法研究,2003(5):3.

　　其他英联邦国家纷纷适用惩罚性赔偿制度。如澳大利亚高等法院在1966年的 Urdn 诉 John Fairfaxds & SonsPty. Ltd. 案中就认为:"如果被告的行为是蛮横的、恶意的或无视原告的权利,那么原告可以得到惩罚性赔偿。"①

　　有学者认为,在20世纪下半叶,美国惩罚性赔偿的最大变化就是数额的增加:1976年最高惩罚性赔偿金仅为25万美元,但在1981年的一个案件中,陪审员确认的赔偿金竟高达12亿美元,上诉审确认为350万美元②。在1993年的 TXO Production Corp v. Alliance Resources Corp 一案中,陪审团判决被告应赔偿原告1000万美元的惩罚性赔偿金,相当于原告1.9万美元实际损害的526倍,得到了法官的认可③。

　　(二)惩罚性赔偿的功能

　　美国学者认为惩罚性赔偿有如下三方面的功能④:

　　1. 补偿功能

　　通常,当补偿性赔偿不能满足对受害人的充分救济时,才适用惩罚性赔偿,所以其必须要符合补偿性赔偿的构成要件。惩罚性赔偿主要适用于侵权案件,尤其是在精神损害及人身损害赔偿金证明及计算困难的情况下,给受害人提供必要的补救。关于此功能,有观点认为原告得到惩罚性赔偿金是因其付出了大量的时间、金钱,也有观点认为是因为"别人都无权获得"⑤。

　　2. 制裁功能

　　惩罚性赔偿通过给侵权人施加更重的经济负担,使其承担超过被害人实际损失以外的赔偿来制裁不法行为。

　　3. 威慑与遏制功能

　　美国学者戴维·帕莱特(David Partlett)指出,"遏制是指确定一个样板,使他人从该样板中吸取教训而不再从事此行为"⑥。即威慑其他的、

---

①　崔明峰,欧山. 英美法系上的惩罚性赔偿制度研究[J]. 河北法学,2000(3):124. Urdn v. John Fairfax & Sons Pty. Ltd. (1966) 117 C. L. R. 118,160(Windeyer,J.).

②　Grimshaw v. Ford Motor Co. ,119. Cal App. 3d757,174. Cal. Rptr 348(1981).

③　Malzof v. United States,112S. Ct. 1992. pp. 7ll,715.

④　Andrew M,Kenefick, N. The Constitutionlity of Punitive Damage under the Excessive Fines Clauses of The Eighth Amendment[J]. Michigan Law Review,1987(85):1721 - 1722.

⑤　Partlett D F. Punitive Damage:Legal Hot Zones[J]. Los Angelts. Law Review,1996(56):796.

⑥　Partlett D F. Punitive Damage:Legal Hot Zones[J]. Los Angeles. Law Review,1996(56):781 - 797.

潜在的侵权人,以预防此类不当行为的发生。美国《侵权法第二次重述》第 908 条第 1 款把惩罚性赔偿界定为"惩罚性赔偿是除补偿性或象征性损害赔偿外,向实施严重侵权行为的人判决的损害赔偿,目的是惩罚侵权人与阻遏侵权人或像他那样的人将来实施类似行为"。美国《惩罚性赔偿示范法案》将惩罚性赔偿定义为"给予请求者的仅仅用于惩罚和威慑的金钱"。

(三)惩罚性赔偿的特点

世界各国惩罚性赔偿有如下共同特点[①]:

1. 目的和功能的多样性

正如美国学者欧文列举的,惩罚性赔偿制度有惩罚、遏制、私人协助执法、补偿这四项功能[②]。

2. 注重行为人的主观状态

通常,如果能够证明被告在实施侵权行为时具有恶意(Malice)、实际的明显的事实上的恶意(Actual, Express or Malice-in-fact)、恶劣的动机(Bad Motive),或被告完全不顾及原告的财产或人身安全,则可考虑适用惩罚性赔偿。

3. 有补充补偿性损害赔偿适用不足的功能

在许多情况下,惩罚性赔偿是在实际损害不能准确确定、补偿性赔偿难以补偿受害人损失的情况下适用的。

4. 赔偿数额的法定性

法律通常直接规定惩罚性赔偿数额,或规定被告支付原告实际损害的倍数,或者规定惩罚性赔偿的最高数额。

(四)惩罚性赔偿的构成

1. 主观要件

在英美法系,惩罚性赔偿针对在道德上具有可非难性、在法律上明显非法的行为而实施,因此,只有在行为人主观过错严重的情况下才适用。通常,严重的主观过错有故意(包括恶意在内),毫不关心和不尊重他人的权利,有重大过失。

---

① 王利明. 美国惩罚性赔偿制度研究[J]. 比较法研究,2003(5):2-3.

② Oven D. Punitive Damage:in Products Liability Litigation[J]. Michigan Law Review,1976(74):1257-1287.

2. 行为的非法性

通常,惩罚性赔偿针对明显的非法行为,这些行为超出社会的容忍度,需要通过惩罚性损害赔偿来制裁行为人,并遏制、威慑相关行为的发生。

3. 损害后果的严重性

惩罚性赔偿针对的不是一般的非法行为,而是针对造成比较严重损害后果的非法行为。根据美国《侵权法重述》第 908(2)条的规定,在确定惩罚性赔偿的数额时,应考虑被告给原告造成的或希望造成的损害的性质和范围。

从美国的司法实践来看,惩罚性赔偿的适用要考虑如下因素[①]:①被告的财产情况、经济条件。②赔偿是否对原告实际遭受的损害是合理的。③被告的动机及对损害后果的意识程度。④被告行为对原告的影响、被告与原告的关系。⑤被告过错行为的持续程度及被告是否企图隐藏该行为。⑥被告是否从该行为中获利。如果被告已经获利,则惩罚性赔偿的运用是否有助于遏制被告未来的行为、被告是否采取了补救措施或愿意对损害进行公正的补偿。如被告已经获利,赔偿应等于或超过利益以起到遏制作用。⑦原告为避免损失承担的费用。⑧被告是否愿意对损害进行公正的补偿。

二、惩罚性赔偿的适用条件及范围

(一)英国

1964 年,英国上议院在一案中确定,惩罚性赔偿金仅适用于三种类型案件:公务员有不公正、专横或违宪行为的案件;行为精心策划,企图得到超过原告可获得赔偿额的案件;法定其他案件[②]。

英国惩罚性赔偿金的适用还有以下考量因素:①仅适用于补偿性损害赔偿不足以惩罚、遏制被告和其他潜在加害人的情形,并表明法院的否定态度之时,才能适用[③]。②原告必须是被告相关行为的受害人[④]。

① Mckoom J R. Punitive Damage States Trends and Developments[J]. Litigation Review,1995,Spring(14).

② Rookes v. Barnard,1964 A. C,pp. 1225 – 1228(H. L.).

③ Cassell & Co,Ltd. v. Broome,1972 A. C. 1126(H. L.).

④ Rookes v. Barnard,1964 A. C,pp. 1227(H. L.).

③被告因其不法行为是否已经受到惩罚①。④存在众多原告而无法分配判决赔偿金②。⑤原告是否对被告的侵害行为有过错③。

（二）美国

在法律上，美国绝大多数州允许惩罚性赔偿金，只有五个州完全禁止或者严格限制惩罚性赔偿金的适用。其中，在内布拉斯加州和华盛顿州禁止适用；路易斯安那州、新罕布什尔州和马萨诸塞州只有法律明确规定方可适用④。

在联邦法律上，一些立法如《克莱顿法》《诈骗影响和腐败组织法》《综合环境反应补偿责住法》规定了三倍赔偿金。

然而，与英国不同的是，美国在几乎所有类型案件中都可适用惩罚性赔偿金，而且金额惊人。在一起案件中，陪审团确定被告需赔偿原告75.3亿美元的实际损害，另加30亿美元的惩罚性赔偿金⑤。然而，在侵权类型案件中，最有可能被判处惩罚性赔偿金的是故意侵权和诽谤案件。据兰德公司的调查报告，在诽谤案中，29.8%的案件适用惩罚性赔偿⑥。

（三）澳大利亚

在澳大利亚，惩罚性赔偿适用较广泛，侵权案件中，只要被告实施了一种"有意识的、傲慢无礼的、漠视他人权利的不法行为"，就可以适用惩罚性赔偿⑦。

（四）加拿大

加拿大各省的法律不同，有的实施普通法，有的实施大陆法系（如魁北克省）。目前，即使在魁北克省，也与其他实施普通法的省一样，允许惩罚性赔偿制度的适用。

与澳大利亚相似，加拿大也拒绝将惩罚性赔偿金限定在一定案件范围内，或将适用案件类型化。但其最高法院认为："只有在那些填补性损

---

① Archer v. Brown, 1 Q, B. 401, 423(1985).

② AB v. S. W. Water Serv. Ltd, 1993 Q. B. 507, 527 – 528. 531(C. A.)

③ Thompson v. Comm'r of Police of the Metropolis, 1998 Q. B. 498, 517(C. A.).

④ 阳庚德. 普通法国家惩罚性赔偿制度研究[J]. 环球法律评论, 2013(4):142.

⑤ Pennzoil Co. v. Texaco, Inc, 481 U. S. 1(1987).

⑥ Moiler et a L, J. Leg. Stud. 28(1999)301; Eisenberg et al., J. Leg. Stud. 26(1997)633.

⑦ Whitfeld v. DeLauret & Co. Ltd. (1920) 29 C. L. R. 71, 77(Knox, C. J.); Tan v. Benkovic (2000) N. S. W. C. A. 295, P46.

害赔偿金和加重的损害赔偿金将不足以实现惩罚和遏制目的的情况下，才能判予惩罚性赔偿金"[①]。从实践来看，惩罚性赔偿制度主要是在诽谤、蓄意攻击、非法拘禁以及其他被告实施的"异常具有可诉性"的涉及故意侵权的案件中适用[②]。

综上，相关国家惩罚性赔偿的目的主要是惩罚、遏制，其主要针对具有恶意、粗暴、鲁莽特点的故意侵权案件，其中，诽谤诉讼是适用惩罚性赔偿主要案件类型之一。

三、惩罚性赔偿在两大法系传播侵权中的适用

（一）英美法系传播侵权中的惩罚性赔偿

1. 美国

如上所述，在美国，诽谤等传播侵权中适用惩罚性赔偿金的事例并不在少。如果诽谤性传播涉及公众问题，则公众人物或普通个人原告需要证明被告有实质恶意，即明知报道有误仍然进行传播时，才能获得惩罚性赔偿；如果诽谤性陈述涉及的是普通人的私生活，则原告只需证明传播者的疏忽大意，便能获得惩罚性赔偿[③]。

当然，惩罚性赔偿在美国传播侵权中的适用主要在两个领域：

（1）传播侵害人身权领域

在美国，惩罚性赔偿制度普遍适用于涉及人格侵权的诉讼中。

在一些案件中，判决的惩罚性赔偿金数额非常高。但从20世纪末开始，联邦最高法院试图控制过高的惩罚性赔偿金。1996年，联邦最高法院推翻了一起金额为200万美元的判决，而且，其虽未就赔偿金的确定提出标准，但给出三条指导性意见：被告的行为应受到多大程度的责难；惩罚性赔偿和实际损失的比率是多少；惩罚性赔偿与州政府对其他类似行为征收的刑事或民事罚金相比较的情况[④]。

在一些数额惊人的判决中，上诉法院也经常改判降低一些惩罚性赔偿金额。在一起纠缠"费城调查员"23年之久的诉讼中，陪审团判给原

---

① Hill, 2 S. C. R. at 1208.

② Vorvis, 1 S. C_R. at 1104 – 05.

③ 唐·R. 彭伯. 大众传媒法 [M]. 张金玺, 赵刚, 译. 北京: 中国人民大学出版社, 2005: 225.

④ Green L. For First Time Justices Reject Punitive Award [N]. The New YorkTimes, 1996 – 05 – 21(8).

告 3150 万美元的惩罚性赔偿金；上诉法院将此数额降为 2150 万①。美国诽谤诉讼中的《国家询问报》案例也可以说明这一问题：该案中，初审法院、加州上诉法院和高等法院判决的原告获得的惩罚性赔偿分别是130 万美元、75 万美元和 15 万美元②。

目前，惩罚性赔偿在涉及隐私权和个人信息权的保护中也被广泛采用。美国《公平信用报告法》规定，消费品报告机构若基于故意，未经同意向不适当第三方机构擅自披露个人信息，需要在实际损害赔偿金和律师费之外追加 100 美元至 1000 美元的损害赔偿金③。而 2003 年《控制垃圾黄色信息和垃圾促销信息法》15 USCS § 7706 第(f)(3)(A)规定："损害赔偿的数额为 250 美元乘以违法次数。"《加利福尼亚州消费者救济法》针对不当披露个人信息的行为，同样苛以惩罚性赔偿金以维护信息主体的合法权利④。在美国安德鲁斯隐私权案中，原告最终获赔 5500万美元⑤，是美国隐私权案中赔偿额最高的案例，也是迄今为止世界各国同类案件中赔偿额最高的案例。

Trans Union 是全美最大的信用评估机构之一，其主要工作和收入来源就是撰写、出售个人或者公司的信用报告。该公司通过美国的银行、抵押担保公司、财务公司等途径，不断收集个人的身份信息和财务报告（房产信息、税务单据等），暗中出卖给第三人。在涉及该公司的一起诉讼中，伊利诺伊州法院初审裁决，该公司的恶意侵权行为适用惩罚性赔偿金，法官认为，尽管每个人受到的实际损害微乎其微，但是惩罚性赔偿金可以激励当事人诉讼，惩戒公司的不法行为⑥。

在此类案件中，被告方经常援引美国《宪法第一修正案》，认为惩罚

---

① Sprague v. Walter, 656A. 2D 890 (Pa. Sup. Ct. 1995)

② 该案案情：《国家询问报》专栏作家华克听说，伯奈特在一家餐馆用餐时曾把甜点分给别人吃，且与另一位客人发生争执，用酒泼对方。华克要求手下耐恩设法查证这件事，告诉他如果赶上截稿，他必须在一小时内得到结果（事实上，此时距出刊尚有 13 天的时间）。耐恩调查后回来报告，称除了伯奈特曾把甜点分给别人外，他无法证实其他经过。不过他倒透露了另一则消息，即当天晚上伯奈特曾在同一家餐厅与季辛吉有过融洽的谈话。华克为使报道显得刺激，加油添醋，不但写到伯奈特曾与另一位客人争吵，并用酒水互泼，且伯奈特与季辛吉也起了争执。此报道引起诉讼。参见：李瞻. 传播法——判例与说明 [M]. 台北：台湾黎明文化事业公司，1992：217 – 218.

③ 15 U. S. C. § 1681 et. seq.

④ Cal. Civ. Code § 1750.

⑤ 瞿崑. 美国女主播遭偷拍裸体视频获赔 5500 万美元 [N]. 北京晨报，2016 – 03 – 10 (6).

⑥ Andrews Privacy Litigation Reporter [J]. 3 No. 1 AndrewsPrivacy Litig. Rep. 10, p1 – 3.

性赔偿有违该修正案的精神。而原告方的律师则认为惩罚性赔偿有助于减少不负责任的新闻报道①。

（2）传播侵害著作权领域

美国《版权法》针对不同情况的侵权诉讼，规定了不同金额的惩罚性赔偿。其第 504 条规定："版权所有者在终局判决作出以前的任何时候，可要求赔偿诉讼中涉及的任何一部作品版权侵权行为的法定损害赔偿，而不是要求赔偿实际损害和利润。此项法定损害赔偿的金额，每部作品至少不低于 250 美元，最高不超过 1 万美元，由法院酌情判定。"该条 c 款第 2 项还规定："在版权所有者承担举证责任的情况下，如果法院判定侵犯版权是故意的，法院可酌情决定将法定赔偿金增加到不超过 15 万美元的数额。在版权侵犯者承担举证责任的情况下，如果法院判定版权侵犯者不知道，也没有理由认为其行为构成对版权的侵犯，法院可酌情决定将法定损害赔偿金额减少到不少于 100 美元的数额。"②

2. 英国

英国的传播侵权诉讼中，惩罚性赔偿金的适用也非常普遍。

（1）传播侵害人身权领域

通常，惩罚性赔偿金的适用需满足以下条件：传播者不确信或不能证明其传播内容的真实性；传播者对传播内容的真实性持疏忽大意的心理；传播者的行为目的是取得经济利益③。

在 Tolstoy Miloslavsky v. UK 案中，惩罚性赔偿金额高达 150 万英镑。欧洲人权法院对此判决进行了批评，认为根据《欧洲人权公约》第 10 条的规定，这构成对传播者即被告的言论自由的侵犯。欧洲人权法院指出，如果一个判决所判予的赔偿金额超出了为保护他人和名誉或权利所设定的正当范围，该判决就应当被认为是与《人权公约》不相符的④。

造成英国传播侵权诉讼中惩罚性赔偿金额过高的原因是：除非法官单独审理的案件，损害赔偿的数额是由陪审团来决定的，而法官不愿意

---

① 唐纳德·M.吉尔摩，杰罗姆·A.巴龙，托德·F.西蒙.美国大众传播法：判例评析[M].梁宁，等，译.北京：清华大学出版社，2002：210.

② 沈仁干.关于修改现行著作权法的思考[M]//知识产权研究（第八卷）.北京：中国方正出版社，1999：43 - 44.

③ 萨利·斯皮尔伯利.媒体法[M].周文，译.武汉：武汉大学出版社，2004：126.

④ 萨利·斯皮尔伯利.媒体法[M].周文，译.武汉：武汉大学出版社，2004：120.

对陪审团的职能权限进行干涉。所以,有英国法官将陪审员比作"在没有牧羊人的情况下,分散在没有栅栏的草原上的羊"①。

传播侵权诉讼中过高的惩罚性赔偿金额引起了社会各界的批评。1990 年,英国实施的《法院和法律服务法》第 8 节第 2 款授权,在陪审团决定的赔偿数额过大或者赔偿理由不充分的情况下,上诉法院有权决定用补偿性赔偿金代替陪审团决定的惩罚性赔偿金。

Eltlon John v. Mirror Group Newspaper 案在英国的传播侵权诉讼中是一个非常重要的案件。在案件中,二审不仅改变了赔偿金的数额,而且确定了如下原则:①当陪审团所决定的赔偿金额过多时,上诉法院可以行使权力,改变此金额。②应该要求陪审团确保其决定的赔偿金与原告所遭受的损失相适应,并在数额上足以进行充分的补偿,以恢复原告的名誉。③法官应该要求陪审团考虑其所判予的损害赔偿金及该赔偿金所产生的购买力。Eltlon John v. Mirror Group Newspaper 案中,法官还要求,在决定惩罚性赔偿金时,应考虑如下相关因素:传播者违法行为的方法;传播者的过失程度;传播者因违法传播所获利益。在考虑上述相关因素后,"相关赔偿金不应超出为达到惩罚与威慑目的而确定的必要最低数额……除非相关损害赔偿是为保护名誉所必需的,否则不应适用惩罚性赔偿的方式来限制言论自由"②。

(2)传播侵害著作权领域

在英国,1960 年的 Williams v. Settle 案是对侵犯著作权可适用惩罚性赔偿的权威判例,法官判决被告支付原告 1000 英镑的"惩罚性"赔偿③。

英国在其 1988 年《版权、设计和专利法》第 97(2)条赋予法官在版权侵权案件中判予附加损害赔偿的自由裁量权,但未明确允许适用惩罚

---

① John v. Mirror Group Newspapers(1996)2 All ER 35;(1996) 3 WLR 593. CA.

② 英国《镜报》刊发一篇文章,称流行歌星 Eltlon John 迷上一种新奇食物,并在吃食物时不加吞咽,然后吐掉食物。Eltlon John 诉至法院,请求高额的惩罚性赔偿。一审中,陪审团决定,被告应赔偿 Eltlon John 75 000 英镑的补偿性赔偿和 275 000 英镑的惩罚性赔偿金。二审中,上诉法院法官认为,尽管相关报道并不属实,并令人厌恶和痛苦,但并没有对作为艺术家原告的名誉造成损害。上诉法院法官将两项赔偿分别降为25 000 英镑和 50 000 英镑。John v. Mirror Group Newspapers(1996)2 All ER 35,p58.

③ 在该案中,一个专业摄影师拍了一些婚礼照片,照片上有新娘的父亲,他后来被杀害。这起谋杀引起了公众的注意,摄影师就把复制的照片出售,并接着登载在两家日报上。作为照片版权所有人的新郎以版权侵权为由起诉摄影师。Williams v. Settle,[1960]2 All E. R. 806;[1960] 1 W. L, R, 1072, CA.

性赔偿。英国法律委员会1997年曾建议惩罚性赔偿应该适用于版权侵权,但未得到司法和法律支持①。

（二）大陆法系传播侵权中的惩罚性赔偿

惩罚性赔偿源自英美法系,由于大陆法系公法与私法的截然分野,在英美法系国家普遍适用的该制度在大陆法系国家和地区一直未受到广泛认可。《德国民法典》《法国民法典》与《日本民法典》均以补偿性损害赔偿作为损害赔偿的原则。

但是,自20世纪末,惩罚性赔偿也逐渐向大陆法系国家和地区的个别民法领域渗透,人格权侵权是重点突破领域,而传播侵害人格权则首当其冲。在知识产权领域,2004年4月29日生效的欧盟《关于尊重知识产权的指令》第13条也带来了新突破,该条要求法官在反盗版的案件中判决赔偿数额时,须考虑盗版者的获利情况。这条规定最终将转换成大陆法系国家和地区的内部法。当然,这些国家和地区仅将其视为"原则的例外"接受。

1. 德国

德国侵权法以补偿性损害赔偿为原则。根据《德国民法典》第249条规定,补偿性损害赔偿是德国民法中损害赔偿的一般规则,"其旨在使受害人能够恢复到损害未曾发生时的状态,即受害人受到的客观损害本身"②。换言之,补偿性损害赔偿不能超出填补损害之外的情形③。

在一起涉及美国法院判决的惩罚性损害赔偿可否在德国承认与执行案中,德国联邦最高法院明确表示:"现代德国民法制度仅将损害赔偿作为不法行为的法律后果,却没有规定受害人因此可以变得更优越。这一点无论是在民事诉讼中还是在附带民事诉讼中,受害人主张损害赔偿的请求权时都应有效。惩罚与威慑是刑罚的目标,而非民法的范畴,罚金只能支付给国家。"④德国联邦最高法院还认为:"法治国家原则是德

---

① Michalos C. Copyright and Punishment: The Nature of Additional Damages[J]. E. I. P. R. 2000,22(10):470.

② 曾世雄. 损害赔偿法原理[M]. 北京:中国政法大学出版社,2001:16.

③ 李升. 德国法中精神抚慰金的惩罚性辨析[J]. 时代法学,2010(12):116.

④ 美国加利福尼亚州法院在一起侵权案件做出判予原告包括医疗费用赔偿金、精神痛苦赔偿金和惩罚性赔偿金等合计金额为750 260美元的判决。原告在德国申请执行该判决。被申请人提出反对意见,其中一条针对的是该判决中的惩罚性赔偿金。德国联邦最高法院将原告的请求缩减为275 325美元。参见:杨栋. 外国法院惩罚性赔偿判决的承认与执行[J]. 政治与法律,1998(5):39.

国法律中最核心的原则,从中派生出来的比例性原则在德国民法制度中亦发挥着纲领性的作用,这也体现在损害赔偿责任方面。通常情况下,民事诉讼的合理目标是弥补被不法行为所扭曲的当事人的财产关系……但是,通过惩罚与威慑的方式对法律秩序提供一般意义上的保护,根本上应该是国家的专权……因此,在德国法律框架内,很难认同在一项民事案件中判处巨额罚金,其作用不再是弥补某项损害,而是以公共利益为尺度,从而对同一个不法行为在刑罚之外额外创设出一种惩罚。"①

德国法学界也普遍反对将惩罚纳入损害赔偿当中,其通说认为:"损害赔偿法不应具有一般或个别预防的功能,而在发达的法律文化之下,损害赔偿应当止于补偿性赔偿。"②

但 20 世纪末,惩罚性赔偿逐渐向德国民法领域渗透。在人格权领域,惩罚性赔偿引进德国是披着精神损害赔偿的外衣、以一种潜伏形式进行的,这在摩纳哥公主案中得到典型体现③。该案中,德国联邦最高法院法官将侵害人的营利性目的、主观上的肆无忌惮以及遏制功能——这些惩罚性损害赔偿中的核心因素作为判处惩罚性赔偿金的主要参照因素。所以,德国学者认为,这一判决"显然包含了私法上的惩罚"④。

事实上,在判处过高的"精神损害赔偿"时,德国法院必须考虑传播者的过错程度。在摩纳哥公主案中,联邦最高法院认定被告即传播者构成了严重的人格权侵害,并未考虑损害后果,而主要是基于被告的严重过错、顽固并且显著的蔑视等情形⑤。

---

① 德国联邦最高法院民事判决集 6 第 118 卷,第 312 和 343 页。

② Larenz, Lehrbuch des Schuldrechts, Allgemeiner Tei,l 13. Auf.l 1982,§ 27 I.

③ 卡洛琳是摩纳哥公主,曾长期生活在德国。1993 年 7、8 月期间,德国的 Burda 公司属下的杂志刊登了一些关于她私生活的照片。卡洛琳先后在汉堡州法院和联邦最高法院提起了诉讼,要求停止侵害和赔偿损失。本案分别于 1999 年和 2004 年被诉至德国宪法法院和欧洲人权法院。卡洛琳公主得到了 18 万德国马克的痛苦抚慰(即精神损害赔偿)金。德国联邦最高法院在判决书中论述到:"只对那些为了提高发行量进行丑闻采访而对真实人物之人格进行侵犯的记者规定补偿性的赔偿是毫无意义的,赔偿的数额可能被认为无足轻重。因此,在计算赔偿数额时,考虑预防性请求的理论,即考虑作为结果的利润……本案的特殊性在于,被告故意为不法行为,为增加其发行量,将原告的人格作为追逐商业利益的手段。如果不判处足以能触动被告的赔偿金,那么原告的人格将可能继续被肆无忌惮地强迫商品化而得不到保护。"参见:德国联邦最高法院 1995 年 12 月 19 日的判决,案件编号:VI ZR 15 /95。

④ 冯·巴尔.欧洲比较侵权行为法(下卷)[M].焦美华,译.北京:法律出版社,2001:744.

⑤ BGH NJW 1996,985(986).

对于知识产权侵权案,德国法院也适度承认惩罚性赔偿,而学界认为,这种转变是基于"任何人不得从其错误行为中获利"的自然正义观念的"抑制性"和"强化法律运行的有效社会心理工具"①。

总之,在德国民事损害赔偿中,"一方面是《民法典》明确将补偿性损害赔偿作为原则,另一方面是联邦最高法院在精神损害赔偿金的判例中逐渐突破了这一束缚,使对人格权的侵害面临着更为严厉的制裁与惩罚。这种类似判例法体系下的做法看似不够严谨,却能够有效弥补成文法中的缺失"②。

2. 法国

作为典型的大陆法系国家的法国,同德国一样,倾向于坚持传统的"对损害给予完全赔偿"原则,而致害行为本身的严重性并不对赔偿数额产生影响,对行为的惩罚由刑罚、行政处罚承担,而不列入民法的范畴。所以,《法国民法典》也不承认民事惩罚性赔偿。

但是欧盟《关于尊重知识产权的指令》生效后,学者注意到了"惩罚性赔偿",并已经开始探讨将这一模式"扩大化"和"一般化"。2005 年公布的法国《债法(民法典第 1101 条到第 1386 条)与时效制度(民法典第 2234 条到第 2281 条)改革草案》(下称《债法草案》)第 1371 条谨慎地给予"惩罚性赔偿"以空间,它针对那些通过致害行为而有利可图(常涉及领域是肖像、名称的使用,知识产权,商业竞争等)情况:如果受害人能证明侵权者有"蓄意之过错,尤其是有利可图之过错",该过错的结果对于行为人有利,而且不能通过对损害进行补救这种简单的方式所"中和",那么,除补偿性损害赔偿金外,法官还可裁判支付惩罚性赔偿金。该赔偿金的数额应根据补偿性质的赔偿金数额确定,法官的裁判应就此类损害赔偿金判决之理由特别说明,而且应当将其数额与给予被害人的其他损害赔偿金相区别。惩罚性赔偿金应优先支付给受害人,其他部分交付给赔偿基金,或者(在没有赔偿基金的情况下)财政部门。这一草案规定的"惩罚性赔偿"范围有限,而且还有许多防止其消极作用的规定,但法国国内的争议仍然不断:实务界多持反对意见,消费者团体保持中立,理论界则以支持声为主。上议院的"评估组"则认为将该制度一般化

---

① 苏醒. 知识产权侵权的惩罚性赔偿研究[D]. 开封:河南大学,2011:22.

② 李升. 德国法中精神抚慰金的惩罚性辨析[J]. 时代法学,2010(12):116.

为时尚早,但可适当地引入①。

3. 我国台湾地区

我国台湾地区也在民事法律的相关领域针对相关违法行为规定了惩罚性损害赔偿制度:如在"公平交易法"第 32 条及其施行细则中针对故意违反公平交易规则的行为;"消费者保护法"第 51 条中针对企业经营者故意致消费者损害之行为;"营业秘密法"第 13 条中针对故意侵犯商业秘密的行为;"证券交易法"第 157 条之一第 2 项中针对严重内幕交易行为。在知识产权领域,"著作权法"第 88 条中针对故意侵犯他人著作财产权或制版权之行为;"专利法"(2001 年修订)第 89 条中针对侵权人故意侵害发明专利权人业务上信誉之行为,也都规定了惩罚性损害赔偿。

至于惩罚性赔偿的具体内容,如"消费者保护法"第 51 条规定:"依本法所提起之诉讼,因企业经营者之故意所致之损害,消费者得请求损害额 3 倍以下之惩罚性赔偿;但因过失所致损害,得请求损害额 1 倍以下之惩罚性赔偿。""著作权法"第 88 条规定:"因故意或过失不法侵害他人之著作财产权……如损害行为属故意且情节重大者,赔偿额得增至新台币 500 万元。"

由上可以看出,我国台湾地区法规中关于惩罚性赔偿的规定具有以下特点:①惩罚性赔偿主要适用于民事特别法中交易领域;②适用范围包括侵害人身权和财产权领域;③赔偿额的确定考虑侵权人获利情况,并规定了最高赔偿倍数的限制;④主要适用于故意侵权场合。"消费者保护法"虽然规定了过失致害也适用惩罚性赔偿的情形,但赔偿的数额显著低于故意致害的情形②。

四、惩罚性赔偿在我国传播侵权中的立法与适用

(一)因商品或服务的虚假传播适用《中华人民共和国消费者权益保护法》(下称《消费者权益保护法》)和《中华人民共和国广告法》(下称《广告法》)导致连带的惩罚性赔偿

许多人认为在我国侵权法中,没有直接针对传播者规定惩罚性赔偿,因此传播侵权领域没有适用惩罚性赔偿的可能,然而事实并非如此。

《侵权责任法》第四十七条规定:"明知产品存在缺陷仍然生产、销

---

① 李世刚. 法国民事责任改革与欧洲私法统一的关系[J]. 特区经济,2010(4):246.
② 张新宝,李倩. 惩罚性赔偿的立法选择[J]. 清华法学,2009(4):10.

售,造成他人死亡或者健康严重损害的,被侵权人有权请求相应的惩罚性赔偿。"《消费者权益保护法》第五十五条第一款和第二款对惩罚性赔偿的规定为:"经营者提供商品或者服务有欺诈行为的,应当按照消费者的要求增加赔偿其受到的损失,增加赔偿的金额为消费者购买商品的价款或者接受服务的费用的三倍;增加赔偿的金额不足五百元的,为五百元。法律另有规定的,依照其规定。经营者明知商品或者服务存在缺陷,仍然向消费者提供,造成消费者或者其他受害人死亡或者健康严重损害的,受害人有权要求经营者依照本法第四十九条、第五十一条等法律规定赔偿损失,并有权要求所受损失二倍以下的惩罚性赔偿。"学者认为,此款规定"前所未有地确立了一种相当典型的惩罚性赔偿制度,彻底摆脱以商品价款或服务费用为基础确定惩罚性赔偿金的窠臼,首次将消费者'所受损失'规定为惩罚性赔偿的确定基础。其表明,经过多年演化,我国惩罚性赔偿制度终于脱胎换骨,趋于规范化"[1]。

而根据《中华人民共和国食品安全法》(下称《食品安全法》)第八十四条和八十五条之规定,相关违法行为可被判以 10 倍赔偿。

《消费者权益保护法》第五十五条和《食品安全法》第八十四、八十五条的规定,表面上与传播侵权无关,事实上,经营者本身往往就是作为广告主的传播者;而且,广告经营者、广告发布者与广告代言人均会被连带。

2015 年 9 月 1 日生效的《广告法》第五十六条第一款规定的"广告经营者、广告发布者先行赔偿"[2]和第二款规定的广告经营者、广告发布

---

① 学者认为,《消保法》该两款规定,以缔约上欺诈行为为规制对象,其所言"损失"是一种以纯粹经济上损失为表现形式的缔约上信赖损失:当消费者以受欺诈为由撤销消费者合同时,这种损失表现为支出的缔约费用或丧失的交易机会;当消费者承认受欺诈的消费者合同时,这种损失表现为实际支付的商品价款或服务费用与商品或服务应有价格或费用之间的差额。参见:朱广新.惩罚性赔偿制度的演进与适用[J].中国社会科学,2014(3):110.

② 2015 年 4 月 25 日,《南京晨报》在其 A24 版发布了名为"首套100 枚《抗战胜利70 周年纪念金币》震撼发行"的整版广告,在广告中使用有"耗用999 黄金铸造"等宣传用语。贾林自述自看到上述广告后,根据报纸载明的地址前往购买涉案纪念金币两套,合计 3960元。2016 年 3 月 3 日,贾林向江苏省黄金珠宝检测中心提出检测申请,检测结果为"非贵金属,基体为铜锌合金"。在案件审理过程中,《南京晨报》向法院申请追加产品销售方和广告委托发布方为本案被告,但两家公司下落不明,送达均未成功。法院终审判决:江苏《南京晨报》文化传媒有限公司退还贾林货款3960 元、赔偿贾林11 880元,以及支付贾林检测费 400 元,合计 16 240 元。该判决中的 11 880 元即三倍的惩罚性赔偿。参见:江苏省南京市中级人民法院(2016)苏 01 民终 9372 号民事判决书。

者、广告代言人应当与广告主承担的连带责任①均有案例出现。

可见,正是通过《广告法》规定的连带责任,可以将《消保法》和《食品安全法》规定的惩罚性赔偿适用于传播者,虽然这里的惩罚性赔偿并非直接针对传播者。

(二)《著作权法》中的加重赔偿及其修改草案中的惩罚性赔偿

目前,我国《著作权法》第四十九条第二款规定了最高额罚款:"权利人的实际损失或者侵权人的违法所得不能确定的,由人民法院根据侵权行为的情节,判决给予五十万元以下的赔偿。"

有学者通过"北大法宝"进行检索发现:各地法院在对电影作品著作权网络纠纷案件进行裁判时,酌定赔偿的比率高达 75.81%②。学者认为:"因法院依法酌定赔偿数额在司法实践中被广泛适用,这种现象在实质上导致损害赔偿责任发生本质变异,即从补偿性变异为惩罚性,所以,从某种意义上说,惩罚性赔偿已实际践行。"③

而根据国务院法制办 2014 年 6 月 6 日发布的《著作权法(修改草案送审稿)》第七十六条的规定:"侵犯著作权或者相关权的,在计算损害赔偿数额时,权利人可以选择实际损失、侵权人的违法所得、权利交易费用的合理倍数或者一百万元以下数额请求赔偿。对于两次以上故意侵犯著作权或者相关权的,人民法院可以根据前款计算的赔偿数额的二至三倍确定赔偿数额。"此规定不仅提高了最高赔偿的额度,最重要的是增加了"二至三倍"的惩罚性赔偿。

可见,惩罚性赔偿目前在我国传播侵权领域的适用主要集中于部分广告传播侵权及著作权纠纷中,且都是以间接而非直接的方式进行。

---

① 2014 年 12 月 25 日,《扬子晚报》A41 版刊登"巴桑母酥油丸"的药品广告,该药品广告称该药可快速降血压。2015 年 2 月 6 日,消费者罗瑶其在广告上刊登的销售点购买了 5 个疗程总价 6900 元的该药。后发现国家药品批文中明示高血压、××患者禁用,且药品广告的批文已过期,便诉至法院,请求判令被告《扬子晚报》退还购物款 6900 元,并赔偿三倍惩罚性赔偿 20 700 元。由于原告仅起诉《扬子晚报》公司,法院直接判决被告江苏扬子晚报有限公司退还原告罗瑶货款 6900 元,赔偿 20 700 元。参见:江苏省南京市建邺区人民法院(2015)建民初字第 3690 号民事判决书。
② 李建星.影视作品网络著作权侵权法定赔偿研究[J].中山大学研究生学刊(社会科学版),2011(1):65-67.
③ 罗施福.侵害著作权之损害赔偿责任比较研究[J].北方法学,2014(5):42.

五、在相关传播侵权领域适用惩罚性赔偿的理论依据及建议

（一）在相关传播侵权领域适用惩罚性赔偿的理论依据

在我国,赞成惩罚性赔偿的学者主要从以下依据中进行阐述:

1.惩罚性赔偿可以惩罚与遏制不法行为

惩罚性赔偿在惩罚不法行为的同时,还可以遏制、威慑潜在的不法行为人,以预防类似的不法行为再度发生。

2.惩罚性赔偿可以维护实质正义

一般损害赔偿根据受害人的实际损失予以赔偿,是平等适用于一切主体和一般情况的普遍性规则,体现了形式正义的要求。但是,由于在许多情况下,实际损害以金钱价值难以计算,而且法律对损害赔偿的限制使补偿性的损害赔偿不足以弥补受害人的损失,不能完全体现社会公平和正义即实质正义。在这种情况下,惩罚性赔偿制度作为一种弥补一般损害缺陷、实现实质正义的方式,无疑是有效的[①]。

3.惩罚性赔偿可以促进经济社会的发展

在现代社会,对许多进行侵权的大企业,若损害赔偿额太小,则会将赔偿计入成本或转嫁由责任保险金来支付,起不到对侵权行为的震慑作用,只有高额惩罚性赔偿金才能遏制侵权行为继续发生。此种情形在美国侵权法中被称为"深口袋"（Deep Pocket）理论[②]。

4.惩罚性赔偿对我国法治建设有特殊意义

有学者认为,由于侵权法与刑法的分离,从而产生了一个中间地带,对于那些虽然不构成犯罪,但是又具有一定程度社会危害性的行为,应当适用惩罚性赔偿。该制度补充了民法、刑法二元分割造成法律调整的"相对空白",使得各种不法行为人都承担其应负的法律责任,从而实现法律对社会的妥善调整[③]。

（二）在相关传播侵权领域适用惩罚性赔偿的理论建议

21世纪初,我国曾有在新闻传播侵权中适用惩罚性赔偿的探索,认为在新闻传播侵权中适用惩罚性赔偿既有必要性,又有可行性,但须基于三个条件:主观是直接故意;侵权手段恶劣,或者重复侵权;一般精神

---

① 张新宝,李倩.惩罚性赔偿的立法选择[J].清华法学,2009（4）:12.

② Johnson V R. Mastering Torts[M]. New York:Ceroline Academic Press,1995:15.

③ 王利明.美国惩罚性赔偿制度研究[J].比较法研究,2003（5）:15.

损害赔偿无法弥补受害人[①]。但此后未再出现此方面的持续研究。近年来,在传播侵权领域适用惩罚性赔偿的研究主要集中于以下方面:

1. 在网络传播侵害名誉权与隐私权中适用惩罚性赔偿的观点

有学者认为,在网络上如通过微博发布不法言论,辱骂、诽谤他人,会使受害人遭受更大的名誉损失和精神痛苦,我国应当借鉴英美法系国家的名誉权损害的惩罚性赔偿制度,制约微博上的不法行为,以解决这些案件中受害人的精神损害无法衡量以至于无法得到赔偿的问题。因此,在司法实践中,对于利用微博辱骂、诽谤他人的案件,法院完全可以判处比一般同类侵权更高的赔偿额。与此同时,学者还建议,为规范网络行为,我国关于网络侵权的相关司法解释明确规定利用微博发布不法言论,辱骂、诽谤他人侵犯他人权利的,法院可判处高于一般同类侵权一倍以上的赔偿金。只有加大对此类行为的惩罚力度,才能减少直至杜绝这些行为[②]。

有研究者认为,在类似"艳照门"事件的网络传播侵权中,应对侵权人适用惩罚性赔偿,这类事件存在以下三个特点[③]:①损害后果严重。关于"艳照门"的一个帖子点击量有3200万余次;传播影响国际化,连日本的体育媒体也都刊登过相关不雅照;而且,陈冠希在录像中的相关行为被制作成淫秽光碟出售。②行为的违法性严重。在网络传播中,绝对权的排他成本与维护成本很高,而侵权成本很低,由于"艳照门"集偶像、黄色、情感、伦理等元素于一身,会给网络经营者带来巨大的点击量,成为一个夹杂着罪恶的利润增长点。在这种情形下,传统的补偿性赔偿已经无效,这与现代新产品侵权中引入惩罚性赔偿的背景相同,甚至侵权的大规模性有过之而无不及。此时,只能以惩罚性赔偿来消除违法者的利益,以遏制侵权。③侵权主观故意的显著性。在类似"艳照门"事件中,传播者"集体狂欢"的直接故意与网络经营者不作为的间接故意,都与英美法系适用惩罚性赔偿对侵权人的恶意、漠不关心、鲁莽而轻率地不尊重他人权利的主观要求相符。

然而,在网络环境中,各种类型的人格权相互交织、边界模糊,人格

---

① 戚海龙,阳小芳.我国新闻民事侵权借鉴惩罚性赔偿之探究[J].新闻记者,2004(7):41-43.

② 刘洪华.论微博上不法言论行为的规制[J].中国出版,2012(11):31.

③ 袁雪石.从"艳照门"事件看网络侵权民事法律规则的完善[J].政治与法律,2008(4):21-22.

利益的范围较之以前任何时代都有所拓宽,具有集合性与扩展性①。而网络环境下人格权侵权呈现出以下特点:侵权内容的动态性、侵权行为的隐蔽性、传播范围的广泛性、损害后果的多样性与严重性,而我国现有人格权侵权损害赔偿是以填平损失为目的的补偿赔偿,在网络传播侵权环境下救济力度不够,预防功能不足,维权成本高昂,已不能实现实质正义。而且,现有的精神损害赔偿也不能替代惩罚性赔偿:①两者目的不同。精神损害赔偿不是为了填补受害人的财产损失,而是为了抚慰受害人受伤的心灵,对受害人精神上的痛楚给予物质上的弥补;惩罚性赔偿的目的是惩罚不法行为人,防止类似的不法行为的发生。②适用的前提不同。精神损害赔偿不需要发生实质性的财产损害,只要被害人受到严重的精神伤害即可诉求损害赔偿;惩罚性赔偿的适用并不以受害人实际遭受精神损害为前提,即使没有发生精神损害,只要加害人主观上具有恶意,则可以请求惩罚性赔偿。惩罚性赔偿金与精神损害赔偿金可同时适用。所以,也有学者认为,所有网络传播侵害人格权领域都可适用惩罚性赔偿。当然,该制度有其适用条件:适用前提以有实际的财产损害为前提;侵权人主观上必须有恶意②。

2. 在个人信息侵权中适用惩罚性赔偿的学者建议

有学者建议,根据我国的实际情况,我国对个人信息侵权责任应适用惩罚性赔偿,原因是:第一,受害人即使胜诉,采用补偿性赔偿,加害人仍有利可图,不利于对其遏制;第二,人们通常不愿为获得本来就不高的赔偿金而花费大量的时间、精力、财物而起诉。"建立惩罚性赔偿制度从一定程度上可以大大调动受害人的维权积极性,从而减少个人信息侵权案件的发生"③。

还有学者认为,《消费者权益保护法》《广告法》中惩罚性赔偿的适用范围仅限于"经营者有欺诈行为"或其"明知商品或服务存有缺陷,仍向消费者提供,造成消费者或其他受害人死亡或健康严重损害"之情形,所以未来立法应将侵害消费者个人信息权的行为也一并纳入惩罚性赔偿的适用范围,有助于"从源头上有效遏制此类行为,并更好地维护消费

---

① 王利明.论网络环境下人格权的保护[J].中国地质大学学报(社会科学版),2012(4):2.
② 陈年冰,李乾.论网络环境下人格权侵权的惩罚性赔偿[J].深圳大学学报,2013(3):109.
③ 王兵,郭垒.网络社会个人信息侵权问题研究[J].西南交通大学学报,2011(2):15.

者的个人信息权"①。

3. 在网络著作权侵权中适用惩罚性赔偿的学者建议

学者建议:"为有效打击网络著作权侵权行为,应建立惩罚性赔偿机制,规定侵权人应加倍赔偿权利人因侵权损失的利润或侵权人的侵权所得,此外还应赔偿权利人为制止侵权直接支出的费用,包括交通费、公证费及其他实际支出费用,上不封顶,且规定最低赔偿数额"②。当然,著作权惩罚性赔偿如何规定是另一问题,比如两次以上故意侵权的对象及赔偿倍数、精神损害赔偿金应否适用惩罚性赔偿③。

4. 在包括虚假陈述在内的企业信息欺诈性传播侵权中适用惩罚性赔偿的学者建议

学者认为,在我国的信息欺诈行为依然大量存在的情形下,增设惩罚性赔偿责任形式意义重大:①提供了合理预期和可计算性,减少了不确定性,可以在很大程度上强制性地提高企业信息公开者的责任意识,促进信息公开质量提高;②可增加欺诈公开信息者的违法成本,有益于遏制信息公开者欺诈动机的产生;③体现政府对无辜受害者的可信承诺和道义援助,不但会调动广大信息用户监督信息质量的积极性,而且还会因受害人的利益得到较大程度维护而增强交易者的市场信心,从而降低预防成本,加快交易速度。当然,研究也认为,根据我国的经济社会状况,为避免因滥用惩罚性赔偿出现的威慑过度,应限制惩罚性赔偿的适用,严格按责任构成要求确定被告责任,除要证明被告主观上有欺诈的故意、客观上实施了欺诈公开信息的行为外,必须确认原告是因受欺诈信息的诱导而发生了交易并且损害事实是客观存在④。另外,惩罚性赔偿包括附加赔偿金和返还不当得利两种。

综上可见,在传播侵权中适用惩罚性赔偿金的建议主要针对网络传播领域,而且,无论是针对人格权(名誉权、隐私权、个人信息权)、著作权还是财产权(企业欺诈性信息如虚假陈述),都有相关研究建议。

---

① 唐慧俊.论消费者个人信息权的法律保护[J].消费经济,2013(6):76.

② 张灵敏.论我国网络著作权法律保护之缺陷及其完善[J].企业经济,2012(7):184.

③ 罗施福.侵害著作权之损害赔偿责任比较研究[J].北方法学,2014(5):43.

④ 李玉梅,孙可兴.我国企业信息公开法定民事责任制度的构建[J].郑州大学学报,2010(1):40.

六、惩罚性赔偿在传播侵权中适用的考量因素

即使有对惩罚性赔偿制度的建议,但我国究竟是否应该在传播侵权领域引进该制度、如何引进,不仅要考虑该制度的功能,还要考虑该制度得以存在的固有法律制度背景。

(一)我国传播侵权引进惩罚性赔偿的功能考量因素:非财产损失赔偿中精神损害赔偿制度的存在

精神损害指精神利益损害,又称非财产利益损害。精神损害以精神痛苦为主,也包括肉体上的痛苦,主要表现为忧虑、绝望、怨愤、失意、悲伤、缺乏生趣等[①]。

精神损害赔偿制度发端于大陆法系,该制度可以追溯到罗马法的赎罪金,其具有刑罚和民事责任的双重属性。而随着近代刑法与民法的分野,赎罪金演变为刑法中的罚金和民法中的精神损害赔偿金。受罗马法的影响,1804 年的《法国民法典》初步确立了精神损害赔偿制度[②];1900 年的《德国民法典》对该制度予以明确[③];1967 年,该制度在《瑞士民典》中得到完善[④]。此后,在大陆法系的多数国家,精神损害赔偿在损害赔偿体系中取得了与财产损害赔偿同等的地位。

而 2002 年德国损害赔偿法改革中,有关精神损害赔偿制度的改革可谓该制度现代化的典型。在 2002 年之前,《德国民法典》关于精神损害赔偿采取的是列举主义,其第 253 条规定:"仅在法律有规定的情况下,才能因非财产损害而请求金钱赔偿。"而此次改革将该法原第 847 条的规定合并至第 253 条第 2 款,即"因侵害身体、健康、自由或性的自我决定而须赔偿损害的,也可以因非财产损害而请求公平的赔偿。"有学者认为,这一修改使发生精神损害赔偿的事由从原来的特殊侵权行为,拓

---

① 王泽鉴.民法学说与判例研究(2)[M].北京:中国政法大学出版社,1998:256.

② 参见:《法国民法典》第 1382 条:"任何行为使他人受损害时,因自己的过失所致,行为发生之人该对他人负赔偿责任。"而根据《法国民法典》的起草人的解释,赔偿责任当然包括精神损害(非财产损害)赔偿。

③ 参见:《德国民法典》第 253 条规定:"非财产上之损害,以法律有规定者为限,得请求金钱赔偿。"

④ 参见:《瑞士民法典》第 28 条规定:"(1)任何人在其人格遭受侵害时,可以诉请排除侵害;(2)诉请损害赔偿或给付一定数额的抚慰金时,只有在本法明确规定的情况下,始得允许。"

展到违约、过错侵权、危险责任①。

我国作为成文法国家,与大陆法系国家有共通之处,在精神损害赔偿制度方面也是如此。1986年《民法通则》规定公民的姓名权、肖像权、名誉权、法人的名称权、荣誉权受到侵害的,可以要求赔偿损失。《民法通则》虽未明确使用精神损害概念,但法学界和司法实践中普遍承认"损失"包括物质损失和精神损失,所以,我国自《民法通则》生效始,事实上确立了精神损害赔偿制度。在1993年最高人民法院《解答》中,第一次使用了"精神损害赔偿"概念。后来,最高人民法院总结多年司法经验,借鉴国外先进立法经验,于2001年3月颁布了《关于确定民事侵权精神损害赔偿责任若干问题的解释》(下称《精神损害赔偿解释》),明确规定了精神损害赔偿的适用范围,规定侵害以下人格权及精神利益的,将需承担精神损害赔偿责任:①生命权、健康权、身体权等物质性人格权;②姓名权、肖像权、名誉权等精神性人格权;③人格尊严权、人身自由权等一般人格权;④荣誉权、亲权、亲属权等身份权;⑤死者的姓名、隐私、遗体等利益以及具有人格象征意义的特定纪念物品。

精神损害赔偿不同于财产损失赔偿,其目的不是为了填补受害人的财产损失,而是为了补偿、抚慰受害人的心灵伤害,同时在一定程度上对加害人予以惩戒,所以一般认为精神损害赔偿兼具补偿、抚慰和惩罚三种功能。当然,精神损害赔偿金并非罚金,原则上不以惩罚为目的,"惩罚功能不是其基本功能,应该是其填补损害功能附带的、兼具的一种功能"②。但是,无论是"专职"还是"附带"的惩罚功能,精神损害赔偿在一定程度上都与惩罚性赔偿的功能有交集。也就是说,从损害赔偿的结构上看,在成文法国家,因为精神损害赔偿制度的存在,惩罚性赔偿制度对侵害人格权等精神利益行为的意义与价值将在一定程度上打折扣。

综上,由于传播侵权的主要客体是人格权,所导致的损害主要是精神损害,而根源于大陆法系的精神损害赔偿在作为成文法的我国已经被社会普遍接受,且该制度还带有一定惩罚性,因此,惩罚性赔偿很难作为一项普适性制度在传播侵权中得以确立。

---

① 程啸. 侵权行为法总论[M]. 北京:中国人民大学出版社,2008:501-502.
② 张新宝,李倩. 惩罚性赔偿的立法选择[J]. 清华法学,2009(4):15.

（二）传播侵权中惩罚性赔偿的适用与英美法系固有的法律文化及制度密切相关

1. 民事诉讼中的私人执法理念

美国学者戴维·夏波罗（David Shapiro）教授认为：在美国，私人诉讼是一个执行公共法律的方法之一，原告充当"私人总检察官"，通过民事诉讼执行行政法规。尤其在涉及原告人数众多的小额诉求时，私人诉讼的目的并不在于获得损害赔偿，而更多甚至全部在于使侵权行为人付出代价。换言之，震慑和改变其行为是主要的目标①。由于可以填补大规模侵权造成的社会整体利益损害，美国的阿拉斯加、佐治亚、伊利诺伊、印第安纳等州均颁布了由受害人与政府共同分享惩罚性赔偿制度，目的是通过规定国家分享一定比例的惩罚性赔偿数额，允许社会得到补偿②。这种理念与惩罚性赔偿的威慑、阻遏功能有内在的一致性。

而在我国，传统上认为民事诉讼是处理私人权利义务纠纷的司法程序，并不承担公共执法功能，故很难融入私人执法理念。当然，近年来，惩罚性赔偿在个别民事法律领域的引进及民事诉讼中代表人诉讼的适用，也有私人执法的因子存在。

2. 律师制度

依普通法传统，由当事人自己承担包括律师费在内的诉讼费用，这称为"美国规则"（American Rule）③。根据该规则，律师费数额由当事人与律师在诉讼前协商来确定，而实践中许多案件实行风险代理，即被代理方胜诉后，律师才能取得赔偿金的一部分；如败诉，律师自己承担全部诉讼费用。在我国，法律上不允许风险代理制度，不存在此方面因素。

3. 陪审制度

《美国宪法》第七修正案中规定："在普通法诉讼中，如争议金额超过20美元，应维持陪审审理，并且陪审团裁决的事实，依据普通法规则，不应受到其它任何美国法院的审查。"在陪审制度中，由陪审团对案件的事

---

① 史蒂文·苏本，玛格瑞特（绮剑）伍. 美国民事诉讼的真谛[M]. 蔡彦敏，徐卉，译[M]. 北京：法律出版社，2002：200.

② Sloane L A. The Split Award Statute：A Move toward Effectuating the True Purpose of Punitive Damage[J]. Valpuraiso University Law Review，1993/1994（28）：491.

③ Culton C M. Voluntary Fee Waivers During Simultaneous Negotiation of Merits and Attorney's Fees in Title VII Class Actions：Moore v. National Association of Securities Dealers，Inc. [J]. University of Bridgeport Law Review，1986，1（7）：364.

实进行裁决,法官进行法律适用,当然,法官可以对陪审团的事实裁决进行指导,但不能替代陪审团对事实进行裁决,而未经法律培训的陪审团成员完全可能基于对侵权行为的厌恶,情绪化地做出高额赔偿的决定。

在我国,最高人民法院虽然有关于陪审的规定,但对于案件事实的认定由法官和陪审员共同承担;从司法实践来看,该制度也并未全面推开。在此方面,关于赔偿的"情绪化"因素显然并不突出。

七、部分传播侵权领域适用惩罚性赔偿的依据:属于现代型大规模侵权

前述学者建议适用惩罚性赔偿的网络传播侵害个人信息权、著作权及证券投资权益,可归为大规模侵权。学界认为:"补偿性赔偿对大规模侵权具有以下局限性:不利于填补大规模侵权损失,不利于遏制大规模侵权发生;不利于激励受害人主张权利。"①而惩罚性赔偿的功能与预防、遏制大规模侵权的目的具有一致性。还有学者认为,《侵权责任法》在解决大规模侵权时仅靠现有的三个条文是不适当的,在未来修订或者司法解释时,应把大规模侵权作为一种特定侵权类型来对待,并规定包括惩罚性赔偿在内的特殊保护措施,并且要和配套的实施细则或相应的法规相衔接,使之具有较强的可操作性②。因此,在属于大规模侵权的网络传播侵害个人信息权、著作权及证券投资权益中,应该适用惩罚性赔偿。

八、小结

在我国目前的法律体系中,并没有专门针对传播侵权的惩罚性赔偿制度的存在,而《广告法》《消费者权益保护法》《食品安全法》规定的连带责任,可以将《消费者权益保护法》规定的惩罚性赔偿间接适用于传播者。

虽然英美法系在传播侵权中可以比较广泛地适用惩罚性赔偿,而大陆法系一些国家也在传播侵权的个案中适用了该制度,但在我国,由于精神损害赔偿制度在人身权益等案件中的普遍适用,而且惩罚性赔偿制度缺乏相应的法律文化及制度的保障,该制度在(传播)侵权法领域并不存在广泛适用的基础。理论上,属于大规模侵权的网络传播侵害个人信息权、著作权及证券投资权益案件中,应该适用惩罚性赔偿。

---

① 李建华,管洪博. 大规模侵权惩罚性赔偿制度的适用[J]. 法学杂志,2013(3):32－33.
② 齐喜三. 论大规模侵权的多元化救济模式[J]. 河南师范大学学报,2014(5):44.

第七章　传播侵权责任形态

本章研究立足于成文法系侵权责任认定的规则,对我国网络中间服务商间接侵权、再传播(转载与转播)侵权及部分广告传播侵权的特殊责任形态进行研究,以明晰《侵权责任法》有关责任形态的规定适用于传播侵权时模糊不清的问题,从而有助于正确的法律适用。

在研究上述问题前,首先需要厘清我国民法中长期纠缠不清的共同侵权的概念与连带责任制度适用问题。

第一节　侵权责任形态基础理论

侵权责任形态是一个体系,其中在传播侵权中尤为重要的一个形态即连带责任,连带责任与共同侵权密切关联。而在我国,连带责任与共同侵权都有鲜明的特征。

一、侵权责任形态体系

侵权责任形态是指在侵权法律关系中,根据不同的侵权行为类型的要求,侵权责任在不同的当事人之间进行分配的表现形式。换言之,即侵权责任由侵权法律关系中的不同当事人按照侵权责任承担规则承担责任的基本形式。其法律特征有三:关注的是侵权行为的后果;表现的是侵权行为后果由侵权法律关系当事人承担的不同形式;是经过法律所确认的,合乎法律规定的侵权责任基本形式[①]。

侵权责任形态具有三种类型:第一种类型包括直接责任和替代责任;第二种类型包括单方责任和双方责任;第三种类型包括单独责任和

---

① 杨立新.侵权责任形态研究[J].河南省政法管理干部学院学报,2004(1):5-6.

共同责任。

关于侵权责任的第一种类型:①直接责任,也就是自己责任,指违法行为人对自己实施的行为所造成的他人人身损害和财产损害的后果由自己承担侵权责任的侵权责任形态。承担直接责任的基础行为是构成一般侵权行为:指行为人因过错而实施的、适用过错责任原则和侵权责任一般构成要件的侵权行为①。②替代责任,是指责任人为他人的行为和自己管领下的物件所致损害负有的侵权赔偿责任,其要求替代责任人与致害人、致害物之间有特定关系,这种特定关系,在责任人与致害人之间表现为隶属、雇佣、监护、代理等身份关系;在责任人与致害物之间,则必须具有管领或者支配的关系。从致害的角度看,这些关系并不与致害结果有直接的关系,而是因为存在这些关系,使替代责任人与损害结果之间发生间接联系。没有这种间接联系,或者超出这种间接联系,就不能产生替代责任这种责任形式②。承担替代责任的基础行为是适用无过错责任原则的特殊侵权行为。

关于侵权责任的第三种类型中的共同责任形态,是侵权行为加害人是多数时,侵权责任在数个加害人之间进行分配的方式,其分为连带责任、按份责任、不真正连带责任和补充责任。

连带侵权责任是指受害人有权向共同侵权人中的任何一人或数人请求赔偿部分或全部损失,而任何一个共同侵权人都有义务向受害人负全部的赔偿责任;共同加害人中的一人或数人已全部赔偿了受害人的损失,则免除其他共同加害人向受害人应负的赔偿责任。在连带责任制度中,被请求人不得主张分担利益的抗辩;法院不得依照职权追加未被起诉的连带责任人参与诉讼,未被起诉的连带责任人也不得申请参与诉讼;法院应当根据权利人的请求追加被起诉的连带责任人参加诉讼;判决做出以后连带责任尚未履行完毕的,权利人仍然有权就先前没有被起诉的连带责任人另行提起诉讼。共同侵权连带责任的各行为人内部分有责任份额;已经承担了超出自己的份额的责任的加害人,有权向没有承担侵权责任的加害人追偿③。

---

① 王利明,杨立新.侵权行为法[M].北京:法律出版社,1996:132.

② 杨立新.侵权责任形态研究[M].北京:河南省政法管理干部学院学报,2004(1):7-8.

③ 王利明.侵权责任法研究(上)[M].北京:中国人民大学出版社,2011:544;杨立新.侵权责任形态研究[J].河南省政法管理干部学院学报,2004(1):11.

按份责任是指"数个责任人各自按照一定的份额对债权人承担的赔偿责任"①。

不真正连带责任是指多个侵权行为人侵害他人合法权益,每个侵权行为人均须承担全部赔偿责任,但可因其中之一侵权行为人的赔偿而使其他侵权行为人的责任归于消灭的侵权责任形态。其与连带责任的区别在于:其只在形式上实行连带,但在实质上,必须有一个最终责任人,由其对全部侵权责任负责,不应当负全部赔偿责任的中间责任人即使是承担了全部赔偿责任,也有权向最终责任人主张追偿全部责任,将中间责任转移给最终责任人,而自己最终是没有责任的②。可见,不真正连带责任在多数债务人或者责任人当中,既有债权人与债务人间的关系,又有数个债务人之间的关系,从而形成不真正连带责任的对外和对内效力。受害人可以选择行使损害赔偿请求权,"如果受害人选择的侵权责任人就是直接责任人,则该责任人就应当最终承担侵权责任;如果选择的责任人并不是最终责任人,则承担了侵权责任的责任人可以向最终责任人请求赔偿,最终责任人应当向非最终责任人承担最终责任"③。

补充责任是指"行为人违反法定义务,对一个受害人实施加害行为,或者不同的行为人基于不同的行为而致使受害人的权利受到损害,各个行为人产生的同一内容的侵权责任,受害人享有的数个请求权有顺序的区别,首先行使顺序在先的请求权,不能实现或者不能完全实现时再行使另外的请求权的侵权责任形态"④。它是不真正连带责任的一种特殊情况,其特殊性在于:在能够确定侵权行为人或其能够履行赔偿义务时,由其独立承担责任;在侵权行为人无法确定或无力承担赔偿责任时,由补充责任人承担责任;如果侵权行为人只能承担部分赔偿责任,由补充责任人承担剩余责任。根据《最高人民法院关于人身损害赔偿适用法律若干问题的解释》(下称《人身损害赔偿解释》)第六条规定:"从事住宿、餐饮、娱乐等经营活动或者其他社会活动的自然人、法人、其他组织,未尽合理限度范围内的安全保障义务致使他人遭受人身损害,赔偿权利人请求其承担相应赔偿责任的,人民法院应予支持。因第三人侵权导致损

---

① 王利明.侵权责任法研究(上)[M].北京:中国人民大学出版社,2011:550.
② 杨立新.侵权法论[M].北京:人民法院出版社,2011:748.
③ 在不真正连带责任中,多数情况下都存在终局责任人,但也存在无终局责任人的特殊情形。
④ 杨立新.侵权法论[M].北京:人民法院出版社,2011:754.

害结果发生的,由实施侵权行为的第三人承担赔偿责任。安全保障义务人有过错的,应当在其能够防止或者制止损害的范围内承担相应的补充赔偿责任。安全保障义务人承担责任后,可以向第三人追偿。赔偿权利人起诉安全保障义务人的,应当将第三人作为共同被告,但第三人不能确定的除外。"该条文的主旨是在阐述补充赔偿责任。另外,《侵权责任法》第三十二条第二款和《广告法》第五十六条第一款等也规定了补充责任。

二、共同侵权的理论

(一)域外共同侵权理论学说的主流——意思联络说

《德国民法典》第830条规定:"数人因共同实施侵权行为造成损害的,各人对损害均负责任。不能查明数关系人中谁的行为造成损害的,亦同。教唆人和助手视为共同行为人。"依据德国法院之判例及权威学说,《德国民法典》第830条规定中的"共同"是指"共同的故意",也称"共谋",即多个行为人存在意识联络,他们都明知且意欲追求损害后果的发生[1]。意思联络要求共同行为人有共同的目标,各自承担一部分行为,即"当具有意思联络的数人加害于他人时,即便无法查明具体造成损害之人或各加害人的加害部分,同样构成共同加害行为,因为意思联络足以使因果关系这一构成要件得以满足。简言之,共同的意志产生了共同的原因"[2]。德国联邦最高法院在一则案件中曾明确指出:"就第830条第1款第1句意义上的共同侵权行为而言,只要依据共同的意思就足以共同引发。因此每个共同行为人对于损害结果的参与程度如何并不重要。特别是在行为人各自实施侵权行为之时,无须身体上的协同,只要存在共同的意愿,且损害结果是全体活动共同作用所生。"[3]权威民法学者斯图丁格(Staudinger)、爱瑟(Esser)以及拉伦茨(Larennz)等教授皆认为,只有共同行为人之间存在共谋方能适用《德国民法典》第830条第1款第1句的规定。申言之,只有多个行为人基于明知且意欲追求损害后果的发生而共同实施的侵权行为,才能产生《德国民法典》第830条第1款第1句项下的责任[4]。迄今为止,德国民法学界的主流观点仍将意

---

①④　程啸. 论意思联络作为共同侵权行为构成要件的意义[J]. 法学家,2003(4):95.

②　程啸. 论《侵权责任法》第八条中"共同实施"的涵义[J]. 清华法学,2010(2):47.

③　BGHZ(25.5.55)17,327f,Paanlt,Bteihches Gesetzhuch,55. Aufl. 1996,992.

思联络作为共同侵权行为主观构成要件。

英美法系国家对共同侵权的主流学说是意思联络说,认为只有存在"共谋"(Common Design)即意思联络才能构成共同侵权,换言之,只有共同故意才是共同侵权。英国著名侵权法学者约翰·萨尔德曼认为:"数人若没有共同实施不法行为,但造成共同的损害结果,应对此结果在法律上和事实上负责……然而,其只应分别对同一损害负责,而不是共同对同一损害负责。"①对于没有共谋的行为,如故意对某网站侵权内容设置链接,被链接者甚至不知道自己的侵权内容被链接,在英美是间接侵权而非共同侵权。

(二)我国共同侵权的理论学说

关于共同侵权行为的认定,我国民法学界理论上存在四种学说:

1. 意思联络说

认为共同行为人之间必须有意思联络即"共谋"才能构成共同侵权。意思联络使得各主体间的意志融合为一,并将各主体的行为引向一个共同的目标,合力通谋,相互作用,以致尽管各行为人的分工不同,但由于该共同的目标,使得他们的活动结合起来成为一个具有内在联系的共同的侵权行为②。司法界赞成此观点,认为我国《侵权责任法》第八条:"二人以上共同实施侵权行为,造成他人损害的,应当承担连带责任",其中的"共同侵权","限于意思关联共同侵权,应以行为人之间有意思联络为必要要件",所以,加害行为须有协作性,"加害人之间存在互相利用、彼此支持的行为分担",包括共同故意和共同过失:前者情况下"行为人之间还存在必要的共谋,即相互之间具有共同的意思联络,如事先策划、分工等",后者则"双方交流而言也存在共同认识上的过失"(与王利明的共同过错有细微出入)③。

2. 共同过错说

该观点强调共同侵权本质在于行为人的主观过错的共同性,即共同故意或共同过失均可使共同行为人承担连带责任。该说的代表人物是王利明教授,其对共同侵权的定义为:"数人基于共同过错而侵害他人合

---

① 王泽鉴.民法学说与判例研究[M].北京:中国政法大学出版社,1998:50.
② 伍再阳.意思联络是共同侵权行为的必要条件[J].法学季刊,1984(2):28.
③ 陈现杰.中华人民共和国侵权责任法条文释义与案例解析[M].北京:中国法制出版社,2010:27-29.

法权益,依法应当承担连带赔偿责任的侵权行为"①。其认为:在主观方面无论数个行为人都是过失,还是一方为故意另一方为过失,都可以构成共同侵权。而且,他认为我国《侵权责任法》第八条规定的共同侵权与其观点一致,"并没有采纳传统的意思联络说,而只是采纳了主观过错说,既包括了共同故意,也包括了共同过失"②。在客观行为方面,"行为人必须有共同的行为指向。这就是说,其对已经预见到的加害后果进行追求或者放任其发生"③。

3. 客观行为(关联共同)说

共同行为说认为,共同侵权行为的构成不以意思联络为必备要件,只要数人在客观上有共同的侵权行为,即各加害人的加害行为只要相互结合发生同一损害结果就构成共同侵权并承担连带责任④,即数人之加害行为,虽无意思联络,但其行为有关联共同者(各行为造成共同损害,无法分别何行为造成何部分损害),也属共同加害行为。

4. 折中说

该说又有两种观点,一种以杨立新教授为代表,认为"共同侵权是指二个以下的行为人基于主观的关联共同或客观的关联共同,共同实施侵害他人民事权益造成损害,依法应当承担连带责任的侵权行为"⑤。而且,他认为我国《侵权责任法》第八条规定的共同侵权与其观点一致:"数个共同行为人之间须有致人损害的主观意思联络,因此而使整个行为人的行为联结为共同行为;但是,在数个行为人之间尽管没有意思联络,但他们的行为结合在一起,造成了同一个损害结果,形成了客观的关联共同,也构成共同侵权行为。因此,关联共同是数人行为结合成为一个共同行为的基础。"⑥以张新宝教授为代表,他认为:"构成共同侵权,主观方面须各加害人均有过错(或为故意或为过失),但是不要求共同的意思联络;过错的内容应当相同或相似。客观方面,数个加害人的行为应当结合为一个不可分割的统一整体,并构成损害发生的共同原因。"⑦

---

① 王利明.侵权责任法研究(上)[M].北京:中国人民大学出版社,2011:477.
② 王利明.侵权责任法研究(上)[M].北京:中国人民大学出版社,2011:484.
③ 王利明.侵权责任法研究(上)[M].北京:中国人民大学出版社,2011:487.
④ 邓大榜.共同侵权行为的民事责任初探[J].法学季刊,1982(3):43.
⑤ 杨立新.侵权法论[M].北京:人民法院出版社,2011:704.
⑥ 杨立新.侵权法论[M].北京:人民法院出版社,2011:705.
⑦ 张新宝.中国侵权行为法[M].北京:中国社会科学出版社,1998:167-168.

可见,共同侵权的主观说担心扩大共同侵权认定及连带责任的适用而加重加害人的负担;客观说则站在救济受害者立场,主张通过扩张连带责任的适用,二者都是"围绕对加害人课以连带责任,即加重其民事责任的正当性而展开的"①。

我国台湾地区"民法典"第185条第1款第1句规定:"数人共同不法侵害他人之权利者,连带负损害赔偿责任。"民法学界对于共同侵权行为是否以意思联络作为构成要件的问题,观点不一,有主观的共同关系说与客观的共同关系说。而依据台湾地区"民法典"第185条的"立法"理由,"立法者"的本意是要求共同侵权行为人之间具有意思联络,该理由写道:"查民律草案第950条理由谓数人共同为侵害行为,致加损害于他人时(即意思及结果均共同),各有赔偿其全部损害之责任。至造意人及帮助人,应视为共同加害人,始足以保护被害人之利益。其因数人之侵权行为,生共同之损害时(即结果共同)亦然。此本条所由设也。"②

（三）我国《侵权责任法》中意思联络应为共同侵权的前提条件

在我国《侵权责任法》中,意思联络是该法第八条规定的狭义的共同侵权即共同加害侵权的必备要件,这是其与无意思联络数人侵权的本质区别,是区别的充分条件。相反,如果共同侵权不以意思联络为要件,《侵权责任法》第八至第十二条③和延续这五条规定的《民法典·侵权责任编(草案)》第九百四十七至九百五十一条构筑的数人侵权的类型将没有意义,因为该法第八至十条可吸收第十一和第十二条规定的无意思联络数人侵权;共同侵权与共同危险行为无法进行区分;共同侵权与单独侵权行为无法进行区分。既然没有意思联络,则可对责任单独确定,

---

① 张铁薇.共同侵权的法理基础和类型化分析[J].北方论丛,2004(4):122.
② 吴庚,苏俊雄,王仁宏,等.月旦六法全书[M].台北:台北元照出版公司,2001:1539.
③ 《侵权责任法》第九条规定:"教唆、帮助他人实施侵权行为的,应当与行为人承担连带责任。教唆、帮助无民事行为能力人、限制民事行为能力人实施侵权行为的,应当承担侵权责任;该无民事行为能力人、限制民事行为能力人的监护人未尽到监护责任的,应当承担相应的责任。"《侵权责任法》第十条规定:"二人以上实施危及他人人身、财产安全的行为,其中一人或者数人的行为造成他人损害,能够确定具体侵权人的,由侵权人承担责任;不能确定具体侵权人的,行为人承担连带责任。"《侵权责任法》第十一条规定:"二人以上分别实施侵权行为造成同一损害,每个人的侵权行为都足以造成全部损害的,行为人承担连带责任。"《侵权责任法》第十二条规定:"二人以上分别实施侵权行为造成同一损害,能够确定责任大小的,各自承担相应的责任;难以确定责任大小的,平均承担赔偿责任。"

如果不能确定,可依照第十一或第十二条第二句处理①。

对于被侵害人而言,意思联络作为共同侵权必备要件的意义还在于:多个侵权行为人需承担连带责任,受害人没有必要证明每个侵权人的行为与损害之间的因果关系,也无须证明每一个侵权人侵权行为的原因力(造成的损害程度),其"只需要证明多个加害人之间具有意思联络且任何一人的行为与其损害存在责任成立的因果关系,则具有意思联络的全部加害人的行为与权益被侵害之间的责任成立因果关系就表现为可能的因果关系"②。

如果从事学术研究,构筑一个共同侵权的"体系",则只要能自圆其说,也无不妥。但是,如果以自己构筑的体系,来解释现行立法的规定,可能就会产生"对号入座"的现象,如对于《侵权责任法》第八条中"共同"的含义,持共同过错说与折中说的学者均认为采纳了自己的观点③,这是因为对共同过错未坚守意思联络而造成的混乱。

事实上,《侵权责任法》第八条中"共同"的含义是明确的,即必须有意思联络,而该法在数人侵权体系上的进步,主要就是区别于第八条,在第十一条和第十二条中规定了无意思联络数人侵权的类型。对此,不仅对共同侵权意思联络说的学者持认同态度④,同时连持共同过错说的学者也认为"从体系解释的角度来看,既然《侵权责任法》已经对无意思联络的数人侵权进行了单独的规定,因此,第八条应该指的是有意思联络的数人侵权,即共同侵权。且无意思联络的数人侵权都造成了同一损害结果,从客观上无法与共同侵权相区别,只能表现在主观上"⑤。更有甚者,连持折中说的学者也认为《侵权责任法》第八条规定的"共同侵权行为似乎应当仅仅解释为有意思联络的共同侵权行为,而不包括无意思联络的数人实施的侵权行为"⑥,或者认为"共同侵权行为的最本质特征就是意思联络,只有存在主观上的共同故意才能够将数个不同行为人的行

---

① ② 程啸.论《侵权责任法》第八条中"共同实施"的涵义[J].清华法学,2010(2):48 – 49.

③ 参见:王利明.侵权责任法研究(上)[M].北京:中国人民大学出版社,2011:484;杨立新.侵权法论[M].北京:人民法院出版社,2011:704.

④ 奚晓明.《中华人民共和国侵权责任法》条文理解与适用[M].北京:人民法院出版社,2010:67;陈现杰.《中华人民共和国侵权责任法》条文释义与案例解析[M].北京:中国法制出版社,2010:27 – 29.

⑤ 王利明.侵权责任法研究(上)[M].北京:中国人民大学出版社,2011:484.

⑥ 张新宝.侵权责任法(第二版)[M].北京:中国人民大学出版社,2010:49.

为结构成一个行为,所以不同的行为人才应当对外承担一个完整责任,就是连带责任"①。

三、连带责任与共同侵权关系的比较法考察

在《瑞士债务法典》《意大利民法典》和《日本民法典》中,规定侵权连带责任都是共同侵权行为的法律后果,没有将侵权连带责任扩大到其他侵权行为领域。

在1804年的《法国民法典》中,没有规定共同侵权行为,当然也就没有侵权连带责任的规定。

《德国民法典》明确在第840条规定共同侵权行为人承担连带责任,即"数人共同对某一侵权行为所产生的损害负有赔偿义务的,应作为连带债务人负其责任",其第二款又对雇用人的责任和监护人的责任规定了连带责任。

从大陆法系传统而言,连带责任是共同侵权的产物;数人之行为如不构成共同侵权,则不承担连带责任。但是,连带责任制度的发展,突破了此传统,即基于公共政策等考量因素,即使数人之行为不构成共同侵权,在一定情况下也需承担连带责任,这就给现代侵权法带来很多问题。

四、连带责任发展的历史趋势

（一）连带责任制度固有的缺陷

作为一种加重责任和共同责任,连带责任制度中的权利人的权利因此而获得最大限度的保护,所以,德国法学家菲利普·黑克很形象地将权利人称作是"法律上的老爷"②。

然而,连带责任制度也存在着本身固有的缺陷:

1.公正、公平价值的偏失

连带责任制度虽然保护了债权人,却是以牺牲多数侵权行为人的利益为代价,因为民事责任的承担需以过错责任原则为依据,即有过错就担责任,无过错不承担责任。在连带责任制度中,承担连带责任的人未必是有直接过错的当事人。在连带责任制度权利人追偿过程中,间接责任人、替代责任人或其他责任份额很小的责任人只因有清偿能力而先行

---

① 杨立新.侵权法论[M].北京:人民法院出版社,2011:709.
② 梅迪库斯.德国债法总论[M].邵建东,译.北京:法律出版社,2004:606.

承担全部赔偿责任,但如果其他责任人无清偿能力或无下落,已履行全部赔偿责任的行为人往往难以向其他侵权行为人追偿。我国连带责任制度中,不仅没有对连带责任人承担其他责任人责任规定限制条件,导致法院或者只在判决书、调解书中简单说明连带责任人需负连带责任,而对其责任份额、顺序不予明确,或者在连带责任人之间随意选择执行[1],而且,该制度"最大的问题是遗漏了对不具有分摊能力的连带责任人份额的再分配方案规定"[2],即使是连带债务清偿后,再分配也没有法定的依据,而那些真正责任人却搭了别人的便车,这在经济学上称作"外部效应",并且被视为是一种不经济、不公平的举动[3]。因此,"连带责任越来越被法律所钟情时,我们却没有考虑:在当代法律现状和保险环境下,通过由只对原告的损害存在部分过错的被告来实现对原告的完全补偿会产生怎样的社会成本"[4]。美国法学家普罗塞教授特别指出:"一种制度允许两个承担相同责任的被告,一个承担了全部责任,另一个却因为受害人的选择而免除了责任,是显然缺乏公正性的。"[5]

2. 诉讼整体效益的偏失[6]

如前所述,我国连带责任制度的运行是按照"先连带、后按份"程序,也即分摊往往需要另诉。如果单纯从分摊请求权理论上讲,也不无道理,然而,无论对法院还是当事人而言,这都是一种诉累。如果法院在分摊之诉前进行执行,还要执行回转,这也是对司法资源的浪费。

连带责任制度是为了尽快实现权利人的公平,但由上,学者认为:"从总体上看,连带责任制度表现为以一种公平和效率换取另一种不公平和不效率。"[7]

(二)连带责任制度的发展趋势

连带责任制度在我国有深厚的历史渊源和深厚的适用氛围,当然,

---

① 彭熙海.论连带责任制度立法价值取向之调整[J].湘潭大学学报,2009(6):24.
② 王竹.论连带责任分摊请求权[J].法律科学,2010(3):141.
③ 张凤翔.连带责任的司法实践[M].上海:上海人民出版社,2006:40.
④ Civic Liability Review Response to Ministry of Attorney General(with Municipal Insurance Association of BC)[EB/OL].http://www.civic-net.bc.ca.
⑤ Keeton W P,Dobbs D B,Keeton R E,et al. Prosser and Keeton on Torts[M].5th ed. Minnesota:WestGroup,1984:337-338.
⑥ 李石山,彭欢燕.从连带之债案件的执行谈我国连带责任制度之完善[J].人民司法,1995(11):28.
⑦ 彭熙海.论连带责任制度立法价值取向之调整[J].湘潭大学学报,2009(6):24.

与古代表现在刑事领域的连坐制度和保甲制度不同,自 20 世纪末至今,连带责任在我国主要出现在民商立法中,虽然其规定较为零乱分散,但呈现出明显的扩张膨胀趋势,我国网络传播中网络服务商连带责任就产生于这种背景中。

而与我国连带责任制度的膨胀形成鲜明对比是:从 20 世纪 80 年代起,英美法系国家掀起了一次连带责任改革浪潮,并以连带责任的适用范围受到普遍限制而结束。美国各州对连带责任的改革大致可以分为三类:一是完全废除连带责任;二是原则上废除连带责任,但允许例外情形存在;三是原则上保留连带责任,但对适用条件予以限制①。2009 年 9 月底,美国已经有 18 个州废除了连带责任,采纳按份责任②,我国学界认为:"尽管真正完全废除连带责任的州并不多,但是对连带责任进行不同程度的限制已经成为一种新的发展趋势,其主要表现在:减少连带责任适用于过错较小的被告;限制连带责任适用于非经济性损害;限制连带责任在故意侵权被告与过失侵权被告之间的适用。"③

事实上,在我国,也有学者提出要"捍卫连带责任的纯洁性"④,认为应限制连带责任类型,禁止随意扩大连带责任适用范围。

第二节　网络服务提供者侵权责任形态

在网络传播侵权中,网络服务商(ISP)⑤的直接侵权(自己直接实施侵权或与他人共同直接实施侵权)在归责原则、责任构成要件、责任范围与形态上服从于一般名誉侵权,与新闻传播民事侵权并无本质不同,所以也不会引发争议。然而,网络服务商中的中间服务商(Inter-

---

① Joint and Several Liability Reform States[EB/OL].[2016 – 08 – 21].http://www.namic. org/reports/tortReform/JointAnd Several Lia-bility.asp.

② 参见:ATRA,Joint and SeveralLia-bility Rule Reform[EB/OL].[2016 – 08 – 22].http:// www.atra.org/issues/index.php? issue = 7345.

③ 胡海容.美国侵权法上连带责任的新发展及其启示[J].法商研究,2008(3):116 – 117.

④ 杨立新.侵权法总则[M].北京:人民法院出版社,2009:529 – 552.

⑤ 从立法上看,德国 1997 年的《多媒体法》、美国 1998 年的《千禧年数字版权法》、2000 年的《欧盟电子商务指令》和我国 2006 年通过的《信息网络传播权保护条例》(下称《条例》)将网络服务提供者分为三种,即网络传输服务提供者、主机服务提供者和搜索引擎服务提供者。参见:张新宝.互联网上侵权问题研究[M].北京:中国人民大学出版社,2003:32.

mediary)①可能会因网络用户的侵权行为而承担间接侵权责任,我国《侵权责任法》第三十六条第二款和第三款②对此责任进行了规定,《民法典·侵权责任编(草案)》第九百七十条和九百七十二条延续了这种规定。该规定在许多关键内容上模糊不清,但却有两个突出的特点:一是貌似借鉴了美国数字版权领域的"避风港规则",二是给网络中间服务商施加严厉的连带责任。

至于实施连带责任的原因,我国民法学界各有其观点:王利明基于共同过错说,对网络中间服务商(在间接侵权时)在知道侵权行为存在的情况下,认为"从性质上看,其与网络用户之间已经具有共同过错,并造成了对他人的同一损害,构成了共同侵权"③,当然需要承担连带责任。但杨立新认为网络中间服务商与侵权网络用户之间不构成共同侵权,"一方的侵权行为是直接行为,另一方的侵权行为是间接行为……并非是共同侵权,而是基于公共政策考量而规定的连带责任"④。对网络中间服务商在间接侵权时与侵害他人权益的网络用户之间是否构成共同侵权,张新宝没有明确说明,但他将此种情况下网络中间服务商的责任分成对自己直接实施加害他人行为的责任、共同侵权的责任(共同故意)和因疏于自己的注意义务而承担的责任三种⑤,但其曾经以行为(或意思)不存在共同性为由认为在第三者介入的情况下不构成共同侵权⑥。

截至目前,对网络中间服务商间接侵权责任制度的过往研究中,除忽视该制度构建的法理依据、呈现泛制度论证倾向,以及忽视作为成文

---

① 指信息缓存服务、存储服务及搜索引擎服务的提供者,即载体服务提供者,不是信息提供者(Internet Content Provider,ICP),也不包括单纯接入服务提供者。

② 其规定:"网络用户利用网络服务实施侵权行为的,被侵权人有权通知网络服务提供者采取删除、屏蔽、断开链接等必要措施。网络服务提供者接到通知后未及时采取必要措施的,对损害的扩大部分与该网络用户承担连带责任。网络服务提供者知道网络用户利用其网络服务侵害他人民事权益,未采取必要措施的,与该网络用户承担连带责任。"据全国人大常委会法制工作委员会民法室的解读,《侵权责任法》中"'网络服务提供者'一词内涵较广,不仅应当包括技术服务提供者,还应当包括内容服务提供者",(参见:全国人民代表大会常务委员会法制工作委员会民法室.《中华人民共和国侵权责任法》条文说明、立法理由及相关规定[M].北京:北京大学出版社,2010:146.)但《侵权责任法》第三十六条第二款和第三款涉及的事实上是网络服务提供者的一种即中间服务商。

③ 王利明.侵权责任法研究(下)[M].北京:中国人民大学出版社,2011:137.

④ 杨立新.侵权法论[M].北京:人民法院出版社,2011:427.

⑤ 张新宝.互联网上的侵权问题研究[M].北京:中国人民大学出版社,2003:51-53.

⑥ 张新宝,唐青林.经营者对服务场所的安全保障义务[J].法学研究,2003(3):90.

法系国家、传承大陆法系法律制度机理的我国在侵权责任的认定方面与英美法系的根本不同、认为我国《侵权责任法》移植了"避风港规则"外，还有一个关键问题：缺乏对网络中间服务商侵权形态与责任形态的专门研究，认同对网络中间服务商适用连带责任。

然而，科学界定网络服务提供者的责任，应该首先厘清网络服务提供者责任制度需要面对和调整的矛盾与冲突。

一、网络中间服务商责任制度需调整的矛盾与冲突

（一）宪法权利与民法权利的冲突

当代社会，网络已成为公民表达观点、参与国家或公共事务的重要平台。在我国，由于传统媒体的垄断经营，网络是公民行使相关权利的有效平台。所以，网络中间服务商民事侵权制度，表面上是其与权利被侵害人之间的矛盾冲突，但在背后隐含着宪法规定的公民言论自由权、监督权与民法规定的公民人格权益、财产权益的矛盾冲突，隐含着公共利益、社会利益与个人利益的矛盾冲突。申言之，面临民事诉讼的网络中间服务商，其代表的不只是个人利益，还有公共利益与社会利益，如果不对其进行责任限制，无疑会给竞争激烈的网络产业套上紧箍咒，使其举步维艰，最终将导致权利人和网络产业两败俱伤①。

（二）司法目标的冲突即公正与效率的冲突

连带责任制度通常是一个产生效率但不产生公正的制度。目前，互联网还处于发展的初期，加之社会、经济发展的不平衡等原因，权利被侵害人很难确定侵权的网络用户。而在网络中间服务商作为侵权被告的诉讼中，如果不设置连带责任，很难追究替代者即网络中间服务商的责任，会导致案件久拖不决，产生效率问题；如果设置连带责任，对于本身没有侵权目的与意图、没有进行积极侵权行为的网络中间服务商而言，则难言公平，而且，承担这种连带责任之后，网络中间服务商很难向真正侵权的网络用户进行追偿，从而成为"责任炮盔"，这当然会产生公正问题。

（三）法律移植中的冲突

避风港规则在英美法系中的免责条款形式与大陆法系归责条款在

---

① 邓社民.网络服务提供者侵权责任限制问题探析［J］.甘肃政法学院学报，2011（5）：117.

衔接上有矛盾。网络中间服务商的侵权责任限制制度,源于美国的"避风港规则",该规则是基于英美法系的间接侵权的概念,并依据其"帮助侵权"的理论来构筑,以抗辩为实质,以免责条款为形式,体现了浓厚、典型的实用主义色彩。然而,作为承继大陆法系传统的我国,没有间接侵权的理论,帮助侵权的构成要件也与英美法系有本质不同,在立法方面也一贯遵从概念出发型逻辑,而且在侵权责任的构成方面一直采归责条款形式。如此,如何解决法律移植中法律概念内涵的不协调,并糅合两大法系在免责与归责方面的不同,成为对立法者法律理论与技术的考验。

由上,在建构网络服务商侵权责任之形态时,任何一种极端的做法都是不科学的。然而,作为成文法国家,确定网络服务商侵权责任形态的前提是正确理解和适用法律。

二、网络服务提供者连带责任对网络传播及网络产业影响

我国《侵权责任法》突破传统侵权法理论,给网络服务提供者施加了连带责任,而且,这种连带责任没有"避风港规则"的限制,责任范围广泛。

(一)我国《侵权责任法》中网络中间服务商连带责任的扩张性与范围的广泛性

1.网络中间服务商连带责任的扩张性

根据侵权法的传统理论,连带责任的适用范围限于有意思联络的共同侵权、共同危险及教唆、帮助行为①,但《侵权责任法》规定了三种连带责任,除继承基于意思联络侵权而产生的连带责任的传统适用范围外,将连带责任制度进行了两重突破:"一是扩展到该法第十一条规定的无意思联络(所有侵权人的行为都足以造成全部损害)的数人侵权;二是扩展到公共政策考量的范围。"②无论属于哪一种突破,网络服务提供者都未能幸免。

2.网络中间服务商连带责任范围的广泛性

网络中间服务商的责任范围事实上是由《侵权责任法》第三十六条第三款所使用的"知道"这一概念的内涵所决定的,而"知道"是否包括

---

① 王利明.侵权责任法研究(上)[M].北京:中国人民大学出版社,2011:480.
② 罗斌.网络服务提供者侵权责任形态研究[J].法律适用,2013(8):30.

"应知",直接决定了网络中间服务商的责任范围:包括"应知",则责任范围大;不包括"应知",则责任范围小①。

对于"知道"是否包括"应知"的分歧,关键原因之一是在《侵权责任法》的制定过程中对所用概念的几次摇摆:该法草案三次审议稿分别使用的"明知""知道"和"知道或者应当知道",而全国人大常委会最终改回"知道"②。因此,有学者认为:"原则上,知道应当主要限于'明知'……但是,这并不排斥在特殊情况下包括应当知道……较之于'明知'的表述,'知道'一词具有模糊性,从而为法官作出弹性解释提供了空间③。"当然,也有学者认为:"知道应当是已知。已知与明知是有区别的,明知应当是能够证明行为人明确知道,故意而为;已知是证明行为人只是已经知道了而已,并非执意而为,基本属于旅途的主观心理状态。"④还有学者认为:"知道"是否包括"应知"还代表着立法者是否接受"技术中立"(下文介绍)的原则⑤。

事实上,虽然学理解释不失为一种参考,但权威的解释仍是立法解释。而全国人大法工委的解释很明确:从法律解释学角度来讲,"知道"可以包括"明知"和"应知"两种主观状态⑥。立法者的解释与《信息网络传播权保护条例》中避风港规则的主观要件是一致的,与美国法律上不能适用"避风港规则"的两种主观状态"明知"(Actual Knowledge)和"基于特定事实和环境的认知"(Awareness of Facts or Circumstances)⑦也是一致的。

需要明确的是,《侵权责任法》第三十六条第二款和第三款的区别在于"知道"的时间点和表现形式亦不同:前者是在接到通知时,而且是"明知";后者是在网络用户侵权发生时就"知道",包括"明知"和"应知"。

综上,《侵权责任法》第三十六条中网络中间服务商责任范围是广泛的。

---

① 罗斌.网络服务提供者侵权责任形态研究[J].法律适用,2013(8):30.
② 陈现杰.中华人民共和国侵权责任法条文释义与案例解析[M].北京:中国法制出版社,2010:123.
③ 王利明.侵权责任法研究(下)[M].北京:中国人民大学出版社,2011:142-143.
④ 杨立新.侵权法论[M].北京:人民法院出版社,2011:426.
⑤ 杨明.《侵权责任法》第36条释义及其展开[J].华东政法大学学报,2010(3):126.
⑥ 全国人民代表大会常务委员会法制工作委员会民法室.《中华人民共和国侵权责任法》条文说明、立法理由及相关规定[M].北京:北京大学出版社,2010:152.
⑦ 17 U.S.C.,§512(c)(1)(A)(i)-(ii).

（二）连带责任对网络传播及网络产业的消极影响

1.违背网络传播的本质特性，妨碍信息传播

网络传播的特征是"全民性与草根性、即时性与异步性、开放性与共享性、交互性与多维性、直接性与匿名性"①，其优势在于信息交流的快速与海量，这种技术特征与优势不仅决定其精神的自由性，还决定了其在工作程序上的对一般性信息非把关性（对特殊信息有过滤和注意义务）。连带责任制度对网络传播的致命危害是："无视或混淆服务提供者身份与传统媒体把关人身份的区别，给网络服务提供者苛加对信息的把关或审查责任，明显违背网络传播的规律，将损害网络传播的精神本质。"②

2.损害网络产业的发展

作为高科技的产物，网络不仅是信息社会的传播工具，还是一个巨大的产业。在网络侵权中，除网络内容提供者外，其他网络服务提供者只是提供传输管道、搜索路径或存储空间，并没有利用网络侵害他人民事权益的主动行为。如果网络服务提供者须对网络用户侵权行为承担连带责任，需要对信息进行审查、过滤，其无法承受这一成本，势必损害网络产业发展。事实上，在全国人大常委会法制工作委员会民法室就《侵权责任法》的立法问题召开的数次座谈会上，不仅网络产业界，学界、司法界及社会其他行业也都普遍认为："给网络服务提供者施加连带责任，对网络行业不公平，会严重打击网络产业。"③

作为一种"加重责任"④，连带责任是"给网络服务提供者苛加的一个较为严重的责任"⑤。我国《侵权责任法》中的网络服务提供者承担的没有"避风港规则"的限制、范围广泛、影响信息传播和网络产业发展的这种连带责任，其立法考量的依据在哪里？

三、我国网络中间服务商连带责任制度与法理的背离

网络中间服务商民事侵权责任制度隐含着一系列利益冲突与矛盾，

---

① 李伦.网络传播伦理[M].长沙:湖南师范大学出版社,2007:5–8.
② 罗斌.网络服务提供者侵权责任形态研究[J].法律适用,2013(8):31.
③ 全国人民代表大会常务委员会法制工作委员会民法室.侵权责任法立法背景与观点全集[M].北京:法律出版社,2010:602、616、622.
④ 何文杰.论连带责任制度从绝对主义向相对主义的转变[J].兰州大学学报,2003(6):88.
⑤ 杨立新.侵权法论[M].北京:人民法院出版社,2011:427.

但利益的衡平与矛盾的解决,不可能单从民事法律的概念与逻辑本身去求得,还须从法理的层面获得依据:首先,该制度需要解决哪些利益冲突与矛盾;其次,该制度的现行规定是否有悖于法理。

立法者未采纳普遍性观点,而给网络服务提供者规定连带责任,至于其原因,立法者并没有给出解释,有学者认为是基于公共政策的考量①。那么,首先,其在法理和公共政策考量的角度是否合理?

(一)在法律秩序位阶和权利价值位阶上的背离

根据法律秩序位阶,即法律规范效力等理论,宪法处于最高位,其次是法律、法规、规章、习惯法②。而权利价值位阶理论认为:"不同位阶的基本权利发生冲突时,应优先保障位阶较高的权利,而公共利益和社会利益为取向的基本权利,应该优越于以个人利益为取向的基本权利,例如言论自由高于经济自由等。"③据此,在网络服务商间接侵权的民事诉讼中,其隐含的宪法性权利即言论自由与公民监督权优于原告的人格权、著作权等民事权益。

社会的进步使网络已经成为人们日常生活不可或缺的重要组成部分,"数字化生存"④方式已经成为我们生活的常态,对此,立法者也承认"互联网的广泛应用改变了人们的生活与生产方式……几乎成为人们日常生活中不可或缺的组成部分"⑤。而且,网络的精神是自由、高速、效率,网络的特性是综合、容纳、宏大。然而,目前网络技术并不成熟,处于不断发展之中,网络上侵权损害的程度也要依网络的普及程度而定,这决定网络中间服务商在某些方面所能造成的损害与相关法律主体尚无法比较⑥。在这种情况下,民事法律制度起码应该在网络言论自由、公民监督权这样的公共利益、社会利益与个人人格权或著作权之间保持一种平衡。而依立法者的解释,《侵权责任法》第三十六条的相关规定,正是其意欲"在保护权利人合法权益与促进互联网产业正常发展之间取得平

---

① 杨立新.侵权法论[M].北京:人民法院出版社,2011:427.
② 魏德士.法理学[M].丁晓春,译.北京:法律出版社,2005:118-123.
③ 张翔.基本权利冲突的规范结构与解决模式[J].法商研究,2006(3):101.
④ 尼葛洛庞蒂.数字化生存[M].胡冰,范海燕,译.海口:海南出版社,1997:33.
⑤ 全国人民代表大会常务委员会法制工作委员会民法室.《中华人民共和国侵权责任法》条文说明、立法理由及相关规定[M].北京:北京大学出版社,2010:154.
⑥ 宋红波.网络服务商的侵权责任分析[J].苏州科技学院学报,2003(5):71.

衡"①的结果。但是,可以看出,立法者阐述的立法理由显然仅仅将互联网的功能定位于"日常生活"和"产业",而并未考虑其在公民言论自由和监督权方面的宪法性功能。因此,《侵权责任法》给网络中间服务商施加了严厉的连带责任,并且不区分明知与过失的状态,这违背了法律秩序位阶等级与法益价值位阶基本理论,也造成权利人(原告)与网络中间服务商之间的利益失衡。

(二)对公正与效率的背离

公正与效率是任何法律制度应该追求的价值目标,连带责任制度也应如此。

而《侵权责任法》第三十六条第二款和第三款规定的网络中间服务商的连带责任,正是基于此考虑的。立法者的立法理由为"由于网络的匿名性、分散性等特点,权利人很难找到实施侵权行为的人,维权成本太高,很多权利人便要求网络服务提供者承担侵权责任……"②。出于便利与可能,理论上,被侵权人可针对侵权的网络用户或网络服务提供者进行选择性起诉,但通常起诉的是网络服务提供者,"当一个广泛使用的产品用于侵权时,希望通过制裁直接侵权人来保护作品权利成为不可能的时候,一个可行的选择即是让产品提供者承担间接侵权责任"③。

(三)对权利、能力与义务、责任一致理论的背离

如果说,对明知心理状态下的网络中间服务商施加连带责任,可视为利益冲突平衡的结果,那么,对过失心理状态下的网络中间服务商施加连带责任,背离了权利、能力与义务一致理论,就无疑于给网络中间服务商施加了对网络传播信息的内容审查义务——而网络中间服务商既没有这个能力,也没有此项权利。

首先,网络中间服务商为网络用户之间的信息交流提供的是一种中介服务,其必须借助技术手段才能对通过其系统或网络的信息加以监控,而诸如"过滤技术"等技术手段本身就具有很大的局限性,使监控会遇到无法克服的技术障碍;另外,网络服务商不是法律专才,在监控与审

---

①② 全国人民代表大会常务委员会法制工作委员会民法室.《中华人民共和国侵权责任法》条文说明、立法理由及相关规定[M].北京:北京大学出版社,2010:154.

③ MGM Studios Inc. v. Grokster, ltd. ,545 U. S. 788.

查时并不具备对侵权或违法行为的准确判断能力①。如果强制要求其对所有经过其服务流通的信息进行审查,不仅影响网络产业的发展,也"违背网络技术和产业发展的基本目标与价值取向———便利信息的交流与传播"②。对此,立法者也承认:"网络上存在的信息是海量的,网络服务提供者无法一一审查……要求其对所有侵权信息承担责任也是不公平的。"③

其次,网络中间服务商对传播信息进行审查或监控,可能会遭遇跨国法律障碍。网络服务商与传统媒体的根本区别之一,就是前者没有对传播信息的编辑、审查权,而后者有这项权利。网络超越国界,不同的国家对侵权与违法有不同的标准,如果网络服务商对网络用户的通信进行监控,还会遇到各国法律障碍。因此,要求网络服务商履行监控义务和承担无过错或严格责任的做法是不足采信的④。另外,无论是权利人、网络中间服务商还是网络用户,其地位都是平等的,都是平等的民事权利主体,"不存在谁凌驾于谁之上,对别人的行为予以审查的权利基础"⑤。

当然,除了在明知心理状态下要负民事责任外,网络中间服务商也不可能没有其他任何义务。对应于司法实践确立的"技术中立"提供的责任豁免,司法实践已经对网络中间服务商引入了民法上的一般注意义务。事实上,一般注意义务正是成文法国家对当事人过失心理状态的客观化标准,面对海量的信息,网络中间服务商只要尽到一个普通人的一般注意程度⑥即可免除侵权赔偿责任,这一标准与美国的"红旗标准"具有同样的价值追求。所以,有观点认为,如果用大陆法系的理论来界定,那么可以认为,服务商的注意标准应不低于重大过失的注意程度⑦。义

① 王迁.论 BBS 的法律管制制度[J].法律科学,1999(1):220;薛虹.再论网络展务提供者的版权侵权责任[J].科技与法律,2000(1).
② 王迁.网络服务提供商共同侵权责任研究[EB/OL].[2016-07-05].http://blog.sina.com.cn/ipwangqian.
③ 全国人民代表大会常务委员会法制工作委员会民法室.《中华人民共和国侵权责任法》条文说明、立法理由及相关规定[M].北京:北京大学出版社,2010:154.
④ 刘德良.论网络服务者在侵权法中的地位与责任[J].法商研究,2001(5):117.
⑤ 胡震远.网络传播帮助者的侵权责任认定[J].法律适用,2009(3):63.
⑥ 民法通说认为,有相当的知识、经验和诚实的人应尽的注意为善良管理人的注意,欠缺善良管理人的注意即构成抽象的过失;应与处理自己事务为同一注意而欠缺者,为具体的过失;显然欠缺普通人之注意者,为重大过失。参见:王泽鉴.侵权行为法(1)[M].北京:中国政法大学出版社,2002:259.
⑦ 胡震远.网络传播帮助者的侵权责任认定[J].法律适用,2009(3):63.

务与责任是对应的,网络服务商此种注意义务的未履行不应导致连带责任。追究网络中间服务商连带责任的做法势必影响网络产业的发展。因此,为了保障网络产业的健康发展,不能将传统的侵权行为理论直接适用于网络产业,而应对从事互联网产业的经营者进行责任限制①。

四、网络中间服务商责任制度与连带责任机理的背离

给网络中间服务商苛加连带责任,首先与我国《侵权责任法》中的数人侵权连带责任制度的机理相悖,与需承担连带责任的数人侵权责任构成要件不符。

(一)网络中间服务商与网络用户侵权行为的特征

1. 网络中间服务商的侵权属于间接侵权

依照英美侵权法,间接侵权主要包括以下两种情形:一是共同侵权行为中的帮助侵权人;二是特殊侵权行为中的替代责任(对本人管领的人或物件造成的损害承担侵权赔偿责任)人。

涉及网络技术服务商的侵权行为大部分属于间接侵权,因此,其责任也主要是间接侵权责任。来自网络技术服务商的间接侵权行为要比其直接侵权行为复杂得多。其表现形态既有帮助、促成、方便他人侵权的情况,也有其行为使得他人侵权状态或后果得以继续甚至扩大的情况。由于网络技术服务商所从事的是"后勤"工作,对"前台"事务基本不管不问,所以使得他人得以利用其提供的技术或服务进行非法活动。如前所述,目前出现问题比较大的是社交媒体和自媒体上的侵权、电子布告板上的言论与作品、邮件新闻的侵权、接入服务中形形色色的侵权、主机服务中的个人主页问题以及搜索引擎的不当连接等。

"直接侵权"不以过错为要件,而"间接侵权"中过错是必须要件。对于网络服务商的侵权责任,我国立法上没有对"直接侵权"和"间接侵权"做出区分,所以理论界和司法界以"共同侵权"代替对"直接侵权"和"间接侵权"的区分,导致责任分配出现较大偏差,即对网络服务商适用连带责任。

2. 网络中间服务商与直接侵权的网络用户之间为间接结合

最高人民法院《人身损害赔偿解释》第三条规定:"二人以上共同故

---

① 邓社民.严厉的法律　举步维艰的网络产业——对《侵权责任法》第 36 条的质疑[J].时代法学,2011(4):60.

意或者共同过失致人损害,或者虽无共同故意、共同过失,但其侵害行为直接结合发生同一损害后果的,构成共同侵权,应当依照《民法通则》第一百三十条规定承担连带责任。二人以上没有共同故意或者共同过失,但其分别实施的数个行为间接结合发生同一损害后果的,应当根据过失大小或者原因力比例各自承担相应的赔偿责任。"该条首次提出了直接结合和间接结合的概念,并在责任后果上加以区分:对前者适用连带责任,对后者适用按份责任。虽然《侵权责任法》并没有采纳这一区分方法,而是以分别实施侵权行人的各自行为是否足以造成全部损害为标准,将无意思联络数人侵权划分为第十一条规定的聚合(或称累积)因果关系类型和第十二条规定的竞合(或称部分)因果关系类型,但两者之间有内在联系,其对指导我国司法实务仍具有重要意义。以下对司法实践中的直接结合和间接结合加以区别。

直接结合,是指数人行为均为积极的加害行为,而不包括消极不作为,且各侵权者的行与损害结果之间都有直接的因果关系。间接结合,是指无意思联络的数人侵权,其构成要件有两点:一是导致损害结果的行为只能是诸侵权者侵权行为中的一种或一个;二是各行为人的行为相互偶然结合,只有一种因果关系直接连接到最后的损害后果[①]。

在表现形式方面,一般情况下,间接结合侵权行为是由动态的作为和静态不作为行为结合组成,具体而言:积极作为的侵权行为是损害发生的直接原因;消极不作为为损害发生提供了便利或条件,是损害发生的间接原因。

从因果关系来看,学界认为:"只要不是任何一个行为都足以造成损害,而是其中某些行为或者原因只是为另一个行为或者原因的致害创造条件,其本身并不会也不可能直接或者必然引发损害结果,在此种情形下,则不论没有共同故意或者共同过失的数行为人的行为是同时发生还是依次发生,是积极行为结合还是消极行为结合,都是属于'间接结合'的侵权行为。"[②]

可见,根据以上阐述,网络中间服务商与侵权的网络用户之间是间接结合的数人侵权:首先,二者从行为形态上看,前者是静态,后者是动

---

① 何敬伟. 试论直接结合与间接结合[EB/OL].[2016 - 02 - 20]. http://www. sdhualin. net/yanjiu. asp? id = 336.

② 王利明. 人身损害赔偿疑难问题[M]. 北京:中国社会科学出版社,2004:191 - 193.

态;前者是消极的不作为,后者是积极的作为。其次,从二者之间的关系来看,其结合具有偶然性、松散性,前者为后者的中介。再次,从二者与损害后果的关系来看,前者为后者直接导致损害结果的发生创造了条件,其本身并不可能直接导致损害结果。

(二)网络中间服务商与网络用户的侵权不构成共同侵权

2013 年 1 月 1 日施行的最高人民法院《信息网络传播权规定》第四条中,对共同侵权的行为方式的要求是"分工合作",显然坚持了意思联络的一贯主张①。当然,即使生效,该规定也只适用于著作权领域,而不能在人格权领域直接适用。

如前所述,国际上确定共同侵权的主流学说是意思联络说,有学者针对此学说明确指出:"由于网络服务提供者与网络用户之间不存在意思联络,其行为必然不同于传统民法上的共同侵权……"②

对网络中间服务商在网络侵权中与网络用户的关系,英美法系用帮助来概括,但这种广泛意义上的帮助并不等同于我国《侵权责任法》第九条规定的需承担连带责任的帮助侵权。

《侵权责任法》第九条规定:"教唆、帮助他人实施侵权行为的,应当与行为人承担连带责任。"对于网络中间服务商在网络侵权中与网络用户的关系,有观点认为是帮助侵权,网络服务提供者所负的间接侵权责任是基于"帮助行为"发生的,而不是基于特定身份所进行的替代③。

笔者认为,网络服务提供者与网络用户之间不能构成帮助侵权。

在主观上,帮助侵权的要件有两点:一是要求帮助者出于故意,对此,立法者认为"帮助侵权的主观要件应该是故意,帮助人知道或能够意识到其行为可能造成的损害后果"④;学者也认为:"一般侵权法中帮助

---

① 该条规定:"有证据证明网络服务提供者与他人以分工合作等方式共同提供作品、表演、录音录像制品,构成共同侵权行为的,人民法院应当判令其承担连带责任。网络服务提供者能够证明其仅提供自动接入、自动传输、信息存储空间、搜索、链接、文件分享技术等网络服务,主张其不构成共同侵权行为的,人民法院应予支持。"
② 杨明.《侵权责任法》第 36 条释义及其展开[J]. 华东政法大学学报,2010(3):124.
③ 全国人民代表大会常务委员会法制工作委员会民法室. 中华人民共和国侵权责任法解读[M].北京:中国法制出版社,2010:169 - 170;王迁. 论"网络传播行为"的界定及其责任认定[J].法学,2006(5):70;杨明.《侵权责任法》第 36 条释义及其展开[J]. 华东政法大学学报,2010(3):127;成晓娜. 论网络侵权行为的特殊性与立法对策[M]. 北京:中国政法大学,2009:10 - 11.
④ 全国人民代表大会常务委员会法制工作委员会民法室.《中华人民共和国侵权责任法》条文说明、立法理由及相关规定[M].北京:北京大学出版社,2010:38.

侵权的构成要件之一是行为人具有帮助他人进行直接侵权的主观意图，即只有在明知他人的行为构成直接侵权的前提下提供实质性帮助才能构成帮助侵权。"①二是帮助者和被帮者之间必须有共谋即意思联络。在这个问题上，有观点认为帮助者与被帮助者即直接侵权行为人之间不必有意思联络，但持该观点者同时也均认为帮助侵权的成立一般都要求有意思联络，特殊情况下可以没有意思联络，但是，对何种特殊情况，其并未能说明②。笔者认为，如果帮助侵权的成立在提供帮助者与被帮助者之间可以没有意思联络，则该侵权行为就应该属于《侵权责任法》第十二条规定的无意思联络的数人侵权，也就没有必要再规定第九条，因为教唆和帮助行为均可由第十二条来规范，对此，学者也持赞同态度，认为"在帮助行为中，实行人与帮助人的共同故意必须证明……帮助人须未直接参与实施具体加害行为，只是由于他们与实行人之间的共同意思联络，使他们之间的行为形成了共同的、不可分割的整体"③。

然而，网络中间服务商的间接侵权无论在主观要件或是客观行为、结果，都与帮助侵权有本质不同："首先，在主观上，网络中间服务商既没有与网络用户的意思联络，也没有单方的提供帮助的主动性表示。其次，在客观行为上，在明知网络用户侵权之前是被动的被利用，在明知网络用户侵权之后在客观要件即行为上是消极的不作为。再次，帮助侵权在损害结果的形成上，必须有提供帮助者的参与才能完成，而网络传播的快捷及便利的技术特征，相关信息一经上传，损害瞬间即可形成，所以，很难说网络中间服务商的放任或过失构成帮助行为，是导致损害发生或形成的原因，而只能说是损害扩大的原因。"④

与前述《侵权责任法》第八条规定的共同侵权与第十一和第十二条的关系一样，学术研究当然可以将间接故意、过失和客观上不作为的行为也列入帮助侵权。但是，从立法与司法角度考虑，既然《侵权责任法》第十二条规定了无意思联络的数人侵权，那么其应该与第九条规定的帮助侵权有本质的区别；如果在重要的主观要件和客观要件上没有区别，即第九条规定的帮助侵权可以没有意思联络，那么理论上的混淆会导致

---

① 王迁.论版权间接"间接侵权"及其规则的法定化[J].法学,2005(12):69.
② 王利明.侵权责任法研究(上)[M].北京:中国人民大学出版社,2011:504.
③ 杨立新.侵权法论[M].北京:人民法院出版社,2011:715.
④ 罗斌.网络服务提供者侵权责任形态研究[J].法律适用,2013(8):33.

司法实践陷入混乱。事实上,《信息网络传播权规定》第七条第三款中,其"网络服务提供者明知或者应知其网络用户侵害他人信息网络传播权,未采取删除、屏蔽、断开链接等必要措施,或者提供技术支持等帮助行为的,人民法院应当认定其构成帮助侵权行为"的规定,正因为没有恪守《侵权责任法》第九条规定的帮助侵权的成立应该有意思联络的主观要件,才导致将网络中间服务商的间接侵权也收进帮助侵权之网。当然,该司法解释第四条在共同侵权问题上坚持了意思联络说,未将共同侵权与帮助侵权混为一谈。

(三)网络中间服务商与网络用户的侵权不构成共同危险行为

网络中间服务商的消极不作为并非危险行为,因为共同危险行为成立的前提是:①共同危险没有意思联络,而且其共同过错是共同过失①。但在网络中间服务商与网络用户构成的数人侵权中,两者或是故意,或是过失。②在共同危险行为中,无意思联络的数人均实施了侵权行为,且数人共同参与的是实施具有致害他人危险的行为,即危及他人人身或财产安全的行为;而网络中间服务商经营网站、提供网络服务的行为在本质上并非危及他人的行为。③共同危险行为在时空上具有一致性,这与网络上的侵权明显不同。④共同危险行为中,个别侵权人的行为可单独造成损害后果,而网络上的侵权则不同,只有侵权网络用户的行为与网络中间服务商的不作为相结合方可造成侵权。因此首先应从共同危险侵权类型中排除。⑤共同危险行为无法确定责任人,而网络上的侵权则相反,作为实施积极行为的直接侵权人,网络用户是主要责任人;作为不作为的消极间接侵权人,网络中间服务商是次要责任人。

(四)网络中间服务商与网络用户之间的关系符合《侵权责任法》第十二条中的无意思联络的数人侵权

首先必须强调,网络服务提供者的不作为构成侵权行为,原因有两点:一是如前所述,其有注意义务,负担作为(如删除、屏蔽)义务而不作为;二是其不作为与损害结果有因果关系,即"倘若有所作为即得防止结果之发生,因其不作为乃致他人之权利受到侵害时,则不作为与权利受侵害之间有因果关系"②。

---

① 张新宝.中国侵权行为法[M].北京:中国出版社,1998:172.
② 王泽鉴.侵权行为法(1)[M].北京:中国政法大学出版社,2001:96.

其次,网络服务提供者与侵权的网络用户之间构成《侵权责任法》第十二条规定的无意思联络的数人侵权。该法第十一条规定的无意思联络的数人侵权,要求每个侵权行为人的行为都足以造成全部损害,这与网络中间服务商与网络用户的行为显然不相符,因为后者中每一方的行为都不足以造成全部损害。而该法第十二条规定的无意思联络的数人侵权,最符合网络中间服务商与网络用户行为之间的关系。

问题是《侵权责任法》第十二条要求二人分别"实施"侵权行为。如何理解"实施",即"实施"是否必须是积极的作为? 笔者认为,积极行为与消极行为结合导致同一损害,在《侵权责任法》第十二条规定的无意思联络数人侵权的内涵之中。而且,还有观点认为,积极与消极本是相对而言的,并没有绝对的标准将其进行划分。某些情况下表面静止的,不作为的状态,实际是一种积极侵权状态的延续①。

五、网络中间服务商的应然侵权责任形态

(一)关于网络中间服务商侵权责任形态的观点

第一种观点是:因与网络用户之间构成了共同侵权,网络中间服务商应承担连带责任,而《侵权责任法》第三十六条规定的也正是典型的连带责任②。

第二种观点是学界对此问题的主流,认为网络中间服务商应承担不真正连带责任。该观点认为,造成被侵权人损害的全部原因在于利用网络实施侵权行为的网络用户,其行为对损害结果发生的原因力为百分之百,其过错程度亦为百分之百,"网络服务提供者尽管有一定的过错,甚至也有一定的原因力,但其没有及时采取必要措施的过错和原因力是间接的,不是直接的,并不影响侵权的网络用户的责任"③。持不真正连带论者中还有人认为,"凡是不作为与作为结合,都不适用《侵权责任法》第十二条关于无意思联络的数人侵权的规定。同时,也不应解释为连带责任,应当解释为不真正连带"④。另有观点从预防侵权行为的角度考

① 黄立威.浅析如何认定侵权行为的"直接结合"与"间接结合"[EB/OL].[2016-08-06]. http://www.jsfy.gov.cn/llyj/gdjc/2011/11/15142144677.html.
② 王利明.侵权责任法研究(上)[M].北京:中国人民大学出版社,2011:543.
③ 杨立新.侵权法论[M].北京:人民法院出版社,2011:428.
④ 周友军.论网络服务提供者的侵权责任[J].理论探究,2010(3):58.

虑,将网络中间服务商的责任"解释为不真正连带以后,网络服务提供者可以向网络用户全部追偿,因为后者是终局责任人,这有利于预防侵权行为"①。还有学者认为,我国《侵权责任法》中只有第八条、第九条、第五十一条规定的责任为真正的连带责任,第十条与第十一条、第三十六条、第四十三条、第五十九条、第七十四条、第七十五条、第八十三条、第八十五条、第八十六条等为不真正的连带责任②。

第三种观点则是认为网络中间服务商应承担补充责任。有学者主张:"网络服务提供者未能履行自己合理注意的义务,客观上对网络著作权损害的扩大化起到一定的作用,可考虑在实际行为人承担责任之后,由网络服务提供者承担补充责任。"③

(二)网络中间服务商应承担按份责任

判断网络中间服务商的责任形态,关键应该考虑两个因素:

一要考虑其与侵权网络用户之间有没有意思联络。根据前述观点,可以排除网络中间服务商承担连带责任,原因很简单:其与侵权网络用户之间没有意思联络,不构成共同侵权。当然《侵权责任法》第十一条规定了无意思联络的数人侵权也承担连带责任的情形,但其要求是每个侵权行为都"足以造成全部损害",这与网络中间服务商的行为后果显然不符。

二要考虑网络中间服务商的责任是自己责任还是替代责任,即自己是否有过错:有,则是自己责任;无,则是替代责任,因为承担替代责任的基础行为是特殊侵权行为。显然,网络中间服务商对网络用户的侵权行为所承担的责任是一种间接侵权行为人负责的特殊责任形态,但并不是替代责任,因为此类侵权并非特殊侵权;网络中间服务商与侵权的网络用户之间并无任何特殊关系。

有研究者认为,虽然网络服务提供者并非通过积极作为的方式侵害他人的权益,其"侵权行为"表现为消极的不作为,即没有采取措施避免他人的损害,但它是对自己行为的责任,并非对他人行为的责任,是对自己具有过错的不作为负责④。应该明确的是,如果有过错,就不是替代责

① 郑玉波.民法债编总论[M].北京:中国政法大学出版社,2004:427-428.
② 李永军.连带责任的性质[J].中国政法大学学报,2011(2):88.
③ 张新宝.互联网上侵权问题研究[M].北京:中国人民大学出版社,2003:33.
④ 周友军.论网络服务提供者的侵权责任[J].理论探究,2010(3):56.

任(中间责任)。不能犯"这种责任以过错为基础,属于所谓的中间责任"之类的逻辑错误。

这样,对网络中间服务商的责任,可以排除不真正连带责任和补充责任。

(三)网络中间服务商责任份额的确定

学者认为,对于无意思联络的数人侵权责任的确定,应当依照以下规则处理:首先,各行为人对各自的行为所造成的后果承担责任。在损害结果可以单独确定的前提下,法官应当责令各行为人就其行为的损害承担赔偿责任。其次,各行为人在共同损害结果无法分割的情况下,按照各行为人所实施行为的原因力,按份额各自承担责任。再次,对于无法区分原因力的,应按照公平原则,区分各行为人的责任份额。最后,不实行连带责任。无论在以上何种情况下,各行为人都只对自己应承担的份额承担责任,既不能使各行为人负连带责任,也不得令某个行为人负全部赔偿责任,同时,也不存在行为人内部的求偿关系[1]。

当然,排除连带责任、不真正连带责任及补充责任,可能出现受害人举证不能的后果,因为受害人需要对侵权人承担的责任份额进行证明。但是,这并不难证明:侵权网络用户是主动方、动态的作为者,网络中间服务商是从动方、不作为者。动态行为使原本仅仅存在的危险转化为现实的损害后果,是损害发生的直接原因,所以有研究认为:"侵权网络用户的动态行为是间接结合侵权行为中较大的原因力,应承担较大份额的责任;而网络中间服务商的静态行为对于导致损害结果的发生仅仅起到辅助作用,如果没有动态行为的发生,存在的仅仅是一种危险状态,故此应该认定静态行为者承担较小份额的责任。"[2]

当然,无论网络中间服务商的主观心理状态是间接故意还是过失,都不影响其侵权责任的成立,而只影响责任的大小,而且,间接故意的责任大于过失的责任。

六、结论与建议

作为人类发明的传播工具,互联网在带来更大的言论自由空间的同

---

① 杨立新.侵权责任形态研究[J].河南省政法管理干部学院学报,2004(1):12.
② 于晨宏.浅析间接结合侵权[EB/OL].[2016-08-08].http://www.studa.net/minfa/060927/11404291.html.

时,也制造出侵害他人各种权益的"魔鬼"。与报纸、广播、电视一样,作为媒介的一种,互联网是人类进行传播、交流的工具之一,民事主体不应该因为使用和管理这种工具而享有特殊的权利,也不应该因此承担额外的义务。与此同时,正如《侵权责任法》第一条宣示的"为保护民事主体的合法权益,明确侵权责任,预防并制裁侵权行为,促进社会和谐稳定"立法目的和第二条规定的"侵害民事权益,应当依照本法承担侵权责任"的制裁范围,不能因为互联网是一种新的传播工具,被经由此工具受到损害的民事主体的权利就可以被牺牲,所以,无论故意还是过失,都是侵权法上的过错,其造成的损害都应该得到赔偿。

连带责任适用于有意思联络的共同侵权、共同危险及教唆、帮助行为,这是侵权法传统理论[①]。但《侵权责任法》将连带责任制度进行了两重突破:一是扩展到该法第十一条规定的无意思联络的数人侵权;二是扩展到公共政策考量的范围。即使按照这两重突破,网络服务提供者承担连带责任也没有合理性:其与网络用户之间形成的是《侵权责任法》第十二条规定的(数人侵权但都不足以造成全部损害,需承担按份责任或平均责任)无意思联络的数人侵权;该规定还明显违背法理,也不符合立法者宣称的立法目的。

至于网络服务提供者的侵权责任,按份责任是合乎数人侵权责任制度内在机理的结论,是最好的利益衡平:首先,可以使网络服务提供者履行适当的注意义务,对明显可能侵权的信息采取一定的审查,再决定是否采取删除、屏蔽或其他措施,从而保护权益人的权益。其次,使网络服务提供者对自己的责任有相当的预见性,从而消除责任不确定性或无限性,从这个角度而言,它铲除了网络产业发展的民事法律制度上的"地雷",是网络服务提供者的福音。当然,网络服务提供者的按份责任也具有技术上的可操作性。

第三节　再传播(转载、转播)侵权责任形态

再传播包括平面媒体的转载和电子媒体的(音频、视频)转播,而网络媒体的再传播则包含了转载和转播。作为一种非原创性的传播,再传

---

① 王利明. 侵权责任法研究(上)[M]. 北京:中国人民大学出版社,2011:480.

播由传统的同类媒体之间对相同信息的再传播,日益发展为跨媒体的再传播。由于网络传播的加入,转载传播中的侵权对侵权对象造成的损害可能呈几何级放大。而作品的原传播媒体与转载媒体之间的责任分配,即其应承担连带责任还是按份责任,如果是按份责任则如何分配的问题,成为传播侵权责任形态中尚未厘清而又亟须解决的问题。但鉴于再传播侵权行为是否可以免责的争论,解决这些问题的前提是首先要明确再传播承担侵权责任的依据。

一、"再传播"的内涵及其侵权客体

(一)"再传播"概念

关于"再传播",最常用的是"转载",其不仅是学术概念,也因《著作权法》第三十三条第二款的规定(即"作品刊登后,除著作权人声明不得转载、摘编的外……")和最高人民法院《著作权司法解释》第十七条"著作权法第三十二条第二款规定的转载,是指报纸、期刊登载其他报刊已发表作品的行为"的界定而成为法律概念。相对于平面纸质媒体的"转载",《著作权法》第四十五条将广播电台、电视台对音视频信息的再次传播称为"转播"(即"广播电台、电视台有权禁止未经其许可的下列行为:(一)将其播放的广播、电视转播……")。

在研究转载传播者的侵权责任时,许多文章将转载、转播称为"重复传播",将作品的第一次传播媒体称为"首发媒体"。笔者认为:①由于许多转载、转播将所转载、转播内容进行了改动,而且其传播范围已不同,故宜称为"再传播";而作品的首次传播应称为"原传播"。②在相关知识产权诉讼中,转载传播中的权利主体并不一定是首发媒体,而可能是作者等他人,所以侵权对象应称为"原传播者";在相关人格权诉讼中,侵权主体或责任承担主体并不一定是转载媒体,而可能是传播者本人,故侵权主体应称为"转载传播者"或"再传播者"。

(二)侵害信息网络传播权中的再传播

传统媒体中的再传播比较容易理解,而网络传播中的再传播,只有对作品、表演、录音录像制品构成"提供"行为,才能考虑该行为是否构成再传播,即提供行为是再传播成立的前提。而只要相关作品等不是在网络上首次传播,或者在线下已经进行过传播,则其在网络上的传播即属于再传播。

根据 2013 年 1 月 1 日最高人民法院《信息网络传播权规定》第三条第二款的规定,"通过上传到网络服务器、设置共享文件或者利用文件分享软件等方式,将作品、表演、录音录像制品置于信息网络中,使公众能够在个人选定的时间和地点以下载、浏览或者其他方式获得的"行为才是"提供"行为。显然,司法解释采纳了"服务器标准",即只要作品没有被从服务器上删除,并且服务器一直开放,再传播的前提——"提供"行为就成立。

另外,根据上述《信息网络传播权规定》第五条:"网络服务提供者以提供网页快照、缩略图等方式实质替代其他网络服务提供者向公众提供相关作品的,人民法院应当认定其构成提供行为。"网页快照、缩略图是"提供"行为,而其性质上是一种典型的再传播行为。

（三）再传播的侵权客体

从司法实践来看,再传播包括以下两种侵权客体:

1.人格权

再传播侵害的人格权与原传播侵害的人格权并没有本质不同,名誉权、隐私权、个人信息权、荣誉权、名称权、姓名权、肖像权、财产权、著作权等,都是其侵害客体。

2.著作权

著作权也是再传播的重要侵害客体,包括:署名权、修改权、保护作品完整权、发行权、表演权、放映权、广播权、信息网络传播权、改编权、翻译权和汇编权,都可能是再传播的侵权客体。

二、再传播侵权责任承担的不同观点

（一）不承担说

这种观点认为,再传播者不应承担因转载而导致的侵权责任,即"一旦出现了不真实的新闻,原始刊发新闻的单位要承担新闻失实的法律责任。在诉讼中,只要转载报社能证明其转载的出处,法院就应当对转载报社有关事实部分实行免责"①。当然,此观点认为再传播者免责的前提是"能证明原传播的出处",即能找到原传播者。

---

① 周瓒.媒体因转载引发的诉讼及其法律责任[J].新闻战线,2006(7):49.

（二）减轻责任说

这种观点认为，如果再传播作品发生侵权，只要进行更正和道歉即可。如认为："从过错原则出发，转载者与被转载媒体相比其主观过错较轻，因而应当承担相应的民事责任"①；"新闻媒介和出版机构转载的作品由于内容失实侵害他人名誉权时，主要承担及时更正和道歉的法律责任，人民法院可根据扩大损害后果的程度适当确定赔偿责任。但转载者对转载作品造成的以下侵权行为应承担责任：1.与原被转载作品不一致的内容发生的侵权后果；2.转载的作品由于侮辱性言论损害他人的名誉"②。减轻责任说的依据除了"过错较轻"外，还认为我国新闻媒体上传播内容可推定为真实，即"由于从理论上可以推定媒体上发表的新闻都真实，因此不能因为极个别新闻作品的失实而否认绝大部分新闻的真实性。既然是真实的，其他报刊转载时就没有审查核实责任。这与首次发表作品的媒体所承担的审查核实责任是完全不同的。如果转载后因被侵害人的告诉发现失实，转载报刊只要主动发表更正就履行了应负责任"③。

（三）过错原则说

这种观点认为，应该在过错责任原则的前提下考量再传播者的责任，"媒介是在过错责任原则的大前提下对内容承担核实责任的。由于有关规范规定了媒介的核实责任，媒介对于内容真实性的注意义务是十分严格的。而媒介对失实内容主观上不具有过错的情况还是存在的，如果实际情况表明媒介对失实内容主观上不具有过错，如发表官方提供的正式信息，转载国家通讯社、党的机关报发表的文章，发表者和转载者无从预见其中的差错，按理不能负责"④。这种观点从一般侵权的归责原则即过错出发，而不是从损害结果出发。

（四）强化责任说

这种观点认为，对再传播媒体的侵权责任，不仅不应减轻，反而应该强化，其理由有四点⑤：①对一家珍惜自己公信力的负责任的媒体而言，将

---

① 徐迅，黄晓，王松苗等.新闻侵害名誉权、隐私权新的司法解释建议稿（依据部分·续五）[J].新闻记者，2008（7）.

② 徐迅.新闻（媒体）侵权研究新论[M].北京：法律出版社，2009：339.

③ 曹瑞林.转载和未注明新闻源作品的法律责任问题[J].中国记者，2005（6）：16－17.

④ 魏永征.在过错责任原则的前提下看媒体的转载责任[J].新闻记者，2008（10）：29.

⑤ 唐远清.从汶川地震后"母爱短信"报道看媒体的转载核实责任[J].新闻记者，2008（8）：22－23.

其他媒体的报道作为新闻源,应在核实的基础上进一步深入报道,也是锻造自己品牌的明智选择。②"报道事实真相"这一放之四海而皆准的新闻职业定律,不会因为报道是否是转载而有任何改变。③如果说媒体的天职就是报道事实真相的话,那么,对转载的报道加以核实,也就根本不能算是什么苛求。只要媒体转载了失实报道,也就应该被认定为有过错,因为新闻媒体的职责就是报道事实真相。④转载失实报道后只需更正和道歉就可免责的主张,也易导致失实报道更加泛滥,以讹传讹之风日盛。

上述四种观点,其共同点为:均从新闻传播角度对再传播的侵权责任进行考量;均针对人格权的侵权。其中第三种观点"过错原则说"是相对折中而稳妥的观点,其与第二种观点即"减轻责任说"相同的是,坚持了过错归责原则,但其认为再传播的注意义务也是一种比较严格的义务;其与第四种观点即"强化责任说"的区别在于:后者接近于过错推定原则。

三、再传播与原传播之间的关系

正确分配再传播者与原传播者之间的侵权责任,首先需要厘清二者之间的关系。从侵权损害后果角度,应考虑传播范围即受众范围;从再传播者与原传播者之间的责任牵连性角度,应考虑二者有无意思共谋,以确定其是否构成共同侵权。

(一)再传播与原传播传播范围的客观关系

1. 平行关系

平行关系指传播媒体各有自己的传播范围,没有交叉。如由于行政管理、垄断或媒体传播方式的原因,A省的某都市报与B省的某电视台之间,在传播范围之间没有任何交集,甚至不同省市区的同类媒体之间和同一省市区的同类媒体之间,其受众范围的不同决定其传播范围基本无交集。

2. 交叉关系

交叉关系指传播媒体的传播范围有交叉关系,这种交叉主要表现在:不同媒体之间,如A报的读者同时也是B电视台的观众和C网站的用户;同类媒体之间,如某读者同时是全国性报纸A、省级报纸B和地市级报纸C的读者。

3. 包含关系

包含关系指即传播媒体的传播范围是覆盖与被覆盖关系。如某省级电视台观众范围包含了某地级电视台的观众。当然,这种覆盖关系在理论上存在,在现实中可能并不存在,或者极少存在。

不同的传播范围往往可以影响传播侵权的损害后果,上述三种不同的传播关系,是再传播与原传播之间侵权责任划分的重要依据。

（二）再传播者与原传播者的主观关系

如前所述,意思联络是决定共同侵权是否成立的关键主观要素,是决定再传播者与原传播者之间是否应承担连带责任的决定因素之一。而再传播者与原传播者的主观关系,无非就是有无意思联络两种:有,即可构成共同侵权;无,则不构成共同侵权。当然,依照我国《侵权责任法》的第十一条规定,再传播者与原传播者即使不构成共同侵权,在责任聚合的情况下,也可承担连带责任。

四、再传播承担侵权责任的法理依据

（一）再传播的目的并非均为公益传播或交流,其理应承担相应的法律责任

再传播侵权问题在我国出现之初,主要是传统媒体作为再传播者的侵权。尤其在社会资本介入之前,我国传统媒体为国有,其公益性突出,故媒体的再传播以公益为主要目的。而随着网络媒体,尤其是自媒体的普及,传播生态发生巨大变化,个人网络用户和自媒体用户成为再传播者,其再传播的目的并非一定是为公益,事实上许多自媒体是牟取经济利益的平台,其对所再传播信息的选择具有很大的私益性。在公益目的的传播都受到法律规制的同时,再传播侵权受到法律规制,也顺理成章。

（二）再传播中的把关审核在自媒体中弱化,从制度安排考虑,其理应承担相应的法律责任

因相关法律的要求,传统媒体及网站人员素质较高,机构健全,对包括再传播在内的传播内容的审查核实比较规范。但自媒体的普及改变了传播生态,自媒体几乎不存在审查核实,在此意义上,说再传播内容是"泥沙俱下""鱼龙混杂"也毫不为过。这种情况下,再传播的内容容易构成侵权,而其承担侵权责任也是必要的民事责任制度安排。

（三）再传播者与侵权对象之间构成独立的民事法律关系,其理应承担相应法律责任

通常,再传播者与原传播者之间并不存在意思联络,即再传播行为

构成侵权责任情况下，其与侵权对象之间形成独立的侵权法律关系，再传播者应当承担独立的法律责任。正如王利明教授的观点："新闻刊转单位的转载行为实则构成新的侵权，应当对其转载所造成的扩大损害承担侵权责任。"①即使再传播者与原传播者之间存在意思联络，其侵权行为构成共同侵权，再传播者也同样应承担（连带）责任。固为民事主体有独立的民事权利，也应该在行使民事权利时承担相应的民事义务，在违反民事法律、侵害他人合法权益时独立承担民事责任，不能说因为第三人侵权，自己再次重复这种侵权行为就可以免责。

（四）作为加重侵权对象损害后果的再传播，其理应承担相应的法律责任

如前所述，再传播与原传播之间的传播范围关系中，包含关系在现实中极少出现，更多的是平行关系或交叉关系，这意味着：如果原传播侵权，每一次再传播都可能加重侵权对象的损害后果，所以，"转载侵权作品一般构成侵权行为……受害人起诉转载单位的，若无特殊事由，转载者应承担民事责任。"②而这一观点与英美法系的观点相仿，英美法系诽谤法一致认为："诽谤性陈述的每一次公开，都是一次新的侵权行为，公开者都要对其再次公开的行为承担侵权责任。"③

五、再传播承担侵权责任的法律依据

在我国法律体系中，专门针对再传播侵权责任的抗辩或免责规定主要集中在著作权领域：①《著作权法》对再传播规定了一定条件的免责，其第二十二条第一款（三）和（四）和第二款④规定了对时事新闻作品可不经著作权人许可，并不向其支付报酬的再传播权利；第三十三条第二款规定了一定条件下对已刊发作品的不经许可的转载权，即"作品刊登后，除著作权人声明不得转载、摘编的外，其他报刊可以转载或者作为文

---

① 王利明.人格权法新论[M].长春:吉林人民出版社,1994:233.
② 王利明,杨立新.人格权与新闻侵权[M].北京:中国方正出版社,2010:506.
③ 罗德尼·A.斯莫拉.诽谤法[M].纽约:克拉克·博德曼有限公司,1989:61-62.
④ 《著作权法》第二十二条第一款（三）和（四）分别规定:"为报道时事新闻,在报纸、期刊、广播电台、电视台等媒体中不可避免地再现或者引用已经发表的作品;""报纸、期刊、广播电台、电视台等媒体刊登或者播放其他报纸、期刊、广播电台、电视台等媒体已经发表的关于政治、经济、宗教问题的时事性文章,但作者声明不许刊登、播放的除外;"第二款"前款规定适用于对出版者、表演者、录音录像制作者、广播电台、电视台的权利的限制"的规定,事实上包括了文章和音频、视频作品。

摘、资料刊登,但应当按照规定向著作权人支付报酬",该规定强调了著作权人的获得报酬权。②在信息网络传播权方面,国务院的《信息网络传播权保护条例》有关"避风港规则"的内容,也可视为再传播侵权的抗辩依据(参见第十五章第六节)。

但是,著作权领域再传播侵权的免责也是相对的。根据最高人民法院《著作权司法解释》第17条的规定,无论针对任何内容的转载,都应该保护著作权人的署名权,如果"转载未注明被转载作品的作者和最初登载的报刊出处的,应当承担消除影响、赔礼道歉等民事责任"。

此外,虽然再传播侵权还可适用侵权责任法上的一般抗辩事由,但无论是我国《宪法》《侵权责任法》,均没有转载、转播等再传播侵权行为可免予处罚的"特别安排"。

在其他专门涉及传播的法律法规或司法解释中,情况如下:

(一)有关传播的行政规章规定的传播侵权责任未一般性排除再传播

首先,国务院关于一般信息传播的一系列行政法规[包括1997年9月1日起施行的《中华人民共和国广播电视管理条例》第三十二条(五),2000年9月20日起施行的《互联网信息服务管理办法》第十五条(八),2000年9月25日起施行的《电信条例》第五十六条(八),2002年2月1日起施行的《中华人民共和国出版管理条例》第二十五条(八)、第二十七条中],关于禁止"侮辱或者诽谤他人,侵害他人合法权益"和"出版物的内容不真实或者不公正,致使公民、法人或者其他组织的合法权益受到侵害的,其出版单位应当公开更正,消除影响,并依法承担其他民事责任"的原则性规定,无论是平面媒体的"出版",广播电台、电视台的播放和网络媒体的"制作、复制、发布、传播",无论是针对人身权的传播还是著作权的传播,均未排除转载、转播等再传播行为。

其次,国务院关于互联网新闻信息传播的规章,也未排除转载、转播等再传播行为。国务院网信办2017年6月1日起施行的《互联网新闻信息服务管理规定》进行了具体规定。其中,第十五条主要针对著作权保护,规定:"互联网新闻信息服务提供者转载新闻信息,应当转载中央新闻单位或省、自治区、直辖市直属新闻单位等国家规定范围内的单位发布的新闻信息,注明新闻信息来源、原作者、原标题、编辑真实姓名等,不得歪曲、篡改标题原意和新闻信息内容,并保证新闻信息来源可追溯。

互联网新闻信息服务提供者转载新闻信息,应当遵守著作权相关法律法规的规定,保护著作权人的合法权益。"而第十六条则主要针对人格权保护和社会秩序维护,规定:"互联网新闻信息服务提供者和用户不得制作、复制、发布、传播法律、行政法规禁止的信息内容。互联网新闻信息服务提供者提供服务过程中发现含有违反本规定第三条或前款规定内容的,应当依法立即停止传输该信息、采取消除等处置措施,保存有关记录,并向有关主管部门报告。"显然,这些规定也未排除转载、转播等再传播行为。

（二）法律和司法解释确定了关于再传播侵害他人合法权益责任的归责原则

1. 司法解释确定的针对人身权再传播侵权行为的过错归责原则

早在 1993 年最高人民法院的《解答》第七条中,明确了过错责任原则;在 1998 年《解释》中,第三条"新闻媒介和出版机构转载作品,当事人以转载者侵害其名誉权向人民法院提起诉讼的,人民法院应当受理"的规定,就明确了再传播者不能一概免于民事法律责任的原则。而且,从两个名称只有一字之差的司法解释中,转载适用过错责任是自然而然的结论。虽然此司法解释是针对名誉权的规定,但对于其他人格权的侵害,司法实践也参照适用。

如果说上述司法解释仅针对传统媒体,那么 2014 年 10 月 10 日起施行的《信息网络侵害人身权益规定》第十条"人民法院认定网络用户或者网络服务提供者转载网络信息行为的过错及其程度,应当综合以下因素……"的规定,明确了针对人身权的再传播行为的过错归责原则。

对于特殊信息即国家机关依职权制作的文书的再传播侵权责任,上述司法解释第十三条还进行了特别规定:"网络用户或者网络服务提供者,根据国家机关依职权制作的文书和公开实施的职权行为等信息来源所发布的信息,有下列情形之一,侵害他人人身权益,被侵权人请求侵权人承担侵权责任的,人民法院应予支持:（一）网络用户或者网络服务提供者发布的信息与前述信息来源内容不符;（二）网络用户或者网络服务提供者以添加侮辱性内容、诽谤性信息、不当标题或者通过增删信息、调整结构、改变顺序等方式致人误解;（三）前述信息来源已被公开更正,但网络用户拒绝更正或者网络服务提供者不予更正;（四）前述信息来源已被公开更正,网络用户或者网络服务提供者仍然发布更正之前的信息。"

2.法律和司法解释确定的著作权领域再传播侵权行为的过错推定归责原则及过错认定因素

在上述关于传播侵害著作权免责范围之外,包括转载、转播在内的再传播侵权行为仍然可归责,而且是适用过错推定归责原则。《著作权法》第五十三条规定:"复制品的出版者、制作者不能证明其出版、制作有合法授权的,复制品的发行者或者电影作品或者以类似摄制电影的方法创作的作品、计算机软件、录音录像制品的复制品的出租者不能证明其发行、出租的复制品有合法来源的,应当承担法律责任。"该规定事实上对作品的出版、制作、出租、发行等方式的侵权明确了过错推定归责原则。而其后的司法解释则非常明确地对包括再传播在内的传播侵害著作权行为规定了过错推定原则。根据2002年《著作权司法解释》第二十条第一款"出版物侵犯他人著作权的,出版者应当根据其过错、侵权程度及损害后果等承担民事赔偿责任"和第四款"出版者所尽合理注意义务情况,由出版者承担举证责任"的规定,涉及出版物侵害著作权的行为,均适用过错推定;2012年最高人民法院《信息网络传播权规定》第六条"原告有初步证据证明网络服务提供者提供了相关作品、表演、录音录像制品,但网络服务提供者能够证明其仅提供网络服务,且无过错的,人民法院不应认定为构成侵权"的规定,在信息网络传播权侵权方面强调了过错推定原则。

值得注意的是:《民法典·人格权编(草案)》第八百零六条规定了再传播者对转载也应尽合理审查义务。

(三)相关行政规章和司法解释对再传播注意义务的明确

过错的认定需要注意义务的设立,在再传播的注意义务方面,我国相关法律规定无论针对人身权益还是著作权,都进行了明确。

1.关于平面媒体再传播者的审核注意义务

我国相关行政机关对再传播者的审核的注意义务进行了规定。早在2000年,新闻出版署《关于进一步加强报刊摘转稿件管理的通知》第四条就明确规定:"媒体对其摘转内容的真实性负有审核责任,稿件失实一经发现,应及时公开更正,并采取有效措施消除影响。"2011年,新闻出版总署做出的《关于严防虚假新闻报道的若干规定》第二条(四)中,转载审核义务主体从报刊扩大到了新闻机构,其规定:"新闻机构必须完善新闻转载的审核管理制度。转载、转播新闻报道必须事先核实,确保新闻事实来源可靠、准确无误后方可转载、转播,并注明准确的首发媒体。不得转载、转播未经核实的新闻报道,严禁在转载转播中断章取义,歪曲原新闻报道事实,擅自改变原新闻报道内容。"

2. 关于网络再传播的注意义务

《信息网络侵害人身权益规定》第十条"人民法院认定网络用户或者网络服务提供者转载网络信息行为的过错及其程度,应当综合以下因素:(一)转载主体所承担的与其性质、影响范围相适应的注意义务;(二)所转载信息侵害他人人身权益的明显程度;(三)对所转载信息是否作出实质性修改,是否添加或者修改文章标题,导致其与内容严重不符以及误导公众的可能性"的规定,不仅明确了网络传播领域针对人身权的再传播行为的过错归责原则,更重要的是,其首次明确了与再传播主体的性质、影响范围"相适应的注意义务"标准,在一定程度上,也可以说是所有传播者的注意义务标准。而且,可以说,该司法解释对转载侵权中过错的认定、是否履行注意义务的认定,与其第九条关于网络服务提供者过错的认定和是否履行注意义务的认定,并无本质区别。

在侵害信息网络传播权方面,司法解释以两条规模、从过失认定因素方面明确了再传播者的注意义务:在第九条规定了网络服务提供者应知的认定因素;针对提供信息存储空间服务的网络服务提供者的侵权行为,在第十三条规定了应知的认定因素①。

六、再传播侵权的责任形态

鉴于上述再传播构成侵权的法理和法律依据,传播者的责任主要是因过错产生的自己责任,而且,受害人在起诉时往往并不将再传播者和原传播者一并起诉,而是分别起诉,甚至在不同法院起诉。这种情况下,判决并不涉及责任形态问题。如果受害者选择在同一法院一并起诉原传播者和再传播者,则会面临数名被告的责任形态问题即对其进行的责任份额划分问题。

如前所述,意思联络是共同侵权存在的本质基础,是连带责任承担的

---

① 即"有下列情形之一的,人民法院可以根据案件具体情况,认定提供信息存储空间服务的网络服务提供者应知网络用户侵害信息网络传播权:(一)将热播影视作品等置于首页或者其他主要页面等能够为网络服务提供者明显感知的位置的;(二)对热播影视作品等的主题、内容主动进行选择、编辑、整理、推荐,或者为其设立专门的排行榜的;(三)其他可以明显感知相关作品、表演、录音录像制品为未经许可提供,仍未采取合理措施的情形。"

关键前提。但这句话并不能反过来说,因为许多法定的连带责任并不以意思联络为前提,即共同侵权与连带责任的适用范围并不一致。在再传播侵权中,通常情况下,再传播者与原传播者并没有意思联络,即使有再传播者向原传播者求证、核实的情况存在,也不能说这种求证、核实就是法律意义上的"意思联络",因为他们通常并没有共同侵权的通谋。因此,再传播者与原传播者之间的责任形态主要应在无意思联络数人侵权的背景下考虑。

（一）再传播与原传播之间聚合关系导致连带责任存在的理论可能性

《侵权责任法》第十一条规定的无意思联络的数人侵权,要求侵权行为人分别实施侵权行为,并且每个人的行为都足以造成全部损害。就再传播与原传播的关系而言,虽然其通常无意思联络,但其行为是有"牵连"的,因为没有原传播就没有再传播,原传播是再传播发生的基础和前提。这种情况与网络服务提供者和网络用户之间的关系类似,网络服务提供者的服务是网络用户进行传播的前提。但前提与前提不同:网络服务提供者和网络用户的行为结合才能造成同一结果;而再传播和原传播在理论上任一行为都可能造成同一结果,如被侵权者隐私泄露后的精神痛苦,或被侵权者因不堪名誉损害后果而自杀,所以,再传播者和原传播者之间的责任形态也有连带责任的可能。也就是说:在聚合因果关系模式下,行为没有牵连都可导致侵权行为人的连带责任,有牵连更应导致连带责任。

当然,这种极端的情况很少,因为再传播与原传播对侵害对象的损害后果更多的是在量与度范围内的增加,尽管对人格权的损害很难用量与度来衡量;而且,从概率的角度,法官通常不愿承认仅原传播或再传播本身就可造成全部损害。所以,再传播者和原传播者之间的责任形态更多地应从竞合关系上考虑。

（二）再传播与原传播之间的关系符合竞合关系数人侵权模式

《侵权责任法》第十二条规定的竞合模式下无意思联络的数人侵权,要求行为结合在一起造成的损害是同一损害,行为单独均不足以导致损害结果的发生。根据全国人大法工委对于"同一损害"的界定,即指"数个侵权行为所造成的损害的性质是相同的……并且损害内容具有关联性"[①]。

---

① 全国人民代表大会常务委员会法制工作委员会民法室.《中华人民共和国侵权责任法》条文说明、立法理由及相关规定[M].北京:北京大学出版社,2010:43.

而从全国人大法工委的解释来看,再传播和原传播造成的"同一损害"有三层含义:①损害内容的关联性。再传播基本上是对传播内容的再现,在内容上当然是相关的。②损害性质的相同性,即损害客体的相同性。这种相同是由损害内容的关联性决定的。如原传播主要侵害了当事人的名誉权,再传播的侵害客体当然也是名誉权。就再传播和原传播而言,如果再传播不对原传播进行大幅度改变,损害性质的一致性是没有问题的。③损害结果的一致性。再传播与原传播的结合造成了同一个损害,虽然由于传播范围的不同,没有再传播就不可能有原告诉求的结果,但在具体划分上,无论是人格权损害还是财产权损害,法官都很难衡量多大比重的结果是由原传播造成,多大比重的结果由再传播造成,因为"首发媒体与转载媒体的报道往往针对不同的受众,其阅读群是开放的,其传播是持续性的,因而损害结果具有一定的潜在性,并且,从时间顺序及阶段性上,也很难判断损害结果是具体经由哪些环节、哪些渠道传播导致的,其可能直接来自首次报道,也可能来自于转载报道,即便是通过转载媒体转载的行为获悉了侵权信息,侵权信息的内容本身也对损害结果的发生具有原因力。因此,损害结果是不可分割的整体"[①]。

总之,排除原传播和再传播的侵权行为均可单独造成"同一损害"的极端情况,正是再传播与原传播的结合才造成了全部的、同一的损害,是不同种类与数量的媒体、数种类型原因力的结合的侵权行为,形成了"多因一果"的数人侵权行为。在这种竞合因果关系的无意思联络的数人侵权模式下,再传播者与原传播者的责任形态自然是按份责任。

七、再传播的侵权责任份额

(一)竞合因果关系模式下数人侵权确定责任份额的不同观点及司法实践

在竞合因果关系模式下的数人侵权中,责任份额的确定需要考虑过错、原因力、公平等因素。关于确定的方法,有以下观点:

1. 原因力说

此学说的主要倡导者为杨立新教授,其认为:"确定侵权当事人各自的责任:首先是要各行为人对各自的行为所造成的后果承担责任;其次,

---

① 丁镜.转载媒体侵害名誉权的民事法律规制[J].学术交流,2014(3):68.

在共同损害结果无法分割的情况下,依据其行为对损害后果的原因力,划分责任份额。"①

在司法实践中,确定侵权责任份额的原因力说由来已久,在许多名案中都遵循此学说。如郭小川遗孀杜惠及子女状告幸福杂志社、贺方钊、《作家与社会》《文摘周报》《文摘旬刊》《购物导报》刊登失实文章侵害名誉权、肖像权案中,法院的判决对原发杂志和转载媒体的责任划分依据即典型原因力说。②

2. 原因力和过错混合说

王利明教授持此观点,其认为:"确定按份责任时,应兼顾过错和原因力,如果能够查清原因力的大小,原则上应当按照原因力来确定责任大小;能够确定过错程度的,根据过错程度来考虑。对此法官可灵活掌握,不必要限于哪一种。"③张新宝教授也是这种观点④。

确定侵权责任份额的原因力和过错混合说在司法实践中也有一定市场。如唐季礼诉《青年时报》等被告侵害名誉权案一审判决中,法院认定转载媒体的行为均客观上侵害了原告名誉,构成对原告名誉权的侵害,系从原因力上进行的责任认定;后又认定转载媒体"未做实质性的添加和渲染",故"可不向原告承担损害赔偿责任",是从主观过错角度进行的责任份额分配⑤。

上述两种观点的共同点在于:都承认在不能查清侵权行为对损害后果的原因力时,用平均分摊方法来解决责任份额问题。

---

① 杨立新.侵权法论[M].北京:人民法院出版社,2010:745 - 746.
② 此案中,法院判决:贺方钊负担 2 万元;幸福杂志社负担 6 万元;湖南省作家协会负担 1 万元;四川日报社负担 2 万元;《吉林日报》社负担 3 万元;《购物导报》社负担 2 万元。参见:黄立群.郭小川"黄昏恋"侵权案判决[N].生活时报,1999 - 12 - 10(4).
③ 王利明.侵权责任法研究(上)[M].北京:中国人民大学出版社,2011:552.
④ 张新宝.侵权责任法[M].北京:中国人民大学出版社,2010:47.
⑤ 在该案一审判决理由中,法院认为:除非首刊侵权报道的新闻媒体和转载媒体之间存在共同的侵权过错,首刊侵权报道的新闻媒体和转载媒体应各负其责,不构成共同侵权行为。本案中,《成都商报》《江南时报》、搜狐网、新浪网的系争报道虽均属于转载报道,但各转载报道与首刊报道同样严重失实,在客观上也侵害了原告唐季礼的名誉。因而,被告成都商报社、江南时报社、新浪互联公司、搜狐公司发表转载作品的行为已构成对原告唐季礼名誉权的侵害,应当向原告承担停止侵害、赔礼道歉、消除影响、恢复名誉的民事责任;新浪技术公司作为新浪网系争转载作品的版权所有人,亦应向原告承担停止侵害、赔礼道歉、消除影响、恢复名誉的民事责任。《成都商报》《江南时报》、新浪网、搜狐网的系争转载报道对《青年时报》所载侵权报道并未作实质性的添加和渲染,故被告成都商报社、江南时报社、搜狐公司、新浪互联公司、新浪技术公司可不向原告承担损害赔偿责任。参见:上海市第一中级人民法院(2004)(民)初字第 13 号民事判决书。

笔者认为,原因力和过错混合说比较模糊,难以操作,因为法官很难确定过错和原因力在责任分配中哪个因素占多大比例。而原因力说相对比较明确,尤其是在适用无过错归责原则的案件中,就更能显出其功能。

(二)再传播侵权中各侵权当事人侵权责任份额确定的依据:原因力

在再传播导致的侵权中,确定责任份额应以原因力为准,理由是:

(1)在传播侵权中,侵权人的过错主要是过失。在因再传播引发的侵权中,原传播者和再传播者过错大都是过失,而过失的认定并没有明确的量化标准。因此,在同为过失的情况下,衡量因素应主要考虑原因力。

(2)当事人并不一定将过错作为请求赔偿的主要因素。实践中,原传播当事人往往是原告的首选被告,原因是原告认为原传播是造成损害的主要原因。而如果原告未起诉过错较重的当事人,在审理前和审理中,法官也未必将过错程度高的当事人追加进诉讼中。

(3)在适用无过错归责原则的诉讼中,原因力往往是确定责任份额的唯一因素。这种情况出现在特殊传播侵权中,如证券市场虚假陈述侵权。

(三)再传播侵权中各侵权当事人侵权责任份额确定

在多个传播者侵害被害人权益案件中,由于原因力理论也只能对损害进行大概的评估且受法官主观认识的影响很大,除非原因力有明显不同,《侵权责任法》第十二条"二人以上分别实施侵权行为造成同一损害,能够确定责任大小的,各自承担相应的责任"的规定往往是一句空话;即使法官依此规定判决,也难以服众。而该条后半句"难以确定责任大小的,平均承担赔偿责任"的规定,则可能是理想的选择。

结　论

通常情况下,在多个传播者侵害被害人权益时,如果其间无意思联络,因每个传播者的侵权行为均可导致全部损害即聚合关系的情形极少,所以其承担连带责任也缺乏相应的法理和法律依据。相反,由于每个传播者对被害人的侵权均可成立独立的法律关系,其对全部损害的原因力也各不相同,故竞合因果关系应是此类侵权的常态,而按份责任和平均赔偿则是判决中普遍抵达的终点站。

第四节 虚假广告传播侵权责任形态

我国虚假广告传播侵权中的连带责任,原则上是不真正连带责任,但《广告法》等法律根据具体情况,也规定了特殊的真正连带责任。

一、虚假广告传播中法定连带责任的种类

我国《广告法》第五十六条对虚假广告传播规定了两种责任形态:

(一)虚假广告侵权的不真正连带责任

《广告法》第五十六条第一款规定的"发布虚假广告,欺骗、误导消费者,使购买商品或者接受服务的消费者的合法权益受到损害的,由广告主依法承担民事责任。广告经营者、广告发布者不能提供广告主的真实名称、地址和有效联系方式的,消费者可以要求广告经营者、广告发布者先行赔偿",这里的"先行赔偿"即前述不真正连带责任中的补充连带责任:由两者代广告主赔偿受害者,然后向广告主追偿。需要注意的是:此不真正连带责任不适用关系消费者生命健康的商品或者服务的虚假广告,也不适用广告发布者有过错时的其他虚假广告。

在司法实践中,广告发布者在诉讼中往往要求追加广告主或广告经营者为共同被告,但由于种种原因,难以再找到广告主或广告经营者,在履行先行赔偿责任后,更难以向广告主或广告经营者追偿,所以,不真正连带责任变成了"真正连带责任"[①]。

(二)虚假广告侵权的真正连带责任

虚假广告传播侵权导致的连带责任,又分两种情形:

1. 无过错情形下的真正连带责任

《广告法》第五十六条第二款规定的关系消费者生命健康的商品或者服务的虚假广告,造成消费者损害的,"其广告经营者、广告发布者、广告代言人应当与广告主承担连带责任",即广告经营者、广告发布者、广

---

① 如本研究第六章第三节四(一)中的贾林诉《南京晨报》虚假宣传案,在案件审理中,《南京晨报》向法院申请追加产品销售方和广告委托发布方为本案被告,但两家公司下落不明,送达均未成功。此案审理中,法院并未认定《南京晨报》的过错,但由于其不能提供广告主的地址和有效联系方式,法院终审判决由《南京晨报》先行赔偿:退还贾林货款 3960 元、赔偿贾林 11 880 元(3 倍赔偿)以及支付贾林检测费 400 元,合计 16 240 元。参见:江苏省南京市中级人民法院(2016)苏 01 民终 9372 号民事判决书。

告代言人承担的是无过错连带责任①。

2. 过错情形下的真正连带责任

对于不涉及消费者生命健康的商品或者服务的虚假广告,造成消费者损害的,《广告法》第五十六条第三款规定:"其广告经营者、广告发布者、广告代言人,明知或者应知广告虚假仍设计、制作、代理、发布或者作推荐、证明的,应当与广告主承担连带责任",即此类广告传播侵权中,广告经营者、广告发布者、广告代言人必须有过错(故意或过失),方与广告主承担连带责任。

我国司法实践中出现的起诉广告代言人的案件,法院大都以代言人没有过错而驳回原告诉求②,广告代言人承担连带责任的情况极为罕见。然而,广告发布者则经常因"明知或者应知广告虚假仍发布",而与广告主承担连带责任,甚至因在诉讼中无法追加广告主或广告经营者而单独承担全部责任(包括惩罚性赔偿)③。

---

① 《爱你》杂志 2015 年第 10 期刊登了一则"菲必特坚硬膏"的广告,广告称该坚硬膏"增强勃起的力度和硬度,实现男性器官的二次发育,增大增粗"。卢普权看到该广告后,订购了一个疗程的产品,支出 738 元。但使用后发现并无广告上所宣传的效果,于是到国家食品药品监督管理局网站查询,发现案涉产品只是消毒产品,遂提起诉讼,请求判令:1. 被告退还购物款 738 元;2. 被告支付三倍购物款赔偿金 2214 元;3. 被告赔偿原告因本案所支出费用 25 000 元;4. 被告承担本案诉讼费用,被告爱你杂志社承担连带责任。该案经审理:案涉产品生产厂家并未委托他人做广告,不能确认为广告经营者,故不负责任。法院判决被告爱你杂志社向原告卢普权返还购物款 738 元并支付增加赔偿款 2214 元——承担惩罚性赔偿的连带责任。参见:广东省东莞市第二人民法院 (2015) 东二法民一初字第 2141 号民事判决书。

② 如冯小刚曾为北京月亮河城堡房地产项目拍摄广告宣传片,并在视频广告中念有一句台词:"我可以负责任地告诉您,您看到的都是真实的。"业主张先生出于对冯导的信任,花 165 万余元买下了月亮河城堡的一套复式结构房屋,后来以房屋存在严重质量瑕疵为由,将代言人冯小刚告上法庭,索赔 8 万元。北京市朝阳区人民法院一审判决,以广告代言行为不违法,且冯小刚没有主观过错等为由,驳回其诉求。参见:王晓清. 被人控诉代言虚假房产法院判冯小刚无过错 [N]. 竞报,2008 – 11 – 13(4).

③ 2015 年 5 月 24 日,《南京日报》公司在其《南京日报》A4 版发布"1 公斤《四大功勋大银币》、超低价 2 折、震撼发行全省限量 200 名"的广告,主要内容有:"大规格 1 公斤大银币,升值潜力可观""国家造币权威机构采用难度非常大的高浮雕造币工艺铸造"等。杨鸿看到此广告后订购 10 套。南京市高淳区市场监督管理局认定以上广告系虚假广告,并予以行政处罚。杨鸿向法院起诉请求判令南京日报社、《南京日报》公司退还假冒大银币,返还购物款 3960 元,另赔偿 11 880 元的连带责任。法院认为:《南京日报》不清楚广告主竟是哪个公司,未审查广告经营者提供的相关资料,未对《发行证书》《收藏证书》载明的所谓铸造单位和受检单位核实,未尽到查验义务,属于明知或者应知广告虚假仍设计、制作、发布的行为。而且,在案件审理中法院依照《南京日报》提供的地址,无法找到该经营者。法院终审判决:《南京日报》公司一次性返还杨鸿购物款 3960 元,并赔偿 11 880 元(3 倍惩罚性赔偿),合计支付 15 840 元。参见:江苏省南京市中级人民法院 (2017) 苏 01 民终 5453 号民事判决书。

二、虚假广告传播中广告代言人连带责任分析

（一）虚假广告代言人的连带责任：关联共同和法律特别规定的连带责任

我国目前正处于市场经济发展初期，完善的市场经济法律制度尚未形成，市场参与者的法律意识很弱，表现在广告传播中，就是虚假、不实的广告传播非常普遍，消费者的利益受到虚假广告传播侵害的现象也非常普遍，正常的市场经济秩序遭受破坏。如此，广告经营者、发布者、代言人和广告主之间的连带责任，就有了宏观社会背景的逻辑前提。

如前所述，我国目前民事法律制度中连带责任的情形有三种：①意思联络情形下的连带责任。②关联共同情形下构成共同侵权行为应承担连带责任。虚假广告传播中，广告经营者、广告发布者及广告代言人和广告主之间的关系即如此，其主观上心理状态并不一致，一般而言广告主是故意，而广告经营者、广告发布者及广告代言人是过失，但是他们的行为直接结合，共同导致消费者购买商品或服务而受到损害，对损害的发生有共同的原因力。因此，有学者认为，虚假广告各侵权主体承担连带责任的基础"就在于各主体的行为相互关联而构成了共同侵权"[1]。③法律规定的特殊情况下的连带责任。如《食品安全法》第五十五条"社会团体或者其他组织、个人在虚假广告中向消费者推荐食品，使消费者的合法权益受到损害的，与食品生产经营者承担连带责任"之规定，就是法律规定的承担连带责任的特殊情形；《广告法》第五十六条第二款规定的连带责任也是如此——从以上分析，则我国虚假广告传播侵权中广告经营者、广告发布者及广告推荐者和广告主之间的连带责任，应属第二种即关联共同导致的连带责任与第三种即法律规定的连带责任。

应当说，对于涉及消费者生命健康的商品或者服务的虚假广告，造成消费者损害的，让广告经营者、广告发布者及广告代言人和广告主之间承担连带责任，有法理基础，因为产品责任本身就是无过错责任。但在商品与服务的广告传播中，违反"应知"的注意义务，仅为过失，让相关侵权者为此承担连带责任，失之过重，所以有观点认为："连带责任作为一种严格责任，有利于债权人，但加重了债务人的责任。"[2]因此，一般情

---

①　普降兴.详解损害赔偿法［M］.北京：中国政法大学出版社，2004：12.

②　贾君.名人涉嫌虚假广告［N］.中国消费者报，2005－06－10（11）.

况下,判断广告经营者、广告发布者及广告代言人是否应当承担连带责任时,应当分析其是否符合上述关联共同下的连带责任情形。

(二)虚假广告代言人的连带责任:不真正连带责任与真正连带责任

虽然广告代言人的过错一般是未履行"应知"下的注意义务,但"应知"毕竟是一种主观性很强的判断标准,在司法实践中也不易把握。因此,有研究者认为,对于广告代言人的责任,应当区分具体情形进行判断:

1. 提示类广告

此类广告中,"广告主只是利用名人的肖像来吸引注意力,名人在广告中并没有以语言或行动积极地推荐商品,因此,这类广告中代言名人(个人推荐者)不应当为商品存在瑕疵而担责"[①]。如某消费者起诉郭冬临代言"汰渍"洗衣粉案中,郭在广告中称"冬天有汰渍　天天吃火锅",虽然该台词与洗衣粉的去污场景结合起来,但其只是对该洗衣粉做中性、客观描述,没有主观用语,更无赞扬之词,故最终其未承担侵权责任[②]。

2. 描述类广告

此类广告中,代言人一般是以语言来介绍商品或服务的特点、优点,如果在不知道、未核实商品或服务真实信息的情况下进行不真实的、虚伪的广告宣传,代言人有故意或重大过失,应当承担连带责任。但需要说明的是,此类连带责任应当是补充责任,限于其获得利益范围之内。

3. 劝导类广告

在这一类广告中,"个人推荐者往往是以语言、行动等明确意思来游说、诱导消费者购买广告所推销的商品或服务,倘若个人推荐者是在明知商品或服务不合格、存在缺陷的情形下而实施推销的,则应当认定其构成欺诈,受害消费者可直接以欺诈要求广告中的个人推荐者承担侵权责任,此时他们之间成立共同侵权"[③]。但是倘若个人推荐者在不知道、未核实商品或服务真实信息的情况下进行推荐,那么就属于重大过失,应承担补充责任。但是此处的补充责任并不限于行为人获得利益范围

① 梅仲协.民法要义[M].北京:中国政法大学出版社,2007:72.
② 张羽馨.名人代言广告南京惹官司[N].南京法制报,2007 - 07 - 13(1).
③ 梅仲协.民法要义[M].北京:中国政法大学出版社,2007:72.

之内,因为其行为的社会危害性比描述类广告要大。

在葛优代言亿霖木业案中,如果葛优代言前没有审查亿霖木业集团是否具备相关的经营资格证明,也没有如同广告中所言购买林地,则葛优存在过失,依据《广告法》第五十六条第三款的规定,其对于消费者的财产损失应该承担连带责任。当然,如果依据上述学者观点,葛优代言亿霖木业属于劝导类广告,其应当承担补充的连带责任,而非完全的连带责任①。

4. 证言类广告

证言类广告指代言人对商品或服务做出明确证明或担保的广告,其所应承担的是作为保证人的真正连带责任。在某影星为"三鹿奶粉"代言的广告中,其称:"选奶粉我很挑剔,三鹿慧婴幼儿奶粉,专业生产、品质有保护,名牌产品让人放心,还实惠。三鹿慧婴幼儿奶粉,我信赖。"此广告已经是典型的证言类广告,而且其商品是涉及消费者生命身体健康的食品,该影星应该尽到高度注意义务,在民事诉讼中,即使在有轻过失的情况下,其都应与广告主承担连带责任。

---

① 2004 年 4 月,赵鹏运等人成立亿霖木业集团,从事所谓的"合作托管造林"经营活动,采取传销手段把林地卖给消费者,在合同中向消费者承诺高额回报,销售林地 42.2 万亩,非法集资 16.8 亿元人民币,受骗投资者达 1.7 万人。2009 年 6 月 17 日,北京市高级人民法院终审判决:赵鹏运犯非法经营罪,判处有期徒刑 15 年。本案中,葛优作为亿霖木业集团的代言人,看着合同满脸笑意地签字,并指着那一片广阔的林地说:"我的林子就在这儿",画面中出现"亿霖木业"四个字,葛优说:"植树造林,首选亿霖。"警方在侦查过程中并没有发现葛优有明知亿霖木业集团传销而提供帮助的行为,所以并没有对葛优提出控诉,警察只是把葛优的代言费作为赃款进行了追缴。李广森,雷振刚. 明星代言:真实的谎言[J]. 检查风云,2007(6):12 – 15.

第八章　传播侵权责任的抗辩

在侵权诉讼中，集证据材料与法律规定为一体的抗辩事由，其发挥作用的诉讼机理是通过否定抗辩对象——侵权责任的某个构成要件，而使侵权责任不能成立。但是，抗辩事由有法定和非法定之分，前者虽然效力确定而范围很小，后者虽然效力待定但范围很大，所以绝非仅有法定抗辩事由能够否定抗辩对象，即：只要通过一定路径，否定抗辩对象，一样可以达到抗辩目的。因此，充分发挥抗辩功能的前提是明确抗辩对象，找到抗辩路径。

在我国传播侵权诉讼中，法定抗辩事由体系的问题（品种少、适用范围狭窄、标准模糊）被认为是传播者败诉率高的关键原因之一，因此国内学界在对传播侵权抗辩的研究中，焦点集中于抗辩事由，偶有研究抗辩目的，而对于至关重要的抗辩对象和抗辩路径则研究阙如。本章将抗辩对象和抗辩路径作为研究重点，同时，附带研究我国传播侵权抗辩事由司法确认中的问题及抗辩体系的构建，以期对传播侵权的立法有所裨益。

第一节　传播侵权抗辩的目的与目标

在侵权诉讼中，被告要摆脱责任，无非有两种途径：一是证明侵权责任不能成立；二是如果侵权责任成立，免除或减轻责任。在第一种途径中，进行反驳或抗辩；在第二种途径中，行使抗辩权。

在研究传播侵权的目的前，必须先对相关概念进行厘清。

一、与抗辩相关的法律概念

（一）抗辩、反驳与抗辩权

首先，抗辩与反驳有区别。抗辩，是"在请求权是否构成尚未确定的情况下，针对请求权的构成而提出的对抗性意见，是指被告在不否认对方所主张事实的同时，通过主张不同的事实或法律依据，以破坏对方所主张的请求权，使侵权责任不能构成的对抗行为。反驳，是指一方当事人对对方当事主张的事实和理由进行攻击，使其不能成立，如被告用事实证明原告的权利根本就不存在或已经实现，或者证明原告提出的作为诉讼理由的事实根本就没有发生过或与事实真相不符等"①。因此，抗辩与反驳是被告从不同角度、相互配合，以破坏请求权成立的诉讼手段。比如，张某起诉 A 报一篇报道侵害了其隐私权，A 报诉讼中称该报道系为公共利益，A 报的行为系抗辩而不是反驳；如果 A 报称张某的行为系在公共场合发生，张某的行为表明其已放弃隐私权，则 A 报的行为属反驳而非抗辩。如果张某起诉 A 报一篇报道歪曲事实，侵害了其名誉权，而 A 报称报道属实并提供证据，则 A 报的行为也属反驳而非抗辩；如 A 报称新闻源自某权威机构，则属抗辩。

其次，抗辩与抗辩权不同。抗辩权，指被告基于诉讼时效等实体原因，对于原告的诉讼请求拒绝给付的权利，是实体权利。在侵权诉讼中，虽然理论上侵权责任构成，但结果是被告可以抗辩权拒绝承担已经成立的侵权责任，不履行义务。如张某起诉 A 报一篇报道侵害了其名誉权，A 报称其报道是四年前进行、张某起诉已超过三年的诉讼时效，则 A 报的行为是行使抗辩权。

（二）抗辩事由与免责事由

抗辩事由的内涵与外延比免责事由宽泛，后者属于前者内容之一。从整个民法体系考虑，抗辩事由与免责事由区别在于②：①功能不同。前者针对原告的各种请求权，不仅包括免除和减轻侵权责任，也包括在合同法意义上对债的关系不成立的抗辩、履行中的抗辩和债的关系已消灭的抗辩，如只有一时延缓履行债务功能的先履行抗辩和同时抗辩；后者

---

① 杨立新.论中国新闻抗辩及体系与具体规则[J].河南省政法管理学院学报,2008(5):2.
② 郭佳宁.侵权免责事由研究[M].北京:中国社会科学出版社,2014:3-4.

只针对损害赔偿请求权,功能主要是免除或减轻侵权责任。②角度不同。前者主要从诉讼角度出发,体现的是原告与被告在诉讼过程中的对抗关系和地位平等关系;后者主要从实体角度出发,目的在于划定承担责任的界限,维护当事人实体利益的平衡。③前者无法由法律完全列举,凡是可能起到对抗效果的事实和理由都可以纳入到抗辩中;而后者具有法定性,由法律采取列举形式予以规定,如我国《侵权责任法》第三章中列举的过失相抵、受害人故意、第三人行为、不可抗力、正当防卫、紧急避险。因此,在民法学界,学者认识到二者的区别,将能够免除或减轻侵权责任的抗辩称为"一般抗辩",以区别于不具备免除或减轻责任功能的其他抗辩事由。

然而,在侵权法的体系内,抗辩事由与免责事由并不是一个严格区分的概念,免责事由也常称为抗辩事由。王利明认为:"抗辩事由就是被告针对原告的诉讼请求而提出的证明原告的诉讼请求不能成立或不完全成立的事由,即加害人提出免责事由后,效果上也会阻却侵权行为的成立,使受害人的请求遇到障碍,抗辩一旦成立将导致责任的减轻或免除,正是在这个意义上,可以将抗辩事由称为免责事由。"①杨立新对抗辩事由的定义与王利明相同,而且也认为免责事由针对民事责任的请求,所以又称为免责事由、减轻责任事由或抗辩事由②。

当然,需要强调的是:从字面上,免责事由容易理解为责任人在责任已经成立的情况下免除责任,"事实上,免责事由是通过对抗侵权责任的构成要件,而达到了阻却侵权责任成立的效果"③。因此,免责事由要解决的依然是侵权责任是否成立的问题,而不是已经成立后要免除责任的问题。至于此概念,因约定俗成的原因,即"唯因'免责事由'或既已成为惯用语,就像一种速记符号,在不严格的意义上继续没用也是可以的"④。

由于上述原因,也由于在传播侵权的体系内诸如不可抗力、正当防卫、紧急避险这些免责事由并不适用,而且过失相抵、受害人故意、第三人行为这些免责事由也极少适用,故本研究采"抗辩事由"概念,并在广

① 王利明.侵权行为法归责原则研究[M].北京:中国政法大学出版社,2004:573.
② 杨立新.侵权法论[M].北京:人民法院出版社,2011:273.
③ 郭佳宁.侵权免责事由研究[M].北京:中国社会科学出版社,2014:6.
④ 崔建远.新合同法原理与案例评释:下册[M].长春:吉林大学出版社,1999:860.

泛的意义上研究传播侵权的抗辩事由。

二、传播侵权抗辩的目标：否定传播侵权责任

在侵权诉讼中，请求权的成立需要经过诉辩交锋，证明侵权责任构成要件的全部成立。所以，如果说抗辩的终极目的和理论目的是要破坏请求权的成立，则其诉讼中的目标是破坏侵权责任的构成，使侵权责任不能成立。

在传播侵权诉讼中，原告在权利受到侵害时提起诉讼，要求传播者承担侵权责任，首先要证明传播侵权责任构成要件。同样，传播者要行使抗辩权，就要证明责任构成要件不具备，侵权责任不成立。也就是说：抗辩成功产生的法律效力是使侵权责任不成立，是无责而非免责。民法学界主流观点也认为："一定的抗辩事由总是以一定的归责原则和构成要件为前提的。抗辩事由是由归责原则和责任构成要件所派生出来的。"①还有学者认为，侵权法上的抗辩有三种途径：一是证明侵权责任构成要件不具备或不完全具备；二是提出抗辩理由；三是通过行使抗辩权②。上述三种途径，第二种事实上指法定抗辩理由即免责事由，第三种（如前所述）与此处探讨的抗辩无关联。事实上，不仅大陆法系，"美国侵权法也如此，即被告要找出各种各样的事由为自己的行为辩护，这些事由的成立，将导致被告侵权责任的不成立"③。

综上，虽然学界认为抗辩事由的出现早于构成要件，而且构成要件与抗辩事由的理论体系相互独立④；虽然侵权法上的抗辩事由并不仅仅针对构成要件，而责任抗辩主要关注侵权责任构成要件之外的、影响侵权人一方侵权责任的抗辩事由⑤，但在传播侵权体系内，由于通常法定免责事由并不适用或极少适用，所以传播侵权体系内抗辩就是针对侵权责任构成要件的抗辩。

在新闻传播侵权四要件中，如前所述，由于焦点集中于传播行为的违法性和传播者的过错，抗辩事由也主要针对这两个要件。例如：在世奢会诉《新京报》名誉侵权案两审中，由于时过境迁，世奢会在新产品发

---

① 王利明，杨立新.侵权行为法［M］.北京：法律出版社，1996：76.
② 张新宝.中国侵权行为法［M］.北京：中国社会科学出版社，1998：571.
③ 李亚虹.美国侵权法［M］.北京：法律出版社，1999：35.
④ 郭佳宁.侵权免责事由研究［M］.北京：中国社会科学出版社，2014：101.
⑤ 张新宝.侵权责任法［M］.北京：中国人民大学出版社，2010：65.

布会上拍卖的高档红酒是否冒牌已经无法查清,《新京报》在法庭上提供录音资料和消息来源、说明如何核实采访内容,表明记者已经尽到采访核实义务,是对过错的抗辩。《新京报》在法庭上称通过记者调查,引用多方面意见参与对世奢会现象的关注与讨论,是在行使媒体监督权。此行为加之前述称采访尽到核实义务、有消息来源及录音的行为,是《新京报》对违法性的抗辩。

第二节　传播侵权中的违法性抗辩①

如前所述,传统的大陆法系国家对违法性概念界定包括:违反法定义务、违反保护他人为目的的法律,故意违背善良风俗致人损害②。如此,则传播侵权中的违法性当然指:传播者在传播行为中,违反法定义务、违反保护他人为目的的法律,故意违背善良风俗致人损害。

一、对传播侵权中违法性抗辩的功能与法理依据

对传播侵权中违法性的抗辩,虽然其诉讼目的是破坏侵权责任的构成,但其还有着价值导向和规范引领功能。

（一）维护社会公共利益的价值导向功能

传播侵权抗辩存在的根本依据是言论自由及公共利益的保护,也就是说:传播侵权抗辩必须具备的内在价值判断,须具有正当性要件,"这一要件意味着,尽管传播行为造成了受害人的损害,但此行为于社会而言是正当的,对社会有重要的进步价值,能够推进社会的公平正义,社会对这种造成损害的行为予以正面肯定,在法律上确认其具有阻却违法的功能,不具有违法性"③。

传播自由的正当性依据就在于其以维护社会公共利益为己任,能够满足公众的知情权和监督权,这就是传播侵权抗辩的价值依据。

（二）帮助法官和当事人理性预测诉讼的规范功能

在传播侵权诉讼中,抗辩及其事由还具有明确的预测功能。媒体传

---

① 指针对违法性要件的抗辩。
② 杨立新.侵权法论[M].北京:人民法院出版社,2011:164.
③ 杨立新.论中国新闻抗辩及体系与具体规则[J].河南省政法管理学院学报,2008(5):3.

播的"受害人"通过传播侵权抗辩事由的指引,对照权益被"侵害"的具体情况,可以知晓自己的权益是否被侵犯和能否胜诉。在此意义上,传播侵权抗辩事由有塑造理性原告的功能。"不仅如此,它也给法官以及被告提供固定的模式:法官据此可以在审理时正确、理性地指挥诉讼的进行;被告据此可以按图索骥地准备证据材料以进行诉讼对抗,或在认识到自己行为错误的时候减少对抗心理。这样就能够节约诸多的诉讼成本,避免或减缓诉讼对新闻传播自由造成的消极影响。"①

二、对传播侵权中违法性的抗辩途径

(一)合宪性抗辩

合宪性抗辩指传播者以宪法规定的权利进行抗辩,而其主要事由即舆论监督,其指新闻媒介、记者以及其他自然人,根据《中华人民共和国宪法》(下称《宪法》)赋予的权利,通过媒介发表评论,对国家和社会的政治、经济、文化生活等进行批评,实行监督。"我国的新闻舆论监督实质上是人民的监督,是党和人民群众通过新闻舆论对各级党政机关的工作及其他工作人员以及对社会事务实行监督。它是发展社会主义民主政治、国家健全发展、社会文明进步的重要标志"②。舆论监督不健全,社会就不可能具有自我发展和更新的蓬勃生机,因此,法律必须保护公民正当行使舆论监督权。

我国《宪法》第三十五条规定:"中华人民共和国公民有言论、出版、集会、结社、游行、示威的自由。"该法第四十一条规定了监督权:"中华人民共和国公民对于任何国家机关和国家工作人员,有提出批评和建议的权利;对于任何国家机关和国家工作人员的违法失职行为,有向有关国家机关提出申诉、控告或者检举的权利……"宪法所规定的言论出版自由以及批评、建议权,正是舆论监督权的法律渊源。在这两条里,逻辑地包含了公民具有"舆论监督"权利这一内涵。而在现代社会,因大众传媒具有传播广泛、迅速,具有较大的影响力的特点,在监督体系中具有特别重要的意义,所以,公民舆论监督权主要通过大众传媒来行使。有观点认为:"从我国的媒体管理体制看,报刊、电台、电视台的设立都规定着严格的程序,长期以来都是作为'党的喉舌''人民喉舌'的形态存在,而公

---

① 杨立新.论中国新闻抗辩及体系与具体规则[J].河南省政法管理学院学报,2008(5):3.
② 梁晓茂.新闻舆论监督的本质特征及社会责任[J].西南电视,1999(4):35.

民也习惯于通过大众传媒来行使自身的监督权利。因此,可以这样理解:《宪法》第三十五条、第四十一条之规定,实际上也是对媒体舆论监督权的强调,是想让媒体充分发挥自身功能,使公民将这项权利从法律规定变成现实。"①

(二)合法性抗辩

此处的合法指符合《宪法》以外的其他法律制度。

首先,合法性抗辩在《侵权责任法》中可以找到依据,该法第二十六条规定的"被侵权人对损害的发生也有过错的,可以减轻侵权人的责任"和第二十七条规定的"损害是因受害人故意造成的,行为人不承担责任",都可以作为传播侵权的抗辩事由,并可称为"受害人过错"抗辩。如:当新闻记者采访当事人,而当事人因故意或过失提供的材料有误,而媒体依此材料报道的内容对其造成损害时,媒体或记者不应承担责任。

其次,最高人民法院的司法解释也是广义的"法律",其规定的媒体侵权的抗辩事由当然属合法性抗辩。如前,自 20 世纪末以来,最高人民法院相关司法解释中相继确立了新闻传播内容有权威来源、公正评论、公共利益和著作权侵权中的"避风港规则"等抗辩事由或免责事由。

(三)合公俗良序抗辩

如前所述,既然违法性包含了故意违背善良风俗这一重要内容,则对违法性的抗辩当然也应包括合乎善良风俗的内容。事实上,在传播侵权中,许多传播内容并没有宪法和法律的明确支持,但其合乎善良风俗,如:一男在外包养小三,后又立遗嘱将大部分家产赠予小三,此男之妻未向法院起诉,但一家报纸进行了报道,并配发了批评性评论。该男以报道和评论侵犯其名誉权和隐私权为由,提起诉讼。在此类诉讼中,媒体即传播者完全可以自己的传播行为合乎社会伦理道德为据进行抗辩。

---

① 1981 年,中国共产党第十三次代表大会《报告》中明确指出:"提高领导机关的开放程度,重大情况让人民知道,重大事情要让人民知道,"并要求"要通过各种现代化的新闻和宣传工具,增加对政务和党务活动的报道,发挥舆论监督的作用,支持群众批评工作中的缺点错误,反对官僚主义,同各种不正之风作斗争"。《报告》第一次在党的正式文件中使用了"舆论监督"的概念,并且赋予舆论监督广阔的意见和内涵。1989 年的 3 月 6 日,中宣部在《关于转发〈中宣部新闻研修班研讨纪要〉的通知》中强调:"舆论监督是人民群众通过新闻媒体,对党务、政务活动和党政工作人员包括各级党政机关领导工作人员实施的民主监督。""在提倡为政清廉、反对腐败的斗争中,舆论监督有着重要的作用,是一种行之有效的监督手段。"中宣部在此对舆论监督的内涵进行了科学的定义,无疑更加明确了"舆论监督"是媒体的重要职能。

《民法典·人格权编（草案）》第七百七十九条第二款"行为人为维护公序良俗实施新闻报道、舆论监督等行为的，可以在必要范围内合理使用民事主体的姓名、名称、肖像、隐私、个人信息等"和第八百零五条"行为人为维护公序良俗实施新闻报道、舆论监督等行为，影响他人名誉的，不承担民事责任"的规定（如生效），将是合公俗良序抗辩的最明确、最有力的法律依据。

第三节　传播侵权中的过错抗辩[①]

作为传播者进行传播行为时的主观心理状态，过错与其行为的非法性有着本质区别：非法性是法律对行为的评价与定性，是行为的客观法律结果，其本质并非行为人的主观心理状态；违法往往缘自过错，但过错并不一定导致非法。所以对过错的抗辩有独特的作用。

一、传播侵权中过错抗辩的功能与法理依据

（一）保护传播者意志支配下的言论自由

传播侵害人格权责任构成中，过错必不可少。从宪法规定而言，言论自由是基本的人权，是"保护人说错话的权利"。就传播活动而言，传播者在其自由意志支配下进行传播活动，所以，只有在其有过错的情况下使其承担责任，才符合一般侵权的构成要件及侵权法的意旨，才能维护言论自由。所以，对传播侵权中过错的抗辩不仅可以从内在结构上破坏侵权责任的构成，还同样有助于宣示现代侵权法的功能，维护整个社会的言论自由。

（二）维护传播者的尊严及职业安全

随着现代传媒业的发展，记者作为一个职业也得到发展；传播者，尤其是作为记者的职业传播者担当着"船头瞭望者"的社会角色。对传播侵权中过错的抗辩，符合传播活动的规律，有利于记者的职业安全，有利于社会成员自由的保障，符合整个社会利益[②]。

---

① 指针对过错要件的抗辩。

② 罗斌，宋素红.新闻诽谤诉讼归责原则及证明责任研究［J］.国际新闻界，2010（12）：122.

二、对传播侵权中过错的抗辩途径

如前,由于实践中传播者的过错多为过失,而过失概念的客观化代表了20世纪以来侵权法的发展方向,其既减轻了受害人的证明责任,也使法官裁判更为简便,所以传播侵权责任中的过失抗辩,当然是由传播行为人(被告)对自己传播中的审慎表现进行证明,其中对传播事实是否核实是主要证明对象之一,也是传播者通常比较容易证明的事实。

(一)合传播职业要求的抗辩

1.谨慎履行职责,尽职业注意义务

对于新闻传播者而言,应尽可能将新闻事件的关键问题、关键要素及其细节采访清楚,如某些问题或细节因及时性要求而暂时未能采访清楚,应连续采访,而媒体也应连续报道;对于编辑而言,应履行"审查核实"之职责。如果新闻传播者已尽到上述职业注意义务,即谨慎履行职责的要求,但因受访人、受害人自身过错或其他无法预料的原因导致新闻传播失实,传播者可以对抗传播侵权责任请求权。《民法典·人格权编(草案)》第八百零五条"对他人提供的事实尽到合理审查义务"的相关规定,将成为此抗辩的主要依据。

2.中立、客观地进行传播

客观性是新闻传播的重要特征,当报道新闻事实时,不应掺加主观看法,更不能添加想象的成分。对待有分歧的观点,应进行中立报道,给双方或多方提供相对均衡的发表意见的机会,保障公民的言论自由;同时,应声明这些不同观点不属于新闻传播者的观点。这样,如果这些意见表达中有伤害他人人格权益的言辞,则新闻传播者可以客观中立进行报道为抗辩事由。

(二)合传播规律的抗辩

1.迅速、及时是传播活动最重要的规律之一

作为传播者,尤其是职业传播者,迅速将信息、新闻传播出来,是其职业的最基本要求。虽然新闻要求真实、客观,但这种真实客观既不是客观真实,也不是法律真实,而是允许一定遗漏或轻微失误的"新闻真实"。更何况,传播者还可以进行连续传播,以弥补或纠正传播中的遗漏或轻微失误。这些,都是抗辩依据。

2.新闻传播要求新鲜

将"人咬狗"之类的信息进行传播,满足受众的要求,同样是职业传播者的基本职责。但在此类内容的传播中,可能会对传播对象造成损害。如:某男得一怪病,记者在医院进行了认真采访,发表的内容也隐去了该男的个人信息,但还是有人知道该男患了此病。由于记者报道内容无差错,并隐去了该男的个人信息,履行了注意义务,记者无过错,可进行无过错抗辩,不应承担侵权责任。另外,新闻传播要求真实场景,如摄影记者在新闻事件现场的摄影作品中出现了在场人的肖像,但只是基于新闻性的运用,就不构成对当事人肖像权的侵犯。

3.公众人物的言行满足新闻价值中的重要性与趣味性

普通的移情别恋不会引起人们的注意,而明星的绯闻总是人们茶余饭后的谈资;政府官员的婚恋也会更显著地影响社会伦理价值观。所以,对普通百姓的私生活的传播容易引发侵权,而相关大众兴趣及公共利益的公众人物却是传播者侵权抗辩的事由。

第四节　我国传播侵权抗辩的问题

我国最高人民法院出台的规范性司法解释中,分别针对新闻传播和网络传播行为侵权的有关问题规定了抗辩事由,但这些抗辩事由存在结构性问题,也缺乏明确的抗辩对象。

一、我国立法或司法解释确立的传播侵权抗辩事由

（一）针对新闻传播活动的侵权抗辩事由

最高人民法院在20世纪末就已认可新闻传播活动的特殊性,并在此后针对新闻传播行为侵权的规范性司法解释中,分别就传播行为侵权的有关问题规定了抗辩事由,这些抗辩事由也适用于网络新闻传播侵权:

1.新闻传播内容基本真实

该抗辩事由规定在《解答》第八条"文章反映的问题基本真实,没有侮辱他人人格的内容的,不应认定为侵害他人名誉权。文章反映的问题虽基本属实,但有侮辱他人人格的内容,使他人名誉受到侵害的,应认定

为侵害他人名誉权。文章的基本内容失实,使他人名誉受到损害的,应认定为侵害他人名誉权"中。

2. 新闻传播内容有权威来源

该抗辩事由规定在《解释》第6条"新闻单位根据国家机关依职权制作的公开的文书和实施的公开的职权行为所作的报道,其报道客观准确的,不应当认定为侵害他人名誉权"中。

3. 公正评论

该抗辩事由规定在《解释》第9条"消费者对生产者、经营者、销售者的产品质量或者服务质量进行批评、评论,不应当认定为侵害他人名誉权……新闻单位对生产者、经营者、销售者的产品质量或者服务质量进行批评、评论,内容基本属实,没有侮辱内容的,不应当认定为侵害其名誉权"中。

另外,如前所述,《民法典·人格权编(草案)》第七百七十九条、第八百零五条规定了符合公序良俗和已尽合理注意义务的抗辩。

由前述抗辩与反驳的区别,事实上,上述被普遍认可的第一个抗辩事由即"新闻传播内容基本真实"是反驳而非抗辩。

(二)针对网络传播活动规定的侵权抗辩事由

1. 针对人身权益侵权责任的抗辩事由

针对人身权益侵权责任的抗辩事由规定在《信息网络侵害人身权益规定》中,其第四条规定:"原告起诉网络服务提供者,网络服务提供者以涉嫌侵权的信息系网络用户发布为由抗辩的,人民法院可以根据原告的请求及案件的具体情况,责令网络服务提供者向人民法院提供能够确定涉嫌侵权的网络用户的姓名(名称)、联系方式、网络地址等信息。"该条规定事实上系"技术中立"抗辩事由:即如果网络服务提供者只提供技术服务而不涉及内容服务,无须对网络用户的侵权行为担责。

《信息网络侵害人身权益规定》第十二条规定:"网络用户或者网络服务提供者利用网络公开自然人基因信息、病历资料、健康检查资料、犯罪记录、家庭住址、私人活动等个人隐私和其他个人信息,造成他人损害,被侵权人请求其承担侵权责任的,人民法院应予支持。但下列情形除外:(一)经自然人书面同意且在约定范围内公开;(二)为促进社会公共利益且在必要范围内;(三)学校、科研机构等基于公共利益为学术研究或者统计的目的,经自然人书面同意,且公开的方式不足以识别特定自然人；(四)自然人自行在网络上公开的信息或者其他已合法公开的个人信息；(五)以合法渠道获取的个人信息；(六)法律或者行政法规另有规定……国家机关行使职权公开个人信息的,不适用本条规定。"该条规定事实上确立了以下几项抗辩事由：①第一款和第四款确立的是"被侵权人同意"的抗辩事由；②第二款和第三款确立的是"公共利益"的抗辩事由；③第五款确立的是"权威、合法渠道获取"的抗辩事由,当然,对此抗辩事由,第十三条规定了如下限制,即"网络用户或者网络服务提供者,根据国家机关依职权制作的文书和公开实施的职权行为等信息来源所发布的信息,有下列情形之一,侵害他人人身权益,被侵权人请求侵权人承担侵权责任的,人民法院应予支持：(一)网络用户或者网络服务提供者发布的信息与前述信息来源内容不符；(二)网络用户或者网络服务提供者以添加侮辱性内容、诽谤性信息、不当标题或者通过增删信息、调整结构、改变顺序等方式致人误解；(三)前述信息来源已被公开更正,但网络用户拒绝更正或者网络服务提供者不予更正；(四)前述信息来源已被公开更正,网络用户或者网络服务提供者仍然发布更正之前的信息"。

2.针对信息网络传播权益侵权责任的抗辩事由

①技术中立。该抗辩事由规定在《信息网络传播权规定》第六条中,即"原告有初步证据证明网络服务提供者提供了相关作品、表演、录音录像制品,但网络服务提供者能够证明其仅提供网络服务,且无过错的,人民法院不应认定为构成侵权"。②已尽合理注意义务。该抗辩事由规定在第八条第三款中,即"网络服务提供者能够证明已采取合理、有效的技术措施,仍难以发现网络用户侵害信息网络传播权行为的,人民法院应当认定其不具有过错"。因注意义务是过失构成的基础,这条抗辩事由事实上是过错抗辩。③合理使用。合理使用指无须征得著作权人同意,又不必向其支付报酬而使用他人作品的情形。国务院《信息网络传播权保护条例》第六条和第七条规定了9种情形的合理使用(此不赘述)。④法定许可。指在法律明文规定的范围内不经著作权人许可而使用作品,但应向著作权人支付报酬,包括发展教育的法定许可、扶助贫困法定许可等。国务院《信息网络传播权保护条例》第八条规定了发展教育的法定许可,即"为通过信息网络实施九年制义务教育或者国家教育规划,可以不经著作权人许可,使用其已经发表作品的片断或者短小的文字作品、音乐作品或者单幅的美术作品、摄影作品制作课件,由制作课件或者

依法取得课件的远程教育机构通过信息网络向注册学生提供,但应当向著作权人支付报酬"。第九条规定了发展教育的法定许可,即"为扶助贫困,通过信息网络向农村地区的公众免费提供中国公民、法人或者其他组织已经发表的种植养殖、防病治病、防灾减灾等与扶助贫困有关的作品和适应基本著化需求的作品,网络服务提供者应当在提供前公告拟提供的作品及其作者、拟支付报酬的标准"。

事实上,即使针对其他著作权的传播侵权,《著作权法》或《著作权司法解释》中也有上述抗辩事由。

二、从英美法系引进的抗辩事由没有明确的抗辩对象

我国的《民法通则》和《侵权责任法》中有正当防卫、紧急避险、受害人同意等抗辩事由的规定,但这些规定并不适合传播侵权,而整个民法法律体系中并没有专门针对传播侵权而规定抗辩事由。如前所述,最高人民法院在一系列规范性司法解释中,针对传播侵权,相继确立了新闻传播内容基本真实、新闻传播内容有权威来源、公正评论、公共利益和著作权侵权中的"避风港规则"抗辩事由。但这些抗辩事由,严格来说是从英美法系引进的。

而在英美法系,新闻侵传播权诉讼已发展出一些成熟的抗辩事由,这些抗辩事由或者规定在成文法中,或者在最高法院的判例中体现出来。英国1952年《名誉毁损法令》规定了正当真实、公正评论、绝对特权、相对特权、清偿协议及以提供补偿等抗辩事由[1]。在1996年《诽谤法》附表列举了7条"无需解释或者辩驳就可享有特许权的陈述"和5条"必须解释或者辩驳就可享受特许权的陈述",已经成为目前英国特许权的主要法律依据[2]。美国新闻侵权抗辩事由主要是绝对特权和有条件的特权、真实、公正评论、公众人物、修辞上的夸张手法等[3]。

大陆法系国家如德国,新闻传播侵权中重要的抗辩事由为:报道真实,转述对议会、法院等被广为接受的报道的,已尽审查义务,学术评论,公众人物等[4]。而大陆法系的日本学者参照相关规定及司法实践,将新

---

① 侯健. 传媒驹法的冲突及其调整——美国有关法律实践评述[J]. 比较法研究,2001(1):85.

② 斯皮尔伯利. 媒体法[M]. 周文,译. 武汉:武汉大学出版社,2004:100.

③ 约翰逊. 美国侵权法[M]. 赵秀文等,译. 北京:中国人民大学出版社,2004:310-319.

④ 巴尔. 欧洲比较侵权行为法(上册)[M]. 焦美华,译. 北京:法律出版社2001:136.

闻侵害名誉权抗辩事由具体概括为：与公共利益有关的事实、公益免责、报道事实、真实性误信、公正评论①。

问题是：英美法系的上述相关抗辩事由，并未像大陆法系那样明确针对侵权责任构成中的具体要件，即未明确系针对违法性还是过错。更重要的是：由于我国对侵权责任构成是遵循严格的归责原则下的责任构成路径，故最高法院确立的对侵害名誉权的抗辩事由，即"新闻传播内容基本真实"，在司法实践中是反驳而不是抗辩，即作为抗辩，这条事由事实上是不存在的。这与西方国家将真实作为名誉权诉讼中的抗辩事由有着本质的不同。

三、传播侵权抗辩事由的结构性缺陷

有关我国传播侵权的抗辩事由中，显然缺乏下述抗辩理由：

（一）"公众人物"抗辩

与公众人物制度相关的问题是：如何界定"公众人物"，其是否应包含官员，包含哪一级、哪些范围的官员。如果说只允许传播公众人物与公共利益相关的隐私，则如何界定公共利益。另外，我国司法实践中出现的对公众人物权利的"克减"并没有法律依据，但法官与社会对此均有共识，那么，是应该从程序上规定公众人物对传播者的"实质恶意"承担证明责任，还是从实体上规定对公众人物的权利进行"克减"。如果从实体法上进行"克减"，是否违反法律面前人人平等的法理与宪法规定。另外，目前，除美国外，尚需对其他国家的公众人物制度进行考察及比较研究。

（二）传统媒体传播无隐私权侵权抗辩事由的规定

我国在《侵权责任法》中正式确立了隐私权，但对隐私权的限制，是在《信息网络侵害人身权益规定》第十二条规定的。需要注意的是：在此规定中，并没有对公众人物与普通公民进行区分，那么，对两者隐私的限制有无区别。而且，此司法解释针对的是网络传播，其有关隐私权的限制能否延伸于包括传统媒体在内的所有传播领域。另外，有违公序良俗的个人信息是否应当受到保护、传播他人隐私的侵权责任是否以造成他人损害为构成要件，都是需要研究的问题。

---

① 刘迪.现代西方新闻法制概述［M］.北京：中国法制出版社,1998：106.

（三）缺乏关于新闻传播连续报道抗辩事由

事实上,新闻传播活动的特殊性还在于:新闻真实不等同于客观真实,也区别于法律真实。通过连续不断的报道过程,新闻传播逐步接近事物的全貌和本质。在新闻传播过程中,如果报道出现失实,新闻媒体可纠正原来的报道。所以,根据新闻传播的规律,连续传播、最终传播内容真实也应该是传播行为侵权的抗辩事由。

四、司法解释规定的传播侵权抗辩事由的问题

学界一般认为我国传播侵权诉讼中的抗辩事由包括新闻传播内容基本真实、新闻传播内容有权威来源、公正评论、公共利益。然而,在我国的法律体系及司法实践中确立的抗辩事由,其法律效力及适用范围究竟如何,却是模糊的问题。澄清其适用范围,明确其相关缺陷,探寻其完善途径,有利于法律适用的正确与统一、维护传播者的合法权益,也有助于在《民法典·侵权责任编》中将传播侵权进行单列(参见本研究最后一章)。

最高人民法院在相关司法解释中已经确定几个抗辩事由,但其仍存在一些问题:

（一）关于新闻传播内容基本真实

即使将新闻传播内容真实性作为一种"抗辩",目前在我国名誉侵权案件相关法律规定中,涉及新闻真实的标准有"基本真实""基本属实""严重失实""基本内容失实"等表述,其内涵并不清晰。法官可以自由裁量"严重""基本"。这里最重要的问题是:首先,"基本真实"的法律含义是什么。其次,在新媒体背景下,作为网络用户的自然人所发布的传播内容是否适用此抗辩事由。当然,与之相关的问题是,连续传播、最终传播内容真实是否适用于作为网络用户的自然人。

（二）关于新闻传播内容有权威来源

权威消息来源,是"抗辩事实不真实的新闻侵权抗辩事由,在英美法系是一种传播特许权。英美侵权法对诽谤诉讼有特许报道的辩护事由,对官方文书和官方人员在某些场合下的言论的正确报道免负损害名誉的责任"①。

---

① 王利明,杨立新. 人格权与新闻侵权[M]. 北京:中国方正出版社,2000:647.

然而,问题在于:第一,权威消息来源中的"国家机关"是否仅限于行政机关,是否包括依法行使行政职权的其他法人团体。第二,在新媒体背景下,作为网络用户的自然人所发布的相关公开的文书和实施的公开职权行为,是否适用此抗辩事由。

(三)关于公正评论

《解释》第九条规定的公正评论的抗辩事由的问题:首先,对于该条规定的"借机诽谤、诋毁",如何认定并无明确标准。其次,批评和评论的主体和对象过窄,仅限于消费者、传播者对产品和服务质量问题的评价,应扩大适用于其他公共利益领域、扩大的范围是什么。另外,对于符合什么样的条件才构成公正评论,该解释也没有给出标准。

(四)关于为公共利益而限制个人隐私

公众利益目的,是传播侵权抗辩的一个重要事由。特别是在批评性的新闻报道中,公共利益目的完全可以对抗侵权请求权,免除媒体的侵权责任。在《信息网络侵害人身权益规定》第十二条第二款"(二)为促进社会公共利益且在必要范围内"中,最高人民法院首次明确了传播侵权中公共利益可作为限制个人隐私的抗辩事由。

这里存在的问题是:公共利益抗辩事由可否在侵犯其他人格权时适用,可否在传统媒体侵犯他人隐私或其他人格权时适用。另外,对于何为公共利益,司法解释只在第十二条第三款给出了一种答案,即"学校、科研机构等基于公共利益为学术研究或者统计的目的"。

结　论

总之,尽管我国理论界对新闻传播侵权抗辩事由进行了一些研究,但对于传播侵权抗辩中的核心问题——抗辩对象的研究则存在空白。缺乏理论的指导与提醒,实务界没有意识到抗辩对象的重要性,更没有认识到抗辩事由只是否定抗辩对象的依据。

从整体上看,我国法律中有关传播侵权抗辩事由的规定相对单薄、凌乱,并未形成完整的传播侵权抗辩事由体系。我国宪法中虽然规定了言论自由,但宪法并没有司法化,在侵权诉讼中传播者不能援引宪法来进行抗辩。在专门法方面,我国新闻传播侵权抗辩事由的成文规定主要限于最高人民法院的相关解释,没有专门系统针对传播侵权抗辩事由的规定。因此,抗辩事由很难在新闻传播侵权诉讼中加以援引。

现有的司法解释中规定的传播侵权抗辩事由,其适用范围有限,且标准不清、适用困难,不能有效地保护合法传播活动。

第五节　我国传播侵权抗辩体系的完善

我国传播侵权抗辩体系的完善,首先要明确抗辩对象;对司法解释规定的抗辩事由,也需要进一步解释和明确。

一、明确传播侵权抗辩对象

如前所述,传播侵权抗辩的目标是否定传播侵权责任的构成,抗辩对象则主要是传播侵权责任构成要件中的过错与(行为)非法性两个构成要件。在传播侵权抗辩对象与抗辩事由的关系中,前者决定后者,后者是推翻前者的工具和依据。既然是工具和依据,可以由法律明确,而法律未予明确的事由在诉讼中同样可以使用;毕竟,传播侵权能否进入《民法典·侵权责任编》尚且是一个未知数,即便能够进入,能够由法律明确的传播侵权抗辩事由也很少。没有法定的抗辩事由,只要传播者在抗辩中能提供证据,使法官相信过错或非法不存在,一样可以否定对方的请求权;不能准确定位抗辩对象,没有抗辩,传播者则需承担侵权责任。

因此,传播侵权进入立法,在对抗辩事由进行列举之前,应该明确表述:"有下列情形之一者,传播行为不具违法性或无过错,不承担侵权责任……"

二、司法解释对传播侵权抗辩事由进行解释

从法律的简约性、严谨性考虑,即使传播侵权能进入《民法典·侵权责任编》,真正能够入法的相关抗辩事由很可能就是目前司法解释中出现的事实基本真实、权威消息来源、公正评论、公共利益、避风港原则,以及"当事人同意公布相关内容"事由和"法律规定的其他情形"这一兜底条款。而目前最高人民法院需要对其厘清含义,明确标准:

(一)关于新闻传播内容基本真实

事实基本真实,涉及新闻真实、法律真实和客观真实三个概念。应

该明确的是：①新闻真实绝对不是法律真实和客观真实。客观真实是事实的本来状态，存在于历史之中，不会复原，因此，客观真实不是在法律上追求的真实，不是证据所能够证明的真实，更不是新闻真实所应当达到的标准。法律真实则是最终到法庭上经过举证、质证、认证所采纳的证据所能证明的事实，其与客观真实也有相当距离。②新闻真实既不是所有基本新闻要素的真实，更不是所有细节上的真实。采编人员尽到了职业义务，即可认定新闻真实。

司法解释并没有对"事实基本真实"给出解释，但我国学界认为其作为完全抗辩事由，应具三要件：新闻事实来龙去脉基本属实，主要内容无虚假表述；新闻媒体确有证据证明所报道的事实真实可信；基于善意，无重大过失[①]。即：只要具备上述三个要件，就可以此提出抗辩。

（二）关于新闻传播内容有权威来源

有观点认为："社会团体、企事业单位就其职责范围内的情况向新闻媒体发表的材料，公民、法人关于自身活动供新闻单位发表的材料，以及主动的消息来源提供的事件现场目击者第一手材料等，也属于权威消息来源。"[②]而反对者认为，此类单位和个人"尚不具有足够的权威性，新闻媒体有调查、核实的可能和余地"[③]。

笔者认为：①享受特许权的应该是"传播者"，即只要实施了传播行为都可以平等地受有限特许权保护，无论是官方新闻媒体还是普通的个人和组织，均应一视同仁。在新媒体、自媒体突飞猛进的今天，特许权的范围和权利对象应进一步扩大，给新闻传播以更大的空间。②社会团体、企事业单位就其职责范围内的情况向社会公布的材料，也属于权威消息来源，当然要符合前述条件。

（三）关于公正评论

笔者认为，公正评论应适用于所有领域。但构成公正评论应当具备以下要件：①基于公开传播的事实。②无侮辱、诽谤等言辞。当然，也有学者提出："在以上范围内，即使是片面的、偏激的、甚至具有诽谤性的评论，也不应追究法律上的责任。"[④]③基于公共利益目的，无侵权故意。

① 张俊浩.民法学原理[M].北京:中国政法大学出版社,1991:77.
② 王晋闽.新闻侵权的责任分担[J].新闻记者,1991(7):14.
③ 杨立新.论中国新闻抗辩及体系与具体规则[J].河南省政法管理学院学报,2008(5):5.
④ 魏永征.中国大陆新闻侵权法与台港诽谤法之比较[J].新闻大学,1999(冬季):20.

（四）关于为公共利益而限制个人隐私

首先，公共利益抗辩事由当然可在侵犯其他人格权时适用，也可在传统媒体侵犯他人隐私或其他人格权时适用。公共利益目的作为传播侵权的抗辩事由，应当具备以下要件：①须具有公共利益目的，而不是其他不正当目的。②不得借公共利益目的之机而侮辱、诽谤他人人格。

三、传播侵权进入立法，完善传播侵权抗辩事由体系

传播侵权抗辩事由系为推翻抗辩对象服务的，没有法定的抗辩事由，抗辩之天塌不下来，但如前所述，法定的抗辩事由体系，不仅可能维护言论自由，保护公共利益，保障公民知情权、监督权的实现，而且可能使法官和当事人理性地预测诉讼结果，统一法律适用，从而促进司法的公正与效率，所以，抗辩事由法定化、体系化也非常重要。

然而，既然传播侵权抗辩事由系为推翻抗辩对象服务即过错与非法性服务的，只要沿着前述几条抗辩路径，则能够作为抗辩事由的依据很多。杨立新教授曾列举了以下20余种事实依据和法律依据作为抗辩事由：①事实基本真实；②权威消息来源；③连续报道；④报道特许发言；⑤公正评论；⑥满足公众知情权；⑦公众人物；⑧批评公权力机关；⑨公共利益目的；⑩新闻性；⑪受害人承诺；⑫为本人利益或者第三人利益；⑬"对号入座"；⑭报道、批评的对象不特定；⑮配图与内容无关和配图与内容有；⑯已尽审查义务；⑰已经更正、道歉；⑱如实报道；⑲转载；⑳推测事实与传闻；㉑读者来信、来电和直播；㉒文责自负[1]。这些抗辩事由，或者针对过错，或者针对非法性，或者针对二者，都是传播者在诉讼中可以凭借的攻防手段。

当然，如果传播侵权的内容能进入侵权法，那么在列举抗辩事由之后加上"法律规定的其他情形"这一兜底条款，就为上述学理及国外的经验在我国传播侵权诉讼司法实践中的适用提供了依据。

结　论

传播侵权抗辩的目标是使破坏侵权责任的构成，而抗辩事由则是使

---

[1]　杨立新.论中国新闻抗辩及体系与具体规则[J].河南省政法管理学院学报,2008(5):5.

抗辩对象(非法性和过错)不成立的依据,其实质是一种证据(包括事实证据和法律证据)。既然是一种证据,即使没有法律明确列举,也可以向法庭提出。正如学者的观点,在作为适用过错归责原则的一般侵权传播侵权中,"行为人只要证明自己主观上没有过错就可能免除责任,由于其表明自己没有过错的抗辩事由很多,所以,侵权人极易被免除责任"①。

当然,抗辩事由的法律列举且体系化,使当事人更理性地认识到传播者的抗辩对象是否可以成立,使法官判案更加方便,统一法律适用。所以,在强调传播侵权单列入法,抗辩事由法定化、体系化的同时,应该明确:抗辩对象是传播者被告在诉讼中最终要针对的目标。

① 王利明.侵权责任法研究:上[M].北京:中国人民大学出版社,2011:185.

第二编（上）　一般传播侵权行为

第九章　传播侵害名誉权

名誉权是传播侵权中"频率"最高的侵害客体之一,所以传播侵害名誉权是传播侵权研究的重点。本章对传播侵害名誉权诉讼中过错、非法性与损害的证明,传播侵害法人等组织名誉权相关问题、传播侵害名誉权诉讼中的消极现象及其影响,以及网络传播侵害名誉权问题进行研究。

第一节　名誉权概述

在具体人格权中,名誉权占有极其重要的地位。关于名誉及名誉权的内涵与外延,理论上并无争议。而法人名誉权涉及商誉及信用权问题,比较复杂。

一、名誉概述

（一）名誉概念

近代以来,法学界对名誉的定义主要有两种:一是"人格尊严说",认为"名誉是当事人的人格尊严,即名誉系人在社会上的评价,通常指其人格在社会上所受到的尊重"[①]。二是社会评价说,认为"名誉是个人凭其天赋、家世、功勋、财富、品德、学历及地位等各种人格特质,在人们心目中所具有的功名及令誉"[②];或是指"社会上人们对公民或法人的品德、情操、才干、声望、信誉和形象等各方面的综合评价"[③]。

[①]　王泽鉴.侵权行为法:第一册[M].北京:中国政法大学出版社,2001:111.

[②]　杨敦和.论妨害名誉之民事责任[J].辅仁法学,1983:127.

[③]　唐德华.谈谈审理损害赔偿案件中的几个问题[J].人民司法,1989(2):2.

国外法学界对名誉的定义主流观点也是社会评价说。如《牛津法律大辞典》对名誉的定义是："名誉是对于人的道德品质、能力和其他品质（其名声、荣誉、信誉或身份）的一般评价。非法损坏他人名誉可以构成诽谤（书面诽谤或口头诽谤），受到诽谤的人可以提出控告。"①《布莱克法律辞典》认为名誉是"关于一个人格或其他特点的共同的或一般的评价"②。

我国法学界对名誉概念主流观点也持社会评价说。有学者将公民与法人的名誉权分开定义，认为："就公民来说，其名誉是指社会对其的品行、思想、道德、生活、作用、才干等方面的社会评价；对法人来说，因其作为一个组织体不像自然人那样享有对品行、才干、思想作风等专属于自然人的名誉，所以，法人名誉是对其社会活动、经济活动、生产经营成果等方面的社会评价，它是在法人的整个活动中逐渐形成的，是社会对法人的信用、生产经营能力、生产水平、资产状况、活动成果、社会贡献、社会责任感等因素的综合评价。"③另有学者将自然人和法人合称为"特定人"，认为名誉是指对特定人的人格价值的一种社会评价④。

我国立法也反映了主流观点。《民法典·人格权编（草案）》第八百零四条第二款规定："本法所称名誉是他人对民事主体的品德、声望、才能、信誉、信用的社会评价。"

（二）名誉的特征

名誉具有以下特征：①客观评价性。名誉是客观存在的，这种客观性不是个人对自我的评价，而是外部评价。②社会性。名誉是民事主体通过参与社会生活而获得的，是一种社会公众的评价。③美誉性。正常来说，名誉是一种正面的、良好的、积极的而非负面的、消极的社会评价。④综合性。无论自然人或是法人的名誉，都是对其各种素质的综合性的评价。⑤时代性。名誉受到时代、制度的影响，在不同的时代与制度下，名誉会有不同的内涵；当然，不同的时代对名誉也有共同的内涵。

---

① 沃克.牛津法律大辞典[M].北京社会与科技发展研究所,译.北京:光明日报出版社,1988:768.
② Garner B A. Black's Law Dictionary[M]. St. Paul:West Publishing Co.,1979:1172.
③ 王利明.人格权法研究[M].北京:中国人民大学出版社,2012:447.
④ 罗东川.论名誉权的概念和特征[J].政治与法律,1993(2):37.

二、名誉权概述

（一）名誉权概念

学界认为，"作为一种民事权利，名誉权是法律规定的民事主体所享有的获得和维持对其名誉进行公正客观评价的一种人格权"①，或者是指"公民和法人对其名誉所享有的不受侵害的权利"②。

名誉权依享有主体的不同分为两种③：①自然人的名誉权。指自然人依法享有的个人名誉不受侵害的权利，是就其品质、信誉、声望等获得的社会评价不受他人侵犯的权利。②法人名誉权。指法人对其全部活动所产生的社会评价享有的不可侵犯的权利。这里需要区分法人名誉权与法人商誉权：两者是种属关系，后者是前者的部分内容，包含在法人名誉权之内。商誉只能由企业法人享有，指"商事主体在商事活动中所具有的客观偿债能力和主观履行意愿在社会上获得的综合评价，是由多种因素共同作用而形成的不可确指的无形资产"④；或者说商誉是由企业的人员素质、声誉、历史渊源、地理位置及管理水平等多种因素共同作用形成的无形资产。

（二）名誉权的特征

1. 非财产性

名誉作为一种重要的人格利益，不具有财产利益，因此，名誉权也不具有财产内容，所以，"名誉的好坏不能代表财产的多少，名誉权之侵害并不必然导致财产上之损失，名誉权之法律救济并不必然表明将获得财产上的补偿"⑤。传播侵害名誉权诉讼中，责任方式往往是赔礼道歉、恢复名誉而不是赔偿经济损失，就是这个原因。当然，名誉权与财产利益有一定的联系，如法人名誉权主要是间接的财产方面的利益，侵害法人名誉权可能使该法人经营活动受到影响，从而遭受财产损失。

2. 特定（专属）性

名誉权是特定主体所享有的不能抛弃、转让、继承、分割与被剥夺的人格权。侵害名誉权，只能指向特定的、确定的对象，不能指向不确定

①　张新宝. 中国侵权行为法［M］. 北京：中国社会科学出版社，1998：307.

②　王利明. 人格权法研究［M］. 北京：中国人民大学出版社，2012：447.

③　王利明. 人格权法研究［M］. 北京：中国人民大学出版社，2012：450.

④　邢光虎. 商誉出资的合理性探讨［N］. 人民法院报，2004 － 07 － 18(6).

⑤　张新宝. 中国侵权行为法［M］. 北京：中国社会科学出版社，1998：308.

的多数民事主体;名誉权随着特定民事主体存在而存在,随着其消亡而消亡。传播侵权诉讼中,必须有确定的被侵权对象,如涉及的肖像必须可以被识别,不指名道姓的批评必须在一定的背景下被识别出被批评对象,也是这个道理。

3. 法定性与可克减性

名誉权是由法律赋予自然人或法人所享有的、受法律保护的权利。同时,为了公共利益(如言论自由或公民监督权的实现),国家也可能以法律对该权利进行限制①。

(三)名誉权的客体与内容

名誉权的客体、保护对象是名誉,其首先是一种人格利益,是一种不直接体现财产利益的精神利益。而名誉权的内容包括:名誉的享有和维护权,对名誉侵害的排斥权及请求权。

第二节　我国传播侵害名誉权诉讼现状统计与分析

进入网络传播时代,传播侵害名誉权诉讼的基本现状亟须明晰。本节从媒体类型、时间、地域分布、裁判结果、侵权责任方式等方面,对名誉权纠纷进行统计分析,以勾勒出新媒体环境下传播侵害名誉权纠纷诉讼的概貌。

一、我国传播侵害名誉权纠纷的媒介类型分布

由于名誉权纠纷数量庞大(2014—2017 年数量分别为 3402 起、3396 起、6151 起和 8616 起),不能逐一统计,笔者以"名誉权纠纷""二审""中级法院""判决"为关键词,对中国裁判文书网 2014—2017 年四年间的约 2078 起案件进行统计分析发现②:以媒体类型和传播方式为标准,目前司法实践中的名誉权诉讼可分为两大类:一类是使用媒休引发的,

---

① 王利明. 人格权法研究[M]. 北京:中国人民大学出版社,2012:214,505.
② 对 2014—2016 年相关名誉权纠纷的统计截止日期为 2017 年 1 月 31 日;对 2017 年相关名誉权纠纷的统计截止日期为 2018 年 1 月 31 日。另外,由于一些案件中使用了多种媒介传播进行侵权,而下表中以单种媒介使用情况进行统计,因此各种媒介下的侵权总数高于年度样本总数。

一类是人际传播和组织传播引发的。前者可具体分为报刊、电台、电视台、书籍、商业网站新闻栏目、金融征信、新闻网站新闻栏目、博客、微信朋友圈群、微信公众号、QQ 群、电子邮件（群发 10 人以上）、手机短信（群发 10 人以上）和电话引发的 14 类名誉权诉讼。使用媒体引发的名誉权纠纷，自 2014 年至 2017 年在同年度样本数量中的比例分别为50%、53%、51.7% 和 55.9%，这说明此类诉讼与媒体的关系越来越密切。而包括商业网站、政务网站和新闻网站传播、社交媒体传播在内的网络传播，其引发的名誉权纠纷，自 2014 年至 2017 四年间的比例分别占约 31.3%、28.3%、28.5%、43.5%，总体上呈增长趋势。

　　另外，征信传播①是近年来侵害名誉权纠纷中值得注意的一种传播类型，其系不同于大众传播与人际传播、组织传播的另外一种传播方式。2014—2017 年，此类传播侵权纠纷在名誉权纠纷中的比例稳定在 5% 左右（2017 年甚至接近 10%，参见下表），故本研究将其作为传播侵权的研究范畴。

各类传播侵权纠纷案件数量　　　　（单位：起）

案件类型＼年度	传统大众传播		网络传播		社交媒体传播			征信传播	其他媒体传播			非大众传播	年度总数
	书报刊	电视台	商业政务	新闻网站	微信传播		QQ群		电子邮件	手机短信	电话	人际传播组织传播	
					朋友圈群	公众号							
2017	52	30	180	19	80	20	17	87	8	12	2	388	879
2016	46	28	117	2	21	4	36	4				247	511
2015	30	13	73	5	6	1	6	20	8	8		151	321
2014	31	21	91	9	9	1	5	17	2	5		185	367

　　由上表可见，总体上，近年来媒体传播侵害名誉权诉讼在名誉权纠

---

① 征信传播指国家征信机构在从事对企业、事业单位等组织（下称企业）的信用信息和个人的信用信息进行采集、整理、保存、加工，并向信息使用者提供的征信业务活动中进行的传播。这种传播主要两种：从事信贷业务的机构向金融信用信息基础数据库提供信贷信息和金融信用信息基础数据库向他人提供所采集的信息（参见：《征信业管理条例》第 2 条和第 29 条）。征信传播是一种利用网络进行的传播，但在传播范围上小于大众传播。

纷中所占比例逐年提高,人际传播和组织传播侵害名誉权诉讼的比例则越来越小;在媒体传播侵害名誉权诉讼中,网络传播占比越来越高,传统大众传播所占比例则呈下降态势。

二、传播侵害名誉权纠纷中的被告败诉率

在选取的1107起二审传播侵害名誉权纠纷中,网络传播和征信传播的败诉率均在60%左右,传统媒体传播败诉率最低(24.70%)。上述特点在四年间具有持续性。

各类传播侵害名誉权纠纷的裁判结果　　　　　　　　（单位:起）

媒介类型\年度	总计		传统媒体		网络传播		其他媒体		征信传播	
	年度总量	败诉数量、比例	年度数量	败诉数量、比例	年度数量	败诉数量、比例	年度数量	败诉数量、比例	年度数量	败诉数量、比例
2017	495	283 57.17%	82	20 24.39%	316	200 63.29%	22	10 45.45%	87	53 60.92%
2016	260	132 50.77%	74	18 24.32%	146	89 60.96%	4	2 50.00%	36	23 63.89%
2015	170	86 50.59%	43	10 23.26%	91	57 62.64%	16	7 43.75%	20	12 60.00%
2014	182	94 51.65%	52	14 26.92%	115	68 59.13%	7	3 42.86%	17	9 52.94%
总计	1107	595 53.75%	251	62 24.70%	668	414 61.98%	49	22 44.90%	160	97 60.63%

三、新闻传播侵害名誉权诉讼现状统计分析

以"名誉权纠纷""二审""中级法院""判决"为关键词,对中国裁判文书网2014—2017四年间涉及传统大众传媒和新闻网站的新闻传播(以新闻信息为内容的传播,非职业者借助新闻媒体实施侵害行为的新闻传播也在统计范围内)诽谤诉讼进行归纳,共得到200份判决书[①]。统计分析如下:

---

① 统计截止日为2018年2月9日;案号依时间顺序列于参考文献部分。

（一）新闻传播侵害名誉权案件年度分布、媒介分布与败诉率

由下表可见：近年来，新闻传播侵害名誉权案件逐年递增，增长速度快。新闻媒体败诉率除 2016 年比 2015 年有明显下降（约 6 个百分点）外，总体呈现小幅缓慢下降趋势。

从媒介分布类型的维度分析，新闻传播侵害名誉权案件中，新闻网站的败诉率最高（43.24%），报纸的败诉率居中（25.96%）、电视传播的败诉率最低（20%）。值得注意的是，2017 年报纸案件败诉率最低，为18.6%；涉及新闻网站的案件败诉率上升到 43.75%。

新闻传播侵害名誉权纠纷被告败诉的年度分布情况①　　（单位：起）

媒介类型 / 年度	总计		报纸		电视		新闻网站	
	年度总量	败诉数量、比例	年度数量	败诉数量、比例	年度数量	败诉数量、比例	年度数量	败诉数量、比例
2017	80	22 27.50%	43	8 18.60%	28	7 25.00%	16	7 43.75%
2016	46	12 26.09%	25	7 28.00%	15	3 20.00%	7	2 28.57%
2015	37	12 32.43%	21	5 23.81%	13	3 23.08%	6	4 66.67%
2014	37	11 29.73%	15	7 46.67%	14	1 7.14%	8	3 37.50%
总计	200	57 28.50%	104	27 25.96%	70	14 20.00%	37	16 43.24%

新闻传播侵害名誉权纠纷的被告败诉率虽然每年略有起伏，但总体在呈下降趋势，而且，其明显低于前述传播侵害名誉权纠纷的被告败诉率，这与传统媒体在新闻传播中占比较高有直接关系。

（二）新闻传播侵害名誉权案件地区分布情况

如下表，从案件的地区分布来看，新闻传播侵害名誉权的地区较为分散，案件频率最高的是北京、广东、上海、江苏，其次是辽宁、山东、河南、湖南、浙江、福建，说明沿海地区和人口密集地区最为频发。总体上，东部频次高于西部，南部频次高于北部，发达地区频次高于其他地区；而

---

① 因一些案件涉及多种媒体，故关于报纸、电视台和新闻网站的案件统计数量高于实际案件数量。

西北地区、西南地区较少。

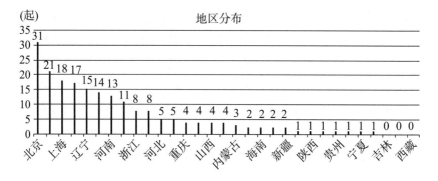

（三）新闻传播侵害名誉权案件当事人身份

新闻传播侵害名誉权案件中，被告身份和原告身份相比较为复杂，大体上可以分为4类：自然人、企业单位、行政单位、新闻媒体。从数量对比来看，自然人原告的案件数量仍然远高于法人原告案件。

（单位：起）

当事人身份 数量、比例	被告						原告	
	自然人	企业	机关	报社、报业集团	广播电视台、广电集团	新闻网站	自然人	法人
总数	46	24	9	104	59	9	145	57
占比（n＝200)	23.00%	12.00%	4.50%	52.00% 172 起，占比86%	29.50%	4.50%	72.50%	28.50%

说明：因一个案件中有不同身份的共同被告，所以涉及被告数量大于案件总数。原告由自然人、企业单位这两种身份构成，其中一个案件的原告由自然人和企业单位构成，其他案件的原告都分别是自然人或法人。

由上表可见：此类案件中，新闻媒体作为被告的比例最高，为86%；新闻媒体中纸媒作为被告的比例最高，其次是广播电视台，新闻网站数量最少。此类案件中，自然人、企业单位或行政单位和新闻媒体成为共同被告，或者自然人、企业单位、行政单位或新闻媒体成为单独被告有两种情况：一是自然人、企业或行政单位主动向新闻媒体提供材料或在新闻媒体刊登信息对受害人名誉实施侵害；二是新闻媒体主动通过采访、转载等形式获得并传播侵权信息。

（四）新闻传播侵害名誉权案件的责任方式

具体到每一种责任方式在新闻传播侵害名誉权案件中的适用频次，

情况如下表：

（单位：起）

责任方式 数量、频率	停止侵害	赔礼道歉	消除影响	恢复名誉	赔偿损失
数量	15	51	30	22	41
频率（n＝57）	26.32%	89.47%	52.63%	38.60%	71.93%

说明：样本总数为2014—2017年间新闻媒体被告败诉案件总量，为57起。

由上表可见：新闻媒体侵权的判决结果中，具体到每一种责任方式的适用频次，由高到低依次为赔礼道歉（89.47%）、赔偿损失（71.93%）、消除影响（52.63%）、恢复名誉（38.60%）、停止侵害（26.32%）。

（五）新闻传播侵害名誉权案件索赔额和赔偿额

下表每个案件中以一种侵权媒介计算，如有多种媒介则按传播范围更广的计算。

（单位：万元）

赔偿额 媒介类型	侵权 成立	最高 索赔额	平均 索赔额	最高 实赔额	平均 赔偿额	平均 赔付率
报纸	27	163	20.04	42.9	3.24	16.17%
电视	14	23.76	8.05	15	1.48	18.39%
新闻网站	16	5000	421.78	150	14.13	3.35%

如上表所示：报纸的最高索赔额为163万元[①]，电视的最高索赔额为23.76万元[②]，新闻网站的最高索赔额为5000万[③]；报纸的平均索赔额为20.04万元，电视的平均索赔额为8.05万元，新闻网站的平均索赔额为421.78万元；报纸的最高赔偿额为42.9万元[④]，电视的最高赔偿额为15万元[⑤]，新闻网站的最高赔偿额为150万元[⑥]；报纸的平均赔偿额为3.24万元，电视的平均赔偿额为1.48万元，新闻网站的平均赔偿额为14.13万元。总体说来，新闻网站的索赔额和赔偿额较之其他媒介类型来说，都是最高的。

[①④]　参见：山东省高级人民法院（2015）鲁民一终字第3号判决书。

[②]　参见：江苏省无锡市中级人民法院（2017）苏02民终386号判决书。

[③⑥]　参见：上海市第一中级人民法院（2014）沪一中民四（商）终字第2186号判决书。

[⑤]　参见：山东省济南市中级人民法院（2017）鲁01民终7034号判决书。

第三节　传播诽谤诉讼中非法性与过错要件的证明责任分配

2002 年生效的《证据规定》首次在法律制度层面明确地肯定了证明责任具有行为和结果的双重意义①。自此,包括新闻诽谤诉讼在内的民事诉讼中,证明责任分配的司法实践进入了一个新阶段。然而,长期以来对新闻诽谤诉讼中报道内容真伪不明情况下证明责任分配的严重分歧并未自此解决,相关司法实践虽有进步,但步履缓慢。

世奢会诉《新京报》名誉侵权案两审中,不仅判决结果完全相反②,而且,从"实难相信真实"到"难以认定虚假",从"主观存在过错"到"具备正当目的",在裁判思路上,从一审到二审也有完全不同的选择。更有参考意义的是:本案二审法官在证明责任分配中不仅对行为意义上的证明责任进行了分配,也对结果意义上的证明责任进行了分配。总之,该案不仅以其入选 2015 年我国十大影响性诉讼③而有探讨意义,也因进入《最高人民法院工作报告》而倍受瞩目④,更因其在裁判思路上的这种进步而具备研究价值。本节从该案两审裁判思路的比较,研究我国传播侵权诉讼中非法性和过错两个要件的证明责任分配。

一、传播诽谤诉讼中的证明责任

如本研究第五章所述,新闻传播诽谤诉讼中,应由原告对报道内容的虚假及被告的过错承担行为意义上的证明责任,由媒体对报道内容的真实及无过错承担行为意义上的举证责任;如果报道内容真伪不明或被告是否有过错不明,由原告承担结果意义上的证明责任即败诉风险。但在以消息来源为采访对象即以他人口述为内容的报道引发的诉讼中,新

---

① 李国光.最高人民法院《关于民事诉讼证据的若干规定》的理解与适用[M].北京:中国法制出版社,2002:33.

② 本节所引判决内容参见北京市第三中级人民法院(2014)三中民终字第 6013 号判决书。

③ 商西.周永康案列 2015 年十大影响性诉讼之首[N].南方都市报,2016-01-19(A14).

④ 2016 年 3 月 13 日第十二届全国人民代表大会第四次会议上,最高人民法院院长周强在《最高人民法院工作报告》中提到"北京市第三中级法院依法审理世奢会(北京)国际商业管理有限公司诉相关媒体案件,认定有关报道不构成侵权,切实保护新闻媒体舆论监督权"。

闻媒体只对消息来源的真实性即"采访的真实性"承担证明责任,而不对消息来源口述内容的真实性承担证明责任。具体到世奢会诉《新京报》名誉侵权案,应由世奢会对报道内容虚假即自己不是皮包公司和所拍卖红酒为真品及《新京报》的过错承担包括行为与结果意义上的证明责任;由《新京报》对消息来源的真实性承担行为与结果意义上的证明责任,对自己无过错承担行为意义上的举证责任。需要强调的是,《新京报》并不需要对世奢会是皮包公司及所拍卖红酒为冒牌承担行为意义上的证明责任,因为其报道内容系引用他人文章或源于秘密消息来源,并且其也未在法庭上主张世奢会是皮包公司及所拍卖红酒为冒牌。因此,如果世奢会是否"皮包公司"及其所拍卖所红酒是否为冒牌处于无法证实状态,则法官只能判决世奢会败诉即驳回其诉讼请求。

二、传播诽谤诉讼中行为非法性(内容真伪)的证明责任分配

如前所述,长期以来,我国新闻传播诽谤诉讼中,法官一般是认为被告即媒体或记者应当承担对报道内容真实的证明责任,而原告通常是一告了之,不用提供证据。这种情况下,结果不是"谁主张,谁举证",而是"谁主张,谁胜诉",媒体败诉率很高。《证据规定》实施后,司法实践中有法官意识到原告也需就报道内容的虚假承担证明责任,但当报道内容真伪不明时,却罕有据此直接适用结果意义证明责任分配规则即判决原告败诉的。世奢会诉《新京报》案就是如此。

(一)"世奢会"诉《新京报》名誉侵权案中的证明责任分配

1. 一审中的证明责任分配

世奢会诉《新京报》案的一审判决中,从法官"从文章整体内容来看,虽然大部分内容经过撰文记者本人的核实,但仍有内容新京报社无法提供详细的消息来源""新京报社及其记者刘刚虽然提交了相关采访对象的录音资料,但录音对象的身份情况并未向法庭提供,被采访人也未出庭作证,故法院难以采信其言论的真实性"等阐述中,其在证明责任分配上的态度是明确的:首先,其认为本案举证重点针对《新京报》的秘密消息来源;其次,其认为本案举证焦点是针对《新京报》未提供秘密消息来源的身份证明及该证人未出庭;再次,其只是针对《新京报》的举证进行分析,对发起诉讼的原告世奢会,则未提及其对报道内容虚假应当承担证明责任。这是最重要的、最关键的问题。

事实上,世奢会诉《新京报》名誉侵权案一审判决中对报道内容真伪的认定,与之前我国法院在许多同类案件中证明责任分配思路一脉相承,如前述深圳中院 2002 年审理的《财经》涉侵害世纪星源公司名誉权案和 2005 年上海市第一中级人民法院判决的唐季礼诉青年时报社等新闻诽谤案①。上述证明责任分配思路根源在于:将行为意义上的证明责任与结果意义上的证明责任混同,最终使作为一般侵权、在过错责任归责原则下的新闻诽谤诉讼中的原告的(结果意义上的)证明责任,倒置给作为被告的新闻媒体。

2. 二审中的证明责任分配

在世奢会诉《新京报》名誉侵权案二审判决中,法官对于证明责任是这样分配的:第一,法院认为,"新闻报道侵害名誉权责任属于一般过错侵权责任,适用谁主张、谁举证的证明责任分配规则,在行为意义的证明责任方面,报道失实是提出名誉权侵权主张的一方所需举证证明的,有合理可信赖的消息来源是提出不侵权抗辩的新闻媒体所需举证证明的"。第二,法院认为,化名"唐路"的被采访对象"所述的大部分内容已经刘刚核实确认……世奢会(北京)公司未就曝料内容涉及的展品来源、官方发布会数据统计、发布会报告人聘请等相关内容提供相反证据以证明其确系虚假信息……而世奢会(北京)公司申请出庭的崔某等人的证言也不能证明化名'唐路'的人系被收买的虚假曝料人"。

可见,二审在证明责任分配上与一审完全相反:第一,就行为意义上的证明责任,严格依照我国《民事诉讼法》及《证据规定》规定的证明责任规则,原被告双方均需承担。第二,未要求《新京报》对报道内容真实性举证,只要求其对消息来源的真实性即"采访是真实的"举证。第三,强调原告应对报道内容的虚假承担行为与结果意义上的证明责任。

值得注意的是,在职业音乐人汪峰诉韩炳江(其新浪微博用户名为"中国第一狗仔卓伟")案中,法院认为,"2014 年至 2015 年,互联网上有多次原告在世界各地赌场赌博的新闻报道,原告在庭审中对于该事实未否认或提交证明上述报道为虚假的证据"②。就行为意义上的

---

① 参见:本研究第五章第三节二部分的内容。

② 2015 年 4 月 20 日,被告韩炳江在其新浪微博上分享了"全民星探"发布的名为"章子怡汪峰领证 蜜月会友妇唱夫随"的文章,并标题为"赌坛先锋我无罪 影坛后妈君有情"。该文章在网络上迅速传播。汪峰以韩炳江侵犯其名誉权为由,向北京市朝阳区人民法院提起诉讼,要求韩停止侵权,在新浪微博上赔礼道歉,并赔偿其精神损害 200 万元。参见:北京市朝阳区人民法院(2015)朝民初字第 21870 号民事判决书。

证明责任,该案与世奢会诉《新京报》名誉侵权案二审判决中法官的观点一致。

(二)"世奢会"诉《新京报》名誉侵权案中的证据采信

世奢会诉《新京报》案中,最关键的证据是《新京报》记者刘刚对爆料人田某的录音资料。在一审中,法官未采信此录音资料,理由是"录音对象的身份情况并未向法庭提供,被采访人也未出庭作证"。二审中,新京报社及其记者刘刚补充提交了秘密消息来源的身份证明、工作名片、公证视频,也即二审中被告手中的攻防武器也只多了秘密消息来源的身份证明、工作名片、公证视频。而这显然不是问题的关键,因为:世奢会申请出庭作证的证人李某称其在"世奢会"负责人事工作,从未见过田某即录音对象。显然,在田某是否为适格证人的问题上,双方所提供证据的证明力不相上下。

事实上,证人出庭不是绝对义务,根据《证据规定》第五十六条,证人在有特殊情况下可不出庭,而"经人民法院许可,证人可以提交书面证言或者视听资料或者通过双向视听传输技术手段作证",就是说,书面证言、视听资料、双向视听三者取其一即可。这说明:只要法庭许可,新京报社及其记者刘刚在一审中提供的相关录音资料完全有证据能力即具备证据的合法性。

关于视听资料的证明力,根据《证据规定》第七十条,"无疑点"的视听资料应当确认其证明力。本案二审中法官认为"刘刚对田某的采访是真实的",理由为4个小时的采访录音"全程流畅,无事先安排、现场表演的痕迹。在录音中,被采访对象主动表达的意识较强且表述流利连贯,对刘刚询问一直较为配合,未表现出勉强或拒绝态度"。法官的看法,正是"无疑点"的认定,而一审法官似乎并未注意到这个问题。

(三)"世奢会"诉《新京报》名誉侵权案中的事实认定

在世奢会诉《新京报》名誉侵权案一审判决中,法官对于报道内容真伪是这样认定的:"庭审中世奢会(北京)公司的证人王某自称就是'唐路'(《新京报》的秘密消息来源、录音采访对象)的情况下,新京报社仍然未直接对此做出回应和反驳,让法院实难相信相关曝料人员言论的真实性。"

二审中,法官对报道内容真伪的认定则完全相反:"而世奢会(北京)公司申请出庭的崔某等人的证言也不能证明化名'唐路'的人系被收买的虚假曝料人,在此情况下,从证明责任分配的角度,难以认定争议的内容确系虚假信息。"

如前,正因为本案两审在证明责任分配及证据采信中的不同,导致在事实即报道内容真伪的认定上一审是"实难相信真实",二审是"难以认定虚假"。显然,在心证中法院是各有侧重。然而,两审均未对报道内容进行明确的真伪认定,而最终二审对录音资料证明力确认的结果也只是认定刘刚对田某的"采访"是真实的,也即前述的世奢会是否"皮包公司"及其所拍卖红酒是否为冒牌处于无法证实状态。

(四)关于秘密消息来源的暴露

本案争议文章的主体内容是由被告新京报社的秘密消息来源、化名"唐路"的田某所提供。一审中,新京报社并未提供该秘密消息来源的身份;二审中,新京报社向法庭提供了该秘密消息来源的身份证明。然而,如前所述,在证据合法性方面,根据《证据规定》第五十六条的规定,视听资料本身具备证据能力即合法性;在证据证明力方面,二审法官认定该录音资料"全程流畅,无事先安排、现场表演的痕迹",而未提及秘密消息来源的身份证明、工作名片及公证视频。即即使没有秘密消息来源的暴露,二审中也应该有"刘刚对田某采访是真实的"及田某曝料内容"难以认定虚假"结论。但是,"深喉"的暴露、新京报社深受内伤的结果并没有换来法官对前述的世奢会"皮包公司"及其所拍卖所红酒为冒牌的认定。

在《新京报》报道内容真伪不明情况下,法官可以而且应当依照《证据规定》第七十三条"因证据的证明力无法判断导致争议的事实难以认定的,人民法院应当依据证明责任分配规则作出裁判"的规定,判决原告承担不利结果。然而,法官没有再往前走,而是转向了被告的主观心理方向。

三、传播诽谤诉讼中过错的认定

传播诽谤诉讼中的过错,在主观上是指传播者对导致报道内容失实的故意或过失的主观心理态度(而非其失实的客观结果)。当然,这种主观态度体现于传播者是否履行注意义务,即在整个报道过程中的客观表现,其中对事实是否核实是主要表现之一,也是原告通常比较容易证明的事实。

传播诽谤诉讼中,作为被告的传播者总会尽可能提供证据,以证明自己没有侵权故意或过失;而与对报道内容真伪相比,法官却罕有对过错这一要件进行证明责任分配的。世奢会诉新京报社案也是如此。

(一)当事人对"过错"的主张、否定及举证

本案中,原告世奢会认为"新京报社在没有任何法律依据的情况下,使用'皮包公司'这样的负面标题;引用各种来源不明的不实信息公然丑化世奢会(北京)公司业务形象,意欲引导公众对世奢会(北京)公司所代理的业务不信任,造成(北京)公司是'皮包公司'的负面形象"。根据世奢会的诉称,被告新京报社是"故意"侵权。而世奢会提供的男性证人王某出庭作证,称自己是被媒体收买的虚假爆料人,新京报社对自己的采访录音是事先编造好的。

一审中,新京报社为证明自己采访内容真实及无过错,提供了对毛欧阳坤的采访录音、对吴某及叶某的采访录音、唐山展方的采访录音及世奢会官方网站信息。

需要注意的是,本案双方当事人是在法官没有就过错的行为意义上的证明责任进行分配的情况下进行的举证。

(二)无结果意义证明责任分配下的过错认定

一审在认定新京报社是否存在过错时,法院认为:"新京报社在刊登涉案文章时,引用了一些未经核实的网友曝光信息,采访了不能提供消息来源的'世奢会前员工',其内容足以导致社会公众对世奢会(北京)公司的社会评价降低。新京报社作为传统媒体,应当预见到这篇报道的内容会导致世奢会(北京)公司经济能力和公众依赖降低的不良后果,属于未尽到其应尽的义务,主观上存在过错。"可见,一审法院认定的新京报社的过错属于疏忽大意的过失,而其依据是"引用了一些未经核实的网友曝光信息,采访了不能提供消息来源的'世奢会前员工'"。这里,一审并未把新京报社向世奢会进行报道内容的核实作为认定新京报社有无过错的依据。

就新京报社是否存在过错,二审从两个层次否定了被告的侵权故意:首先,其认为,"总体上,文章结论具备合理依据,不构成诋毁,山寨组织和皮包公司的用语虽尖锐,但不构成侮辱"。也就是说,被告不仅没有直接的侵权故意,也没有间接的侵权故意。其次,关于本案争议文章的写作目的,二审认为:"新闻媒体有正当进行舆论监督和新闻批评的权

利……争议文章通过记者调查引用多方面意见参与对世奢会现象的关注与讨论,是行使媒体监督权的行为。不可否认,文章整体基调是批评的,部分用语尖锐,但这正是批评性文章的特点,不应因此否定作者写作目的的正当性。"这里,"写作目的的正当性"再次对被告侵权故意进行了否定。

然而,与明确否定侵权故意相比,二审对被告过失的否定却没有那么"爽快"。二审法官认为:"田某本人在接受采访时曾要求化名并称其在世奢会中国代表处工作时间较短,没有签订劳动合同,还被拖欠工资并且与毛欧阳坤发生过矛盾,在此情况下,作者刘刚使用田某曝料的负面信息作为单一消息源时,从新闻报道的规范要求来看,更应尽到审慎的注意义务。"

对于新京报社是否存在过失,二审未明确认定,而是对以被采访对象作为消息来源时媒体和记者的注意义务提出了有价值的参考标准①。那么,对于本案中争议文章作者刘刚是否尽到审慎的注意义务,二审如此认定:①"本案中,化名'唐路'的被采访对象田某所述内容大部分经过刘刚本人的核实,但亦有部分内容是未经核实的单一曝料信息";②"刘刚就其质疑亦征询了世奢会(北京)公司副总经理毛欧阳坤方面的意见,一般读者可以判断,争议文章并没有将世奢会定义为皮包公司,而是提出质疑供公众讨论"。这里,法官的表述给人一种印象:刘刚有轻微过失,但因为结果即"一般读者可以判断,争议文章并没有将世奢会定义为皮包公司,而是提出质疑供公众讨论",该轻微过失可被忽略或容忍。无论如何,这里法官并没有明确表述刘刚是否尽到审慎的注意义务,没有明确否定其过失,即被告究竟有无过失,在判决书中找不到明确答案。

(三)两审对被告过错认定的比较:遵循"行为判断路径"

比较本案两审的裁判可以发现:一审主要认定的是被告在报道中有过失;二审主要否定的是被告的故意,而对被告引用未经核实的网友爆料信息之行为未进行过失认定。

虽然两审在对被告主观过错的认定中有根本区别,但相对于之前同类案件中的"过错推定",均有进步。前述唐季礼诉青年时报社等新闻诽

---

① 参见:本研究第四章第四节三(一)部分。

谤案中,法院判青年时报社等败诉,但对其有无过错未置一词①。事实上,在之前其他新闻诽谤诉讼中,判决书也基本用"过错推定"原则。

本案两审在对被告主观过错认定中的进步主要是:从新闻机构的注意义务出发,并从其对新闻报道内容的采访与核实的行为中进行主观过错存在与否的判断。其遵循的是"行为判断路径",而这本身就符合现代侵权法过错判断客观化的趋势。

本案二审中虽未对"行为判断路径"提出创造性的建议或标准,但对以被采访对象作为消息来源时媒体和记者的注意义务提出了有价值的5条参考标准,而这些标准是从被采访对象的客观情况出发,遵循的也是主观过错客观化判断的路径,这是创造性建议。

四、小结

法律文明总以人们不满意的步伐缓慢向前。

对于新闻传播诽谤诉讼,《民事诉讼法解释》第九十一条的意义在于:不仅明确了此类诉讼攻防重心与关键在于侵权责任四要件的成立与否,而且明确了侵权责任四要件的证明责任由原告承担。在"世奢会"案一审中,《新京报》的秘密消息来源并未暴露,报道内容真伪不明,但法官错误地进行了证明责任分配,将内容真实的证明责任倒置给媒体被告,而且在损害及因果关系两个要件未得到证明的情况下判决《新京报》败诉;二审中,秘密消息来源的做证(暴露)固然会加强法官对《新京报》过错要件不成立的认识,但报道内容真伪不明并未因此而改变,其并不是也不应该是《新京报》二审胜诉的关键,因为依照《民事诉讼法解释》第九十一条,即使《新京报》有过错,由于报道内容真伪不明,原告仍然需要承担证明责任即败诉结果。

客观而言,与之前的同类案件相比,世奢会诉《新京报》名誉侵权案的二审确有进步:首先,其明确表述了双重意义证明责任分配规则,而且强调了原告对报道内容虚假的证明责任。其次,对以被采访对象的爆料为主要内容的新闻报道,未要求媒体对报道内容的真实性举证,而只要求对"采访真实"举证,而且二审对此情况下媒体和记者的注意义务提出

---

① 参见:(2004)沪一中民一民(初)字第13号判决书。

了 5 条有价值的参考标准,在一定程度上具有裁判规则的意义①。

当然,本案的遗憾也是明显的:二审对被告过错的否定方面,无论是认定其"不构成诋毁、侮辱",还是"具备正当目的",抑或是"新闻媒体有正当进行舆论监督和新闻批评的权利",均只是集中在"故意"角度,对被告过失的有无却未明确认定,即关于过错证明责任的分配,其只进行了一半,并未对结果意义上的责任进行明确分配,这使其作为"判例"的价值大打折扣。

有学者认为:"法律的调整当然包括让名誉受到传媒损害的人们获得法律上的救济,但同时,法律还必须对宪法所确定的公民享有言论和出版自由的权利加以保护。在某些情况下,这两种利益会发生冲突,既要体现言论和出版自由,又要使名誉权受到完整的保护,这几乎是不可能达到的境界。司法制度所能够做到的只是在这两种冲突的价值之间寻求一种对广泛的利益有益的平衡,当然,寻求平衡的过程也是现代司法最具魅力的方面之一。"②但事实上,作为讲究规则与技术的民事诉讼,并没有那么浪漫:在成文法国家,在有明确裁判规则的前提下,在相关领域并没有法律漏洞而不需要"法官造法"的情况下,学者这种所谓的"平衡"只会让法官画蛇添足、自寻烦恼。

第四节　传播侵害名誉权诉讼中损害的证明

传播侵害名誉权诉讼中的损害包括社会评价的降低与精神痛苦,两者有内在的关系,但并不绝对。

一、传播侵害名誉权致受害人社会评价降低的证明:事实推定

人格方面的损害或者对受害人社会评价的降低,是一切名誉权侵权责任构成的必备要件,如果不存在受害人人格方面的损害或者说对其社会评价的降低,则不构成对其名誉权的侵害,行为人不承担任何民事责任。

---

① 宋素红,罗斌.我国新闻传播诽谤诉讼证明责任分配的转变[J].当代传播,2017(3):73.

② 贺卫方.传媒与司法三题[J].法学研究,1998(6):25.

如前所述,对受害人社会评价的降低作为一种观念、认识而存在于第三人的思想和情感中,看不见、摸不着,"可能外化为第三人的态度或者行为而影响到第三人与受害人的关系,也可能不外化为任何直接或间接的行为,因此,对其强度范围等通常难以进行量化的分析,在这样的情况下,所谓的社会评价降低似乎是一种客观性的损害结果,其实往往是不可捉摸的"[①]。问题是:受害人如何证实? 加害人如何证伪?

(一)因传播侵害名誉权致受害人社会评价降低证明的域外借鉴

美国侵权法的相关规定为解决这一问题提供了参考。其规定:①对于书面诽谤,不要求受害人对所谓的"特别损害"(Special Harm)进行举证和证明,而是推定存在一种一般的或者名义上的损害,受害人得当然提起诉讼。②对于大部分口头诽谤行为,不要求受害人对所谓的"特别损害"加以举证,也是推定存在一种一般的或者名义上的损害,即适用所谓的无特别损害举证负担的责任,受害人得当然提起诉讼。这些口头诽谤包括诬指他人有犯罪行为、诬指他人有令人厌恶的疾病、诬指他人有严重不当性行为以及对他人营业、贸易、职业或者职位的口头诽谤等。③对于少数口头诽谤,法律规定了"特别损害"为加害人承担民事责任的依据,受害人需要对此种特别损害进行举证和证明,这些口头诽谤的种类主要有重复传播不利于受害人名誉的虚伪事实等。美国侵权行为法的这一解决方案,实质上是以损害之存在的事实推定为原则,以要求受害人举证为例外的一种方案[②]。

但是,受害人并非提起诉讼就万事大吉,正如美国一个案件中法官宣称:"若不能证明任何第三人听到被告对原告做出的诽谤言词,则不构成损毁名誉,因为侮辱的特点是以言词对他人陈述,而不是原告的自我估计。"[③]

(二)我国关于传播侵害名誉权致受害人社会评价降低证明的观点

1.学界的观点

我国民法学界有学者认为:"考虑到名誉权的特殊性质和受害人承担名誉损害事实证明责任面对难以克服的困难,应该免除受害人对名誉

---

① 姚辉.人格权法论[M].北京:中国人民大学出版社,2011:164.
② 参见:《美国侵权法第二次重述》第569－576条。
③ 杨立新.人身权法论[M].北京:人民法院出版社,2002:605.

损害事实发生的证明责任,而采取推定的方法确认损害事实的存在。受害人应提供证据证明针对自己的诽谤和侮辱性内容已经为自己以外的第三人所知。在这个基础上,法官根据一般的经验法则推定必然产生损害结果。这种推定属于事实推定的范畴。"①这种观点进一步延伸为:这种事实推定是不能以反证的方式推翻的,即使加害人提出受害人没有因为诽谤性事实的传播而受到名誉上的不利影响,也不能证明损害后果之不存在。这是一种完全主张事实推定的方案。

2. 司法解释的规定

关于传播侵权造成名誉损毁的后果,最高人民法院《民法通则实施意见》第140条规定:"以书面、口头等形式宣扬他人的隐私,或者捏造事实公然丑化他人人格,以及用侮辱、诽谤等方式损害他人名誉,造成一定影响的,应当认定为侵害公民名誉权的行为。"可见,"造成一定影响"是传播侵害名誉权的构成要件。

学界认为,"造成一定影响,并不一定在大庭广众之下实施侵权行为,或使不特定的许多人知道并使他们对受害人的评价降低,只要有一个人知悉,就可以认定受害人的名誉在心目中已受影响。第三人是社会的一员,只要告知或使第三人知悉,则足以确定行为人的行为已影响了受害人以外的人"②。至于知悉人数的多少,第三人知悉后是否确实对受害人产生了和以往不同的看法和印象,知悉的第三人是否向其他人再进行传播,只说明对受害人社会评价降低的程度。

在我国司法实践中,也形成了一种"公布加推定"标准:受害人提供证据证明针对自己的诽谤和侮辱性内容已经为第三人所知,则推定受害人的名誉受到侵害。

(三)公布(Publication)的构成

1. 针对第三人

《美国侵权法第二次重述》第577条规定:"诽谤言词的公布是指将诽谤言词传达给被诽谤者以外的人。"这表明,公布并不针对被告,而是针对原告和被告以外的第三人。在英美法系中,公布是诽谤的实质构成要件,即在英美法系中,只要加害人将相关言词传达给第三人,为第三人

---

① 王利明,杨立新.人格权与新闻侵权[M].北京:中国方正出版社,1995:578-579.
② 张新宝.名誉权的法律保护[M].北京:中国政法大学出版社,1997:129.

知悉,即导致对受害人社会评价的降低,应认为构成损毁名誉①。

2.第三人能够理解

公布不仅仅意味着将传播内容传达给第三人,而且要保证第三人能够理解,因为公布表明与有理解力的人而不是原告进行观点和思想的交流。因此,原告要证明传播内容的公布,不能只证明第三人知道了传播内容,还需证明第三人能够理解传播内容。如果第三人根本不能理解传播内容,则不能构成公布。

3.出版是公布的证据

如果加害人即传播者将相关内容进行出版,出版物即可作为公布的证据,受害人不必再证明第三人已知悉侵权的传播内容。

二、传播侵害名誉权致受害人精神损害的证明

传播侵害受害人的名誉,除了导致受害人的社会评价降低以外,受害人本身也可能感受到精神方面的损害。轻者表现为痛苦、情绪低落、焦虑不安、羞愧等,重者甚至表现为精神失常、精神疾病等。

在传播侵权诉讼中,当事人对精神损害的主张需要证明。

(一)社会评价降低并不必然导致精神损害

在传播侵权损害中,精神损害很可能是社会评价降低的结果。但是,精神损害与社会评价降低之间并不一定存在必然的联系:有时,可能有社会评价之降低,但没有精神损害;有时,当事人主张精神损害,但可能不存在社会评价降低的情况。而且,如前所述,精神损害的大小与当事人心理素质也有关系。当然,如果受害人不主张或不存在社会评价降低,精神损害赔偿的请求很难得到保护。所以,在传播侵权责任中,社会评价之降低是责任构成的必备要件,而精神损害并非必备要件。

(二)精神损害的主观性使其难以客观表现

精神损害是一个主观性很浓厚的心理损害,其根据不同人的心理承受力表现不同。在受到同样传播内容侵害的情况下,有人精神损害严重,有人精神损害一般,有人则损害较轻,有人甚至感觉不到。即使遭受精神损害,又因个人心理承受力及表达能力不同,其在诉讼中的证明能力也不同。

---

① Price D, Duodu K. Defamation Law, Procedure and Practice[M]. London: Sweet & Marxwell, 2004:277.

传播侵权的受害人应当对精神损害举证证明:首先,作为一种心理与生理感受,受害人离证据最近。其次,受害人遭受精神损害后的种种异常表现,其家属、亲人、朋友可能能够观察到、感受到,其证据等收集较容易。另外,如果受害人寻求心理咨询、心理治疗等,也会有相关证据。

当然,法官在特定的侵害名誉权的案件中判断是否对受害人所主张的精神损害予以支持,主要考虑因素包括两个方面①:①客观标准。即在相同条件下,一个普通的诚信善良之人是否会感受到精神损害。如果回答是肯定的,则可能认定受害人精神损害之存在;如果回答是否定的,则不认定受害人存在精神损害。②主观因素。受害人表现出来的各种反常的精神状况,将是判断精神损害之存在的一个重要参考因素。只有受害人以某种方式表现出其精神受到损害,才可能认定存在精神损害;反之,则不能认为精神损害之存在。

(三)当事人主张精神损害往往伴随着赔偿主张

在传播侵权诉讼中,如果受害人仅主张社会评价之降低,其对加害人的请求可能只有停止侵权、恢复名誉、消除影响、赔礼道歉,而不会请求损害赔偿。但是,如果其声称自己遭受精神损害,往往会提出精神损害赔偿的请求。

在英美法系,名誉受到损毁本身即损害,如果受害人证明有社会评价降低,则无论是否有精神损害或财产损害,都可请求损害赔偿。但是,即使在英美法系,学者对此也有异义。有观点认为,仅有名誉受损的事实是不够的,受害人还必须证明遭受了财产损害和精神损害②。而我国学者则普遍认为,名誉本身的损害虽然在广义上也是一种损害,但并不能够当然产生损害赔偿责任,因为从损害赔偿的类型来看,仅包括财产损害和精神损害,两种损害都要求在名誉权遭到损害后引发,才能够赔偿。而单纯的名誉受损,并没有引发此两种损害,不能够赔偿。如果名誉本身可以作为赔偿的对象,将导致人格利益的商品化③。

另外,从传播侵权的责任方式来看,恢复名誉与损害赔偿可以分开来主张。即使有精神损害的事实,当事人可以只主张恢复名誉,而不主

---

① 张新宝.侵害名誉权的损害后果及其民事救济方式探讨[J].法商研究,1997(6):10.

② Rogers W V H. Damages for Non-Pecuniary Loss in a Comparative Perspective [M]. New York:Spring Wien,2001:280.

③ 王利明.人格权法研究[M].北京:中国人民大学出版社,2012:497.

张精神损害赔偿,这是当事人意思自治的表现,无可干涉;如果当事人只有名誉受损而没有精神损害,则不可能给予损害赔偿。

第五节　传播侵害法人等组织名誉权相关问题

区别于侵害自然人名誉权诉讼,传播侵害法人名誉权诉讼在侵权主体及标的额方面均有显著特点,而且,作为法人的原告在此类诉讼中表现出明显的优势。

一、法人名誉权的立法及其特征

(一)法人名誉权有无的争论

一种观点认为,法人不像自然人那样有思维与情感,因此不应当享有作为人格权的名誉权,"而法人即使有名誉权,也主要是财产利益,而人格权主要保护的是精神利益,因此企业法人名誉权实际上主要是商誉权"①。还有观点认为,法人基于主体资格而产生的名誉权本质上只能是财产权,所谓法人,"不过是私法上之人格化的资本。法人人格离开民事财产活动领域,即毫无意义","法人的名誉权应为法人的商业信用权","应置于无形财产权范围"②。

但法人人格肯定说的观点认为,"法人的权利能力虽受性质上的限制,凡以自然人的天然性质为前提,而为自然人专属的民事权利和义务,法人均无从享有,然而,非基于自然人天然性质及非基于自然人身份的名誉权,法人仍可享有"③。

另一种观点则认为,企业法人的人格利益不能等同于财产利益,"在经济利益和精神利益之间,还存在不属于精神利益和财产利益的非财产利益,这是一种特殊的人格利益,例如,侵害企业法人的名誉权案件中,如果诽谤一个企业不按章纳税,则通常不损害企业的经济利益,但损害它的人格利益,这种人格利益既不是精神利益,也不是经济利益,而是有

---

① 张新宝.名誉权的法律保护[M].北京:中国政法大学出版社,1997:43.
② 尹田.论人格权的本质——兼评我国民法草案关于人格权的规定[J].法学研究,2003(4):14.
③ 张俊浩.民法学原理[M].北京:中国政法大学出版社,1991:187.

关是否诚实、守法的道德伦理方面的人格利益"①。

（二）法人名誉权的立法

1. 域外关于法人名誉权的法律保护

英美侵权法承认法人等组织的名誉权，但不是从人格权立法的角度确认，而是从侵害的角度，在诽谤的题目下，除了规定对公民名誉侵害的构成及责任外，还规定了对法人、合伙等其他组织的诽谤的构成及责任②。

学界也普遍认为，德国的一般人格权从产生始就为保护自然人的相关利益，而非保护法人等其他组织的经济利益③。

2. 我国立法对法人名誉权的规定

我国《民法通则》第一百零一条规定："公民、法人享有名誉权，公民的人格尊严受法律保护，禁止用侮辱、诽谤等方式损害公民、法人的名誉。"《民法通则》第一百二十条第二款规定："法人的名称权、名誉权、荣誉权受到侵害的，适用前款的规定。"《中华人民共和国反不正当竞争法》第十一条规定："经营者不得编造、传播虚假信息或者误导性信息、损害竞争对手的商业信誉、商品声誉。"

上述法律规定表明：①在我国，法人名誉权受法律保护。②这种保护是参照式、准用式保护，即参照对自然人相关权利的保护。③自然人名誉权与法人名誉权有所不同，即前者享有一般人格权即人格尊严，而法人没有这项权利。

我国台湾地区民事诉讼方面的规定承认法人可提起名誉权诉讼。有学者不仅承认法人名誉权，对其他组织的名誉权也予以认可，其认为："在理论上，合伙、独资之商号或其他有组织、有目的而非短暂存在之非法人团体，其名誉均有被破坏之可能，如其符合民事诉讼方面规定第40条第3款之规定，自亦可提起妨害名誉之诉。"④

（三）法人名誉权的特点

1. 法人名誉权的核心是财产利益

法人与自然人根本的不同，即其没有思维、感情与精神。而名誉权

---

① 程合红.商事人格权论——人格权的经济利益内涵及其实现与保护［M］.北京:中国人民大学出版社,2002:33.

②③ 张新宝.中国侵权行为法［M］.北京:中国社会科学出版社,1998:310.

④ 杨敦和.论妨害名誉之民事责任［J］.辅仁法学,2002(3).

保护的初衷与重点是针对自然人的精神利益及一般人格尊严。所以,法人名誉权的核心利益是财产利益而非精神利益,其与财产的联系更为紧密。好名誉能为法人等经济组织带来巨大的经济利益;名誉受到损毁,则会遭受巨大的经济损失。

2.法人名誉权的内容主要是经济名声

与自然人名誉权的内容(作风、品德、才干、地位等)不同,法人名誉权的内容集中于其商业信用、经贸活动方面,当然,也有社会责任与贡献等内容,但主要是经济活动中的社会评价。

二、传播侵害法人等组织名誉权司法实践特征

（一）诉讼标的额和赔偿额越来越大

与侵害自然人名誉权的传播侵权诉讼不同,近年来传播侵害法人名誉权诉讼中,法人等组织诉讼请求赔偿的标的额越来越大。2006 年 6 月,富士康公司向深圳中级人民法院起诉《第一财经日报》,要求该报编委翁宝和记者王佑分别赔偿 1000 万元和 2000 万元经济损失[1]。2013 年农夫山泉诉《京华时报》名誉权纠纷案中,农夫山泉要求《京华时报》赔偿经济损失 2 亿余元。

此类案件,虽然法院并未依照原告诉求的标的额进行判决,但一些案件中,实际赔偿数额也很大。在“360 公司”诉《每日经济新闻》名誉权案中,上海一中院 2015 年终审宣判《每日经济新闻》公开赔礼道歉,消除影响,赔偿“360 公司”150 万元,创造了当时中国名誉权案件的最高赔偿纪录[2]。

（二）新媒体尤其是自媒体侵权案件越发突出

由于网络媒体的影响力越来越大,尤其是一些自媒体,其不经意刊用或转载的文章,就可能引发标的额巨大的诉讼。2015 年 11 月 25 日,阿里巴巴集团起诉今晚报社、福建省益红大白毫茶叶有限公司在其微信

---

[1]　吴敏,彭梧.富士康回击媒体记者资产遭冻结[N].新京报,2006 – 08 – 26(A24).

[2]　2013 年 2 月 26 日,《每日经济新闻》及每经网(www.nbd.com.cn)用包含头版在内的 5 个整版刊登《360 黑匣子之谜》等一系列质疑“360 公司”及其产品的报道,并使用了“‘癌’性基因”“互联网的癌细胞”“工蜂般盗取用户信息”“肆无忌惮地破坏”“‘一枝黄花’式地疯狂成长”“癌性浸润”“网络社会的毒瘤”等语言对“360 公司”进行抨击。赵刚.《每日经济新闻》侵害 360 公司名誉权被判赔偿 150 万[N].人民法院报,2015 – 11 – 26(8).

公众号刊登侵权文章的行为,分别索赔人民币1000万元①。2017年初,自媒体人冯东阳也因一篇文章涉及危害淘宝的声誉权,被要求补偿1000万元②;同年8月22日,百度以粉笔蓝天科技有限公司(粉笔网)CEO张小龙、自媒体"酷玩实验室"严重危害百度声誉权为由,向北京市海淀区人民法院起诉,索赔经济损失1500万元;摩拜单车起诉"磐石之心"的运营者王斌,后者因在摩拜融资后发布题为《摩拜融资6亿美元仍是"水蛭"的命,一旦出资断档立即死掉》的文章诽谤摩拜而被起诉,被要求赔偿商誉损失100万元③。

总之,近年来,网络媒体尤其是自媒体已经取代传统媒体,成为侵害法人名誉权诉讼中的主体。

三、传播侵害法人等组织名誉权的责任认定

在传播侵害法人等组织名誉权的诉讼中,有案件是因传播者不作为而成为被告,也有案件是因为传播者主动作为而与被侵权人的竞争对手构成共同侵权。

(一)正当媒体舆论监督与传播侵犯法人名誉权的认定

1.单纯的法人作为原告、媒体作为被告的情况

在时下各种社会矛盾中,媒体也缘于自身的传播优势及舆论监督的职责,在一个又一个热点案件中成为当事人。如重庆万昌房地产投资开发有限公司诉《重庆日报》报业集团侵害名誉权案,此案中,由于新闻媒体没有尽到基本的采访义务,致使传播内容失实,侵犯了法人名誉权④。

---

① 余瀛波.阿里在沪起诉多家微信公众号[N].法制日报,2015-11-26(8).

② 2016年11月4日晚23点17分,冯东阳在今日头条的自媒体平台上面,发表了一篇标题为《人民日报曝光不合格产品名单,淘宝与京东差距明显》的文章。2017年1月14日收到了浙江余杭法院的传票。卢松松.自媒体人冯东阳被淘宝索赔1000万[EB/OL].[2017-02-21].http://www.tbqw.com/art/83388.html.

③ 魏永征.被告席上的自媒体[EB/OL].[2017-08-26].https://baijiahao.baidu.com/s?id=1576775579164332427&wfr=spider&for=pc.

④ 现代企业服务中心在万昌公司商品房楼顶安装灯箱广告时,双方发生冲突。此后《重庆日报》先后发表了有关万昌公司的《手持电警棍、威胁要电人》等报道。万昌公司以报道不实侵犯名誉权为由将《重庆日报》报业集团告上法庭。后经审查,该报记者未在现场进行采访,对事件过程、围观人数、电警棍使用情况报道不实,文中还出现侮辱、诽谤语言。最高人民法院审理后认定:《重庆日报》以多处不当言辞毁损万昌公司正当的诉讼行为和声誉,没有坚持新闻报道应当具有的客观立场,损害了原告的名誉权。法院判决《重庆日报》承担相应的民事责任。参见:最高人民法院(2002)民一终字第78号民事判决书。

　　然而,对于传播内容失实引发的涉法人诉讼的问题,有观点认为,反映法人问题的报道或多或少会对法人的名誉权造成侵害,给其带来负面的社会影响。但事关公益的事件更应及时报道,让人民知情,查证真实性的程度自应有所减弱,如此才能维护一个活泼的言论市场;反之,如果坚持客观真实的标准,则会产生"寒蝉效应"①。还有学者认为,要求反映法人问题的报道、监督和批评完全真实、妥当较为困难,并且将会损害公共利益。给予新闻媒体一定的自由,让其对事件进行自主的判断并进行选择性的报道,是公共利益的需要,这应该作为司法裁判的原则之一②。

　　事实上,在涉及舆论监督与法人名誉权的许多诉讼中,法院都保护正当的舆论监督,以保护消费者、社会大众的正当利益,如中曼石油诉《新京报》名誉侵权案。值得注意的是,在此案中,浦东法院从注意义务方面对《新京报》是否有过错进行了认定,其认为:①报道采写期间,《新京报》记者多次致电或发邮件,试图采访中曼石油,但都被拒绝。鉴于新闻的时效性特点,《新京报》记者前后两次表达采访意愿已属充分。在新闻媒体已向报道不利方进行事实征询情况下,因被询问人拒绝做出回应,使得媒体根据合法可信的资料来源,如实刊载存疑信息,由此导致的潜在不利后果应由被询问人即原告自行承担。②如果媒体已尽合理审查义务,并有相当理由确信所刊发报道为真实,则无过错。总之,新京报社已经履行对争议报道进行合理审查的义务,并不存在过错③。

---

① 张红.事实陈述、意见表达与公益性言论保护——最高法院1993年《名誉权问题解答》第8条之检讨[J].法律科学,2010(3):108.

② 姚辉.人格权法论[M].北京:中国人民大学出版社,2011:443.

③ 2015年12月,《新京报》发表《纠纷缠身　中曼石油启动IPO》和追踪报道《中曼石油被纳入失信被执行人名单》。2016年3月,中曼石油向上海市浦东新区法院起诉新京报社侵犯其名誉权,称上述报道导致其IPO申请停滞延后,要求新京报社等相关方赔偿其2600万元。浦东新区法院认为:一、中曼石油作为拟上市企业,其商业信用涉及社会公益,而新京报社基于原告发布的招股说明书,进行深度调查及追踪报道,是其发挥监督社会经济活动功能之表现,并无不当。二、报道的资料来源于法律文书、工商信息等,是完全可信的资料来源。记者采访相关方的报道内容,绝大部分已被证明是客观真实,至于有争议部分也仅关涉细节性的非基本重要事实,故《新京报》记者据此采写报道并无明显不当。2016年7月18日,浦东新区人民法院一审判决:驳回中曼石油的诉讼请求。朱星.中曼石油诉新京报名誉侵权案　新京报一审胜诉[N].新京报,2016 – 07 – 22(B01).

因此,在如何处理媒体传播与法人名誉权关系问题上,有学者认为,媒体作为公众的喉舌,当公众的言论表达和新闻出版自由与法人的名誉保护发生冲突时,给予新闻媒体更多的自由度,让它能够更多地反映、揭露法人生产经营中的问题,有利于维护社会公共利益,尤其是消费者的合法权益①。

总之,在处理媒体舆论监督与法人名誉权关系问题上,应确立如下原则:①由于法人的产品或服务质量与大众生活紧密相关,涉及公共利益,故法官对媒体发表的针对生产者、销售者的产品或服务质量进行的批评、评论不宜苛求,尤其对于不具侮辱、诽谤内容的不准确的字句、非恶意的偏激言辞等情形,不宜认定侵犯法人名誉权。②作为生产者与销售者的法人,应当接受公众舆论和消费者的严格监督,对媒体的舆论监督则应有足够的容忍,并借此提高产品或服务的质量,以保障广大消费者的权利。

2. 媒体与法人互相起诉、法院合并审理的情况

近年来,涉及法人名誉权的案件不仅标的额越来越大,而且出现了法人被媒体批评后进行反击,损害媒体名誉权,进而引发交叉诉讼的现象。此类案例情况复杂,正当舆论监督与侵害法人名誉权之间的认定比较困难。如农夫山泉与《京华时报》互诉侵权案②。

(二)因消费者等对企业的负面评价引发诉讼中该评价对法人社会影响程度的认定

最高人民法院《解释》中规定:"消费者对生产者、经营者、销售者的产品质量或者服务质量进行批评、评论,不应当认定为侵犯他人名誉权。但借机诽谤、诋毁,损害其名誉的,应当认定为侵犯名誉权。"这说明:对于消费者而言,其对企业产品、服务的评论只要不是恶意的侮辱、诽谤,则不构成侵害名誉权,即对消费者评论是否构成侵权的评价标准应设定得较为宽松。社会评价是否降低,影响程度有多大,在现行的法律法规和相关司法解释中并没有确立明确的标准,多依法官的专业素养进行判定,但不同的法官做出的判断往往不同,这种单单凭借法官内心确定的

---

① 杨立新. 人格权法专论[M]. 北京:高等教育出版社,2005:263.
② 见本研究第一章第四节二(二)2 部分有关该案的注释。

标准往往不能令当事人信服①。而且，"对法人社会评价的影响是存在于第三人的思想和情感之中的，可能外化为第三人的态度或者行为而影响到第三人与受害人的关系，也可能不外化为任何直接或间接的行为，因此，对其强度范围等通常难以进行量化的分析"②。

有观点认为，法院在对这一问题进行审判的时候应该体现弱者保护的司法理念。因为：与法人相比，消费者在各方面都处于相对劣势的地位，因此对于法人名誉权保护上法律应向弱势的消费者倾斜，一方面能提高消费者的权利意识，符合社会的善良风俗；另一方面也能督促商家改进自己的做法，自觉维护消费者的合法权益③。

（三）法人之间商业诽谤的处理：制止竞争对手互相诋毁与防止名誉权诉讼滥用

我国《反不正当竞争法》第十四条规定："经营者不得捏造、散布虚伪事实，损害竞争对手的商业信誉、商品声誉。"由于当事人都是法人，此类案件的性质及其法律的适用均与自然人名誉权案件有所不同。如

---

① 如吉林富华公司诉张慧琴名誉权纠纷案中，被告张慧琴注射原告吉林富华公司生产的"奥美定"美容产品后，面部不堪目睹，于是便投书国家信访局和各级食品药品监督局反映情况，同时她还接受了中央电视台"生活"栏目的采访，在"搜狐"网上撰文披露"奥美定"产品存在不良反应，声称原告具有黑社会性质。原告以侵犯名誉权为由将张慧琴告上法庭。法院终审判决被告败诉，理由是：被告的投诉信和网上撰文宣称的原告具有黑社会性质的言辞与事实严重不符，构成诽谤，使原告的社会评价降低，影响了企业的社会形象，进而给其经济效益带来了负面影响，已经构成了对原告名誉权的侵害。奥美定诉张慧琴诽谤案：吉林富华公司发布的答辩状［EB/OL］.［2015 - 09 - 01］. http://news. 21CiLcOm/today/guanzhu/2006/05/07/2805048. shtml.
而在北京百龙绿色科技企业总公司、天津天磁公司、唐山富豪集团公司等与韩成刚名誉权纠纷案中，韩成刚作为消费者，先后在《太原日报》《山西日报》等报刊上发表了"当心矿泉壶的副作用""矿泉壶、诓人乎"等文章。他还在文章中引用百龙公司、富豪公司的广告词并进行批评，认为这些广告宣传欺骗消费者并违反《广告法》。百龙公司等以其名誉权受到侵犯为由将韩成刚告上法庭，法院终审判决原告败诉，理由是：韩成刚从维护消费者权益角度出发，引述了有关资料及学术界专家的研究结果，其主观上并无侵害他人名誉权的故意，其文章主旨是对矿泉壶的作用、功能进行分析，属公民行使舆论监督权的一种方式。文章中虽有某些结论和用语不当，但不足以构成对被上诉人企业法人名誉权的侵害。北京百龙绿色科技企业总公司、天津市天磁公司、唐山富豪集团等与韩成刚［EB/OL］.［2015 - 10 - 11］. http://www. lawwee. net/Case/CaseDisplay. asp? Channel = 2010103& lCeyWonl = + % BA% AB% B3% C9% B8D5&RID = 26932.

② 姚辉. 人格权法论［M］. 北京：中国人民大学出版社,2011:164.

③ 冯小光. 侵犯法人名誉权的司法认定［J］. 人民司法,2009(6):33.

2010 年蒙牛"诽谤门"案①。

上述案例说明:商业主体的言论侵犯到法人名誉权时,应当为自己的言论承担责任。我国立法应顺应现实发展对商业言论自由加以确认,明确法人名誉权和商业言论自由的界限,从而实现对滥用商业言论自由行为的规制。所以,学界有观点认为,目前应当对竞争对手之间互相诋毁与滥用名誉权诉讼这两种行为着重加以规制,在司法实践中对其施加较重的责任,扼制竞争对手之间的相互诋毁行为,避免诉讼成为竞争主体争夺市场份额的工具,强化市场主体对于名誉的重视,形成有序的竞争机制②。

(四)在侵害法人名誉权的责任成立情况下,各种责任方式不同

有学者对抽取的相关案例进行了统计,发现法院对各种责任方式的适用有很大不同③:①关于损害赔偿的支持率,法人提出损害赔偿的占92.59%,法院判决不予支持的占51%,判决部分支持的占45%,判决全部支持的仅占4%,这说明原告的损害赔偿诉讼请求获得法院支持的概率较低。至于具体赔偿数额,法院最终判决的赔偿数额往往和原告提出的诉讼请求存在较大差距。而与单纯的名誉受损主张损害赔偿相比,以法人商誉受损为由主张损害赔偿更易获得支持,即使受害人无法证明具体的损害数额。②关于停止侵害的支持率,法人提出停止侵害请求的占70%,获得支持率约占42%。③关于消除影响、恢复名誉的支持率,法人提出消除影响、恢复名誉请求的占70%,获得支持率约49%。④关于赔礼道歉的支持率,法人提出赔礼道歉请求的占92.59%,获得支持率约60%。

---

① 2010 年,蒙牛"未来星"品牌经理安勇花约28 万元,雇佣北京博思智奇公关顾问有限公司,对竞争对手伊利"QQ 星儿童奶"制定一系列网络攻击手段,这些手段包括:寻找网络写手,撰写攻击帖子,并在近百个论坛上发帖炒作;联系点击量较高的个人博客的博主撰写文章,并"推荐到门户网站首页""置顶";以儿童家长、孕妇等身份拟定问答稿件形式"控诉"伊利乳业公司,并发动大量网络新闻及草根博客进行转载和评述。此后又操纵某报刊登了第一篇所谓"深海鱼油造假严重"的新闻,随即网上相继出现大量宣传"深海鱼油不如地沟油"的攻击性文章,矛头直指伊利乳业公司生产的"QQ 星儿童奶",煽动消费者抵制添加了深海鱼油的伊利"QQ 星儿童奶"。杨建军. 溃败的商业道德——蒙牛"诽谤门"思考[J]. 热案聚焦,2010(11):57.
② 张红. 法人名誉权保护中的利益平衡[J]. 法学家,2015(1):97.
③ 蔡立东. 法人名誉权侵权法保护的实证研究[J]. 社会科学辑刊,2012(4):74 – 76.

第六节　新闻传播侵害名誉权诉讼中的消极现象及其影响

由于政治体制、司法制度及转型期等因素影响,我国新闻传播侵害名誉权诉讼中,有许多不正常现象,进而产生一些消极因素,包括作为竞争对手的法人之间名誉权诉讼下掩盖的"广告官司",消费者与作为生产者、经营者的法人之间不平衡的诉讼,受地方保护影响,对抗刑事诉讼和正当舆论监督、新闻记者产生的"寒蝉效应"等。

一、新闻传播侵害名誉权诉讼中的消极现象

（一）作为竞争对手的法人之间名誉权诉讼下掩盖的"广告官司"

如同名人之间的名誉权诉讼,知名企业之间的名誉权诉讼一样可以吸引媒体与大众的注意力,而且,对诉讼的免费连续报道不啻巨额费用换来的报纸版面、电视与广播的黄金时间段。因此,法人之间因为一些莫名其妙的"矛盾"引发的名誉权诉讼如火如荼,如"王老吉"与"加多宝"系列案件。

（二）消费者与作为生产者、经营者的法人之间的名誉权诉讼:不平衡的诉讼

在消费者与作为生产者、经营者的法人之间的名誉权纠纷中,许多案例在法律适用中出现偏颇、错误,一些案件甚至颠覆民事法律的基本原则,消费者败诉败得莫名其妙。最典型的当属恒升公司诉王洪侵害名誉权案①。学界认为,本案提出的法律主题是消费者的言论自由与经营者的名誉权之间的冲突。一审法院的判决却犯了五点错误:①对原告的产品质量和服务质量是否存在严重问题不予查明,而是对无关紧要的消费者身份问题吹毛求疵,大做文章。②将"消费者"概念限缩解释为购买者。③将"基本内容失实"标准修改为"客观全面"标准。④对名誉权纠纷采用无过错责任原则。⑤将自己的价值取向凌驾于法律之上②。

---

① 参见:北京市第一中级人民法院(2000)一中民终字第 1438 号民事判决书。

② 陈实,马忆南.在消费者的言论自由与经营者的名誉权之间[J].南京大学法律评论,2000(春季):172.

（三）受地方保护影响的传播侵害名誉权诉讼

根据我国民事诉讼法律的有关规定，传播侵害名誉权诉讼可以在被告所在地与侵权结果发生地法院管辖，而作为侵权结果发生地，原告所在地法院也有权管辖。审理法院层级低、地方干预，使此类案件不能真正独立审判。于是，只要遇到此类诉讼，传播者败诉率很高。

（四）对抗刑事诉讼的传播侵害名誉权诉讼

如果说有争议的名誉权受到侵犯而被起诉，对传播者而言并非什么"冤枉"，毕竟我国社会主义法治正在完善，民事诉讼或者名誉权官司并不稀奇。但是，当审判成了对付舆论监督的手段，这样的审判就成了变质的审判：犯罪嫌疑人起诉报道其劣迹的新闻媒体侵犯其名誉权，以民事诉讼对抗刑事追究。

当然，并非所有的以名誉权诉讼掩盖其劣迹的目的都能得逞。如王亚忱、其女儿王晓云、儿子王晓军在北京东城区人民法院分别起诉《中国青年报》侵犯名誉权案①。

（五）对抗正当舆论监督的以传播侵害名誉权诉讼＋刑事控诉

在前述世奢会与南方报业集团、新京报社及前调查记者陈中小路、刘刚系列名誉权纠纷案件中，虽然北京市第三中级人民法院二审驳回了世奢会的所有诉讼请求，但此前，这家企业法人却运用结合民事（传播侵权）诉讼加刑事立案对抗正当舆论监督：2012 年 6 月 15 日，其向北京警方报案，控告网民"花总丢了金箍棒"向媒体爆料虚假信息公开信损害其商业信誉、实施敲诈勒索；随后，北京朝阳警方正式立案侦查；之后，其分别将

---

① 王亚忱历任辽宁阜新市市长、市委书记、市人大常委会主任，1996 年退休。2001 年 7 月，阜新商人高文华与人组建双龙公司合作开发建设"阜新商贸城"项目，2002 年 2 月初，王亚忱以顾问名义进入双龙公司。商贸城竣工后，王亚忱以儿子王晓军的名义向阜新市公安局举报高文华涉嫌虚假出资罪、挪用本单位资金罪，高文华被捕。2005 年初，检察机关认定"罪名事实不清，证据不足，不具备起诉条件"，高文华被"取保候审"。2005 年 5 月 18 日，《中国青年报》发表《一个退休高官的生意经》，详细披露了上述事实。同年 8 月 22 日，王亚忱、其女儿王晓云、儿子王晓军在北京东城区人民法院分别起诉《中国青年报》侵犯名誉权，并索赔 220 万元。同年 9 月，王亚忱的心腹、华隆公司总经理于雅君、财务科长曹玉睿、会计王纯杰先后被批准逮捕；同年 11 月 6 日，王亚忱和他的儿子王晓军也被批捕。2005 年 12 月 7 日，北京东城法院以"不属民事诉讼调整范畴"，驳回三原告起诉。王家向北京二中院提起上诉。次年 3 月 17 日，北京二中院终审裁定：维持一审法院裁定。殷玉生. 辽宁退休高官起诉中青报侵犯名誉案终审败诉[N]. 东方早报，2006－03－20(5).

涉嫌侵害名誉权的《南方周末》和《新京报》及其网站诉到北京市朝阳区人民法院,要求在上述媒体第一版公开进行赔礼道歉。2013 年 4 月,朝阳警方到南方周末报社对陈中小路做了"笔录"。之后此事就再无下文①。

二、新闻侵害名誉权诉讼对记者的消极影响

名誉权的立法目的是维持名誉权与言论自由两者之间的平衡。然而,在我国,由于前述种种不正常现象,保护两者之间的平衡非常困难。除上述现象外,还存在以下消极现象:一是越来越多的官员将对其进行监督的记者和媒体推向名誉权纠纷被告席;二是公权力对此类纠纷的干预。

有学者的调查显示:不仅新闻记者在舆论监督过程中会遭遇公权力的干扰②,其因舆论监督而引发的名誉权诉讼也会遭遇公权力的干预,甚至会引起最高权力机关质询。如兴运实业(成都)有限公司(下称兴运公司)诉北京周林频谱总公司(下称周林公司)等被告侵犯名誉权案:1994 年 11 月 10 日,《黑龙江法制报》据周林公司提供的情况,发表了《著名科学家再捍发明权——对"多源频谱"提出无效请求》一文。不久,《中国卫生信息报》也发表了相同报道。报道称:周林公司就多源频谱治疗仪所依据的专利向国家专利局提出无效请求;多源频谱治疗仪是被国家查处的 WP 谱治疗仪的翻版;多源频谱治疗仪所依据的专利剽窃了周林公司的科研成果,对周林公司的发明专利构成了侵权等。此消息发表后,被多家新闻媒体转载。兴运公司于同年 12 月向成都市武侯区人民法院提起诉讼。这个并不复杂的案子经历了一审、二审和最高法院提审三个阶段,其中一审、二审均判兴运公司胜认。最高法院提审后,由于各种原因未能及时审结。1997 年 3 月八届全国人民代表大会第五次会议以及 1998 年九届人大一次会议期间,四川代表团 30 余名代表两次就此向最高人民法院提出质询案③。

---

① 刘星. 报道世奢会之后[N]. 中国青年报,2014 - 05 - 12(7).
② 调查显示,这些干预包括限制新闻媒体和记者的舆论监督,以及动用公权力进行跟踪、侦查。姚广宜. 记者眼中的媒体司法监督现状[J]. 新闻记者,2011(9):63.
③ 最高法院最终判决:黑龙江法制报社、《中国卫生信息报》分别在各自报上发表向兴运公司赔礼道歉的声明,并各向兴运公司赔偿 33 万元;周林公司向兴运公司赔礼道歉并赔偿 24 万元。潘圆. 一起被两届人大代表询问的侵害名誉权案件审结:三被告被判侵权[J]. 报刊管理,1999(1):44.

上述原因对新闻媒体的舆论监督产生以下负面影响:新闻媒体与记者在新闻侵权诉讼中即使胜诉,但仍然感受到"寒蝉效应",承受很大心理压力,其可能越来越倾向于不涉及那些可能侵犯他人名誉权的事件。

第七节　网络传播侵害名誉权

网络传播在改变传播生态的同时,其侵害名誉权也表现出不同的类型。不仅如此,关于网络空间名誉权存在与否,也在学界和司法界引发争议。

一、网络传播侵害名誉权的类型与方式

（一）依照传播内容的分类

1.（网络服务提供者和网络用户）以文字形式侮辱、诽谤他人

在互联网中,网络用户出于特定或随机的原因,在贴吧、论坛、空间、博客、微博、微信朋友圈（群）等中,对别人的名誉进行损害。尤其是近几年来,通过微博空间侮辱与诽谤他人成为新的网络传播侵害他人名誉权的主要途径。

2.（网络服务提供者和网络用户）通过图片、音频、视频等方式侵害他人名誉权

由于现代数码摄影、摄像设备的普及,普通网络用户可以用简单的设备拍摄图片、音频、视频并将其上传到网络。尤其是随着网络速度的提高和智能手机的普及,人们可以将拍摄的视频或照片随时上传到网络。这些手段,成为网络传播侵害他人名誉权的重要途径,也是不同于传统媒体侵害他人名誉权的重要方面。

（二）依照传播途径的分类

这里的传播途径主要指网络空间中栏目的类型。

1.通过电子公告服务平台传播名誉侵权信息

电子公告服务平台指在互联网上以电子论坛、网络聊天室、电子布告牌、留言板、电子白板等交互形式为网络用户提供信息发布的空间。网络技术的发展,网络开发能力的增强,使得各种论坛性质的群、贴吧、

网站遍布互联网,电子公告性质的平台成为网民发表各种言论的地方,每天各大论坛都活跃着各个年龄段、各个行业的不同群体,其中也包括顶贴、转发主要活动内容而备受争议的"网络水军"。在"论坛"中,有各种各样的话题,其中带有名誉侵权信息的话题也最容易引起大家的注意,点击率较高,而网站管理人员会对这些点击率高的话题采取放任态度,导致名誉侵权信息的扩散。很多侵害他人名誉权的信息都是从论坛里开始扩散,这也是把论坛性质的平台作为网络侵害名誉权的主要渠道之一的原因。

可供注册网民以文字、语音、图像乃至视频来发表言论的网络聊天室也是侵害名誉权的主要渠道之一,由于其交流便利,侵权人往往通过此渠道将带有侮辱、漫骂、攻击等性质的言论发表出去,最终造成对受害人网络名誉的侵犯。

2. 通过个人微博、网页侵害他人名誉权

近几年来,个人微博、网页与博客、播客、QQ 签名等一起,从人们比较陌生的事物变成了网络用户普遍使用的工具,渐渐成为网络用户日常生活习惯和相互交流的主要方式之一,为网络用户提供了一个更加自由和广阔的言论平台。微博自身的功能、特点决定了网络用户,尤其是"网络大 V"发表一篇敏感性博文,很容易就被粉丝关注、转发、评论,并会过渡到其他网络平台并加速扩散,最终到达整个互联网。

3. 通过发送电子邮件侵害他人名誉权

这种损害主要表现在电子邮件"群发"的状况下,而相关信息传播会不确定而广泛,使得电子邮件内容极有可能被与受害人相关的第三人知悉,从而对受害人产生名誉方面的损害,导致其社会评价的降低。

4. 网站发布新闻类的名誉侵权信息

点击率是衡量网站热门程度的一个重要指标,点击率越高,访问量就越高,就会带来越多广告,经济效益越好;反之,点击率越低,经济效益可能就越低。一些网站为赢得点击率,对于网络用户推送的侵害他人名誉的虚假新闻,往往不经过审核就发布在网站上;或者看到其他网站上有新闻价值、可能带来高点击率的侵害他人名誉权的消息,不经审查就转载到自己的网站上。该种侵权方式中,网络用户与网络服务提供者均要对侵害他人名誉权的行为负责。如王思聪诉鱼丸互动公司侵害名誉权案①。

5. 在网站的新闻评论中侵害他人名誉权

在网络新闻发布之后,网络用户往往会通过评论来表达意见和看法,在激烈争论中会上升为人身攻击,带有严重侮辱、诽谤性言语。另外,网络用户站队支持自己认为正确的一方,还会形成互相攻击的双方或多方展开群体骂战,导致网络传播侵害名誉权行为被放大。

6. 因链接其他网站内容导致名誉侵权信息的传播

链接是各网站普遍开设的栏目,但因链接信息量的巨大,很难真正做到对其进行审查,如果被链接内容中含有侵犯他人名誉权的信息,则往往也会造成名誉侵权行为的扩大传播。

7. 通过微信公众号、朋友圈(群)和公众号侵害他人名誉权

近年来,因在微信公众号、朋友圈(群)侮辱、诽谤他人成为网络传播侵害他人名誉权的"生力军",此类案件数量也猛增②。如前述阿里巴巴集团向上海市青浦区人民法院和上海市宝山区人民法院分别提起诉讼,起诉今晚报社、福建省益红大白毫茶叶有限公司案③。

(三)依传播主体的分类

1. 网络服务提供者侵害他人名誉权

网络服务提供者中,除网络接入服务提供者不是侵害他人名誉权的主体,其余三类都可能因自己提供的服务而成为侵权主体。如陈某诉

---

① 2015 年 5 月 29 日,鱼丸互动公司在其开办并运营的网站"5 秒轻游戏"上刊登了题为《思聪的日子好玩吗,国民老公是一种什么体验》的文章。文章称:"继王思聪的狗带上两个 Apple Watch 狂拉仇恨值后,又有消息称万达院线停牌拟收购日本最大的 AV 公司。这让思聪的后宫们不禁浮想联翩,这一定是国民老公王思聪干的! 国民老公搅和了各圈以后,又来搅和游戏圈了!"该公司还介绍了一款名为《思聪的日子》的 HTML5 游戏,同时提供了游戏链接。同年 7 月,王思聪将鱼丸互动公司诉至法院,请求判令立即停止侵权行为,删除侵权文章及侵权游戏《思聪的日子》,在全国性媒体和微信公众号上公开道歉,并将致歉内容在其微信公众号、新浪微博首页置顶 7 天,同时索赔精神损害赔偿 50 万元,维权支出 15 万余元。娜塔莉亚. 王思聪诉手游《思聪的日子》丑化其形象 索赔 65 万[EB/OL]. [2016 - 04 - 20]. http://news. uuu9. com/bagua/201604/385028. shtml.
② 笔者在中国裁判文书网以"名誉权纠纷""二审""中级法院""判决"4 个关键词对 2016年的名誉权纠纷进行搜寻,可查出 25 个通过微信朋友圈(群)、公众号侵害他人名誉权的案例。
③ 余瀛波. 阿里在沪起诉多家微信公众号[N].法制日报,2015 - 11 - 26(8).

"中国博客网"侵害名誉权案①,该案例事实上是网络服务平台提供者因未履行监管职责而导致侵害他人名誉权的案例,但直接侵权者是网名为"K007"的学生。

2.网络用户侵害他人名誉权

侵害他人名誉权的网络用户又可以分为两种:①侵权信息的首发者,其往往是信息撰写人、初始创作者与相关信息在网络上的第一个传播者,是侵权信息扩散的来源,是侵权行为的直接责任人。②侵权信息的再传播者。指在网络上看到相关侵权信息后,因故意或过失,通过论坛、博客、电子邮件等途径,将信息再次在网络扩散。

(四)依传播侵权对象的分类

依照侵权对象的身份来分,通过网络传播侵害他人名誉权有两种:一是指针对具体的有真实身份、真实姓名的对象进行侮辱、诽谤;二是对网络虚拟主体即某个"网名"进行侮辱、诽谤等,此类情况涉及"网络名誉权"问题。

二、网络名誉权存在与否的争议与相关司法实践

如前所述,依照侵权对象的身份来分,通过网络传播侵害他人名誉权有两种:一是指针对具体的有真实身份对象进行侮辱、诽谤;二是指不针对真实身份,而是对网络环境中虚拟的主体进行侮辱、诽谤等。第一种侵权方式与通过传统媒体传播侵害他人名誉权没有本质区别,但第二种侵权方式则较为复杂,存在两种可能性:其一,公众已经得知虚拟人的真实身份;其二,公众不知虚拟主体的真实身份,但网络空间中的网络用户对该虚拟主体比较熟悉。在前一种名誉权侵害方式中,由于虚拟主体的真实身份已经被公众知悉,一旦有对其侮辱、诽谤的内容,受害人在现实社会中的评价必然受到影响,这种情况下侵害名誉权的行为与通过传统媒介传播侵害名誉权的侵害行为也无本质区别。问题在于第二种情况下的名誉侵权,即虚拟主体的真实身份并未曝光情况下,其与通过传

---

① 网络用户 K007 在博客中发表的一则日记描述道:"陈某果然是个猥琐人,从他写的书可见一斑,没有任何逻辑可言,甚至没有自己的观点……简直就是流氓……最烂的教材……"。陈某起诉"中国博客网"以及 blogcn.com 的域名注册者杭州博客信息技术有限公司。法院终审判决被告需向原告赔礼道歉,并赔偿原告经济损失 1000 元。
徐迅.网站对博客负有监管责任[M]//中国新闻侵权案例精选与评析课题组.中国新闻侵权案件精选与评析 50 例.北京:法律出版社,2009:313 - 315.

统媒介传播侵害名誉权有无本质区别。

在著名网名为"豪门·玉儿"的张某诉"联众世界"网站的审理中①，法庭确定双方的4个争议焦点为：①网络游戏中的虚拟ID号"豪门·玉儿"与张某是什么关系，张某有无诉讼主体资格；②同一ID同一时间在不同服务器玩同一游戏，是游戏习惯还是故意利用程序漏洞作弊；③清除"豪门·玉儿"的分数，张某人格权是否受损；④张某诉讼请求标的额是否合理合法。吉林市中级人民法院认为：一、张某自己认领该ID，并提供了该ID的3级密码，证实自己就是"豪门·玉儿"，被上诉人张某与网络世界中的虚拟人物"豪门·玉儿"相对应，所以他有权提起诉讼。二、在联众公司将"豪门·玉儿"分数清零前，联众游戏服务条款以及作弊处罚条例中，对"豪门·玉儿"的行为并没有特定的规定，所以"豪门·玉儿"的行为也不构成违规。联众公司并无证据证明"豪门·玉儿"利用了程序漏洞，不能由于"豪门·玉儿"某一时间段成绩反常，就认定其有炒分作弊行为。处罚"豪门·玉儿"属适用规范错误。三、联众公司将"豪门·玉儿"积分清零这一行为属侵权行为，联众公司应承担恢复原状、消除影响、恢复名誉、赔礼道歉等民事责任。但张某提出的3万元精神抚慰金金额过高。四、原审判决中，由联众公司向"豪门·玉儿"致歉不当，因为"豪门·玉儿"只是虚拟人物，故联众公司应向张某致歉。

学术界从此案中提出一个问题：是否存在网络空间的虚拟名誉权。

(一)网络空间虚拟名誉权否定说

网络空间虚拟名誉权否定说认为：如果侵权主体没有直接将矛头指

---

① "联众世界"是北京联众公司主办的在线棋牌游戏休闲网站，"四国军旗"是联众公司创建的一种网上游戏，游戏设置的分数和等级是鼓励用户的激励政策。ID号为"豪门·玉儿"的张某以9537分名列8段位司令的称号，在"四国军旗"游戏中排名第一。2003年1月20日，张某在"四国军旗"论坛中发现了内容为"'豪门·玉儿'利用该系统漏洞进行炒分作弊，炒分作弊记录最多的一天竟多达171分……联众用户服务中心决定对'豪门·玉儿'予以清零处分"的公告。张某诉至吉林市船营区人民法院，请求判定联众公司恢复其名誉权，在国家级报刊及联众网络上公开道歉，承担诉讼费，赔偿其精神损失费5万元。2004年9月1日，船营区人民法院一审判决：联众世界网络公开就"豪门·玉儿"被清零一事对"豪门·玉儿"致歉，为"豪门·玉儿"恢复积分9537分，并赔偿张某精神抚慰金3万元。联众公司向吉林市中级人民法院上诉。吉林中院裁定：北京联众电脑技术有限责任公司在联众世界网络上对张某发表"致歉通告"，并恢复"豪门·玉儿"积分9537分，赔偿张凌精神抚慰金人民币1万元。冯丽媛.全国首例网络游戏纠纷引发的名誉权诉讼案宣判[EB/OL].[2016-05-20].http://news.21cn.com/social/shixiang/a/2005/0303/03/2151112.shtml.

向现实中的个体,则难以认定现实中的民事主体的民事权利是否受到侵害。"只有在侵权人已经知晓虚拟主体在现实生活中的真实身份,或者能够通过技术手段查找出虚拟主体的真实身份,或者虚拟主体的真实身份在网上已经为广大网民所知晓,即使侵权人本人不知晓,其行为也构成侵权。"①所以,网络虚拟环境中的名誉受损并不能简单认定为虚拟主体所代表的真实的社会人的名誉权受到了损害,只有当网络名誉纠纷有一定"现实意义"时,"在虚拟的网名背后对应着现实的主体",法律才应该介入进来,而"虚拟主体没有肉体、思想、情感、财产等等人的本质要素,网络中的虚拟主体不是法律上的权利义务主体,不享有任何权利也不承担任何义务"②。

依照这种观点,网络名誉权是人们在网络环境下依法享有的保有和维护名誉的权利,其实质上是传统名誉权在网络上的延伸③。

在张静诉俞凌风网络环境中侵犯名誉权纠纷案中④,最高人民法院的观点是:虚拟空间中的虚拟主体只有与现实社会中的人相连,而且导致其在现实生活中的社会评价降低,才构成侵害他人名誉权。如果虚拟主体仅仅在虚拟环境中的评价度降低,并不会影响到真实主体的社会评价,并不构成对其名誉权的侵害。简言之,网络名誉权虽然是网络主体的名誉,但其社会评价必须与现实生活相连,单纯的网络评价不构成网络名誉权的内容。

---

① 王利明.人格权法研究[M].北京:中国人民大学出版社,2012:259.

② 张楚.网上侵权 法律不容——俞某网上侵犯他人名誉权被判赔偿案[J].计算机安全,2004(11).

③ 刘满达,孔昱.关于网络环境下的名誉权保护初探[J].浙江社会科学,2007(3).

④ 原告张静是网络爱好者,网名是"红颜静",其在南京西祠网站中的真实姓名与网名均有一定知名度。在一次网络聚会中,其认识了网名为"华容道"的俞凌风。2001年3月4日后,俞在网上以"大跃进"的网名对张静发出侮辱的网帖。张静诉到法院,请求判决俞凌风停止侵害、消除影响、赔礼道歉并赔偿原告精神损害抚慰金1万元。法院认为,本案原告张静、被告俞凌风虽然各自以虚拟的网名登录网站并参与网站的活动,但在现实生活中通过聚会,已经相互认识并且相互知道网名所对应的人,且张静的"红颜静"网名及其真实身份还被其他网友所知悉,"红颜静"不再仅仅是网络上的虚拟身份。知道对方真实身份的网友间的交流已经不局限于虚拟网络空间,交流对象也不再是虚拟的人,而是具有了现实性、针对性。俞凌风通过西祠胡同网站的公开讨论版,以"大跃进"的网名数次发表针对"红颜静"即张静的言论,其间多次使用侮辱性语言贬低"红颜静"即张静的人格。俞凌风在主观上具有对张静的名誉进行毁损的恶意,客观地实施了侵害他人名誉权的行为,不可避免地影响了他人对张静的公正评价,应当承担侵权的民事责任。张静诉俞凌风网络环境中侵犯名誉权纠纷案[J].中华人民共和国最高人民法院公报,2001(5).

"关凯元诉孔庆东案"案例中①，法院认为，孔庆东的言辞明显含有侮辱性语言，且这种不当言论通过网络传播、转发、继续传播，造成了认识关凯元的人会对他降低社会评价。但是，能将这些言论与原告关凯元本人联系起来的知情人，只限于关系较为密切的同学、亲朋。因此，孔庆东的行为属于侵权情节较轻。显然，在该案中，法院仍然以民事主体在现实社会中的社会评价的降低为网络名誉权受侵害的要件。

（二）网络空间虚拟名誉权成立说

网络空间的虚拟名誉权成立说认为：网络社会中围绕网名（ID）所形成的"名誉权"也受法律的保护，主要理由有：

1. 虚拟人名誉权是派生于民事主体的名誉权，代表了虚拟主体的社会价值

一个网络角色的创建不仅仅是注册一个用户名 ID，还包括发文、回帖、签名档（即附着于用户名后的个人说明）等多个维度，以使得整个角色立体化。其谈话的风格、写作的风格、关注领域、个性签名档、作者主页都可以用来更立体地构建自己的身份，因此，在网络社会中，网民要付出很多的心血来建立和维护名誉，而"假使我们期待并追求一种网络主体为了追求长远的社区关系而谨慎行为、小心经营，以负责任的方式维护自己的角色、扩张自己的影响的秩序结构，我们就不应当漠视现实中的自然人主体在维护网名的影响力上作出的努力。在这些努力遭到诋毁的时候，法院应当勇于承担一个规则执行者的责任"②。

2. 网络名誉权的侵害符合公示规则

由于网络科技的飞速发展与网络设备的普及，网络世界正在慢慢成为公民生活的第二个空间，公民社会关系网不再是"本土社区乃至后工

---

① 2012 年 5 月 6 日，北京大学中文系教授孔庆东在微博上发表了《立春过后是立夏》博文，博文中有一首七律。博文上传后，中国劳动关系学院在校生关凯元对这篇博文提出了意见，称孔庆东的七律"格律不对……好歹孤仄孤平不该犯"，孔庆东直接回复关凯元，称其"驴唇不对马嘴……你就是个狗汉奸……"关凯元起诉，要求孔庆东专门就此发布微博道歉，并请求法院判令被告赔偿精神损失 250 元，承担因诉讼所造成的交通费、复印费等 1000 余元。法庭通过向微博运营商调取相关材料，认定了微博客的 ID 就是孔庆东和关凯元本人。法院一审判决：孔庆东在判决生效七日内，选择一家全国发行的报刊道歉，并赔偿精神抚慰金 200 元，给付公证费 1000 元。张媛. 孔庆东微博骂网友"狗汉奸"被判赔偿 200 元[N]. 新京报，2013 - 05 - 9（A8）.

② 甘晓晨. 虚拟网络主体之间的名誉权纠纷——以网名为中心对一起典型案例的分析[M]//张平. 网络法律评论：10. 北京：北京大学出版社，2009：213.

业化时期的跨地域社会关系网,而是基本上忽略地域的虚拟的社会关系……这种虚拟社会关系的基本特征,应该是对现实生活中各种传统的社会结构和意识形态在不同程度上的忽略甚至蔑视。正是因特网所提供的虚拟空间,使这种虚拟社会关系的构筑成为可能"①。因此,网络空间与社会现实之间具相似性,网络名誉权受到侵害完全符合"公示规则"的要求,即网络主体在网络上的社会评价降低。

3.虚拟空间中的人是现实民事主体在网络空间中的延伸

网络空间尽管是虚拟的,但在网络上发生的行为是实实在在的,每个网络行为都是现实生活中自然人的真实行为②。

事实上,我国司法实践中已经有判决不要求网络名誉权与现实社会相联系,开始承认单纯网络空间中的名誉侵权。在"沈阳诉秦尘名誉侵权案"中③,原被告的真实身份从未曝光,沈阳在网络中受到了诽谤,但是并没有影响其在现实社会中的社会评价,法院依然判决被告侵权责任成立。针对其网络社区中的形象受损是否可以被认定为名誉权受损,引起各方争议。

学界还认为,网络名誉权呈现出自身的特点④:①网络名誉权主体具有虚拟化的特点。传统名誉权产生的社会基础是熟人社会,这种社会中每个人都受到道德和法律的双重约束。虚拟名誉权则产生于网络社会,其重要特征即成员互不相识,熟人社会中的道德法律约束往往作用很不明显,所以比较而言是一个开放与自由的环境。在此环境中,以虚拟身份互相交流与评价已经成为生活状态,这导致现实中的民事主体在网络环境中具有虚拟化特点。②网络名誉权客体具有网络社会的特点⑤。传统名誉指社会公众对自然人品行、思想、道德、作风、能力等人格价值的

---

① 杨伯溆.因特网与社会——论当代西方社会及国际传播的影响[M].武汉:华中科技大学出版社,2002:330.

② 肖婷婷.网络名誉权的法律保护研究[D].武汉:华中科技大学,2013:18.

③ 网名为"沈阳"的网络用户在网络上发现网名为"秦尘"的张明写了大量侮辱诽谤自己的文章,贬低自己的人格,已经对自己的名誉造成了广泛的影响,于2006年3月3日将"秦尘"和博客网(北京博客网信息技术有限公司)告上了法院,要求对方道歉,并赔偿精神损失费1万元,此案为国内首例博客告博客侵犯名誉权。2006年10月,北京市海淀区人民法院判决认定被告侵权成立,责令被告在博客网博客专栏内发表道歉声明,赔偿沈阳公证费1010元。孔祥凤."北京老博客"怒告"扬州小博客"[N].扬子晚报,2006-08-09(5);张丽."沈阳"诉秦尘侵害名誉权案[N].法制日报,2006-12-29(7).

④ 肖婷婷.网络名誉权的法律保护研究[D].武汉:华中科技大学,2013:12-13.

⑤ 刘满达,孔昱.关于网络环境下的名誉权保护初探[J].浙江社会科学,2007(3):203.

综合评价,其作为现实社会的产物,具有现实功利性。然而,在网络空间,这些评价的方式和内容都有新的变化,其中关键之一是主要通过等级积分、排名、人气等方面来评价网络用户的网络行为,积分、排名、等级、人气可以成为名誉权的客体。③网络传播的特性决定了一旦发生网络名誉权侵犯,会产生十分严重的后果。首先,网络传播的便捷性、侵权主体的隐蔽性,使得一旦发生网络名誉权侵权案件,传播会十分迅速,影响会十分深远,同时查找侵权主体也相对困难。其次,网络是可以互动的双向交流平台,这种互动本身就是在重复侵害他人的名誉权。

(三)评述

所谓虚拟空间,事实上是现实的映射。即使名誉权纠纷双方当事人的行为都以网名的形式进行,但双方也都是现实中的人,其行为仍然是有着网名的现实人的行为。

网络名誉权成立与否的两种观点,事实上割裂了网络空间与现实社会的关系。网络作为人类社会创造的通信工具,应该受到现实社会法律与伦理的约束与规范,不能因其特点而否认其社会性。正如司法实践中有判决书如此阐述:"网络是人与人之间通过技术手段紧密联系的社会,它本身是现实社会的一部分,需要规范和调整。网络社会或许有虚拟的成分,但网络用户或网民是现实的,其行为也是现实的。用户通过网络建立起来的各种关系,虽有其特殊性,但也是用户的具体行为而产生的后果,应受到相应的法律、法规的规范和约束。"①

总之,网络空间的名誉权侵权案中,只是扩大了名誉权的客体(如积分、等级、排名等),而作为现实中的人在网络上的行为,其本质仍然是现实社会关系的一部分,应受现实法律法规的调整。

---

① 参见:安徽省高级人民法院(2004)皖民一终字第 139 号民事判决书。

第十章　传播侵害隐私权

隐私权的出现"频率"虽然不及名誉权那么高,但也是传播侵权的重要客体。传统传播方式侵害隐私权的研究已经比较充分,而网络传播侵害隐私权在类型、特征与后果方面,都呈现出复杂的形态。由于法律规定的漏洞或模糊,隐私权人在网络上的合法权益往往不能得到救济,所以,对这些问题的研究将有助于此类合法权益的保护。

第一节　隐私权概述

传统意义上的隐私权包括三重含义,其在网络空间也得到延伸。目前,隐私权内容向扩张化和信息化发展,而其保护向主动化、积极性利用、国际化及多重化方向发展。当然,在涉及公共利益等情况下,隐私权也受到限制。

一、隐私概述

关于隐私的界定,有私人领域说、私人秘密说、生活安宁说三种。目前,国内或国际主流观点是第二种和第三种即私人秘密与生活安宁说。

国内学者认为,"隐私是指自然人不受他人公开、干涉、干扰的私人秘密和私生活安宁的状态"[1];或者认为隐私是"指个人私生活不受他人非法干扰,私人信息不受他人非法收集、刺探和公开等,它分为私人生活安宁、私人信息秘密两类"[2]。学者还认为:"这里的'隐',指私人生活或

---

[1]　王利明.人格权法研究[M].北京:中国人民大学出版社,2012:500.

[2]　张新宝.隐私权的法律保护[M].北京:群众出版社,1997:16－18.

私人信息不愿为他人知道,不愿向社会公开;此处的'私',指与社会公共利益或他人利益无关的私人生活或私人信息,它表现为既无害于社会,也无害于他人的私人生活。"①

由上,隐私具有私人性、非公开性和人格性。隐私的人格性指隐私必须直接体现为人格利益而不是财产利益②,尽管私人信息在现代社会中可以而且经常被用于商业目的而具有经济价值,但其本身属于人格利益。

2018 年 9 月公布的《民法典·人格权编(草案)》第八百一十一条第二款规定:"本法所称隐私是具有私密性的个人空间、私人活动和私人信息等。"

二、传统隐私权类型与内容

(一)信息性隐私权——私人秘密信息不受非法收集、公开权

私人秘密信息内容广泛,学者认为:"无论该信息的公开对相关当事人的影响属积极还是消极,无论该信息是否具有商业价值,只要不违反法律、道德,只要该信息不属公共领域并且本人不愿意公开,都受到隐私权的保护。"③即个人对其个人隐私性信息享有控制权④。

通常认为,私人秘密信息包括个人身体隐私、健康隐私、生理信息、财产隐私、家庭隐私、基因隐私、通讯秘密、谈话隐私、个人经历隐私及其他个人生活方面的私人信息(如自然人的姓名、职业、工作地点、朋友范围、消费倾向、住宅与住址、民族、信仰、日记等)。

目前,面对信息在社会生活中的重要性,不少国外学者将信息性隐私权等同于隐私权。如美国学者 Adam Carlyle Breckenridge 认为:"隐私权就是指他人所享有的对其本人信息的传播予以控制的权利,因为他人本人的信息属于他人所占有的东西。"⑤ Alan F. Westin 认为:"所谓隐私权,是指个人、群体或者机构所享有的决定何时、用什么样的方式以及在何种程度上将其信息对别人公开的权利。"⑥甚至美国联邦法院也在案例

---

① 周悦丽. 我国隐私权保护立法模式的选择与体系的构建[J]. 南都学坛,2004(9):97.

② 王众. 隐私权若干法律问题初探[J]. 云南大学学报(法学版),2004(4):27.

③ 李秀芬. 论隐私权的法律保护范围[J]. 当代法学,2004(4):100.

④ 张民安. 信息性隐私权研究[M]. 广州:中山大学出版社,2014:5.

⑤ Breckenridge. The right to privacy[M]. Nebraska:University of Nebraska Press,1970:1.

⑥ Westin A F. Privacy and freedom[M]. New York:Athenum,1967:7.

中表述过这种观点,但这种观点显然是不全面的。

（二）物理性隐私权——私生活安宁不受侵扰权

所谓物理性隐私权即个人对其住所或其他私人场所享有免受他人打扰或侵入的权利①。私生活安宁是隐私权中非常重要的一项。在美国,隐私权常常被认为是独处的权利。在法国,这种隐私权又被称为"忘却权",是个人为自由发展其人格而必需的安宁与平静的权利。私生活安宁权主要包括:①生活安定与宁静,主要指私人居所的安宁。②私人空间隐私。包括住宅与住宅之外的公共空间,包括有形与无形(如虚拟空间)。

（三）自治性隐私权——私人活动自决权

指自然人自由选择自己生活方式与个人事务的权利。其包括物理空间与精神空间的自决,只要不属于公开领域与空间的事务,个人对自己的私人领域享有自主决定、不受他人阻挠的权利。

三、网络隐私与网络隐私权

网络的开放性、全球性、高效率,信息技术的发展及信息收集软件的发达,使信息可以在瞬间被无限地收集、储存并传播,对个人隐私权造成巨大威胁。1997 年 10 月的美国《时代》杂志封面以"隐私之死"为标题,报道了高科技对人类隐私的侵害。网络的发展对个人隐私权带来巨大影响,网络隐私权自然成为一个重要的问题。

（一）网络隐私

网络隐私系自然人在网络环境下的个人秘密信息及私生活安宁。其包括:①个人网上信息。指与个人网上活动与行为相关的反映个人身份特征的信息,除前述隐私信息外,还包括电子邮箱、信用卡、交易账号等。②个人网上生活安宁。包括个人网上空间不受非法侵入,个人网上通信不受非法窥探,个人网上行踪不受跟踪等。目前,网络用户网上行踪被非法跟踪和利用是突出问题,个人网上行踪包括 IP 地址、浏览踪迹等,其不仅可能反映个人的活动特点、生活偏好,也可一定程度反映个人精神世界,因此体现了个人隐私。而网络服务商利用 Cookie 等搜索软件,对网络消费者的消费踪迹进行跟踪,整理并分析其消费偏好,以有针

---

① 张民安.信息性隐私权研究[M].广州:中山大学出版社,2014:2.

对性地发布广告,甚至出售此类信息以牟利,均构成对网络消费者隐私权的侵害。立法不仅需要明确网络服务商对消费者的提前告知义务及对其消费信息的保密义务,还需要规定对其消费信息的收集、使用及向他人出售的规则①。③网上行为不受非法干涉。只要是合法的网络行为,均有不受干涉、阻挠的自决权利。

(二)网络隐私权

1. 网络隐私权的概念

网络隐私权是从传统隐私权中演变出来的新型隐私权。有观点认为,它是"公民在网络环境中,对能够以直接或间接方式识别他本人的信息,享有不被他人非法侵犯、知悉、收集、复制、利用和公开的权利"②。如果承认网络隐私包括了网络个人私密信息、网络生活安宁及网络活动自决,则网络隐私权也相应包括这三方面的权利:网络个人私密信息不受非法传播权、网络生活安宁权、网络活动自决权。

至于网络隐私权的权能,有观点认为:"从救济角度而言,网络隐私权包括以下内容:知情权;选择权;支配权;安全请求权;赔偿请求权。"③

2. 网络隐私权的特点

网络隐私权存在的空间是虚拟空间,所以,其表现出以下特点:①其客体主要是个人信息保护及虚拟空间安宁。公民一些个人信息,在非网络环境下可能已因公开而不成为隐私,但在网络上被整理成数据资料后,即成为隐私,应该受到保护,因为当事人不希望自己的信息被无限扩散。另外,公民的虚拟活动空间(电子邮箱等)不应受到非法入侵。②其侵害手段、救济方式不同于对一般隐私权的侵害和救济。网络上对隐私权的侵害,主要是非法收集个人电子数据,非法跟踪个人网络行踪,非法侵入个人虚拟空间。对网络上侵害隐私权的救济,用消除影响的手段基本无效,停止侵害、赔礼道歉是基本的救济手段。③网络消费隐私权成为一大焦点。随着网络技术及电子支付手段的发展,网络消费已深入日常生活。与此同时,个人消费信息作为网络隐私权的一项重要内容,已成为电子商家的侵害对象。这方面的法律问题日益成为网络隐私权的

① 郭然,梁永文.隐私权的法律保护:立法心中的痛[J].中国律师,2004(2):39.
② 梁琦果,张光杰.网络服务商侵犯他人隐私权的责任研究[J].湖北社会科学,2015(6):153.
③ 屈学武.因特网上的犯罪及其限制[J].法学研究,2006(4):92.

焦点问题。

四、隐私权法律保护的历史简述

(一)英美法系隐私权法律保护的历史

最早正式在法律上提出隐私权概念的是美国学者沃伦和布兰代斯在 1890 年的《哈佛法律评论》上发表的《论隐私权》(The Right To Privacy)一文,其指出:"隐私权本质上是一种个人对其自身事务是否公开给他人的权力,保护个人隐私权就是保障个人思想、情绪及感受不受他人打扰的权力,保护自己的人格不受侵犯的权力。"①这篇论文中首次提出个人隐私权不容侵犯,对隐私权的确立产生了深远的影响。此后,学界对隐私权的研究逐步深入,也有案例对隐私权予以承认。1960 年,美国著名侵权法学者威廉·普洛瑟教授在《加利福尼亚法律评论》上发表《隐私》一文,将隐私权概括为四种类型:对他人私生活隐私权的侵害;公开他人的姓名、肖像或揭发其不愿为他人所知悉的私人信息;使用真实的信息,造成错误的印象;以及基于商业上的目的,未经他人授权侵犯他人名称或肖像等②。《美国侵权行为法重述》(第二版)则借鉴普洛瑟教授关于隐私权的定义,其第 652 条规定侵害他人隐私权包括四个方面:不合理侵入他人隐私空间;窃用他人姓名或肖像;不合理公开他人私生活;公开他人的不实形象。但此时,隐私权在美国只是普通法上的权利,尚未上升到宪法性权利。自 1965 年的 Griswold v. Connecticut 案后,涉及隐私权的案件开始适用《人权法案》,隐私权成为一般性的宪法权利③。再后,美国出现六部关于隐私权的制定法,如 1974 年的《隐私法》,1996 年的《联邦电讯法》也设专章保护公民隐私权。这样,美国隐私权就形成了由宪法性文件、制定法与判例组成的系统化法律渊源。

英国在 1998 年之前没有隐私权概念,涉及隐私权的案例也很少。以后,受美国法的影响,英国逐步接受了隐私权,在 1998 年的《人权法案》中确立了隐私权概念,司法判例中也加强了对个人隐私权的保护。

(二)大陆法系隐私权法律保护的历史

大陆法系传统上并没有隐私权的概念。在德国,早期并不保护隐私

---

①　Warren S,Brandeis L D. The Right to Privacy[J]. Harvard Law Review,1890(Ⅳ):91.

②　Prosser W. Privacy[J]. California Law Review,1960(48):383.

③　Kionka. Torts[M]. St. Paul:West Publishing Co. ,1977:169.

权,学界也认为,《德国民法典》第823条第1款第一项对民事私权的列举是详尽的,其并不包括隐私权,所以司法中法官拒绝保护隐私权。但二战以后的1954年,联邦最高法院撤销了早期的判例,并根据新宪法第1条和第2条,确认人身权作为一般人格权利,属于受民法典第823条第1款保护的绝对权利,自此,名誉权和隐私权被作为绝对权利受到保护①。1976年,德国《联邦资料保护法》对个人资料隐私权的保护进行了规定。1983年,联邦宪法法院在判决中明确:"对抗不受限制的搜集、记录、使用、传播个人资料的个人权利也包含于一般人格权中。"②

在法国,最早对隐私权进行保护系适用《法国民法典》第1382条提出的一般条款。1970年7月11日修改后的该法典(新增)第9条规定,"每个人都享有其隐私获得尊重的权利","在不危及对所受损害进行赔偿的前提下,法官能够责令采取诸如扣押、查封及其他一切适合于防止或者促成停止侵害隐私权的措施。在情况紧急时,可以通过简易程序命令采取这些措施"。

(三)我国隐私权的法律规定

我国《宪法》第三十八条与第四十条规定公民的人格尊严不受侵犯,公民的通信自由和通信秘密受法律保护,这实际上为隐私权立法提供了合宪性依据。《民法通则》并没有将隐私作为一项私权利予以确认,但其实施后,出现了大量涉及隐私权的案件,而法律上又没用可供适用的规定,因此最高人民法院在《民法通则实施意见》第140条中,规定采用类推的方法,将隐私权纠纷类推适用名誉权的相关规定进行处理,其规定"以书面、口头形式宣扬他人隐私,或者捏造事实公然丑化他人人格,以及侮辱、诽谤等方式损害他人名誉,造成一定影响的,应当认定为侵害公民名誉的行为"。1993年,最高人民法院《解答》第七条第三款规定"对未经他人同意,擅自公布他人的隐私材料或以书面、口头的形式宣扬他人隐私,致他人名誉受到损害的,按照侵害他人名誉权处理"后,《精神损害赔偿责任司法解释》第一条规定:"自然人因下列人格权利遭受非法侵害,向人民法院起诉请求赔偿精神损害的,人民法院应当依法受理:(一)生命权、健康权、身体权;(二)姓名权、肖像权、名誉权、荣誉权;(三)人格尊严权、人身自由权。违反社会公共利益、社会公德侵害他人隐私或

---

① 张新宝.名誉权的法律保护[M].北京:中国政法大学出版社,1997:48.
② 王利明.人格权法研究[M].北京:中国人民大学出版社,2012:514.

者其他人格利益,受害人以侵权为由向人民法院起诉请求赔偿精神损害的,人民法院应当依法予以受理。"这项规定事实上以司法解释确认了隐私权的概念。

此外,我国立法机关通过的《中华人民共和国未成年人保护法》《中华人民共和国妇女权益保障法》《中华人民共和国残疾人保障法》《中华人民共和国消费者权益保护法》及《中华人民共和国老年人权益保障法》等都包含有相关的隐私权保护内容。《未成年人保护法》第四章第十三条规定:"任何组织和个人不得披露未成年人的个人隐私。"2005年,《妇女权益保障法》经修订,在第四十二条首次明确规定隐私权:"妇女的名誉权、荣誉权、隐私权、肖像权等人格权受法律保护。"而在《刑事诉讼法》《民事诉讼法》等法律中,也确立了涉及隐私内容的案件不公开审理的原则。

真正将隐私权以民事立法形式确认的是《侵权责任法》,该法第二条将隐私权与其他人格权并列,正式确立了隐私权概念。从此,我国对自然人隐私权的保护进入一个新的阶段。

五、隐私权法律保护的发展趋势

20 世纪以来,隐私权的法律保护得到了重视,该权利的发展也表现出以下特点[①]:

（一）内容不断扩张

隐私权最初只是一项独处的权利,后来逐渐扩展到比较广泛的私人生活秘密。随着互联网的普及,网络环境下的隐私权也得到保护,从强调个人属性与人身的结合的隐私权扩展到对个人资料保护的资讯隐私,演变成为"自己支配自己资讯资料之作成、贮存与利用"[②]的权利。

（二）信息资料保护问题突出

在网络环境下,信息流通速度快,收集便利,个人资讯隐私越来越重要,产生了个人资料决定权。这种权利在德国被称为"资讯自决权"[③],也有学者称为"资讯隐私权"。由于个人信息资料具有财产属性与经济

---

① 王利明.人格权法研究[M].北京:中国人民大学出版社,2012:516-518.

② 林欣苑.网络上隐私权保护途径之分析[D].台北:东吴大学,2003:36.

③ 李震山.论资讯自决权[G]//人性尊严与人权保障.台北:台北元照出版公司,2000:288.

价值,其被收集、利用、出售的情况日益突出,对其隐私属性与权利的界定、保护也成为迫切需要。

(三)隐私权的保护从消极防御向积极利用发展

隐私的保护手段最初是禁止侵害、排除干涉,目前隐私权越来越具有商业利用价值,个人对其信息、资料有权利决定是否利用及如何利用,还可以提前采取措施进行保护。

(四)隐私权的保护向国际化发展

隐私权本质是私权,最初也在各个国家内予以保护。目前,隐私权的保护已得到国际社会普遍承认,并被认为是人权一部分。《公民权利和政治权利国际公约》第十七条规定:"1.任何人的隐私、家庭、住宅或通信不得加以任意或非法的干涉,他人的荣誉和名誉不得加以非法攻击……"《欧洲人权公约》第8条规定:"1.每个人都享有私生活与家庭生活、住宅与通信得到尊重的权利……"

(五)隐私权的保护向综合化发展

如前,在英美法系国家和大陆法系的德国,隐私权绝非仅仅是一项民事权利,而是作为宪法性权利或一般人格权进行保护的,即体现出综合保护特征。但在大多数国家,其仍然是作为具体人格权而加以确认和保护的[①]。

六、隐私权的限制及传播侵害隐私权的抗辩事由

(一)隐私权的限制

1.隐私权限制的理论

隐私权的限制系该权利的内容、范围及其行使受到法律及公序良俗的制约。作为一项重要的人格权,隐私权是有可克减性的。即使是最早提出隐私权概念的美国学者沃伦也持此观点[②]。

隐私权限制、克减的依据及原因是:①公共利益的需要。恩格斯曾经指出:"个人隐私如果作为政治的一部分,则不再属于隐私,而应进入公共领域。"[③]即个人隐私与社会公共利益产生矛盾或有产生矛盾的可能

---

① 王利明.人格权法研究[M].北京:中国人民大学出版社,2012:515.
② Warren S,Brandeis L D. The Right to Privacy[J]. Harvard Law Review,1890(Ⅳ):93.
③ 陈力丹.马克思恩格斯的"隐私权"观念[J].新闻法通讯,1986(1):56.

时,应限制个人隐私,优先保护公共利益。如候选人参与选举时,媒体对其个人情况的传播属公民知情权与监督权的需要,天经地义。②国家安全的需要。当个人隐私与国家安全产生矛盾或有矛盾的可能时,对其隐私进行限制得属自然。③文化的不同。由于各个国家、民族历史文化的不同,隐私的内涵对与其态度也不同。即使在西方国家,欧洲国家与美国对隐私的看法也有差异,所以对隐私限制也有不同。

2. 隐私权限制的国际性条约

在国际条约或公约中,一般都对隐私权进行限制。如《公民权利和政治权利国际公约》第4条规定:"在社会紧急状态威胁到国家的安全并经正式宣布时,本公约缔约国得采取措施克减其在本公约下所承担的义务……"《欧洲人权公约》第15条也有类似规定:"战时或遇有威胁国家生存的公共紧急事件,任何缔约国有权在紧急情况所严格要求的范围内采取有悖于其根据本公约所应当履行义务的措施,但上述措施不得与其根据国际法所应当履行的其他义务抵触。"

3. 我国相关法律对隐私权的限制

我国在《侵权责任法》中正式确立了隐私权,但明确对隐私权的限制是在2014年10月10日起施行的最高人民法院《信息网络侵害人身权益规定》第十二条。该条列举了应该受到保护的个人隐私,但规定在下列情况下隐私权受到限制:"(一)经自然人书面同意且在约定范围内公开;(二)为促进社会公共利益且在必要范围内;(三)学校、科研机构等基于公共利益为学术研究或者统计的目的,经自然人书面同意,且公开的方式不足以识别特定自然人;(四)自然人自行在网络上公开的信息或者其他已合法公开的个人信息;(五)以合法渠道获取的个人信息;(六)法律或者行政法规另有规定。"而且,该条规定:"网络用户或者网络服务提供者利用网络公开自然人基因信息、病历资料、健康检查资料、犯罪记录、家庭住址、私人活动等个人隐私和其他个人信息,造成他人损害,被侵权人请求其承担侵权责任的,人民法院应予支持。"即仅将利用网络公开即网络传播作为侵害隐私权的手段,也是对隐私权的限制。

(二)传播侵害隐私权的抗辩

隐私权制度的宗旨在于保护自然人私生活秘密及生活安宁免受他人宣扬及干扰,而传播所奉行的言论自由、新闻自由原则,实现公众知情权、监督权的目的,满足公众好奇心的规律,均要求将个人相关信息向公众披露,这就不可避免地造成传播活动和隐私权的冲突,在某种情况下会导致他人隐私权的损害。当出现这种情况时,传播者可以将以下依据作为抗辩事由:

1. 公共利益的需要

特定的个体利益和不特定多数人的公共利益都应受到法律保护,当二者发生冲突时,应该向公共利益倾斜。

公共利益并不是一个容易界定的概念。随着社会的发展,公共利益的具体内容也会发生变化,因此对社会公共利益的界定应该以当时的社会道德标准进行衡量,同时参照当时的社会物质条件、国家经济政治制度及价值观等,任何脱离具体时代和社会环境的评价都是不可取的①。据此,公共利益的内容应该主要包括②:①国家安全、公共安全利益,包括国防安全、社会治安、公共健康、财产和交易安全等;②国家制度、社会制度安全利益,包括一国的法律、政治、经济等制度的维护;③社会道德利益,包括社会公序良俗、家庭伦理等;④社会经济、科技和文化的进步;⑤社会物质、文化等资源的保护;⑥公民个人学习生活方面的利益。

公共利益的界定只能是原则性、粗线条的,在司法实践中,法官还需要客观、理性地对待传播者提出的公共利益的抗辩事由,因为许多传播者为了自己的私益而以公共利益为借口对个人隐私权进行侵害。当然,对公共利益的要求也不能太高,因为这会损害传播者的传播积极性。

2. 公众人物

公众人物制度在美国几十年的司法实践中已有丰富的积累,但并没有在其他国家得到直接效仿,但这些国家也都在司法实践中对言论自由与公众人物人格权进行了平衡,对公众人物包括隐私权在内的人格权进行了一定程度的克减。其依据是:传统大陆法系中名誉与隐私本身就属于可以克减的一般人格权,以及公共利益的需要、公众知情权与监督权的需要、权利主体的特殊性、公众兴趣与新闻价值。

需要注意的是,公众人物的隐私并非绝对不受法律保护,例如,其家

---

① 庞德. 通过法律的社会控制[M]. 沈宗灵,译. 北京:商务印书馆,1984:47.
② 石东洋,马章元. 论新闻媒体侵害隐私权的抗辩事由[J]. 南京政治学院学报,2014(5):104.

庭、婚姻等私人生活不应完全曝光。所以,"对公众人物,只是在公共利益和公众兴趣的限度内限制其隐私权,而非剥夺其隐私权"①。

3.涉及个人隐私的信息系从合法权威渠道获得

如前所述,从合法权威渠道获得的信息可作为传播侵权的一般抗辩事由,这些渠道包括国家权力机关公开发布的文件、通知、判决书、布告,或者其他允许公开发表、引用的材料等。通常认为,由于这些涉及个人隐私的公开行为是国家机关依职权实施的行为,传播者引用这种材料进行传播就不承担侵权责任。但在隐私权的抗辩中,这种理由能否完全成立需要认真甄别,如关于婚姻判决中,传播者不应该公开相关当事人的姓名,因其涉及个人隐私权。

4.隐私权人同意

隐私权人同意是指传播者对某人的隐私进行传播时,事前经过其允许,如果传播后隐私权人仍以传播者侵犯隐私权为由进行指控,传播者不承担侵权责任。学者认为:"如果受害人同意介入其私生活,公开其生活秘密,只要他人在其同意的范围内公开,就不构成侵害隐私权。"②在这种情况下,传播者应该注意这种同意应是明示许可;如果形成诉讼,传播者在诉讼中应承担举证责任。当然,隐私权人可以自愿公开其私生活秘密,如果传播者是从隐私权人的公开行为中获取相关信息并予以传播,则因为这些信息已进入公共领域,成为公共资源,就不再属于隐私的范畴。

5.行使舆论监督权的需要

在我国,舆论监督可成为合法的侵害隐私权的抗辩事由③。新闻媒体在进行新闻传播时,经常遇到与报道对象的隐私权发生冲突的情况,此时,只要不为私益,而是正当行使舆论监督权,就可作为诉讼抗辩事由。

第二节　我国传播侵害隐私权诉讼现状统计与分析

本节从媒体类型、时间、地域分布、裁判结果、侵权责任方式等方面,

---

① 王利明.人格权法研究[M].北京:中国人民大学出版社,2012:559.
② 张新宝.中国侵权行为法[M].北京:中国社会科学出版社,1998:381.
③ 王利明.人格权法研究[M].北京:中国人民大学出版社,2012:558.

对隐私权纠纷进行统计分析,以勾勒出新媒体环境下传播侵害隐私权纠纷诉讼的概貌。

一、我国隐私权纠纷类型及媒介分布

笔者以"隐私权纠纷""一审/二审""判决书""2014 - 01 - 01 至 2017 - 12 - 31"作为检索条件,剔除重复文件后,一共得到 165 份民事判决书[①]。

在 165 份一、二审隐私权纠纷民事判决书中,有 27 份上诉案件,因此样本中实际共有 138 起隐私侵权案件:其中,因物理空间侵入侵扰侵害隐私权起诉 47 起,因大众传播侵害隐私权起诉 47 起[②],因其他媒体传播侵害隐私权起诉 22 起[③]。也就是说,2014—2017 四年间,传播侵害隐私权纠纷 61 起(占比 44.20%),其中,涉及网络传播的隐私权纠纷 31 起,几乎相当于传统媒体传播引发的 16 起诉讼的两倍。在传播侵害隐私权诉讼中,网络传播侵权平均占比达 50.82%;在全部隐私权纠纷中,网络传播侵权占比为 22.46%。

(单位:起)

媒介类型 \ 年度	传播侵权					非传播侵权				年度总数
	传统大众传播		网络传播	其他传播		人际传播	组织传播	侵入侵扰监视	其他	
	纸媒	电视	网络媒介	电话短信	征信传播					
2017	5	1	10		4	3	4	18	2	47
2016	3		8	1	4	4	3	13	5	41
2015	3		4	2	1	3	3	10	1	27
2014	3	1	9	1	1		2	6		23
共计	14	2	31	4	10	10	12	47	8	138
百分比	10.14	1.45	22.46	2.90	7.25	7.25	8.70	34.06	5.80	

说明:有两起纠纷同时涉及组织传播和大众传播,并在两类传播均进行统计。

---

① 统计截止日为 2018 年 2 月 9 日;案号依时间顺序列于参考文献部分。

② 物理空间的侵入侵扰既包括物理空间的直接侵入,也包括间接侵扰,其中间接侵扰主要是指通过器具非法窃听与窥视等干扰他人空间、活动的行为。本文物理空间侵入侵扰的 47 起隐私权指安装传统摄像头进行监控,并不涉及传播。

③ 电信骚扰主要是指利用现代通信手段(电话、短信等)对他人日常生活进行干扰。

二、我国隐私权纠纷的时间分布

(一)我国隐私权纠纷的时间分布

据统计,108 起一审隐私权纠纷中有 27 起案件进行了上诉,上诉率为 25.23%。而 2014 年至 2017 年,除 2016 年案件有较大幅度增加外,隐私权纠纷数量大体上呈平稳上升态势。

（单位:起）

审级 年度	一审	二审	共计
2017	34	19	53
2016	34	18	52
2015	22	12	34
2014	18	8	26
共计	108	57	165

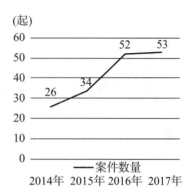

(二)我国大众传播侵害隐私权纠纷的时间分布

由下表可见:2014—2017 四年共有 47 起大众传播侵害隐私权纠纷,涉网络媒介隐私权纠纷最多——31 起,印刷媒介隐私权纠纷 14 起,以电视为代表的电子媒介隐私权纠纷 2 起。从时间上看,除电视传播外,网络传播与印刷媒介传播侵害隐私权纠纷的数量总体上均呈小幅上升趋势,而网络传播 2016 年案件有较大幅度增加,这应该是 2016 年隐私权纠纷总体上有较大幅度增加的主要原因。

（单位:起）

媒介、审级 年度	网络媒介	印刷媒介	电视	审级	
				一审	二审
2017	10	5	1	12	6
2016	8	3		8	4
2015	4	3		6	3
2014	9	3	1	11	5
共计	31	14	2	37	18
占比	65.96%	29.79%	4.26%	55	

三、我国隐私权纠纷的地区分布

（一）我国隐私权纠纷的地区分布

从隐私权纠纷受理法院的地理分布来看,2014—2017 四年间全国有 17 个省、4 个自治区和 4 个直辖市涉及隐私侵权案,多集中在北京、上海、广州及江浙等经济文化发达地区。此外,山东、天津、福建、辽宁这 4 个沿海省份也发案较多;而人口较多的河南、四川省,此类纠纷并不多。

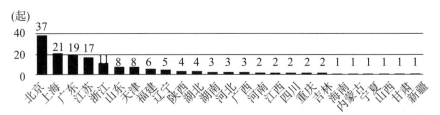

（二）我国大众传播侵害隐私权纠纷的地区分布

从 55 份大众传播侵害隐私权民事判决书来看,2014—2017 四年间全国有 15 个省、3 个直辖市、2 个自治区涉传播侵害隐私权案件,多集中在北京、广东及江浙沪等经济发达地区。此外,山东、广西、天津紧随其后。由此可见,传播侵害隐私权纠纷地区分布大体上与隐私权纠纷地区分布趋于一致。

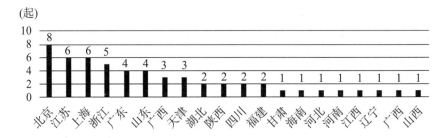

四、我国隐私权纠纷被告构成

（一）我国隐私权纠纷的被告构成

由于隐私权主体为自然人,一审隐私权纠纷共计 108 起,原告身份当然为自然人,而被告构成较为复杂。

（单位:起）

被告身份	自然人	非媒体法人	媒体	法人＋自然人	非法人组织
数量	47	47	6	6	2
占比	43.52%	43.52%	5.56%	5.56%	1.85%

上表统计中,一审中,在 25 起隐私权纠纷中存在多个被告的情况,占比为 23.36% 。

（二）我国大众传播侵害隐私权纠纷的被告构成

（单位:起）

被告身份	非媒体法人	自然人	媒体	法人＋自然人	非法人组织
数量	17	13	4	2	2
占比	45.95%	35.14%	10.81%	5.41%	5.41%

上表统计中,一审有 4 起纠纷存在多个被告的情况,占比为 10.81% 。

五、我国隐私权纠纷裁判结果

（一）我国隐私权纠纷的裁判结果

（单位:起）

审级、裁判结果	一审		二审	
	被告侵权成立	驳回原告诉求	维持原判	改判
数量	45	63	52	5
比例	41.67%	58.33%	91.23%	8.77%

样本中,一审判决书 108 份,二审判决书 57 份。在二审中,91.23% 维持了原判决,可见一审裁判结果稳定。这也意味着,在隐私权纠纷中,一审判决结果在很大程度上为最终的判决结果。通过对一审、二审隐私权纠纷判决书进行交叉检验,笔者发现,在 2014—2017 四年间的 57 份隐私权纠纷二审判决中,有 28 起纠纷可在一审 108 起隐私侵权纠纷中寻得出处,其上诉率为 25.93% 。在这 28 起隐私权纠纷中,其中 2 起被二审改判[①]。

---

① 　参见:上海市第二中级人民法院(2015)沪二中民一(民)终字第 1841 号民事判决书和广西壮族自治区百色市中级人民法院(2015)百中民一终字第 1199 号民事判决书。

（二）我国大众传播侵害隐私权纠纷的裁判结果

在61起传播侵害隐私权纠纷中，网络传播和征信传播的败诉率均在40%左右，传统媒体传播败诉率最低（18.75%）。从媒介类型维度分析，各传播类型败诉率在2014—2017四年间呈起伏状态。

不同媒介类型侵害隐私权纠纷的裁判结果 （单位：起）

媒介类型 ╲ 年度	总计		传统媒体		网络传播		其他媒体		征信传播	
	年度总量	败诉数量、比例	年度数量	败诉数量、比例	年度数量	败诉数量、比例	年度数量	败诉数量、比例	年度数量	败诉数量、比例
2017	20	7 / 35.00%	6	1 / 16.67%	10	5 / 50.00%			4	1 / 25.00%
2016	16	4 / 25.00%	3		8	2 / 25.00%	1		4	2 / 50.00%
2015	10	6 / 60.00%	3	2 / 66.67%	4	2 / 50.00%	2	1 / 50.00%	1	1 / 100.00%
2014	15	5 / 33.33%	4		9	4 / 44.44%	1	1 / 100.00%	1	
总计	61	22 / 36.07%	16	3 / 18.75%	31	13 / 41.94%	4	2 / 50.00%	10	4 / 40.00%

此61起传播侵害隐私权纠纷中，仅有22起被告败诉，约为36%。在传播侵害隐私权纠纷二审判决中，22起纠纷做出维持原判的裁判结果，1起纠纷做出改判结果，即95.65%维持了原判决。这也意味着，在传播侵害隐私权纠纷中，一审判决结果在很大程度上为最终判决结果。

六、我国隐私权纠纷侵权责任方式

我国隐私权纠纷的责任方式

我国传播侵害隐私权纠纷的责任方式适用情况如下表。具体到责任方式的适用频次，赔礼道歉最高，消除影响与恢复名誉最低。这是因为：消除影响、恢复名誉这两种责任方式的适用往往会造成二次伤害。

（单位：起）

侵权类型、案件量 ╲ 责任方式及适用次数频率	停止侵害	赔礼道歉	消除影响	恢复名誉	赔偿损失
传播侵害隐私权 案件数量	6	18	3		15
占比（n=22）	27.27%	81.81%	13.64%		68.18%

七、我国隐私权纠纷的损害赔偿

精神损害赔偿是隐私权纠纷的主要赔偿责任方式。在2014—2017四年间22起构成传播侵害隐私权的案件中,有15起案件被告被判决承担赔偿损失责任方式:在13起只赔偿精神损害的传播侵害隐私权纠纷中,最高索赔额为50万元,最高赔偿额为12 000元[1],最低赔偿额为1元[2],平均赔偿额约为4400元;其中6起案件的精神损害赔偿额在4000—6000元范围内,占比为46.15%(见下表)。另外"只赔偿财产损失"与"精神损失和财产损失"均有的案例各1起。

(单位:万元)

侵权及赔偿类型 \ 索赔额		平均索赔额	平均实赔额	最高索赔额	最高实赔额
传播侵害隐私权	经济损失(n = 15)	0.034	0.034	0.5	0.5 [3]
	精神损害(n = 15)	6.16	0.44	50	1.2 [4]

第三节　传播行为侵害隐私权:类型、特征与后果

传播侵害他人隐私权的行为类型,主要是为传播而进行的调查、采访行为及传播行为,前者主要侵害了他人私生活安宁,后者主要非法传播了他人秘密信息。根据2018年9月公布的《民法典·人格权编(草案)》第八百一十二条的规定,除法律另有规定或者权利人同意外,任何组织或者个人不得实施下列侵害他人隐私和个人信息的行为:(一)搜查、侵入、窥视他人住宅等私人空间;(二)拍摄、录制、泄露、公开、跟踪、窃听他人的私人活动;(三)拍摄、窥视他人的身体;(四)获取、隐匿、扣留、检查、毁弃、删

---

① 参见:湖南省郴州市北湖区人民法院(2014)郴北民二初字第947号民事判决书。
② 即使媒体故意披露他人变性等核心隐私,赔偿也很低。如乐视网娱乐频道播放的一段视频内容涉及黄海波"嫖娼门"事件女主角刘某男性变女性等个人隐私,刘某将乐视网诉至法院,要求乐视网删除涉案视频,发表致歉声明并赔偿其精神抚慰金50万元。一审法院认定乐视网侵权,并判决乐视网支付刘某精神损害赔偿金1万元。判决后双方均不服,上诉至北京市一中院,该院二审维持了原判。参见:北京市第一中级人民法院(2016)京01民终字第3257号民事判决书。
③ 参见:北京市西城区人民法院(2013)西民初字208478号民事判决书。
④ 参见:北京市第三中级人民法院(2014)三中民终字第07054号民事判决书。

除、泄露、公开、买卖他人的私人信息;(五)以短信、电话、即时通信工具、传单、电子邮件等方式侵扰他人的生活安宁;(六)以其他方式。

一、传统传播行为侵害隐私权

（一）为传播而进行的调查、采访等行为侵害隐私权

1. 非法侵入他人私人空间

所谓私人空间,包括他人的住宅、临时住所(如宾馆的某个房间、列车卧铺某个包厢等)、厕所独立位置、更衣室等。私人空间应该具有独立性、封闭性;住所应该有人居住才能受到隐私意义上的保护。一般认为,进入公共空间便放弃了某些隐私权。而有观点认为,在公共空间放弃某些隐私并不意味着放弃所有隐私,即使在公共场所,个人活动也不能受到骚扰或跟踪①。为传播而进行的相关调查、采访,可能会导致非法侵入他人私人空间,是典型的侵害他人私生活安宁权的行为,包括:①非法侵入。指未经他人同意进入。传播侵权中的非法侵入他人空间,通常是新闻机构为获得特别新闻信息而进行的不正常采访。②非法在他人私人空间窥视、查寻、取证。传播侵权中的非法侵入他人空间后,在该空间内的窥视及查寻行为,无论是否使用探测等设备,构成对他人私人空间的进一步侵害。另外,传播者为传播需要,往往对该空间结构及空间内的物品等进行拍摄、录像、录音等调查或采访行为,也同样是非法行为。

2. 为传播非法跟踪、窥视、监视、骚扰他人活动,或窥视、监视他人私人空间

此类行为是另一种典型的侵害他人私生活安宁的行为:①非法跟踪、窥视、监视、窃听、骚扰他人活动。跟踪指尾随他人的私人活动,调查或采访他人行踪。窥视指在他人不知情的情况下,对其活动或身体进行观察。监视则是指在他人知情或不知情的情况下,对他人的活动进行观察。骚扰指用现代通信手段(电话、电子邮件等)、跟踪、敲门等行为对他人日常生活进行干扰。传播,尤其是新闻传播,常常以上述手段进行隐性采访。需要注意的是,对非法行为尤其是犯罪行为进行上述采访或调查,不构成侵权。2011 年 7 月 10 日,默多克新闻集团旗下《世界新闻报》因窃听而侵害当事人隐私权而被迫停刊,此事件成为媒体侵害他人

---

① 王利明. 人格权法研究［M］. 北京:中国人民大学出版社,2012:552.

隐私产生极端影响的典型例证①。②非法远距离窥视、监视他人私人空间。此种行为与非法侵入不同,是用现代侦测设备如远红外探测仪、长焦距镜头、摄像监控设施等,对他人私人空间进行窥视、监视。

（二）传统传播行为侵害隐私权

传播行为侵害他人隐私权,指未经他人同意,适用广播、电视、报刊、图书等传统传播媒体,将合法或非法得到的他人秘密信息向不特定第三人或更广泛的人群散布。需要注意的是:即使是合法得到的他人秘密信息,只要未经他人同意而传播出去,即构成侵权。另外,用前述非法和手段得到他人秘密信息,即使不进行公开传播,同样构成对他人隐私权的侵害。传播对他人隐私权的侵害行为主要有:

1. 非法传播他人历史资料

个人的生活经历系个人隐私,尤其是其在工作、生活中的不如意经历,通常不愿为人所知。未经他人同意传播这些资料,构成隐私侵权。值得重视的是个人的犯罪史的保护:对此有观点认为犯罪是对公共利益与秩序的严重侵犯,不应受到隐私保护。但学界普遍认为,只要不违反公共利益与国家安全,为个人重返社会及免受犯罪记录困扰之考虑,个人,尤其是未成年人的犯罪记录,应该受到隐私权制度的保护。

2. 非法传播他人身份信息

个人的婚姻状况、年龄、家庭成员、身份证号码、电话号码、电子邮箱、健康状况、民族、宗教信仰等信息,可用来确定个人所具有的特定身份与财产信息,不得被非法传播。擅自传播上述个人身份信息,也构成侵害他人隐私权。

3. 非法传播他人身体状况信息

个人身体状况,尤其是病情,通常不愿向外透露。除非患者系官员

---

① 2002年3月的一天,13岁英国伦敦女孩米莉在放学回家途中失踪。6个月后,采蘑菇者在森林里发现米莉尸体,警方最后证实米莉遭到一个夜总会门卫绑架并杀害,但米莉遭绑架后活了多久不清楚。米莉失踪期间,《世界新闻报》雇用私家侦探窃听她的手机语音信箱,这个侦探还删除了语音信箱内部分信息,以留出手机接收新信息的存储空间,从而有利于"更多新闻报道"。这让米莉父母误以为女儿还活着,也干扰了警方对案件的侦破。此举激起英国各界公愤。2011年1月,英国警方就媒体窃听行为展开新调查,逮捕了5个嫌疑人,其中两人是《世界新闻报》员工。《世界新闻报》同年4月承认涉嫌窃听多个名人政要,愿为此担责,准备赔偿女演员西恩娜等8个受害者。而窃听失踪女孩事件,成了压倒它的"最后一根稻草"。殷楠.世界新闻报知耻停刊[N].青年参考,2011－07－13(A15).

或其他公众人物,涉及公共利益、公共安全或公共兴趣,否则传播他人身体状况信息构成侵害他人隐私权。在此方面,艾滋病孤儿状告《华夏时报》侵害隐私权案是典型案例①。

4.非法传播他人家庭信息

家庭是社会的细胞,家庭稳定与安宁是社会和谐的基础。个人,尤其是公众人物,通常不愿让家庭成员及其他亲属的信息向外传播。但公众人物的家庭信息包括家庭变化、子女入学就业、家庭住址都是媒体猎奇的对象,这些信息如果与公共利益无关,对其传播也构成侵害隐私权。

5.非法传播他人通信信息

通信自由与通信秘密是我国《宪法》所确定的公民基本权利之一,任何个人与组织非经法律许可(为调查犯罪、国家安全及公共利益的需要,法定机关通过法定程序),不得私拆他人信件,不得拦截、窃听并传播他人电话、手机信号与电子邮件。需要注意:虽然有观点认为,仅仅获取而未传播或未对通信秘密人构成骚扰时,不构成侵害他人隐私权②;但学界普遍认为,只要未经他人许可,获取他人通信秘密本身即构成侵权③。

6.非法传播他人身体隐私

作为私人生活中最私密、最敏感的领域,身体隐私几乎是所有人都不愿广为传播的信息。对人身体信息,尤其是裸体照片的传播,不仅可能会侵害他人隐私权,还可能侵害他人名誉权、肖像权等。典型案例如香港"艳照门"案例④,是近年来我国发生的最典型、最严重的侵害他人

---

① 2005年12月2日,《华夏时报》在没有得到当事人同意和进行技术处理的情况下,刊登了一位艾滋病孤儿未经任何处理的脸部特写照片,同时还刊登了她和弟弟及父亲(因患艾滋病去世)的照片。在报道中使用的是当事人的真名。该报道被几十家网站转载,多数都属于图文并载,影响颇大。2006年3月1日,文中的"小莉"的委托人向人民法院递交了诉状,要求《华夏时报》报社停止侵害,用相同版面相同篇幅赔礼道歉,赔偿精神损失10万元。北京市朝阳区人民法院经审理后,2006年7月17日判决《华夏时报》15天内在一版显著位置向小莉赔礼道歉,并赔偿其精神抚慰金两万元。刘玉民.从艾滋病遗孤状告媒体侵权案看新闻报道与隐私权保护[J].新闻与写作,2007(1):55.

② 阿丽塔·L.艾伦,理查德·C.托克音顿.美国隐私法:学说、判例与立法[M].冯建妹,等,编译.北京:中国民主法制出版社,2004:265.

③ 王利明.人格权法研究[M].北京:中国人民大学出版社,2012:548.

④ 2008年春节前后,香港发生"艳照门"事件:有些报刊把知名女演员网上"艳照"遮盖敏感部位后刊登出来,有的连续两三周在头版刊出,还有杂志把经遮盖的"艳照"集中起来出版"全记录",引起港人强烈不满,直至艺人陈冠希公开承认照片是他所拍,声明拥有版权,这些图片方才从报刊绝迹。"艳照"也流入内地互联网,因受到警方迅速查处,未发生严重危害。涉事女艺人中,有人当时几欲轻生。魏永征.艳照门与香港有关法律[J].新闻记者,2008(4):45.

身体隐私、名誉权与肖像权的案件。

二、网络传播侵害隐私权

（一）为网络传播而进行非法侵入、跟踪、收集和窃取

1. 非法侵入他人网络空间

对他人网络空间的非法侵入，主要指对受害人的电子邮箱、网站的非法侵入，包括浏览、攻击等，这类行为，事实上是侵害他人物理性隐私权，主要包括以下三种侵权形式：一是以电子邮件形式向他人电子邮箱发送"垃圾信息"，包括广告，妨害他人生活安宁；二是向他人网站页面发送不受欢迎的信息，妨害了他人生活安宁或经营秩序；三是利用网络软件对他人电话进行骚扰①。

2. 非法跟踪、收集、窃取他人网络信息

非法跟踪、收集、窃取，指利用 Cookie②、木马等搜索软件，跟踪、窥视他人网络信息及网络活动，窃取他人网络信息。有观点认为："收集存储个人数据、合成该人形象，给当事人造成威胁……是网络信息环境隐私侵权的最主要的形式，所侵害的主要是信息隐私权。"③

（二）利用网络非法传播他人隐私

网络隐私权的侵权主体一般是网络服务商和网络用户。除了网络服务商通过自己编辑、转载而发布即传播内容进行侵权，网络用户通过博客、微博、朋友圈（群）、公众号进行侵权外，网络传播侵害隐私权的方式还有：

---

① 2016 年 7 月，市民聂先生遭遇"呼死你"软件攻击，每小时 600 个电话打进，还被要求转账 300 元可停止骚扰。聂先生报警。《新京报》记者调查发现，网上有大量"代呼"和买卖 "呼死你软件"的网站和网店，并有用于手机和电脑等多种模式。记者随机进入一个名为 "呼死你专业代呼"页面，注册完成后，出现软件的呼叫页面，上方填写"呼叫号码"，下方 有"随机号码、不显号码、一直响铃、短信轰炸、破黑破白（破解黑/白名单）"等五种选项。 由于试用，只能选择"随机号码"这一项。记者填写拨打的手机号后，按键开始呼叫，随后 手机开始出现未知号码呼叫，响铃两声即自动挂断，每隔 2 秒后又重新呼叫，不间断持续 3 分钟时间，回拨该未知号码，显示为无人接听或无法接通。信娜. 男子遭"呼死你"骚扰 一天被上万个来电轰炸［N］.新京报,2016 - 07 - 17（A08）.
② 当网络用户将其电脑登录到网站服务器时，网站服务器会将 Cookie 储存在用户电脑的硬盘 中；当用户和网站进行交流、如查询某方面信息时，相关资料就储存在 Cookie 中；当用户切 断与网络联系时，Cookie 继续保留在用户的电脑中。此后，该用户使用网络的其他资料也 会自动储存到 Cookie 中。而当用户再次登录前述网站时，该网站可以阅读 Cookie 中保存的 用户相关资料。Lewis,Peter. Web Cookies:Trail of Crumbs［N］. The Seattle Times,1998 - 08 - 09（CL）;Lewis,Peter. What on Your Hard Drive［N］. New York Times,1998 - 10 - 08（DL）.
③ 吴永臻,肖望南. 网络信息环境的隐私权保护问题［J］. 河北大学学报,2003（1）:137.

1. 利用传统摄像非法窃取并利用网络传播他人隐私

这是侵害他人网络隐私权的重要典型行为。如美国安德鲁斯隐私权案①，法官判决其获赔 5500 万美元，是美国隐私权案中赔偿额最高的案例，也是迄今为止世界各国同类案件中赔偿额最高的案例。美国法律界认为，该案在三个方面有创纪录的意义：第一，在民事诉讼中几乎没有因偷拍而隐私权受害者的请求得到保护；第二，仅仅根据紧张失调精神创伤而裁定被告赔付如此高额的赔偿是极其不寻常的；第三，此裁定向住宿业发出清晰的信号：宾馆老板及营运者应该加强对入住客人房间号码等信息的管理，以及如何处理客人对特定房间的要求②。

2. 利用网络智能摄像头非法窃取并利用网络传播他人隐私

由于因设计及质量原因，网络智能家庭摄像头很容易被黑客控制。据统计，我国近八成产品存在信息安全问题，一些网站利用网络智能摄像头的安全缺陷，甚至可以进行网上直播③。

三、网络传播侵害隐私权的特征

(一)被侵害客体的关联性

互联网上的信息性隐私权不但关乎公民个人隐私信息的安全，还影响着另外两种隐私权(物理性隐私权、自治性隐私权)。如：一旦网络用户的登录密码等信息被获取，其网络空间免受他人打扰或侵入的物理性

---

① 安德鲁斯身为美国娱乐和体育电视台 ESPN 女记者、主播，是涉足篮球、橄榄球、棒球以及大学联赛等各方面的全才主播，以身材火辣、着装大胆出位闻名，连续两年被《花花公子》杂志评选为"最性感女主播"。2008 年安德鲁斯某次在田纳西州一家酒店入住，被隔壁房间的布雷特用安装在墙壁上的针孔摄影机偷拍洗澡镜头，香艳裸照在网络上传播。事发三个月，联邦调查局人员拘捕涉案者巴雷特；2010 年，巴雷特被判两年半监禁。安德鲁斯向法院控告酒店和其他相关人员工作疏忽和侵犯个人隐私，向布雷特以及入住酒店索赔 7500 万美元。最终，陪审团裁定：安德鲁斯获赔 5500 万美元，巴雷特和酒店各自承担 51% 和 49% 的赔偿份额。瞿崑. 美国女主播遭偷拍裸体视频获赔 5500 万美元[N]. 北京晨报,2016 – 03 – 10(6).

② Samuels. Jury Awards Erin Andrews $ 55 million in Invasion of Privacy Case... a First of its Kind[EB/OL]. [2016 – 03 – 07]. http://www. mrllp. com/blog-jury-awards-erin-andrews-55-million-in-invasion-of-privacy-case-a-first-of-its-kind.

③ 一家名为"Shodan"的网站收录了成千上万网络摄像头拍摄的照片，并制作成"真人秀"的照片在网站流行，这些照片拍摄场景包括道路、办公室、家庭客厅甚至还有卧室场景。《新京报》记者曾进入该网站，在相关页面看到：在一张北京的摄像头拍摄图片上，画面是一家服装店的收银台，计算机、电话、账本、POS 机等物品清晰可见，图中，一女子正在盘点钱款，图片的 IP 地址显示该摄像头的位置在北海东侧、景山后街附近。李禹潼. 集成家用智能摄像头存泄密风险[N]. 新京报,2016 – 05 – 15(A09).

隐私权便受到威胁。在另一事例中,当《魔兽世界》网络游戏爱好者的玩游戏时间等活动和事件的描述性信息性隐私被掌握后,当其玩此游戏超过 3 小时,其游戏中的角色会因力量和能力的丧失而变得脆弱,他必须等待 5 小时后才能继续玩这个游戏[①],其自治性隐私权也因此受到约束。在互联网上,信息性隐私权牵制着其他类型的隐私权,是网络传播侵害的核心客体。

(二)网络传播侵害隐私权内容的"可识别性"

网络传播的侵权主体以收集可以识别个人身份的信息为目的,因为信息的"可识别性"是利润等关键目标所系。而当信息属于"可以识别个人身份的信息"时,就应得到保护;反之,则不受保护[②]。在互联网上,"可以识别个人身份的信息"除了本身可以直接识别他人身份的既有信息以外,还有可间接体现他人身份的信息。

随着网络技术的发展,相对于第一种直接可以识别他人身份的信息,第二种经过一定加工后可识别他人身份的信息对个人信息隐私权构成更大的挑战。从数量上看,目前在互联网上"只有5%的数字数据是结构化的且能适用于传统数据库"[③],剩下的95%的数据都是非结构化、人们无法直接利用的,也就是说,最终具有实际价值的信息绝大多数都必须建立在原始数据组合与分析的基础之上。而在这个信息的"二次利用"的过程中,不断发展的技术使得公民的信息性隐私权面临危机。虽然人们努力在保护自己的隐私,如将网页安全性设置为最高,谨慎添加好友等,但在大数据等跟踪技术处理下,看似并不直接指向个人的信息,还是可以被"侦破"、追踪到具体个人。人们上网的行为和内容被 Cookie 抓取、被键盘记录仪等技术所追踪和记录;各种数据被"二次利用"后,便可以还原个人现实状况,了解其习惯、喜好、动机,预测其未来行动。2006 年《纽约时报》根据"美国在线"发布的大量旧搜索查询数据,准确获知了已被匿名的用户的姓名、年龄、家庭住址等个人信息[④]便是典型的

① BBC Online. China imposes online gaming curbs[EB/OL]. [2016 – 03 – 09]. http://news. bbc. co. uk/2/hi/ technology/ 4183340. stm.
② 张民安. 信息性隐私权研究[M]. 广州:中山大学出版社,2014:438.
③ 维克托·迈尔 – 舍恩伯格,肯尼恩·库克耶. 大数据时代[M]. 盛杨燕,等,译. 杭州:浙江人民出版社,2013:64.
④ 维克托·迈尔 – 舍恩伯格,肯尼恩·库克耶. 大数据时代[M]. 盛杨燕,等,译. 杭州:浙江人民出版社,2013:198 – 199.

个案。

(三)网络传播侵害隐私权的便利性

(1)互联网信息公开、共享的功能定位与设计初衷,赋予了信息流动的必要性,也导致侵害信息性隐私权的便利性。互联网的发明是为了促进信息流动,是为了"便于与分布在世界各地的各个研究小组之间分享信息,并方便各支持群体对信息的传播"①。从去中心化、四通八达的网络结构设计到种种强大功能的开发,从电子商务、电子政务、社交网络到观点沟通、情感表达、学术交流,各种发明与创造都是基于信息流动和分享的目标而进行的。基于海量信息流动的渴望与追求,互联网也将个人隐私信息囊括其中。

而且,作为网络用户,其对网络信息的享受是以分享自己的信息为代价的,而这种分享与传播为隐私信息的曝光和传播提供了有力支持。这种传播有以下类型:①被动型。更多的网络用户是在享用开设邮箱、搜索信息、购物、使用电子地图等各种网络服务时,由于网络服务商设置的或服务本身的技术需求,被动地提供个人隐私信息。"我们使用手机大众点评,交换出地理位置信息;我们使用QQ,交换出好友关系;我们使用京东商城,交换出联系方式。"②②主动型。即网络用户为提高自己的知名度而公开自己的隐私性信息。丹尼尔·沙勒夫就认为"个人资料的激增对人们的名声会有明显的影响"③。因此有些人就在博客上写明个人信息,竭力扩大微信朋友圈,从而获得一定社会资源。③疏忽型。一些网络用户写博客时描写的生活细节无意间公开了自己的隐私性信息,在文字、照片、视频的公开中也会不经意暴露自己和亲属、朋友的隐私。

总之,网络用户的网络活动建立在主动发出信息的基础之上,而在这个过程中,其信息性隐私权也同时随着键盘的敲击声而流泄。网络用户牺牲个人隐私以获取网络服务,已经成为"交易惯例",甚至是"生活方式"。正如克劳斯·布鲁恩·延森所言,"在数字媒介使用过程中,你

---

① 参见:Tim Berners-Lee 在 alt. hypertext 新闻群组上张贴的全球资讯网项目简介的文章,http://groups. google. com/group/alt. hypertext/msg/395f282a67a1916c,19910807。浏览时间:2016 年 3 月 9 日。

② 操瑞青. 警惕!数字网络技术正在泄露你的隐私[N]. 光明日报,2014 - 10 - 11(10).

③ 沙勒夫. 隐私不保的年代[M]. 南京:江苏人民出版社,2011:35.

不发送就无法收到信息。而发送或接受信息的过程中将留下元传播的痕迹,其他人则可以利用这些内容"①。

因此,由于在广阔无边的网络时空中永不间断地传播、分享,相比其他类型的隐私权,网络用户的信息性隐私权更容易被侵害。

(2)网络技术的发展使得个人隐私更容易被获取。不断进步的网络技术,如云储存、云传播,其强大的信息搜集和整合、处理能力,大大便利了对信息性隐私权的侵害:政府机构为有效管理国家和社会稳定安全而监控人们的网上活动,非法收集、使用和公开未经授权的公民个人信息;公司、企业为了促进产品和服务销售而采集用户数据、擅自使用客户信息;黑客为了"实现抱负"、为了窃取钱财等,跟踪破解他人账号密码……各类主体以多样的方式和极高的效率,收集、存储、交换和加工公民私人信息,公民的隐私信息被公开、搜集和处理的风险不断增加。

相对于网络用户,网络服务商具有先天的优势,依靠技术获取网络用户的个人信息是其基本要求,所以,网络"赋予搜索服务提供者更多的控制权,使他们能够搜集在……应用程序中的个人信息,并将这些信息流同使用者的其他搜索活动联系起来。这导致了一种对于使用者在线行为进行细致入微的全面记录的能力"②。互联网上曾经流传的译文《如何用输入法监控六亿网民》也证实了这点,相关部门甚至可以通过键盘敲击记录信息的输送,从而分析信息的构成。

四、网络传播侵害隐私权结果的"利弊交织"

在传统隐私权侵权案件中,权利主体遭受财产损失、人格利益受损及精神痛苦等方面的损害结果,并无"获利"的情形。但在互联网上,原先单一的结果发生着改变。

(一)直接识别性信息带来的利益

如上文所述,在网络社交的过程中,人们通过披露个人隐私建立了独特的"社会身份",为获得他人的接受和社会互动奠定了基础;在添加好友的过程中建立和扩大了社会关系网络;在日常生活和心情态度的描

---

① 延森.媒介融合:网络传播、大众传播和人际传播的三重维度[M].刘君,译.上海:复旦大学出版社,2015:122.

② Zimmer M. The externalities of search 2.0:The emerging privacy threats when drive for the perfect search engine meets Web 2.0[J]. First Monday,2008,13(3):3.

述与更新中,实现了自由表达;在与他人的互动沟通中提升了自身的存在感。

(二)间接识别性信息带来的利益

除了从直接识别性信息的公开中获利以外,网络用户在被他人搜集、加工自身信息的"二次利用"过程中,也能实现"共赢"。如当商家通过跟踪用户的上网行为,分析出顾客的商品喜好、购物习惯、选择标准等信息后,投放"精准定向广告",一定程度上可满足网络用户的要求。相关调查也证明,当感觉提供信息能获取某些利益时,一些消费者不介意向在线商家提供自己的个人信息①,"不会认为更多的信息是需要保护的隐私,会适当出让部分个人信息"②。

(三)"麻醉"性享受

其实,网络用户进行网络活动时,往往被"麻醉",意识不到其行为可能导致隐私的泄露。当其使用功能强大、便捷高效的搜索引擎百度、谷歌等时,对诸如谷歌与伟利松(Verizon)移动通讯公司秘密交易③等有可能给个人隐私带来的威胁毫无察觉;当人们享受 QQ、微信等社交服务的便利时,对"腾讯公司因对通讯隐私采取的措施最少及最不透明而得零分垫底"④的真相毫不知情。总之,当公众享受网络技术带来的种种便利时,忽视了其隐藏的信息性隐私泄露的危机,毫无"痛感",甚至乐意将自己的隐私奉献出去。

第四节 "人肉搜索"中的隐私权保护问题

网络社会生活中有一道独特的"景观",即"人肉搜索",其给搜索对象带来极大伤害的同时,对社会心理也有重要影响。为遏制其副作用,相关法律责任应该明确。

---

① Youn S. Determinants of online privacy concern and its influence on privacy protection behaviors among young adolescents[J]. The Journal of Consumer Affairs,2009,43(3):389 – 419.

② Malhotra N K, Kim S S, Agarwal J. Internet users' information privacy concerns(IUIP):The construct,the scale,and a causal model. Information Systems Research,2004,15(4):336.

③ Petersen C. Google and money! [N]. New York Review of Books,2010 – 12 – 09(9).

④ 搜狐. 得分为 0,腾讯、QQ 和微信被指毫无隐私[EB/OL]. [2016 – 03 – 09]. http://mt. sohu. com/20161023/n471086994. shtml.

一、"人肉搜索"的内涵

"人肉搜索"原为猫扑网首创,后逐渐被天涯、谷歌等大型社区网站所采用,"谷歌人肉搜索"对其进行了更加生动的界定:"就是利用现代信息科技,变传统的网络信息搜索为人找人、人问人、人碰人、人挤人、人挨人的关系型网络社区活动,变枯燥乏味的查询过程为一人提问、八方回应,一石激起千层浪,一声呼唤惊醒万颗真心的人性化搜索体验。它是传统的人工调查与网络搜索引擎相结合的产物。"①

在法学与法律意义上,"人肉搜索"又称"人肉搜索引擎",是一种类比称呼,以与传统搜索引擎相区别,意即当机器搜索不能达到目的时,就通过人与人的沟通寻求答案,其通过集中网民的力量去搜索信息与资源,并强调搜索过程的互动性。当"人肉搜索"指向自然人时,即为追查某些人物底细或事物真相,在确定搜索对象后,网民在网上搜索、发布搜索对象的信息,并将真相曝光的一种行为②。

二、"人肉搜索"的特点

(一)侵权主体群体性与不特定性

参与主体不仅包括"人肉搜索"的发起人,也包括在搜索过程中各类提供信息和对被搜索者进行攻击的网民。行为主体往往难以计数,相互之间互动明显。侵权主体众多,增加了诉讼中受害人起诉的难度。

(二)侵权客体多样性

"人肉搜索"不仅侵犯了受害者的名誉权,也侵犯了其网络隐私权;不仅侵害了受害者虚拟世界的名誉权、隐私权,还侵犯了其现实世界的名誉权、隐私权,甚至是其身体健康权及生命权;不仅侵害了搜索对象的相关权益,更有甚者,如"人肉搜索"第一案中,"网络暴民"甚至侵害搜索对象的家属及亲戚的住宅安宁等权益。而法院也认为,被告的行为构成对原告隐私权和名誉权的侵害③。

---

① 参见:http://www.google.cn/mtl/zh-cN/renrou。
② 李奕霏."人肉搜索"引发的隐私权侵权及其法律规制[J].西北大学学报,2010(9):67.
③ 参见:北京市第二中级人民法院(2009)二民终字第5603号民事判决书。

（三）侵权手段隐蔽，方式快捷，侵权证据难以收集

文化学者朱大可先生对"人肉搜索"有形象的解释："他们以无名氏的方式，藏在黑暗的数码丛林里，高举话语暴力的武器，狙击那些被设定为有罪的道德猎物。"①的确，在"人肉搜索"中，侵权主体的身份很难确定。而且，网民只要将内容上传，瞬间即可完成侵权行为，很难阻止。由于侵权证据系以数据信息的方式在论坛、网页上出现，且容易被删除、更改等，对于缺乏网络技术知识的受害人而言，很难向法庭举证。

（四）侵权后果极其严重

"人肉搜索"的严重后果与其侵权客体的复杂性密切相关，而且，虽然在"人肉搜索"发生伊始是对受害者隐私权的侵害，但随着其影响及范围的扩大，对其严重后果产生直接影响的却是受害者名誉权的侵害（包括社会评价的降低与精神损失），或者名誉权与隐私权侵害的纠合，甚至人的生命权。如：在"花季少女不堪'人肉'投河身亡"案中，整个事件仅仅持续了20多个小时，结果导致一个年轻鲜活生命的离开②。

三、"人肉搜索"中侵权责任的确定

从"人肉搜索"的过程来看，其以网络服务提供者提供的网络平台为载体，由"人肉搜索"令的发布者启动，由众多网民参与。这样，"人肉搜索"的责任主体为：

（一）网络服务提供者的责任

依照"技术中立"原则，与传统媒体不同，网络服务提供者不是内容的"把关人"，并不对网络上的内容进行提前审查。但这并不说明其对自己经营的网络平台上的侵权行为可以听之任之。《侵权责任法》第三十

---

① 郑智军."人肉搜索"的法律与道德思考［J］.法制与社会,2011(4 下):288.
② 2013 年 12 月 2 日,广东省陆丰市个体服装店店主蔡某怀疑其摄像监控中的女孩(18岁,高三学生安琪)偷了店内衣服,于是将女孩在该店的视频截图配上"穿花花衣服的是小偷,求人肉,经带只博美小狗逛街,麻烦帮忙转发"的字幕后,上传到其在新浪微博注册的微博名"东海格仔店"上。短短一个多小时,人肉搜索就将安琪的姓名、所在学校、家庭住址和个人照片等信息全部曝光。一时间,网络上对安琪的各种批评甚至辱骂开始蔓延,"人肉搜索"演变成为一场"网络暴力"。2013 年 12 月 3 日晚,不堪受辱的安琪跳入河中自杀身亡。之后 CCTV13 以《"人肉搜索":给个说法》为题,报道了这一"人肉搜索"侵犯隐私权而造成严重后果的案件。侯登华.自媒体时代的隐私权保护［J］.法学杂志,2014(9):72.

六条规定:"网络用户利用网络服务实施侵权行为的,被侵权人有权通知网络服务提供者采取删除、屏蔽、断开链接等必要措施。"而且,从技术角度上看,网络服务提供者是唯一可以中止"人肉搜索"事件的控制者,所以,毫无疑问其应该承担责任。

然而,在"人肉搜索"事件中,受害者知道被侵害而通知网络服务提供者后,损害可能已经无可挽回。对此,《侵权责任法》第三十六条第二款规定:"网络服务提供者知道网络用户利用其网络服务侵害他人民事权益,未采取必要措施的,与该网络用户承担连带责任。"也就是说,除了受害者的通知外,网络服务提供者还有其他途径知道侵权行为的发生。

问题是:如何确定网络服务提供者"知道"网络用户的侵权行为。对此问题,《信息网络侵害人身权益规定》第九条做出了具体规定:"人民法院依据侵权责任法第三十六条第三款认定网络服务提供者是否'知道',应当综合考虑下列因素:(一)网络服务提供者是否以人工或者自动方式对侵权网络信息以推荐、排名、选择、编辑、整理、修改等方式作出处理;(二)网络服务提供者应当具备的管理信息的能力,以及所提供服务的性质、方式及其引发侵权的可能性大小;(三)该网络信息侵害人身权益的类型及明显程度;(四)该网络信息的社会影响程度或者一定时间内的浏览量;(五)网络服务提供者采取预防侵权措施的技术可能性及其是否采取了相应的合理措施;(六)网络服务提供者是否针对同一网络用户的重复侵权行为或者同一侵权信息采取了相应的合理措施;(七)与本案相关的其他因素。"该规定的第三、四及第六款可以针对"人肉搜索"事件进行法律适用。

在某种程度上,最高人民法院的规定汲取了美国参议院的立法报告 *Digital Millenium Copyright Act* 中针对此问题提出的"红旗标准"的建议,即当侵权行为像一面鲜亮的红旗在网络服务提供者面前飘扬时,以至于具有一般知识的"理性之人"或"善良管理人"能够发现时,如果网络服务提供者还像"鸵鸟"一样将头深深地扎进沙堆,装作不知道侵权行为的发生,则可以认定其知道侵权行为的发生[①]。需要指出的是:如果发生"红旗标准"的适用问题,则网络服务提供者不仅要承担责任,而且需要

---

① 刘开国. 红旗标准在认定网络服务提供者侵权责任中的适用[J]. 新世纪图书馆,2007(5):71 – 72.

承担的是连带责任。

(二)"人肉搜索"令发布者的责任

"人肉搜索"事件的始作俑者是"人肉搜索"令的发布者。通常,其将被搜索者的初始的、零碎的信息发布在网上,这些信息可能是一个名字、照片或住址等,但可以确定的是:其发布的信息有指向性,有可以确定的对象即"人肉搜索"的受害人,而且在"人肉搜索"完成之前,其已经侵害了受害者的隐私权;在"人肉搜索"事件完成后,其是扩大的侵权行为的最重要的责任人。其地位相当于共同侵权中的教唆人。

从主观心理来看,"人肉搜索"令发布者即可能是直接故意,也可能是疏忽大意的故意即间接故意,无论如何,其主观过错均表现为故意,所以,其责任应该加重。即使在诉讼中无法确定其他参与者,其也应当承担全部责任。

(三)参与"人肉搜索"网民的责任

"人肉搜索"事件参与者即网民,其作为侵权主体,有时空分散、独立与互动兼具的特性。"人肉搜索"令发布后,其作为具有独立意识自治权的民事主体,既可以参加,也可以不参加;其参加"人肉搜索"对受害者的侵害,既可能是故意,也可能是过失。从整体而言,其与"人肉搜索"令发布者和其他参与者一道,完成侵权行为,是共同侵权。虽然其主观恶性与作用不如"人肉搜索"令发布者重要,但依照《侵权责任法》的相关规定,无论是共同故意还是共同过失,其承担的也是连带责任。

当然,"人肉搜索"事件参与者即网民的民事责任在理论上是没有问题的,但由于其分散性导致调查、取证的困难,实践中很难予以追究。而最终责任基本上由"人肉搜索"令的发布者或网络服务提供者承担。

四、"人肉搜索"商业化进程提速及其规制

"人肉搜索"如同一把双刃剑:从正面看,在某种程度上,其代表了"草根民主"的崛起,是一种时代进步;从反面看,其也可能造成对当事人隐私权等人格权的侵犯,甚至会导致违法犯罪。

强大的人肉搜索能够迅速提升网站流量,给网站带来可观的利润,因此,许多知名网站组织专门从事"人肉搜索"服务的"正规军";因拥有

超过2500万名"人肉搜索"志愿者,谷歌成为亚太地区最大的"人肉搜索"引擎,人肉搜索的商业化进程开始提速①。

然而,对"人肉搜索"进行规制,在现有的隐私权制度构架内已经很难进行,除了已经实施的网络实名制外,个人信息权保护的立法已经是迫在眉睫。

第五节　网络服务提供者收集使用个人网络信息的性质

随着信息技术的发展与网络的普及,网络用户越来越多地将信息储存在个人的网络终端上,而其网络隐私也越来越多地被侵害,"隐私泄露成为人们时刻担忧的严峻的社会问题"②。其中,给网络生活带来便利的网络服务提供者,其收集、使用个人网络信息对网络用户隐私权的侵害,已经成为侵害公民隐私权最严重、最普遍的行为,从而成为社会法律生活的公共话题之一。

收集他人网络信息首先需要侵入该用户网络终端,而对这些网络信息的使用包括向该网络用户推送相关信息和向他人传播,所以,对网络服务提供者收集、使用个人网络信息是否构成侵害他人隐私权的判断涉及以下5个问题:网络隐私的范畴;个人网络信息与网络隐私的关系;个人网络信息的隐私性确认;网络信息的主体即侵权对象的确认;侵害网络隐私权的方式;网络用户放弃网络隐私权的前提。这些问题,既是司法实践中的难点,也是网络隐私权理论研究中的弱点,对其研究不仅有助于司法实践与立法,也可丰富和深化新媒体环境下人格权的学术探讨③。

2015年南京中级人民法院终审的原告朱某诉百度网讯公司(下称百度公司)侵害隐私权纠纷案,是我国较早一例起诉网络服务提供者收

---

① 陆文军,孙丽萍."人肉搜索":边赢点击边惹争议[EB/OL].[2008-12-28].http://news.cnfol.com/080715/101,1706,4433—387,00.shtml.

② 刘迪.现代西方新闻法制概述[M].北京:中国法制出版社,1998:119.

③ 宋素红,罗斌.个人网络信息的隐私性及侵害方式[J].当代传播,2016(2):63.

集、使用个人网络信息行为侵害隐私权的典型案件①。本节以此案件为对象,对上述问题进行探讨。

一、个人网络信息与网络隐私的关系

(一)隐私与网络隐私

如前所述,关于隐私的界定,目前,国内或国际法学界主流观点是生活安宁与私人秘密说,认为隐私是指自然人不受他人公开、干涉、干扰的私人秘密和私生活安宁的状态,并认为隐私可以分为两部分,一部分是独处,一部分是秘密②。而网络隐私是自然人在网络环境下的个人秘密信息及私生活安宁。其包括:个人网上秘密信息;网上行踪;个人网上生活安宁;通信秘密。此不赘述。

---

① 网络用户朱某在利用家中和单位的网络上网浏览相关网站过程中,发现利用"百度搜索引擎"搜索相关关键词后,会在特定的网站上出现与关键词有关的广告。为了证明该过程的真实性,2013年4月17日,朱某再次重复上述操作过程时,邀请了南京市钟山公证处对该过程进行了公证。朱某认为,百度网讯公司利用网络Cookie技术,未经朱某的知情和选择,记录和跟踪了朱某所搜索的关键词,将其兴趣爱好、生活、学习、工作特点等显露在相关网站上,并对其浏览的网页进行广告投放,侵害其隐私权,使其感到恐惧,精神高度紧张,影响了正常工作和生活,故其诉至南京市鼓楼区人民法院,请求判令百度网讯公司:1.立即停止侵害朱某隐私权的行为;2.赔偿朱某精神损害抚慰金10 000元;3.承担公证费1000元。

　　鼓楼区人民法院认为:隐私权是自然人享有的私人生活安宁与私人信息依法受到保护,不被他人非法侵扰、知悉、搜集、利用和公开的权利。本案中,百度网讯公司利用Cookie技术收集朱某信息,并在朱某不知情和不愿意的情形下进行商业利用,侵犯了朱某的隐私权。判决:一、北京百度网讯科技有限公司于判决生效之日起十日内向朱某赔礼道歉(如北京百度网讯科技有限公司未按判决进行赔礼道歉,法院将通过相关媒体公告判决书的内容,由此产生的费用由北京百度网讯科技有限公司承担);二、北京百度网讯科技有限公司于判决生效之日起十日内赔偿朱某公证费损失1000元;三、驳回朱某的其他诉讼请求。

　　百度网讯公司不服原审判决,向南京中院提起上诉。

　　南京中院认为:(一)百度网讯公司在提供个性化推荐服务中运用网络技术收集、利用的是未能与网络用户个人身份对应识别的数据信息,该数据信息的匿名化特征不符合《电信和互联网用户个人信息保护规定》对"个人信息"的可识别性要求。(二)百度网讯公司利用网络技术向朱某使用的浏览器提供个性化推荐服务不属于《最高人民法院关于审理利用信息网络侵害人身权益民事纠纷案件适用法律若干问题的规定》第十二条规定的侵权行为。(三)再次,百度网讯公司利用网络技术对朱某提供个性化推荐服务并未侵犯网络用户的选择权和知情权。2015年5月6日,南京中院判决:一、撤销南京市鼓楼区人民法院(2013)鼓民初字第3031号民事判决;二、驳回朱某的全部诉讼请求。

　　参见:江苏省南京市中级人民法院(2014)宁民终字第5028号民事判决书。以下对该判决引用不再注释。

② 王利明.人格权法研究[M].北京:中国人民大学出版社,2012:501.

（二）个人网络信息与网络隐私

个人网络信息（Personal Internet Information）有狭义和广义之分：狭义的个人网络信息指可以直接识别个人身份的信息。广义的个人网络信息包括可以直接识别个人身份的狭义个人网络信息和可以间接识别个人身份的个人网络活动（网上搜索及通信等）信息。

个人网络信息具有自然主体的识别性或关联性。首先，个人网络信息是关于自然人而非法人或其他社会组织的网络信息，只有自然人才是其主体。其次，个人网络信息可以用来识别个人身份，"可以以此直接或者间接地识别本人"①。也就是说：这些信息有特定的权利主体，与特定的自然人相关联；而没有归属的网络信息则不是个人网络信息，与特定主体没有关联的网络信息也不是个人网络信息。

个人网络信息虽然有识别性或关联性，但并不一定都有隐私性，如已经公开的或权利人自愿放弃隐私的相关信息。只有具有隐私性的个人网络信息才可能成为网络隐私权的客体。当然，如前所述，个人网络隐私权的客体也不仅限于个人网络秘密信息，它还包括个人网络行踪、网络生活安宁、个人网络通信秘密。所以，个人网络信息与个人网络隐私是交叉关系，前者是一个宽泛的非法律概念，后者是一个法律概念。

综上，隐私权的客体是各类"隐私"，个人网络信息只是隐私的一部分。而作为网络隐私权客体的一部分，个人网络空间的安宁也应该受到保护。而朱某诉百度案中朱某所称的"感到恐惧，精神高度紧张，影响了正常的工作和生活"，及一审判决认定的"百度网讯公司侵犯朱某隐私权的行为使朱某困扰于自己不愿为他人所知的私人活动已经被他人知晓，给其精神安宁和生活安宁带来了一定的影响"，其实都是朱某网络空间的安宁受到了侵害。

二、个人网络信息的隐私性判断

朱某诉百度公司案终审判决还暗含着一个法律难点：如何判断个人网络信息的隐私性。从隐私权理论、立法及相关行业规定来看，个人网络信息的隐私性判断的主要标准有二：

---

① 齐爱民.个人资料保护法原理及其跨国流通法律问题研究［M］.武汉:武汉大学出版社,2004:5.

（一）主观标准

民法学界认为,个人网络信息是一个宽泛的概念,包括了个人愿意与不愿意公开的信息,而与隐私相关的个人网络信息具有隐秘性,因此才可能成为权利即隐私权,而凡是没有披露的个人网络信息,只要在合理期待范围内,就可以作为隐私来对待①。这里,学者事实上确定了个人网络信息具有隐私性的两个主观标准:①没有披露。没披露虽然是针对行为的描述,但其代表权利人的主观态度,说明权利人原则上不愿意公开相关信息,而这些信息也没有进入公众的视野。②合理期待。没有披露不是唯一的客观标准,更不是决定性标准,如个人的身体状况的隐私,即使披露给某人,但只要权利人不愿向公众披露,其就属隐私。而且,有些信息在非网络环境中已经披露,但在网络中权利人不愿公开的,也属个人网络隐私。因此,个人的"合理期待"是个人(网络)信息成为隐私的关键,正如美国学者 Raymond Wacks 所言:"被合理地期待为私密的或敏感的有关个人的事实、通讯或观点,因而对于它们的收集、使用或流转会想加以阻止或限制。"②事实上,隐私和隐私权的概念从一开始被提出,就带有强烈的主观色彩。最早在法律上提出隐私权概念的美国学者沃伦和布兰代斯指出,隐私权本质上是一种个人对其自身事务是否公开给他人的权利,保护个人隐私权就是保障个人"思想、情绪及感受"不受他人打扰的权利,保护自己的人格不受侵犯的权利③。

（二）客观标准

1. 法律规定

法律规定当然是个人网络信息最重要的客观标准,即使其不可避免地带有弹性。2014 年最高人民法院发布的《信息网络侵害人身权益规定》第 12 条"网络用户或者网络服务提供者利用网络公开自然人基因信息、病历资料、健康检查资料、犯罪记录、家庭住址、私人活动等个人隐私和其他个人信息,造成他人损害,被侵权人请求其承担侵权责任的,人民法院应予支持"的规定中,明确了 6 种个人网络信息,同时,"私人活动等个人隐私和其他个人信息"作为兜底条款,适应了隐私权内涵不断扩展的趋势。

---

① 王利明. 人格权法研究[M]. 北京:中国人民大学出版社,2012:616.

② Wacks. Personal Information[M]. Oxford:Oxford University Press,1989:26.

③ Warren S,Brandeis L D. The Right to Privacy[J]. Harvard Law Review,1890(Ⅳ):91.

根据工信部 2013 年 7 月发布的《电信和互联网用户个人信息保护规定》(下称《工信部规定》)第四条对个人信息的界定,个人信息是指电信业务经营者和互联网信息服务提供者在提供服务的过程中收集的网络用户姓名、出生日期、身份证件号码、住址、电话号码、账号和密码等能够单独或者与其他信息结合识别用户的信息以及网络用户使用服务的时间、地点等信息。作为部门规章,虽然该规定未对也无权对上述信息进行隐私性确认,但从其第 13—18 条对上述信息的保密要求来看,这些信息显然具有隐私性。而且,重要的是《工信部规定》将网络用户的网上活动的习惯如使用网络服务的时间、地点等也作为个人网络信息来进行保护,保护范围更广。

2. 行业标准

由于法律的严肃性,其不可能对所有具有隐私性的个人网络信息进行罗列,这就需要行业标准予以补充,但行业标准必须清楚、具体。目前,我国尚缺乏此类标准。由全国信息安全标准化技术委员会提出并归口组织,中国软件评测中心牵头,联合多家单位制定的《信息安全技术公共及商用服务信息系统个人信息保护指南》2013 年 2 月 1 日实施,这是我国第一个个人信息保护的行业性国家标准,其最显著的特点是将个人信息分为个人一般信息和个人敏感信息,但这个标准仍然比较模糊。

总之,无论从主观标准还是客观标准来看,朱某诉百度公司案中,朱某的相关网络活动信息都具有隐私性:①从主观标准看。首先,朱某本人没有披露其相关网络活动信息,而且,其也没有意愿披露。其次,朱某利用固定的 IP 地址和特定的浏览器进行网络搜索,对这些网络活动的隐私性具有合理的期待,即不希望这些网络活动信息被窥探、收集、利用与公开。②从客观标准来看。无论是最高人民法院的《信息网络侵害人身权益规定》第 12 条中的"私人活动等个人隐私和其他个人信息"兜底条款,还是工信部《电信和互联网用户个人信息保护规定》第四条中的"网络用户使用服务的时间、地点等信息",都毫无疑问地将朱某的相关网络搜索活动涵盖在内。

三、个人网络信息的主体识别:侵权对象的确认

(一)可间接识别个人身份的网络信息应受保护

朱某诉百度公司案中,终审法院认为:"朱某网络活动轨迹及上网偏

好虽有隐私性,但一旦与网络用户身份相分离,便无法确定具体的信息归属主体,不再属于个人信息范畴。"这种观点首先是否认了可间接识别个人身份的网络信息的存在。

如前所述,对网络用户身份的识别有直接识别和间接识别两种途径。直接识别指以姓名、性别、电子邮箱以及信用卡、交易账号等来确认信息主体,这种识别方法简单、有效、精确,一旦其中一项信息被获取,则可能确认信息主体。间接识别指现有信息虽然不能直接确认当事人的身份,但借助其他信息或者对信息进行综合分析,仍可以确定当事人的身份①。以与个人网上活动与行为相关的反映个人身份特征的(网上搜索及通信等)个人网络活动信息,加之 IP 地址等信息,可以间接识别个人身份,这种识别方法在现代网络技术的帮助下,有相当的精确度。

可间接识别网络用户身份的信息在许多国家受到保护。挪威《资料法》第一条明确规定:"能间接地确认本人的资料构成个人资料。"而如前所述,在我国,根据《工信部规定》第四条,诸如"朱某网络活动轨迹及上网偏好"之类的网络用户网络活动信息,系"结合识别用户"的"其他信息",不仅是个人网络信息,也是受保护的信息。

(二)个人网络信息的主体识别:侵权对象的确认

个人网络信息的主体识别表面上是一个技术问题,但其在具体的法律环境下是侵权对象即个人网络信息隐私主体的确认问题。

在朱某诉百度公司案中,终审法院认为:"百度公司个性化推荐服务收集和推送信息的终端是浏览器,没有定向识别使用该浏览器的网络用户身份……事实上百度网讯公司在提供个性化推荐服务中没有且无必要将搜索关键词记录和朱某的个人身份信息联系起来。"

百度公司的"个性化推荐服务"究竟是否与网络用户个人身份联系起来,首先要看其使用的 Cookie 搜索软件。Cookie 是网站服务器用来辨别网站用户的一个软件,可被用来追踪互联网用户的习惯,而这些习惯表明他们对某种特定产品或服务感兴趣,因此这些信息能用来直接对顾客推销特定的广告。虽然百度公司没有且没有必要确认上述网络活动信息的主体,但这只说明其可能不知道被侵权对象,而当朱某在固定的 IP 地址、使用同一浏览器、搜索特定的词汇时,其作为这些规律性的网络

---

① 齐爱民,李仪. Cookie 第一案:界定精准营销信息权属[N]. 法治周末,2015 - 07 - 07 (5).

活动信息的主体,完全可以被确认。正如朱某案中一审法院所认为的那样,"知不知道被侵权对象是谁并不是侵权构成的要件,不知道并不代表这个对象不存在"。

四、侵害网络隐私权的方式

网络隐私权的侵权主体一般是网络服务商和网络用户,而其侵害方式则由网络隐私权的客体相关:有什么样的网络隐私,就有对应的侵害方式与手段。与侵害一般隐私权大致相同,侵害网络隐私权的方式也有:非法传播他人信息;非法侵入他人网络空间;非法跟踪、收集、窃取他人网络信息;非法向他人发送电子信息。

综上,既然网络隐私的内涵包括了网络私生活的安宁,那么对其侵害的方式就不仅限于公开传播。《信息网络侵害人身权益规定》第十二条固然说明"利用网络公开个人隐私和个人信息的行为"是利用信息网络侵害个人隐私和个人信息的侵权构成要件,但并没有规定其是唯一的侵权方式,也没有排除其他侵权方式。而朱某诉百度案中百度公司收集朱某网络活动信息、向其发送电子广告及利用朱某隐私进行商业活动(在百度公司的合作网站上展示与朱某上网信息有一定关联的推广内容)显然是侵害他人网络隐私的方式,是对他人网络空间安宁的侵扰,是侵害他人物理性隐私权。终审判决中认为百度公司"利用网络技术通过百度联盟合作网站提供个性化推荐服务……没有任何的公开行为,不符合《规定》第十二条规定的利用网络公开个人信息侵害个人隐私的行为特征"的观点,显然是将隐私权内涵仅限于信息性隐私权,未能从理论上理解网络隐私的内涵及对应的各种侵害方式,从而误读了《信息网络侵害人身权益规定》第十二条。

五、网络用户放弃网络隐私的前提:知情权与选择权

既然网络隐私的内涵包括了网络私生活的安宁,而且对网络隐私的侵害包括了收集、利用他人网络活动信息并向其发送电子广告,则侵权人是否承担侵权责任的关键就在于被侵害人是否放弃其网络隐私权,即是否许可他人收集、利用其网络活动信息并向其发送电子广告,而网络用户放弃此类网络隐私的前提是网络服务提供者的明示(即明确告知)。

对于网络服务提供者收集、利用他人网络活动信息的明示义务,全国人大常委会 2012 年 12 月 28 日出台的《关于加强网络信息保护的决定》第二条规定:"网络服务提供者和其他企业事业单位在业务活动中收集、使用公民个人电子信息,应当遵循合法、正当、必要的原则,明示收集、使用信息的目的、方式和范围,并经被收集者同意,不得违反法律、法规的规定和双方的约定收集、使用信息。网络服务提供者和其他企业事业单位收集、使用公民个人电子信息,应当公开其收集、使用规则。"对于向网络用户发送电子广告的明示义务,我国《广告法》第四十三条规定:"任何单位或者个人未经当事人同意或者请求,不得向其住宅、交通工具等发送广告,也不得以电子信息方式向其发送广告。以电子信息方式发送广告的,应当明示发送者的真实身份和联系方式,并向接收者提供拒绝继续接收的方式。"

问题的关键在于对于网络用户"许可"及网络服务提供者"明示"的要求与理解。在朱某诉百度案中,有两种截然不同的观点。

第一种观点:百度公司和终审法院认为,百度公司保护了网络用户的知情权和选择权。首先,《使用百度前必读》中已经明确说明 Cookie 技术、使用 Cookie 技术的可能性后果以及通过提供禁用按钮向用户提供选择退出机制,朱某在百度网讯公司已经明确告知上述事项后,仍然使用百度搜索引擎服务,应视为对百度网讯公司采用默认"选择同意"方式的认可。其次,网络服务提供者对个性化推荐服务依法明示告知即可。百度公司将《使用百度前必读》的链接设置于首页下方与互联网行业通行的设计位置相符,链接字体虽小于处于首页中心位置的搜索栏字体,但该首页的整体设计风格为简约型,并无过多图片和文字,网络用户施以普通注意义务足以发现该链接。再次,网络用户亦应当努力掌握互联网知识和使用技能,提高自我适应能力。

第二种观点:朱某和一审法院则认为,百度公司未充分尊重网络用户的知情权和选择权。首先,由于百度公司在网站中默认的是网民同意百度网讯公司使用 Cookie 技术收集并利用网民的上网信息,网民可能根本就不知道自己的私人信息会被搜集和利用,更无从对此表示同意,这就要求百度网讯公司在默认"选择同意"时要承担更多、更严格的说明和提醒义务,以便网民对百度网讯公司的行为有充分的了解,进而做出理性的选择。其次,百度公司网页中的《使用百度前必读》标识,虽有说明和提醒的内容,但该字却放在了网页的最下方,不仅字体明显较小,而且还夹放在"◎2014Baidu"与"京ICP证030173号"中间,实在难以识别并加以注意,无法起到规范的说明和提醒作用,不足以让朱某明了存在"选择同意"的权利。

在司法实践中,在网络服务提供者在网站首页公示权利人的投诉渠道和投诉步骤,设置投诉链接及权利声明的情况下,法院往往认为其已尽到了法定的事前提示和提供有效投诉渠道的事后监督义务,不承担侵权责任,事实上奉行了网络用户"默示同意"的规则,这对网络用户显然是不公平的[①]。

笔者认为,在网络环境下,网络服务提供者提供的格式合同中"选择同意"条款是否构成法律要求的明示,需要具备几个条件:字体不能小于其他条款;位置不能过于隐蔽;不能放在链接中。

当然,在明确告知和许可之间存在着重大的利益平衡,这是一个困难的选择,正如英国学者所言,"大数据时代,告知与许可这个经过了考验并且可以信赖的基石,要么限制了大数据潜在价值的挖掘,要么太空泛而无法真正地保护个人隐私。"[②]

然而,鉴于隐私权作为人格权,涉及人格尊严,权利人对其放弃需有明确的意思表示,即明确许可,而不能默示同意。

个人网络隐私不仅包括网络私密信息,还包括网络安宁,即信息性隐私权不是隐私权的全部,传播与公开他人网络信息只是侵害他人网络

---

① 某新浪博客博主发表涉及原告个人隐私的文章,原告先后向新浪公司和百度公司发出律师函要求采取必要措施,新浪公司在诉讼中未提交证据证明其采取了删除等必要措施,百度公司则提供证据证明采取了断开链接、删除等措施。原告起诉要求两公司提供博主的个人信息。北京市海淀区法院认为,新浪公司不能证明其已尽到《互联网电子公告服务管理规定》所规定的事前提示和事后监督义务,应承担相应不利法律后果。百度公司在百度网站首页、"百度知道"首页、"百度百科"首页公示了权利人的投诉渠道和投诉步骤,设置了投诉链接及权利声明,并明确提示网络用户注意义务,已尽到法定的事前提示和提供有效投诉渠道的事后监督义务,不承担侵权责任。新浪公司未能举证证明接到原告通知后采取了必要措施,应承担侵权责任;百度公司则在接到原告通知后及时采取了断开链接、删除等措施,不承担侵权责任。原告要求新浪公司提供博主的IP地址和全部注册信息,包括但不限于姓名、地址、联系方式等资料,由于两个博客的内容涉及了原告的人格权益,原告有权知晓该网络用户的个人信息以便主张权利,新浪公司应当在网络技术力所能及的范围内,向原告披露上述两位博主的网络用户信息,以维护其保护自身合法权益的信息知情权,应予支持。上海法院.利用信息网络侵害人身权益典型案例[N].人民法院报,2014-10-10(3).
② 维克托·迈尔-舍恩伯格,肯尼恩·库克耶.大数据时代[M].盛杨燕,等,译.杭州:浙江人民出版社,2013:201.

隐私权的一种方式,而收集、使用个人网络信息可能在两方面构成侵害他人隐私权:首先是收集行为本身可能侵害他人网络安宁,其次是使用收集的网络信息时可能侵害他人网络私密信息及网络安宁,对他人物理性隐私权构成侵害。对此,2018 年 9 月公布的《民法典·人格权编(草案)》第八百一十二条有明确规定。

隐私权人当然可以放弃自己的权利,但在有争议的情况下,隐私权人的明确许可是判断其放弃权利的合理与合法的前提。

结论:网络隐私保护漏洞引出"个人信息"问题

在"人肉搜索"和朱某诉百度案件中,网络隐私权的保护遭遇明显的法律漏洞。我国网络隐私权民事法律规定缺乏系统性与可操作性,对于网络隐私权的具体权利内容以及网络服务提供者和实际侵权者的责任也没有明确具体的规定,不利于信息时代隐私权的保护。

显然,网络隐私,尤其是所谓的"信息性隐私"或"隐私信息",作为一种权益,其与传统的隐私权固然存在权利客体的重复性、侵害手段的相似性和侵权责任的竞合性,但毕竟在权利性质、客体、内容、侵害方式、救济方式方面都有所不同,其在具备精神性人格权益的同时,财产性权益的成分愈发突出。这不是在传统的隐私权制度框架内可以解决的问题,依靠简单的现有的隐私权制度,信息性网络隐私权益很难得到保护,作为新型权益的"个人信息"的立法已是必须。

第十一章 传播侵害肖像权

肖像权的地位在各国有不同的规定,有些国家将其作为一般人格权进行保护,有些国家将其作为隐私权进行保护,有些国家以著作权对其进行保护,有些国家将其作为具体人格权的一种进行保护,从而赋予其独立的"权利"地位。

本章在研究传播侵害肖像权纠纷现状的同时,重点针对传播侵害肖像权中的焦点与难点,包括传播侵害肖像权是否必须以营利为目的、艺术作品中肖像权与著作权的关系、集体肖像权、肖像权扩张保护的标准,以及网络传播侵害肖像权问题进行研究。

第一节 肖像权概述

肖像是重要的人格标志。近代以来,肖像权逐渐进入各国立法,目前,世界各国对肖像权的保护有不同的模式。

一、肖像概述

(一)肖像的界定

文字意义上的肖像,是比照特定的人物制作而成的相似形象。法律意义上的肖像则体现一种人格利益,是自然人就自己肖像享有的人格利益。

我国法学界从不同角度对肖像的定义主要有以下几种:①"面部特征"说。认为肖像"是指通过绘画、照相、雕塑等各种艺术形式而使公民的面部特征在物质载体上再现的视觉形象"①。②"外貌说"。认为肖像"是指通过绘画、照相、雕塑、录像、电影艺术等形式使公民外貌在物质载体上再现的视觉形象"②。③"形象说"。认为肖像"是指公民的个人形象通过摄影、造型艺术或其他形式在客观上的再现所形成的作品"③;或者认为肖像"是指以一定的物质形式再现出来的自然人的形象"④;认为肖像"是公民人身真实形象及其特征的再现"⑤;认为肖像"指自然人形象的再现或者说与本人人体分离的形象"⑥。

（二）肖像的法律特征

1. 特定性

肖像是属于个人的外貌的再现,而且是特定个人的外貌再现,是某个自然人的外部标志,是其区别于他人的外部重要的、关键的特征。

2. 再现性与识别性

肖像必须是表现了特定个人的五官特征即面部形象,因为只有面部形象是个人外貌的关键特征;肖像还必须是通过某种绘画、照相、雕塑、录像、电影艺术等形式对个人的五官特征即面部形象的再次表现。幻想与幻觉不是肖像,在这种意义上,肖像还具有可视性。另外,再现性决定了肖像必须有可识别性,即其再现某个特定个人的外貌特征时,必须指向该特定个人,这种识别性有确定性,不能似是而非。2018 年 9 月公布的《民法典·人格权编（草案）》第七百九十八条采纳了"形象说"的主要内容,规定:"本法所称肖像是通过影像、雕塑、绘画等方式在一定载体上所反映的特定自然人可被识别的外部形象。"可见,此定义与前述"面部特征"说和"形象说"的不同之处在于:还强调了"可被识别"性（参见本章第六节）,而非"再现性"。

3. 物质性

肖像必定载于特殊物质载体之上,如纸张、丝绸、胶片、磁盘、光碟等各种材料。没有这些物质载体,就没有肖像可言,也不可能使特定个人的形象再现。

---

① 王利明.人格权法研究[M].北京:中国人民大学出版社,2012:407.

② 杨立新.人身权法论（修订版）:中卷[M].北京:人民法院出版社,2002:531.

③ 彭万林.民法（修订本）[M].北京:中国政法大学出版社,1999:206.

④ 魏振瀛.民法学[M].北京:北京大学出版社,2001:651.

⑤ 佟柔.民法[M].北京:法律出版社,1990:485.

⑥ 江平.民法学[M].北京:中国政法大学出版社,2000:292.

4.技术或艺术性

肖像是以特定的技术如摄影洗印、刻录、打印、复印、针刺绣制，或以艺术形式如绘制、剪制、拍摄等再现自然人的外部形象，其技术或艺术性使肖像具有了一定的价值。因肖像本人的要素形象具有独特的可视性，又有技术含量，因而具有多寡不等的价值，特别是那些极具吸引力和欣赏性的肖像，还具有商业价值。同时肖像又都具有使用价值，如展示、欣赏、识别、纪念等①。

5.人格性

肖像绝不只是个人的外部体貌特征的再现，它还是一种人格标志，"不仅可以使肖像人与其他人相区别，而且也体现了肖像人的人格尊严和人身利益。肖像常常与个人的隐私、名誉发生紧密联系。所以肖像不仅仅具有美术上的意义，而且具有法律上的意义，它是法律所保护的重要法益"②。

二、肖像权概述

肖像权概念由意大利学者 Amar 于 1874 年提出，其由个人对其身体之所有权得出肖像权，并认为个人对其肖像之制作及散布享有决定权③。

肖像权的权能如下：

（一）肖像制作专有权

肖像的制作专有权，指"自然人根据自己的合法需要，有权由自己或许可他人通过绘画、摄影、雕塑、录像、电影艺术等形式再现自己的形象，它是肖像权的基本权利，是肖像权的基础。制作专有权一方面表现为积极性权利，即肖像权人可以由自己或由他人制作自己的肖像，他人不得干涉；另一方面也可表现为消极性权利，肖像权人有权不制作肖像或禁止他人非法制作自己肖像"④。即使未对外传播，如未经肖像权人同意制作其肖像，也构成侵权。在贾桂花诉北京电影学院青年电影制片厂侵害

---

① 邓河.论肖像的界定与肖像使用的法律规制[J].山西高等学校社会科学学报,2006(1):66.
② 王利明.人格权法研究[M].北京:中国人民大学出版社,2012:410.
③ 张红."以营利为目的"与肖像权侵权责任认定[J].比较法研究,2012(3):66.
④ 王利明.人格权法研究[M].北京:中国人民大学出版社,2005:413.

肖像权案①中,贾因自身生理上原因,从来不愿照相。被告在电影《秋菊打官司》一片中,摄制了正在街边卖棉花糖的贾的肖像,贾的形象占银幕的二分之一多,且为正面半身像,定格达 4 秒钟之久。被告事先未取得原告的同意,事后也未征得她的认可。

(二)肖像使用权与许可使用权

肖像使用权指"自然人有权使用自己的肖像以获得精神上的满足和财产上的收益,也可以许可他人无偿或有偿使用自己的肖像"②。对未经本人许可非法使用自己肖像的行为,肖像权人有权予以制止,并追究对方法律责任。肖像权是一种人格权,但含有财产利益,尤其是明星、模特的肖像,有较高的商业价值。实践中,经常发生以营利为目的将他人肖像用于某种产品上的情况,这是侵害他人人格尊严的行为,因为"这表明肖像权人对该产品的质量进行保证,而在该产品质量低劣的情况下,更违背肖像权人的意志"③。

(三)肖像利益维护权或禁止侵害权益请求权

肖像权是人格权、绝对权,具有排他效力,任何他人都不得侵害。肖像利益维护权的主要内容,是肖像权人有权请求侵权行为人或向法院起诉,要求侵权行为人承担相应的民事责任。另外,肖像权益还包财产利益,对于他人以营利目的使用肖像的行为,肖像权人有权要求赔偿其财产利益的损失;造成精神损害的,还可请求精神损害赔偿。

三、各国对肖像权的法律保护

(一)大陆法系

1.德国

德国在肖像权的保护问题上,经过了一个认识过程:1876 年德国颁布的《美术著作之著作权法》和《不法模仿之照相保护法》最早提出了法律上肖像的概念,但对于肖像权没有明确的态度。之后柏林高等法院法

---

① 贾桂花曾患过天花,脸上有麻子,从来都不愿照相。影片公映后,有人嘲讽她"当了电影明星""长那样还上电影"。她的儿子在学校也遭人讥笑。贾桂花认为影片摄制单位侵害了她的肖像权,遂向法院提起诉讼。二审中双方和解,被告以支付 3500 元补偿为条件,换取原告撤诉。参见北京市第一中级人民法院(1995)中民终字第 797 号民事判决书。

② 王利明.人格权法研究[M].北京:中国人民大学出版社,2005:413.

③ 参见:Bloustein E J. Privacy as an Aspect of Human Dignity:An Answer to Dean Prosser[J]. New York University Law Review,1964,39:962,988 – 989.

官恩索于 1896 年出版《肖像权论》一书,提出了肖像权法律保护的新观念。但真正使德国开始重视肖像权保护的案例,是"俾斯麦遗体偷拍案"①。此后,在对相关问题的讨论中,人们发现肖像作为人的一种标志,是与特定的人相联系的,其背后涉及肖像人的某种比作者利益更为重要的利益,法律应保护此种利益。由于德国学界和司法界认为肖像权主要限制肖像作品作者的著作权,故将对肖像权的保护移至 1907 年颁布的《艺术及摄影作品著作权法》,最终确立了作为肖像权保护对象——法律意义上的肖像概念,其第二十二条规定:"肖像须经肖像权人同意始得传播或公开展示;肖像权人取得报酬者,有疑义时,应认为已同意传播或公开。肖像权人死亡后 10 年期间,该同意权由亲属行使;该亲属为死者生存时的配偶及子女,无配偶或子女者,为其父母。"但鉴于该法调整范围的限制,这种保护并不充分。然而,德国的立法从著作权的角度规定了肖像的概念,这表明一个具体的肖像作品同时体现两方面的权益:肖像作品的著作权所有人所享有的著作权和肖像人就该肖像所享有的人格利益②。

此后,基于 1954 年德国联邦最高法院在一个判决中首次承认一般人格权属于《德国民法典》第 823 条第 1 款所指的"其他权利",与其他人格权如名誉权等一样,肖像权作为基本民事权利的全面保护才有了充分依据③。而学者认为,一般人格权的创设对肖像权的保护有以下意义④:一是补充特别法即《艺术及摄影作品著作权法》保护的不足,表明除肖像权不仅限于传播或公开展示权,还包括肖像制作专有权;二是使肖像权被侵害人也能以一般人格权受侵害为依据,请求非财产上(精神)损害的金钱赔偿。

在 1956 年的一起案例中,德国联邦最高法院认为肖像具有财产价值,构成人格权的财产部分。不仅如此,该案还开创了人格上财产利益保护之先河。此后,联邦最高法院认为,一般人格权及其特殊表现形式

---

① 在 1899 年的该案中,两名记者擅自闯入德国首相俾斯麦殓间拍摄其仪容。德国帝国法院以侵入他人住宅的侵权行为,判令记者交出底片。这一轰动性案件使德国认识到肖像权保护的重要性。王泽鉴.人格权法.北京:北京大学出版社,2013:135.

② 滕金芳.新闻侵害肖像权若干问题探讨[J].理论学习,2006(5):48.

③ 霍思,等.德国民商法导论[M].楚建译,谢怀拭,校.北京:中国大百科全书出版社,1996:185.

④ 王泽鉴.人格权法[M].北京:北京大学出版社,2013:136.

如肖像权、姓名权,不仅保护精神性利益,同时也保护人格的商业化利益。如此,通过司法判例对人格权的财产价值部分的承认,民法上的人格保护区分为精神性利益的保护和商业性利益的保护,且将该区分的意义延伸至自然人死后的人格保护①。

2. 法国

在法国,肖像权系由实务所创,最早由著作权法予以保护。早在1858年的一个判例中,死者的肖像利益受到了保护②,而在此案中,法院就是将肖像权作为著作权予以保护的③。此后,关于肖像的保护亦扩张于生存之人,包括绘画、拍摄,尤其是利用他人肖像做广告。

1970年,《法国民法典》增订第9条第1项,规定"每个人都享有其隐私获得尊重的权利"。学界认为,此规定具备基本权利性质,对人格权发展有重大意义。由于法国法没有明确规定肖像权,此后,肖像权案件在法国法院通常作为隐私权案件来处理④。但学界则认为"习惯法上的肖像权属一种独立存在的权利",目前通常认为肖像权是一种具体人格权⑤。

3. 日本

在日本,肖像权也不是法律明确规定的具体人格权,但其受到侵害时,《日本民法典》和判例规定和裁定是以人格权受到损害为诉因提起诉讼。

在实践中,肖像权的内涵在日本经历了一个演进过程。将肖像权保护范围扩张到自主决定个人肖像的制作之上,是由京都府学联事件的判例完成的。该案经过几级法院的审理,最后由最高法院在1969年做出终审判决:"可以说《宪法》第13条规定了国民的私生活上的自由,即使国家在行使维护国家秩序等国家权利时,也应该对这种权利进行保护……作为个人社会生活之一部分,任何人均有不经本人同意不许对其

---

① 周云涛. 论宪法人格权与民法人格权——以德国法为中心的考察[M]. 北京:中国人民大学出版社,2010:159.
② 该案中,有人将著名演员 Rachel 病亡于床上的容貌进行绘画,法院判决禁止公开该画像,并予以没收,强调死者遗像未得家属明示同意,不得绘制并予以公开,此乃绝对受保护的权利.
③ 李深. 知识产权片论[M]. 北京:中国方正出版社,1997:51.
④ 转引自:冉克平. 肖像权上的财产利益及其救济[J]. 清华法学,2015(4):69.
⑤ 王泽鉴. 人格权法[M]. 北京:北京大学出版社,2013:135.

容貌、姿态进行摄影的权利。"①对这种未经允许不被擅自拍摄容貌和姿态的权利,日本最高法院并没有以肖像权作为名称,但是在学术上,以肖像制作保护为中心的肖像权,渐渐成了日本公法、私法领域一项独立的权利类型②。

由此,日本的肖像权就包含两个部分,肖像制作权和肖像使用权。日本著名民法学者五十岚清这样定义肖像权:"肖像权系指,禁止他人在没有权限的情况下绘画、雕刻、摄制或以其他方法制作、发表自己的肖像的权利。"③另有学者直接将肖像权一分为三:肖像制作的拒绝权;肖像公布的拒绝权;以营利目的利用肖像的拒绝权。总之,三位一体的肖像自决权,是日本法的独特之处④。

司法实践中,日本以1976年的"麦克莱斯塔案"为契机,当演员等的姓名及肖像被擅自使用,将最初的以损害人格权为由,改为后来的以商品化受到侵害为由,并认可了商品化权的独立性⑤。

(二)中国

我国在《民法通则》中就将肖像权作为具体人格权进行了列举,其第一百条规定:"公民享有肖像权,未经本人同意,不得以营利为目的使用公民的肖像。"其第一百二十条规定:"公民的姓名权、肖像权、名誉权、荣誉权受到侵害的,有权要求停止侵害,恢复名誉,消除影响,赔礼道歉,并可以要求赔偿损失。"此后,在《侵权责任法》第二条和《民法总则》第一百一十条中对肖像权仍然作为具体人格权进行了明确规定。可见,肖像权自《民法通则》生效即是一种具体人格权,这一点在我国始终没有异议。

我国《著作权法》也是保护公民肖像权的重要法律,其第十九条涉及死者家属保护遗像的发表权、修改权、完整权,第三十八条(二)关于表演者形象权的规定均涉及肖像权。

另外,因在广告中使用他人肖像而引起的纠纷也是肖像权侵权纠纷中

---

① 20世纪60年代,日本学生运动如火如荼,京都大学学生在一次示威活动中发生骚乱,警察使用照相机拍下混乱场面,并以此作为证据依照警察法起诉违法学生。学生则以宪法十三条之"幸福追求权"提出申诉,认为警察法规定的"警察可以使用相机拍照"侵犯其人格权。参见:日本最高法院昭和44年12月24日判决判557号第18页。五十岚清.人格权法[M].铃本贤,葛敏,译.北京:北京大学出版社,2009:129-130.

② 骆正言.论日本法中的肖像权保护[J].日本研究,2010(3):87.

③ 五十岚清.人格权法[M].铃本贤,葛敏,译.北京:北京大学出版社,2009:163.

④ 大家重夫.肖像权[M].盤田:太田出版株式会社,2007:23.

⑤ 五十岚清.人格权法[M].铃本贤,葛敏,译.北京:北京大学出版社,2009:143-145.

重要的一类,所以我国在《广告法》中对公民肖像权也进行了保护①。

(三)英美法系

1.美国

美国肖像权有两层权利保护制度。19 世纪初至今,美国法上的肖像权属于隐私权的范畴②。《美国侵权行为法重述》(第二版)第 652 条从 4 个方面规定了隐私权的内容:不合理侵入他人隐私;窃用他人姓名或肖像;不合理公开他人私生活;公开他人的不实形象。至于各州的法律,1903 年,纽约州制定了《纽约民权法》,该法规定:"任何人不得在未得到本人同意的情况下将他人的姓名、画像或照片用于广告或贸易的目的。"其他州后来也制定了类似的法律。至今,美国的法律及判例中并没有"肖像权"的概念,肖像纳入隐私的范围加以保护,侵害肖像权的侵权行为直接依照隐私权保护的法律处理,即肖像制作权与公开(传播)权受隐私权法保护。

然而,就肖像营利使用权,学界认为,在行为人未经授权对知名人物肖像进行商业使用时,对名人所产生的损害实质上是一种潜在的财产收益损失而非精神损害,由此导致对该财产权益进行独立司法保护的必要③。由于在隐私权框架内难以协调人格尊严利益与人格属性之经济利益,最终导致作为一种独立权利形态——公开权(Right of Publicity)的诞生。该权利产生于 1953 年的一起案例中,在该案中,法官认为,在隐私权之外,一个人拥有关于其肖像等的公开利益和授权出版其肖像的专有权利,这种权利称为"公开权"④。此后得到美国多数州的承认。然而,公开权被认为不仅包括肖像,而且包括其他人格要素,如姓名、声音等,不被他人使用于商业目的的权利,在性质上属财产权⑤。如果涉及肖像利益的商业化利用,需要以公开权保护的,则引用公开权的判例法,进行判决⑥。

---

① 《广告法》第二十五条规定:"广告主或广告经营者在广告中使用他人名义、形象的,应事先取得他人的书面同意;使用无民事行为能力人、限制民事行为能力人的名义、形象的,应当事先取得其监护人的书面同意。"

② 阿丽塔·L.艾伦,理查德·C.托克音顿.美国隐私法:学说、判例与立法[M].冯建妹,等,编译.北京:中国民主法制出版社,2004:14-15.

③ Brown Denicola. Cases on Copyright Unfair Competition and Related Topics 5Ed. Foundation Press:890.

④ Haelen Laboratories, Inc. v. Topps Chewing Gum, Inc. ,202F,2d 866(2d Cir. 1953).

⑤ Randall T E Conye. Toward A Modified Fair Use Defense in Right of Publicity Cases,29 Mary LRev. (1988),pp.781-782.

⑥ 杨立新,林旭霞.论人格标识商品化权及其民法保护[EB/OL].[2016-03-16]. http://www..civillaw.cn/wqf/weizhang/.asp? id=43990.

2.英国

英国法不承认肖像权。但在涉及诽谤、欺骗等侵权法和著作权法中,对肖像权提供间接保护,即肖像属于名誉方面的利益,侵害他人肖像权一般归入侵害名誉权①。

(四)比较结论

通过对以上英美法系主要国家和大陆法系主要国家,以及我国关于肖像权的立法分析,可见各国对肖像权有以下保护模式(即使细节上有所不同):

1.美国的二元保护模式

美国将肖像权纳入隐私权范围进行调整,同时将部分商业性使用肖像的行为纳入商事法律和不正当竞争法范围调整,如明确公开权、"商品化权"或"商业形象权"等。

2.德国、法国的著作权加人格权二元保护模式

德国、法国、意大利、土耳其、印度尼西亚等国将肖像权和著作权巧妙地合于一法,纳入著作权法范围进行保护,统一规范。著作权法保护模式的特点在于:第一,将公民的肖像摄制权归入委托和雇佣作品的规定范畴,如德国《著作权法》第60条规定:"肖像订购者或其权利继承人可通过拍照方式复制或让人复制其肖像……"第二,将肖像展示权纳入著作权发表展出权中规定,同时以"但书"方式明确展出时不得损害肖像人的名誉,兼顾肖像人和著作权人双方权利。如意大利《版权法》第97条第2款规定:"在可能有损于肖像人声誉或尊严时,肖像不得展览或出售。"第三,将肖像使用权按著作权的使用原则处理,即以合理使用、法定许可和强制许可制度处理。如意大利《版权法》第97条第1款规定:"如肖像人为知名人士或在政府部门供职,或因司法、治安需要,或因科学、教育、文化方面的理由,或涉及公众利益或发生在公共场所的事实、事件或与庆典有关,复制肖像不必经肖像人许可。"第四,一些国家特别规定"权随物转",以解决肖像权、著作权与物权载体转移时的问题。如摩纳哥著作权法第10条规定,除合同另有规定外,与肖像有关的作品载体转移时,其著作权也随之转移。第五,明确公民死后肖像权的使用问题,即按各国著作权法均规定由肖像人的继承人决定死者肖像的发表权利和

---

① 克雷斯蒂安·冯·巴尔.欧洲比较侵权行为法[M].焦美华,译.北京:法律出版社,2001:124.

有关使用权利①。

肖像权的著作权保护模式有其优点,但由于各国著作权保护制度的差异,肖像作品著作权归属的规定不尽一致,导制肖像权与著作权分离的情况下,冲突问题未能很好解决。加之,著作权的人身权利与公民的人格权利存在区别,难以避免在执法过程中出现不一状况,如赔偿标准的计算、人格权与著作权优先保护问题等。而德国将其归为一般人格权,可解决精神损害赔偿问题。

3. 其他国家和地区的一元保护模式

主要是具体人格权保护立法方式,即将肖像权作为一项民事权利,运用人格权的法律规范,在民法中对其实施保护,如《俄罗斯民法典》等。其特点:运用法律对自然人身权利的保护规定和原则,将肖像权与其他具体人格权并列,对受侵害者进行司法救济。

采用具体人格权的保护模式在理论和实践中均陷入一些相同的困境。如公民死后其肖像能否受法律保护及肖像作品中的肖像权和著作权冲突如何解决等。由于民法和著作权法对肖像同时发生作用,法律保护产生交叉和空白,人格权与著作人身权的不少差异,使肖像方与著作权人的权利对抗置于困境。

4. 我国具体人格权加著作权保护模式

我国对自然人肖像权的法律保护总体上为具体人格权加著作权保护模式,但已形成一种多层次分类的板块模式:从《民法通则》《侵权责任法》到《民法总则》,以及一系列司法解释,对肖像权侵权责任构成要件有具体规定,也有法律责任的规定;《著作权法》中还有关于保护表演者形象权和死者家属保护遗像的发表权、修改权、完整权及其使用和获取报酬的权利等;此模式体现了我国肖像权保护制度的特点,也决定了司法适用的灵活性和复杂性。

有许多学者认为,美国肖像权二元保护模式割裂人格权中财产利益与人格尊严的联系,威胁个人的人格尊严,而一元模式将财产利益纳入人格权的范畴,更有利于凸显人格尊严的价值理念②;还有学者认为,人格商业化利用权应当作为人格权的一项积极权能③;更有学者认为,肖像

① 浦增平. 肖像权保护模式的比较研究[J]. 法律科学,1992(2):40.
② 王叶刚. 人格权中经济价值法律保护模式探讨[J]. 比较法研究,2014(1):167.
③ 刘召成. 人格商业化利用权的教义学构造[J]. 清华法学,2014(3):121 - 127.

权益的保护,无论是二元保护模式还是一元保护模式,两者在法律效果上并不会产生实质上的差异,但总体而言就肖像权的商业化利用而言,一元模式即将财产利益作为肖像权的权能更适合我国现行法[1]。

总之,肖像权法律保护的完整的理论体系仍待深入探究,其中涉及法律交叉保护问题、立法技术上保护范围的规范表述、权利对抗和责任竞合等,有待立法进一步明确[2]。

第二节　我国传播侵害肖像权纠纷现状统计分析

本节从媒体类型、时间、地域分布、裁判结果、侵权责任方式等方面,对 2014—2017 四年间中国裁判文书网公布的隐私权纠纷进行统计分析,以勾勒出新媒体环境下传播侵害隐私权纠纷诉讼的概貌。

一、我国 2014—2017 年传播侵害肖像权纠纷的媒介类型分布

以"肖像权纠纷""二审""判决书"为检索条件,对中国裁判文书网 2014—2017 年进行检索与统计,剔除重复文件后,一共得到 234 份民事判决书[3]。

我国传播侵害肖像权纠纷的媒介类型分布表　　　　（单位:起）

媒介类型 年度	总数	传播侵权							非传播侵权			
		传统大众传播		网络传播				其他	宣传册广告单	户外广告	产品包装	其他
		书报刊	电视	网站	微信公众号	微信朋友圈群	微博	手机短信邮件				
2014	32	4	0	19	0	0	0	0	4	6	2	0
2015	37	2	4	23	0	1	1	1	4	2	0	2
2016	74	0	0	39	20	0	0	0	7	3	1	4
2017	91	0	2	56	26	0	0	0	2	4	0	4

---

[1]　冉克平.肖像权上的财产利益及其救济[J].清华法学,2015(4):70.

[2]　浦增平.肖像权保护模式的比较研究[J].法律科学,1992(2):43.

[3]　统计截止日为 2018 年 1 月 30 日;案号依时间顺序列于参考文献部分。

续表

媒介类型 年度	总数	传播侵权							非传播侵权			
		传统大众传播		网络传播				其他	宣传册广告单	户外广告	产品包装	其他
		书报刊	电视	网站	微信公众号	微信朋友圈群	微博	手机短信邮件				
总量	234	6	6	137	46	1	4	1	17	15	3	10
占比(%)	100	2.56	2.56	58.55	19.66	0.43	1.71	0.43	7.26	6.41	1.28	4.27

说明:①因为部分案件涉及多种传播方式,本统计采用了重复计数,因此最后总和大于案件总数。如2017年对非传播侵权统计的10起案例中,有3起因含有利用大众媒体进行传播的情况,故在传播侵权中也进行了统计,因此,2017的统计中就有3起案件是"虚数";而2014年至2017年传播侵权与非传播侵权在表中的统计数字是246起,但其中共有12起案件是"虚数",所以这四年中实际案件数量是234起。②由侵权主体自行印制的没有刊号的杂志归于非大众传播。③户外广告包括:地铁报、室外的广告牌。

由以上表可知:在肖像权纠纷的媒介形态分布中,传统媒体侵权仅为5.12%;网络传播侵权中,网站占56%,微信公众号占19%。微信公众号传播近年来侵害肖像权纠纷"陡然出现",且以排名第二的比例出现,均说明网络传播已成为肖像权纠纷中的主角。而在全部肖像权纠纷中,传播侵权有197起(去掉4起虚数),占总数的84.19%。

二、我国2014—2017年传播侵害肖像权纠纷的时间分布 (单位:起)

侵权类型 年度	总数	传播侵权		非传播侵权	
		数量	占比(%)	数量	占比(%)
2014 年	32	22	68.75	10	31.25
2015 年	37	30	81.08	7	18.92
2016 年	74	61	82.43	13	17.57
2017 年	91	84	92.31	7	7.69
总数	234	197	84.19	37	15.81

由上表可知,近年来,肖像权纠纷数量呈稳步递增态势(2016年增长翻倍),而其中传播侵权的数量比例由2014年的68.75%到2017年的92.31%,增长迅速;而非传播侵权由2014年的31.25%下降到2017年的7.69%,占比越来越小。在四年中,传播侵权总占比为84.19%。而

考虑到网络传播侵害肖像权纠纷占比很高及其数量逐年递增,则传播侵害肖像权纠纷的数量将会继续增加。

三、我国 2014—2017 年传播侵害肖像权纠纷的地区分布

从肖像权纠纷受理法院的地区分布来看,无论是传播侵权还是非传播侵权,都主要集中在北京、广东、上海、辽宁地区。这与许多公众人物(演艺圈人士等)户籍所在地和经常居住地为北京、广东、上海等经济文化中心城市有关。至于辽宁此类纠纷较多,主要原因是沈阳聚焦了一批小品等演艺圈人士。

四、我国 2014—2017 年传播侵害传播肖像权纠纷的当事人身份

(一)我国 2014—2017 年传播侵害传播肖像权纠纷的原告身份

我国传播侵害肖像权纠纷中的原告身份表　　　　(单位:起)

原告身份＼年度	影视明星	演艺人士	运动员	其他知名人士	普通人
2014	6	11	0	1	4
2015	8	10	1	0	11
2016	29	24	3	2	3
2017	45	25	3	4	7
总数	88	70	7	7	25
占比(%)(n＝197)	44.67	35.53	3.55	3.55	12.69

分类说明:(1)影视明星:指身份认证为演员、歌星,具有一定量的影视作品,同时具有较高知名度,通过名字或照片便可以辨认出来肖像主体。(2)演艺人士:身份认证为演员、歌星,包括职业模特,但是知名度较低,以一般人的认知程度通过名字或肖像难以确定肖像主体。

由以上表可知,肖像权纠纷的传播侵权中,原告身份占比最大的为影视明星(45%)、演艺人士(35%),普通人仅占约13%:这与我国肖像侵害的商业目的直接相关。

(二)我国传播侵害肖像权纠纷中的被告身份

(单位:起)

被告身份＼年度	自然人	事业单位	媒体	出版社	摄影机构	整容美容机构	医院	其他经营范围	网络服务商
2014	3	1	0	1	1	9	2	7	1

续表

年度＼被告身份	自然人	事业单位	媒体	出版社	摄影机构	整容美容机构	医院	其他经营范围	网络服务商
2015	2	0	3	1	2	7	5	12	0
2016	1	1	0	0	1	23	8	29	4
2017	5	2	2	0	0	21	15	37	3
总和	11	4	5	2	4	60	30	85	8
占比(%)(n＝197)	5.58	2.03	2.54	1.02	2.03	30.46	15.23	43.15	4.06

分类说明:(1)由于被告身份绝大多数都是法人和个体工商户,属于具有营利性质的经营主体,为了更直观地体现肖像权纠纷中的被告身份特点,所以笔者按照其经营范围进行区分。(2)有些案件被告有多个,如果性质类似的就归为一类,性质差距比较大的分别计数。

由以上表可知,肖像权纠纷的传播侵权中,被告中占比例比较突出是的整容美容机构(30.46%)和医院(15.23%),考虑到医院作为被告的肖像权纠纷中,许多案件也是因整容美容广告引发,所以,因医疗整容、美容相关广告引发的此类纠纷占比几乎接近一半。这是近年我国肖像权纠纷的突出特点。而传播侵害肖像权纠纷中,为经营进行广告是主要原因。

五、我国2014—2017年传播侵害肖像权纠纷中原告主张其他人格权情况

(单位:起)

权利＼侵权类型等	传播侵权					非传播侵权				
	总数	侵权成立		侵权不成立		总数	侵权成立		侵权不成立	
		数量	占比(%)	数量	占比(%)		数量	占比(%)	数量	占比(%)
名誉权	98	33	33.67	65	66.32	8	3	37.50	5	62.50
姓名权	2	2	100	0		2	1	50	1	50
隐私权	1	0		1	100					

由上表可知,传播侵害肖像权纠纷中,其他合并诉称被侵害的人格权中,名誉权涉及最多,共98起,占整个传播侵害肖像权纠纷197起的49.74%:其中,仅有33起即33.67%的案件中,认定名誉权也受到侵害;65起即66.32%的案件中,未认定名誉权受到侵害。这说明我国大部分

法官并不认为侵害肖像权就意味着侵害名誉权。

六、我国2014—2017年传播侵害肖像权的形式

（单位：起）

侵权类型＼侵权形式	照（图）片	视频	照片＋视频	视频里放照片
传播侵权	186（94.42%）	2	5	4
非传播侵权	35（94.59%）	1	1	0

由上表可知，在传播侵害肖像权纠纷中，照（图）片侵权是仍是主要形式，视频传播引发的侵害肖像权纠纷占比很小。

七、我国2014—2017年肖像权纠纷的判决结果

（单位：起）

年度＼媒介类型	总计		传统媒体		网络传播		其他媒体		征信传播	
	年度总量	败诉数量比例	数量	败诉数量比例	数量	败诉数量比例	数量	败诉数量比例	数量	败诉数量比例
2017	84	80 / 95.24%	2	2 / 100.00%	82	78 / 95.12%	0		84	80 / 95.24%
2016	61	54 / 88.52%	0		62	55 / 88.71%	0		61	54 / 88.52%
2015	30	27 / 90.00%	6	3 / 50.00%	25	25 / 100.00%	1	1 / 100.00%	30	27 / 90.00%
2014	22	20 / 90.91%	4	3 / 75.00%	19	18 / 94.74%	0		22	20 / 90.91%
总计	197	181 / 91.88%	12	8 / 66.67%	188	176 / 93.62%	1	1 / 100.00%	197	181 / 91.88%

说明：在构成侵权的情况下，法院对于原告的诉讼请求根据具体情况选择性地支持。

在197起涉及传播侵权的案件中，原告胜诉率为91.88%；非传播侵权的案件中，原告胜诉率为78.38%。由此可知，涉及传播侵权的案件的原告胜诉率最高。具体到媒介类型，传统媒体（纸媒、电视）作为被告败诉的案件，被告败诉率66.67%；涉及网络传播的被告败诉率为93.62%。

八、我国2014—2017年肖像权纠纷的责任方式

(一)停止侵害

在210起构成肖像权侵权中,法院明确提出驳回"停止侵害"请求的,只有2起(均为涉及宣传页、产品包装问题的):一起因"对于现有市场上可能存在的相关(印有原告肖像的)广告,无法证明是否是在(肖像使用)合同期满后继续投入生产使用的,因此,对于陈×要求从市场上撤回相关产品及广告的请求不予支持"[①];另一起因"原告没有证明目前仍存在侵权行为"[②]。

(二)赔礼道歉

在210起构成肖像权侵权中,法院因"损害的是其经济利益,并不会丑化、毁坏其形象,亦不会对其人格造成贬损或者降低其社会评价""未提供充分有效的证据证明造成负面不利的社会影响或其他严重后果""相关内容已经删除"等原因,明确驳回原告"赔礼道歉"请求的传播侵权有8起[③]。

九、我国2014—2017年传播侵害肖像权纠纷的损害赔偿

(一)传播侵害肖像权纠纷具体赔偿类型

(单位:起)

赔偿类型 年度	赔偿经济损失		赔偿精神损失		经济＋精神损失		无赔偿		不明	
	数量	占比(%)	数量	占比(%)	数量	占比(%)	数量	占比(%)	数量	占比(%)
2014年	5		2		13		1		0	
2015年	14		4		9		0		0	

---

① 参见:北京市第三中级人民法院(2014)三中民终字第07054号民事判决书。

② 参见:河南省洛阳市中级人民法院(2014)洛民终字第3182号民事判决书。

③ 参见:广东省广州市中级人民法院(2014)穗中法民一终字第3651号民事判决书;河南省洛阳市中级人民法院(2015)洛民终字第316号民事判决书;上海市第二中级人民法院(2016)沪02民终568号民事判决书;北京市第三中级人民法院(2016)京03民终11263号民事判决书;黑龙江省哈尔滨市中级人民法院(2017)黑01民终4009号民事判决书;北京市第三中级人民法院(2017)京03民终8181号民事判决书;北京市第三中级人民法院(2017)京03民终8169号民事判决书;北京市第三中级人民法院(2017)京03民终8167号民事判决书。

续表

赔偿类型＼年度	赔偿经济损失		赔偿精神损失		经济＋精神损失		无赔偿		不明	
	数量	占比（％）	数量	占比（％）	数量	占比（％）	数量	占比（％）	数量	占比（％）
2016 年	25		0		25		2		2	
2017 年	47		3		30		0		0	
总数 181	91	50.28	9	4.97	77	42.54	3	1.66	1	

说明："肖像权使用费"和"赔偿损失"也归为赔偿经济损失。

由上表可知，在总数为181起判决被告行为构成侵权的传播侵害肖像权纠纷中，有91起只赔偿了经济损失，约占50％；有9起只进行了精神损害赔偿，占4.97％；既赔偿经济损失也赔偿精神损失的77起，占42.54％。而没有任何赔偿的只有3起。总之，进行赔偿的案件有177起，占约98％，这说明：在传播侵害肖像权纠纷中，赔偿损失已成为主要的责任方式，其中赔偿经济损失（168起，占92.81％）是主要选择。

（二）传播侵害肖像权纠纷经济损失赔偿情况

原告索赔额与实赔表　　　　　　（单位：万元）

侵权类型＼年度	平均额		最大额		最小额	
	索赔额	实赔额	索赔额	实赔额	索赔额	实赔额
2014 年	32.32	5.489	163.6	60	3	0.477
2015 年	22.8	2.422	150	10	3	0.3
2016 年	14.75	3.758	140	20	5	0.4
2017 年	31.94	5.828	1200	50	4	0.2

由上表可见，传播侵害肖像权纠纷经济损失实际赔偿数额与索赔额差距较大：2014—2017 年平均索赔额是实赔额的5—9 倍之间；而2017年最大索赔额系实赔额的24 倍，即实赔额相当于索赔额的4.16％。

（三）传播侵害肖像权纠纷精神损失赔偿具体情况

原告索赔额与实赔表 （单位：万元）

侵权类型 年度	平均额		最大额		最小额	
	索赔额	实赔额	索赔额	实赔额	索赔额	实赔额
2014 年	2.933	0.578	6	3	1	0.119
2015 年	3.354	0.3852	20	2	0.5	0.1
2016 年	3.94	0.425	20	3	0.1	0.2
2017 年	3.66	0.43	30	5	1	0.1

由上表可见，传播侵害肖像权纠纷精神损失实际赔偿数额与索赔额差距也同样较大：2014—2017 年平均索赔额是实赔额的 5—9 倍之间；而 2015 年最大索赔额是实赔额的 10 倍。

（四）传播侵害肖像权纠纷损害赔偿额区间情况

经济损失赔偿区间情况表 （单位：万元）

侵权类型 等经济 损失 赔偿额	传播侵权		非传播侵权	
	数量	比例	数量	比例
0	14	7.73%	8	27.59%
0—1（含 1）	17	9.39%	4	13.79%
1（含）—2	29	16.02%	5	17.24%
2（含）—3	29	16.02%	2	6.90%
3（含）—4	26	14.36%	0	0.00%
4（含）—5	18	9.94%	0	0.00%
5（含）—10	22	12.15%	4	13.79%
10（含）—15	6	3.31%	3	10.34%
15（含）—20	3	1.66%	0	0.00%
20（含）—30	4	2.21%	1	3.45%
30（含）以上	5	2.76%	1	3.45%
赔偿案件总数	181		29	

精神损失赔偿区间情况表 （单位：万元）

侵权类型 等精神 损失 赔偿额	传播侵权		非传播侵权	
	数量	比例	数量	比例
0	91	50.28%	12	41.38%
0—0.2（含）	22	12.15%	5	17.24%
0.2—0.5（含）	40	22.10%	5	17.24%
0.5—1（含）	13	7.18%	2	6.90%
1—2（含）	10	5.52%	1	3.45%
2—3（含）	3	1.66%	2	6.90%
3—5（含）	3	1.66%	0	0.00%
	181		29	

由上表可知：传播侵害肖像权纠纷经济损害赔偿额的区间分布中，1 万—10 万元的赔偿是主流，有 124 起，占 68.5%。精神损害赔偿中，1 万

元以下的赔偿是主流,有75起,占41.44%;还有91起约50.28%的案件根本没有精神损害赔偿,两者之和约92%。另外,1万—5万元之间精神损害赔偿案件总共不到10%。总体而言,精神损害赔偿在传播侵害肖像权纠纷中,大部分只有象征意义。

十、我国2014—2017年传播侵害肖像权纠纷抗辩事由

(单位:起)

侵权类型等　　抗辩事由	传播侵权		非传播侵权	
	数量	比例(%)	数量	比例(%)
媒体影响力小	50	25.38	4	10.81
已经删除	46	23.35	1	2.70
未造成负面影响	41	20.81	6	16.22
非营利目的	47	23.86	10	27.23
非适格原告	54	27.41	6	16.22
非适格被告	47	23.86	10	27.03
当事人同意	23	11.68	9	24.32
照片来源合理	21	10.66	4	10.81
转载	18	9.14	0	0.00
公众人物	10	5.10	0	0.00
合理使用(有新闻价值)	8	4.06	2	5.41
剧照	7	3.55	0	0.00
其他	24	12.18	6	16.22
案件总数	197		37	

说明:因被告在案件中会提出多种抗辩事由,故上表中的数量会超出案件实际数量。

由上表可知:在传播侵害肖像权纠纷的抗辩中,(网站)已删除侵权肖像、媒体影响力小、未造成负面影响、非营利目的、非适格原告、非适格被告是被告使用最多的事由。其中,前三项均为实际损害方面的抗辩,而后两项即非适格原告、非适格被告则是程序方面的抗辩。另外,虽然原告多为"公众人物",但被告以引作为抗辩事由的案例并不多,这可能与被告行为的营利性质有关。

第三节 以营利为目的与侵害肖像权的构成要件

我国《民法通则》第一百条规定："公民享有肖像权,未经本人同意,不得以营利为目的使用公民的肖像。"自此,我国学界和司法界认为,侵害肖像权构成要件必须有二:一是未经本人同意,二是以营利为目的,二者缺一不可。1990 年最高人民法院《关于贯彻执行〈中华人民共和国民法通则〉若干问题的意见(试行)》(下称《民通意见》)第 139 条进一步指出:以营利为目的,未经公民同意利用其肖像做广告、商标、装饰橱窗等,应当认定为侵犯公民肖像权的行为。可以看出,"以营利为目的"与广告联系在一起。

上述规定将许多侵害公民肖像的行为被排除在侵权行为之外,产生了争议,司法实践也不尽相同。

一、我国侵害肖像权司法实践中对"以营利为目的"的分歧及认定

(一)侵害肖像权的构成要件——司法实践对"以营利为目的"是否侵害肖像权的构成要件之分歧

关于"以营利为目的",对上节统计的 197 起传播侵害肖像权纠纷的统计:共有 78 个案例明确案件适用《民法通则》第一百条,有两个案例①明确适用《民通意见》第 139 条,有 14 个案例②同时适用这两条法律,也

---

① 参见:广东省江门市中级人民法院(2014)江中法民一终字第 108 号民事判决书、四川省成都市中级人民法院(2014)成民终字第 5530 号民事判决书。
② 参见:四川省成都市中级人民法院(2014)成民终字第 570 号民事判决书;四川省成都市中级人民法院(2014)成民终字第 473 号民事判决书;北京市高级人民法院(2013)高民终字第 3129 号民事判决书;广东省广州市中级人民法院(2015)穗中法民一终字第 5867 号民事判决书;北京市第三中级人民法院(2016)京 03 民终字第 8392 号民事判决书;广东省广州市中级人民法院(2016)粤 01 民终字第 15026 号民事判决书;云南省昆明市中级人民法院(2017)云 01 民终字第 3687 号民事判决书;云南省昆明市中级人民法院(2017)云 01 民终字第 3707 号民事判决书;云南省昆明市中级人民法院(2017)云 01 民终字第 3704 号民事判决书;云南省昆明市中级人民法院(2017)云 01 民终字第 3693 号民事判决书;云南省昆明市中级人民法院(2017)云 01 民终字第 3688 号民事判决书;云南省昆明市中级人民法院(2017)云 01 民终字第 3689 号民事判决书;云南省昆明市中级人民法院(2017)云 01 民终字第 3692 号民事判决书;云南省昆明市中级人民法院(2017)云 01 民终字第 3690 号民事判决书。

就是说有 94 例通过相关法律表示"以营利为目的"是构成要件;有 50 个案例虽然没有指明适用法律,但直接说明以营利为目的(将照片用于商业宣传,或者企业具有营利性质等),如在"徐熙媛与广州雅升化妆品有限公司肖像权纠纷案"①中,法院认为正北方网未经原告同意擅自转载包含原告照片的文章以及照片,通过增加点击率的方式可获得相关收益,从而判定构成侵权。这样,共有 144 例案例认可"以营利为目的"是侵害肖像权的构成要件,占统计案例的 73%。

从相反的角度也可以看出法官对"以营利为目的"作为肖像权纠纷构成要件的态度。在原告败诉的 24 起案例中,把"不以营利为目的使用"作为原审原告败诉理由的案例一共有 7 例②。在这些案例中,法院首先将"以营利为目的"认定为肖像权侵权责任的构成要件,然后通过分析该要件不成立而判定原告败诉。

事实上,"以营利为目的"使用他人肖像,往往未经肖像权人同意。在所统计的案例中,明确把"未经同意"作为肖像权侵权构成要件的一共有 147 例,占胜诉案例总数的 74.6%;还有 2 例属于曾经过同意但肖像使用超过与权利人事先协议的范围或期限,包括"深圳市薇爱施华洛婚纱摄影有限公司与胡贤娟等肖像权纠纷案"③和"贵阳德昌祥药业有限公司与蒋勤勤肖像权纠纷案"④。没有明确表示将"未经同意"作为肖像权侵权构成要件的只有 4 例,其中有 3 例只把"以营利为目的"作为侵权要件⑤,有 1 例把"以营利为目的"和"无合法来源"作为侵权要件⑥。

在将"以营利为目的"作为认定肖像权侵权责任构成要件的案件中,甚至有一类极端性案件,认为依照一般侵权构成要件,此类案件侵权责

---

① 参见:江苏省南通市中级人民法院(2014)通中民终字第 0355 号民事判决书。
② 参见:浙江省杭州市中级人民法院(2013)浙杭民终字第 3483 号民事判决书;辽宁省铁岭市中级人民法院(2014)铁民一终字第 00590 号民事判决书;天津市第二中级人民法院(2015)二中民一终字第 0920 号民事判决书;江苏省南京市中级人民法院(2016)苏01 民终字第 5172 号民事判决书;广东省深圳市中级人民法院(2016)粤 03 民终字第15521 号民事判决书;广东省深圳市中级人民法院(2016)粤 03 民终字第 22257 号民事判决书;浙江省湖州市中级人民法院(2015)浙湖民终字第 648 号民事判决书。
③ 参见:湖南省永州市中级人民法院(2015)永民终字第 465 号民事判决书。
④ 参见:北京市第三中级人民法院(2017)京 03 民终字第 9778 号民事判决书。
⑤ 参见:北京市第三中级人民法院(2015)三中民终字第 15935 号民事判决书;北京市第三中级人民法院(2017)京 03 民终字第 7901 号民事判决书;北京市第三中级人民法院(2017)京 03 民终字 10559 号民事判决书。
⑥ 参见:北京市第二中级人民法院(2016)京 02 民终字第 6389 号民事判决书。

任除需要"以营利为目的"外,还需具备违法(未经同意)使用行为、过错、损害和因果关系四项条件①。

经统计,只有9例案例是未把"以营利为目的"作为侵害肖像权责任构成要件②。如"山西作家影视艺术制作公司与北京名将影视文化传播有限公司、广州千钧网络科技有限公司肖像权纠纷案"③中,"作家公司在电视剧《致命筹码》中,错误使用了张琦的肖像作为剧中角色'肖洁'的遗像,且未充分举证证明张琦曾同意上述行为,故作家公司对此存在过错,确系侵犯了张琦的肖像权"。在表示"以营利为目的"不作为认定肖像权侵权责任构成要件的案件中,又可分为:①未经许可而制作或使用他人肖像;无正当理由④。在此类案件中,甚至未提及"无正当理由",其代表性的判决系"邵雨涵诉和讯公司案",法院认为:被告未经邵雨涵同意在其主办的涉案网站中使用邵雨涵照片作为宣传文章的配图,这足以认定和讯公司转载文章的行为侵犯邵雨涵的肖像权⑤。②未经许可而制作或使用他人肖像;无阻却违法事由⑥。在一起侮辱性使用肖像案中,法院明确阐述:"只要未经本人同意,无阻却违法事由擅自使用他人肖像,无论营利与否,均可认定为肖像权侵权。"⑦③依照一般侵权构成要件,需要具备违法(未经同意)使用行为、过错、损害和因果关系⑧。

可以认为:对于"以营利为目的"是否作为肖像权侵权责任构成要件,司法实践中绝大部分法官是认可并适用的。"以营利为目的"仍然是法官认定肖像权纠纷中侵权责任是否成立的关键要件。

---

① 参见:上海市第一中级人民法院(2014)沪一中民一(民)终字第126号民事判决书。
② 参见:北京市第三中级人民法院(2017)京03民终字第1756号民事判决书;广东省广州市中级人民法院(2014)穗中法民一终字第3651号民事判决书;湖南省永州市中级人民法院(2015)永民终字第465号民事判决书;上海市第一中级人民法院(2015)沪一中民一(民)终字第4124号民事判决书;北京市第二中级人民法院(2016)京02民终字第7189号民事判决书;北京市第三中级人民法院(2017)京03民终字第10387号民事判决书;黑龙江省哈尔滨市中级人民法院(2017)黑01民终字第4009号民事判决书;北京市第三中级人民法院(2017)京03民终字第11693号民事判决书;上海市第二中级人民法院(2017)沪02民终字第9580号民事判决书。
③ 参见:北京市第三中级人民法院(2017)京03民终字第1756号民事判决书。
④ 参见:广东省广州市中级人民法院(2016)粤01民终15026号民事判决书。
⑤ 参见:北京市第三中级人民法院(2016)京03民终11263号民事判决书。
⑥ 参见:安徽省六安市中级人民法院(2016)皖15民终1898号民事判决书;广东省中山市中级人民法院(2014)中法民一终字第1285号民事判决书。
⑦ 该案中,被告用手机偷拍原告,制作成照片后交给中学保安,由保安人员张贴在公共场合门卫室。参见:安徽省六安市中级人民法院(2016)皖15民终1898号民事判决书。
⑧ 参见:浙江省宁波市中级人民法院(2017)浙02民终1953号民事判决书。

（二）"以营利为目的"的认定

1.司法实践对以营利为目的的认定:将他人肖像用于广告宣传

《民通意见》第 139 条规定:"以营利为目的,未经公民同意利用其肖像做广告、商标、装饰橱窗等,应当认定为侵犯公民肖像权的行为。"此条是关于"以营利为目的"情形的非完全列举。据此规定,何谓"以营利为目的"仍然不明确。

蒋勤勤诉贵阳德昌祥药业有限公司案①中,法院认为:德昌祥公司在其官方网站、官方微博和微信公众号中,擅自将蒋勤勤照片用于商业广告宣传及产品宣传,包括将蒋勤勤的肖像植入德昌祥公司的产品宣传文章及含有蒋勤勤肖像的视频广告等。德昌祥公司的行为极易使浏览者认为蒋勤勤现系德昌祥公司的代言人,这与事实严重不符。另外,在网站、微博、微信中明显标有其他产品的宣传链接和德昌祥公司的电话、地址等详细信息,具有明显的商业属性。本案中,法院从侵权行为人实施的与其经营相关的行为来判断是否具有营利性目的。

司法实践对于营利性目的的认定一般以将他人的肖像用于广告宣传,这已成为一种普遍的以营利性目的非法使用肖像的行为②。

2.网络传播侵害肖像权纠纷中对"以营利为目的"的实践认定

学界认为,"传统的营利性目的通常体现为:以他人的肖像直接做商品广告;以他人的肖像直接作为商品;以他人的肖像做书籍等的装潢、封面;将他人的肖像用于展览橱窗或者其他营利性的陈列;将他人的肖像用于商品或服务的商标或者标记等"③。

但在网络传播环境下,营利性目的的认定发生重大变化。①对附有推广内容、商业链接的附肖像文章,比较容易认定具有营利性。"井柏然诉深圳市苏宁云商销售有限公司案"二审法院认为:"苏宁公司作为商业行为主体,在其运营的微信公众号'深圳苏宁'刊载图片及文章,未经允许在涉案文章中使用含有井柏然肖像的图片,并在同一页面的文章末尾部分通过文字、图片形式对其促销活动进行介绍推广、设置商业链接,读者在阅读完毕文章后很容易继续阅读推广内容、点击商业链接。因此,苏宁公司在涉案文章中对井柏然肖像的使用行为客观上利用了井柏然

---

① 参见:北京市第三中级人民法院(2017)京 03 民终 9778 号民事判决书。

② 何志.侵权责任判解研究与适用[M].北京:人民法院出版社,2009:262.

③ 张红.一项新的宪法上基本权利——人格权[J].法商研究,2012(1):35.

的影响力,主观上具有宣传、销售其商品或者服务的目的,具有明显的业务导向和营利属性。"①②对于本身并非广告、附带有名人肖像的文章,也有案例认为其因增加了网站的点击率和浏览量,被认定为营利性。在"张世超诉广州伊秀网络科技有限公司案",二审法院认为:"搭配张世超照片的涉诉文章本身虽非广告,但带有吸引读者,增加网站点击率,带动其他链接广告的目的"②。同样,在"程嫒嫒诉广州伊秀网络科技有限公司案",法院认为:广州伊秀公司作为营利性企业法人,以广告业等为主要经营范围,广州伊秀公司在其主办的网站中使用程嫒嫒的肖像,而通过网站内相关网页的点击阅读能够增加网站浏览量,提高社会公众对于广州伊秀公司以及涉诉网站的认知度,从而为广州伊秀公司吸引更多客户,广州伊秀公司就此具有营利目的③。

在网络传播中,肖像所在位置也是判断肖像使用是否具有营利性的重要标准之一。在"彭帅诉李宁(中国)体育用品有限公司案"中,法院认为,李宁公司的行为是否属于以营利为目的使用彭帅照片应依据该照片所属的网站功能模块而确定,李宁公司在"李宁品牌"这一与具体商品交易无关的功能模块使用彭帅的照片,应属对签约赞助彭帅事宜的客观陈述和介绍,并不属于以营利为目的④。"莫某与石家庄碧桂园房地产开发有限公司肖像权纠纷案"也是如此,法院认定:"从内容上看,被上诉人是完全转载新闻,文字信息中并未进行删减或是加入任何关于移动产品的广告,旁边的广告链接也与文字内容无关,使用图片的直接目的是使新闻显得更加生动;从照片的使用来看,涉案照片在新闻标题的正上方,是为了配合新闻报道使用,不是出于营利为目的的打广告的需要。因此,被上诉人使用涉案图片属于合理使用,并未以营利为目的,不构成侵犯肖像权。"⑤

3. 新闻照片合理使用的认定

问题并不止于以营利为目的系将他人肖像用于广告宣传的结论上。司法实践中,对新闻照片即他人肖像的使用是否用于广告宣传,也是引发争议的问题。对此问题,著名的刘翔肖像权纠纷案终审判决理由并非

---

① 参见:北京市第三中级人民法院(2017)京 03 民终 4241 号民事判决书。
② 参见:北京市第二中级人民法院(2016)京 02 民终 6022 号民事判决书。
③ 参见:北京市第三中级人民法院(2016)京 03 民终 13782 号民事判决书。
④ 参见:北京市第三中级人民法院(2017)京 03 民终 12044 号民事判决书。
⑤ 广东省深圳市中级人民法院(2016)粤 03 民终字第 22257 号民事判决书。

终点①。

在刘翔肖像权纠纷案中,关键问题在于,对刘翔肖像的使用是合理使用还是营利性使用,即如何认定"以营利为目的"。对此,一审法院认为:"本案所涉《精品购物指南》,无论从印象,还是细读其内容,均可得出该期报刊相关内容属于回顾性报道。故精品报社对刘翔相关事件进行回顾性报道并使用刘翔在公共领域中的肖像,不构成侵权。"对于中友百货,一审法院认为,"中友公司在《精品购物指南》上发布广告,但由于其不知道刘翔的肖像用于封面,因此也无法认为两者之间具有关联性"。二审法院的看法则不同,其认为:一,本案专刊内容"封面刊载的刘翔肖像并不是完全为了报道刘翔奥运夺金这一事件。故不属于单纯的新闻报道,不能因此当然排除刘翔肖像与购物节广告的关联性"。二,就千期专刊封面的整体视觉效果而言:被突出的刘翔肖像本身的跨栏动作,与跨栏直接相连的宣传"购物节"的广告相结合,已有"刘翔跨向购物节"之感觉,再加上《精品购物指南》文字本身的呼应,足以令人产生"刘翔为中友百货购物节做广告"的误解。此种误解具有一定的合理根据,而并非无合理根据的单纯的主观想象。所以,千期专刊封面上的刘翔肖像与购物节广告之间,虽然不具有直接的广告关系,但具有一定的广告性质的关联性。依照该案终审法院的观点:只要肖像使用与广告有"令人误解"的关联性,即可构成侵权。

十几年后,2015北京田径世锦赛男子4×100米比赛后4名合影运动员中,2名运动分别提起了5起肖像权诉讼(被告均为微博或微信公众号),其中3起中被告败诉②,2起中被告的行为被认为是属于"合理使

---

① 2004年10月21日,刘翔在奥运会上"飞翔"的照片被登在《精品购物指南》第80期的封面,封面下方有中友百货第6期购物节的广告,此外,该期报纸内其他版面还有多处使用了刘翔的肖像,报纸电子版上也有刘翔的肖像。刘翔认为精品购物指南报社等4家单位未经其同意使用其肖像的行为侵犯了自己的肖像权,随即由田径管理中心出面将4家单位诉至北京市海淀区人民法院,要求停止侵权行为,公开赔礼道歉,赔偿经济损失125万元。一审海淀法院于判决:《精品购物指南》使用刘翔肖像并非用于广告,而是属正常新闻报道行为,不构成肖像侵权,驳回了刘翔索赔125万等各项诉讼请求。刘翔不服一审判决,向北京市第一中级人民法院提起了上诉。二审法院判定:撤销一审的判决,精品报社向刘翔公开道歉并赔偿刘翔精神损害抚慰金2万元;驳回刘翔的其他诉讼请求。参见:北京市第一中级人民法院(2005)一中民终字第8144号民事判决书。

② 参见:北京市第一中级人民法院(2016)京01民终4733号民事判决书;广东省深圳市中级人民法院(2017)粤03民终1308号民事判决书;北京市第一中级人民法院(2017)京01民终2715号民事判决书。

用"而胜诉①,法院主要依据文章内容是否与经营业务具有关联性,但同样对于被告在该附有原告肖像的文章首尾植入了自己品牌与产品信息的行为,法院对同一个原告的判决迥异:①判决有营利性而构成侵权。"莫有雪诉茂名市碧桂园房地产开发有限公司案"即如此②。②判决不具有营利性,不构成侵权。"莫有雪诉石家庄碧桂园房地产开发有限公司、深圳市腾讯计算机系统有限公司"即如此③。

（三）肖像权人是否同意的认定

在不以营利作为侵权构成要件的案件中,肖像权人是否同意使用其肖像成为责任构成的关键因素。实践中,出现以下几种情形:

1.由被告承担肖像权人是否同意使用其肖像证明责任

实践中,被告总以肖像使用经原告同意进行抗辩。在一些案件中,法院明确应由被告对此承担证明责任,如其未提交证据予以证明,法院一般判被告败诉④。而且,在对肖像同意使用范围不明情况下,一些法院倾向于"不得作出宽松解释"的立场⑤。

2.认定原告即肖像权人默示同意被告使用其肖像,即将证明责任倒置给原告

如在"王释诉中国移动通信集团广东有限公司中山分公司、中山市

---

① 参见:广东省深圳市中级人民法院(2016)粤03民终22257号民事判决书;北京市第三中级人民法院(2017)京03民终11843号民事判决书。

② 该案二审法院认为"部分照片下方配发对上诉人销售房地产项目的介绍文字及图片,上述文章内容使社会公众产生莫有雪为上诉人经营的房地产项目进行代言的认知。上诉人知晓莫有雪的运动员身份,而在介绍房地产项目时登载莫有雪的照片,上诉人显然具有扩大宣传效果谋取更大经济利益的意图",故判决被告败诉。参见:广东省深圳市中级人民法院(2017)粤03民终1308号民事判决书。

③ 二审法院认为:"本案被上诉人的行为不具备侵犯上诉人肖像权的构成要件,理由是:从内容上看,被上诉人是完全转载新闻,文字信息中并未进行删减或是加入任何关于产品的广告,旁边的广告链接也与文字内容无关,使用图片的直接目的是使新闻显得更加生动;从时间上看,被上诉人是在涉案当事人获得奖项后,立即进行转载,为的是保持新闻的时效性;从照片的使用来看,依照普通公众理解,是为了配合新闻报道使用,该使用不是出于营利为目的的打广告需要,被上诉人也未对该新闻反复转载。因此,被上诉人使用照片和转载新闻,与其广告并未构成直接联系,客观上也不会误导公众将上诉人的肖像与被上诉人的产品产生联想和误解,因此,被上诉人使用涉案图片属于合理使用,并未以营利为目的,不构成侵犯肖像权。"参见:广东省深圳市中级人民法院(2016)粤03民终22257号民事判决书。

④ 参见:重庆市第五中级人民法院(2014)渝五中法民终字第03397号民事判决书;上海市第二中级人民法院(2016)沪02民终568号民事判决书;辽宁省抚顺市中级人民法院(2014)抚中民一终字第00292号民事判决书。

⑤ 参见:广东省广州市中级人民法院(2015)穗中法民一终字第2946号民事判决书。

创思广告有限公司"案中,法院认为,王释作为从事广告设计专业人士且为涉案广告制作负责人,应知晓其肖像用于广告设计的事实,并清楚其肖像用于广告宣传的后果。王释未举证证明对移动公司、创思公司使用其肖像提出任何异议,应视为王释同意移动公司、创思公司合理使用其肖像①。

二、大陆法系国家或地区侵害肖像权民事责任构成要件的法律规定

从大陆法系国家和地区的民法典来看,营利性并非肖像权侵权责任的构成要件。德国《艺术及摄影作品著作权法》第二十二条规定:"肖像之散布或公开展示,原则上须经被摄影者之同意。"可见,其构成要件并不考虑侵权人的具体主观目的。

大陆法系主要民法没有将以营利为目的,作为侵害肖像权责任要件②。

三、对于"以营利为目的"的学理观点

(一)学界主流观点:营利不是认定肖像权侵权责任构成要件

将营利目的作为认定肖像权侵权责任构成要件,在学界引发的主要是反对的意见。

台湾王泽鉴先生认为,侵害肖像权行为则主要有肖像的制作、肖像的公开和以营利为目的使用他人的肖像三种。可见,依王泽鉴先生的观点,以营利为目的使用他人肖像只是一种具体表现形式,而不是构成要件③。

何孝元认为:"营利与否,只是肖像财产化利用的一部分,作为人格权,只要未经同意,而就他人之肖像,公布、陈列或复制之者,皆为肖像权之侵害。"④

史尚宽先生认为:"不应当以营利性为标准,否则非营利的侮辱性或其他不当使用他人肖像的行为,无法遏制,对肖像权人极为不利。且肖

---

① 参见:广东省中山市中级人民法院(2014)中中法民一终字第1285号民事判决书。

② 张红."以营利为目的"与肖像权侵权责任认定[J].比较法研究,2012(3):65.

③ 王泽鉴.人格权保护的课题与展望(三)——人格权的具体化及保护范围[J].台湾本土法学,2006(87).

④ 何孝元.损害赔偿之研究[M].台北:台湾"商务印书馆",1982:160.

像权为绝对权,对其侵害发生人格权请求权的效力,不问及有无过失,对其侵害人得请求去除其侵害。"①

我国民法学者主流观点也持相同立场。王利明和杨立新认为:肖像侵权责任构成要件有三:肖像使用行为,未经肖像权人同意,无违法阻却事由,而没有"以营利为目的"②。

(二)营利不能作为认定肖像权侵权责任构成要件的法理依据

可见,对将营利目的作为认定肖像权侵权责任构成要件,学界早就形成一致反对观点。其原因与理由为:

1. 肖像权是绝对权,既有人格利益,也有财产利益

使用与专有使用只是肖像权权能之一,其还有肖像拥有权、专门制作权、禁止侵害请求权等,如将营利目的作为认定肖像权侵权责任构成要件,事实上只承认了肖像权中的专有使用权,且只是财产权益,而否认了肖像权中的人格权益,显然,这种规定是狭隘的。

2. 非法侵害他人肖像权的手段与方式,不仅限于"以营利为目的",不仅限于广告宣传

肖像使用人侮辱性使用肖像行为,最为典型③。如果非以营利为目的使用他人肖像的行为构成违法阻却事由,权利人丧失请求权基础,则势必导致社会无视公民肖像权,从而引发肆无忌惮侵害他人肖像权的行为。

3. "以营利为目的"要件与侵权责任构成要件存在逻辑冲突

作为一般侵权,侵害肖像权构成要件需要具备同侵害其他人格权相同的四个要件,但我国任何法律均没有规定"以营利为目的"系侵害肖像权的唯一过错形式。"以营利为目的"使用他人肖像的行为属于过错的表现形式之一,但不能反过来认为过错就是要求其主观上"以营利为目的"。本质上,"营利"只是行为类型而非目的范畴。

4. 对于法律及司法解释的理解

事实上,无论《民法通则》第一百条还是《民通意见》第158条,是一种权利宣示性规定,而不能理解为肖像权侵权责任构成规范。早在在1998年最高人民法院召开的华北五省(市区)审理侵害著作权名誉权、

---

① 史尚宽.债法总论[M].北京:中国政法大学出版社,2000:156.
② 王利明,杨立新.人格权与新闻侵权[M].北京:中国方正出版社,2010:275-276.
③ 杨立新.人格权法[M].北京:中国法制出版社,2005:224.

肖像权、姓名权案件工作座谈会上就确定:擅自使用他人肖像,不论是否营利,均可认定为侵害了他人的肖像权,不能认为侵害肖像权必须"以营利为目的"①。虽然此审理规定未上升到司法解释层面,但说明:最高人民法院在关于侵害肖像权的精神上,早已摒弃了将"以营利为目的"作为构成要件的思想。

2018 年 9 月公布的《民法典·人格权编(草案)》第七百九十九条的规定②,营利只是侵害肖像权的行为方式,而不再作为侵害肖像权的构成要件。

四、"以营利为目的"可作为赔偿标准参考依据

由以上论述可知,"以营利为目的"虽不能成为肖像权侵权责任的构成要件,但在认定肖像权侵权责任上仍有意义。

杨立新教授对这一问题的看法是:在处理肖像权侵权责任的财产责任承担时,将侵权人是否具备主观上的营利目的作为划分依据,并依据实际情况加以处理。其认为:"之所以如此划分,是因为肖像权本身具有一定的财产利益,如果是以营利为目的的肖像权侵犯,其赔偿标准则应按照肖像转让权的价值(一般费用)作为依据进行赔偿;如果不以营利为目的而侵犯肖像权,则应该按照被侵权方的精神损失作为依据进行赔偿。"③

而在司法实践中,以"营利为目的"作为确定损害赔偿金额标准的观点已得到适用。在"张柏芝诉远东公司案"中,初审法院明确肖像权纠纷财产利益损害赔偿金额应该参照有偿使用肖像的费用标准,其判决理由认为:"远东公司使用张柏芝肖像显然出于营利目的,对于以营利为目的的侵害肖像权的赔偿金额,不仅要考虑远东公司的过错程度,侵权行为的具体情节,侵权后果和具体影响,还要参照一般有偿使用张柏芝肖像的费用标准。索芙特公司聘请张柏芝担任其产品两年形象代言人所支付的酬金均已超过 200 万港币,因此,对于远东公司

---

① 张俊浩.民法学原理(上)[M].北京:中国政法大学出版社,2000:150.
② 该条规定:"任何组织或者个人不得以歪曲、污辱等方式侵害他人的肖像权。未经肖像权人同意,他人不得制作、使用、公开自然人的肖像,但是法律另有规定的除外。未经肖像权人同意,肖像作品的权利人不得实施将肖像作品发表、复制、发行、出租、展览等涉及使用或者公开肖像的行为。"
③ 杨立新.人格权法[M].北京:中国法制出版社,2005:222.

侵害张柏芝肖像行为的赔偿金额,本院酌定100万元为宜。"二审法院确认了这一观点①。

第四节　艺术作品中肖像权与著作权的关系

在与其他民事权利的关系中,肖像权与著作权的关系最为纠缠:这不仅体现在摄影(像)、人体绘画作品中的肖像权与著作权的冲突,也体现在剧照作品中两者的关系。

一、肖像权与著作权的渊源与区别

(一)肖像权与著作权的渊源

肖像权与著作权的渊源自肖像概念产生之日。1876年德国《美术著作之著作权法》和《不法模仿之照相保护法》最早提出了"肖像"概念,但对于肖像权没有明确的态度。而德国1907年颁布的《艺术及摄影作品著作权法》则最终确立法律意义上的肖像概念,其规定:"人之肖像,限于肖像人同意得公布或公开展览。"而法国1858年的一个判例中,也将肖像权作为著作权进行保护②。所以,在肖像权保护的初期,是以限制作品传播的方式进行保护的。

(二)肖像权与著作权的区别

如前所述,即使在最早提出肖像概念的德国,其也认识到"一个具体的肖像作品同时体现两方面的权益:肖像作品的著作权所有人所享有的著作权和肖像人就该肖像所享有的人格利益"③。事实上,随着人格权法和知识产权法的发展,两者的区别与分野日渐明显:

1. 权利主体不同

肖像权是人格权,是一种绝对权,具有排他性,只能由肖像人本人享有,不能转让。著作权则不同,即使肖像人委托他人为自己制作肖像,其也可以约定由自己或制作人享有著作权,即著作人格权没有严格的专属性。依我国《著作权法》第十七条的规定:"受委托创作的作

---

① 参见:江苏省高级人民法院(2006)苏民终字第109号民事判决书。
② 李深.知识产权片论[M].北京:中国方正出版社,1997:51.
③ 滕金芳.新闻侵害肖像权若干问题探讨[J].理论学习,2006(5):48.

品,著作权的归属由委托人和受托人通过合同约定。合同未作明确约定或者没有订立合同的,著作权属于受托人。"这样就会出现两种情况:当委托人即肖像人本人享有著作权,则著作权与肖像权主体归一,不发生权利冲突;当约定或者推定由受托人享有著作权,著作权与肖像权主体发生分离,则可能发生权利冲突。另外,肖像人还可以在不委托他人的情况下享有对自己肖像作品的著作权,如摄影中的自拍、自己为自己制作雕塑等,所以,认为"个人不能对自己拍肖像享有著作权"的观点是错误的。

2. 权利客体不同

肖像权保护的是肖像利益,即肖像人对自己的肖像所享有的专有制作、使用、禁止侵害的权益。著作权保护的是经过创造性劳动产生的智力成果即作品。从保护客体上看,关于一件肖像作品的肖像权与著作权是可以分离的。

3. 救济中的责任方式不同

肖像人的肖像权受到侵害时,其可以申请精神损害赔偿;著作权的侵害则无此救济方式。

二、摄影(像)、人体绘画作品中肖像权与著作权的冲突及司法处理

摄影(像)、人体绘画作品中的肖像权与著作权的冲突,是此类冲突中最常见、最普遍的。一般情况下,纪实照片、委托艺术相片及其底片的所有权属顾客所有;专业照片和新闻摄影(像)相片及其底片的所有权属拍摄者或其代表的机构所有[①]。然而,当肖像人与摄影(像)人、绘画人在制作作品时未约定作品著作权的权属,或有其他特殊情况而不能确定时作品著作权的权属,按照《著作权法》的相关规定,作品著作权属于摄影(像)人、绘画人。而当摄影(像)作品著作权和所有权主体不同,就可能产生著作权与照片所有权的冲突问题:或者摄影(像)人、绘画人出于商业或其他目的对摄影(像)作品、绘画作品以展览等方式进行公开时,肖像权人自然会主张自己的权益;或者是肖像权人即照片所有权人复制、发行该照片,著作权人主张自己的著作权。而张旭龙诉汤加丽侵害

---

① 马蒂,朱江.论人像摄影的著作权及其限制[J].四川理工学院学报,2015(6):38.

署名权和保护作品完整权案①与汤加丽诉张旭龙、吉林美术出版社侵害肖像权案,是此类冲突的典型说明②。

(一)当底片(或底片信息)或绘画由肖像权人控制时

肖像权人在取得底片、相片或绘画作品所有权后,在一定范围内有非公开发行或以牟利为目的进行使用的权利。而著作权人的发表权、署名权、修改权和保护作品完整权等人身权利以及复制、发行、展览等财产权利,事实上无法得到保护。即使著作权保护较完善的美国,也通过首次销售理论赋予照片所有人或其授权者以不经著作权人授权而进行销售或处分的权利③。如果著作权人未经肖像权人同意而复制数码底片,系对所有权的侵权行为,其取得的作品不能受到著作权法的保护。

---

① 2004 年 2 月,张旭龙向北京市朝阳区人民法院诉称:其作为专业人像摄影师,为模特汤加丽拍摄了 20 余组人体摄影照片。依据双方签订的《拍摄协议》,其享有所摄照片的著作权。2002 年 9 月,《汤加丽人体艺术写真》(下称《汤加丽写真》)一书出版,该书所收录的 144 幅照片中有 136 幅为其拍摄,但版权页却署名"汤加丽著",这种署名方式侵犯了其署名权。汤加丽改动其拍摄的 39 幅照片,侵犯其保护作品完整权。张旭龙要求汤加丽就其侵权行为在《中国摄影报》上刊登赔礼道歉声明,支付报酬 206 080 元,并承担案件受理费。朝阳法院认为:从《汤加丽写真》一书封面内侧折页标注"摄影张旭龙",以及封底内侧折页载有摄影者张旭龙的简介来分析,张旭龙作为《汤加丽写真》一书摄影作者的身份已经得到体现,因此汤加丽并未侵犯张旭龙的署名权。但汤加丽擅自对涉案 39 幅摄影作品的部分人体、背景和道具进行剪裁,侵犯了张旭龙对上述作品享有的保护作品完整权。朝阳法院判决:一,汤加丽于本判决生效之日起三十日内,就其侵犯张旭龙涉案三十九幅摄影作品完整权的行为在《中国摄影报》上刊登向张旭龙赔礼道歉的声明(内容须经本院核准,逾期不执行,本院将在一家全国性报纸上刊登本判决内容,所需费用由汤加丽负担);二,汤加丽于本判决生效之日起十日内支付张旭龙报酬十万元;三,驳回张旭龙的其他诉讼请求。参见:北京市朝阳区人民法院(2004)朝民初字第 6811 号民事判决书。

② 2004 年 7 月,汤加丽在北京市朝阳区人民法院诉称:张旭龙曾为其拍摄过人体摄影图片,但在张旭龙署名、吉林美术出版社发行的《看见记忆(1)——中国首位演艺员人体魅力摄影》《看见记忆(2)——中国首位演艺员人体魅力摄影》精装及简装图书中,擅自使用其肖像,故请求法院判令张旭龙、吉林美术出版社停止侵害;在《中国摄影家》杂志上刊登致歉声明以消除影响;连带赔偿经济损失 51.774 万元;张旭龙、吉林美术出版社赔偿实际损失 3000 元并承担本案诉讼费用。朝阳法院做出一审判决:张旭龙、吉林美术出版社停止对《汤加丽人体写真看见记忆》上、下两册精装本、《看见记忆(1)——中国首位演艺员人体魅力摄影》《看见记忆(2)——中国首位演艺员人体魅力摄影》简装本的销售;张旭龙于判决生效后十五日内在《中国摄影家》杂志上书面向汤加丽赔礼道歉,具体致歉内容须经法院核准;张旭龙赔偿汤加丽人民币 30 万元。吉林美术出版社对以上款项承担连带赔偿责任。驳回汤加丽其他诉讼请求。一审判决后,张旭龙不服,上诉至北京市第二中级人民法院。北京二中院终审维持原判。参见:北京市第二中级法院(2005)二中民终字第 13143 号民事判决书。

③ 金春阳.著作权首次销售理论的效力边界研究[J].西北农林科技大学学报(社会科学版),2013(3):125.

不仅如此,摄影(像)或绘画作品所有权人还可能抛弃其所有权、毁掉作品、彻底删除数码摄影(像)作品底片,这将导致著作权客体消灭。在著作权和所有权同归肖像权人的新西兰等国①,这种行为合法,然而在著作权和所有权分离的国家,肖像权人的毁损行为否侵害了著作权人的权利就存分歧。有观点认为,肖像权和所有权对著作权的限制"可以被概括为著作权权利穷竭或权利用尽……作品原件的所有权中已经蕴含了一部分著作权因素,著作权人的一部分著作权在原件所有人那里已经被穷竭"②。

（二）当底片或绘画由摄影(像)人或绘画人控制时

这种情况下作品享有著作权已经确定,但这种著作权应该受到肖像人肖像利益的限制,即:摄影(像)人与绘画人对作品享有收藏权,但未经肖像人的同意,其无权将作品进行展览、复制、陈列等,否则可能构成对肖像人权闪的侵害。例如,如果摄影(像)人与绘画人未经肖像人同意对作品进行了公开,而此作品又涉及肖像人全部或部分人体裸露情况,则摄影(像)人与绘画人不仅侵害了肖像人的肖像权,还可能侵害其隐私权;如果摄影(像)人与绘画人对作品或肖像有下列行为,还可能侵害肖像人的名誉权:以违反公序良俗的方法使用,如公开肖像人的裸体照片或绘画;玷污、毁损肖像人的照片或绘画;将肖像作品用于有损其形象的广告中,如性用品广告、色情广告等。

（三）当数码底片由肖像权人和摄影人共同掌握时

这种情况下,因人格权益高于财产利益,著作权的行使也不得与肖像权制度相冲突:首先,未经肖像权人的同意,著作权人无权公开或传播等;在获得肖像权人同意使用后,还不得违反法律和公序良俗。

总之,肖像作品著作权人和肖像权人在行使各自的权利时,均须充分尊重对方的权利,得到对方同意即双方相互许可后才能行使相关权利,否则,均可能侵害对方享有的肖像权或著作权③。

2014年9月9日,未成年人袁某及其母亲在某摄影公司员工的邀请

---

① 秦燚,郑友德.从英国和新西兰版权法看数字照片的知识产权归属[J].电子知识产权,2005(5):29.

② 郭玉军,向在胜.论美术作品著作权与原件所有权[J].湖北美术学院学报,2010(3):72.

③ 陈静.大众传播中的肖像权利研究[M].北京:中国传媒大学出版社,2012:184.

下，在该摄影公司处拍摄了袁某的写真照片一组，摄影公司未向袁某收取费用，也没有明确说明照片的用途。此后，摄影公司在未征得袁某监护人同意的情况下，将袁某的照片用在大众点评网、美团网、微信以及地铁站广告栏上。摄影公司虽主张使用袁某照片征得袁某母亲默许，但遭到袁某母亲否认，摄影公司也没有提供证据证明其主张，故败诉①。

三、剧照中肖像权与著作权的冲突及司法处理

所谓剧照，就是"演员等自然人在电影、电视剧等艺术作品中表演的照片……剧照不同于相片，相片只是对特定自然人的形象的真实再现，而剧照既包括对演员本身形象的再现，也包括对演员所扮演的角色的形象的再现"②。所以，剧照应受法律保护。我国《著作权法》第三十八条规定："表演者对其表演享有下列权利：……（二）保护表演形象不受歪曲。"

问题是：在此类案例中，有没有表演者的肖像权侵害问题。而冲突的焦点在于对于剧照而言，需要确定的是：法律究竟保护表演者自身的形象还是表演的形象。

（一）剧照无肖像权说即"形象吸收肖像说"

该观点认为，在电影电视中，演员能够被他人所辨认的不是自身而是角色的形象，它不是肖像，演员不拥有剧照的肖像权，不受肖像权的保护，"表演者的表演照反映的是所表演角色的特征，而不是表演者的肖像特征。也可能表演者的知名度远高于角色的知名度，但在法律上毕竟是该角色的照片而不是表演者的肖像照。一律主张表演者权，在理论上能保持统一性，在司法实践上也便于操作。而且对表演者来说，主张表演者权比主张肖像权更有利于保护自己的合法权益"，所以，"他人未经许可擅自使用表演者的表演照，如果是电影或电视剧的剧照，则可能侵犯电影或电视剧的著作权，著作权主体可主张著作权。对于表演人来说，他应主张表演者权而不能主张肖像权"③。

"剧照无肖像权说"在剧照表现出来的人物形象本有原型的情况下可得到说明。这种观点认为，在这种情况下，剧照是经艺术加工使之成为新形象，该形象已经不能真实反映原型形象，所以演员不应对剧照所

---

① 参见：上海市第一中级人民法院（2015）沪一中民一（民）终字第 1521 号民事判决书。
② 王利明.人格权法研究［M］.北京：中国人民大学出版社，2012：420.
③ 杨建斌.关于表演者权的几点思考［J］.求是学刊，2000（3）：82.

现形象享有肖像权,如演员古月和唐国强扮演的毛泽东的形象。而该剧照形象权利只归属于著作权人。在1994年"卓玛案"的判决中,演员恩和森在《马可波罗》电影中扮演部落酋长贝克托,法院认为:恩和森所扮演的贝克托的形象是特定历史人物的艺术形象,并非其个人形象的再现,因此,伊利公司广告宣传使用的《马可波罗》电影中部落酋长贝克托的镜头,并不侵犯恩和森的肖像权①。

然而,在人物形象没有原型的情况下,这种观点很难得到理解。

（二）剧照有肖像权说

理论上与实践中,支持剧照有肖像权的观点主要有:

1. 角色形象与表演者真实肖像重合说

该观点认为,在没有剧中人物原型的情况下,演员造型是在肖像权本人肖像的基础上通过表现出来的肖像作品,可能涉及肖像权问题,"一般来说,演员的名气越大,其表演的艺术形象越深入人心,就越有可能使个人的形象和扮演者的形象发生重叠,表演者自身的形象也越容易被观众辨认,角色形象与表演者的真实肖像达到重合的状态,由此导致对角色形象的利用同时构成对表演者的肖像权的侵害"②。

"蓝天野案"即如此③。在此案件中,法院以下判决理由极具参考价值:①除纯脸谱化(亦称特型)剧照外,表演者对剧照享有肖像权。肖像是自然人以其面部为核心的形态和神态的客观视觉表象。肖像人的面目清晰可辨也是肖像的主要特征,一般公众对作品所体现的本人形象通过视觉不能识别不能产生与某特定人直接有关的联想不属于某特定人的肖像。②剧照的电影识别性与肖像识别性。电影的识别性是特定电影与其他电影相区别的辨别特征;肖像识别性是特定自然人与他人相区别的形象识别特征。换言之,剧照上表现出的特征既有电影亦有肖像,

---

① 参见:内蒙古自治区呼和浩特市回民区人民法院(1994)回民初字第527号民事判决书。
② 王利明. 人格权法研究[M]. 北京:中国人民大学出版社,2012:421.
③ 原告蓝天野认为天伦王朝饭店擅自使用其形象制作广告灯箱和展示架的行为侵犯其肖像权和名誉权,故起诉要求被告天伦王朝饭店立即停止使用含有其形象的广告灯箱及广告展示架;赔礼道歉,恢复名誉;并支付肖像权赔偿金10万元,名誉权赔偿金5万元等。被告天伦王朝饭店辩称剧照不是肖像,肖像与电影剧照利用的识别性特征或知名度不同;该剧照的使用取得了电影《茶馆》的制片人北京电影制片厂(下称"北影厂")的同意;且即使该剧照归入肖像之列,也是集体肖像,因该剧照共有三个人物,在集体肖像中,各肖像权人不得主张肖像权。被告北影厂辩称电影《茶馆》著作权归其享有。该案蓝天野胜诉。参见:北京市东城区人民法院(2002)东民初字第6226号判决书。

具有双重的识别性。哪个特征更浓厚或哪个识别性更强,若有比较标准,更强的一个是湮灭、吸收另一个,还是根据强弱的不同分别考虑。而在尚无标准又无法律强制性规定时,以一种识别性遮蔽另一种识别性是无理论根基的。而知名度是著名的程度,它和识别性是两个不同之概念。如若使用《茶馆》剧照时将识别性作知名度考虑,那是使用者的认识错误。

2. 角色可识别说

该观点认为:"即便演员在影视剧中是以角色的形象出现的,其面部固有的特征并没有丧失,他能够被别人辨认的这种特征也没有丧失,观众仍然能够辨认他是张三或者是李四,所以剧照应该受到肖像权的保护。"①实践中,有判决认为:"剧照不仅承载了影视的某个镜头,同时也承载了表演者的人物形象。因此,如剧照基本反映的是表演者的面部形象或以面部正面形象为主,具有高度的可识别性,即可认为是表演者的肖像。"②

3. 肖像涵盖形象说

该观点认为,当公众通过剧照形象能够与该演员个人建立对应的关系时,该形象所体现的尊严以及价值,就是该演员肖像权所蕴含的人格利益。所以,与肖像有密切联系的形象保护应归属在肖像权之中。在著名演员赵丽颖诉深圳市松吉电动自行车有限公司案中,法官就持这种观点③。

事实上,上述三种观点,共同点及核心仍在于剧照中肖像的可识别性,即角色形象能够与某个自然人对应,这当然取决于角色的体貌特征。

总之,剧照确有可能涉及表演者自身的形象,如果通过剧照可以清晰辨认演员面部特征,将涉及演员的肖像权的保护。客观而言,"演员剧照是影视、戏剧作品一个场景的再现,但它不是戏剧、影视作品的一部分,而是一件独立的肖像作品。但此剧照又绝非单纯再现演员肖像的作品,它所体现的效果,是由制片人、导演、灯光、化妆等各部门进行艺术加工,再由演员表演出来的结果"④。所以,演员剧照是否为肖像应该具体问题具体分析。

---

① 王利明.人格权法的发展与我国的民事立法[EB/OL].[2006 - 08 - 26].http://www.eivillaw.eom.en/artiele/default.asp? id = 17689

② 参见:北京市第三中级人民法院(2017)京03民终9785号民事判决书。

③ 参见:广东省深圳市中级人民法院(2016)粤03民终17303号民事判决书。

④ 甄庆贵.演员在影视作品中是否享有肖像权[J].中国司法,2004(2):75.

第五节　集体肖像相关权益保护问题

集体肖像权也是我国民法学界肖像权研究中的一个焦点问题:不仅存在有无之争,在承认其存在情况下请求权的行使也是一个问题。

一、集体肖像的内涵与特征

（一）集体肖像的内涵

集体肖像指"数个特定不特定人的肖像的集合体,是数个肖像在同一载体中的使用,是各权利人独立肖像的集合体,具有独立性与同一性的二重特征"[1]。通常所说的肖像"都是个人肖像,集体肖像是肖像权保护中的例外现象"[2]。

（二）集体肖像的特征

1. 整体性

集体肖像是多人共同的肖像,具有共同性、集体性,有类似于共同财产的特征。在这个意义上,其不仅是多个人的肖像,更是一个整体。

2. 独立性

集体肖像虽有整体性,但毕竟是多个个人肖像的组合,而肖像是以个人面貌为焦点的个人体貌特征的再现,故集体肖像不可避免地具有独立性。这也是许多个人为维护集体肖像中的个人肖像权而进行诉讼的原因。

二、集体肖像权有无之争

集体肖像权是否存在? 在民法学界,主要有两种观点:

（一）集体肖像权肯定说

该说观点以王利明教授为代表,认为现实生活中存在独立于个体之外的集体肖像,集体肖像是客观存在的,而且,"集体肖像中既存在单个的肖像利益,也存在集体肖像利益。但作为集体的肖像形象,应当归属于整体……集体肖像是各个肖像权人的肖像集合的产物,既具有一定的独立性,又具有集合性,肖像权属于全体合影者"[3]。

---

① 张道奇,封长春.试论集体肖像权[J].法制与社会,2010(11 下):77.
② 王利明.人格权法研究[M].北京:中国人民大学出版社,2012:426.
③ 王利明.人格权法研究[M].北京:中国人民大学出版社,2012:427.

（二）集体肖像权否定说

该观点以杨立新教授为代表,认为在肖像权的保护中,只存在个人的肖像权问题,根本没有集体肖像权这一概念。杨立新认为:"'集体肖像权'不是一个法律概念,也没有这个概念。肖像权都是个人的权利,不是集体的权利,一个人享有的肖像权,就是对自己的肖像的权利,不会转化为集体的。"①还有学者认为:"在理论上,集体肖像权的概念也没有法理依据,集体肖像中的肖像权也是由每一个参与合影者的个人肖像权组成,不可能存在一个超越个人肖像权的所谓集体肖像权。"②

集体肖像权否定说还从其他角度进行探析:一,集体肖像具有同一性和独立性两重特征,各权利人享有的精神利益和转化的物质利益也是独立的,因此,对集体肖像主张个人肖像权是完全可行的。二,以"集体肖像权"名义主张集体肖像,相关权益难以得到保障③。

笔者赞同集体肖像权否定说,原因很简单:无论是我国《民法通则》第一百条,还是《民法总则》第一百一十条,肖像权的主体为"公民"或"自然人",没有规定法人或非法人组织享有肖像权,也没有规定多数自然人对集合肖像可以享有"集体肖像权"。申言之,"集体肖像权"不是一个法律概念,未受到法律承认。

三、集体肖像权中禁止非法使用及侵害请求权的行使

集体肖像权由集体共同使用,任何个人未经集体同意不得擅自使用,也不得转让或允许他人使用。对此,学界与司法界有共识,此不赘述。司法实践难点在于:当集体肖像中的个人肖像权被侵害或该集体肖像权被侵害时,个人单独提起诉讼时的处理。

（一）集体行使说

集体肖像权肯定说既然认为"合影者的集合构成了一幅完整的肖像,全体合影者对集体肖像享有无法分割的精神利益",则包含了肖像制作、使用及损害救济请求权的集体肖像权,"任何单个人不能单独使用集体肖像权,必须经过全体同意才能使用"④。

---

① 杨立新,朱呈义,薛东方.精神损害赔偿[M].北京:人民法院出版,2004:270.
② 宋献晖,李少慧,郭献朝.肖像权与名誉权维权法律通[M].北京:法律出版社,2006:85.
③ 陈静.大众传播中的肖像权利研究[M].北京:中国传媒大学出版社,2012:165.
④ 王利明.人格权法研究[M].北京:中国人民大学出版社,2012:427.

（二）个人行使说

1. 形象突出者行使说

该学说认为："形象突出的人当然享有独立的肖像权，形象不突出者可以主张集体肖像权，但一般不能主张自己个人的肖像权。如果在集体肖像中个人的形象只是站在旁边或只有侧面的形象，形象并不突出，该肖像人就不能主张个人的肖像权。"①事实上，形象突出者行使说是一种折中的观点，既承认了集体肖像权的存在，同时又在一定程度上承认集体肖像权中个体权利的存在。

2. 肖像可辨认者行使说

该观点认为：第一，肖像是个人的外貌的再现，而且是特定个人的外貌再现，是某个自然人的外部标志。几乎所有肖像的定义都是以"个体"自然人为基础，集体肖像虽有整体性，也是个体肖像的组合。第二，民事权利一律平等，只要在集体肖像上能够辨认的个人，均有肖像权。对集体肖像中个人肖像以身份、社会知名度的不同采取不同的保护标准，违背了民法民事主体平等的基本原则，因此，应当抛弃"形象突出"原则，采用平等保护的原则。

四、集体肖像权司法实践中的处理

（一）认为集体肖像权系物质性权利，个人不经他人同意无权以集体名义提起诉讼

"华赞诉美国中国项目咨询公司侵害肖像权案"中②，法院认为：集体肖像中一人对其肖像权的主张，不能反映全体肖像权人的利益。上述观点重点在于：其认为集体肖像中，人格权丧失了存在的基础，但个人肖像的集合转化出物质利益。

---

① 王利明. 人格权法研究[M]. 北京：中国人民大学出版社，2012：427.
② 该案原告华赞为美国未来趋势国际集团的主席兼总裁。1998 年 5 月 2 日，原告所属集团聘用温跃宽担任其国际策略专家。聘用期间，温跃宽随同原告出访美国，与原告等四人一起和美国国家贸易局局长 Carol T. Crawford 女士合影留念。1999 年 10 月，被告成立上海办事处，由温跃宽担任该办事处首席代表。被告上海办事处成立时，将上述合影照片一并印在该办事处的资料上对外广为散发。原告以被告擅自使用其肖像用于其商业目的，致被告成功地将原属原告的大量客户转移至被告处为由，向上海市第一中级人民法院提出诉讼，请求判令被告停止侵权，赔礼道歉，赔偿原告精神损失人民币 200 万元。上海市第一中级人民法院经审理，驳回原告的诉讼请求。最高人民法院中国应用法学研究所. 人民法院案例选：33[M]. 北京：人民法院出版社，2002：109.

（二）承认集体肖像权，但也确认肖像权人在集体肖像中享有独立人格权，个人有权不经他人同意而使用集体肖像中个人肖像或该集体肖像，且能独立提起诉讼

此类案件中，法官确认权利人就其在集体肖像中个人肖像所享有的精神利益及物质利益是独立、可分的。在 2005 年"许七华与谢冬艳肖像权纠纷上诉案"中，原审法院认为："集体肖像是各权利人的独立肖像的集合体，具有独立性与同一性之二重特征。各权利人就其在集体肖像中之个人肖像所享有的精神利益及转化（或派生）的物质利益是独立、可分的，各肖像权人在相片中均享有独立的人格权。"[1]在近年的相关案件中，法院或者认为集体肖像中只要指向性、识别性高，个人即可主张相应权利[2]；或者认为个人作为集体照片中的组成部分，有权主张照片中其个人的肖像权，如周冬雨诉煤炭总医院案[3]。

（三）不承认集体肖像权，但认可集体肖像中的财产利益

此学说承认集体肖像权中的财产权（利）益，但不承认其人格权益。此时，用整体保护原则，即如果集体肖像中人数众多，且所有组成人员个人特征都不突出，或很难辨认，适用共同保护或整体保护原则。解放军陆海空三军仪仗队诉深圳市信禾工艺品有限公司名誉权、肖像权、名称权侵权纠纷案中，判决即否认人格权益而承认其财产权益[4]。终审法院

---

[1] 许七华与谢冬艳原是夫妻，于 2004 年 4 月 14 日协议离婚。在婚姻关系存续期间，二人于 2003 年间拍摄了一组婚纱照。2005 年 5 月 4 日，许七华发现谢冬艳将该婚纱照毁损，遂起诉要求赔偿其损失。参见：广东省广州市中级人民法院（2006）穗中法民一终字第 598 号民事判决书。

[2] 参见：北京市第一中级人民法院（2016）京 01 民终第 4733 号民事判决书。

[3] 参见：北京市第一中级人民法院（2017）京 01 民终第 4101 号民事判决书。

[4] 2005 年上半年，中国人民解放军陆海空三军仪仗大队官兵在北京市场上发现信禾公司在宣传册中使用了三军仪仗大队的名称和形象。2005 年 4 月，三军仪仗大队起诉，称信禾公司蓄意侵犯仪仗队的名称权、肖像权、名誉权。原告请求：一，法院判令信禾公司停止侵害、消除影响、赔礼道歉；二，法院判令信禾公司赔偿 248 万元。一审法判决：驳回三军仪仗队要求认定信禾公司侵犯其名称权、肖像权的主张，确认信禾公司侵犯三军仪仗队名誉权，并应由其承担停止侵害、恢复名誉、消除影响、赔礼道歉民事责任，向中国人民解放军警卫第一师仪仗大队赔偿十万元。双方当事人均不服，提起上诉。北京一中院认定：一，虽然三军仪仗队不能依据法律享有该照片的肖像权，但三军仪仗队对于使用该照片所带来利益（整体肖像利益）享有权益，该权益应当受到法律的保护。二，信禾公司以营利为目的使用三军仪仗队的名称，其行为构成对三军仪仗队名称权的侵权。三，认定无诋毁、诽谤行为，名誉权侵犯不成立。北京一中院终审判决：确认仪仗队的肖像利益和名称权受到了侵犯，信禾公司应停止侵权，公开赔礼道歉，向仪仗队赔偿损失 80 万元的终审判决。参见：北京市第一中级人民法院（2006）一中民终字第 3240 号判决书。

认为"三军仪仗队不能依据法律享有该照片的肖像权,但三军仪仗队对于使用该照片所带来利益(整体肖像利益)享有权益"。

综上可见:第一,集体肖像以其集合性、整体性而不同于个人肖像,唯不特定及特定个体的结合,使其肖像的特点、艺术性及精神气质不同于个人肖像,故该精神性人格权的产生是由不特定及特定个体肖像的结合而产生。如中国人民解放军三军仪仗队的集体肖像,如单独一个或数个战士,不可能产生这种气势和精神氛围的集体肖像。第二,集体肖像的财产利益已经得到实践的承认。第三,相关集体肖像利益问题的司法判决,在理论依据及结果上均不一致,甚至自相矛盾,影响了司法权威性。

第六节 可识别性:肖像权扩张保护的标准

司法实践中,还存在一些与肖像保护相关联或相类似的问题,如人的形象、漫画、动画、身体局部的保护问题,即肖像权的扩张保护问题。所谓肖像权的扩张保护,"指对于某些具有可识别性的人格利益通过类推肖像权的保护方法来加以保护"①。

一、"肖像"内涵与外延的扩张

有观点认为:"肖像并非仅指面部形象,自然人其他身体部位、能区别个体的客观外在表象,只要具有可辨认性,均应作为法律意义上的肖像。"②由此,特定人的形象、漫画、动画及身体局部均属于其肖像的内涵。如此,以面部特征为中心的肖像可称为本肖像,人的形象、漫画、动画及身体局部等则可称为扩张性肖像。

(一)对"局部肖像"或身体局部的扩张保护

对自然人身体局部是否依照肖像权予以保护,有不同观点:

1. 不保护

因为肖像权保护的主要是自然人的面部形象(头像),其保护的利益包括与他人区别开来的识别利益及人格尊严,而只有能够确认"躯体部

---

①② 王利明.人格权法研究[M].北京:中国人民大学出版社,2012:421.

分影像"的明确归属时,才能产生肖像权侵害及相关侵权责任问题①。

2. 保护

认为"只要能识别的自然人身体特征的外观表象均应认定为法律意义上的肖像"②。正如学者所言:"肖像首先是自然人的外观形象,这个外观形象不仅仅局限于面部形象,自然人身体其他部位的影响也可以被认定为肖像权保护对象,比如,手、腿、胸模特的手、腿、胸等。"③而且,重要的是:"肖像是自然人外貌形象的完整体现,但肖像的清晰可辨性应该是其最为重要的特点,只要符合了这一特点,就应该能够认定其肖像,而不应该追求是否反映了面部形象,是否完整地反映了自然人的外貌特征。"④王泽鉴也认为:"肖像固以人之面部特征为主要内容,但应从宽解释,凡足以呈现个人外部形象者,均包括在内。例如拍摄某模特儿众所周知的'美腿'作商品广告,可辨识其人进亦得构成对肖像权的侵害。"⑤

我国司法实践中也有此类案例,如孟某冒充与冰心合影而遭起诉侵害他人肖像权案⑥。

(二)对人的形象、漫画、动画的扩张保护

对人的形象、漫画、动画或声音进行保护,实际上与人的"局部肖像"保护一样,均为肖像外部形象说的应有之义,即肖像是包括人的容貌和体貌。而有观点认为:"外部形象说从肖像的本源出发,将肖像权的保护客体延伸到自然人身上,相对于传统观点(物质载体为基础的观点)是一种进步。"⑦

---

① 张新宝."移花接木"侵犯了什么权[J].中国审判,2009(12):88.
② 王晓鹏.肖像权保护法律研究[D].上海:复旦大学,2006:6.
③ 马特,袁雪石.人格权法教程[M].北京:中国人民大学出版社,2007:237.
④ 张红."以营利为目的"与肖像权侵权责任认定[J].比较法研究,2012(3):65.
⑤ 王泽鉴.人格权法[M].北京:北京大学出版社,2013:141.
⑥ 孟某为宣传自己主编的图书,将周某与我国文坛巨匠冰心的合影照片改成自己与冰心的合影——将周某头部换成自己的头部,并印在图书插图中。一审法院审理认为,虽然在本案中,被告只是使用了原告的身体躯干影像,但肖像权所保护的范围不仅包括以面部为主的五官,还包括自然人的人体躯干。因此,被告将涉案照片中原告的头部与身体躯干分离,不但破坏了原告肖像在该照片中的完整性,更侵害了原告肖像所享有的完整呈现的权益,侵害了原告的肖像权。一审判决周某侵权。周某不服,提起上诉。二审法院判决:驳回上诉,维持原判。江中帆."身体拼接"发肖像权之争[J].检察风云,2010(2):47.
⑦ 张红."以营利为目的"与肖像权侵权责任认定[J].比较法研究,2012(3):33.

赵本山诉海南天涯公司及谷歌公司侵害肖像权案系我国司法实践中对人的形象、漫画、动画或声音进行肖像权扩张保护的典型。此案中的焦点问题是：动漫形象是否为本人肖像。法院认定："只要卡通漫画所反映的是具有可识别性的自然人形象，该卡通形象就可以归属于肖像概念的范畴，从而成为我国肖像权法律保护的对象。"①。在上述判决理由中，法官阐述不仅涉及动漫形象，也涉及声音，因为两者均具备可识别性，均可作为赵本山本人的独特人格特征。

（三）对人的声音的扩张保护

同姓名、肖像一样，声音同属个人的重要特征，起着人格标识的作用②。所以，声音权是自然人以自己的声音所体现的自由、尊严、声音利益等民事权益为内容的一种权利。

声音之所以有人格识别功能，其基础在于声纹。声纹和人的指纹、掌纹等身体特征一样，都具有唯一性、稳定性的特征，而声纹识别是用仪器对人的说话声音所做的等高线状纪录，根据声音波形中反映讲话人生理及行为特征的声音参数，进行身份识别的技术③。目前，声纹识别技术已广泛应用于诸多领域，根据自然人的发声进行声音识别，从而判断其是否本人。

随着窃听器、录音机的广泛使用及电脑互联网技术和声音克隆技术的发展，对声音侵害的现实性加剧。而且，对声音的利用方式越来越宽泛，其利用价值就越来越大④。目前，对自然人声音权益的侵害主要方式有：模仿他人（名人）的声音进行表演；将名人的声音与他人形象组合；组合、抽取名人的声音（演进或对白）进行广告宣传；非法窃听、录制、传播他人声音等。这些现象说明：声音权益有受法律保护的需要。

我国民法学界对于声音能否作为具体人格权有不同观点：①肯定

① 自 2009 年 5 月起，海南天涯公司及谷歌公司为擅自在网站"天涯社区"中的多个页面中发布带有赵本山卡通肖像的 flash 广告。赵本山认为二公司置严重侵犯了自己的肖像权，诉至北京市海淀区人民法院，要求该二公司承担共同侵权责任请求判令二公司立即停止侵权，赔礼道歉并进行经济赔偿。法院最终判决：该网站立即登载道歉声明并赔偿赵本山经济损失 12 万元人民币。陈昶屹，王墨雪. 卡通肖像成广告　赵本山告"天涯"获赔 12 万元[EB/OL].［2016－06－08］. http://old. chinacourt. org/html/article/201009/28/429967. shtml.
② 李林启. 论发展着的人格权[J]. 湖南科技大学学报,2012（2）:82.
③ 张亮. 声纹证据的应用[J]. 公安大学学报,2002（4）:79.
④ 王利明. 人格权法研究[M]. 北京:中国人民大学出版社,2012:422.

说。有学者认为,声音权的权利客体系声音利益,是声音所体现的人格利益。首先,声音权保护的就是声音,而不是保护声音的表现形式,例如,未经许可对声音的表现形式如唱片的复制,构成对著作权的侵害,不构成对声音权的侵害,因此,声音的表现形式是著作权的保护范围,而声音权保护的是纯粹的声音,是声音本身,属于人格权保护的范围。其次,声音权保护的声音是保护声音所体现的人格利益,包括了精神利益和财产利益。从逻辑基础看,声音权既不能为一般人格权所涵盖,也与姓名权、肖像权、隐私权、名誉权、信用权、荣誉权、自由权、婚姻自主权在客观属性上有根本的差异,而且将其作为具体人格权也不会导致"泛权利化",故其应该作为一种独立的具体人格权而存在。另外,从权利概念、权利法律特征、权利内容等民事权利构成的诸方面看,声音权也应该是一种不同于其他人格权的独立人格权①。而且,我国台湾地区也有民法学者认为,声音语言系个人的重要特征,与姓名、肖像相同,应属其他人格利益,已被承认为特别(具体)人格权②。②否定说。我国有学者认为,声音虽有一定人格利益,但并不典型,因而没有将其类型化为具体人格权的必要。但即使不能类型化,也不意味着具有人格标识意义的声音就不能受到侵权法的保护,由于侵权法既保护权利也保护法益,所以,声音作为法益也应受到侵权法保护。而考虑到声音与肖像具有共同的特点,即主体的可识别性,因而可通过扩张肖像权来保护声音利益③。

从立法例来看,美国加利福尼亚州④、佛罗里达州(FLA. S. A. 540. 08)、肯塔基州(KY. R. S. 391. 170)、马萨诸塞州(MASS. G. L. A., ch. 214, 3A)、内布拉斯加州(NEB. R. S. A. 20-202)、内华达州(NEV. R. S. A. Ë598. 980-88)、俄克拉荷马州(OKLA S. A., t it. 12, Ë1448-49; tit. 21, Ë839. 1-839. 3)、田纳西州(TENN. C. A. 47-25-1101 et seq.)、得克萨斯州(TEX. Prop. C. 26. 001 et seq.)、弗吉尼亚州(VA. C. A. 8. 01-40)、威斯康等部分州,加拿

---

① 杨立新,袁雪石. 论声音权的独立及其民法保护[J]. 法商研究,2005(4):105 – 107.

② 王泽鉴. 侵权行为法[M]. 北京:中国政法大学出版社,2001:138.

③ 王利明. 人格权法研究[M]. 北京:中国人民大学出版社,2012:423.

④ 美国《加利福尼亚州民法典》第3344条规定:"未经本人事先允许或当本人是未成年人时未经其父母或法定监护人允许,以任何方式恶意将其姓名、声音、签名、照片或画像用于产品、商品,或以广告、销售为目的进行使用,或用于招揽购买产品、商品、接受服务的客户,应对受害者因此遭受的损害承担责任。"

大魁北克省①、我国澳门地区②等,对声音的保护都做出了明确的规定。

在司法实践中,美国早在 1988 年的一起案例中,法官就做出如此认定:"声音如同面孔一样,具有可区别性与个性,人类的声音是表明身份的最易感受的方式,故模仿著名歌星声音的行为构成侵权。"③在大陆法系的法国,巴黎上诉法院在更早的 1970 年即在一起案例中认定:"对个人姓名、肖像、声音、隐私、名誉及荣誉所享有的权利,被忘却的权利以及对个人自然经历所享有的权利,必须得到保护,以免受到侵害。"

二、对人的形象、漫画、动画、身体局部及声音进行保护的不同思路

从法律规定上看,一般人格权内涵模糊,很难以一般人格权对声音进行保护;从理论上看,人的形象、漫画、人体局部及声音又确实属于人格利益范畴,应该予以保护。

(一)通过扩张一般人格权的途径进行保护

为保护人格尊严及人格利益,许多国家都规定了一般人格权。我国《民法总则》虽然规定了人格尊严即一般人格权,但其内涵并不明晰,对他人的形象、漫画、人体局部及声音进行的商品化使用,很难以一般人格权对其进行保护。

(二)通过扩张肖像权的途径进行保护

主张这种保护途径的观点认为:首先,此类人格利益与肖像存在密

---

① 《加拿大魁北克省民法典》第 36 条从隐私权的角度对声音利益进行了保护:"特别是有下列行为之一的,为侵犯他人隐私:①进入或者占领他人的住宅。②故意截取或者使用他人的私人通讯工具。③盗用或者使用他人的肖像或者声音,尽管在私人寓所内。④尽一切可能持续将他人的私生活公开。⑤使用他人的姓名、肖像、形象或者声音,但向大众合理公开信息的除外。⑥使用他人的信件、手稿或者其他的私人文件。"袁雪石. 魁北克民法典人格权部分节译[M]//杨立新. 民商法前沿:2[M]. 北京:法律出版社,2004:262.

② 《澳门特别行政区通讯保密及隐私保护法》第 10 条(不法的录音及摄影)规定:"一,任何未经同意:(1)录取他人非以公众为对象的谈话,即使是与录取者本人进行者;(2)使用或容许使用上项所指录音,即使是合法制造者,受至两年监禁或至 240 天罚款的处分。二,任何违反他人意愿进行下列事项者,将受相同处分:①拍摄或摄录他人,即使是在合理参与的场合进行者;②使用或容许使用上款所指照片或影带,即使是合法取得者。"

③ 被告福特汽车公司请原告 Midler 演唱广告歌曲而遭拒,遂请他人模仿原告的声音演唱了此歌。此广告播出后,熟悉原告歌声的人都以为是原告在演唱。为此,原告要求对其声予以保护,诉至加州联邦地区法院。由于缺乏独立的、法定化的声音权作为法律依据,美国加州联邦地区法院驳回了原告的起诉。虽然最后第九巡回上诉法院推翻了原审法院的判决,确立了模拟他人声音构成侵犯声音权的判例,但是,第九巡回上诉法院认定的依据是被告侵犯了原告的公开权,即给予声音权人的民法保护只限于其财产性利益,而对其精神性利益却只字未提。

切联系。其次，此类人格利益受损害的原因系被商品化使用，即侵权主要不以侵害他人人格利益为目的，而是以获得财产利益为目标，从这个角度讲，其与肖像权的规则非常类似。学者认为："这种思路系肖像权的扩张保护，即对某些具有可识别性的人格利益通过类推肖像权的保护方法来加以保护。"①

但是，既然通过肖像权的扩张来保护泛人格利益，则肖像权的概念需要重新审视。

（三）通过引进形象权进行保护

有学者认为："形象权所保护的形象是自然人面部之外的身体形象，包括形体特征、侧影、背影等。媒体中常见的'手形广告'中的手形、'内衣广告'中的模特形体，以及身体其他部位的形象，都是形象权的保护范围。"②所以，除面部形象之外的人体形象，如手形等，都应当纳入形象权的保护范围之中。

在六小龄童诉北京某网游公司侵害肖像权案中，虽然六小龄童即章金莱败诉，但终审法院认为：我国《侵权责任法》的立法说明充分表示出应该承认人格权中所蕴含的财产利益，并应该对人格权中的财产利益给予充分的保护。也就是说，当某一角色形象，能够反映出饰演者的体貌特征并与饰演者具有可识别性的条件下，将该形象作为自然人的肖像予以保护，是防止对人格权实施商品化侵权的前提。章金莱饰演的"孙悟空"完全与其个人具有一一对应的关系，即该形象与章金莱之间具有可识别性。在相对稳定的时期内，在一定的观众范围里，看到其饰演的"孙悟空"就能认出其饰演者章金莱，并且答案是唯一的。本案中，北京一中院之所以驳回章金莱的上诉，是由于认为蓝港公司所使用的"孙悟空"形象，与章金莱饰演的"孙悟空"之间存在一定的区别，因此观众能够立即分辨出蓝港公司所使用的"孙悟空"不是章金莱饰演的"孙悟空"，更不能通过该形象与章金莱建立直接的联系。因此不构成侵犯章金莱的肖像权③。

---

① 王利明. 人格权法研究[M]. 北京：中国人民大学出版社，2012：421.
② 杨立新，林旭霞. 论形象权的独立地位及其基本内容[J]. 吉林大学社会科学学报，2006（3）：53.
③ 2010年11月，北京某网游公司推出一款名为"西游记"的网络游戏，六小龄童认为该游戏内容低俗，丑化了西游记主人公六小龄童（章金莱）的形象，遂起诉该公司侵害其名誉权和肖像权，索赔100万元。经两审，法院驳回了六小龄童的诉讼请求。参见：北京市第一中级人民法院（2013）一中民终字第05303号民事判决书。

三、我国肖像权扩张保护的司法实践及核心依据

随着我国公民法律意识的增强,肖像权扩张保护的诉讼自 20 世纪末出现。截至目前,司法实践中此类诉讼主要集中于身体局部的扩张和形象扩张两大类。笔者从中国裁判文书网、相关学术专著及新闻报道中收集到以下案例①:

扩张类型及序号 \ 侵权表现媒体及结果		侵权具体表现	侵权媒体	判决结果	判决时间
身体局部扩张	1	只有人体躯干像,无头部	书	保护	2009
	2	只有侧面上半身像	网络	保护	2014
	3	只有背影与侧面像	报纸	保护	2015
	4	只有右侧面上半身像	户外广告牌	保护	2016
	5	眼部进行了模糊处理	电视	保护	2017
	6	无法看到该人物左眼及额头	网络	不保护	2017
形象扩张	7	漫画	报纸	保护	1999
	8②	素描	书	不保护	2009
	9③	动漫形象加声音	电视	保护	2010
	10④	油画	画册、展览	保护	2012
	11	动漫形象	电视	不保护	2013
	12	动漫形象	网络	保护	2016

---

① 表中序号 1 – 7 和 11 – 12 中案例案号分别为:江苏省无锡市中级人民法院(2009)锡民终字第 0168 号民事判决书;北京市第三中级人民法院(2014)三中民终字第 14466 号民事判决书;河南省洛阳市中级人民法院(2015)洛民终字第 316 号民事判决书;四川省绵阳市中级人民法院(2016)川 07 民终 888 号民事判决书;北京市第三中级人民法院(2017)京 03 民终 11137 号民事判决书;北京市第三中级人民法院(2017)京 03 民终 12277 号民事判决书;北京市朝阳区人民法院(1999)朝民初字第 053034247 号民事判决书;北京市第一中级人民法院(2013)一中民终字第 05303 号民事判决书;北京市第一中级人民法院(2016)京 01 民终 496 号民事判决书。

② 张媛. 裸模改行后起诉原合作画家获赔 30 万元[N]. 新京报,2012 – 03 – 25.

③ 陈昶屹,王墨雪. 卡通肖像成广告　赵本山告"天涯"获赔 12 万元[EB/OL].[2016 – 06 – 08].http://old. chinacourt. org/html/article/201009/28/429967. shtml.

④ 李涛,田晓莉. 湘潭裸模状告画家终审胜诉　获赔 30 万[N]. 湘潭晚报,2017 – 07 – 17(1).

从上表可见,关于肖像权扩张保护的案例中,绝大部分以原告胜诉结案,而胜诉的主要依据或标准是肖像的可识别性。在识别性问题上,又分两种:身体局部扩张和形象扩张。

(一)肖像的直接识别

这种情况下,法官依据肖像即可识别出是否原告本人肖像。又分两种情况:

1. 法官依据肖像即可识别出系原告本人肖像

在2号案例中,法院认为,"根据网络搜索图片显示的内容,可以印证涉案照片与张燕肖像的同一性";在3号案例中,法院认为,"本院经比对,照片与程相国本人相似度很高";在5号案例中,法院认为:被告对原告肖像"虽然在眼部进行了模糊处理,但仍然能够被显著认出是史恒侠本人";在10号案例中,法院认为:"涉案油画确系以王樱璇为原型创作而成。"

2. 法官依据肖像本身不可识别或确定并非原告本人肖像

这种情况当然出现在对原告诉求未予保护的案例中。在6号案例中,法院认为:原告"提交的公证书中所显示的配图无法看到涉案照片人物的左侧眼睛及额头,法院无法认定该照片中的人物肖像为孙晶,故无法认定孙晶的肖像权受到了灵云公司的侵犯";在8号案例中,法院认为,"素描这种以绘画形式出现的肖像,在客观性上较照片等其他影像形式的载体与原人物相差较大,因此素描不受肖像权的保护";在11号案例中,法院认为:"蓝港公司所使用的'孙悟空'形象,与章金莱饰演的'孙悟空'之间存在一定的区别,因此观众能够立即分辨出蓝港公司所使用的'孙悟空'不是章金莱饰演的'孙悟空',更不能通过该形象与章金莱建立直接的联系,因此不构成侵犯章金莱的肖像权。"

(二)肖像的直接识别与间接识别相结合

如果依靠肖像本身不能直接确定与原告的关系,法官则需依据间接证据——往往是肖像所处的"特定场景"。

在7号案例中,法院认为:"涉案肖像漫画面部特征酷似原告,而且该肖像漫画配有'实话实说'字样,并置于'来自《东方时空:实话实说》的减肥报道'的特定场景中,根据上述特定人物特征,特定主持人身份及特定场景,可以认定该肖像漫画即是原告的肖像漫画。"①在9号案例中,

---

① 北京市朝阳区人民法院(1999)朝民初字第053034247号民事判决书。

法院认为："肖像的概念强调的是自然人面部形象相较于其他自然人所具有的可识别性。本案中的卡通人物形象以该特殊识别性为特征，且配上'您有才'及'咱不差钱'等赵本山在春节文艺晚会上表演的《策划》及《不差钱》两部小品节目中的经典台词作为旁白（声音）表述，使涉诉卡通形象的整体认知明确指向公众印象中的赵本山个人肖像。"①在12号案例中，法院认为："卡通形象虽不能直接辨识张亮本人，但其作为文章的配图，与文章内'张亮、xx和T台'等字样呼应，很容易将上述卡通形象与张振锁产生联系，使卡通形象具有明确的指向性和辨识性，属于肖像权的范畴。"

（三）肖像本身不具可识别性但被告承认，故无须识别

实践中，存在这样一种情况：肖像本身不具可识别性，但被告承认该肖像系原告肖像，这就不涉及可识别性问题。在1号案例中，被告承认通过电脑技术将原告视为具有特定价值的照片中的头部影像从其整体影像中分离；4号案例中，被告在诉讼调解中未提出肖像与原告身份的对应问题，且向原告赔礼道歉。故两案中均不存在对肖像的识别问题。

四、肖像权扩张保护的核心标准：可识别

人的形象、漫画、动画、身体局部及声音之所以可以扩张为肖像权，根本理由系其能为人们辨认出是某个具体的、特定的个人。只有在可辨认性的情况下才构成侵害肖像权。《民法典·人格权编（草案）》第七百九十八条"本法所称肖像是通过影像雕塑、绘画等方式在一定载体上所反映的特定自然人可被识别的外部形象"的规定，强调了"可被识别性"，而非"再观性"。

（一）一般认知水平人的标准

一般认知水平人即具有一般行为能力人。这种认知水平不能局限于"熟人"之间，也不能以"超人"为标准。在法国一起案例中，法院宣判某女星对其胸部享有"肖像权"，因为与她最亲密的人可由其胸部辨认出她。此案采纳了"亲密人标准"。然而，肖像的本质在于使有一般认知水平人能够辨认出特定个人，因此，肖像扩张保护中，不能采亲密人标准，而应采一般人的标准。

---

① 陈昶屹，王墨雪.卡通肖像成广告　赵本山告"天涯"获赔12万元［EB/OL］.［2016－06－08］.http://old.chinacourt.org/html/article/201009/28/429967.shtml.

(二)清晰

局部肖像必须足够清晰可见,不能模糊,载体所反映的形象与特定人保持相当程度即足以使般人仅凭直观便能清晰辨认出的一致性。"如果载体所呈现出来的内容,只有凭借高科技手段,才能确定是某一自然人所特有的一部分形象,而一般人不能仅凭直观便能辨认,那么这一载体就不具有可辨认性,不能认定为该自然人的肖像"①。当然,这种清晰是达到概括性再现的程度即可,而不是"复原"性再现。

(三)不过分泛化

泛化容易出现在涉及肖像权人形象的案件中。所谓个人形象,指个人的容貌、动作、语调等的结合②。在美国的"赛车"案中,法官认为,"尽管原告的形象难以辨认,但仍然可以确定是原告,因为原告的赛车及其装饰具有固定特点,能够使得普通人认为赛车手就是原告,因此确认具有可辨认性,构成侵权"③。对此观点,我国著名民法学者王利明认为:"可辨认性应限于人本身,而不应及于受害人使用的物件。"④

第七节 网络传播侵害肖像权问题

网络传播中对肖像权的侵害,与对其他具体人格权的侵害具有共同特点,也有不同特点,同时,有其深层的文化原因。

一、网络传播侵害肖像权的形式

(一)以营利为目的的传播

此类对肖像权的侵害,指未经本人同意,以营利为目的使用他人肖像在互联网上做广告,进行商业宣传。该行为在世界各国均视为侵害肖像权的行为。而此类侵权目前在网络上主要有以下类型:

1. 在网站上用他人照片或动漫形象进行广告宣传

此类侵权的审理难度不大。前者如影星赵雅芝诉上海启资贸易有

---

① 叶璇诉安贞医院、交通出版社等肖像权纠纷案[J].最高人民法院公报,2003(6):21–22.

② 王利明.人格权法研究[M].北京:中国人民大学出版社,2012:423.

③ MotschenVmclier v. R. J. Reynolds Tobaccl Co.,498 F. 2d 821(9ᵗʰCIR. 1974).

④ 王利明.人格权法研究[M].北京:中国人民大学出版社,2012:425.

限公司侵害肖像权案①,苗圃诉苏州吴中维多利亚美容医院有限公司和苏州新媒体传播有限公司案②;另一种是以他人动漫形象进行广告宣传,如前述赵本山诉海南天涯公司及谷歌公司侵害肖像权案。

2.在微博上用他人照片进行广告宣传

如汪峰诉丁勇侵害肖像权和姓名权案,法院认定:丁勇未经汪峰同意,在涉诉微博中使用了汪峰的4幅肖像照片作为微博内容的配图,因该4幅配图登载在具有明显广告宣传性质的涉诉文字微博内容之下,从配图与文字的关系上看属于对广告宣传性文字内容进行配图指示说明,该4幅配图的使用构成了以营利为目的之肖像使用,故行为主要侵犯了汪峰肖像权及姓名权中具有人格权财产属性的利益③。

3.在微信(公众号)上用他人照片进行广告宣传

如倪妮诉深圳好百年股份有限公司侵害肖像权案,法院认定:被告的行为暗示性影射原告个人形象与被告的销售行为存在一定联系,变相

---

① 2012年4月,上海启资贸易有限公司在自家网页上多处使用赵雅芝等人的肖像,为一款嫩白系列化妆品做广告宣传,并配以"六大港星联袂代言""品牌代言人:赵雅芝"等字样。鉴于启资公司是代理娜葆思公司的化妆品,市场推广均由娜葆思公司负责,2012年6月1日,赵雅芝以侵犯姓名权、肖像权为由,将两家公司起诉至上海市浦东法院,请求判令两被告公司立即停止侵权,在启资公司的网站上公开赔礼道歉,赔偿经济损失人民币95万元及精神损害抚慰金5万元。浦东新区人民法院判决:两被告在启资公司网站首页公开赔礼道歉;启资公司赔偿25万元,娜葆思公司承担连带责任。胡彦珣.赵雅芝诉两公司侵犯肖像权　法院一审判赔25万元[EB/OL].[2013-04-01]. http://shanghai.xinmin.cn/xmsq/2013/03/18/19267563.html.

② 新媒体公司主办的苏州新闻网(http://hyy.subaonet.com)"整形频道"上,2011年5月至次年2月,发表三篇介绍维多利亚医院整形手术的文章。上述文章均使用苗圃照片配图。苗圃以肖像权和名誉权受到侵权为由起诉。法院终审判决:一,新媒体公司于判决生效后七日内向苗圃书面赔礼道歉(道歉内容须经法院审定,如新媒体公司拒绝履行该义务,则由法院择一全国发行报刊,刊登判决书主要内容,刊登费用由新媒体公司承担);二,维多利亚医院于判决生效后七日内向苗圃书面赔礼道歉(道歉内容须经法院审定,如维多利亚医院拒绝履行该义务,则由法院择一全国发行报刊,刊登判决书主要内容,刊登费用由维多利亚医院承担);三,新媒体公司于判决生效后七日内赔偿苗圃各项经济损失二十万元,维多利亚医院与新媒体公司承担连带责任。参见:北京市第三中级人民法院(2016)京03民终8261号民事判决书。

③ 2015年5月29日,丁勇在涉诉微博中发布如下博文:"应主办方邀请赶往合肥参加明天晚上(5月30日)下午6点三里庵之心城汪峰2015.9.19《风暴来临》演唱会新闻发布会担任表演嘉宾,明天有空的小伙伴来现场找我订票可以买到最低折扣的门票(只限明天下午来现场找我的朋友)",博文下方上传了七张图片,其中第二张是汪峰"2015峰暴来临超级巡回演唱会"的海报,第三张是汪峰坐在台阶上的单人全景肖像。法院终审判决:被告丁勇于本判决生效后十日内向原告汪峰赔偿经济损失共计10万元。参见:北京市第一中级人民法院(2016)京01民终5866号民事判决书。

侵害了原告就其肖像商业价值应得的经济利益①。

（二）公务机关或法人非以营利为目的的传播

1.公务机关在执行公务过程中将监控或拍摄到的照片或视频被泄露到网上

这又分两种情况：一种是公务机关工作人员故意将执行公务过程中监控或拍摄到的照片或视频向网上传播，这种行为是故意侵权；另一种是一种是公务机关工作人员因过失导致执行公务过程中监控或拍摄到的照片或视频向网上传播，这种行为构成过失侵权。典型者如2011年8月22日在全国范围造成影响的"摸奶门事件"②。而学者认为："交警部门公开速度与激情事件的监控图像，无论男女主角是否构成违法或者违章，这种公开的行为都泄露了被监控人的隐私，非法使用了被监控者的肖像，都构成侵害隐私权和肖像权。"③

2.法人在网站上刊登未经同意拍摄的他人在非公开场合的照片，或者传播他人的非公开场合的视频片段

非公开场合具有隐私性，拍摄并刊登或传播他人视频，不仅侵害他人隐私权，也侵害他人肖像权，如上海地铁3号线情侣拥吻视频被上传网络案④。

---

① 2015年8月24日，好百年公司在其开设的微信公众号"好百年家居"使用片名为《新娘大作战》的电影海报，用作商业宣传的配图，该电影海报中显示有原告倪妮的照片及名字。法院终审判决：一，被告深圳市好百年家居连锁股份有限公司应于判决生效之日起七日内在其网站（页）或全国公开发行的报纸上向原告倪妮赔礼道歉（具体内容须经法院审核）；二，被告深圳市好百年家居连锁股份有限公司应于判决生效之日起七日内向原告倪妮赔偿损失（含精神损害抚慰金）人民币3万元。参见：广东省深圳市中级人民法院（2016）粤03民终18948号民事判决书。

② 2011年8月22日，一张"左手驾车、右手袭胸"的监控照片在网络上热传，有关隐私、道德等相关话题也在网络上引发了激烈的讨论。网友"人肉"出车中的主人公身份，一个是某著名家电品牌驻四川南充分公司经理，而女的则是一位大学生。四川省三台县交警大队违法处理办公室工作人员在接受"成都全搜索"采访时则称，自己不清楚照片是谁流传出来的，除了三台县的交通管理部门，四川省其他交管部门也能从违法记录系统中提取这张照片。蒋哲，李碧娇，金麟，等.四川绵阳警方调查"摸胸照"图片来源[N].南方日报，2011-08-23(1).

③ 杨立新."速度与激情"事件引发的民法思考[J].河北法学，20112(2):16.

④ 一对情侣在上海地铁3号线友谊路站内拥吻，车站站务管理员在监控画面中看到后，通过个人手机翻拍监控到的画面并录制这段视频传至网上。这对情侣诉至法院，称其隐私权和肖像权受到侵害。法院判决地铁公司向二人赔礼道歉。周宽玮，李继成，姜丽钧.情侣拥吻视频网上流传　疑遭地铁站监控[N].东方早报，2008-01-16(5).

（三）在网络上侮辱、丑化他人肖像

在网络上侮辱、丑化他人肖像，主要指未经肖像权人同意，利用照片处理软件对他人肖像进行恶意修改或处理，并进行传播，从而侵害他人肖像权益。

1.“恶搞”型的侮辱或丑化

这种侵权又分两种：一种是对他人照片进行恶意或嘲弄性的编辑、修改，侮辱或丑化他人形象。如2013年的“杨幂插座”事件①。

2.组合型侮辱、丑化行为

此类对肖像的侵害，有以下几类：①未对他人肖像进行编辑、修改，但与有伤社会风化的文字内容组合在一起，给人一种联想，使人认为肖像权人也从事此类有伤社会风化的行为，从而侮辱肖像人的肖像权与名誉权。如李某诉A公司侵害肖像权案②。该案中，法院经审理认为，本案中联网所发新闻，虽非有获利之嫌，但其最终是为获利，不能将该网页没有营利与办好中联网最终为获利之根本目的分割开来。被告在未征得原告同意情况下，将其泳装照片作为“‘色女郎’被请出居民楼”文章的插图，与该文章相映衬，目的是为吸引网民注意力，进而增加网民阅读该新闻的点击量，其行为侵害了原告的肖像权；其后果贬低了肖像权人的人格尊严，侵害了其名誉权。②未对他人肖像进行编辑、修改，但与嘲弄性的活动或文字内容组合在一起，侵害肖像权人的肖像权和人格尊严。如2000年，臧天朔诉北京网蛙数字音乐技术有限公司和广州网易计算

---

① 2013年4月，知名演员杨幂主演的《盛夏晚晴天》播出之际，名为“扒皮王”的网友在微博上传一张图片，内容为一购物网上挂出的“明星脸照片贴插座”商品，而这则商品的“代言人”正是杨幂。图中的杨幂面带痛苦，鼻孔处正好成了插座的插孔，一时间“杨幂插座”风靡网络。张聪.将明星脸当插座　侵犯肖像权［N］.楚天都市报，2013－05－04.

② 2003年9月20日，南京女孩李某在网络上发现：其在参加南京电视台举办的“美在金陵”影视新星大赛中拍摄的一幅泳装照片，被海南A公司下属的中联网站作为配图使用在一篇题为《小区拒绝色情骚扰续：“色女郎”被请出居民楼》的文章中。李某认为中联网站的行为侵犯肖像权和名誉权，于同年11月向南京市建邺区人民法院起诉，要求A公司赔礼道歉、消除影响、恢复名誉，并赔偿其肖像权损失3万元和名誉权损失2万元。法院判决：被告A公司在其经营的中联网站上向李某赔礼道歉，消除影响，恢复名誉，并赔偿李某肖像权、名誉权损失各1万元、2万元。吴春岐.案例解说:网络侵权责任认定与赔偿计算标准［M］.北京:中国法制出版社，2011:75－77.

机系统有限公司侵害肖像权案①和张老汉诉中国经济网侵害肖像权案②。

（四）网络技术支撑下的新型肖像侵权

1. 网络圈人

所谓网络圈人指用户有权限在自己或好友的相册任意照片的任意位置圈定一个范围，并标注这个范围所属的好友名字。据人人网、开心网等交友网站的描述，该功能的初衷，首先可以把照片上的人物与其在交友网站上的账户和个人主页对应起来，方便自己好友们相互"串门"，而多数被圈的位置都是人物照的面部。如果在某张照片上圈出了某位好友，在此人所有好友的动态中会显示圈人信息，即其好友们也可以看到这张照片③。这项技术的危险性显而易见：因为人们在生活中的不羁瞬间往往会被朋友拍摄下来，而朋友一旦在这些照片上把其"圈"出来，那么这些照片相应地也会被被圈者的好友所见，而这些好友可能是其同事、生意伙伴、上级领导，这可能对其生活工作产生难以预测的影响④。由此

---

① 2000 年，北京网蛙数字音乐技术有限公司和广州网易计算机系统有限公司合作开展"国内歌坛十大丑星"评选活动，在网上列出形象不佳的候选明星供网友投票选举，臧天朔以 16 911 的票数名列第三名而入选。臧天朔遂起诉，要求二被告停止侵害、赔礼道歉、消除影响，判令二被告给臧天朔造成的经济损失人民币 65 万元，赔偿精神损失 20 万元。北京市朝阳区人民法院判决：两被告因侵害被告人格权，停止侵权，赔礼道歉，赔偿原告臧天朔经济损失人民币 1500 元，赔偿臧天朔精神抚慰金人民币 1 万元；二被告承担连带赔偿责任。两被告因侵害被告肖像权，赔偿原告臧天朔精神抚慰金人民币 1 万元。二被告承担连带赔偿责任。被告上诉。二审法院维持一审判决。参见：北京市第二中级人民法院（2002）民第 397 号判决书。

② 张老汉是精神残疾人。2006 年，中国经济网上刊登了张老汉穿着花袄、梳小辫的照片，并冠以"村里有个姑娘叫小芳"之标题。张老汉认为中国经济网（为经济日报社主办）未经许可而擅自发表其照片并有不当言辞，侵犯了其肖像权和名誉权，故诉至法院，要求中经网、经济日报社赔礼道歉，赔偿精神损失 5 万元，并承担连带责任。一审法院经审理后判决，中经网在中国经济网上以登载十日声明的形式向张老汉赔礼道歉，并给付张老汉精神损害抚慰金人民币 2 万元。一审判决后，中经网不服上诉至一中院，要求改判。在北京市第一中级人民法院主持下，张老汉与北京中经网联合信息咨询中心、经济日报社达成调解协议：中经网当庭向张老汉赔礼道歉，中经网给付张老汉精神损害抚慰金人民币 1. 75 万元。李军. 患病老汉被恶搞成"小芳"中经网道歉赔偿［EB/OL］.［2016 - 07 - 06］. http://old. chinacourt. org/html/article/200709/21/265914. shtml.

③ 黄错. 论网络照片圈人功能对人格权的侵害及保障途径［J］. 法制与社会，2011（2）：70.

④ 美国即有如此案例：俄亥俄州的新闻主播凯瑟琳·博斯利经历了多次威胁生命的疾病，最终凭着坚强的意志挺了过来。身体完全得到康复后，她与丈夫到佛罗里达度假。在这里，她被不认识的人们簇拥环绕并为她庆祝她的新生，陌生人为她组织了一场规模庞大的"湿衣派对"（"wet-shirt"contest）。一年后，这场派对的照片被上传到交友网站并对凯瑟琳进行了圈人，以致凯瑟琳被所在的电台解雇。电台解雇她的理由是："凯瑟琳作为一个经验老到的主播，她应该清楚那些行为不符合她的职业。"In The Face of Danger：Facialre Cognition and The Limits of Privacy Law，Harvard Law Review，vol 120，no. 7，2007，p. 1879.

可见,网络照片圈人功能存在潜在的危险性,可能侵害肖像权和隐私权。

2. 表情包侵权

表情包以其超强的趣味性和表现力,被广泛应用在网络即时通讯中,并已经形成一种独特的网络流行文化。金馆长、姚明脸、葛优躺……网民们自制搞笑的表情包在 QQ、微信、百度贴吧、微博等主流社交平台上传播,"刷表情"已成为一种日常交流。表情包的风靡并不是我国网络的特有现象。有学者将表情包在互联网上的流行划分为三个阶段:1.0阶段溯源到 1982 年微笑符号被首创出来;2.0 阶段以各大软件自带的emoji 表情广泛传播为标志;3.0 阶段则是网民自创表情包阶段①。随着技术门槛的不断降低,网民裹进自己参与设计和传播表情包的狂欢盛宴的同时,相关肖像权侵权问题也随之出现。

目前,表情包侵权主要体现在涉及公众人物。学界认为,此类侵权主要有三种②:①以公众人物的真实身份打造的表情包。这类表情包,很多是公众人物与相关的公司直接签订许可协议制作的个人专属表情包。自从 2015 年 7 月微信开始推出明星真人表情包,Angelababy(杨颖)以其甜美可爱成为第一位入驻的艺人,随后许多明星加入。每套表情包下载收费 6 元,腾讯根据下载表情包的收入与明星进行分成。另外,表情包还形成了一条庞大完整的产业链,包括漫画、玩偶、抱枕、主题商店、手机壳、T 恤衫等周边产品……这类以公众人物的真实身份打造的表情包通常都有肖像权授权,因此其制作、使用并不涉及肖像权侵权的问题。②以公众人物的影视形象打造的表情包。影视形象在剧中有自己的身份,但是呈现在公众面前的还是扮演该角色的演员。因"葛优躺"引发的葛优起诉艺龙旅行网侵害肖像权纠纷案,是此类侵权的典型③。当然,此类表情包还可能侵犯影视作品著作权。③公众人物的动漫形象表情包。如前所述,人物肖像的呈现形式并非仅是通过照相、雕刻、录像、电影的手段完全"还原"自然人的形象,如果能反映出具有可识别性的自然人形

①　郑满宁.网络表情包的流行与话语空间转向[J].编辑之友,2016(8):42-46.

②　武丽魁.公众人物"表情包"的肖像权侵权问题探讨[J].视听,2017(7):162-163.

③　"葛优躺"这一影视形象表情包来源于《我爱我家》这部情景喜剧,艺龙旅行网未经许可,在新浪微博中发布了 18 张的图片介绍"葛优躺",为每张图片上都配了台词,并转而介绍自己相关的酒店预订业务。葛优以侵犯肖像权将艺龙旅行网告上法庭,请求判令被告立即停止侵犯肖像权的行为,赔礼道歉并赔偿经济损失及合理开支共计 40 余万元。周小白."葛优躺"图片引肖像权纠纷[EB/OL].[2017-10-30].http://tech.hexun.com/2016-12-07/187231757.html.

象,通过绘画或者漫画的形式再现自然人的形象理应属于人物肖像的呈现,如赵本山诉海南天涯公司及谷歌公司侵害肖像权案,两审法院均认为,赵本山作为公众人物,其个人肖像具有明显的可识别性,加上经典台词作补充,可将涉案卡通形象明确指向为公众印象中的赵本山个人肖像①。

二、网络传播侵害肖像权的特点

网络传播中对肖像的侵害,与对名誉权、隐私权、姓名权的侵害一样,具有侵权主体的隐蔽性、广泛性,侵权行为的便利性、传播快捷性等共同的特点,同时,还有特殊性:

（一）侵权手段的科技性与便捷性

目前,Photoshop、光影魔术手或其他照片处理软件,已得到广泛使用,随便加一行字或毫不相干的照片组合一下,对他人的肖像进行恶意修改或做其他处理,已经是网络传播中的"家常便饭"。

（二）侵权形式的多样性

与平面媒体侵害肖像权的方式是图片方式、电子媒体如电视则是影像形式不同,网络传播中侵害肖像权的形式不仅有图片,而且有影像;不仅是有静态的,而且有动态的,还有静态与动态结合的形式。

（三）侵权内容存在栏目的多样性

由于科学技术的发展,网络传播侵害肖像权不仅可能发生在网站自己作为把关人的新闻报道中,也可以出现在网站只作为服务提供者的个人社交栏目如个人主页、BBS、电子邮件、博客中。

（四）侵权认定的复杂性

网络传播中对他人肖像权的损害,有时介于合法与非法之间的地带,难以给受到损害的当事人进行侵权法上的救济。如前述六小龄童遂起诉北京蓝港网游公司侵害其名誉权和肖像权案,侵权者利用科技手段,使自己"创造"的"孙悟空"形象与六小龄童扮演的"孙悟空"稍有不同,法院认为两者"之间存在一定的区别",六小龄童最终败诉。

---

① 陈昶屹,王墨雪.卡通肖像成广告　赵本山告"天涯"获赔 12 万元[EB/OL].[2016 - 06 - 08].http://old.chinacourt.org/html/article/201009/28/429967.shtml.

（五）损害后果难以确定性

网络传播中的肖像权侵害，波及面和影响力会比在传统媒体中广泛和强烈，但影响或损害程度难以准确衡量。另外，网民心理也复杂：从法律上看，某行为对其肖像进行扭曲，但其可能并不因此感到有伤害，甚至因红遍网络而窃喜，所以侵害权对其造成的影响难以正确或准确判断，而侵害肖像权的损害程度和赔偿标准更难以确定。

三、网络传播严重侵害肖像权的成因

（一）网络技术的便利性、低成本及其网络管理的难度

1. 网络技术的便利性与低成本

网络传播中对肖像权的侵害有许多原因，而网络技术的发展、进步使其具备的便利性与低成本，是最直接的原因之一。开放性、域名的独有性、变化的灵活性和技术的融合性是网络技术主要特征。无论从图像制作技术上看（如 Photoshop、光影魔术手处理软件），还是图像传输技术（如 frontpage 等软件），还是从图像搜索技术来看，均可加重了肖像权人的伤害，对肖像权保护构成越来越严峻的挑战。

2. 网络管理的难度

网络技术的发展使对网络传播的管理非常困难。"在网络传播时代，要想对信息的传播进行严格控制已经成为一种不可能，或者成为一种代价高昂、得不偿失的行为"[①]，缺少把关人或把关人职责不明的网络传播，意味着侵害肖像权的图像更容易出没于网络空间。

3. 网络信息社会对技术的依赖

技术不仅是网络运行的基础，也越来越成为网络信息社会生活的内容，甚至是核心内容。媒体生态批评家尼尔·波兹曼认为，科技发展可划分成三个阶段：工具使用阶段、（Tool-using）、科技制形成阶段（Technocracies）和科技复相体塑造阶段（Technopoly）。科技在第一阶段只被人们当作便利生活的工具；在第二阶段，社会发展开始以科技进步为衡量标准，工具理性开始受到推崇；第三阶段，科技可能已经开始渗入社会生活与文化内核[②]。事实上，网络信息技术的发展已经使社会生活充满

---

① 匡文波. 网络传播技术［M］. 北京：高等教育出版社，2003：4.

② 杨状振. 偏执的神话与迷离的景观：新媒体人文精神批评论纲［EB/OL］.［2015 - 06 - 15］. http://academic，Mediachina. net/article. php？ id = 6528.

技术气息,许多网民已经逐渐有了技术依赖症,而使用网络技术侵害他人肖像权只是其中的表现之一。

(二)网络消费心理的原因

网络典型特征之一就是将生产与消费、工作与休闲融合起来,而网络经营者在创造和传播产品时常以易消费为目标。受众既然是能够为媒体带来利润的上帝,媒体自然满足其嗜好,而网民的嗜好之一就是"形象消费"。法国思想家德波早在20世纪60年提出"景象社会"理论,"在他看来,景象社会基本特征体现为商品变成形象,或者说形象即商品,成为社会关系的新的中介"①。从媒体的竞争发展来看,网络媒体发展的前提条件就是让网民更多地关注自己,而"注意力"是稀缺资源,分配到每个网络媒体身上的很有限。网络媒体要吸引网民注意力,更倾向于使用惊艳照片或劲爆图像。

(三)网络大众文化的原因

随着媒体技术的发展,媒体基本包揽了大众接触的文化,"当代文化不仅仅通过大众媒介来传播,更多的情况是许多文化形式就是大众媒介制造与特有的……大众文化是媒介文化的主体"②。

与精英文化不同,媚俗、商品化、可消费性的大众文化中,视觉文化是其重要部分,它以视觉形象为主体,是读图时代和景象社会产生的关键因素之一。视觉文化当然是以图像为主体内容,这也与图像本身的传播效果显著、成本较低的特点有关。德国思想家本雅明对视觉文化的研究有重要推动作用,他认为:"电影等可复制艺术形式的出现让传统的审美静观逐渐衰退,取而代之的是震惊效果。"③

---

① 周宪.视觉文化的转向[M].北京:北京大学出版社,2008:15.
② 丁德山.当代媒介文化[M].北京:新华出版社,2005:9.
③ 周宪.视觉文化的转向[M].北京:北京大学出版社,2008:14-15.

第十二章　传播侵害姓名权

与肖像权类似的是：姓名权在一些国家也是归属在隐私权下进行保护的。我国早在 1987 年 1 月 1 日始施行《民法通则》中，就确立了姓名权与名誉权等相同的法律地位：具体人格权。

在社会生活中，冒用、盗用是传统大众传播侵害姓名权的主要方式，而网络传播中，姓名权的侵害方式则呈现出不同的特点。本章在研究传统大众传播侵害姓名权的方式及姓名"暗示"问题同时，对网络传播侵害姓名权的问题也进行探讨。

第一节　姓名权概述

姓名反映了人格利益与人格尊严。姓名权内容包括决定、使用、变更姓名的权利、利益维护权或禁止侵害权益请求权。

一、姓名概述

姓名包括姓氏与名字，它是特定自然人在社会中区别于其他自然人的标志或代号。姓代表家庭或血缘，是群体的标志；名则是个人的标志与符号。人作为社会中的人，需要与社会发生各种关系，并使自己与他人区别开来，就有必要使用姓名①。而从法律角度来看，"姓名不仅是特定自然人区别于他人的标志，也是权利主体与义务主体的符号，因此，也成为个人人格的独特标志"②。

---

① 董炳和.死者姓名的民法保护［J］.法学,1997(12):19.
② 王利明.人格权研究［M］.北京:中国人民大学出版社,2012:363.

二、姓名权及其特征

姓名权是特定自然人或其监护人决定、使用、变更其姓名，并以法律手段维护姓名权益的权利。其特征是：

（一）主体是自然人，客体是姓名

唯有自然人可作为姓名权的主体，法人及非法人组织有名称但没有姓名。自然人死后是否还拥有姓名权，有肯定与否定两种观点。有观点认为："姓名权具有极强的专属性，与生存的个人的人身不可分离……如果他人盗用或假冒死者姓名从事各种活动，其后果一般为造成死者名誉受损。"①事实上，自然人的权利始于出生，终于死亡，死者当然不能再有姓名权，但其仍对姓名享有人格利益。而侵害死者姓名，并不一定造成其名誉受损，而是与姓名相关的人格利益受损。

姓名权的客体系姓名，包括姓与名。另外，姓名权的客体不仅包括本名，还包括别名、笔名、艺名、乳名等。

（二）内容包括决定、使用、变更姓名的权利

1. 姓名决定权

自然人有权决定自己的姓名，但无民事行为能力及限制行为能力的自然人由其监护人代为行使决定权；自然人取得完全民事行为能力后，有权决定自己的姓名。

2. 姓名使用权

自然人有权使用自己的姓名。自然人不仅在日常生活中有权使用或不使用自己的姓名，在特殊情况下，如名人还可允许他人使用自己的姓名。

3. 姓名变更权

自然人有权变更自己的姓名。在我国，未满 18 周岁的人变更改名，可由其监护人向户口登记机关提出申请；已满 18 周岁的人变更姓名，由本人向户口登记机关提出申请。

4. 姓名利益维护权或禁止侵害权益请求权

姓名权是人格权，具有排他效力。姓名权人有权请求侵权行为人停止侵权，或向法院起诉，请求判决侵权行为人停止侵害、赔偿损失。另外，姓名利益维护权也包括维护姓名的财产利益，姓名权人有权要求赔

---

① 王利明.人格权研究[M].北京:中国人民大学出版社,2012:364.

偿其财产利益的损失和精神损害赔偿。

三、姓名权的性质

姓名权的本质是一种人格权,反映了人格利益与人格尊严。由于姓名是区别于他人的标志与符号,与特定自然人不可分离,具有人格权的全部特征。

姓名权系人格权,不能转让、继承。其直接体现的是非财产利益。然而,在现代社会,名人的姓名往往可以带来财产利益,所以,盗用、冒用名人姓名进行广告、宣传,是传播侵权中应该研究的一个课题。

第二节　传播侵害姓名权的方式

传播侵害姓名权的行为,可以说是现代社会姓名"商品化"的结果。而侵害姓名权的方式,也大都与经济利益密切相关。

一、姓名的商品化与姓名侵权

侵害姓名权的方式主要是擅自使用他人姓名、假冒他人姓名和采取违法、悖俗方式使用他人姓名[1]。有学者认为:"侵害姓名权的行为分为不使用他人的姓名的行为、干涉公民行使姓名权的行为、非法使用他人姓名的行为和姓名的故意混同行为。"[2]

至于传播侵害姓名权的方式,我国学者王泽鉴的"对姓名权的争执,包括以他人姓名冒称自己,擅将他人姓名用于自己商品、服务或设施;冒用他人姓名刊登广告、发表意见;伪造身份证,冒用他人姓名在银行开户和无权使用他人姓名作商业广告"[3]的归纳中,就有三种。

事实上,传播侵害姓名权的行为,与进入现代社会姓名"商品化"现象结合日紧。王泽鉴教授认为:"此种人格权由于社会经济活动的扩大,具有一定经济利益的内涵,应当肯定其具有财产权的性质,对侵害行为

---

[1]　最高人民法院侵权责任法研究小组. 中华人民共和国侵权责任法条文理解与适用[M]. 北京:人民法院出版社,2010:22.

[2]　杨立新. 人身权法论[M]. 北京:人民法院出版社,2006:473 - 478.

[3]　王泽鉴. 人格权法——法释义学、比较法、案例研究[M]. 北京:北京大学出版社,2013:120 - 123.

得行使不当得利返还权。"①而杨立新教授则认为:"姓名一经作为字号、用作商标等,不再是原有意义上的姓名,而变成商业标记,因而姓名一旦被用于商标,应当接受商标法调整;如被用作字号,则应接受名称权的调整。"②这种观点固然有可行性,但需合法使用,否则,侵害姓名权的商标、字号一经注册或者登记,则姓名权人不能以人格侵权起诉,不利于对姓名权人合法权益的保护。

对姓名上的精神利益及经济利益的承认和保护,我国法律经历了一个过程。《精神损害赔偿解释》加强了对姓名权的法律保护,其第一条规定:"自然人因姓名权等人格权利遭受非法侵害,向人民法院起诉请求赔偿精神损害的,人民法院应当依法予以受理。"第三条规定:"自然人死亡后,其近亲属因侵权行为遭受精神痛苦的,向人民法院起诉请求赔偿精神损害的,人民法院应当依法予以受理:(一)以侮辱、诽谤、贬损、丑化或违反社会公共利益、社会公德的其他方式,侵害死者姓名、肖像、名誉、荣誉……"该司法解释使姓名主体的精神利益得到明确。

按目前《民法总则》第一百一十条第一款、第一百一十一条及《侵权责任法》第二条、第十五条之规定,自然人的姓名权一旦受侵害,侵权人承担责任的方式包括赔偿损失。但赔偿损失指姓名上的经济利益,还是仅指精神损害,并不明确。而且,相关司法解释中,受害人的"损失"范围尚不明确。

二、传播侵害姓名权的方式

传播行为中对姓名权的侵害,往往与对肖像权与名誉权的侵害结合起来,主要是:

(一)广告中的盗用

盗用指为使第三人误以为盗用人有权使用,在未经特定自然人许可情况下,使用其姓名从事社会活动。杨立新认为,盗用姓名是"未经姓名权人同意而擅自使用,行为人并未直接以受害人的身份进行民事活动"③。总之,盗用的目的在于使人误以为其有权使用,而不是让第三人认为盗用人是被盗用姓名的自然人,这与冒用中发生的人的个体认识错位不同。传播中较常见的盗用系未经许可使用他人的姓名进行广告宣

---

① 王泽鉴.民法总则:增订版[M].北京:中国政法大学出版社,2001:134.
② 杨立新.人格权法专论[M].北京:高等教育出版社,2005:197.
③ 杨立新.人身权法论[M].北京:人民法院出版社,2006:475.

传，系出于商业价值的使用。如姚明诉武汉云鹤大鲨鱼体育用品有限公司侵害姓名权案①。

（二）用作商标、域名等传播中的故意混同

所谓姓名的故意混同，是指为达到与使用特定自然人的姓名同样效果，而使用与该特定自然人的姓名极易产生混同的姓名。学者认为："使用与他人在外观上、称呼上和观念上相类似的姓名，如变更拼音、字划，全然不变更文字而发音相类似，以及虽有语音不同而观念上则属同一者，均成立姓名权之侵害。"②姓名混同的主观要件应为故意，而非过失，当然，可能直接故意，也可能是间接故意。

混同包括以下几种：

1. 域名性使用

在公司注册域名时使用他人姓名的全称。我国著名射击运动员杜丽以及王义夫，在 2004 年 8 月 14 日雅典奥运会上分别获得金牌，而在夺冠当日，其姓名即就被抢注为中文通用域名"杜丽.中国"和"王义夫.中国"③。

2. 平行使用

"姓名平行"就是我们通常所说的"重名"，即多人同时使用同一姓名的现象，在民法上称为"姓名平行"。某人为推销其作品，故意将其笔名取为"金庸新"，在其新书封面处写着"金庸新著"，使人误解为金庸先生的作品。此外，还有许多类似情况④。

---

① 2010 年，武汉云鹤大鲨鱼体育用品有限公司（下称"武汉云鹤公司"）未经姚明同意，将其姓名和肖像用于广告宣传。2011 年，姚明以人格权遭侵犯及不正当竞争，诉至武汉市中级人民法院，要求武汉云鹤公司赔偿 1000 万元人民币。武汉中院一审判决：武汉云鹤公司立即停止侵害姚明姓名权和肖像权及不正当竞争行为，同时赔偿姚明经济损失 30 万元。一审判决后，姚明以判决赔偿数额过低为由提起上诉。2012 年，湖北省高级人民法院二审后，改判武汉云鹤公司赔偿姚明 100 万元经济损失。潘天舒. 姚明告倒"姚明一代"[N]. 京华时报，2012 – 09 – 22(A3).

② 龙显铭. 私法上人格权之保护[M]. 上海：中华书局，1948：90.

③ 张镜. 运动员夺冠当日被抢注中文域名[N]. 华西都市报，2004 – 08 – 18(6).

④ 在 2003 年第 10 届长沙图书交易会上，一本署名"王朔"的新书《不想上床》成为交易会一大热点。但这位王朔并不是那位写了《空中小姐》《一半是火焰，一半是海水》的著名作家王朔，而是一位 40 多岁的女教师，其原名就叫"王朔"。而这本《不想上床》是她写的带有自传色彩的 28 万字小说，小说封面上既没有其照片，也未标明其是位女性，且在内容介绍上也没有讲明这是本"有自传色彩的小说"。在图书交易会上，出版商极力为这部小说摇旗呐喊，大广告牌上、小广告页上都在宣传"王朔出新书了""谨以此书献给单身的女人"，却没有一处注明此"王朔"非彼"王朔"。晏扬. 此"王朔"非彼"王朔"[N]. 中国青年报，2003 – 04 – 29(6).

3. 商标性使用

在社会生活中,由于经济利益等原因,对特定自然人姓名的"商标"化使用现象大量出现,如著名笑星赵本山谐音的"赵本衫",被一家公司成功注册商标。

4. 姓名谐音使用

将他人姓名的拼音作为商品或服务的商标名称。如著名歌星谢霆锋的姓名谐音"泻停封"被注册为止泻药的商标;刘德华等的姓名谐音"流得滑",被注册为修改液的商标。

第三节　传播侵害姓名权中的"暗示"问题

一、人格特定化与姓名暗示

(一)姓名的功能:人格特定化

作为社会中的人,作为民事主体的人,其区别于他人的本质是人格的不同。张某之所以是张某,就是因为人格的特定性。作为社会中特定自然人的标志与符号,姓名的功能在于彰显特定自然人的特有属性——社会属性、生理属性、人格属性,并以此区别于其他自然人,这是姓名的基本功能。不同的人可以有相同的姓名,但其人格不可能相同。

由于自然人在正式的姓名之外还有别名、笔名、艺名、乳名等,而这些名称也在一定时期与范围内可以发挥人格特定化的作用,所以其也在姓名权的客体之内。

(二)姓名暗示

姓名暗示指在一时间和空间范围内,使某一自然人人格与另一特定自然人人格混同的行为。姓名暗示是为了姓名的故意混同,但后者的内涵更广,包括了前者。如,姓名混同包括姓名完全相同;而姓名暗示不是完全相同,甚至在符号上完全不同,但其能使人联想起相同的特定人格的自然人。本节前述的对他人姓名的域名使用、谐音使用、近似使用,都是暗示。这种情况下,如当事人选择以姓名权案由起诉,很难得到法律保护。如"工行六姐妹诉梁智案"中①，"工行六姐妹"宁可选择名誉权纠纷的案由来起诉，却不愿意选择姓名侵权的案由，原因在于："工行六姐妹"并非六位原告的自然人姓名，也不是他们的艺名或者笔名，如其以侵犯姓名权进行起诉，依照我国现有的法律规定，将遭遇不可克服的法律障碍。

二、传播中姓名暗示的比较法研究

（一）英美法系

如前所述，在美国，侵犯隐私包括以下四种形态：侵入他人隔离的生活领域；盗用他人的姓名或者肖像；将他人私生活公之于众；将会给人以错误印象的他人事项公之于众②。这就是说，在美国，包括姓名权、肖像权在内的人格要素都被纳入隐私的范围。

至于传播中对姓名权的暗示侵权问题，美国学界认为："即使广告人实际上并未使用他人的姓名或照片，但仍可能会通过其他方式使用其身份（Identity）。法庭尤其在解释普通法时有某种认识倾向，即任何时候，当某个广告会使人产生对某名人的联想时，该名人都可以提起诉讼。"美国某色情杂志中在描述一个黑人拳手时，使用了拳击手拳王阿里的绰号"The Greatest"，被判决侵害了阿里的姓名权③。这里，对拳王阿里绰号"The Greatest"的使用，就是姓名暗示。

在英国，"英国法中也无公开权，名人可以从使用其姓名、特征及名誉的广告于商业销售中获取大量利润，但他们无权禁止他人未经许可使

---

① 中国工商银行张家口分行原职工赵世红等六位女职员因受单位不当解雇，自2001年起进行了长达7年的劳动争议维权，最终捍卫了合法权益。这一事件引起了广泛关注，包括中央电视台在内的多家媒体对其进行了专题报道，人称"工行六姐妹"。此后，赵世红等六姐妹发现，自称是"中国政法大学教授、国务院法制版《劳动合同法》起草小组副组长"的北京德恒律师事务所主任律师梁智，在和讯网上公开表示"工行六姐妹"的案件为其代理，称该案正是在他的努力下，才得到了公正的判决；其还将原告的案例杜撰出《难签的劳动合同》一文，于2008年9月27日公开搬上央视的法律讲堂。但"工行六姐妹"坚决否认此事，认为梁智言论无中生有，对她们六姐妹的名誉造成了伤害，因此将梁智告上法院。中国产经新闻讯："工行六姐妹"状告所谓"代理律师"［EB/OL］.［2015－05－07］. http://press. idoican. com. cn/detail/articles/20081013069C17/.
② 望月礼二郎. 英美法［M］. 郭建，王仲涛，译. 北京：商务印书馆，2005：189.
③ Henry M. International Privacy, Publicity and Personality Laws［M］. London：Butterworths，2001：478.

用其姓名、肖像并从中获利"①。

（二）大陆法系

《德国民法典》第12条规定："如有使用姓名权人的权利经他人提出异议，或被他人不正当使用同一姓名以致利益被侵害时，权利人得请求该他人除去其侵害。如有继续侵害的危险时，权利人得提起禁止继续使用的诉讼。"另外，通常适用于艺名或笔名的化名，也受到《德国民法典》第12条的保护。但《德国民法典》并没有涉及姓名暗示问题。

此外，《法国民法典》和《瑞士民法典》也都没有涉及姓名暗示问题。

总之，姓名暗示早已以"身份标识"的面貌在美国法中孕育，但我国对此问题的处理不可能借鉴美国将姓名权纳入隐私名下的保护方法，而应该如解决集体肖像权益问题一样，将其纳入形象权范围。

第四节　网络传播侵害姓名权问题

网络传播侵害姓名权方式多种，花样翻新，但我国相关法律立法效力层次与规范力度均不够。

一、网络传播侵害姓名权的方式

网络传播侵害姓名权，指网络用户或者网络服务提供者在网络传播中所实施的侵犯自然人姓名权的行为。

与传统媒体中广告中的盗用相同，网络传播中，对他人姓名在广告中的盗用也是最为普遍的侵害姓名权行为，如"控烟大使"臧英年诉安徽肽康保健科技有限公司案②。除此之外，网络传播侵害姓名权尚有如下类型：

---

① Henry M. International Privacy, Publicity and Personality Laws［M］. London : Butterworths, 2001:287.

② 臧英年系控烟专家、社会活动家。从2011年初开始，肽康保健公司在推广控烟产品"藏博士控烟活性肽"过程中，使用其姓名，先后在人民网等十几家网站上介绍该产品。法院终审判决被告安徽肽康保健科技有限公司于立即停止对原告臧英年的姓名侵权行为；在《健康报》上向原告臧英年赔礼道歉；赔偿原告臧英年3万元。参见：北京市第一中级人民法院（2015）一中民终字第00368号民事判决书。

（一）与他人真实姓名或网名混同

姓名混同在网络环境中比传统传播方式中更甚。网民为提高知名度、推广商品或谋取其他不正当利益，会故意使用与名人相近或类似的姓名。网络传播中的姓名混同方式很多，可能使用文字或拼音等符号相似的姓名，也可变更发音或字的笔画等；既可能使用姓名权人的真实姓名，也可能使用其艺名、网名，只要能发生对名人的暗示或联想即可。譬如，有网民在网上写文章时，如果一个作者写武侠小说时使用"古尤"或"全庸"的笔名，就很容易使读者误认为是著名武侠小说作家古龙和金庸的作品；用"冰新"写小说，使人误以为是著名作家冰心的作品。

（二）将他人姓名注册为域名

将他人姓名非法注册成域名事实上是另一种网络传播中的姓名混同。由于我国对域名采取的是"先申请，先注册"原则，域名具有唯一性，这样就使域名具备了一定程度的商业价值。而且，知名的域名能够提高网站点击率、提高产品或服务的知名度，于是，恶意抢注名人的姓名作为域名的现象大量出现。我国许多公众人物包括著名运动员和演员的姓名，都被他人抢先注册，如刘翔、王义夫等。

（三）侮辱性使用他人姓名

姓名权是一种人格权，代表了人格利益与人格尊严。但在网络环境中，常常会发生侮辱性、贬低性使用特定自然人真实姓名或其谐音的行为，如崔永元在网上发表了数十条"以肘子为头目的网络流氓暴力集团"，"肘子"指方舟子[①]；或者侵权行为人在网上作图，以枪指向他人姓名，并在网络环境中传播等。

（四）恶意收集他人姓名

目前，公民在进行网络购物等社会活动时，均被要求注册填写姓名等个人信息，有网站往往利用便利恶意收集自然人的姓名，用以出卖，获取经济利益时。如 Cookies 软件的使用中，自动跟踪网络用户的网络行为，分析其需求与偏好，用以广告"精准投放"。

二、网络传播侵害姓名权的特征

与传统媒体侵害姓名权不同，网络传播侵害姓名权有不同的特征，

---

① 参见：北京市第一中级人民法院（2015）高民终字第 07485 号民事判决书。

主要体现在：

（一）侵权主体的隐蔽性

网络传播侵害姓名权的主体具有隐蔽性，侵权责任人难以具体确定。现代计算机技术发展到今天，全球亿万网民均可成为信息发布者，可参与各种网络活动。在此类活动中，如果不加节制、不予管理，侵害他人姓名权行为将大肆蔓延。同时，我国姓名平行的现象很普遍，又不违反法律，网络用户注册网名时，可使用自己喜欢的文字、拼音组合，甚至他人姓名，这样就会发生网络传播侵害他人姓名权的问题，而司法实践中难以确定具体的侵权责任人。

（二）侵权的跨地域性

网络传播的一大特征就是全球性，一条信息一旦上网，瞬间即可传遍全球。一个网民在自己的国家既可以侵害本国公民的姓名权，也可侵害他国公民的姓名权；既可在本国侵害本国公民的姓名权，也可在他国侵害本国公民的姓名权。凡此种种，均给司法实践保护被侵权人的合法权益带来了困难。

（三）侵权救济困难

无论在实体法上和程序上，对网络传播中侵害姓名权的行为都难以实现理想的法律救济。我国网络实体相关立法中没有相应的规制措施，立法滞后，受害人常常会因找不到具体的法律依据而得不到很好的救济。从程序法上看，网络传播侵害姓名权行为往往涉及多个网络终端和地点，不仅搜集网络证据困难，也难以确定司法管辖地，而且多需公证，诉讼成本很高。

三、我国网络传播中姓名权保护的相关法律分析

我国现行涉及姓名权网络传播侵权的法律非常庞杂，涉及《宪法》《民法总则》《民法通则》《侵权责任法》《民事诉讼法》《信息网络传播权保护条例》《最高人民法院关于审理涉及计算机网络域名民事纠纷案件适用法律若干问题的解释》等法律法规。

关于网络姓名权的法律规定主要有：①2000年国务院颁发的《互联网信息服务管理办法》第15条规定："网络服务提供者在发现网络信息内容侵犯他人姓名权、名誉权等人格权时，应当立即删除相关信息内容。"②《最高人民法院关于审理涉及计算机网络域名民事纠纷案件适用

法律若干问题的解释》第二条规定："涉及域名的侵权纠纷案件,由侵权行为地或者被告住所地的中级人民法院管辖。对难以确定侵权行为地和被告住所地的,原告发现该域名的计算机终端等设备所在地可以视为侵权行为地。"③2017 年 6 月 1 日施行的《网络安全法》第七十六条(五)规定:"个人信息,是指以电子或者其他方式记录的能够单独或者与其他信息结合识别自然人个人身份的各种信息,包括但不限于自然人的姓名、出生日期、身份证件号码、个人生物识别信息、住址、电话号码等。"该法正式确认了网络个人姓名受法律保护。

综上可见,我国涉及网络姓名权在内的个人信息法的现状是:①立法已经比较健全。如果说《网络安全法》施行前我国缺乏网络基本法的规范指导,涉及的包括姓名权在内的网络侵权法律大都散见于单行法中,则现在已经有了网络基本法的指导,尽管这部法律并非民事意义上的基本法。②立法效力层次较低,规范力度不够。除了《网络安全法》,其他全国人大通过的正式法律尚无针对姓名权在内的网络侵权问题的具体规范,而大部分有具体规范的都是行政部门制定的行政规章或司法解释,法律效力较低,惩罚力度不够。

最重要的是:我国《民法通则》《侵权责任法》和《民法总则》均确立了姓名权的具体人格权地位,这在世界各国中都是非常少见的,充分说明我国对姓名权保护的重视。

第十三章　传播侵害信用权

信用权在我国并未得到立法确认,其保护是在名誉权下进行。欧洲相关国家对信用权的确立为成文法国家立下榜样。从前瞻性考虑,对传播侵害信用权问题进行探讨,既有理论意义,也有立法意义。

第一节　信用权及其立法

信用与名誉、商誉既有交叉点,也有不同点。许多大陆法系国家对信用权进行了立法规制,而我国法律目前没有规定信用权。

一、信用概述

(一)信用的内涵

对信用有两种解释,一是清偿能力说,认为信用"指民事主体因所具有的偿债能力而在社会上获得的相应的依赖与评价"[1];二是认为信用是"对民事主体的经济能力包括经济状况、生产能力、产品质量、偿付债务能力、履约状态、诚实信用程度等的评价,它是对民事主体经济能力的综合评价"[2]。信用还指他人对当事人自我经济评价的信赖性,亦称信誉[3]。

事实上,第二种观点将信用主体在经济方面的声誉即良好评论价都包含在内。总体而言,信用主要是从经济角度对信用主体的评价,这种评价当然涉及道德,但道德在信用中不是主要方面。

---

[1]　吴汉东.论信用权[J].法学,2001(3):42.
[2]　杨立新,尹艳.论信用权及其损害的民法救济[J].法律科学,1995(4):48.
[3]　张俊浩.民法学原理[M].北京:中国政法大学出版社,1997:158.

（二）信用的特征

1. 综合性

即信用是从济状况、生产能力等上述多方面对民事主体的综合评价。

2. 财产性

信用作为一种经济能力体现了一定财产价值。首先，良好的信用使民事主体能够从市场上获得更多的交易及信息资源，带来更多的经济利益；其次，信用作为一种无形资产，本身可通过评估折算出价值。

3. 人格性

信用与民事主体密不可分，它是对民事主体的经济能力的评价，承载着精神内容，本质上属于精神利益的范畴。

二、信用权概述

（一）信用权的内涵

而所谓信用权，指"民事主体享受并支配其信用及其利益的人格权，或者说是自然人、法人或其他组织对其所具有的经济活动及其能力的良好评价所享有的权利"[①]。其主体既可以是自然人，也可以是法人或非法人组织；其客体是信用利益。

（二）信用权的内容与性质

信用权的内容包括：①信用享有权。民事主体通过在经济活动中树立的良好的经济能力的形象，获得良好的社会评价，并通过自身的行为保护这种评价，从而增强、提高自己从事经济活动的能力。信用享有权的"权利主体不是以自己的主观愿望去左右社会经济评价和信赖，而是通过自己的经济实力、服务质量、产品信誉、履约态度和能力等作用于社会，使自己的经济履约能力获得公众的信赖和社会"[②]。②禁止侵害信用请求权。当民事主体的信用受到他人不法侵害时，其有权以法律等手段，要求侵权人承担停止侵权、恢复名誉、赔偿损失等民事责任。③信用利用权。民事主体可以以其良好信用，进行融资等活动。

从上述信用的财产性及人格性的特征可知，信用权具有财产与人格

---

① 王利明. 人格权法研究［M］. 北京：中国人民大学出版社，2012：587.

② 徐桂芹. 关于信用权的法律保护［J］. 政法论丛，2002（6）：56.

的双重属性:一方面,信用权作为一种无形资产,可以作价转让;一方面,信用又不能单独转让,其必须与主体共同转让,因为其与特定主体不可分离。在这种意义上,信用权是一种有限的支配权。

三、信用权与名誉权、商誉的区别及其立法必要性

(一)信用权与名誉权的区别

名誉主要是对民事主体品格、能力等综合评论,内容广泛,是一种人格权;信用权则主要涉及民事主体经济能力的评价。侵害名誉权的手段主要是侮辱、诽谤;而侵害信用权的手段主要是诽谤、假冒、比较性贬低。

(二)信用与商誉的区别

商誉主要是给顾客或合作方留下的良好商业名誉,而信用则是对主事主体经济能力的评价。商誉主要是英美法系的概念,大陆法系用名誉权制度涵盖了商誉。商誉权指民事主体对其在工商活动中所创造的商誉享有利益而不受非法侵害的权利①。

(三)信用权立法必要性

与名誉权相比,通过信用权制度来保护民事主体财产性利益,其效果更为突出、明显。如果侵权行为只造成民事主体社会评价被降低、贬损,并造成权利主体精神层面的损失,而无财产上损失的话,适用于侵害名誉权;反之,如果仅造成民事主体单纯财产上的损失而采用名誉权保护,不利于对财产性利益的保护。

尽管有学者认为《反不正当竞争法》第十四条是对商誉权的保护,然而商誉作为英美法系上的概念,大陆法系国家极少采用。大陆法系采用了名誉权的概念,而名誉权概念在某种程度上可以代替商誉,所以不必要再引进商誉概念。并且大陆法系中的信用权几乎可以涵盖英美法系中商誉权的内容②。例如,在典型的传统型大陆法系国家德国,一般人格权也不包括商誉③。因此,《反不正当竞争法》第十四条实则为对信用权的间接保护。

另外,商誉权的主体是商事活动主体,相对于信用权主体来说,其

---

① 吴汉东.论商誉权[J].中国法学,2001(3):91.
② 王利明.人格权法[M].北京:中国人民大学出版社,2012:590.
③ 程合红.商事人格权论[M].北京:中国人民大学出版社,2002:79.

主体范围过于狭窄,即商事主体的信用权也只是信用权所保护的一部分。因此,从信用权主体范围来看,单独采用保护名誉权的方式保护信用权,或采用保护商誉权的方式保护信用权,都是割裂了信用权的完整性①。

四、各国信用权的立法现状

1900 年的《德国民法典》开信用权立法先河,其第 824 条规定:"违背真相,声称或者传播某一事实,危害他人信用或者对他人的生计或者前途引起其他不利的人,即使不知但应当知道其不真实的,也应当赔偿由此产生的损害。"

在《德国民法典》的影响下,《希腊民法典》第 920 条、《葡萄牙民法典》第 484 条、《荷兰民法典》第 6 条规定了信用权。

在未对信用权立法的其他国家,对信用权的保护有以下途径或方式:一是采用侵权法一般条款,如法国;二是扩张名誉权②,如《日本民法典》;三是将商业信誉予以与名誉、尊严平等独立的保护,通过保护商誉权来保护自然人、法人信用权,如《俄罗斯民法典》。

英、美国家法律均没有确立信用权,但在其一些单行法如《公平信用报告法》《平等信用机会法》中的一些条款,也对个人信用信息进行了保护。

我国法律目前没有规定信用权,但在一些法律法规中有涉及信用权保护的规定,如《反不正当竞争法》第十四条规定:"经营者不得捏造、散布虚伪事实,损害竞争对手的商业信誉、商品声誉。"2002 年,全国人大法工委提交全国人大审议的《民法典草案》第二十一至二十四条明确规定了信用权,将其纳入人格权的范畴;但 2017 年通过的《民法总则》中没有确立信用权。2018 年 9 月公布的《民法典·人格权编(草案)》第八百零四条第二款中规定:"本法所称名誉是他人对民事主体的品德……信用等的评价。"可见,我国信用权归属于名誉权下保护。

---

① 赵博.网络环境下信用权民法保护研究[D].哈尔滨:黑龙江大学,2014:53.
② 巴尔.欧洲比较侵权行为法:上卷[M].焦美华,译.北京:法律出版社,2001:62.

第二节　传播侵害信用权的方式

侵害信用权的方式包括传播有损他人信用的虚假信息,冒用(商标、企业名称、包装、认证标志)行为,伪造、歪曲他人信用记录,拒绝更正错误信用信息等,而传播侵害他人信用权的方式主要是第一种,包括:

一、征信传播侵害他人信用权

如第九章第二节一中所述,征信传播征信传播指征信机构在从事对企业、事业单位等组织(以下统称企业)的信用信息和个人的信用信息进行采集、整理、保存、加工,并向信息使用者提供的征信业务活动中进行的传播。目前,此类传播主要是金融信用信息基础数据库向信息使用者提供所采集的信息,其利用网络进行传播,但在传播范围上小于大众传播,是不同于大众传播、人际传播和组织传播的另外一种传播方式。

征信传播侵权其实是近年来侵害信用权纠纷中最典型、数量最多的纠纷,当然,其目前属于名誉权纠纷案由。此类传播侵权纠纷在2014—2016年名誉权纠纷中的比例在5%左右,2017年甚至接近10%。2018年9月公布的《民法典·人格权编(草案)》除第八百零八条"民事主体可以依法查询自己的信用评价;发现信用评价错误或者侵害自己合法权益的,有权提出异议并要求采取更正、删除等必要措施。信用评价人应及时核查,经核查属实的,应当及时采取必要措施"的规定外,并没有规定其他侵害信用权的方式与手段,但该条规定其实反映了此类纠纷的真实司法现状。目前,此类纠纷基本以被告败诉终局。

二、媒体传播有损他人信用的言论及信息

如前,由于我国信用权系在名誉权下进行保护,许多媒体传播侵害法人名誉权的纠纷,事实上即是侵害法人或非法人组织信用权的纠纷。

(一)媒体本身撰写的文章侵害他人信用权

新闻传播侵害他人信用权,与侵害他人名誉权相似,主要是不实报道造成。但在某些情况下,如实报道可能也会引发他人信用损害。前述

农夫山泉起诉《京华时报》侵害名誉权案,其实是一个典型的信用权诉讼;而《新快报》记者陈永洲在该报发表的《一年花掉5.13亿元广告费中联重科畸形营销高烧不退》一文①,侵害的也是中联重科的信用权。

(二)媒体刊发或转载的非媒体本身撰写的文章侵害他人信用权

进入现代社会,新闻媒体成为社会公众意见交流的平台,任何未被限制政治权利的公民都有权在新闻媒体上提出意见、发表观点。当然,在此过程中,不可避免地会有偏颇、过激乃至错误的观点与信息,从而侵害他人各种权益,包括信用权。如"邱满囤诉五科学家侵害名誉权案",其实也是一个典型的信用权诉讼②。

(三)作为不正当竞争的传播侵害他人信用权

就商事主体而言,对其商业信誉、商品声誉的直接损害是不正当竞争行为的一种表现方式,实质上是间接造成了对信用权的损害。

我国除《反不正当竞争法》第十四条规定外,该法第五条规定的4种行为也能影响消费者对民事主体产品的信任,这些行为包括:假冒他人的注册商标;擅自使用知名商品特有的名称、包装、装潢,或者使用与知名商品近似的名称、包装、装潢,造成和他人的知名商品相混淆,使购买者误认为是该知名商品;擅自使用他人的企业名称或者姓名,引人误认为是他人的商品;在商品上伪造或者冒用认证标志、名优标志等质量标志,伪造产地,对商品质量做引人误解的虚假表示。这些"假冒"行为,如果通过传统大众传媒或新媒体进行传播,不可避免地涉及媒体的责任。

另外,《反不正当竞争法》第八条还规定:"经营者不得对其商品的性

---

① 陈永洲. 一年花掉5.13亿元广告费　中联重科畸形营销高烧不退[N]. 新快报,2013 - 05 - 16(5).

② 邱满囤是河北省的一位农民,发明了一种诱杀老鼠的特效药,并在这一技术基础上创建了一个老鼠药工厂。五位科学家根据经验和一般科学原理,在未对邱氏鼠药进行实证研究的情况下,在报纸上对邱氏鼠药及其宣传提出了批评,认为邱氏鼠药中含有某种或某些对生态有害而为国家法令禁止使用的有毒化学物质。邱氏因此对这五位科学家提起诉讼,认为科学家侵犯了郑满囤本人和邱氏鼠药工厂的名誉权,即本研究所提出的信用权。该案一审中心问题是邱氏鼠药中究竟有没有为国家严格禁止使用的有毒物质,经6次实验检验,结论是一半对一半。在没有结论性实验报告的情况下,一审法院判决邱氏胜诉。二审判定科学家的批评没有侵犯邱氏的名誉权,但对邱氏鼠药中究竟是否含有违禁物质未做判决。苏力. 法治及其本土资源[M]. 北京:中国政法大学出版社,1996:177.

能、功能、质量、销售状况、用户评价、曾获荣誉等弄虚作假或者引人误解的商业宣传,欺骗、误导消费者。"此条规定主要涉及比较广告中对竞争对手信用权的侵害。

三、国家权力机关政务公开(传播)中对他人信用权的损害

目前,我国权力机关的政务公开已经向纵深展开,其主要方式是相关政务活动及文书上网。这对公众知情权与监督权的实现大有益处,但同时,政务公开也可能损害民事主体的信用权。

首先,信用权的主体既包括自然人,更包括企业法人和非法人组织,主体的广泛性决定其受政务文书上网影响的广泛性。

其次,信用权的客体包括对经济状况、产品质量等经济能力的综合评价,内容广泛。凡政务文书涉及的此类内容,都可能影响当事人的信用权。

再次,信用权的侵害方式不一定是如实披露、真实传播,不一定是直接的贬低或诽谤,隐晦、容易使人产生误会的事实的传播、语言或描述等方式,也会侵害他人信用权。而政务活动与文书中涉及的有关事实,可能会使受众对当事人经营能力、管理能力产生疑虑,进而影响、损害其信用。如某公司 10 年前逃避债务的信用污点在某政府机关的网站上未被更新,就可能损害该公司信用。

第三节　网络传播侵害信用权问题

随着互联网技术的普遍应用,网络的应用范围也在不断地扩大,网络已经成为人们日常生活中联络、购物、收发信息、发表言论的重要渠道和媒介。而竞争对手之间、消费者与商事主体之间、征信机构与商事主体之间,在利用网络侵害信用权的行为方式上,都有新变化。

一、网民通过网络传播对民事主体信用权的侵害

网民通过网络媒介夸大、捏造事实,以诽谤等方式诋毁公民或法人的信用,使其社会评价降低或贬损,进而使其信用利益受损,影响其经济能力。网民通过网络传播对信用权的侵害,无论从传播的范围和速度,还是影响效果看,其所产生的危害性都是通过传统媒体侵害信用权行为

所无法比拟的,而且难以有效删除。

（一）网络传播对不同民事主体信用权的侵害

1. 网络传播侵害自然人或非法人组织的信用权

利用网络传播损害自然人或非法人组织名誉的信息,可能会间接造成其信用利益的损害,而这种损害所产生的后果可能只有在被侵权人涉及经济活动时才显得更为直观和明显。由于我国现行法律中没有规定信用权,因此只能以名誉侵权提起诉讼,但该行为实质上是对信用权的侵害。如岳某诉潘某侵害名誉权案①。

2. 网络传播侵害法人信用权

如本研究"传播侵害名誉权"一章第五节即"传播侵害法人等组织名誉权相关问题"一节中所述,近年来,在网络传播侵害法人等组织名誉权（即信用权）诉讼中,出现诉讼标的额大（动辄过千万元）、新媒体尤其是自媒体侵权案件越发突出的倾向。

（二）网络传播侵害信用权司法实践中不同的价值取向

1. 倾向于保护网上言论自由而非民事主体的信用权

此类案例中,法院通常认为,公民在互联网上有自由发表言论的权利,信用权主体在事关公共利益的问题上对公民的言论应有容忍义务。如"克莉斯汀"状告女大学生侵害名誉权案②。

---

① 淘宝店主岳某是国家知名健美运动员,在业内享有一定的知名度和声誉。他通过自身在健美界的影响力,在淘宝网上经营一家网店,专售健身营养品、护具、健身服饰。岳某为拓展网店业务,于2012年5月开始聘用百度健美吧吧主潘某为网店进行微博宣传,潘某获得了相应收入和提成。同年7月,潘某辞去网店推广工作,后通过百度健美吧以及其为原告申请的新浪微博,宣传岳某人品不端、被中国大力士联盟永久除名,还称原告网店经营的产品是"假货"、以次充好和无进口许可,并将诋毁原告的帖子在健美吧上置顶。岳某请求法院判令被告停止侵权行为、公开道歉,还要求判令被告辞去百度健美吧主职位,及赔偿经营损失2.6万余元。北京市西城区法院经审理认为,故被告的行为侵犯了原告名誉权,确实会对原告网店信誉造成一定影响,导致一部分经营损失。法院一审判决潘某在百度健美吧的显著位置,就其未经核实发表原告岳某已被中国大力士联盟永久除名一事向原告赔礼道歉,并赔偿原告经济损失2000元。黄晓宇. 贴吧吧主诋毁淘宝店败诉:道歉并赔偿2000元[N]. 北京晨报,2016-02-13(7).

② 2012年4月25日22时32分,女大学生木心在人人网上发布了一个帖子:"刚跟老妈打电话获悉,金山一家奶油厂被卫生局查封,里面的奶油都是用地沟油和外国的工业油制成的! 克里斯汀、莉莲蛋挞等沪上知名蛋糕品牌都从这家厂进货!!"该内容被微博达人发布,网友相继转发。克莉丝汀提起名誉权诉讼,要求木心赔偿100万元经济损失。法院判决驳回原告克莉丝汀的诉讼请求。袁玮. "克莉斯汀"状告女大学生败诉[N]. 新民晚报,2013-05-04(8).

2. 倾向于民事主体的信用权而非网上言论自由

这方面最著名的案例是前述恒升集团诉王洪及《生活时报》和《微电脑世界》侵害名誉权案①。

本案一审认为,王洪在网络上张贴《过程》一文,"其目的不是善意的解决纠纷,而是主观上明显存在有毁损'恒升'名誉的故意"②。本案一审判决后,法官发表了其有价值倾向的言论:"近年来,个人名誉权逐步得到了重视,但法人名誉权相对被忽视了。实际上,法人名誉受到侵害,其损失往往更大。让王洪个人赔偿50万元,相信可以起到一个很好的惩戒作用。希望这一判决能为保护法人名誉权起到一点作用。"③

而二审的价值取向也在判决理由中首先表现出来,该院认为:"公民、法人的名誉权受法律保护,个人在行使言论自由权时,不得损害他人的权益……利用互联网发表侮辱、诽谤、诋毁他人名誉、商业信誉言论的行为是一种侵权行为。"

因此,两审虽然在判决被告赔偿额上不同,但价值取向是一致的。

二、网络环境下不正当竞争中对民事主体信用权的侵害

目前,我国商业领域中不正当竞争行为主要有混淆行为、诋毁行为、虚假宣传、侵犯商业秘密、低价倾销、商业贿赂、不正当有奖销售等。网络作为不正当竞争行为所依附的另一种新的媒介,赋予了不正当竞争行为以新的表现方式,在形式、内容、程度等不同方面呈现出差别。利用传统媒体进行的不正当竞争行为,在网络传播中大量出现,并且由于网络自身所具有的虚拟性、匿名性、开放性、无国界的特点,使得网络传播中的不正当竞争行为成本更低,类型更加复杂,损害后果更为严重。

(一)网络商业诋毁

指经营者利用网络媒介,通过捏造、散布虚伪事实等不正当手段,对竞争对手的商业信誉、商品声誉即商业信用进行诋毁、贬低,以削弱其市场竞争能力,并为自己谋取不正当利益的行为。这种做法,是"严重违反

---

① 参见:北京市第一中级人民法院(2000)一中民终字第1438号民事判决书。
② 参见:北京市海淀区人民法院(1999)海民初字第3538号民事判决书。
③ 陈实,马忆南.在消费者的言论自由与经营者的名誉权之间[J].南京大学法律评论,2000(春季):183.

商业道德的行为,是不正当竞争行为"①。而事实上,这种行为是侵害信用权的行为。如前述蒙牛炒作打击"伊利 QQ 星儿童奶"案②,即是一起具有代表性的通过网络传播诋毁竞争对手信用权的不正当竞争案件。侵权行为人散布的谣言,使被侵权人的信用利益受到了损害,使其基于社会评价的信任度降低,从而降低了权利主体获取经济利益的能力。网络这一媒介所具有的广泛性、即时性和放大效应发挥了重要的作用。

而另一类案件则可能涉及数个复杂的法律问题,通过网络传播的商业诋毁只是其中一个问题,如近年来在我国影响最大、最具代表性、行为认定较为复杂的不正当竞争案件腾讯诉奇虎案③。值得注意的是,法院在考虑被告对原告的赔偿时,不仅考虑了被告实施的侵权行为给原告造成的损失,还重点考虑了互联网环境下侵权行为的迅速扩大及蔓延因素④。这说明:对网络传播中对竞争对手信用权侵害的"迅速扩大及蔓延",法官在心中有清晰的认识。

(二)网络传播中的域名侵权

域名是由若干数字和字母组成网站的名称,是网站在互联网中的地址,同时也是主体在互联网上的重要标识,具有可识别的作用,便于他人通过互联网识别和检索某一组织、个人或企业的信息资源。

在市场经济条件下,域名本身所具有的商业上的意义已经远大于其技术上意义,其不仅是与商标、商号类似的有文字含义的商业性标记,也是商事主体的形象、服务、产品、商业信誉等方面的综合体现。

---

① 王保树.经济法原理[M].北京:社会科学文献出版社,2004:165.

② 杨建军.溃败的商业道德——蒙牛"诽谤门"思考[J].热案聚焦,2010(11):65.

③ 参见:最高人民法院(2013)民三终字第 5 号判决书。

④ 一审法院认为:"①本案中,被告实施的侵权行为给原告造成的损失包括以下项目:腾讯业务收入,包括广告收入、社区增值业务收入和游戏业务收入;QQ.com 网站的流量减少;QQ 新产品推广渠道受阻;原告的品牌和企业声誉因商业诋毁而受损。②互联网环境下侵权行为的迅速扩大及蔓延。被告于 2010 年 10 月 29 日发布扣扣保镖软件,2010 年 11 月 4 日宣布召回扣扣保镖,360 安全卫士恢复与 QQ 软件兼容。虽然被告侵权行为持续时间不长,但可以确定使用侵权软件扣扣保镖的用户至少超过 1000 万。被告的侵权行为凭借互联网环境下的传播特点迅速波及腾讯 QQ 的广大用户,造成的负面影响迅速扩散。尤其需要指出的是,被告对原告的商业诋毁所造成的严重后果并不会随着软件的召回或者原告对 QQ 软件的升级而终止,商业诋毁一旦在互联网环境下广泛传播,其影响必须经过一个较长的沉淀期,并且在各方面努力之下,才能逐渐消除。"参见:广东省高级人民法院(2011)民三初字第 1 号民事判决书。

而且,目前大部分商事主体都会将自己的商标或商号作为域名来注册,并成为商事主体利用网络这一新媒介参与市场竞争的重要手段,域名与商标的不同是明显的,但其有相关性:都代表了企业的形象、服务和产品,都具有识别性的作用。正是由于域名与商标之间的特殊联系,某些个人或企业为了从他人良好的商业信誉中获取利益,往往恶意抢注他人商标作为域名,或仿冒产品商标作为域名。恶意抢注域名目的大致有三:以高价将其域名出售给商标的所有权人,获取不正当利益;借驰名商标的知名度,宣传、推销自己的商品或服务;在该域名之下发布攻击他人的信息,诋毁竞争对手商品声誉和商业信誉,或散布虚假信息,误导消费者进行①。此类侵害商事主体信用利益的行为主要有:

1. 恶意抢注域名

恶意抢注是指行为人明知是他人享有权利的知名商标、商号或者其他标识的文字组成,却故意将他人的知名商标、商号涵盖的文字注册为自己的域名,再以高价将这些域名出卖给该知识产权所有人②。出现恶意抢注域名的制度原因是域名注册与商标注册以及企业名称登记之间不协调的问题。但"抢注人"最主要的还在于意图利用他人商号或商标在市场上已有的商誉来为其牟取非法利益。即使是以取得赎金为目的的"恶意抢注",其行为也具有牺牲和损害他人商誉的基本特征,所以"抢注"行为在实质上损害的是他人的信用。如杜邦公司诉国网公司商标侵权及不正当竞争案③。

2. 恶意混淆域名

域名混淆指对他人注册在先的商标、商号、域名或者其他标识进行模仿、篡改,只需细微改动获得域名注册。这种搭他人便车、食人而肥的行为会导致的后果是经营者故意造成与这些在先标识的混淆,形成假冒,既损害了正当竞争者的声誉,又侵害了消费者的合法权益④。此类行为的典型案例有开心人公司诉千橡互联网公司不正当竞

① 钟静宜.浅析网络不正当竞争行为及其法律规制[J].法制与社会,2009(1):63.
② 党跃臣,曹树人.网络出版知识产权导论[M].北京:北京理工大学出版社,2006:238.
③ 参见:最高人民法院办公厅《中华人民共和国最高人民法院公报》2002年第3期。
④ 白洋.网络不正当竞争行为的法律规制研究[D].武汉:中南民族大学,2012:8.

争案①。

域名混淆行为与域名抢注的目的相同：均以窃取和占有他人在经济活动中形成的良好信用为目的，以假乱真，牟取利益，从而造成对他人信用权的侵害。

（三）网络比较广告侵权

所谓比较广告，是指广告主为提高自己产品或服务的形象，通过广告，有选择地将自己产品或者服务与他人品或者服务进行全面或者局部比较的广告。

目前，网络广告途径主要有：企业通过自己的网站对产品和服务进行宣传；通过知名网站发布广告；通过电子邮件发布广告；通过网络电子出版物发布广告。与传统媒介广告宣传的形式相比，网络广告具有制作成本低廉，传播范围广、速度快，表现形式多样等特点，受到众多商家的青睐。但由于网络环境所具有的虚拟性、匿名性、无国界的特征，也使得广告行政主管部门对网络广告从业资格及广告内容等方面的审查，在具体管理上还是技术上都存在困难。而且，在互联网的虚拟环境中，只要拥有网络使用权，几乎任何个人、企业或其他经济组织都可以开展广告业务，这也使客观层面上的广告管理非常困难②。

在商业竞争对手中，很多商家利用网络广告，将自己的产品与竞争对手的产品或服务进行不正当的比较，一些经营者在进行网络广告宣传时采用一些抬高自己贬低竞争对手的方式，这种行为不仅侵害了竞争对手的商业信誉，也侵害了竞争对手的信用利益。如普天公司诉中北公司案③。

---

① 高鑫. 真假开心网诉讼案宣判［EB/OL］.［2016-12-10］. http://news. jcrb. com/jxsw/201010/t2010102 64586 31. html.

② 赵博. 网络环境下信用权民法保护研究［D］.哈尔滨：黑龙江大学，2014：61.

③ 北京市普天新能源技术开发公司（下称普天公司）注册商标为"狂人"，被告北京中北高科机电公司（下称中北公司）注册商标为"润宝轻骑兵"，双方均属生产有源音箱的经营者。1997 年 7 月，"轻骑兵换代产品"的用语被普天公司使用在产品的外包装上，中北公司诉至法院。经法院调解双方达成协议，普天公司履行了协议义务。之后，中北公司在其网站主页上发布消息，并将上述案件的起诉书、调解书制作成网页，称"润宝轻骑兵打假取得重大突破"'"狂人'的无耻做法属于欺骗消费者"，并使用链接技术与主页相连。普天公司起诉，法院认定中北公司的行为构成诋毁原告商业信誉和商品声誉的不正当竞争为。屈茂辉，凌立志. 网络侵权行为法［M］.长沙：湖南大学出版社，2002：59-60.

三、电子商务平台对信用权的侵害

电子商务是将传统交易方式变为在网络平台上进行交易,在彼此陌生的网络环境中,交易双方互不相识,信用度就成为交易成功的关键因素,也成为电子商务平台经营者获取交易机会和经济效益的关键因素。由于电子商务平台经营者销售商品质量等原因,信用缺失引发的纠纷也日渐增多,并成为制约我国电子商务发展的瓶颈。2015 年 1 月 28 日,阿里巴巴集团曾被国家工商总局主管的《中国工商报》发布《关于对阿里巴巴集团进行行政指导工作情况的白皮书》指出"信用评价存有缺陷"①。电子商务平台信用评价体系的缺陷,对平台经营主体信用权的侵害成为日益突出的问题。

(一)我国目前电子商务信用评级

我国目前的电子商务网站所采用的信用评级方式主要是交易双方根据单次交易情况进行好、中、差评。淘宝网为例,其交易评价机制包括信用评价制度和店铺评分制度②:①信用评价制度。消费者除了可以对商家选择好、中、差评以外,还可以针对其所购商品的质量、售后服务、所购商品与卖家描述是否相符等进行文字评价,商家也可以对消费者的相关评价做出回应和解释。②店铺评分制度。其最大意义是把消费者主观体验进行数字量化,从而形成特定的评价体系,使得网络商家的信用等级、交易行为和服务质量等涉及网络经营者信用等级情况的信息变得更为直观。与淘宝网类似,其他电子商务平台大都建立了与其相类似的信用等级评价体系。

(二)我国目前电子商务信用评级对信用主体的侵害

电子商务平台的信用评价体系、在很大程度上有效地解决了网购中的信用问题,提高了网络交易的安全性。但同时,其也不可避免地存在一些问题,造成对民事主体,主要是商家信用权的损害。

1. 相对简单的评价等级和指标可能损害商家信用

在信用评价方面,只提供了简单而抽象的"好评""中评""差评",缺乏对信用评价指标的深层划分和考量,不能完整、客观公正地反映

---

① 潘福达. 工商总局白皮书痛斥阿里"五宗罪"马云打破沉默[EB/OL]. [2016 – 05 – 09]. http://media. people. com. cn/GB/n/2015/0129/c40606 – 26469768. html.

② 赵博. 网络环境下信用权民法保护研究[D]. 哈尔滨:黑龙江大学,2014:49.

交易双方的交易情况。另外,电子商务平台往往只能提供交易主体的定量评价结果(历史累积的信用度)和定性评价结果(历史交易的语言评价),这种做法存在的信息量不足的问题有可能对信用主体的信用造成损害。

2. 不真实的评价对信用权主体的信用造成损害

不真实和不客观的评价还会影响信用交易记录,减少信用权主体可能获得的交易机会和经济效益。目前,我国电子商务平台信用评价失真的情况严重,主要包括好评炒作信用和恶意差评攻击。其中,恶意差评攻击是对卖家进行恶意差评,从而降低其作为竞争者的诚信卖家信用度,构成对权利主体信用权的损害。此类纠纷酿成诉讼后,信用权主体很难得到法律保护①。2015 年武汉发生的淘宝店商起诉消费者给"差评"的案件,是典型说明。

---

① 2015 年 1 月,吴女士在李先生经营的淘宝商铺购买了六件茶类商品。经品尝,吴女士给了差评,并说"与超市买的完全不一样的味道,假货!"李先生多次与吴女士沟通,希望吴女士修改或删除评价内容,但吴女士不予回应。李先生起诉到武汉市硚口区人民法院,要求吴女士在公开发行的报纸上道歉并消除影响,同时赔偿经济损失四千元。硚口区法院认为,吴女士作为淘宝消费者,有权根据所购商品本身是否与店铺描述一致、自身使用感受及卖家服务等综合因素进行考量,发表评论。李先生列举证据不足以证明吴女士的评论行为是出于恶意或企图达到某种非法目的。此外,李先生作为卖家,在出现"差评"时,应拿出诚意、积极主动与买家沟通,不应一味要求买家修改评价。李先生店铺营业额的浮动受到市场供求、季节变动等多种因素影响,他所举证据不足以证明涉案商品销量的下降与吴女士发表的差评有直接因果关系。硚口区人民法院一审判决驳回李先生的全部诉讼请求。季元恺. 卖家状告买家　因买家给差评还写"假货"法院驳回诉讼[EB/OL].[2017 - 03 - 26]. http://n. cztv. com/news/11957559. html.

第十四章　传播侵害死者人格利益

在我国,死者人格保护作为一个法律"难题",在《民法通则》生效不久即进入学界和公众视野,后经学界探讨和一系列法律规定,其是否应该保护已经不是问题。但对其保护的法理依据,学界、司法实践各有观点,保护方式与途径也有不同,故死者人格利益保护仍是人格权法和侵权法研究中一个有独特意义的问题。

近年来,通过媒体传播等形式侮辱、诽谤英烈的现象时有发生,葛长生、宋福宝分别诉洪振快名誉权案(下称"狼牙山五壮士案")和邱少华诉孙杰、加多宝(中国)饮料有限公司一般人格权纠纷案(下称"邱少云案")是这种现象的集中反映。基于上述背景,2017 年 10 月 1 日生效的《民法总则》规定了"英雄烈士人格权益保护条款"即第一百八十五条(下称"英烈条款"),其规定:"侵害英雄烈士等的姓名、肖像、名誉、荣誉,损害社会公共利益的,应当承担民事责任。"2018 年 5 月 1 日起施行的《中华人民共和国英雄烈士保护法》①(下称《英雄烈士保护法》)第二十五条对"英烈条款"的诉权主体进行了明确:"对侵害英雄烈士的姓名、肖像、名誉、荣誉的行为,英雄烈士的近亲属可以依法向人民法院提起诉讼;英雄烈士没有近亲属或者近亲属不提起诉讼的,检察机关依法对侵害英雄烈士的姓名、肖像、名誉、荣誉,损害社会公共利益的行为向人民法院提起诉讼。"

由于"英烈条款"高度简约,《英雄烈士保护法》草案的相关规定也留下了一些疑问,在诸多法律适用方面有待进行细化,因此,为有助于"英烈条款"的正确适用,并对细化"英烈条款"提出相关建议,本章在研究死者人格利益保护问题的同时,对该条涉及的主要法律问题进行探讨。

---

① 相关信息公布于中国人大网"立法工作"栏目中的"法律草案征求意见"子栏目。网址为 http://www.npc.gov.cn/npc/flcazqyj/node_8176.htm,浏览时间:2018 年 2 月 23 日。

第一节　死者人格利益保护的法理依据意义

在我国民法学界,死者人格利益保护的法理依据有"直接利益说""间接利益说"和"法益说"。死者人格利益保护不仅涉及私益,也涉及公共利益。

一、死者人格利益的性质及保护的法理依据

在法学界,关于死者人格利益的性质,有以下几种观点:

(一)"直接利益说"

该说认为,对死者人格利益的保护,是保护死者自身的权益。该说又分为两种学说:

1."权利保护说"

该观点认为,死者仍然是民事主体,享有民事权利。在日本,有学者认为,只有人的形象即使在死后也能免于粗暴对待和毁损时,才算得上个人人格权得到全面保护,因此,应该承认死者人格权。当然,对死者人格权的保护与生者不同,如生命、身体、健康、自由和精神损害,就没有保护的可能和必要①。我国最高人民法院曾经一度采用此观点②。

2."人身权延伸保护说"——人身法益延伸保护说

该观点认为,人格权的保护和所有权一样,是一种无期限的权利,即使在死后也受到保护,而"民事主体在其诞生前和死亡后,存在着与人身权利相区别的先期法益和延续法益,先期人身法益与延续人身法益和人身权利互相衔接,统一构成民事主体完整的人身利益。向后延伸保护的是人死亡后的人身法益"③。当然,自然人死后不再具有完全民事权利能力,但"由于死者还具有部分民事权利能力,死者的近亲属才能够基于死者人格利益受损而提出予以延伸保护的诉讼请求。正因为如此,死者的

---

① 五十岚清.人格权论[M].葛敏,译.北京:北京大学出版,2009:172.

② 最高人民法院在1989年《关于死亡人的名誉权应受法律保护的函》中认为:"吉文贞(艺名荷花女)死亡后,其名誉权应依法保护,其母陈秀琴亦有权向人民法院提起诉讼。"

③ 杨立新.人身权的延伸法律保护[J].法学研究,1995(2):65.

近亲属尽管是以自己的名义提起诉讼,但维护的不是自己的人格利益,而是死者的人格利益"①。

该学说强调的是保护死者人格利益而非财产,学者认为,"原因在于死者人格利益的存在并不依赖于其生命和财产……死者生前已被外在化的人格形象能够不依赖于其生理和行为而继续存在,人格尊严仍然应当得到尊重。因此,死者在涉及其人格利益的法律关系中应当具有部分权利能力,使其继续存在的人格尊严得到法律的调整和保护"②。

应该强调的是:"人身权延伸保护说"核心内容是基于"部分权利能力"概念的确立,因为学者认为:"作为人格要素不完整主体在法律规定的特定情况下享有的民事权利能力,其与主体人格状态具有关联性,其权利能力并未得到法律的规定,并具有开放性、差异性与非全面性等特征③。而死者部分权利能力只是部分权利能力中的一种。"④

(二)"间接利益说"或"遗族利益说"

该说认为:"对死者人格利益的保护,与其说是保护死者自身的利益,不如说是保护与死者具有特定关系(配偶、父母、子女)人的人格利益,因此,通过维护死者遗族利益,间接起到保护死者人格利益的目的。"⑤

(三)"法益说"

该说首先承认自然人的权利始于出生,终于死亡,并认为,自然人死亡后,尽管其不享有任何权利,但其人格利益并不因此消灭。在利益中,不仅包括死者的个人利益,还包括社会公共利益,并涉及死者近亲属的感情。所以,死者人格利益在法律上仍然是一种法益,法律出于维护社会道德、尊重近亲属的感情以及维护社会公共利益的需要,有必要对死

---

① 杨立新.《民法总则》中部分民事权利能力的概念界定及理论基础[J].法学,2017(5):54.
② 刘召成.部分权利能力制度的构建[J].法学研究,2012(5):89.
③ 杨立新.民法总论[M].北京:高等教育出版社,2007:72.
    刘召成.胎儿的准人格构成[J].法学家,2011(6):66-81.
    刘召成.准人格研究[M].北京:法律出版社,2012:110-113.
④ 部分权利能力还包括胎儿、设立中法人、清算中法人、设立和清算中的非法人组织的部分权利能力。杨立新.《民法总则》中部分民事权利能力的概念界定及理论基础[J].法学,2017(5):54-55.
⑤ 姚辉.人格权法论[M].北京:中国人民大学出版社,2011:121.

者的人格利益予以保护①。

上述三种观点，第一种学说中的"权利保护说"明显与自然人"权利"始于出生、终于死亡的法律制度冲突；"间接利益说"与死者近亲属不存在或不主张权益时国家或相关组织仍对其利益予以保护的现实不符，因此时受保护的是死者个人人格尊严或利益，与死者近亲属无关；"法益说"事实上综合了"直接利益说"和"间接利益说"中死者人格利益的内涵，并增加了社会公共利益与道德的内容，比较客观全面，也是最有说服力的观点。

二、死者人格利益保护的意义

人死后是否应享有名誉等人格利益，不仅是一个民法问题，也是一个法理问题乃至哲理问题。"人固有一死，或轻于鸿毛，或重于泰山"，意指死者的人格利益（名誉）主要由其生前所为决定，在其生前或死后都存在；而"人过留名，雁过留声"，则说明作为人，希望死后也享有人格利益，而且其名誉由其生前和死后的社会评价决定。人希望永生，而名誉、荣誉、肖像等"不死"的人格利益正是人"永生"的标志。德国哲学家康德认为："一个人死了，在法律的角度看，他不再存在时，认为他还能够占有任何东西的观点是荒谬的，如果这里所讲的东西是有形的。然而，美誉是天生和外在的占有（虽然仅仅是精神方面的占有），它不可分离地依附在这个人身上。"②

抛开前述形而上的考虑，死者（英雄烈士）人格利益保护的意义在于：

第一，抚慰死者近亲属。对死者人格利益的侵害，在现实社会中直接侵害了其近亲属的人格权益，伤害其情感。所以，康德还说："死者的后代和后继者——不管是他的亲属或不相识的人——都有资格去维护他的好名声，好像维护自己的权利一样。理由是：这些没有证实的谴责威胁到所有人，他们死后也会遭到同样对待的危险。"③

第二，维护社会公序良俗，保护现存社会关系参与者。尊重死者人格，事实上也是尊重生者；污辱死者，也在污辱生者。而"法律对死者人

---

① 王利明.人格权法研究[M].北京：中国人民大学出版社,2012：189.
② 康德.法的形而上学原理[M].沈叔平，译.北京：商务印书馆,1991：118.
③ 康德.法的形而上学原理[M].沈叔平，译.北京：商务印书馆,1991：120.

格的保护主要是从维护公序良俗及保护现在社会关系参与者的角度出发的"①,因此,死者人格利益涉及社会公共道德和秩序,保护死者人格利益即维护社会公共道德。

第三,维护民族优良传统。任何人都不希望死后受到他人侮辱,我国素有尊重先人的优良文化传统。事实上,这也是世界各国的传统,因此,通过保护死者人格利益,既尊重其近亲属情感,也是各民族文明薪火相传的要求。

第四,维护社会公共利益。对死者人格利益的侵权可能同时损及社会公共利益,对死者的名誉、肖像、姓名等进行保护,也是法律维护社会公共利益的需要②。许多死者如英雄、烈士和伟人的人格利益,已经转化为民族精神,世代相传,成为社会公共利益的一部分。这不仅在我国如此,在国外也如此。所以,早就有学者认为,对英雄烈士和伟人人格的贬损,"不仅是对历史的不尊重,甚至是对民族感情的伤害"③。而维护这些死者的人格利益,事实上也是对社会公共利益的维护。

总之,人格利益是个体利益和社会利益的结合体,对于个体利益权益中的死者延续利益或其近亲属的权益和社会公共利益,公权力不能漠然视之,所以,"从各国有关人格权保护的判例和学说来看,几乎无一例外地赞成对死者的人格利益进行保护"④,保护死者人格利益已经成为人格权法发展的趋势。

第二节　媒体传播侵权与我国死者人格利益保护制度的演进

无论在古代或现代社会,死者声名的留存也好,"永生"也好,均与传播有必然的关系。我国当代死者人格利益保护制度的演进,与媒体传播侵权,主要是与新闻传播侵害名誉权纠纷密切相关。从法律制度而言,这种演进可分为批复性司法解释、规范性司法解释和法律三个阶段。

---

① 姚辉.人格权法论[M].北京:中国人民大学出版社,2011:128.
② 最高人民法院侵权责任法研究小组.侵权责任法条文理解与适用[M].北京:人民法院出版社,2010:27.
③ 亓培冰.死者肖像权的保护及其法律适用[J].人民司法,2000(5):23.
④ 王利明.人格权法研究[M].北京:中国人民大学出版社,2012:185.

一、批复性司法解释:针对零散的媒体(报刊)传播侵害死者人格利益案

我国新闻传播侵害民名誉权的诉讼集中出现在 20 世纪 80 年代末期,其与名誉权等具体人格权、1987 年 1 月生效的《民法通则》密切相关①,就是学界所称的我国"新闻侵权的第一次浪潮"②,而我国侵害死者人格利益的诉讼随之出现,并且也由传统媒体即报纸传播引发。

这一阶段,有两个著名的案例:①"荷花女案"。此案中③,最高人民法院在 1989 年回复天津市高级人民法院的(1988)民他字第 52 号《关于死亡人的名誉权应受法律保护的函》中认为:"吉文贞(艺名荷花女)死亡后,其名誉权应依法保护,其母陈秀琴亦有权向人民法院提起诉讼。"②"海灯法师案"。此案中④,在(1990)民他字第 30 号《关于范应莲诉敬永祥等侵害海灯法师名誉权案有关诉讼程序问题的复函》中,最高人民法院指出:"海灯死亡后,其名誉权应依法保护,作为海灯的养子,范应莲有权向人民法院提起诉讼。"

二、规范性司法解释:针对不断增多的媒体传播侵害死者人格利益案

自 1992 至 2000 年,我国又发生了学者所称的第二次至第四次新闻

---

① 罗斌,宋素红.我国新闻传播诽谤诉讼的历史演进[J].新闻与传播研究,2017(1):51.

② 徐迅.中国新闻侵权纠纷的第四次浪潮——一名记者眼中的新闻法制与道德[M].北京:中国海关出版社,2002:19.

③ 被告魏锡林撰写的小说《荷花女》发表于天津《今晚报》。小说中虚构有不利于原告陈秀琴及其已故女儿吉文贞(艺名"荷花女")的情节,且使用了吉文贞的真实姓名,还将原告陈秀琴称为陈氏。陈提起诉讼,天津市中级人民法院作为一审法院,判决认为:"公民死亡后名誉以仍应受法律保护",判决被告侵权责任成立。被告向天津高院提起上诉,由于当时对侵害死者人格利益问题尚无法律规定,天津高院向最高人民法院请示。参见:《中华人民共和国最高人民法院公报》1990 年第 2 期。

④ 该案中,《四川日报》记者敬永祥撰写《对海灯法师武功提出不同看法》一文,投稿于1988 年第 51 期新华通讯社《内参选编》,文章称海灯法师"在不同场合中把自己的年龄越说越大","海灯没有正式工作,也没有档案,他的身世都是由他自己说了算"。文章后被其他报纸转载。1989 年 8 月,海灯养子范应莲向成都市中级人民法院起诉。1990 年,四川高院根据成都中院的请示,向最高人民法院请示相关问题的处理。最高人民法院同年做出复函。1993 年 5 月 29 日,成都中级人民法院判决:一,敬永祥立即停止对海灯和范应莲名誉的侵害。二,敬永祥于本判决生效后一个月内在公开发行的一种全国性非专业性报纸,为海灯、范应莲恢复名誉,消除影响,赔礼道歉;赔偿范应莲4000 元。敬永祥上诉。同年 8 月 17 日,四川高院终审判决:维持敬需在公开发行的一种全国性非专业性报纸,为海灯、范应莲恢复名誉,消除影响,赔礼道歉的判决;撤销赔偿 4000 元的判决。参见:四川省级人民法院(1993)川民终字第 6 号民事判决书。

侵权浪潮①,并发生多起涉及媒体传播侵害死者人格利益的案例,影响较大的是 1999 年到 2000 年间进行的著名诗人郭小川家属起诉贺方钊、《幸福》杂志等媒体侵害郭小川名誉及人格尊严案②、袁殊子女起诉尹骐、中国人民公安大学出版社和人民出版社侵害袁殊名誉案③。其中后者已涉及英烈人格利益保护问题。这期间,此类案件仍然由传统媒体即报刊传播引发。

由此,最高人民法院的批复性司法解释也数次涉及死者名誉保护问题。而对请求权和诉权行使主体问题,根据 1988 年最高人民法院《民通意见》第 12 条的规定④,最高人民法院 1993 年《解答》第五条规定:"死者名誉受到损害的,其近亲属有权向人民法院起诉。近亲属包括:配偶、父母、子女、兄弟姐妹、祖父母、外祖父母、孙子女、外孙子女。"这是我国最高人民法院第一次以规范性司法解释的形式对死者人格利益保护请求权和诉权归属做出明确。

但是,《解答》对媒体传播侵害死者人格利益同时损及社会公共利益情况下的请求权归属,并未明确。对此,最高人民法院《精神损害赔偿解释》第三条规定:"自然人死亡后,其近亲属因下列侵权行为遭受精神痛苦,向人民法院起诉请求赔偿精神损害的,人民法院应当依法予以受理:①以侮辱、诽谤、贬损、丑化或者违反社会公共利益的其他方式,侵害死者姓名、肖像、名誉、荣誉;②非法披露、利用死者隐私,或者以违反社会公共利益、社会公德的其他方式侵害死者隐私;③非法利用、损害遗体、遗骨,或者以违反社会公共利益、社会公德的其他方式侵害死者遗体、遗骨……"依照该条规定,侵害社会公共利益情况下,请求权和诉权主体也

---

① 徐迅.中国新闻侵权纠纷的第四次浪潮——一名记者眼中的新闻法制与道德[M].北京:中国海关出版社,2002:19.

② 郑艳丽,崔丽.郭小川黄昏恋案终审[N].中国青年报,2000-12-08(8).

③ 袁殊是中共情报战线上的一位传奇人物,早年参加过"五卅"运动和北伐,后加入左联;1931 年秋,经潘汉年介绍加入中共,参加中共特科工作。抗战时期受中共委派,打入汪伪政府及敌特机关,同时还任国民党军统上海区少将组长,为中共提供军事情报,同时指挥炸掉日军军火库,组织暗杀汉奸李士群,保护被俘新四军和进步青年。1945 年袁殊安全撤离到解放区,1949 年调任中央情报部门工作。中华人民共和国成立后因受潘汉年冤案牵连,含冤入狱 20 余年。1982 年,中共为袁殊平反,为他恢复了名誉、党籍及一切政治待遇,在国家安全部退休,1987 年 1 月 26 日去世。孙耀军.谁来对历史负责[J].中国律师,1998(7):30-32;朱元涛.我对袁殊名誉权案的几点看法[J].中国律师,1998(7):33.

④ 该条规定:"民法通则中规定的近亲属,包括配偶、父母、子女、兄弟姐妹、祖父母、外祖父母、孙子女、外孙子女。"

可为死者近亲属。

2015 年生效的最高人民法院《民事诉讼法解释》第六十九条规定：
"对侵害死者遗体、遗骨以及姓名、肖像、名誉、荣誉、隐私等行为提起诉
讼的,死者的近亲属为当事人。"该规定仅涉及死者本人人格利益案的诉
讼主体为死者近亲属,并未涉及公共利益时的诉权问题。

从概念采用来看,对于死者人格利益问题,最高人民法院在前述两
个批复性司法解释中均使用了死者"名誉权"概念;而且 1990 年通过的
《著作权法》明确规定了作者死亡后可以继续享有规定的著作人身权[①]。
由于大陆法系和我国民法始终坚持的自然人民事权利能力始于出生、终
于死亡的原则,对死者"名誉权"概念的使用引发了学界的争议和批
评[②]。因此,1993 年、2001 年和 2015 年的规范性司法解释则删去了
"权"字,只规定死者"姓名、肖像、名誉、荣誉"和"隐私"等,这符合民法
学界所用"人格利益"概念的含义。

三、《民法总则》"英烈条款":针对"解构风"下侵害英烈人格利益案

2000 年之后比较有影响的侵害死者人格利益的案件是宋祖德等侵
犯谢晋名誉案[③],但主要侵权媒体已经由传统媒体转为网络博客,主要侵
权主体也由新闻媒体转为网络用户。此后,侵害英雄烈士人格利益的案
件成为一种"现象"。

（一）"解构风"

互联网时代带来了话语权的转变——人人都可以发言,但也让信息
变得繁杂和轻佻。一些"标新立异"的网民对英雄烈士的解构就是表现
之一。而成长于互联网时代的青少年对英雄烈士的认识很大程度上来

---

① 《著作权法》第二十一条规定:"公民的作品,其发表权、本法第十条第一款第（五）项至
　第（十七）项规定的权利的保护期为作者终生及其死亡后五十年,截止于作者死亡后第
　五十年的 12 月 31 日;如果是合作作品,截止于最后死亡的作者死亡后第五十年的 12
　月 31 日。"
② 麻昌华.论死者名誉的法律保护——兼与杨立新诸先生商榷[J].法商研究,1996（6）:
　34 – 40.
　王利明.人格权法论[M].长春:吉林人民出版社,2004:444.
　杨立新.人身权法论[M].北京:中国检察出版社,2004:273.
　梁慧星.民法总论[M].北京:法律出版社,2001:132.
③ 罗剑华.宋祖德、刘信达侵犯谢晋名誉权案终审结果出炉[N].新闻晨报,2010 – 02 –
　02（1）.

自互联网,他们"虽然不一定想刻意抹黑英雄,但娱乐至上的价值观、围观成瘾的癖好,使远离历史的青年成为'键盘侠'们的牺牲品"①。

近年来,遭遇解构的英雄烈士包括雷锋②、刘胡兰③、赖宁④、董存瑞⑤、邱少云⑥、黄继光⑦、和"狼牙山五壮士"等。

(二)"狼牙山五壮士案""邱少云案"与《民法总则》"英烈条款"

在对英雄烈士的"解构风"中,影响最大的当属近年的"狼牙山五壮士案"和"邱少云案"。2016 年两案刚刚审结,在 2017 年 3 月十二届全国人大五次会议审议《民法总则(草案)》期间,有全国人大代表提出应增加英雄烈士保护条款,经过讨论,《民法总则》"旗帜鲜明地规定了对英雄烈士名誉、荣誉的保护"⑧。可以说,《民法总则》"英烈条款"的制定,直接源于"狼牙山五壮士案"和"邱少云案"⑨。

事实上,在《精神损害赔偿解释》中,社会公共利益已经进入司法实践的考量范围,只不过是以"方式"的身份出现,而在"英烈条款"中则以责任构成要件的地位出现。

案件情况 烈士姓名	原告	被告	案件起因	裁判结果及理由
邱少云(2016)	邱少云之弟邱少华	孙杰和加多宝公司	网络(微博)传播	被告败诉;构成权益侵害

---

① 陈娟. 热衷解构的轻佻时代,我们该如何塑造英雄[N]. 国际先驱导报,2015 – 06 – 23(2).

② 李悔之、穆正新等西奴妖魔化雷锋[EB/OL].[2017 – 06 – 02]. http://xinu. jinbushe. org/index. php? doc-view-2948. html

③ 阿忆. 在武力胁迫下,乡亲们颤抖着,铡死了刘胡兰[EB/OL].[2017 – 09 – 09]. http://cul. sohu. com/20070115/n247624583. shtml.

④ 遗忘赖宁是件好事[EB/OL].[2017 – 06 – 02]. http://news. sohu. com/s2006/06ywln/.

⑤ 沙丹.《董存瑞》:"真实"创造的经典[J]. 大众电影,2006(8):36.

⑥ 姚小远. 用常识揭穿邱少云:一个真实的谎言[EB/OL].[2017 – 06 – 02]. http://club kdnet. net/dispbbs. asp? id = 3204621&boardid = 1&page = 1&1 = 1#3204621.

⑦ 邵前锋,孙章敏. 黄继光战友亲属倡议尊重历史捍卫英烈[EB/OL].[2017 – 06 – 02]. http://news. mod. gov. cn/headlines/2015 – 05/29/content_4587487. html.

⑧ 李适时. 民法总则是确立并完善民事基本制度的基本法律[EB/OL].[2017 – 06 – 02]. http://www. npc. gov. cn/npc/xinwen/syxw/2017 – 04/14/content_2019851. htm.

⑨ 孙莹. 最高法杜万华盘点民法总则十大亮点[EB/OL].[2017 – 10 – 10]. http://news. ifeng. com/a/20170608/51213169_0. shtml

续表

案件情况 烈士姓名	原告	被告	案件起因	裁判结果及理由
"狼牙山五壮士"之葛振林（2016）	葛振林之子葛长生	洪振快	传统媒体（期刊）传播	被告败诉;构成权益侵害
"狼牙山五壮士"之宋学义（2016）	宋学义之子宋福保	洪振快	传统媒体（期刊）传播	被告败诉;构成权益侵害
董存瑞（2007年起诉,2009年判决）	董存瑞之妹董存梅、弟董存金	郭维、《大众电影》、中央电视台	传统媒体（期刊与电视）传播	调解结案:被告赔付原告诉讼费等3.5万元,同时在《大众电影》杂志上发表一篇对《为了新中国前进》中饰演战斗英雄董存瑞的王宝强的专访文章①
霍元甲（2006）	霍元甲之孙霍寿金	中国电影集团公司、北京电影制片厂和李连杰	传统媒体（电影）传播	原告败诉;无侮辱、诽谤之描写,其夸张与虚构内容在可容忍范围内,不构成权益侵害
杨子荣（2005）	杨子荣"养子"杨克武	总政话剧团	传统媒体（电视）传播	驳回起诉;未形成收养关系,原告不具体诉讼主体资格
董健吾（2002）	董健吾之子董龙飞、董闯	刘思齐（毛岸英之妻）	组织传播	不详

需要指出,虽然"英烈条款"理论上针对包括人际传播等其他行为②在内的所有侵害英雄烈士等人格利益导致损害相关公共利益的行为,但其主要针对媒体传播侵害行为制定,理由如下:其一,实践中侵害英雄烈

---

① 张蕾."董存瑞名誉权案"结果出炉:双方调解结案[N].北京晚报,2009 - 11 - 09(1).
② 如在私下诽谤英雄烈士,或毁损英雄烈士的肖像。

士等的姓名、肖像、名誉、荣誉的行为,多由媒体传播行为引发;其二,也只有媒体传播侵害行为,才有可能造成恶劣影响,从而损害社会公共利益;而其他行为导致的相关侵害行为,除非经过媒体传播,通常很难损害社会公共利益;其三,对英雄烈士等的遗体、遗骨或陵园、墓碑、墓葬进行侵害的非媒体传播行为①,也可能损害社会公共利益,但本条却未予规定。

四、《民法典·人格权编(草案)》中的一般性规定

2018 年 9 月公布的《民法典·人格权编(草案)》第七百七十七条规定:"死者的姓名、肖像、名誉、荣誉等受到侵害的,其配偶、子女、父母可以依法请求行为人承担民事责任;死者没有配偶、子女和父母的,其他近亲属可以依法请求行为人承担民事责任。"这是我国正式法律首次对普通死者的人格利益进行保护的规定,其明确了第一顺序的保护人即死者的配偶、子女、父母和第二顺序保护人即其他近亲属。

需要注意:作为特别法,《英雄烈士保护法》第二十五条规定中,并没有明确对英雄烈士人格利益保护的保护人顺序。

五、小结

截至目前,我国死者人格利益保护制度的演进中,最重要的原因或者说诱发因素即是:媒体传播。其他方式的侵害行为,并非死者人格利益保护制度演进的推动力量,而且甚至是作为相关制度演进的附带性规范对象。自 20 世纪末至 2010 年生效的《侵权责任法》、2015 年 2 月施行的《民事诉讼法解释》和 2017 年生效的《民法总则》,我国死者人格权益保护制度,从请求权和诉权主体、保护范围、保护期限、责任范围、责任方式、赔偿数额等,基本构建起来,而相关制度呈现出以下特点:

第一,从私益角度,直接承认死者人格利益中的"遗族利益",并基于死者近亲属利益考虑,即与死者近亲属人格权益保护紧密相关,以死者

---

① 如非法拆迁烈士陵园导致的侵害烈士遗体和遗骨的行为,或破坏英雄烈士等陵园的行为。2017 年 7 月 22 日,潮州湘桥区磷溪镇英山村村民发现陆秀夫陵园受破坏,当地村委和陆氏宗亲获悉后马上报警处理。据初步统计,作案者用铁具重击陵园里面的石构件十五处。包括石狮六只、碑记石二块、亭柱石二条、主墓抱石二条。陈启任. 广东潮州宋末名相陆秀夫陵园遭破坏 多处石构件被击毁[EB/OL].[2017 - 07 - 24]. http://finance. ifeng. com/a/20170723/15546081_0. shtml.

近亲属为请求权人和诉权主体。从公共利益角度,间接承认一般死者人格利益含有社会公共利益(公序良俗),直接承认特殊死者(英雄烈士等)人格利益含有社会公共利益。在责任要件的构成上,社会公共利益从手段到后果,从模糊到明确,其重要性越发突出。

第二,保护的范围或对象为死者姓名、肖像、名誉、荣誉、隐私、遗体、遗骨。

第三,演进特征:①从针对特殊案件,到针对类型化案件,再到重点特殊类型(英雄烈士等)案件,我国死者人格利益制度经历了一个特殊(案件)→普遍(一般)→特殊(死者)的过程。②社会公共利益在此类制度中的地位越来越突出。21世纪前,无论是批复性司法解释还是规范性司法解释,均针对死者自身人格利益及其近亲属权益即私益(追慕之情及精神痛苦);2001年《精神损害赔偿司法解释》开始关注公共利益,但侵害公共利益仅仅作为认定侵害私益的"方式",公共利益本身并未单独得到保护;《民法总则》"英烈条款"则将侵害社会公共利益作为责任构成要件,核心目的是维护公共利益。

第三节　平等保护:英雄烈士人格利益侵害案责任要件认定特点

迄今为止,我国对涉及英雄烈士人格利益民事诉讼,是在平等原则下进行,理由为:首先,民事诉讼本身就是平等主体之间的关于民事权益争端的处理程序,其最主要的原则之一就是平等原则,原告并不能因其为英雄烈士近亲属就享有比被告更多的诉讼权利。其次,此类诉讼仍然遵循过错责任原则,即作为一般侵权进行处理,而非以特殊侵权进行过错推定或适用无过错责任原则,这样,从诉讼原则上,原告仍然必须对被告构成侵权责任的四个要件承担证明责任(法官对被告的故意可根据案情和证据直接认定)。

当然,涉及英雄烈士人格利益侵害的民事诉讼,责任构成要件法律适用上有其特点。

一、侵害英烈人格利益案中的过错:故意的直接认定与过失的注意义务标准

(一)故意认定采意思主义与观念主义的结合

侵权行为构成要件中,故意指行为人对其行为所致损害后果所持的态度,对何种态度构成故意,有两种观点:一种是"意思主义",认为故意是行为人"希望"或"放任"造成某种损害后果;二是"观念主义",认为"行为人认识或预见到行为的后果即为故意,至于行为是否希望或放任此种结果的发生可不予考虑"①。正如我国台湾地区学者史尚宽先生认为:"依意思主义,行为人不独知其行为之结果,而只需有欲为之意;依观念主义,则以有行为结果之预见为足矣。"②但我国学者普遍认为,故意应当包含两方面的内容,即行为人预见到自己行为的后果,并希望或放任结果的发生③。

在葛长生诉洪振快案、宋福保诉洪振快案中,判决对被告故意的认定即综合了意思主义与观念主义。如一审判决认为被告"通过所谓的细节研究,甚至与网民张广红对狼牙山五壮士的污蔑性谣言相呼应,质疑五壮士英勇抗敌、舍生取义的基本事实,颠覆五壮士的英勇形象,贬损、降低五壮士的人格评价",二审认为"从本院查明的事实看,洪振快之所以要写案涉文章,其目的是要为散布历史谣言、污蔑狼牙山五壮士的张广红鸣不平,这在洪振快的文章中有明确表述",均从意思主义的观点;而二审"本院认为,洪振快明知其行为会造成他人社会评价降低的后果而仍然为之,其主观过错明显"④,则是观念主义表述。

在邱少华诉孙杰、加多宝(中国)饮料有限公司一般人格权纠纷案中,判决对被告孙杰发表的"由于邱少云趴在火堆里一动不动最终食客们拒绝为半面熟买单,他们纷纷表示还是赖宁的烤肉较好"的言论,并未进行复杂的理论阐述,而是直接认定其将"邱少云烈士在烈火中英勇献身"比作"半边熟的烤肉","是对邱少云烈士的人格贬损和侮辱,属于故

---

① 王利明.侵权责任法研究(上卷)[M].北京:中国人民大学出版社,2011:315.
② 史尚宽.债法总论[M].[出版地不详]:[出版者不详],1954:112.
③ 王利明.侵权责任法研究(上卷)[M].北京:中国人民大学出版社,2011:316-317.
  杨立新.侵权法论[M].北京:人民法院出版社,2011:205.
④ 参见:北京市第二中级人民法院(2016)京02民终第6271、6272号民事判决书。

意的侵权行为"①,即直接故意侵权。

（二）过失认定依据注意义务理论与制度

如果说故意是主观概念,只能根据主观标准来具体衡量②,那么对于过失,邱少华诉孙杰、加多宝（中国）饮料有限公司一般人格权纠纷案判决中,则是以注意义务理论和制度来认定加多宝（中国）饮料有限公司的过失。

注意义务作为一种制度在我国媒体传播侵害人身权益案件中适用,正式始于2014年《信息网络侵害人身权益规定》,该规定第九条并未明确表述注意义务,但实际主要内容规定的是注意义务（"知道"）确立的参考因素;而其第十条则明确表达:"人民法院认定网络用户或者网络服务提供者转载网络信息行为的过错及其程度,应当综合以下因素:（一）转载主体所承担的与其性质、影响范围相适应的注意义务……"即正式将注意义务作为过错成立的基础和判断标志。

邱少华诉孙杰、加多宝（中国）饮料有限公司一般人格权纠纷案判决认定:"被告孙杰作为网络知名人士,虽然发表过多篇与烧烤有关的其他微博博文,但在转载和评论数量上、评论内容的激烈程度和社会影响力上,远不及其侮辱邱少云烈士的博文,加多宝公司应当而未对孙杰之前发表的影响较大的不当言论予以了解而进行答谢及互动,导致较大社会负面影响产生,再次给邱少云烈士的家属造成了精神上的损害。本院认为,加多宝公司未尽到合理审慎的注意义务,存在主观上的过错。"③需要强调的是:在此前的司法实践中,对于职业传播者的注意义务的表述大都为"谨慎的注意义务"④。在此案表述中,"合理审慎的注意义务"实际上是"善良家父"的标准而非专业标准。

二、违法行为:新类型的认定及违法性"行为不法"说的适用

根据最高人民法院《解答》之七、之八的规定,侵害名誉权的行为类型包括"侮辱或者诽谤""新闻报道严重失实"或者撰写、发表的批评文

---

① 参见:北京市大兴区人民法院（2015）大民初字第10012号民事判决书。

② 王利明.侵权责任法研究（上卷）[M].北京:中国人民大学出版社,2011:318.

③ 人民法院依法保护"狼牙山五壮士"等英雄人物人格权益典型案例[N].人民法院报,2016-10-10(3-4).

④ 如唐季礼诉《青年时报》等名誉权纠纷案中的表述。参见:上海市第一中级人民法院（2004）沪一中民一民（初）字第13号判决书。

章"基本内容失实";根据最高人民法院《解释》第三条规定,侵害死者人格利益即姓名、肖像、名誉、荣誉的行为类型包括"以侮辱、诽谤、贬损、丑化或者违反社会公共利益、社会公德的其他方式"。随着网络传播的普及,上述司法解释列举的侵害方式,在相关案件中已成为被告防守的依据。

（一）违法行为新类型的认定

在葛长生诉洪振快案、宋福保诉洪振快案中,被告洪振快认为,"只有文章存在侮辱、诽谤侵权的情形下,才可能产生侵权的后果",而其相关行为并不符合上述司法解释列举的侵权方式,但法院认为:"第一,上述法律或司法解释关于行为类型的规定,是列举式的而非穷尽式的。这一点,上述法律或司法解释规定中的'其他方式',可以说明。第二,侵害名誉或者名誉权的行为通常表现为侮辱、诽谤,但不以此为限,它还包括贬损、丑化或者违反社会公共利益、社会公德的其他方式。第三,前述司法解释所规定的行为类型的具体表现形态,应当根据侵权行为方式的变化而变化。"

在确立司法解释规定的相关侵权行为类型并非穷尽式前提后,法院认定被告的侵权行为包括以下具体方式:①引而不发;②推测、质疑和评价;③强调（与基本事实无关或关联不大的）细节;④引导他人产生质疑。最后,法院认定上述行为总体上"符合以贬损、丑化的方式损害他人名誉和荣誉权益的特征"[①]。上述方式系学术文章中常用手法,而导致侵权,在我国名誉权纠纷中属于首例。

（二）注意义务作为违法性判断的基础

如前所述,侵权法上的违法性有结果不法和行为不法两种学说。行为不法说认为:"一个行为不能仅因其有引发侵害他人绝对法益的消极结果方能推定为具有违法性……即使不存在对法益的危害,如果某个作

[①] 法院认为:"案涉文章在没有充分证据的情况下,以引而不发的手法,在多处做出似是而非的推测、质疑乃至评价。""尽管案涉文章无明显侮辱性的语言,但洪振快采取的行为方式却是,通过强调与基本事实无关或者关联不大的细节,引导读者对'狼牙山五壮士'这一英雄人物群体英勇抗敌事迹和舍生取义精神产生质疑,从而否定基本事实的真实性,进而降低他们的英勇形象和精神价值。洪振快的行为方式符合以贬损、丑化的方式损害他人名誉和荣誉权益的特征。"参见:北京市第二中级人民法院（2016）京02民终第6271、6272号民事判决书。

为或不作为违反了行为规范,则其同样违法。"①

最高人民法院《信息网络侵害人身权益规定》,仅将注意义务作为过错成立的基础和判断标志,并未将其作为违法性判断基础。

在邱少华诉孙杰、加多宝(中国)饮料有限公司一般人格权纠纷案中,法官区别情况不同,认定行为人行为违法性。对于被告孙杰在新浪微博通过用户名为"作业本"的账号发文称"由于邱少云趴在火堆里一动不动最终食客们拒绝为半面熟买单,他们纷纷表示还是赖宁的烤肉较好"之行为,法院认定属于"对邱少云烈士的人格贬损和侮辱"即违法行为。而对于该案中加多宝(中国)饮料有限公司对于加多宝公司与孙杰的答谢及互动行为②,难以直接认定为前述司法解释列举的直接侮辱、诽谤、贬损、丑化,而法院认为"导致较大社会负面影响产生,再次给邱少云烈士的家属造成了精神上的损害","加多宝公司未尽到合理审慎的注意义务,存在主观上的过错"——即在侵权责任四要件中,判决并未明确加多宝公司行为违法性,但判决其构成侵权,隐含着法官对行为不法说的认同:违反注意义务本身就是一种违法。

邱少华诉孙杰、加多宝(中国)饮料有限公司一般人格权纠纷案中,将注意义务作为违法性判断的基础,在我国属树立违法性判断与注意义务相关联的典型。

总之,上述案例中,被告的侵权行为均不属于司法解释列举的典型侵害行为,而且均与网络传播相关。而法院均以开放的理解,对侵害方式进行了扩大解释。

三、损害:公共利益的认定

民事诉讼主要是关于私益的诉讼,侵权纠纷一般情况下是平等当事人之间的纠纷,通常也不涉及公共利益。

在葛长生诉洪振快案、宋福保诉洪振快案中,法官认定:"从损害后果看,案涉文章通过刊物发行和网络传播,客观上已经在社会上产生较大影响,损害了葛长生之父葛振林的名誉及荣誉,同时伤害了葛长生的个人情感。"本案加上其他要件的认定,这种侵权损害认定已经可以构成

---

① 多伊奇,阿伦斯.德国侵权法[M].叶名怡,温大军,译.北京:中国人民大学出版社,2016:40-41.
② 参见:北京市大兴区人民法院(2015)大民初字第10012号民事判决书。

侵权责任。然而,判决理由没有就此结束,而是用相当篇幅认定了"狼牙山五壮士"及其精神,成为我国社会公共利益。因此,判决认定"洪振快发表的案涉文章否认狼牙山五壮士英勇抗敌的事实和舍生取义的精神,不仅对狼牙山五壮士的名誉和荣誉构成侵害,同时构成了对英雄人物的名誉、荣誉所融入的社会公共利益的侵害"①。

在邱少华诉孙杰、加多宝(中国)饮料有限公司一般人格权纠纷案中,在确定侵权损害之前,判决先从传播后果角度进行了阐述,认定:"作为新浪微博知名博主,孙杰当时已有 6 032 905 个'粉丝'。该文发布后不久就被转发即达 662 次,点赞 78 次,评论 884 次。"判决做出了与葛长生诉洪振快案、宋福保诉洪振快案类似的认定:"该言论通过公众网络平台快速传播,已经造成了严重的社会影响,伤害了社会公众的民族和历史感情,同时损害了公共利益,也给邱少云烈士的亲属带来了精神伤害。"

在名誉权纠纷及一般人格权纠纷案中,损害的认定并不是司法焦点。在上述三个案例中,即使没有公共利益受到损害的认定,也不影响侵权要件的构成。而侵害公共利益的认定,却直接导致《民法总则》"英烈条款"中"损害社会公共利益的"的规定。

四、侵权责任:基于私益损害的认定

如上,虽然前述案例的判决均认定被告的相关行为损害了公共利益,但在责任的承担方面,只是基于私益损害的判决。在葛长生诉洪振快案、宋福保诉洪振快案,判决结果是:洪振快停止侵害英烈后人的名誉、荣誉,并公开发布赔礼道歉公告向其道歉②。在邱少华诉孙杰、加多宝(中国)饮料有限公司一般人格权纠纷案中,判决结果是孙杰和加多宝

---

① 判决认为,"狼牙山五壮士"英勇抗敌的事实发生后,经各种途径广泛传播,在抗日战争、解放战争、抗美援朝战争等为民族独立、人民解放和保卫国家安全战斗的时期,成为激励无数中华儿女反抗侵略、英勇抗敌的精神动力之一;成为人民军队誓死捍卫国家利益、保障国家安全的军魂来源之一。在和平年代,狼牙山五壮士的精神,仍然是我国公众树立不畏艰辛、不怕困难、为国为民奋斗终生的精神指引。这些英雄人物及其精神,已经获得全民族的广泛认同,成为广大民众精神需求的重要组成部分,是社会公共利益的一部分,这也是不争的社会现实和历史事实。参见:北京市第二中级人民法院(2016)京 02 民终第 6271、6272 号民事判决书。

② 参见:北京市第二中级人民法院(2016)京 02 民终第 6271、6272 号民事判决书。

(中国)饮料有限公司英烈后人赔礼道歉,赔偿其精神损害抚慰金①。

显然,上述三案的判决关于被告承担的责任中,均没有基于公共利益的考量,其关键原因是:第一,没有公益诉讼代表出庭,也就没有相关当事人提出涉及公共利益的赔偿。第二,在涉及私益的民事诉讼中(公益诉讼除外),侵害公共利益的责任承担,既没有明确的法律规定作依据,也没有先例作指导。第三,如果判决被告赔偿公共利益损失,则需要公益基金进行管理,我国目前尚未建立此类基金。

而最高法院认为,人民法院在前述案例审理中积累了以下经验:"在侵权行为方式和类型上,结合互联网技术的新发展和侵权行为的新类型,对行为定性准确;在行为人主观过错的认定上,结合相互对立的言论的内容、背景、指向等综合判断;在损害后果的判断上,根据行为人利用互联网的能力及相应的认识能力等因素加以判断;在侵权责任承担方式上,根据侵权人是否采取了主动删除等补救措施,区分不同情况判决其承担不同的责任。"②

五、小结

在"英烈条款"出台之前,人民法院在审理涉及英雄烈士人格利益案件中,结合互联网技术的新发展和侵权行为的新类型,对侵权行为方式的认定上在法律范围内进行了创新性适用。但是,在损害的证明认定方面,将公共利益与私益混合在一起,结果是:在以私益诉由起诉的诉讼判决文书中,大部分内容在证明和认定对公共利益的损害,对私益即英雄烈士近亲属情感和精神损害的证明和认定一笔带过;而且,由于并非公益诉讼,原告无资格对涉及公共利益的损害提出赔偿请求,所以判决结果中并不存在与公共利益相关的责任,形成一种"公益诉讼氛围,私益诉讼结果"的落差。

---

① 参见:北京市大兴区人民法院(2015)大民初字第 10012 号民事判决书。
② 罗书臻. 最高法院发布英雄人物名誉权典型案例[N]. 人民法院报,2016 – 10 – 20(1).

第四节　特别保护:"英烈条款"中"公共利益"及其法律适用

所谓特别保护,指"英烈条款"的特别规定并非违反民法和民诉法的平等原则,在实体和程序上给予英雄烈士不对等的保护,而是指在遵守民法和民诉法基本原则的前提下,保护社会公共利益:①在损害构成要件上,除与平等保护中相同的"侵害英雄烈士等的姓名、肖像、名誉、荣誉"结果外,还须具备"损害社会公共利益的"要件;②正因为须具备"损害社会公共利益的"要件,所以此类诉讼在侵害客体、诉讼主体、诉讼时效等方面有特别之处。

一、对"英烈条款"的异议

"英烈条款"的贡献毋庸置疑,但也有观点对其提出以下异议:

(一)是否有必要在《民法总则》中规定"英烈条款"

有观点认为,"把这样一个问题上升到如此高度,在《民法总则》的'民事责任'一章专门以一条进行专门保护,可能仍然会有不同意见的表达,也有待进一步探讨"①。还有观点认为,在《民法总则》中设置这样一个条款,会与其他法条产生逻辑上的不一致,是"不理性"的表现②。

(二)"英烈条款"与《民法典》体系有矛盾

德国学者迪特尔·施瓦布认为,构成法典的基本前提是建立"一个协调的、按抽象程度逐级划分的概念系统"③,而"借着形成更一般的概念(如法律主体、法律客体及法律行为等),我们可以提出一些对这些概念的整个适用范围均有效力的规则,换言之,我们可以建构出'原则'"④。民法典作为私法领域的最高标志,民法典体系化可以说是实现民法体系化的最佳途径,而只有存在内在的严格秩序和逻辑结构,才能

---

① 杨立新.英烈与其他死者人格利益的平等保护[N].法制日报,2017 - 03 - 15(5);杨立新.中华人民共和国民法总则要义与案例解读[M].北京:中国法制出版社,2017:691.
② 赵欢,任玉婷.简评《民法总则》第185条规定[J].法制与社会,2017(5上):259.
③ 施瓦布.民法导论[M].郑冲,译.北京:法律出版社,2006:19.
④ 拉伦茨.法学方法论[M].陈爱娥,译.北京:商务印书馆,2003:319.

制定出真正的法典。笔者认为,法条形式上具有一致性、内在价值上具有协调性、逻辑上具有自足性、内容上具有全面性——这几方面正是民法典体系化的重要特征。

民法典"总分结构"以"提取公因式法"制定,可以说是潘克顿学派理论的核心。萨维尼"从法律关系的共同因素出发,从各种具体民事法律关系中抽象出了局部普遍性的法律规范,形成了民法总则的内容,即权利能力、权利客体、法律关系、法律行为、法律责任等"。既然是"总则",是适用于全部民法分则(编)的一般性规则,其内容应当是从民法分则的具体规定中将共同要素进行归纳和抽象,经过概括和加工的一般性规则[①]。包揽分则设置具体规范,并不是总则的任务,其功能在于分则提供指导意义的条款。所以,学界认为:"总则设立的目的就是要与分则相区别,如果总则规定了大量的分则内容,总则就不具有存在的必要了。"[②]

所以,学者认为,作为规定民事责任《民法总则》第八章,只宜规定可以适用于所有民事责任的共性规则,有关侵权责任或者违约责任的具体规定,不宜在这里规定,而应当在分编中规定。至于"英烈条款",并不是一般规定,而属于侵权责任分编部分的内容,将侵权责任的部分纳入民法典总则中,势必影响民法典的体系、逻辑和结构[③]。

(三)"英烈条款"有违反民法平等原则之嫌

平等原则是民法的基本原则,这是因为"民法无视各个社会个体在智力、财产、种族、性别等方面无可改变的事实上的异殊性,无一例外地赋予其'人格'——成为民法上'人'的资格,从而使各个个体得以毫无差别地进入市民社会从事民事活动;至于他们从事民事活动所取得的具体结果如何,民法一般并不予以置喙"[④]。尤其是近代民法,其首先认定人与人之间具有"平等性"和"互换性"的特点[⑤]。

我国《民法总则》通过 3 个条文,确认了民法的平等原则:第二条确认了民法的调整对象是平等主体之间的人身关系和财产关系;第四条还

---

① 杨立新.中华人民共和国民法总则要义与案例解读[M].北京:中国法制出版社,2017:11.

② 王利明.民法典体系研究[M].北京:中国人民大学出版社,2012:400-401.

③ 赵欢,任玉婷.简评《民法总则》第 185 条规定[J].法制与社会,2017(5 上):258.

④ 易军.个人主义方法论与私法[J].法学研究,2006(1):25.

⑤ 梁慧星.从近代民法到现代民法[M].北京:中国法制出版社,2000:169.

明确规定"民事主体在民事活动中的法律地位一律平等";第十四条则规定"自然人的民事权利能力一律平等"。

而学界认为,"英烈条款"最主要的问题,"就是这一条文仅仅强调了对英雄烈士的死者人格利益的保护,而没有强调对一般的自然人的死者人格利益的保护,从文字的表面上看,确实有人格不平等的嫌疑"①。

对于上述异议,笔者认为:

第一,侵害英雄烈士等人格权益的案件一再发生,说明前述以司法解释为主的法律规范并没有很好地发挥作用,在正式的法律中进行规定是有必要的。

第二,有无必要在《民法总则》中设置"英烈条款",并非学术问题,而是政治问题,无法经由理论探讨途径解决。

第三,"英烈条款"与我国《民法典》体系确实存在着矛盾,但既然《民法总则》已经规定了该条,剩下的问题是《民法典·侵权责任编》和司法解释如何取得理论自洽和逻辑周严。

第四,不能轻易得出"英烈条款"违反民法的平等原则的结论。最重要的理由是:如果该条款以保护社会公共利益为目的,则根本不会违反民法平等原则。另外,还有其他原因:首先,前述以司法解释为主的法律规范同样保护着一般死者的人格利益。其次,确定侵害死者人格利益,只需具备正常的侵权四要件,无必要具备损害社会公共利益要件,这一要件的增加,恰恰给英雄烈士的保护提高了门槛(当然,这主要是基于公益诉讼考虑)。再次,即使是公益诉讼,也是民事诉讼,也要遵循民事诉讼程序,恪守当事人诉讼权利平等的原则。

总之,对"英烈条款",民法学界并没有否认其内容的功能与价值。异议也没有以传播者的言论自由作为依据,而是基于《民法典》立法体例及民法原则,认为该条款应该规定在民法典的分编中。因此,既然"英烈条款"已经生效,对其应当基于民法的平等原则和死者人格利益保护的基本法理、规则,进行客观、全面的理解,并在《民法典·侵权责任编》和司法解释的基础上正确适用。

---

① 杨立新.中华人民共和国民法总则要义与案例解读[M].北京:中国法制出版社,2017:690.

二、"英烈条款"法律适用之本：维护媒体传播侵害的社会公共利益

（一）"英烈条款"的目的：维护媒体传播侵害的社会公共利益

1. 基于立法背景，"英烈条款"

立法目的是维护媒体传播侵害的公共利益《民法总则（草案）》历次审议稿，未出现保护英雄烈士的条款。在十二届全国人大五次会议各代表团审议该草案时，有代表专门提出："现实生活中，一些人利用歪曲事实、诽谤抹黑等方式恶意诋毁侮辱英烈的名誉、荣誉等，损害了社会公共利益，社会影响很恶劣，应对此予以规范。全国人大法律委员会经研究，在该草案中增加了本条。"①

事实上，"英烈条款"的立法的直接诱因是"狼牙山五壮士"案和"邱少云"案，虽然由于此三案是私益案件，在其判决理由中，民族的共同记忆、共同情感、民族精神和社会主义核心价值观只是一种"宣示"，但这种"宣示"为全国人大代表的提议提供了司法准备。从"狼牙山五壮士案"和"邱少云案"中被告适用传统媒体及网络媒体的侵权手段，以及全国人大代表提案针对的"利用歪曲事实、诽谤抹黑等方式恶意诋毁侮辱"手段等立法背景上看，"英烈条款"保护的不是其他手段所侵害的社会公共利益，而且是媒体传播所侵害的社会公共利益，这一点毫无疑问。

2. 从条文内容看，保护媒体传播侵害的社会公共利益是"英烈条款"的核心目的和最终目的

首先，该条规定"损害社会公共利益的"条件，系我国法律关于侵权责任要件成立的一般、正常表述。本来，损害社会公共利益并非侵害英雄烈士等人格利益民事责任的构成要件。所以，如果不以保护社会公共利益为主要目的，则不必规定"英烈条款"，更不必规定"损害社会公共利益的"。当然，保护英雄烈士人格利益也是目的，但只是附带性目的，或者说是一种前提。

其次，从该列举的人格利益内容看，也以保护社会公共利益为目标。根据《精神损害赔偿解释》第3条规定，死者人格利益包括隐私，但"英烈条款"只列举了与公共利益相关的姓名、肖像、名誉、荣誉四项人格利益，并不包括作为私益的隐私，也说明该条是以保护社会公共利益为主要目

---

① 王利明. 中华人民共和国民法总则详解（下册）[M]. 北京：中国法制出版社，2017：857.

的。而且,侵害这四项人格利益而损害社会公共利益,其主要手段是媒体传播,故该条主要针对传播侵害。对此,如前所述,从没有列举英雄烈士等的遗体、遗骨这一点也可看出。

3. 将"英烈条款"理解为仅保护英烈人格利益将带来民法体系内的逻辑矛盾

民法上的普遍观点是:民事主体在民事活动中的法律地位一律平等,自然人死亡所享有的部分民事权利能力也是平等的,即"对一般的自然人的死者人格利益保护,与对英雄烈士的死者人格利益保护,基本原则应该是一样的,都是予以平等保护,不能有歧视性的规定"①。我国民法的基本原则之一就是平等原则,这在《民法总则》第四条中已经得到确认。如果将"英烈条款"的立法目的理解为保护英雄烈士人格利益,将在价值层面违反人格平等原则。

但"英烈条款"的保护的对象非常明确,就是"英雄烈士等",而非普通死者。所以,不能将本条目的理解为保护英雄烈士等的人格利益,而将该条规定的目的理解为保护社会公共利益,这样可与上述其他保护个人人格利益即私益的法律规范区分开来,不至于产生法律规范的交叉、冲突,也不至于产生法理层面的问题和民法基本原则的违反。

4. 关于一般死者人格利益的保护已有法律规范调整

《解答》第 5 条、《民通意见》第 12 条、《精神损害赔偿解释》第 3 条规定、《侵权责任法》第二条和《民事诉讼法解释》第 69 条中②,对死者姓名、肖像、名誉、荣誉、隐私以及遗体和遗骨等人格利益进行了列举,对诉讼主体进行了规定,对责任方式与范围也进行了规范,包括英雄烈士在内的死者人格利益保护已经有比较详细的法律规范。如果《民法典》对死者人格利益进行专门保护,也应该在其《侵权责任编》中进行规定(目前全国人大对《民法典》没有《人格权编》的立法规划)。如果不是为特别保护社会公共利益,则没有必要在《民法总则》特别规定"英烈条款"。例如,英雄烈士等的近亲属以自己情感和精神受到损害为由,起诉侵害英雄烈士等人格利益行为的,依据上述法律规定即可,而不必适用"英烈

---

① 杨立新. 中华人民共和国民法总则要义与案例解读[M]. 北京:中国法制出版社,2017:688.

② 该条规定:"对侵害死者遗体、遗骨以及姓名、肖像、名誉、荣誉、隐私等行为提起诉讼的,死者的近亲属为当事人。"

条款";利用烈士的姓名做商业广告,如果不采取贬损、侮辱等方式,只涉及烈士的人格利益,可能并不侵害公共利益,这种情况下适用上述法律规定,完全可以保护其私益,也不必适用"英烈条款"。

（二）"英烈条款"中公共利益的内涵

从内涵与外延上看,公共利益具有开放性和不确定性,在不同领域和不同情形下,其内涵会有一定差别[1]。如,在土地等财产征收、征用中,公共利益可能体现为国防安全或教育、卫生、交通、水利等公共事业、公共福利[2];在对新闻单位进行的财政支持和税收优惠中,公共利益体现为上情下达（党和政府路线、方针、政策的传播）及公民知情权和监督权的实现。就死者人格利益而言,其本身就含着公共利益,这是因为:"死者在死亡后其个人享有的利益已经不复存在,但由于这种利益在一定程度上体现了社会公共利益和公共道德,从公序良俗的要求出发,有必要对该利益加以保护。实际上,保护死者人格利益是社会公共道德和公序良俗原则的体现,本质上也是适应维护社会秩序的要求。"[3]但死者人格利益也包含着其近亲属的情感即私益,也不能视为纯粹的公共利益,所以有学者认为,死者人格利益的保护实质上是保护死者近亲属的利益兼顾社会公共利益[4]。

但"英烈条款"中的社会公共利益,显然又不是一般死者人格利益中所体现的社会公共利益和公共道德,也不是一般的公序良俗。如果是,就没有规定"英烈条款"的必要。

公共利益如此游移、不定,需要对其在不同情形下的含义进行界定,否则会造成两方面问题:①法官自由裁量权过大。不同法官即使在同一个案件中都会有不同认识,得出不同结论,从而导致同案不同判,影响司法权威和公信力。②影响公民行为自由。一旦公民个人行为涉及英烈人格保护,"即便是纯粹的学术研究和新闻报道,其也有可能根据《民法总则》第一百八十五条承担责任,这将降低人们行为的可预期性,对个人

---

①　胡鸿高.论公共利益的法律界定——从要素解释的路径[J].中国法学,2008(4):60.

②　参见:《国有土地上房屋征收与补偿条例》第8条。

③　王利明.人格权法研究[M].北京:中国人民大学出版社,2012:189.

④　张素华.《民法总则草案》(三审稿)的进步与不足[J].东方法学,2017(2):56-71.

行为自由构成重大妨害"①。

所以,对"英烈条款"中的社会公共利益,应当有一个大致准确的界定。

至于"英烈条款"中的公共利益的界定,全国人大法律委员会认为,英雄烈士"是一个国家和民族精神的体现,是引领社会风尚的标杆,加强对英烈姓名、名誉、荣誉等的法律保护,对于促进社会尊崇英烈,扬善抑恶,弘扬社会主义核心价值观意义重大"②。对"狼牙山五壮士"案和"邱少云"案的判决,最高人民法院在发布英烈人格权益典型案例时也认为:"在侵权行为侵害的法益识别上,以这一英雄群体在我国当代史上发挥的作用为依据,将其精神归纳为民族的共同记忆、民族精神和社会主义价值观的一部分,因而构成了社会公共利益的一部分,因而法益识别准确。"③

由上,不难界定"英烈条款"中公共利益的内涵:民族的共同记忆、共同情感和民族精神;社会主义核心价值观;尊崇英烈、扬善抑恶的社会风气。

总之,"英烈条款"将涉及英雄烈士等人格利益的"公共利益"的保护纳入法律,进行特别保护范围。在相关司法解释中,虽然死者人格利益保护制度基本建立起来,但近年来发生的一系列对英雄烈士的贬损和侮辱案件,说明这些法律规范并没有很好地发挥作用,原因之一是对英烈人格利益及公共利益保护缺乏正式的、特别的法律保护。而"英烈条款"的规定表明:英雄烈士等的人格利益不仅涉及私益,而且涉及社会公共利益,这就为公益诉讼提供了依据。

三、传播维度与社会公共利益目的下"英烈条款"的法律适用

不久前刚刚结束对社会征求意见的《英雄烈士保护法》草案明确:"对侵害英雄烈士的姓名、肖像、名誉、荣誉的行为,被侵害英雄烈士的近亲属可以依法向人民法院提起诉讼;被侵害英雄烈士没有近亲属或者近

---

① 王叶刚.论侵害英雄烈士等人格利益的民事责任[C]//中国法学会民法学研究会.中国法学会民法学研究会第二次会员代表大会暨 2017 年年会论文集.上海:[出版者不详],2017:438.

② 石宏.中华人民共和国《民法总则》条文说明、立法理由及相关规定[M].北京:北京大学出版社,2017:440.

③ 人民法院依法保护"狼牙山五壮士"等英雄人物人格权益典型案例[N].人民法院报,2016 - 10 - 20(3 - 4).

亲属不提起诉讼的,检察机关可以对这些侵害行为和损害社会公共利益的行为依法向人民法院提起诉讼。"这样,英烈人格利益的民法保护得到公益诉讼的落实。但留下来的问题是:第一,被侵害英雄烈士近亲属提起诉讼的,检察机关是否可以"英烈条款"为依据提起诉讼。第二,英烈近亲属是否可以依据"英烈条款"进行公益诉讼。上述两个问题的解决,需正确理解"英烈条款"的具体规定。

（一）保护对象

1."英雄烈士等"学术解释

"英烈条款"的保护对象无疑是"英雄烈士等",但这里首先需要界定"英雄烈士等"。

"英雄"既不是一个法律概念,也不是一个学术概念。其通常含义为:杰出的人物[1],或为"不怕困难,不为自己,为人民利益而英勇斗争、令人钦敬的人"[2]。因为"英雄"的内涵与外延过于宽泛且不稳定,有学者认为,本条中的英雄"应该理解为形容词,有以修饰'烈士',指具有英雄品质的烈士"[3]。但其他学者认为应将英雄与烈士并列理解[4];而且,"英雄"定义过于宽泛会影响司法实践,最高人民法院认为,"英雄"是指"为了他人利益、公共利益、国家利益,不畏艰辛、不怕牺牲,英勇奋斗并有重大贡献的人"[5],其强调的是"有重大贡献"。

"烈士"则是具有法律意义的概念,是指在执行公务活动等特定情形下牺牲并经法定程序评定为烈士称号的人。根据我国民政部《烈士褒扬条例》第八条的规定,公民牺牲符合五种情形之一的,可评定为烈士;而根据国务院、中央军事委员会制定的《军人抚恤优待条例》第八条,现役军人死亡符合六种情形之一的,可批准为烈士。显然,英雄与烈士有以下区别:烈士指已经牺牲的人,而英雄未必牺牲;烈士需经相关程序进行评定,英雄是一种尊敬的称呼。

另外,"英烈条款"中"英雄烈士等"的"等"字,据最高人民法院的解

---

① 夏征农.辞海[M].上海:上海辞书出版社,2000:697.

② 中国社会科学院语言研究所词典编辑室.现代汉语词典:第六版[M].北京:商务印书馆,2012:1559.

③ 张新宝.《中华人民共和国民法总则》释义[M].北京:中国人民大学出版社,2017:402.

④ 王利明.中华人民共和国民法总则详解(下册)[M].北京:中国法制出版社,2017:858.

⑤ 沈德咏.《中华人民共和国民法总则》条文理解与适用[M].北京:人民法院出版社,2017:1221.

释,指"与英雄、烈士具有同种性质、同类贡献、同类影响的人,亦在本条适用范围之内"①。学界也持相同观点②。即:这里的"等"并不包括一般死者。而有观点认为,对"英雄"和"等"的具体认定,"应在每一个具体案件中,由审判机关以行使司法自由裁量权的方式予以具体确定,不可一概而论"③。

2."英雄烈士等"的正确理解

虽然"英烈条款"意在为英雄烈士等提供特别保护,但如果根据以上解释,则保护范围太过宽泛。而根据该条以社会公共利益为保护目的的立法宗旨,应对适用范围进行以下限定:第一,仅对已经牺牲的英雄或烈士等适用该条。这是因为:首先,"英烈条款"中规定的是侵害"英雄烈士等"的"姓名、肖像、名誉、荣誉",没有规定英雄烈士近亲属的名誉权、精神损害、精神痛苦等人格权益。其次,如果英雄尚在世,"其当然享有人格权,与普通自然人的人格权保护没有特别之处,无须法律作出特殊规定"④,其也完全可以自己提起诉讼,保护自己的合法权益。而正因为英雄已去世,其无法保护自己的合法权益,即"在事实上无法要求侵权人承担民事责任时,才需要本条特别规定该侵权人仍然需要承担民事责任"⑤。全国人大法工委民法室认为,"本条保护的'英雄烈士等'包括为了人民利益英勇斗争而牺牲,堪为楷模的人,还包括在保卫国家和国家建设中做出巨大贡献、建立卓越功勋,已经故去的人"⑥。此解释也未涉及英雄烈士的近亲属,但确定英雄等必须已经去世。

第二,经过广泛传播,英雄烈士的人格利益或精神已经转化为社会公共利益。对此,最高人民法院认为,"之所以特别保护乃是英雄烈士等的个人利益已经成为社会公共利益的一部分,于此,才有超越一般民事主体保护程度的必要性"⑦。而至于哪些英雄烈士的人格利益和精神已

---

① 沈德咏.《中华人民共和国民法总则》条文理解与适用[M].北京:人民法院出版社,2017:1221.

② 房绍坤.英雄烈士人格利益不容侵害[N].检察日报,2017-04 25(5).

③ 迟方旭.如何理解英雄烈士人格利益保护制度[N].中国社会科学报,2017-06-27(5).

④ 房绍坤.英雄烈士人格利益不容侵害[N].检察日报,2017-04-25(5).

⑤ 张新宝.《中华人民共和国民法总则》释义[M].北京:中国人民大学出版社,2017:402.

⑥ 张荣顺.《中华人民共和国民法总则》解读[M].北京:中国法制出版社,2017:620.

⑦ 沈德咏.《中华人民共和国民法总则》条文理解与适用[M].北京:人民法院出版社,2017:1223.

经转化为社会公共利益,则需要在司法实践中根据具体情况进行认定。而认定标准可参考:①在遭受侵害之前,经广泛传播,其事迹体现的精神已成为民族的共同记忆、共同情感和民族精神,成为社会主义核心价值观的一部分,并可引导尊崇英烈、扬善抑恶的社会风气,也就是说:如"狼牙山五壮士"一样,其"精神价值已经内化为民族精神和社会公共利益的一部分"①。②在遭受侵害之后,经广泛传播,其事迹体现的精神成为社会公共利益的一部分。如果说上述标准仍有弹性,那么大众传播媒介的传播内容、传播时间跨度、媒介类型,即是刚性、最有说服力的证据之一。

(二)保护客体

如前所述,"英烈条款"保护的核心客体是社会公共利益,即责任构成的关键要件系损害社会公共利益。这里,损害社会公共利益是责任要件而不仅仅是结果。申言之,侵害英雄烈士等人格利益系前提性要件,社会公共利益的损害是结果性要件。

需强调,"英烈条款"关于姓名、肖像、名誉、荣誉四项人格利益的列举是穷尽式而无遗漏:

首先,其不包括对英雄烈士等隐私等不涉及公共利益的人格利益的保护。在隐私或隐私权已为我国司法解释和《侵权责任法》确认的情况下,"英烈条款"的规定绝不是遗漏,而是以公共利益为基础的穷尽式列举。对于英雄烈士的隐私利益,不能适用"英烈条款"的规定,而只能按照前述其他法律规范、由其近亲属提起诉讼,进行保护。

其次,其不包括对英雄烈士等的遗体、遗骨等涉及公共利益的人格利益的保护。如果说隐私不涉及公共利益,英雄烈士等的遗体、遗骨则属于涉及公共利益的人格利益,在《精神损害赔偿解释》已将遗体和遗骨列举为死者人格利益范畴的情况下,"英烈条款"却未将遗体、遗骨加以规定,这也不是偶然,原因是本条规定主要针对媒体传播侵害英雄烈士等人格利益及相关公共利益的行为。

再次,其不包括英雄烈士等近亲属人格尊严、精神健康等一般人格利益的保护。"英烈条款"没有列举英雄烈士等近亲属的人格尊严、精神情感健康等一般人格利益,对其保护,也如"狼牙山五壮士"案和"邱少云"案一样,应依照前述其他法律规范进行。

---

① 张荣顺.《中华人民共和国民法总则》解读[M].北京:中国法制出版社,2017:623.

另外,在此类案件中,在判断加害人是否侵害英雄烈士的人格利益这一前提性要件时,需依照民法的平等原则和《侵权责任法》《精神损害赔偿解释》等法律规范,判断标准与侵害一般自然人相同,而不需要依照或引用"英烈条款"进行裁判。

(三)请求权的行使

由上述"英烈条款"的保护主体和保护客体的探讨,可知本条是社会公共利益的保护条款,并非英雄烈士等近亲属的人格尊严、精神健康的保护条款,"所以,一旦这些人的名誉受到侵害,即使其近亲属不提起诉讼,有关机关也应当有权提起诉讼,请求停止侵害"①,即:英雄烈士等有无近亲属生存,其近亲属是否有能力提起诉讼、是否提起诉讼,均不应影响本条保护的社会公共利益的实现。但对于请求权基础而言,单单"英烈条款"是不完整的,还需要《民法典·侵权责任编》和司法解释对于请求权内容、行使主体、责任方式和范围进行明确,也就是说:《民法总则》的生效并不意味着"英烈条款"意中的公益诉讼可以立即启动,而是需要其他法律规范的配合。

在请求权的行使上,须注意:

首先,请求权的行使主体须以法定公益诉讼机构为主。"英烈条款"既然是社会公共利益的保护条款,请求权的行使主体自然不能是英雄烈士的近亲属,而应该是全国人大授权、法律明确规定或者依照相关法律可推定的公益诉讼机构②。至于有观点主张让英雄烈士的近亲属提起诉讼,"在维护死者人格利益的同时,维护社会公共利益"③,其一方面混淆了一般死者人格利益体现的社会公共利益与英雄烈士等人格利益体现的公共利益,另一方面将"英烈条款"视为宣示性条款,使该条可能不产

---

① 亓培冰.死者肖像权的保护及其法律适用[J].人民司法,2000(5):23.
② 2015年7月1日,第二十届全国人大常委会通过《全国人大常委会关于授权最高人民检察院在部分地区开展公益诉讼试点工作的决定》,授权人民检察院在生态环境和资源保护、国有资产保护、国有土地使用权出让、食品药品安全等领域开展提起公益诉讼试点。根据2015年1月7日起施行的《最高人民法院关于审理环境民事公益诉讼案件适用法律若干问题的解释》,2016年3月1日起施行的《人民法院审理人民检察院提起公益诉讼案件试点工作实施办法》和2016年5月1日起施行的《最高人民法院关于审理消费民事公益诉讼案件适用法律若干问题的解释》,目前在我国有权提起公益诉讼的机构为:检察院,设区的市级以上人民政府民政部门,专门从事环境保护公益活动社会组织、中国消费者协会以及在省、自治区、直辖市设立的消费者协会。
③ 沈德咏.《中华人民共和国民法总则》条文理解与适用[M].北京:人民法院出版社,2017:1222.

生实质作用。申言之,英雄烈士的近亲属以自己的名义提起诉讼时,其维护的英烈和自己的私益以及前述的公序良俗、公共道德;而只有法定的相关机构提起诉讼,才有资格维护"英烈条款"特别保护的公共利益——"民族的共同记忆、共同情感和民族精神;社会主义核心价值观;尊崇英烈、扬善抑恶的社会风气"。

其次,由于被侵害英雄烈士近亲属提起诉讼,其维护的英烈和自己的私益以及前述的公序良俗、公共道德,检察机关同样可以"英烈条款"为依据,行使请求权,提起诉讼。理由如上:"英烈条款"所保护的特别的公共利益,只能由检察机关行使。

再次,既然"英烈条款"不保护英雄烈士等近亲属人格尊严、精神健康等一般人格利益,则请求权的行使不能含有针对英雄烈士等近亲属的内容,如向其停止侵害、赔礼道歉、赔偿损失等。

需要强调:侵权行为人依法承担损害社会公共利益的民事责任外,英烈近亲属仍有权起诉侵权行为人承担侵害人格权益的侵权责任[1],这是不同的两个诉。另外,检察机关提起的公益诉讼不宜与被侵害英雄烈士的近亲属提起的诉讼合并审理,因为后者是私益诉讼,合并诉讼可能会导致对被告程序性的不平等。

(四)责任方式和责任形态

如前,既然此类案件中的社会公共利益是"民族的共同记忆、共同情感和民族精神;社会主义核心价值观;尊崇英烈、扬善抑恶的社会风气",则请求权的内容当以停止侵害、赔礼道歉、消除影响、恢复名誉为主,以赔偿损失为辅。至于具体的诉讼请求,如通过何种媒体进行赔礼道歉、消除影响、恢复名誉,相关文章的刊发次数或网络传播的时间,需根据具体损害情况而定。需要说明的是,根据《精神损害赔偿解释》第1条的规定,只有遭受精神痛苦的自然人才能申请精神损害赔偿,而提起公益诉讼的相关机构不能提起此请求。而且,《精神损害赔偿解释》"之所以设立精神损害赔偿,是为了对(死者)近亲属的精神损害予以安慰"[2],所以提起公益诉讼的相关机构没有精神损害赔偿请求权。

此类案件责任形式中,作为财产责任形式的赔偿损失是辅助责任形式,但在被告是营利主体、具有相当经济实力和知名度,且以牟利等故意

---

① 王叶刚.论侵害英雄烈士等人格权益的民事责任[J].中国人民大学学报,2017(4):36.
② 王利明.人格权法研究[M].北京:中国人民大学出版社,2012:199.

侵害英雄死者等人格利益时,可判处惩罚性赔偿。《英雄烈士保护法》可对此进行具体规定。

此类案件系过错责任,原则上被告承担自己责任,但在数名被告有符合《侵权责任法》第八条、第九条、第十一条或者第三十六条规定的情形的,应承担连带责任。

关于责任的履行,需注意两个问题:第一,既然此类案件中的社会公共利益涉及民族共同情感和民族精神,则赔礼道歉的内容需针对社会大众甚至全体国民。第二,关于惩罚性高额赔偿,应建立相关的公益基金,由其管理运营,而不应由诉讼提起机构管理。

(五)保护期限

关于死者人格利益保护的时间问题,有两种观点。一种认为不应有时间限制,而且实践中也难以把握时间上的限制。第二种观点认为,对死者人格利益的保护应当有时间限制,因为"后人对其先人之'孝思忆念'事涉主观,若拘泥于此,亦将使法律解释陷于被动。因此,必须明白,法律有关死者的规范,并非专就某人而定,而是本于社会公益的考量,所以应求其普遍客观"[①]。而中国历史有数千年之久,如果无期限限制,可能导致对久远年代死者人格利益保护问题,进而导致一系列争议,如1976年发生在台湾的"谤韩案"[②]。

而世界各国对死者人格利益的保护期限,大都集中于知识产权法或民法的制度中,并有两种模式[③]:一是限制肖像利益的期限,不限制其他人格利益的期限,如根据德国《艺术与摄影作品著作权法》相关规定,死者肖像保护期限为死后10年;美国加利福尼亚州的法律规定,权利人死后50年到70年间肖像利益仍受保护,印第安纳州和俄克拉荷马州的规定则是100年。二是以其近亲属生存期限为准,如《希腊民法典》第57条规定:"如果侵害行为针对死者人格,则上述权利归属于死者的配偶、后代、直系尊亲属、兄弟姐妹或遗嘱指定的遗产继承人。"

我国在死者人格利益方面可参考的期限制度主要为《著作权法》第

---

① 杨仁寿.法学方法论[M].北京:中国政法大学出版社,1999:3.
② 台湾有人发表文章,认为我国唐代诗人韩愈"曾在潮州染风流病,以致体力过度消耗"。韩愈第39代孙以"孝思忆念"为由,提起了名誉毁损之诉。
 杨仁寿.法学方法论[M].北京:中国政法大学出版社,1999:3-8.
③ 王利明.人格权法研究[M].北京:中国人民大学出版社,2012:196.

二十一条,其规定相关著作权的保护期限为作者死亡后 50 年。所以,有学者主张类推适用此规定,将死者人格利益保护期限定为 50 年[①];也有学者主张定为 30 年[②]。

但司法解释对此问题事实上早有规定,最高人民法院《解释》第 5 条规定:"死者名誉受到损害的,其近亲属有权向人民法院起诉。近亲属包括:配偶、父母、子女、兄弟姐妹、祖父母、外祖父母、孙子女、外孙子女。"我国司法实践事实上采纳了死者近亲属生存期间的期限制度。而 2016年 10 月 19 日最高人民法院通报人民法院依法保护英雄人物名誉等人格权益、弘扬社会主义核心价值观典型案例的新闻发布会上,在回答此类案件中哪些人可以提起诉讼时,民一庭庭长仍然表示:死者三代以内的直系血亲和三代以内的旁系血亲都可以有权提起民事诉讼[③]。据此,英雄烈士等的保护范围恐怕只能局限于现当代。

然而,上述期限制度未考虑到不同死者人格利益的具体情形,尤其未考虑与侵害英雄烈士人格利益进而引发侵害社会公共利益情形的不同:既然此类侵害涉及国民共同情感、共同记忆、民族精神,则保护期限制度应当更长。正如学者观点,"如果侮辱死者将构成对历史的玷污、伤害全体国民的感情,即使死者年代久远,也应当允许有关国家机关或者个人提出诉讼"[④]。

至于具体保护期限,有观点在解释"英雄烈士等"的"等"字时,认为其是指"在我国近现代历史上,为争取民族独立和人民自由幸福、国家繁荣富强作出了突出贡献的楷模,例如我国近现代史上的伟人、革命领袖等。只要是能够作为民族精神代表、民族文化的旗帜的人,都可以纳入本条保护的主体范围"[⑤]。即认为英雄烈士等的保护期限以近现代为宜。《英雄烈士保护法》采此观点,在第二条第二款规定了"近代以来"的期限。

笔者则认为,侵害英雄烈士人格利益进而引发侵害社会公共利益的诉讼,不宜规定具体期限,具体操作可留给法官自由裁量。

---

① 张红.死者人格精神利益保护:案例比较与法官造法[J].法商研究,2010(4):143 – 152.
② 亓培冰.死者肖像权的保护及其法律适用[J].人民司法,2000(5):24.
③ 罗书臻.最高法院发布英雄人物名誉权典型案例[N].人民法院报,2016 – 10 – 20(1).
④ 王利明.人格权法研究[M].北京:中国人民大学出版社,2012:197.
⑤ 张新宝.《中华人民共和国民法总则》释义[M].北京:中国人民大学出版社,2017:402.

结　论

在我国,对包括英雄烈士在内的死者人格利益的保护问题,主要由传播侵害引发;而相关法律制度的演进,也主要针对借助传统媒体与网络媒体进行的传播侵害。

"英烈条款"适用范围为已经故去的英雄或烈士等,只适用于不仅损害英雄烈士等人格利益且损害社会公共利益的情形,其保护英烈人格利益是前提性目的,保护社会公共利益是最终核心目的;并需检察院等有起诉权的机构提起公益诉讼。唯有"公益诉讼条款"的解释,才能取得民法体系的自洽和逻辑的周严。在此基础上,"英烈条款"应视为死者人格保护的特殊情形,与其他死者人格利益保护的法律规范一起,构成死者人格利益保护的完整体系。

《英雄烈士保护法》第二十五条第二款应修改为:"检察机关应该对导致损害社会公共利益的上述行为,依法向人民法院提起诉讼。对上述侵害中有故意等恶劣情节的,检察机关可以请求惩罚性赔偿。"

第二编(下)　特殊传播侵权行为

第十五章　传播侵害知识产权

作为无形资产,知识产权离不开传播,尤其是对于著作权和商标权,正是由于传播才具备商业价值,可以说无传播就无权利;与此同时,非法传播也可能侵害当事人的相关权益。知识产权内容繁多,侵权行为类型、方式繁杂,本章仅对传播侵害知识产权的一些焦点和难点问题进行研究。

第一节　著作权和商标权概述

著作权与商标权也是传播侵权的客体,其中,著作权是传播侵害的重点客体。相关法律虽禁止对著作权的侵害,但基于公益,也对其行使进行限制。

一、著作权的客体及内容

（一）著作权的客体

著作权是就特定作品产生的权利,而不是抽象的权利,没有离开作品的著作权。所以,学者将其定义为"基于文学、艺术和科学作品依法产生的权利"①。

著作权的对象是作品。而作品的定义,依据《著作权法实施条例》第二条的规定,指"文学、艺术和科学领域内具有独创性并能以某种有形形式复制的智力成果"。可见,著作权法意义上的作品需具备以下条件:

①　刘春田.知识产权法［M］.北京:中国人民大学出版社,2000:23.

1. 一定表现形式

作品是思想、感情的再现,而思想、感情作为人内在的主观范畴,不会对社会产生影响,无法得到保护。著作权只保护思想、感情的表达及其形式,而不保护思想、感情本身,这是国际通行著作权法的基本理论与原则。世界贸易组织的《与贸易有关的知识产权协议》第九条第二款规定:"著作权保护应及于表达方式,但不延及思想、程序、操作方法或数学概念本身。"但作品的表现形式必须符合法律规定,如:口述作品就不受一些国家的著作权法的保护;广播体操作为一种"思想"而非表达,也不能受到著作权法的保护①。

2. 独创性或原创性

首先,作者自己独立构思完成作品,而不是临摹甚至抄袭他人作品得来。其次,作品需独一无二,这是其与专利的区别。关于作品的独创性,大陆法系与英美法系有共同的观点:德国最高法院在一个著作权案例中认定:"只有达到一定艺术水平的美术作品才受著作权法保护,即创作必须是作者运用创造力从事的智力创造活动,而非单凭技巧和一般的智力活动。平均水准之创作人能力、单纯的手工、机械性技术串连形成、材料组成、按一定模型而成者,则在著作权保护之外。"②德国的"有一定艺术水平"的要求在美国也有共鸣。1909年,美国《版权法》规定"作者的全部作品"均应受到保护,而到了1976年,《版权法》中规定只有"独创性作品"(Original Works)才能受到保护。

3. 必须能够以有形形式进行复制

著作权既然保护的是一种形式,目的即这种形式可以某种有形形式进行复制。如果不能复制,则无法为人感知,则无法受法律保护。

---

① 2011年6月27日,中国体育报业总社与国家体育总局群体司签订了第九套广播体操出版合同,获得该套广播体操的独家复制、出版、发行等权利,并于同年8月将相关产品投放市场。后,该社发现广东某音像公司、广东某文化传播公司出版、发行的涉嫌侵犯第九套广播体操独家经营权的侵权作品,故诉至北京市西城区法院,请求判令被告停止侵权、消除影响、赔礼道歉、赔偿经济损失及合理支出共计人民币66.5万元人民币。西城法院经审理认为,第九套广播体操的动作不是文学、艺术和科学领域内的智力成果,本质上属于思想而非表达,故不属于著作权法意义上作品,不受著作权法保护。但第九套广播体操动作的文字说明、图解作为文字作品和美术、摄影作品均受著作权法保护。西城法院判决:被告广东某音像公司、广东某文化传播公司停止出版、发行涉案侵权产品,并赔偿合理损失10万元。参见:北京市原西城区人民法院(2012)14070号民初字民事判决书。

② 转引自:李伟文.论著作权客体之独创性[J].法学评论,2000(1):84.

法国学者科隆贝认为,对著作权的保护,"有两条普遍可见的原则:(一)著作权保护形式的创作者;(二)形式应是独创的。还有一般被认可的第三个原则,即不论作品的用途。这三条原则因为被所有的或几乎所有的国家的著作权法所接受,在某种意义上是著作权法的共同法。第四个原则,即以登记注册作为受保护的条件,却未被普遍接受"①。

而根据我国《著作权法》第三条的规定,作品"包括以下列形式创作的文学、艺术和自然科学、社会科学、工程技术等作品:(一)文字作品;(二)口述作品;(三)音乐、戏剧、曲艺、舞蹈、杂技艺术作品;(四)美术、建筑作品;(五)摄影作品;(六)电影作品和以类似摄制电影的方法创作的作品;(七)工程设计图、产品设计图、地图、示意图等图形作品和模型作品;(八)计算机软件;(九)法律、行政法规规定的其他作品"。

（二）著作权的内容

根据我国《著作权法》第十条之规定,著作权分为著作人身权与著作财产权:前者包括发表权、署名权、修改权、保护作品完整权;后者包括复制权、发行权、出租权、展览权、表演权、放映权、广播权、信息网络传播权、摄制权、改编权、翻译权、汇编权②。

在上述著作权的权能中,完全通过传播才能实现的权能包括放映权、广播权、信息网络传播权;部分通过传播可实现的权能包括发行权、表演权、改编权和汇编权。

二、传播侵害著作权的方式及著作权的限制

（一）传播侵害著作权的方式

传播对著作权的侵害主要有以下类型或方式:①未经著作权人许可,或虽经许可但未支付报酬,或超出许可范围或期限,以发行、出版、播放、通过信息网络等传播方式传播他人未发表的作品。②未支付报酬,以各种方式传播他人已发表或出版的作品。近年典型案例如琼瑶诉于

---

① 克洛德·科隆贝.世界各国著作权和邻接权的基本原则——比较法研究[M].上海:上海外语教育出版社,1995:3.
② 关于著作权权能的内涵,参见《著作权法》第十条。

正案①。③未经许可使用出版权利人出版的图书、期刊的版式设计。④故意避开或者破坏著作权人为保护著作权所使用的技术措施。⑤为他人侵害著作权人合法权益提供链接等技术支持。

（二）因新闻传播而对著作权的限制

《著作权法》第二十二条规定了三种因报纸、期刊、广播电台、电视台等媒体的新闻传播而对著作权的限制，涉及时事新闻、时事性文章和在公众集会等公开场合的讲话等。但该条也同时规定，在上述情况下使用作品，"应当指明作者姓名、作品名称，并且不得侵犯著作权人依照本法享有的其他权利"。

三、商标权的客体及内容

（一）商标权的客体

1. 商标

商标权的客体自然是商标（trade mark）。从要素构成上看，商标是指文字、图形、字母、数字、颜色和三维标志及其组合；从功能上看，商标是指"能够将一经营者的商品或服务与其他经营者的商品或服务区别开来，并可为视觉所感知的标记"②，或者"商品的生产者和经营者或服务的提供者在其商品或服务上所使用的，能够将其商品或服务与其他商品生产者和经营者或服务提供者的商品或服务区别开来的标志"③。依照我国《商标法》第八条的规定，"任何能够将自然人、法人或者其他组织的商品与他人的商品区别开的标志，包括文字、图形、字母、数字、三维标志、颜色组合和声音等，以及上述要素的组合，均可以作为商标申请注册"。

---

① 2014年5月28日，琼瑶向北京市三中院提起诉讼称，于正未经她的许可，擅自采用《梅花烙》的核心独创情节，改编创作电视剧本，并联合其他四方被告共同摄制了电视连续剧《宫锁连城》并播出，其中有23处情节相同或相似。琼瑶认为于正严重侵犯了她的改编权、摄制权，给她造成了极大的精神伤害。请求判令于正在内的五方被告立即停止侵权、消除影响、向其赔礼道歉并赔偿经济损失2000万元。北京市第三中级人民法院对两件作品的23处情节进行比对，认定《宫锁连城》有9处情节具有独创性，判决五名被告构成共同侵权，并赔偿原告经济损失500万元。一审判决后，五名被告均不服判决，向北京高院提起上诉。北京高院判决：驳回上诉，维持原判。参见：北京市第三中级人民法院（2014）三中民初字第7916号民事判决书和北京市高级人民法院（2015）高民（知）终字第1039号判决书。
② 刘春田.知识产权法[M].北京：中国人民大学出版社，2002：255.
③ 吴汉东.知识产权基本问题研究[M].北京：中国人民大学出版社，2009：340.

商标属于商业标记,但其不是商业标记的简称,其功能是区别商品与服务的标志。商业标记有广义和狭义之分:广义的商业标记泛指经营者在经营活动中使用的表明商品或服务一定特征的标记;狭义的商业标记指经营者在经营活动中使用的具有识别功能的文字、图形、数字等要素及其组合,如商标、商号、原产地名称、货源标记、知名商品的特有名称、包装、装潢等①。所以,商标只是商业标记的一种。

商标虽然古已有之②,但现代意义上的商标产生于19世纪的欧洲③,其产生与科学技术发展、市场竞争和现代法律制度息息相关。可以说,近现代意义上的商标与商标法律制度密切相关,如果没有法律制度的保证,在缺少商标制度对商标仿冒进行制裁的情况下,就不可能有法律意义上的商标。所以,"商标不是一般意义上的商业标记,而是用以确定商品或服务来源的商业标记,具有独特的法律属性"④。

2. 商标分类

首先,商标有注册商标和非注册商标之别:前者是指经国家商标注册登记部门登记核准的商标;后者指未注册但也在商业活动中使用的商标。从未注册到注册,经过一定程序,即从一种事实到法律关系,表明了一种法律意义、后果和状态。

关于商标的分类,根据我国《商标法》第三条的规定,有商品商标、服务商标、集体商标和证明商标⑤;另外,有些国家的法律中还有联合商标和防御商标的规定,而我国《商标法》未规定这两类商标⑥。

---

① 张玉敏. 知识产权法学[M]. 北京:法律出版社,2011:223.

② 据专家考证,我国将一定标识用在商品包装上,有目的地使消费者认明商品来源,不仅有文字记载,而且有实物流传至今的,是宋代山东刘家"功夫针"商铺使用的"白兔"商标。参见:郑成思. 知识产权法[M]. 北京:法律出版社,2003:160.

③ 1804年《法国民法典》首次肯定了商标权应与其他财产权同样受到保护。其后,1857年,法国颁布了《商标权法》,首次确立了全面注册的商标保护制度。

④ 吴汉东. 知识产权基本问题研究[M]. 北京:中国人民大学出版社,2009:336.

⑤ 集体商标指以团体、协会或者其他组织名义注册,供该组织成员在商事活动中使用,以表明使用者在该组织中的成员资格的标志。证明商标指由对某种商品或者服务具有监督能力的组织所控制,而由该组织以外的单位或者个人使用于其商品或者服务,用以证明该商品或者服务的原产地、原料、制造方法、质量或者其他特定品质的标志。

⑥ 联合商标指一个商标所有人拥有几个近似商标,用来标示该所有人经营的几种类似商品,这些商标可以分别获得注册,也可由原所有人分别使用,但如果将其分别转让给不同的人或许可不同的人使用,就会在公众引起混淆,因此对其只能一并转让或许可。防御商标指将已经在某类商品或服务中很有名气的商标在所有商品或相关服务中进行注册,以预防、排斥他人在不同的商品或服务上使用或注册。参见:郑成思. 知识产权法[M]. 北京:法律出版社,2003:172.

3. 商标功能

商标有以下基本功能①：①商品或服务来源的标示功能，这是商标最基本的功能。②商品或服务选购的指导功能，即帮助消费者依照品牌识别商品或服务、维护其权益的功能。③商品或服务质量的指示功能。④推销商品或服务的广告功能。由商标上述功能可知：在现代市场经济中，商标对确立企业在市场竞争中的优势地位具有其他知识产权所不能比拟的作用。而对于依靠传播信息进行经营的传播企业，商标可能具有生死攸关的作用。

（二）商标权

关于商标权的概念，我国学界主要有两种理解：一种认为商标权即注册商标专用权，其内容包括使用权、禁止权、许可权和转让权②；另一种观点将商标权与注册商标权进行了区分，在承认商标权是"商标注册人对其注册商标所享有的权利"的前提下，认为"商标权是一个集合概念，其内容包括商标所有权和与之相联系的商标专用权、商标续展权、商标转让权、商标许可权和商标诉讼等项权利"③。

四、传播侵害商标权的方式

（一）与侵害注册商标专用权行为叠加的传播行为

《商标法》第五十七条规定："有下列行为之一的，均属侵犯注册商标专用权：（一）未经商标注册人的许可，在同一种商品上使用与其注册商标相同的商标的；（二）未经商标注册人的许可，在同一种商品上使用与其注册商标近似的商标，或者在类似商品上使用与其注册商标相同或者近似的商标，容易导致混淆的；（三）销售侵犯注册商标专用权的商品的；（四）伪造、擅自制造他人注册商标标识或者销售伪造、擅自制造的注册商标标识的；（五）未经商标注册人同意，更换其注册商标并将该更换商标的商品又投入市场的……"上述侵害注册商标专用权的五种行为，均可能通过广告等方式与传播行为叠加，造成对商标专用权的进一步侵害。

---

① 吴汉东. 知识产权基本问题研究［M］. 北京：中国人民大学出版社，2009：343－346.
② 刘春田. 知识产权法［M］. 北京：中国人民大学出版社，2002：292－294.
③ 张序九. 商标法教程［M］. 北京：法律出版社，1997：47.

（二）涉及侵害商标权的企业名称字号的传播侵权

我国《商标法》中涉及的传播直接侵害商标权的方式,是第五十八条中"将他人注册商标、未注册的驰名商标作为企业名称中的字号使用,误导公众,构成不正当竞争行为的,依照《中华人民共和国反不正当竞争法》处理"之规定。根据此规定,理论上存在两种传播直接侵害他人商标权的类型:①将他人注册商标、未注册的驰名商标作为企业名称中的字号,在大众媒体上进行广告宣传。②将他人以字母、数字组合的注册商标、未注册的驰名商标作为域名进行注册。

（三）涉及侵害商标权的媒体栏目、节目名称的传播侵权

由于现代传播的巨大影响力,无论注册与否,其栏目、节目名称可能成为侵权对象,或者其栏目、节目名称也可能侵害他人商标权。如江苏卫视《非诚勿扰》节目被判侵权案(下文详述)。

第二节　新闻作品著作权的传播侵害及其保护

由于市场经济的发展、公民法治意识的增强,由新闻作品著作权引发的纠纷日益增多。而无论在新闻业界还是新闻学术界或法学界,新闻作品著作权问题既是一个有争议的问题,又是一个对其研究比较肤浅乃至出现偏颇的问题,这不利于不断出现的新闻作品著作权纠纷的解决。对新闻作品著作权研究的肤浅与偏颇的主要原因是未对不同体裁新闻作品进行具体分析。本节拟从新闻作品享有著作权的条件、不同文体新闻作品的概念与特点入手,厘清著作权法中的"时事新闻"之范畴,从而对不同文体新闻作品的著作权进行探析。

一、我国新闻作品著作权传播侵害现状

（一）我国新闻作品著作权整体保护现状

普遍认为,面对网络传播,传统媒体版权管理面临八大难关:转载不付稿费;缺乏版权资产管理制度;忽视对著作权人报酬权、许可权外其他权利的保护;对侵害版权行为缺乏真正追究;版权界定不清晰;版权营销意识和能力不足;版权维权成本高、收益低;缺乏版权国际营销

能力①。

我国新闻作品著作权的保护现状,整体上不容乐观。虽然许多媒体对版权的重视程度逐年提高,一些媒体也安排了专门人员处理版权事务。但总体而言,这种重视程度还远不及对媒体其他业务,如采编和广告的关注,许多机关报(台)甚至根本没有安排专门处理版权事务的人员,大多新闻媒体缺乏系统的管理、保护、运营版权的意识,更谈不上对版权事务的整体规划和顶层设计。

这种情况的深层原因,与我国新闻媒体管理体制直接相关。因为我们的新闻媒体都是国有,虽然大部分新闻媒体是自负盈亏,但性质是党和政府的喉舌,都是为党和国家服务的。所以,在长期发展过程中,新闻媒体养成了互相免费转载稿件的习惯。虽然在网络环境下,这种习惯已经不合时宜,而且与《著作权法》的精神也相违背,但冰冻三尺,非一日之寒,短期内这种习惯和方式难以根本改变。也就是说:新闻媒体作品版权在遭受他人侵权的同时,自身也在有意无意地侵害他人的权利,这也使得新闻媒体利用法律解决纠纷的决心大打折扣。结果,对新闻作品的侵权现象依然普遍而且严重,突出体现在转载他人作品不付稿酬。

当然,我国新闻媒体为维护自身权益,也进行了一些努力。2017 年4 月26 日,人民日报社、新华社、中央电视台、中国搜索等 10 家中央新闻单位发起成立"中国新闻媒体版权保护联盟",并发布了《中国新闻媒体版权保护联盟宣言》。除 10 家联盟发起单位之外,全国还有 122 家报纸、期刊、电台、电视台发布了《关于加强新闻作品版权保护的声明》,旗帜鲜明地表达了维护版权的坚定立场。随后,全国省级党报集团版权保护联盟、中国财经媒体版权保护联盟等相继成立,传统媒体抱团维护新闻作品版权。

另外,一些传统媒体,尤其是纸媒的新闻作品著作权保护意识较强,而且产生一些重视版权问题的典型②:《新京报》《楚天都市报》《南方都市报》等,他们的统一特点是维权力度人、措施新、效果好。《新京报》自2014 年 3 月 28 日起,定期刊登反侵权公告,对未经《新京报》书面授权,

---

① 曹燕. 传统媒体版权保护面临八大难关[J]. 新闻传播,2016(9):1 - 3.
② 《新闻作品版权侵权与防范》课题组.《传统媒体新闻作品版权保护情况调查问卷》分析报告[J]. 传媒,2016(10):31 - 34.

擅自转载《新京报》及新京报网上刊发的作品的违法行为进行公告。《楚天都市报》2015 年 5 月开始,设立维权部门,明确由一位副总编辑牵头,总编室、信源工作部、新媒体部三个部门协助具体执行,分工负责版权的内外衔接、搜集侵权证据,向法院起诉"今日头条"。《南方都市报》专门成立一个小组,将版权的销售与维护进行捆绑,将被侵权的文章全部公证下来,再向各网站发律师函并附上公证书,然后和对方进行谈判,直至对方要么付出合理价格正常合作,要么决心不再用《南方都市报》的稿子。机关报中做得比较好的是重庆日报报业集团。2014 年 3 月,该集团在全国报业集团里率先在所属 34 家报刊网和微博、客户端,向社会公开发布《重庆日报报业集团版权声明》,引起极大反响。

(二)在网络传播背景下新闻作品著作权保护方面的突出问题

1. 侵权现象比传统媒体时代更为严重和普遍

作为目前融媒体新闻作品传播的主要平台,腾讯于 2017 年发布的《知识产权保护白皮书》中指出,自 2015 年 2 月 3 日微信公众平台公布《微信公众平台关于抄袭行为处罚规则的公示》以来,其日均处理的抄袭侵权单高达 600 单;2015 年和 2016 年,其收到公众号文章侵权投诉数量达 61 000 余件,其中著作权侵权占 41%[①]。

2. 中小型网站和移动客户端成为侵权主体

大型、正规的网络媒体(如新浪、搜狐、网易、腾讯等)在与传统媒体合作时,都建立了内容授权机制,每年会支付一定的费用给传统媒体。但是一些中小网站和移动客户端,不经授权、无偿使用的现象很普遍,构成目前新闻作品网络侵权的主体。尤其是随着移动互联网的发展,新闻作品版权遭受侵害的情况更为普遍:电脑屏幕面积较大,作者、出处可以展示出来,但手机面积小,所以新闻作品内容被转载,但来源、作者、链接等信息都被减掉。这些中小网站和移动互联网的"盗窃"行为,不仅给传统媒体带来极大困扰,也使付费购买新闻的大型网站深受困扰。事实上,新媒体在与传统媒体合作的过程中,以新浪、搜狐、网易、腾讯等为代表的一些大型网站与传统媒体有签约授权,但采用内容打包合作模式,且付费标准从 20 世纪 90 年代末一直到现在未变,导致传统媒体内容生产成本和版权收益严重不对等——可以说,在这方面,传统媒体就是新

---

① 　吴伟超. 融媒体时代新闻作品的认定与保护[J]. 今传媒,2017(8):28 – 30.

媒体的"廉价劳动力"。

3. 以"今日头条"为代表的平台型媒体的侵权行为难以遏制

《著作权法》中规定的"作品"只保护形式,不保护内容和思想,也就是说:新闻媒体的新闻作品经过"今日头条"的"算法"处理,新闻要素被"粉碎"之后改头换面,重新组合,其表述方式已经与原作品基本不同,依照《著作权法》的相关规定,原作品根本无法得到保护。即使依照我国《反不正当竞争法》,也很难保护原作品,因为根据该法第二条规定,只有"经营者违反本法规定,损害其他人合法权益,扰乱社会经济秩序的行为"才是不正当竞争行为。然而,不同的新闻作品不能被判定侵害原作品;而且,不正当竞争行为必须发生于有竞争关系的经营者之间,只有在同一个市场上提供相同或者类似商品或者服务的经营者之间才存在竞争关系,而进行条块管理的传统媒体与商业网站很难被认定存在竞争关系。

总体上看,网络时代,我国新闻作品著作权纠纷主要产生于传统新闻媒体(包括其新闻网站)和商业网站(平台)之间,并且愈发普遍和严重。

4. 传统媒体维权成本高于维权收益

国内绝大部分法院参照的都是1999年国家版权局颁布的《出版文字作品报酬规定》,对文字作品非法转载的赔偿标准是千字50元,即便赔偿标准高的,最高也就达到50元的2倍至5倍。目前,据作者了解的情况,法院最高判赔标准仅为700元/千字。新闻媒体的采访成本越来越高(一个文字型深度报道就可能需要数万元支出),维权成本也很高,所以赔偿标准应该随着中国国家物价指数的变化予以调整,而法官在这方面的认识尚未跟上形势的发展变化。在2015年11月《新京报》诉"一点资讯"非法转载的案件中,《新京报》方诉讼代理人在进行本案的证据公证时,需要事先准备一部新手机,到公证处当着公证员的面拆封,下载"一点资讯"客户端,寻找被侵权文章,进行公证。由于需要采取每天刷新公证文章的方式,30多天才公证了50篇文章,每篇文章的公证费用高达400余元①。目前,我国法院普遍要求单篇稿件独立起诉,不允许"打包"整体诉讼。胜诉后,即使加上判赔的合理开支,也很难冲抵传统媒体

---

① 《新闻作品版权侵权与防范》课题组.《传统媒体新闻作品版权保护情况调查问卷》分析报告[J].传媒,2016(10):31-34.

巨额的维权成本,更不要说权利人的损失。这种情况,严重挫伤传统媒体维权的积极性。

二、新闻作品著作权保护应遵循的基本原则

对新闻作品著作权的保护既要体现出对作者智力劳动和独创性的尊重,鼓励作者写作的积极性,又要考虑到新闻媒介的及时迅速、广泛传播信息,最大限度保障公众知情权的社会责任与功能。因此,对新闻作品著作权的保护应遵循以下三个原则①:

(一)除个别例外,新闻作品原则上具有著作权

从著作权法对作品保护的起点——独创性来看,其与专利法所规定的发明创造不同:发明创造为专利法的保护对象,具有"从无到有"之特征;而在著作权法中,各种文学艺术、艺术形式,则不一定要求都是首创的,表现同一事实、思想或情感的文学、艺术作品,反复出现,都各有其著作权,只要它们不是相互抄袭的。

新闻作品是新闻采访写作全过程的最后结晶,是新闻媒介向外传播的成品,可以是文稿、照片和录音、声像磁带;以文稿形式出现的新闻作品可分为新闻报道(消息、通讯、调查报告)和新闻评论等。

完成新闻作品的第一道程序是采访,采访是记者通过访问、观察等方法采集新闻材料的过程。它要求记者具备高度的新闻敏感与扎实的采访能力:采访前,要掌握新闻线索,明确报道思想;采访时,需要亲临事件现场,深入社会生活,对不同采访对象,准确分析其心理特征,机动灵活地运用恰当的采访方式,以取得最佳采访结果。采访既要谈话观察,又要分析思考,逐步深入。

新闻采访是新闻写作、新闻生产的前提和基础,是新闻写作成功的关键。在经过充满记者心智劳动的采访之后,就进入了新闻作品的写作、生产阶段。

新闻写作与生产是记者把采访中搜集到的材料、信息,通过文字写作成一定体裁和形式的新闻作品的过程。新闻写作、生产的主体是人,素质至关重要,因为新闻报道绝不是客观事实"照相式"的翻版,写作者的立场、思想、认识和情感都影响和决定着他对客观事实的反映;另外,

---

① 宋素红,罗斌.新闻作品著作权的保护原则[J].新华文摘,2005(6):128-129.

新闻写作、生产也是写作者各种知识和能力的综合运用,记者与编辑的品德、学识、智慧、气质、思维、阅历乃至心理状态都密切影响作品的质量,由于记者的素质在写作中的重要作用,不同记者根据同一新闻事实采写的新闻作品,所呈现的是同一题材下的不同写作形式、不同文章结构以及不同的语言风格及音像画面与背景。例如,按照传播学的原理,新闻写作属于信源编码过程,是传播者"按语法结构、章法结构及写作技巧等规则,将文字编排成表达一定新闻内容的文字序列。经过新闻写作形成的新闻作品所传递的新闻信息已不是原始的自然信息,而是暗含着记者的选择、立场、观点、分析能力、表达技巧等"①。

从新闻采访写作的全过程看,新闻作品中凝聚着作者的独创性劳动。当然,不同作者针对同一题材进行采写的新闻作品会呈现不同的特色、不同的风格,有的弥久流传,有的"行而不远",这是作者的智力劳动与创造性大小的结果。但是,判断作品"独创性"的标准是"有无",而非"大小",从这个角度来看,新闻作品符合受著作权法保护的核心要件。

在融媒体技术背景下,作者独立完成的融媒体新闻产品,无论是长图还是短文,抑或是 H5 动画或者 VR 新闻,只要以具有新闻价值的事实信息为基本内容,具备一定程度独创性,非时事新闻,都属于新闻作品,应受到著作权法律法规的保护②。

由上所述,新闻作品原则上应有著作权。

在我国,新闻作品的著作权保护长期以来处于被忽视的状态,原因是:在非市场经济条件下,传媒是没有竞争的非营利性的公益事业,新闻从业者的著作权意识普遍比较淡漠;而且,新闻本身不属于特定媒体。另外,关于"时事新闻"的规定主要考虑了新闻媒体将党和国家方针政策传播到千家万户、加强精神文明建设的作用,即"喉舌"功能,却忽略了对新闻媒体、记者创造性的尊重和保护。所以,新闻作品著作权不能受到法律的保护,有深刻的历史、政治、经济及文化背景,但著作权法律制度的不完善则是直接的原因。

近年来,随着国家政治体制改革的进步与市场经济的发展,传媒产业日趋兴盛,新闻媒体间的竞争日益激烈。而且,在新闻体制改革中,绝

---

① 刘明华,徐泓,张征.新闻写作教程[M].北京:中国人民大学出版社,2002:4.
② 吴伟超.融媒体时代新闻作品的认定与保护[J].今传媒,2017(8):28-30.

大部分新闻媒体都已被改制为企业[①]。如此,被改制为企业的新闻媒体将以追求经济效益为主旨,开始竞争,而新闻作品著作权的保护也必然会提高到一个新的高度。所以,传媒的市场化发展,使媒体越来越重视对无形资产的保护。而从法律制度的完善来看,为了保护原创劳动,防止不正当的竞争,对新闻作品的著作权做出具体规定也实属必须。

（二）尽量保护著作财产权,限制专有传播权

专有传播权是指新闻作品的作者对其已在新闻媒体上发表的作品享有独占控制权,未经其允许,他媒体不得转载。

笔者以为,在普通作品首次发表后,其作者可以控制对其作品的传播与利用方式,可以享有专有传播权。但对新闻作品而言,作者的专有传播权应尽量受到限制,原因是:

1. 新闻媒体的社会责任与新闻传播的规律决定作者的专有传播权应尽量受到限制

传播学公认的大众传播的基本社会功能是:守望环境的功能;社会整合的功能;决策参与的功能;社会动员的功能;科学与教育的功能;娱乐与服务的功能。美国传播学者拉斯韦尔从"环境监测"的角度来审视新闻传媒的基本功能,亦即哨兵的警卫作用:在古代社会通常是由一个人或一小群人来巡视丛林,监视危险或环境的变化;在复杂的现代社会,则由公众通信工具告诉大家发生了什么情况,使我们对环境的变化提高警惕。依拉斯韦尔的观点,及时报告环境的变化,是通过及时报道新闻来实现的[②]。

新闻学公认的新闻传播的社会功能包括:报道新闻;传播信息;传播知识;提供服务及娱乐;引导舆论。所以,新闻传播的社会功能与大众传播的基本社会功能是一致的。其中,报道新闻、传播信息是新闻传播的基本功能,是其他功能实现的前提和基础。通过满足公众对新闻、信息的需求,使公众及时了解环境的发展变化,掌握最新情况,以调节自己的行为。即使是企业化的新闻媒体,其对经济效益的追求也须通过尽可能广泛地传播信息来实现。

---

① 截至2012年9月,全国3388种应转企改制的非时政类报刊,已有3271种完成改革任务,占总数的96.5%。王姝.全国3271种非时政类报刊完成转企改制占总数96.5%[N].新京报,2012-10-25(A5).

② 童兵.比较新闻传播学[M].北京:中国人民大学出版社,2002:74-84.

因此,从新闻传播的基本功能和新闻的本源来看,及时迅速广泛地传播新闻,是新闻传媒的"天职"和新闻的本能之所在。如果全面、完整地保护新闻作品作者的著作权,可以使作者有权对其新闻作品进行控制、利用,决定作品传播与否、在多大范围内传播,势必会阻碍新闻信息的畅通传播,影响新闻传播基本功能的发挥,这显然有悖于新闻传媒的"天职"。

2. 从保护公众知情权来,也有必要限制作者的专有传播权

知情权在西方国家是一种新的政治权利,其概念是 20 世纪 40 年代由美国记者肯特·库伯提出,其主要内容是指公众通过新闻媒体享有的了解政府工作情况的天赋权利。但它的产生有一个过程,1766 年瑞典依照《新闻自由法》赋予报刊转载公文的自由,满足市民了解政府信息的需要;1951 年芬兰制订的《文件公开法》将人民的了解权从报道的自由权分离出来,作为独立的权利予以确认①。

人们一般认为知情权属于言论自由的范畴。知悉的权利自由是表达自由的基础和前提。而美国有学者认为,知情权主要包括两项权利:一是听的权利,即是听、读、看以及接受他人传播消息的权利;一是基于向他人传播需要而取得情报资料的权利②。所以,一位日本学者则说:"信息的公开传播非常重要,因此不能使自由之公益和民主社会屈从于传统著作权观念下的私人的独占权。"③

事实上,知情权不仅是言论自由的前提,也是公民实施参政权的基础。除了事关国家安全、公共利益、个人隐私等有关资料外,政府应该向公民公开必要的信息和资料,以促进和保障公民对国家政治生活的参与。

在实现社会公众知情权的手段和工具中,新闻媒体是最有效和便捷的选择。基于此,许多西方国家对新闻作品的著作权进行了限制。英国《著作权法》第 1 条规定了著作权法保护的作品是具有原创性文学、戏剧、音乐或艺术作品、录音、电影、广播或电视节目,以及版本之版面安排,据此规定,新闻报道不在著作权保护的范围之内④。在大陆法系,法

---

① 片冈宽光. 情报公开的有效性及其课题[J]. 法学译丛,1983(3):31.

② 托马斯·埃默森. 论当代社会人民的了解权[J]. 法学译丛,1979(2):43.

③ 转引自:吴汉东. 著作权合理使用制度研究[M]. 北京:中国政法大学出版社,1996:94.

④ 《中外版权法汇编》编写组. 中外版权法汇编[M]. 北京:北京师范大学出版社,1993:89.

国《著作权法》第 3 条采取列举性规定,第 4、5 条采取说明性的特殊规定,均未涉及新闻报道的著作权客体资格问题;德国《著作权法》第 49 条规定:无限制允许复制、传播和公开再现对现实的综合报道和通过新闻媒介或中介发表的每日新闻;日本《著作权法》第 10 条规定:"只是传播事实的杂闻和时事报道,均不属于著作权客体的范围。"

上述分析说明:即使在崇尚个人价值的西方社会,对新闻作品的著作权,也是既注重其权利的保护,又重视对权利的限制;既兼顾权利的绝对性和相对性,以平衡不同主体的利益。

在我国,新闻自由作为言论出版自由的自然逻辑表现已被法律所确认。社会普遍认为,新闻传播自由事实上是基于公民委托和《宪法》相关规定的自由,包括自由从事采访、写作、发表新闻作品并不受他人非法干涉,也是广大公民获得信息和思想的自由。所以,根据我国《著作权法》第五条规定:时事新闻不适用于著作权法保护。

3. 从权利的性质来看,应尽量保护作者的物质性权利,而限制其专有传播权

由上所述,与新闻作品作者相对的其他人的权利主要是知情权、言论自由及参政权,这些权利是宪法性权利,而新闻作品作者的权利是民法意义上的著作权,在作者的民事权利与他人的宪法权利冲突时,起码不应该舍弃后者。

由上所述,无论是西方国家还是我国,在具体制度方面对新闻作品著作权的限制均没有区分物质性权利与精神性权利,更没有认识到作者的专有传播权才是影响他人行使知情权、言论自由和参政权的关键,是问题的核心。而限制作者的专有传播权,保护作者的著作权中的物质性权利,正是解决这一问题的答案:一方面,新闻作品作者的民事权利得到了保护;另一方面,公民的知情权、参政权和言论自由得到了保护。这样做,一方面,新闻传播基本功能得以正常发挥,保护了社会公众利益;另一方面,著作权法律制度得以完善,同样保护了社会公共利益。

(三)根据不同新闻体裁和形式有所变化的原则

由于不同文体的新闻作品,其创造性大小不同,作者渗入的个人智力劳动不同,因此,对不同新闻作品的著作权设定,不可采取"一刀切"的办法,而应采取灵活的原则,根据不同体裁有所变化,使作者(著作权主体)所享受的著作权大小与作品本身的创造性大小相匹配,并保护公众

的知情权。

但是,在我国著作权法的立法与司法实践中,对新闻作品著作权的保护与舍弃的唯一标准就是"时事新闻"或曰"单纯事实消息"。

我国《著作权法》里,对新闻作品的著作权的关注甚少,只在第五条第二款中提到"时事新闻"。《著作权司法解释》第十六条认为,通过大众传播媒介传播的单纯事实消息属于著作权法第五条第(二)项规定的时事新闻。

时事新闻(又称单纯事实性消息)是法学界创造的一个名词,新闻学没有这个名词。据参与著作权立法的专家解释,时事新闻又称纪实新闻,是指全部由信息(或"硬件",包括时间、地点、人物、事件等客观事实)组成的新闻,反映新近发生的事①。然而,除言论之外的任何新闻体裁,均由新闻信息构成,均是对"新近发生的事"的反映——如果按照这种解释,几乎所有的新闻作品都没有著作权。所以,很显然,"时事新闻"的定义是立法者在根本未征求新闻学者和新闻业界人士的意见,或者未参考其意见的情况下创造的模糊性概念。《著作权司法解释》第十六条中的"单纯事实消息"的定义可能参考了新闻学界或新闻业界人士的意见,将没有著作权的新闻作品限定于"消息"这种新闻体裁中。但是,新闻学对消息这种新闻体裁的分类有动态消息、综合消息、评述性消息、经验性消息和人物消息,但却没有"单纯事实消息"这种类别,因为消息所反映的内容在汉语中均可以用"事实"来理解。如果按照这种理解,则所有的消息均没有著作权。而且,进一步的问题是:什么是"事实消息"?"事实消息"是仅指文字报道还是包括音像报道?从新闻学角度解释,单纯的事实消息是由时间、人物、地点、结果、原因这五个"W"组成的新闻,即同一个时事事件对应的时事新闻是"唯一"的。然而,"事实消息"已越来越多地融入了媒体自身对信息的选择与价值判断,而广播电台、电视台以文字加播音或配音加画面的新闻,其毫无疑问是智力创作成果。不受《著作权法》保护的只是新闻事实本身,或前述五要素。

当然,《著作权司法解释》还是将时事新闻纳入了保护范围,其第十六条规定:"传播报道他人采编的时事新闻,应当注明出处。"第十七条规

---

① 刘春田. 著作权法的保护对象[M]//沈仁干,等. 中华人民共和国著作权法讲话. 北京:法律出版社,1991:66.

定："著作权法第三十二条第二款规定的转载,是指报纸、期刊登载其他报刊已发表作品的行为。转载未注明被转载作品的作者和最初登载的报刊出处的,应当承担消除影响、赔礼道歉等民事责任。"

即使有关司法解释中的对"时事新闻"的界定比《著作权法》中的定义较为明确,但总体上看,这两个定义在现实的法律实践与新闻实践中均缺乏可操作性,导致对不同新闻作品著作权保护的认识模糊、难以辨别。

在司法实践中,有案例中法官认为,《信息网络传播权保护条例》第六条第(七)项①规定的"时事性文章"是指当前受到公众关注的相关政治、经济问题的文章,不包括过往历史问题,"对较早过往时期存在的客观事实的描述和评论"不属于"时事"②。但法官并未对"时事"进行正面定义。

可以得出这种结论:著作权立法如果不尊重新闻学与新闻业,一味盲目地依照不懂新闻学与新闻实践的某些著作权法学学者的"感觉"与"猜想",那么有关新闻作品著作权保护的标准问题就只能在原来的圈圈里打转,而不可能有所突破。

事实上,西方国家的著作权法虽然没有就新闻报道著作权保护做明确规定,但其司法实践却能给我们带来重要的借鉴意义。例如,日本,其文化厅在《新版权概要》所做的行政性解释:"所谓'只是传播事实的杂闻和时事报道',是指关于人事往来、讣告、火警、交通事故等日常消息。这些东西没有版权。一般的报道、通讯、新闻照片,不属于这个范围,应作为作品加以保护。"③这实际上就是根据体裁的不同将报纸上刊载的新闻作品的著作权分为两类进行保护:一是没有著作权的新闻作品,二是有著作权的新闻作品。美国相关案例中曾判定:原始新闻(Raw News)以及资讯(Information)没有著作权,但编辑制作新闻之方式包括文字使用、出版等传播形态,则享有著作权。这些做法,一方面将没有著作权的新闻作品限制在最小的范围内;另一方面则尽量限制新闻作品作者的专有传播权。

---

① 其规定:"《信息网络传播权保护条例》第六条第(七)项规定:通过信息网络向公众提供在信息网络上已经发表的关于政治、经济问题的时事性文章,可以不经著作权人许可,不向其支付报酬。"

② 蒋强.著作权侵权案件中时事新闻的认定[J].科技与法律,2011(3):43－47.

③ 童关.新闻与版权[J].新闻学刊,1987(2):56.

当然，上述国家对不同新闻作品著作权进行不同保护的做法，虽然没有明确其依据是新闻作品的体裁，而且其分类也不详细，但此做法为我国新闻作品的著作权保护提供了可资借鉴的原则：即根据不同体裁有所变化，对新闻作品的著作权提供保护。这种做法既尊重了新闻写作过程中作者的智力劳动，又有利于新闻实践中侵权纠纷的解决。

三、不同体裁新闻作品的著作权

一篇作品的构成要素往往有：题材、素材、概念、主题、情节、结构，其中不宜受著作权法保护的内容有：①题材，即新闻作品中所描绘和阐述的各种社会事件、社会现象和自然现象。无论是社会事件、社会现象还是自然现象，其本身的发生、存在与发展是不依作者主观意志为转移的客观存在，不是作者的创造，每个人对其都有创作上的选择使用权，因此其不宜享有著作权。②素材，指新闻作品形成的基础与材料，它包括题材与有关资料等，它与新闻作品的关系比题材更远。与题材相同的是，它同样不是作者的创造物，因此它也不宜享受著作权的保护。③概念，指人们在反复的实践和认识中对事物的共同特点的概括，它并非作者个人的创造，也不必提供著作权保护。④主题，是新闻作品所要表达的中心思想。只保护形式，不保护思想和情感，这是著作权法的一项基本理论。所以，主题不在保护之列。

而应该受著作权法保护的内容有：①情节，指新闻作品中所描述事实的发展进程。事实的产生与发展固然有其自然进程，但作者的构思各有不同，有人喜用自然顺序来描述，有人喜用倒序描述，有人则善用插序形式；有人喜详述，有人则善素描；有人喜描写环境，有人则善交代背景……所以，相同的事实在不同的作者笔下就会展示出不同的情节，就具备著作权法应该保护的独创性。②结构，指对新闻作品材料的组织与安排，包括开头、过渡、穿插、照应、伏笔、结尾等。不同的作者，性情不一，对相同题材的创作也大都体现出不同的结构，同样具备著作权法所要保护的创造性。

依据上述分析及新闻作品著作权保护应遵循的有关原则，从每一种文体的定义、特征以及在新闻实践中的最新发展出发，可探析不同体裁新闻作品即消息、通讯、新闻评论及新闻照片等的著作权。

（一）消息的著作权

按照应用新闻学的体裁划分，消息可分为简讯、动态消息、综合消息、描写性消息和评述性消息、人物消息和特写性消息。

1.简讯

简讯是最简明扼要的新闻文体,文字简短,内容、结构单一,只是简单地报告事实,不交代背景或对事实做进一步的叙述说明。

从简讯的构成要素来讲,它主要由事实、概念等素材构成,写作的形成结构单一,不分导语、躯干与结尾段落,缺乏创造性,不宜受著作权法保护。

2.其他消息

其他消息主要包括动态消息、综合消息、描写性消息、评述性消息、经验性消息、人物消息和特写消息。

动态消息是对新近发生的新闻事实进行的迅速及时的报道,它简明、集中地体现新闻的特征与优势。有学者认为动态消息不受著作权法保护,因为它的报道内容仅是对客观事实的表述,作者对客观事实没有独创性劳动[①]。不同的作者,其作品中新闻事实所包含信息的选择和综合,以及针对同一新闻事实所写的消息在结构形式上均不可能完全相同。可以说,消息各部分的写作都渗入了作者个人的智力劳动与独创性。从消息的构成看,它包括标题、消息头、导语、新闻躯干、新闻背景、新闻结尾。不同的作者,在制作标题时,或采取单一型标题,或采取复合型标题;在写作导语时,在叙述式导语、描写式导语、评论和结论式导语、提问式导语和对比式导语中选择自认为最合适的写作方式;在交代背景时,是选用对比性背景材料、说明性背景材料还是注释性背景材料,是否需要新闻结尾,新闻躯干部分如何组织等,都取决于作者对新闻事实的认识和判断。另外,不同作者的消息,在内容的安排上各具有特色,在语言的运用上各有风格,这都是作者独创性的表现。当然,比起其他消息,动态消息的创造性可能较小,但是,著作权法对作品的保护不以创造性大小为取舍,而是以创造性的有无为起点。所以,动态消息和其他类型消息同样应受著作权法保护,只不过出于新闻传播的需要,应该对作者的专有传播权加以限制。

此外,综合消息、描写性消息、评述性消息、经验性消息、人物消息、特写性消息的个人原创性更加明显,在作者调动自己的知识储备、形成自己的写作特色的过程中,个人付出的智力劳动更多,作品具有的原创

---

① 秦珪.新闻评论写作[M].武汉:武汉大学出版社,2000:2.

性更大,作品蕴含作者对新闻事实的创造认识更多。

具体地讲,消息的作者应享受署名权和再次传播时的获得报酬权,而其他著作权则应加以限制,其他媒体在有偿使用该消息时,可以根据版面和需要来取舍内容,选择消息中的信息进行传播。

（二）通讯的著作权

作为一种深入而又详细地报道真实的客观事物的新闻体裁,通讯是运用多种表现方法的文体。其主要的报道范围是新闻事件的发展过程、新闻人物的成长经过、某项工作的详细情况以及某地风貌的概况特色等。通讯常用的表现方法有叙述、描写、议论、抒情等,可根据具体内容,灵活运用。

通讯与消息相比,它更强调的是自身的感染力,有的甚至有长久不衰的生命力,因此其蕴含着作者的智力劳动,作品本身表现作者的独创性。人们在回忆起通讯里的各篇佳作时,也总是与它的作者联系在一起。作者已是通讯作品中不可缺少的一部分,这是因为作者在写作通讯时运用的多种表现手法,已明显打上作者个人的烙印。

所以,通讯作者应享有:①署名权。②不完全的修改权和保护作品完整权。作品再次传播时,传播者可根据版面情况或需要进行文字摘编,但不得歪曲、篡改原文意思。③被传播后的获得报酬权。

（三）新闻评论的著作权

作为针对新闻事件和问题发议论、讲道理,直接发表意见的文章,新闻评论是一种政论性的新闻体裁。其包括社论、评论员文章,以及短评、编者按、编后,通过分析说理,直接表明作者的思想观点,直抒己见。不同的作者,知识层次、生活阅历、个性等不同,其对相同感受的议论方式肯定不同,因此在新闻评论具有著作权这一点上,并无异议。而且,与通讯等体裁的新闻作品不同,新闻评论著作权人对作品的修改权和保护作品完整权应得到充分尊重。

问题的关键是,新闻评论是应该向普通作品那样享有完全的著作权,还是应该在保障作者基本著作权益的前提下,最大限度地满足广大受众知情需要? 为了弄清这一点,我们还须从新闻评论所肩负的职能谈起。

新闻评论也是客观事物的抽象、概括反映。它主要通过分析说理的方法去引导、启发受众。新闻媒介每天都要向受众传播大量的信息,报道许多重要的事实,有些同受众密切相关的、具有重要意义的事实,有时不一定能立刻引起人们的注意;或者虽然注意到了,但不能准确地领会它的意义。有些事情,人们不仅要知道是什么,还要知道为什么;不仅要知其然,还要知其所以然,在这种情况下,新闻评论通过说理的方式,对新闻事实进行实事求是的具体分析,就实务虚,讲清道理,可以帮助人们认清客观事物的本质和意义,理解新闻报道的主题。新闻评论的新闻性要求它针对新闻事件和现实问题不失时机地发表意见……这些,均表明新闻评论"需要及时广泛传播,为公众所知"①。

所以,新闻评论一方面具有显而易见的独创性,另一方面又肩负着及时为受众解疑释惑的职能,这就要求对新闻评论所享有的著作权既保护,又限制。

新闻评论具有作者个人思想、观点与情感的直接、与众不同的表现,因此在作品发表之后,作者的署名权、完整的修改权、保护作品完整权应受到保护,其他媒体在完整转载时可以不经原作者允许但应当向原作者支付报酬。

（四）新闻照片与摄像作品著作权

新闻照片与摄像作品本质上是一项技术,是记录事物影像的一种手段,它是建立在机械、化学、光学等一系列现代科学技术基础上的应用技术。其本源是事实,被认为是摄影摄像记者"目睹的客观存在,必须坚持时间、空间和对象三位一体的真实原则,并有充足的新闻根据"②。

新闻照片与摄像作品讲究技术设计,要求记者利用光线、距离与位置、背景等一系列要素,完成作品的设计。同时,新闻照片与摄像作品需要记者赋予一定的思想性,为读者认识真善美、辨别假恶丑提供形象依据,因此,新闻照片与摄像凝聚着作者的智力劳动、创造性,体现着作者的个性,应受著作权法保护。例如,摄影记者解海龙拍摄的渴望求学的大眼睛女孩子成为震撼人心的作品,其深刻内涵体现出作者独特创造性。

新闻照片与摄像作品作者应享有署名权、修改权、保护作品完整权以及被传播后获得报酬的权利。这里修改权并不是"完整"的,因为组成新闻照片与摄像作品的各部分有时并不完美,而现代编辑手段使得对个

---

① 秦珪.新闻评论写作[M].武汉:武汉大学出版社,2000:2.
② 甘惜分.新闻学大辞典[M].郑州:河南人民出版社,1993:219.

别部分的修改并不会造成对作品的歪曲。

第三节　电视节目模板法律保护问题

近年来,电视节目模板的保护问题是我国著作权法与传播法领域的共同话题之一,依目前通行的对作品的定义,其很难得到保护,但学界与司法实践持不同观点。

一、电视节目模板

电视节目模板(Television Program Format),也称电视节目"板式""模式"或"形式"。通常情况下,一个完整的电视节目模板要经历以下几个步骤:首先,它起源于一个创意,包括对节目的整体构思,节目类型的定位和节目理念的设计。其次,是将节目创意固定化和形式化,形成文字脚本,因此也被称为"纸上模板"阶段,这个阶段主要完成对于节目流程的设计,规定每个环节的游戏及游戏规则,以及关于节目制作的技术规定,并将这些规定记录在所谓的"生产圣经"①(Fomat Bibles)中。最后,是节目的制作和播放,也就是将"纸上模板"具体实现的过程,节目中主持人的主持风格、特定口号、标语的使用等也会在这个时候融入模板的整体之中。

英国学者莫兰和马尔本将电视节目模板概括为,"一个节目中一系列不变的元素,而每个单独的片断中的变化因素也因此得出"②。也有学者认为,"电视节目模板就是指该节目的主要安排形式,这些应该包括对具有独特风格的主题或文字,音乐或者口号的使用"③。

国内学者对电视节目模板的权威定义是:"电视节目模板(模式)的

---

① "生产圣经"是国外的电视节目模板制作者对节目文字脚本的形象称谓,它规定了节目的结构和具体要求,如怎样选拔节目参与者、灯光、机位、舞台设计、背景音乐的选择等。在进行电视节目模板交易时,需要根据买主的需要和目标市场的特殊情况,对"生产圣经"中的规定进行本土化的改造,使节目模板与买主的品牌定位完美结合并能够符合当地观众的口味。Martin Kretsehmer, Sukhpreet Singh. Exploiting idols, available at [EB/OL]. [2016 – 12 – 19]. http://tvformats. bournemouth. ac. uk/.

② Martin Kretsehmer, Sukhpreet Singh. Exploiting idols, available at[EB/OL]. [2016 – 12 – 19]. http://tvformats. bournemouth. ac. uk/.

③ 萨利·斯皮尔伯利. 媒体法[M]. 周文,译. 武汉:武汉大学出版社,2004:280.

本义是指一种成熟的、经过考验和验证的、有稳定的内在规定性和外在指向性的标准样板,具有特定的规则和套路。内在规定性是指模式由一系列的理念、程序、结构和规则等构成,是模式产生审美空间和艺术创造的内在张力;外在指向性是指模式由时代精神、价值取向、生活变迁等构成,而这些也是模式实现与时代同行、社会同步的外在动力。"①这个定义的核心在于:将模板定位于"规则或套路"。也有学者认为,电视节目模板为:"一个系列电视节目的制作样板,它规定一个系列电视节目中的共同要素以及各要素间的安排规则。至于多少个共同要素可以构成一个电视节目模板,很难给出一个抽象的概括,还需要在具体的案件中进行识别。"②

二、电视节目模板的"克隆"现象

目前,我国电视节目中大批"克隆"节目出现,盗用他人独创的劳动成果并从中获利的侵权现象时有发生,电视节目的同质化现象严重。以互动型的电视游戏类娱乐节目为例,此类节目大约从 20 世纪 90 年代中期开始走入观众视野,如湖南电视台的"快乐大本营"、中央电视台的"幸运 52"。进入 21 世纪以后,此类节目发展迅猛,中央电视台和各地方电视台纷纷推出此类节目,而此类节目不可忽视的现象是:大多数节目都可以在国外或国内找到自己的"模型",这被形象地称为节目"克隆":湖南卫视的《超级女声》模仿的是《美国偶像》,东方卫视的《舞林大会》模仿的是英国 BBC 的《与星共舞》,浙江卫视的《我爱记歌词》也能在美国福克斯电视台《莫忘歌词》中找到基因。

电视节目中的"克隆"现象,不仅造成电视业界的恶性循环和无序竞争,也导致观众"审美疲劳",各家卫视也相互指责。英国电视节目制作公司 Fremantle Media 指责《超级女声》抄袭其《美国偶像》(Pop Idol)节目模板③。事实上,电视节目模板"克隆"是一个国际问题。在国际电视市场,相似的电视游戏或者真人秀节目在很多国家先后,甚至同时流行,如《流行偶像》,其自 2001 年在英国推出走红后,至今已经在全球 30 多

---

① 胡智锋.电视节目策划学[M].上海:复旦大学出版社,2008:98 - 99.
② 吴京,韩笑梅.电视节目模板的著作权法保护困境及出路[J].黑龙江政法管理干部学院学报,2010(2):64.
③ 程悠悠.超级女声树大招风　英公司称涉嫌盗版可能起诉[N].第一财经日报,2005 - 07 - 29(6).

个国家有了翻版①。

学界认为,电视业界对电视模式节目的复制却大都持肯定观点,其根源在于:"电视业界对知识产权认识的模糊、急功近利地快速建立品牌节目的心理、昂贵的版权购买费、法律规定的空白导致其直接复制国内外现有成功节目的模式。"②

三、电视节目模板难以受到著作权法保护的理论依据

（一）电视节目模板属于创意、表现为规则

如前所述,著作权法上国际普遍接受的基本原则是:著作权不保护思想、感情本身,而只保护思想、感情的表达形式。各国对于作品的保护,都不会延及作品所基于的思想、理念、感情、程序、规则、原理,因为如果这些基础性元素受著作权保护,将迫使作品的创作完全脱离前人已有的智力成果,使创作几乎不可能完成,从而危及文化传承。因此,著作权限定在达到一定水准独创性的表达范围。

至于电视节目模板,如前所述,其作为一种规则或套路,被"克隆"的法律后果是否构成侵权,需从两个方面分析:其一,电视节目模板属于规则或套路,但不是规则或套路的表达。不同的表达方式可以采用相同的规则与套路。其二,根据规则或套路进行的行为并不是该规则或套路的表达。如规则或套路出版,则属于受著作权法保护的作品;但若根据该作品开展活动,则并非侵权,因为这种活动如果有不同的表达形式且有一定独创性,则很可能构成另一个作品。

总之,电视节目基于一定的游戏规则或套路即模板运行、制作,模板与活动可分离,表明模板属于创意、思想范畴,但其本身并不是电视节目的构成部分,而是隐于节目之后的抽象观念。

（二）电视节目模板通常达不到著作权法上形式表达的标准,各国普遍不予保护

电视节目模板属于创意、属于思想范畴,也包含着一系列技术性的、艺术性的方法、步骤。但学者和司法实践表明:"一个创意只有在被以某种形式固定下来并能够为人们所感知时,才能受到版权法保护。"③然

---

① 罗莉.电视节目模板的法律保护[J].法律科学,2006(4):132.
② 程艳.电视模式节目的媒介知识产权[J].电视研究,2011(2):48.
③ 罗莉.电视节目模板的法律保护[J].法律科学,2006(4):134.

而,大多数国家司法实践都认为:电视节目中的这些信息、方法、步骤并未达到形成表达所需要的固定标准。

在法国,早在 1975 年就有案例认定电视节目模板不属于著作权法保护下的作品,因为其只是创意,未形成具体形式①。其后,法国司法界也未对模板给予任何版权保护②。在德国,所有关于模板权利的主张和请求,无论其基于著作权法还是反不正当竞争法,均遭拒绝③。

在英美法系,情况也大致如此。英国法院对于电视节目模板的观点体现在 1989 年的 Hughie Green 诉新西兰广播公司一案。本案中,原审法院和上诉法院都驳回了原告的请求,认为电视节目模板仅仅是一个关于节目的整体构思(ideas),而没有形成固定的表述,因而不能受到版权保护④。

2003 年,发生在美国的 CBS 电视台诉 ABC 电视台一案,虽然两个节目十分相似,有着相同的游戏规则、相同的挑战内容,如吃虫子。但法官认为两个节目的内容和带给观众的感觉是不同的:一个节目中吃虫子是一项严肃的"挑战";而在另一个节目中,吃虫子是对选手的一种"戏谑"。法官将节目中的挑战内容看作具体的表达。由于挑战内容有着细节上的不同,因而认为两个节目存在实质上的差别,最终判定 ABC 的节目并没有抄袭⑤。

总之,目前世界上没有任何国家的法律文件明确承认"模板权"。世界知识产权组织所管理的有关版权的六个条约⑥虽然允许成员国自

---

① CA Paris, Decision of 14 October 1995 \$ /Dame Gautier0, RIDA July/1976 nos. 89, 136.

② Judith Gaedke, Der rechtliche Schutz von Formaten in Frankreich, in: Formatschuz in Deutschland, Frankreich and GroBbritannien[EB/OL].[2016 – 12 – 01]. http://www. media. nrw. de/downloads/frapa_gesamt%20_deutsch. pdf / 2005-07-30.

③ 罗莉. 电视节目模板的法律保护[J]. 法律科学,2006(4):134.

④ 本案的原告 Hughie Creen 是英国一档电视节目"Opportunity Knocks"的节目制作者和主持人,而新西兰广播公司在 1975—1978 年之间播出了一档同名的电视节目。Hughle Green 主张其对节目的脚本和戏剧性的模板享有版权,声称被告未经其授权,使用了与原告相同的节目名称、相同的口号,包括在节目中对一个用来测量观众反应的掌声测量仪的使用都与其节目相同。Green V Broadcasting Corporation of New Zealand(1989)2 ALL ER 1056.

⑤ Paulsen W. CBS loses lawsuit: ABC's/"I. m A Celebrity, Get Me Out of Here!" to air in February[EB/OL].[2016 – 12 – 01]. http://www. realitytvworld. com/index/articles/story. php? s = 872/2015-07-30.

⑥ 这六个条约分别是《保护文学艺术作品伯尔尼公约》《保护表演者、录音制品制作者和广播组织罗马公约》《保护录音制品制作者禁止未经许可复制其录音制品日内瓦公约》《发送卫星传输节目信号布鲁塞尔公约》《世界知识产权组织版权条约》《世界知识产权组织表演和录音制品条约》。

行决定广播内容的保护,但并没有将电视节目模板视为版权法的保护对象。

四、电视节目模板很难受到《反不正当竞争法》保护

电视节目模板既然很难得到《著作权法》的保护,有人主张以知识产权领域的兜底法《反不正当竞争法》来保护。然而,这种思路很难得到支持。

根据我国《反不正当竞争法》第二条,"经营者违反本法规定,损害其他人合法权益,扰乱社会经济秩序的行为"属于不正当竞争行为。据此规定,学界认为电视节目模板很难受到保护,因为"(1)根据该规定,只有损害了他人的合法权益的行为才构成不正当竞争行为。电视模板作为一个整体,其上只可能存在版权。而前文已经论述,根据我国现行版权法,电视模板很难获得保护。既然电视模板的创作者无法对模板的电视版权主张权利,也就不存在他人对其模板的模仿损害了其合法权益。(2)不正当竞争行为必须发生于有竞争关系的经营者之间。只有在同一个市场上提供相同或者类似商品或者服务的经营者之间才存在竞争关系,而有关电视模板案件往往涉及不同国家和地区的电视节目制作者,很难认定存在竞争关系"①。

五、电视节目模板受著作权法保护的域外实践

(一)电视节目模板是创意、构思的外化即表达方式的域外观点

的确,通常认为游戏方法、规则、节目形式等创意性的东西不能进行版权保护,国家版权法保护的是有形实体,如文字作品、图案、摄影作品、软件等,抽象的东西无法被保护。但如果将一个电视节目形式进行分解则会发现,其均由单独的版权作品组成。英国著名传播法学者斯皮尔伯利就认为,"版权存在于具有原创性的书面建议和手稿(文学作品),艺术资料(如情节串联图板等艺术作品)和音乐(如主旋律和配乐等音乐作品)之中。此类资料越具体,对其中所存在的版权进行确认就越容易"②。

电视节目版式的克隆关键在于作品的结构及形式,结构究竟能否受

---

① 罗莉.电视节目模板的法律保护[J].法律科学,2006(4):136.
② 萨利·斯皮尔伯利.媒体法[M].周文,译.武汉:武汉大学出版社,2004:281.

著作权法保护？英国传播法学者斯皮尔伯利的答案是："版权可能存在于与一部具有原创性戏剧作品有关的电视节目的戏剧版式中。"①——需注意：斯皮尔伯利也只是认为版式"可能"有版权。

然而，对戏剧版式可受著作权保护进行充分阐释，是美国法官汉德（Hand）在两个案件②判决中的阐述。汉德法官认为："在戏剧创作中，作品的构成元素包括思想、角色、情节、场景以及语言等。角色、情节、场景等元素属于非字面元素，处于纯粹的思想与纯粹的表达之间，兼具两者的特点，有些可能因流于一般而被归入思想的范畴，也有些可能因独具特色而被视为表达……"③

（二）部分电视节目模板具有著作权法要求的独创性

一些不主张电视节目模板受著作权法保护的学者，也认为原因是"版权法所保护的作品必须具有原创性。大多数模板都是运用现有的形式和创意，并以一种新的方式将现存的各种元素组合在一起，例如取一个新名字、用一个新的关注点……一个节目模板的种类在很大程度上决定了其制作方式。例如，真人秀就意味着对参与者进行全程跟踪拍摄；脱口秀则必须请数位嘉宾在演播室就同一主题发表自己的看法。因此，电视节目模板往往很难被认定具有原创性。而对于电视模板中那些受版权法保护的原创性元素，即电视模板中的具体细节，如音乐、舞台设计、口号等，模仿者很容易加以修改构成新的表达方式。同时，对这些元素的修改并不会影响电视模板的创意和整体结构。"④这就是说：如果电视节目形式没有独创性，它就不会受到著作权法的保护。但如果达到独创性标准，则电视模板应该受著作权法保护。

在巴西，法院则支持了《老大哥》（Big Brother）节目模板拥有者Endemol 公司和他们授权的巴西本土节目制作者对巴西 SBT 电视台的诉讼中提出的请求。法院认为电视节目模板不仅包括了节目的形式和创意，还包括其他要素，例如节目中设置的特别的环境氛围、摄像机机位的放置，甚至节目的一些细节安排及播放方式等。经审理，法院

---

① 萨利·斯皮尔伯利. 媒体法［M］. 周文，译. 武汉：武汉大学出版社，2004：281.

② 在"尼科尔诉环球电影公司"案中，尼科尔声称被上诉人的电影《科恩一家与凯利一家》抄袭了其戏剧《阿比的爱尔兰玫瑰》中的角色与情节。在"谢尔登诉米特罗—高德温电影公司"案中，被上诉人的影片与上诉人的戏剧之间从人物到情节都雷同。

③ 王春燕. 作品中的表达与作品之间的实质相似［J］. 中外法学，2000（5）：634－637.

④ 罗莉. 电视节目模板的法律保护［J］. 法律科学，2006（4）：134.

认为 SBT 对《老大哥》节目进行了"粗俗的抄袭"。所以,法院,不仅承认了 Endemol 公司拥有"老大哥"节目模板的版权,还判给了它高额赔偿①。

六、电视节目模板的法律保护

前述内容是将电视模板作为一个整体来进行研究,则在目前很难受著作权法律制度的保护。然而,如果合理地运用《著作权法》《合同法》《商标法》和《商业秘密法》等,电视模板创作者和投资者也的确能够在一定程度上在现行的法律框架下保护自己的利益。

（一）版权保护思路

1.按照著作权的要求对电视节目模板进行认定

著作权保护的是创意的表达,要求有一定水准的独创性。只要电视节目模板达到此要求,就应该得到著作权法的保护。而不能将电视节目模板一概认定为创意,绝对排除其成为作品的可能。

2.电视节目模板脚本的作品化

对电视节目模板的构思,用文字进行尽可能详细的表达,并保留书面证据。

（二）其他知识产权制度保护

1.对与模板相关的电视节目进行商标注册

许多电视节目都有广泛的观众,可带来商业价值,因此被他人抢注为商标的例子不在少数。权利人可以对与模板对应的节目名称或口号申请商标,这样不仅可以保护、开发利用节目本身的商业价值,还可以间接保护模板。

2.对模板进行商业秘密化处理

对参与相关电视节目制作的员工,要签订保密合同以及竞业禁止合同,防止相关员工事先与事后的泄密。

---

① TV Globo & Endemol Entertainment v TV SBT[EB/OL].[2016 - 05 - 11]. https://www. frapa. org/services/frapa-report-2011/.

第四节　媒介品牌法律保护的问题与对策

由于种种原因,我国发生多起新闻媒体的知名品牌被抢注为商标的事件,无形资产流失的现象比较严重。本节主要探讨媒介品牌法律保护中的问题与对策,并主要从两个方面展开:事前预防的商标法保护和事后补救的反不正当竞争法保护。

一、媒介品牌遭遇商标抢注

（一）媒介品牌的价值及与商标的关系

媒介品牌是媒体栏目或节目的名称和标志的组合。从内涵来看,媒介品牌蕴涵着媒介信息传播的质量和形式、媒介的市场占有率和市场回报率等要素,"是媒介名称、属性、个性、风格、知名度、美誉度、价值的组合,是媒介消费者的期待、需求、信任和投入的组合,是媒介无形资产中的核心"[①]。

具有高收视率、知名度和美誉度的媒介品牌,不仅有加强舆论导向的传播效果,而且有巨大的市场价值:①提高受众市场占有率;②赢得广告客户,为新闻媒体带来同行业平均利润以上的超额利润;③降低新产品上市成本。所以,《今日美国》资深记者凯文·曼尼在其《大媒体潮》中认为,21 世纪的媒介品牌将成为激烈的战场,媒介市场竞争已经成为品牌的较量[②]。

如前所述,商标是指能够将一经营者的商品或服务与其他经营者的商品或服务区别开来,并可为视觉所感知的标记[③]。商标反映的是一种利益关系,这种利益是通过在市场上把标记与商品或服务不断地联系在一起而产生的[④]。

在市场经济和法治社会,商标法律制度是品牌保护最有力的手段。媒介品牌同样需要商标法律制度的保护。新闻媒体对自己的品牌、栏

---

① 贾国飚.媒介营销——整合传播的观点[M].长沙:湖南人民出版社,2003:309.

② 邵培仁,陈兵.媒介战略管理[M].上海:复旦大学出版社,2003:141.

③ 刘春田.知识产权法[M].北京:中国人民大学出版社,2000:231.

④ 刘春田.商标与商标权辨析[J].知识产权,1998(1):12.

(节)目进行商标注册后,就可以拥有完整的商标权(商标使用权、商标排他权、商标许可权和转让权),使媒体在支配与经营品牌时始终处于主动位置,为媒体进行品牌经营提供广阔空间①。

(二)媒介品牌或商标被抢注的损失

进入 21 世纪以来,媒介品牌被抢注为商标的事件频频发生:央视的《大风车》栏目名称被抢注在儿童食品、服装、玩具上;《东方之子》《焦点访谈》被抢注在白酒上;江西电视台的台标被抢注到服装上,安徽电视台的台标被抢注到了烟草类别上②;"中央一套"被某公司申请注册为避孕套商标③。自 2001 年来连续三年位居全国商标代理量排名第一的北京集佳知识产权代理有限公司,自 2003 年以来接到传媒关于品牌栏(节)目名称被抢注的咨询逐渐增多,也在一定程度上说明媒介品牌被抢注的趋势在扩大④。

如果说 2010 年之前被抢注的媒体品牌都是传统媒体品牌,那么之后的抢注则盯上了新媒体。近年来,包含一条、二更、毒舌电影、严肃八卦、黎贝卡的异想世界、深八影视圈等众多知名大号,都有一家叫作"火传媒(上海)互联网科技有限公司"的企业在申请注册商标⑤。商标抢注不仅发生在大品牌和大明星上,现在,很多名不见经传的线上品牌,尤其是淘宝商城上的淘品牌,也被商标抢注机构盯上,面临危机,如"斯伯帝卡""御泥坊",而抢注的企业名为"杭州麦尚品牌管理有限公司"。这些被抢注的好品牌商标大多是在"淘品牌",没有注册⑥。

媒介品牌或商标被恶意抢注,使新闻媒体蒙受巨大的经济损失。依据我国《商标法》的有关规定,商标一旦在相同的类别范围内被抢注,被抢注方只有三种选择:一是放弃品牌名称的所有权及使用权;二是花巨资买回被抢注的品牌;三是向商标持有人交纳许可使用费。

---

① 宋素红,罗斌.假如你主持的知名栏目被他人"抢注"——媒介品牌法律保护的问题与对策[J].中国记者,2005(1):19.
② 赵仁伟.名牌栏目被抢注,传媒业警钟在耳[N].市场报,2014 – 06 – 18(3).
③ 胡顺涛.中央一套被抢注成避孕套商标 央视感到震惊[J].重庆商报,2006 – 07 – 31.
④ 朱国栋.媒体品牌抢注的思考[EB/OL].[2016 – 07 – 09].http://211.154.171.8:81/servlet/Report? Node = 13043.
⑤ 近百家自媒体大号被同一家公司"恶意抢注商标"?[EB/OL].[2016 – 05 – 11].http://www.sohu.com/a/74815807_282116.
⑥ 庄胜春.商标抢注蔓延至线上品牌 多家淘品牌被抢注[EB/OL].[2016 – 05 – 11].https://www.aliyun.com/zixun/content/2_6_296411.html.

目前,虽然媒介品牌多被抢注在非类似的商品或服务上,新闻媒体可以不放弃该品牌的使用。但实际上,媒体的无形资产已遭受重大损失。在非类似的商品或服务上,媒体的品牌被抢注为商品、服装、玩具甚至白酒的商标,必然导致该品牌商标显著性与吸引力的淡化和弱化;尤其是,当媒介品牌被生产劣质产品、提供劣质服务的经营者抢注为商标时,这种淡化与弱化的程度更高。对依靠注意力和影响力生存的新闻传媒而言,品牌被长期淡化与弱化的影响是致命的。

（三）媒介品牌或商标被抢注的原因

主观上,新闻媒体大多把注意力放在了设备、资金等有形资产上,而对无形资产的关注远远不够。许多新闻媒体是在其品牌被抢注之后才认识到自身品牌的价值。

客观上,我国现在是根据注册取得商标权,而非根据使用取得商标权,即先注册者取得商标权。这样,在新闻媒体媒介品牌保护意识不强的情况下,现行商标注册制度很容易给商家抢注媒介品牌提供可乘之机。如近年在我国传播业影响巨大的江苏卫视《非诚勿扰》被判侵权案①。

本案与一般商标侵权案件的不同之处,就在于这是一起典型的反向混淆侵权案件。在一般案件中,商标持有人的商品或服务具有一定的知名度,而未经许可的商标使用人的商品或服务并不出名,其商标使用行为使得公众误认为其商品或服务与商标持有人的商品或服务具有关联,从而造成两种商品或服务的混淆。在本案中,"非诚勿扰"商标持有人金

---

① 2009 年 2 月 16 日,原告金阿欢向国家商标局申请"非诚勿扰"商标,并于 2010 年 9 月 7 日获得商标注册证,核定服务范围为第 45 类,包括"交友服务、婚姻介绍所"。《非诚勿扰》是江苏卫视 2010 年 1 月开播后很快走红的一档婚恋交友类电视节目。金阿欢于 2013 年 2 月向深圳市南山区法院起诉江苏省广播电视总台及合作伙伴深圳市珍爱网信息技术有限公司,要求停止侵权。一审法院认为,江苏电视台的《非诚勿扰》是电视节目,两者属于不同类商品（服务）,不易造成公众混淆,不构成侵权,于 2014 年 12 月驳回原告金阿欢的诉讼请求。金阿欢上诉。深圳中院二审认为,江苏电视台《非诚勿扰》节目提供征婚、相亲、交友的服务,与上诉人"非诚勿扰"商标注册证上核定的服务项目相同。由于江苏电视台的知名度及节目宣传,使相关公众对权利人的注册商标使用与江苏电视台的相关节目名称产生错误的认识及联系,造成反向混淆。2015 年 12 月,深圳中院终审判决:撤销广东省深圳市南山区法院的一审判决;江苏省广播电视总台和深圳市珍爱网信息技术有限公司立即停止侵害上诉人金阿欢"非诚勿扰"注册商标行为,即判决生效后立即停止使用《非诚勿扰》栏目名称,进行广告推销、报名筛选、后续服务等行为。参见:广东省深圳市中级人民法院（2015）深中法知民终字第 927 号民事判决书。

阿欢的交友、婚介服务并不广为人知，而江苏卫视的电视节目却具有很高知名度。

2016 年 1 月 16 日，江苏卫视节目的《非诚勿扰》名称已更改为《缘来非诚勿扰》。江苏卫视在解释其更名时也表示："为维护法律权威，尊重法院判决，并满足广大观众要求，我台从本期节目开始，对已录制好的节目尽最大限度做出修改，并对该节目名称附加区别性标识，暂时更名为《缘来非诚勿扰》。"①

二、媒介品牌争取认定驰名商标

(一)媒介品牌争取认定驰名商标的意义

首先，可以对未注册的媒介商标提供保护。国家工商行政管理局1996 年发布的《驰名商标认定和管理暂行规定》第 2 条对驰名商标定义是"在市场上享有较高声誉并为相关公众所熟知的注册商标"，该定义所确定的驰名商标的外延仅限于注册商标，但《保护工业产权巴黎公约》(下称《巴黎公约》)第六条确定了对未注册的驰名商标予以保护的原则。我国已加入《巴黎公约》。根据一国加入的国际条约的效力高于国内相关法律效力的法律原则，我国也应对未注册的驰名商标提供保护。所以，新闻媒体的媒介品牌遭遇抢注时，只要有初步的证据证明自己的商标是驰名商标，同样可以提起诉讼，同样应该得到法律保护。

其次，对驰名媒介商标提供反淡化保护(所谓"淡化"，是指在非类似的商品或服务上使用与驰名商标相同或相近的标志，从而导致驰名商标的显著性与吸引力弱化)。我国加入世贸组织之后，《与贸易有关的知识产权协议》对我国驰名商标的保护提高到一个新水平，这主要表现在：一是在《巴黎公约》规定对驰名商品商标保护的基础上，将保护范围扩大到服务商标；二是把保护范围从《巴黎公约》的相同或类似商品或服务扩大到非类似的商品或服务上。而且，我国《驰名商标认定和管理暂行规定》第八条规定："将与他人驰名商标相同或者近似的商标在非类似商品上申请注册，且可能损害驰名商标注册人的权益，从而构成《商标法》第八条第(9)项所述不良影响的，由国家工商行政管理局商标局驳回其注册申请；申请人不服的，可以向国家工商行政管理

---

① 彩蕙,江南.江苏卫视《非诚勿扰》侵权案始末[J].民主与法制,2016(1):56.

局商标评审委员会申请复审;已经注册的,自注册之日起五年内,驰名商标注册人可以请求国家工商行政管理局商标评审委员会予以撤销,但恶意注册的不受时间限制。"所以,媒介品牌被认定为驰名商标后,可以对驰名媒介商标提供反淡化保护,阻止商家在其他商品和服务上对媒介品牌进行商标抢注。

再次,有助于以驰名媒介商标为中心,形成产业链。驰名世界的"迪士尼",从一只米老鼠做起,精雕细刻,创意无穷,先是制作成迪士尼电影动画、电视动画片,接着建立迪士尼主题公园,然后把圆领衫、手表、玩具等制成米老鼠形象,最终形成了品牌系列。相比而言,我国央视的《大风车》,如果争取为驰名商标,则可以禁止他人在非类似的商品或服务如儿童服装和玩具上注册同名商标,而自己则可利用品牌构建产业链。

(二)媒介驰名商标的认定

1. 主动认定

主动认定是在权益纠纷发生前,主管机关应申请人的请求,对其商标是否为驰名商标做出认定,又称事前认定。在我国,驰名商标的事前认定机构是国家工商行政管理局商标局。

我国现行《商标法》第十四条规定了认定驰名商标应该考虑的因素:①相关公众对该商标的知晓程度;②该商标使用的持续时间;③该商标的任何宣传工作的持续时间、程度和地理范围;④该商标作为驰名商标受保护的记录;⑤该商标驰名的其他因素。而《驰名商标认定和管理暂行规定》第5条规定,驰名商标的认定标准包括:使用商标的商品在中国的销售量及销售地区;使用商标的商品近三年来的主要经济指标(年产量、销售量、利润、市场占有率等)及其在中国同行业中的排名;使用商标的商品在外国(地区)的销售量及销售区域;商标的广告发布情况;商标最早使用及连续使用的时间;商标在中国及在外国(地区)的注册情况;驰名商标的其他证明文件。

根据以上规定,认定媒介品牌是否为驰名商标至少应考虑以下因素:①栏(节)目的受众接触率(阅读率、收视率、收听率)、满意度、覆盖范围。②栏(节)目的受众接触率市场份额。③栏(节)目持续开办的时间。④栏(节)目名称的最早使用时间及连续使用时间。

就新闻媒体驰名商标的认定而言,中央级媒体品牌获驰名商标认定的可能性要大些,但随着传播技术的发展及政策的宽松,地方媒体的传播范围可以扩展至全国乃至国外,地方媒体知名栏(节)目品牌也有被认定为驰名商标的可能性。而本研究以为,由于媒体在与受众(消费者)的接触上的得天独厚的优势,其媒介品牌被认定为驰名商标的可能性应该高于其他商品与服务。例如,纯文学杂志《收获》于2003年2月向上海著名商标认定委员会提出"著名商标"申请,获得批准①。

2. 被动认定

被动认定即司法认定:在发生权益纠纷前并未进行行政认定,发生纠纷而起诉后,由法院对商标是否驰名进行认定。在其他行业,被动认定的案例很普遍,而有关媒介品牌的相关案例国内尚未出现,但显然被动认定对被侵权的媒介驰名商标是一种有力的维权手段。被侵权的媒介品牌一旦被认定为驰名商标,侵权者的有关注册商标将被撤销、其他侵权行为也将被禁止。

三、扩展商标注册的领域

毕竟,只有少数媒介品牌可以被认定为驰名商标,多数媒介品牌只能是一般商标,所以,要尽量扩展商标注册领域,这样,一方面防止异业对媒介品牌的抢注;另一方面,媒介发挥名牌效应,涉足其他产业,形成具有巨大经济效益的产业链。

就开掘商标保护的层次而言,香港媒体的一些做法颇值得借鉴。阳光卫视在杨澜时代就已把《杨澜访谈录》等品牌节目一一注册,凤凰卫视在国内也为其品牌节目进行了商标注册②。近年来,为保护栏目的品牌效应,很多电视节目都在国家商标局有注册商标,如央视的《东方时光》《今日说法》,湖南卫视的《超级女声》等③。尽管如此,我国拥有自己的注册商标的媒体还是少数。

---

① 诸达鹤.纯文学杂志〈收获〉被授予"上海市著名商标"称号[EB/OL].[2016 – 01 – 02]. http://www. changsha. cn/news/guonei/t20040319_143794. htm.

② 朱国栋.媒体品牌抢注的思考[EB/OL].[2016 – 01 – 02]. http://211.154.171.8:81/servlet/Report? Node = 13043.

③ 张红霞.非诚勿扰如期播出 揭非诚勿扰侵权事件前因后果及全过程[EB/OL].[2016 – 10 – 06]. http://news. 0898. net/n2/2016/0110/c231183-27506468-9. html.

此外,创建品牌时要有商标意识,要注意品牌名称的独特性,不要与其他媒介或现有产业的商标类似或雷同。在此方面,甘肃《读者》杂志有惨痛的教训。《读者》原名《读者文摘》,多年来一直深受读者喜爱,但因与美国《读者文摘》杂志重名,引起知识产权纠纷。结果,甘肃读者文摘杂志社只得忍痛割爱,将多年苦心经营的这一品牌舍弃,改注册为《读者》这一名称①。

四、事后补救——用《反不正当竞争法》保护媒介品牌

媒介品牌可借商标法律制度得到保护,但《商标法》并不能解决全部问题:一方面,总体上我国新闻媒介利用《商标法》保护自己品牌的意识普遍较弱,许多媒介品牌并未被注册为商标;另一方面,许多够不上驰名商标的媒介品牌名称被抢注为其他商品或服务领域的商标已成现实。在此情况下,虽然《商标法》已无能为力,但《反不正当竞争法》仍然可以提供保护。

然而,也许是因为陌生,也许是因为漠视,目前尚未出现《反不正当竞争法》被国内新闻媒体利用保护自己品牌的案例。而事实上,作为规范经营者的竞争行为、维护市场竞争秩序的基本法律,《反不正当竞争法》和《商标法》有着密切关系:二者共同对某些行为予以规范,如假冒他人注册商标的行为;但是,超出现有《商标法》保护范围的内容,如冒用他人注册商标以外的商品或服务表征的行为,均可由《反不正当竞争法》来调整。同时,二者在保护方式和保护重点方面也不同。《商标法》以确立商标权的方式,保护商标权不受侵害;《反不正当竞争法》则是通过确认竞争行为的公平性、正当性以及对市场竞争秩序的影响,制止各种具体的涉及商标、商号、名称等的不正当行为,维护经营者与消费者利益,确保公平竞争。因此,《商标法》从静态上制止不正当竞争,《反不正当竞争法》则从动态上制止不正当竞争。而具体到媒介品牌而言,《商标法》属于事前预防的保护措施,《反不正当竞争法》属于事后补救的保护措施。

我国《反不正当竞争法》第五条规定:"经营者不得采用下列不正当手段从事市场交易,损害竞争对手:(一)假冒他人的注册商标;(二)擅自使用知名商品特有的名称、包装、装潢,或者使用与知名商品近似的名

---

① 陈兵.强势媒介品牌的构成因素和特征分析[J].当代传播,2002(3):27.

称、包装、装潢,造成和他人的知名商标相混淆,使购买者误认为是该知名商品……"据此,当媒介品牌被抢注为其他商品或服务领域商标时,即使媒介品牌没有注册商标,即使媒介品牌的注册商标够不上驰名商标,即使抢注者的行为没有构成《商标法》领域的侵权、逃脱了《商标法》的过滤,但该行为却构成了不正当竞争行为,逃不过反不正当竞争法律制度的制裁,媒介此时有权拿起法律武器,保护自己的权利。

第五节　网络传播侵害著作权概述

随着网络传播技术的发展,不仅产生了网络著作权,而且网络已经取代传统媒体,成为侵害著作权的主要传播方式,因而成为著作权法领域的重点研究对象。

一、网络著作权

网络著作权指权利人对受著作权法保护的作品,因网络传播而享有的著作权利。网络作品包括两类:一类是数字式作品(在网络上创作、网络传播前未在传统载体上传播过的作品);另一类是数字化作品,即传统(非数字化)作品的数字化。

需要指出的是,数字化作品不具有独创性。正如联合国教科文组织与世界知识产权组织在《关于计算机使用与创作作品的版权问题的建议》中指出:"被计算机改变了形态的作品不视为新作品。"即:只有原著作权人对该作品享有权利。

二、网络著作权的特殊表现

网络著作权中,复制权、发行权、出租权和信息网络传播权是财产权利的特殊表现。

（一）网络作品复制权

网络传播虽然没有传统有形载体为复制基础,但传播者和接受者均可保留或获得该原始拷贝的复制件。所以,网络上数字作品的复制可以说是无限的。

（二）网络作品发行权

与复制类似,网络发行也不以有形载体为基础。1995 年,美国《知识产权和国家信息基础设施》（即通称的"白皮书"）认为，网上信息（作品）的数字传播应受到发行权的限制①。所以，网络数字传输是作品发行的一种新的技术手段。但在网络环境下，不存在复制件的投放量以及时空的限制，"发行权一次用尽原则"不适用于网络传播。因此，美国1995年"白皮书"和欧盟1996年《信息社会版权与邻接权》（续）即通称的"续绿皮书"均认为"发行权一次用尽原则"不适用于作品在线使用，作品的每一次在线传输都须授权②。

（三）网络作品出租权

网络出租与复制也有关系。与传统有形作品的出租不同，网络作品出租，即通过技术手段，在一定时间将作品在网络上传播，即类似于电视台的"定时播放"，用户付费后于此段时间内使用此作品。

（四）信息网络传播权

我国《信息网络传播权保护条例》第26条将信息网络传播权界定为："指以有线或无线方式向公众提供作品、表演或者录音录像制品，使公众可以在其个人选定的时间和地点获得作品、表演或者录音录像制品的权利。"据此，信息网络传播权作为著作权中一项独立的权能，也具有网络传输、复制权、发行权、表演权等一系列子权利，原因在于"作品的网络传播过程从技术上说可分解为数字化、上载、传输、储存和下载等一系列子过程，每一个子过程同时也是一次独立的对作品的使用或者传播……"③

三、网络传播侵害著作权的行为类型

（一）基于技术手段的分类

1. 上载行为

上载（Uploading）行为，指非法擅自将其传统媒体上的存在作品，经

---

① Information Infrastructure Task Force. Intellectual Property and the National Information Infrastructure:The Report of Working Group on Intellectual Property Rights[R]. Washington D. C:Information Infrastructure Task Force,1995.

② Information Infrastructure Task Force. Intellectual Property and the National Information Infrastructure:The Report of Working Group on Intellectual Property Rights[R]. Washington D. C:Information Infrastructure Task Force,1995;European Commission. Follow-up to the GreenPaper on Copyright and Related Rights in the Information Society[R]. Brussels:European Commission,1996.

③ 饶传平. 网络法律制度[M]. 北京:人民法院出版社,2005:164.

过数字化后进行网络传播的行为。如前所述,只有原作品著作权人对该作品才享有信息网络传播权。未经原著作权人许可的上载行为侵害了原著作权人的合法权利。

2. 转载行为

转载(Repainting)行为,指网站之间非法擅自将他人网络作品进行复制和传播的行为。

3. 下载行为

下载(Downloading)行为,指非法擅自将网络作品进行传统媒体传播的行为,可以分为对数字式作品和数字化作品下载的两种情况。

4. 超链接行为

超链接(Hyperlinks)又称链接、超文本链接,是搜索引擎工作程序中的一环①,指"使访问者可以通过一个网址访问不同网址的文件或通过一个特定的栏目访问同一站点上的其他栏目等"的行为②。设计及提供超链接的网站并没有任何复制行为,只有在网络用户临时性复制被认为有侵权行为时,提供超链接的网站才有帮助侵权的可能。

5. 网站内容集成行为

网站内容集成(Content Aggregation/Bots)行为,指非法擅自将他人网站数据库内容复制到自己网站的行为。

6. 设置共享文件或者利用文件分享软件

设置共享文件或者利用文件分享软件,是搜索引擎提供的一种服务类型。根据最高人民法院《信息网络传播权规定》第三条第二款,利用设置共享文件或者利用文件分享软件的方式,将网络用户或自己上传到网

---

① 搜索引擎的工作原理主要包括三个步骤:1. 抓取网页:搜索引擎都会设置自己的网页抓取程序,称蜘蛛程序(spider),通过设置关键词或者代码,蜘蛛程序就会顺着网页中的超链接,连续抓取网页,包含设定关键词或者代码的网页都会被蜘蛛程序捕获。2. 处理网页:蜘蛛程序抓取到网页之后,进行整理归类、建立索引。在网页处理中最重要的就是提取关键词,设置索引文件。同时还包括删除重复网页和无效网页、分析超链接、根据重要性和关联性对网页进行排序等。3. 提供检索服务:网络用户在空白搜索框中输入关键词进行检索,搜索引擎接到指令后,通过建立的索引文件进行查找,找到相匹配的关键词提供给用户。搜索引擎提供的信息主要是通过链接服务的形式发出的,网络用户可以访问自己需要的信息和资源。参见:百度百科. 搜索引擎[EB/OL]. [2015 - 12 - 15]. http://baike. baidu. com/view/8638htm#sub5073256.

② 江清云. 从德国司法判决比较超链接的著作权侵权认定[J]. 德国研究,2008(2):53.

络服务器的作品置于信息网络中,使公众能够在个人选定的时间和地点以下载、浏览或者其他方式获得的,人民法院应当认定其实施了"提供"行为。由于此行为未经著作权人许可或法定许可,是一种直接侵权行为。而近年作家韩寒起诉百度公司侵害著作权案①,也属此类情况。在此案件中,法院认为百度公司"为网络用户上传、存储并分享《像》书文档的行为提供了帮助"的行为不是直接侵权。需注意:该案判决时间是2012年9月17日,而自2013年1月1日起,最高人民法院《信息网络传播权规定》生效,根据该规定第三条第二款,百度公司的上述行为可构成作品"提供"行为,属于直接侵权。

7. 网页快照

作为一种完全复制型搜索模式,网页快照指网络服务提供者非法擅自将他人网页内容复制到自身的索引数据库,并提供给用户使用。根据最高人民法院《信息网络传播权规定》第五条的规定,这种行为构成直接侵权。

8. 盗链

盗链,指避开或破坏他人技术保护措施,对他人享有著作权的作品进行链接并传播,从而侵害他人信息网络传播权等著作权的行为。目前,用聚合视频软件②盗链他人视频作品的现象成为盗链中的典型侵权行为。2016年6月,北京朝阳法院判决的乐视网诉上海千杉网络技术发展有限公司的"电视猫"盗链案件,法院判决被告行为构成侵害原告信息

---

① 原告作家韩寒起诉北京百度网讯科技有限公司,称"发现多个网友将原告享有著作权的文学作品——《像少年啦飞驰》等三本书上传至百度文库,并分别建立了多个文档,供在百度文库注册的其他用户付费或免费下载,致函被告北京百度网讯科技有限公司要求停止侵权未果"。原告认请求法院判决被告停止侵权、关闭百度文库、赔礼道歉、赔偿经济损失76万余元。法院认为,"百度公司作为提供上传《像》书的信息存储空间的网络服务提供者,没有直接实施上传行为",但其"为网络用户上传、存储并分享《像》书文档的行为提供了帮助……对韩寒就《像》书享有的信息网络传播权造成损害。"法院还认为百度的行为不构成"明知"。2012年9月17日,北京市海淀区人民法院判决:一、被告北京百度网讯科技有限公司于判决生效之日起十日内赔偿原告韩寒经济损失三万九千八百元及合理开支四千元;二、驳回原告韩寒的其他诉讼请求。参见:北京市海淀区人民法院(2012)海民初字第5558号民事判决书。

② 聚合类视频软件是一种可以提供各家视频网站内容的APP,其本身不采购作品版权,而是以影视搜索的形式链接播出视频网站内容,从而获利。其代替各视频网站的APP,削弱其对用户的直接影响。

网络传播权和进行不正当竞争,此案件成为盗链案件中的典型案例①。

(二)基于侵权行为是否受著作权专有权控制的分类

1. 直接侵权

国内学者对直接侵权的比较权威的定义是:"直接侵权,即未经作者或其他权利人许可而以任何方式复制、出版、发行、改编、翻译、广播、表演、展出、摄制影片等。"②这种行为没有合理使用或者法定许可的前提。由此,上述上载、转载、下载、网站内容集成、设置共享文件或者利用文件分享软件等行为,可能构成直接侵权。

如本研究第二章第四节所述,美国、欧洲等很多国家的版权制度,对直接侵权以行为人是否实行了侵权行为为必要条件,适用过错推定或无过错责任原则。但我国民法或《著作权法》虽未明确将著作权侵权作为特殊侵权形态加以规定,但相关司法解释对此类直接侵权确定了类似无过错或过错推定的归责原则。

2. 间接侵权

间接侵权是对应直接侵权的概念,指"没有实施受'专有权利'控制的行为,但故意引诱他人实施'直接侵权',或在明知或应知他人即将或正在实施'直接侵权'时为其提供实质性帮助,以及特定情况下'直接侵权'的准备和扩大其侵权后果的行为。"③可见,间接侵权构成要件有二:主观上要求侵权人知道或者应该知道该行为是侵权行为,客观上要求进行了引诱、帮助、参与、扩大侵权后果等行为。对著作权法领域的间接侵权,适用的是过错归责原则。

我国法律无"间接侵权"的规定或概念,司法实践中对其一直采用共

① 2015年,乐视公司诉至北京朝阳区法院,称其对《道士下山》《老严有女不愁嫁》《顾家乐的幸福生活》等三部作品享有著作权。上海千杉网络技术发展有限公司经营的电视猫视频(MoreTV)软件,故意避开并破坏乐视的保护技术措施,以"盗链"形式在互联网传播、提供上述作品,侵犯其著作权。而且,千杉公司的行为吸引了海量用户下载使用其应用软件,获得不法收益,却无偿占用该公司带宽资源,增加公司服务器负担,构成不正当竞争。乐视请求判令千杉公司立即停止侵权和不正当竞争行为,赔偿经济损失及合理费用200万元。2016年6月,朝阳法院认定电视猫非法盗链行为侵害信息网络传播权、构成不正当竞争,判令千杉公司停止侵权、赔偿乐视公司经济损失50万、公证费22040元。徐一嫣. 乐视诉电视猫非法"盗链"侵权获赔50万[EB/OL]. [2017-05-06]. http://news.xinhuanet.com/info/2016-07/04/c_135485521.htm.

② 郑成思. 版权法[M]. 北京:中国人民大学出版社,1997:207-211.

③ 王迁,王凌红. 知识产权间接侵权研究[M]. 北京:中国人民大学出版社,2008:3.
李可眉. 论网络服务提供者的间接侵权责任[J]. 邵阳学院学报,2010(5):48.

同侵权的理论来处理。《信息网络传播权规定》第四条规定："有证据证明网络服务提供者与他人以分工合作等方式共同提供作品、表演、录音录像制品,构成共同侵权行为的,人民法院应当判令其承担连带责任。"该规定第七条还规定了对信息网络传播权的教唆侵权与帮助侵权,而根据《侵权责任法》的相关规定,这两种侵权行为也构成共同侵权,需承担连带责任。

间接侵权有以下法律特征:①不受著作权专有权利的控制。②以直接侵权的存在或即将实施为前提。③间接侵权以主观过错为构成要件。这里的过错主要包括明知和应知。这与直接侵权不以过错为要件形成对比:任何人只要侵害了属于绝对权利的著作权,都要受到民事制裁。

据此,上述超链接、搜索引擎可能构成间接侵权。网络传播侵害著作权的行为类型很多,而且,随着网络技术的发展,侵权种类会更多,这里不再列举。

第六节　"避风港规则"在我国网络著作权领域的"消解"

"避风港规则"是著作权领域著名的免责规则。我国在《信息网络传播权保护条例》中也一度规定了该规则。但由于我国侵权法责任要件的构成及归责特性,"避风港规则"究竟在我国发挥了多大作用,目前是否仍发挥作用——本节主要研究此问题。

一、"避风港"的源起与发展

（一）"避风港"在美国的构筑

1. 花花公子(Playboy Enterprises)诉 George Frena 案:严格责任对网络服务商造成重大打击

网络传播与传统传播的关键不同之处在于:前者传播内容的"海量"与迅速,使网络服务商不可能对所有经其网站流通的信息进行逐一审查;而后者则需要对其传播的任何信息进行把关,并承担可能的法律责任。

对此问题的认识,经历了一个过程。互联网最早产生于美国,但在互联网产生之初,美国法院在审理涉及网络中间服务商的侵权诉讼时,无视侵权信息是否由其上传,也无视其是否有过错,普遍认定网络中间服务商的行为构成直接侵权,需对被侵权人承担赔偿责任。代表性判例为1993年判决的"花花公子(Playboy Enterprises)"诉George Frena案[①]中法院的判决。在该案判决中,法官指出:"本案中被告直接侵权的证据是无可否认的。被告是否意识到用户是否侵权并不重要,侵权意图也并非认定侵权成立的前提。侵权意图或知晓(侵权行为)并非侵权的构成要件,因此,即使是无过错的侵权者也需承担侵权责任。对于法官而言,有无过错只在衡量损害赔偿数额有意义。"[②]该案判决等于宣布:无论网络服务提供者是否有过错(知道该侵权内容),也无论侵权作品由谁上传,只要其信息存储空间有侵权内容,即须承担侵权责任。换言之,信息存储空间服务商承担的是类似于电子出版者那样的直接侵权责任[③]。

无疑,"花花公子"诉George Frena案对网络服务商造成重大打击的同时,也在客观上培养了网络服务商守法经营的意识。

2. Netcom案:网络接入服务提供商在收到涉嫌侵权的通知后仍然消极不作为,构成帮助侵权,即间接侵权

花花公子诉George Frena案后,以Religious Technology Center v. Netcom On-Line Communication Service, Inc(美国宗教技术中心诉奈特康母在线通讯服务公司)案[④]为代表,美国法院在网络服务商侵权责任认定上出现了根本的改变。

Netcom案确立了如下几项原则:对于网络用户的侵权行为,网络接入服务提供商不承担直接侵权责任;收到涉嫌侵权的通知后仍然消极不作为,网络接入服务提供商构成帮助侵权即间接侵权。

Netcom案在美国网络版权案例史上的里程碑意义在于:否定了网络服务提供商在"花花公子"案中被确立的对用户侵权行为承担直接责任的原则,并对于形成《千禧年数字版权法》(*Digital Millennium Copyright Act*,

---

① Playboy Enterprises v. George Frena839F. Supp. 1552, at1554(M. D. Fla, 1993)

② Playboy Enterprises v. George Frena839F. Supp. 1559(M. D. Fla, 1993)

③ Playboy Enterprises v. Web World Inc968F. Supp. 1171(D. Tex, 1997)

④ Netcom案中,原告是一家拥有许多宗教书籍版权的宗教组织,被告分别是Erlich、BBS经营者Klemesrud和网络接入提供者Netcom。网络用户Erlich未经许可,将一部分原告的书籍内容经由Klemesrud的BBS上传到互联网上并进行评论。原告在Klemesrud的BBS上发现后,要求Erlich删除这些材料和Klemesrud和Netcom封闭Erlich的网络的请求均被拒绝,于是起诉。Religious Technology Center v. Netcom, 907 F. Supp 1361, 1369(N. D. Calif. Sept. 22, 1995).

简称 DMCA)过错责任原则起到决定性作用①。

3. DMCA 中"避风港规则"的正式形成

1998 年,美国国会通过了 DMCA,其第二部分"网络版权侵权责任限制"为《美国著作权法》新增了第 512 条,针对提供临时性数字网络传输服务的网络服务提供者②、提供系统缓存服务的网络服务提供者③、提供信息存储服务的网络服务提供者④、提供信息定位工具服务的网络服务提供者⑤四种类型网络服务提供者,规定了免于承担金钱赔偿责任的条件,而且规定法院对其发出禁令也有限制,这就是"避风港规则"。

但是,DMCA 规定"避风港规则"的直接目的,是要避免法院不加区分地让网络服务提供者承担直接侵权责任,所以其仅规定了免责条件而未规定归责条款,正如美国国会众议院报告指出:"不论网络服务提供者是否满足免责条件,新增加的第 512 条(DMCA)对网络服务提供者是否要承担侵权责任都不做评判。相反,只有在网络服务提供者根据现有的法律规则被认定要承担责任时,才适用本条规定的免责条款。"⑥

但是,"避风港规则"的适用需满足两个条件:一是对于多次侵权用户,要及时采取措施并通知受害人,且拒绝为其提供服务;二是不得破坏或规避著作权人采取的标识或为保护其作品而采用的标准技术性措施⑦。

---

① 伊恩・C. 巴隆. 电子商务与互联网法(下卷)[M]. 张平,译. 北京:中国方正出版社,2005:8 - 75.

② DMCA art. 512(a)规定:"网络服务提供者在其控制、操作或服从其控制、操作的系统或网络中进行传输、选择路径、提供链接所处理的内容,以及进行传输、选择路径、提供链接时,如果产生的中间和临时存储内容,在该传输、选择路径、提供链接、存储不经服务商选择,而由自动的技术过程执行,或者该内容由他人启动或指挥,或者除技术过程的应他人指令的自动反应,服务商在不进行选择的条件下,对该内容的接受者不承担侵权赔偿责任。"

③ DMCA art. 512(b)项规定:"在网络服务提供者获得通知存在用户未经许可在网络上获得资料,其必须及时删除或禁止被指控的侵权材料继续传播。"

④ DMCA art. 512(c)项规定:"主机服务提供者对网络用户提供的信息不承担侵权赔偿责任的条件是:主机服务提供者实际上不知道系统或网络中有关内容或使用该内容的行为构成侵权,由于实际上不知道,而对外表上的侵权事实或情况,未加注意;未从该服务商有权利和义务进行干预的侵权行为中直接获得经济利益;在获得侵权行为发生的通知后,网络服务提供者必须及时删除侵权材料或封锁材料的访问入口。"

⑤ DMCA art. 512(d)(1)(C)规定:"如果主机服务提供者、搜索引擎服务提供者在接到权利人的侵权通知后,对被控侵权的内容或对索引或链接立即删除或切断接触的,不承担侵权赔偿责任。"

⑥ House Report 105 - 551(Ⅱ),105th Congress,2nd Session,p. 50.

⑦ DMCA art. 512(i)

而 DMCA 同时也规定网络服务提供者不承担赔偿责任;法院一般以禁止令的形式责令网络服务提供者承担停止侵权,即拒绝为侵权网络用户提供服务的责任。

4. DMCA 中对"避风港规则"的限制:"红旗规则"的确立

为平衡网络服务商与被侵权主体的利益,DMCA 在规定"避风港"原则的同时,还同时规定了"红旗规则"(Red Flag),指网络服务商享有"避风港"必须有"没有明知侵权信息或侵权活动在网络系统中的存在,也不知道任何可以明显体现出侵权信息或侵权活动存在的事实情况"的前提①,即:当网络系统中的侵权材料像一面鲜艳的红旗在网络服务提供者前飘扬,而处于相同情况下的理性人都明显能够发现时,如果网络服务提供者采取"鸵鸟政策",像鸵鸟那样将头深深地埋入沙子之中,假装看不见侵权事实,即可认定网络服务提供者至少"应当知晓"侵权材料的存在②。

(二)其他国家对"避风港规则"的跟进

1. 德国

德国对网络服务提供商的侵权责任进行了统一、专门的立法。1997年8月,由德国国会通过的《信息和通讯服务规范法》(一般被称之为《多媒体法》),是一部专门规定网络服务提供商侵权责任的法律,而且将网络服务商侵权的领域扩展到了人格权,该法将网络服务提供商按照功能不同分为三类,适用不同的归责原则③:①信息提供者按照德国版权法的规定承担严格责任。②相当于网络平台服务提供商和搜索引擎提供者、载体提供者承担过错责任原则。③接入提供者适用过错责任原则,但在任何情况下都不承担赔偿损失的责任。可见,其侵权责任也适用过错责任。

但是,《多媒体法》的规定比较笼统,"技术上可能"与"明知"比较模糊,不易把握,不利于保护被侵权人的权利。

2. 欧盟

欧盟2000年6月8日通过的《电子商务指令》(*Directive on Electronic Commerce*,下称 Directive 2000/31/E—Commerce),也将网络中间服务商

---

① 17U. S. C § 512(c)&(d).

② Melvile B. Nimmer&David Nimmer, Nimmer on Copyright, §12B. 04 [A][1], Matthew Bender & Company, Inc,(2003).

③ 蒋波. 国际信息政策法律比较[M]. 北京:法律出版社,2001:412.

侵权责任的适用范围扩大到人格权领域,同时规定了提供单纯通道服务的网络服务提供者、提供系统快速存取服务的网络服务提供者和提供主机服务的网络服务提供者的免责条件①。欧盟的规定与美国有共同之处,但也有不同之处:其没有规定网络服务提供商提供搜索链接服务的免责条件,原因在于系统缓存功能与寄存功能的免责条件可以适用于搜索链接服务。

3. 日本

日本于 2002 年 5 月生效施行的《特定电子通信提供者损害赔偿责任之限制及发信者信息揭示法》第 3 条第 1 款②和第 2 款③也有网络服务提供者的免责规定。

综上,除作为传统大陆法系国家的德国从正面即归责原则的角度规定网络服务提供者的责任外,以美国 DMCA 和欧盟的《电子商务指令》为代表,相关国家对网络中间服务商侵权责任的限制即所谓的"避风港规则",本质是一种抗辩理由,形式上则是一种免责条款,其共同之处是:①对网络中间服务商的侵权形态的概括,是采英美法系传统的"间接侵权"概念及其相关的帮助侵权与代位侵权。②不必履行审查监控义务,但需履行合理注意或常规监察义务,至于何谓"合理注意"或"常规监察",其标准是什么,网络服务提供商违反该义务时应负何种责任等问题仍模糊不清。③网络用户侵权时,网络中间服务商在不知道也不应该知道该侵权或违法行为发生,不负侵权赔偿责任,至于其在此情况下是否

① Directive 2000/31/E—Commerce, art. 14.
② 其规定:"经由特定电子通信传输的信息侵害他人权利时,服务提供者对于不特定人侵权信息的发送,技术上可以采取防止措施,并且无下列情形时,不负损害赔偿责任:(1)该服务提供者明知在该特定通信中通过信息的传输侵害他人的权利;(2)在明知该特定电子通信中的信息传输的情况下,有足够的理由能够认定该服务提供者已知在该特定电子通信中信息传输所产生的对他人权利的侵害。但是该服务提供者是该侵权信息的发送者的情况下除外。"
③ 其规定:"该法第 3 条第 2 款规定,在特定电子通信提供者采取防止信息传输的措施,该措施对传输者造成损害的情况下,只要该措施是为了防止向不特定人发送、在必要的范围内进行的,且符合下列条款之一,对其损害不承担责任:(1)该服务提供者有足够的理由相信,该特定电子通信中信息传输造成对他人权利的不正当侵害。(2)在主张自己的权利被特定电子通信中信息(以下称为'侵权信息')传输所害的人,提供给特定电子通信提供者可疑侵害其权利的信息、认为被侵害的权利及其理由(以下在本款中称为'被侵害信息'),请求特定电子通信提供者采取防止侵权信息发送的措施(以下在本款中称为'发送防止措施')的情况下,特定电子通信提供者将该被侵害信息通知侵权信息的发送者,询问是否同意采取该发送防止措施,该发送者自收到询问起七日内没有通知表示不同意该发送防止措施。"

构成侵权,以及在明知或应知网络用户侵权时仍提供服务的情况下构成何种(形态)侵权,需要承担何种责任,并没有明确规定——然而,可以确定的是:"网络中间服务商的责任是一种非连带责任的过错责任,其在提供网络服务时由直接责任向间接责任转化,由严格责任向过错责任转化,已经成为一种全球性趋势,有越来越多的对网络服务商适用严格责任的国家,开始适用过错责任。"[①]

二、我国网络著作权法中若隐若现的"避风港"

(一)《网络著作权司法解释》没有"避风港"

在有明文立法之前,人民法院对网络中间服务商的保护是慷慨的[②]。2000 年,最高人民法院发布的《网络著作权司法解释》第 3 条规定:"网络服务提供者通过网络参与他人侵犯著作权行为,或者通过网络教唆、帮助他人实施侵犯著作权行为的,人民法院应当根据民法通则第一百三十条的规定,追究其与其他行为人或者直接实施侵权行为人的共同侵权责任。"该条规定的是网络服务提供者的帮助侵权即间接侵权责任。其第 4 条规定:"提供内容服务的网络服务提供者,明知网络用户通过网络实施侵犯他人著作权的行为,或者经著作权人提出确有证据的警告,但仍不采取移除侵权内容等措施以消除侵权后果的,人民法院应当根据民法通则第130 条的规定,追究其与该网络用户的共同侵权责任。"据此规定,过错的内容只有"明知"(因为"经著作权人确有证据的警告"也是明知)而不包括"应知","应知"不能成为判定网络服务提供者具有"主观过错"的依据[③]。

也就是说,事实上,我国法院在没有法定的"避风港规则"前,就一直认为供网络技术或设施服务系帮助行为:只要不提供内容服务,网络技术或设施的服务商只在有过错时承担间接责任即共同侵权责任,即不承

---

① 薛虹.网络时代的知识产权法[M].北京:法律出版社,2000;219 – 221.

② 《信息网络传播权保护条例》规定避风港规则前,我国法院已经能区分网络服务提供者是直接侵权还是帮助侵权,认为仅提供 BBS、搜索链接服务等网络技术或设施的服务商不承担直接侵权责任,只在有过错时承担共同侵权责任。例如大学生杂志社诉京讯公司(BBS)案。参见:北京市第二中级人民法院(2000)二中知初字第 18 号民事判决书;刘京胜诉搜狐(搜索链接)案。参见:北京市第二中级人民法院(2000)二中知初字第 128 号民事判决书。

③ 王迁.论"网络传播行为"的界定及其责任认定[J].法学,2006(5):70.

担直接侵权责任。

然而,最高人民法院的司法解释仍然不是"避风港规则",因为它不是免责条款,而是归责条款。

(二)《信息网络传播权保护条例》中的"避风港"及其问题

在立法界和司法界掀起"避风港热潮"的是 2006 年国务院颁布的《信息网络传播权保护条例》(下称《条例》):所谓的"避风港规则"规定在该《条例》第 20—23 条,因为其对四类网络服务提供者,也如DMCA一样,以免责条款形式规定了免于承担赔偿责任的条件①。其中,第 22 条规定的第(三)和第(五)项及第 23 条,是所谓"避风港规则"的核心条款。

立法理由认为:"如果法律不规定哪些网络服务可以免责,就可能使网络服务提供者陷入无休止的侵权纠纷中,无暇顾及自身业务的发展,这对网络产业的发展十分不利。"②显然,《条例》规定"避风港规则"的目的,是限制各类网络服务提供者的责任。然而,在我国对侵权归责原则及侵权责任构成要件本就有明确规定的情况下,《条例》规定"避风港规则",不仅未能达到上述目的,反而带来如下问题:

1. 扩大了网络服务商责任范围,因为避风港规则中的主观要件被反面解释为帮助侵权的过错形态

如前所述,《网络著作权司法解释》第 4 条规定网络服务提供者只有在明知情况下才承担帮助侵权责任,但要证明网络服务提供者"明知"是很困难的,因此司法实践中,"通知后不移除"一直都是法院认定的网络

---

① 实践中基本不存在针对《条例》第 20、21 条而产生的侵权纠纷,因此,本研究主要分析纠纷较多的《条例》第 22、23 条规定的避风港规则。《条例》第二十二条规定:"网络服务提供者为服务对象提供信息存储空间,供服务对象通过信息网络向公众提供作品、表演、录音录像制品,并具备下列条件的,不承担赔偿责任:(一)明确标示该信息存储空间是为服务对象所提供,并公开网络服务提供者的名称、联系人、网络地址;(二)未改变服务对象所提供的作品、表演、录音录像制品;(三)不知道也没有合理的理由应当知道服务对象提供的作品、表演、录音录像制品侵权;(四)未从服务对象提供作品、表演、录音录像制品中直接获得经济利益;(五)在接到权利人的通知书后,根据本条例规定删除权利人认为侵权的作品、表演、录音录像制品。"《条例》第 23 条规定:"网络服务提供者为服务对象提供搜索或者链接服务,在接到权利人的通知书后,根据本条例规定断开与侵权的作品、表演、录音录像制品的链接的,不承担赔偿责任;但是,明知或者应知所链接的作品、表演、录音录像制品侵权的,应当承担共同侵权责任。"

② 张建华. 信息网络传播权保护条例释义[M]. 北京:中国法制出版社,2006:77.

服务提供者唯一过错形态①。

但《条例》出台后，"应知"也被法院认定为网络服务提供者的过错形态。在 2007 年判决的一起涉及音乐搜索引擎案②中，法院依据《条例》第 23 条但书，认定即使原告没有发出通知，只要网络服务提供者"应知"用户有侵权行为，即可认定其有过错。在 2008 年判决的一起涉及视频分享网站案③中，法院依据《条例》第 22 条第 3 项，也做出上述"应知"过错的认定。由此，网络服务商可能构成的责任范围得以扩大。

2. 将避风港规则规定的所有免责条件作为免责的必备条件

避风港规则本来是要限制网络服务商的责任，但由于我国侵权法在归责原则及构成要件适用上的法定性及无可置疑的传统，在实践中，有些法院从反面理解"避风港规则"，判决网络服务商没能满足所有的免责条件，所以需要承担赔偿责任④。

三、《侵权责任法》对"避风港规则"主要功能的终结

在实践中，理论界与实务界有观点认为："避风港作为免责条款的法律性质，不是对网络服务商版权责任的最终确定，而仅仅是为网络服务商提供了新的抗辩理由。"⑤而在诉讼中，网络服务商针对原告的侵权指控，通常会以"避风港规则"进行抗辩。

然而，这里"避风港规则"根本不能发挥"避风"功能：有过错本来就是帮助侵权责任的构成要件，即无过错本来就是该责任的抗辩理由。如果无过错（包括明知与应知），网络服务提供者不承担帮助侵权责任，其没有必要援引避风港规则；如果有过错，则网络服务提供者构成帮助侵权责任，其即使援引"避风港规则"，也无法免责。

如果说"避风港规则"在我国网络著作权领域本身就没有很多用武之地，《侵权责任法》的生效，则彻底终结了其作用。

---

① 刘晓. 避风港规则：法律移植的败笔[J]. 齐齐哈尔大学学报，2011(4)：73.
② 参见：北京市高级人民法院(2007)高民终字第 1184 号民事判决书。
③ 参见：上海市高级人民法院(2008)沪高民三(知)终字第 62 号民事判决书。
④ 参见：北京市海淀区人民法院(2008)海民初字第 9200 号民事判决书。
⑤ 刘家瑞. 论我国网络服务商的避风港规则——兼评十一大唱片公司诉雅虎案[J]. 知识产权，2009(2)：15.

（一）《侵权责任法》第三十六条第二款与"避风港规则"的根本不同

虽然有人认为《侵权责任法》第三十六条第二款①的规定相当于"避风港规则"，但是，该款规定与美欧国家的"避风港规则"相比，本质区别有三：

1. 性质不同

如前所述，"避风港规则"属于免责条款，如《美国著作权法》第512条的标题即为"Limitations on Liability Relating to Material Online"；而且，针对不同类型的网络服务提供者，该条规定了不同的免责条件②。而我国《侵权责任法》第三十六条第二款则归责条款性质，该款规定内容一是权利被侵害人拥有停止侵害、排除妨碍等绝对权请求权，二是网络服务商在哪些范围内承担连带责任，但并没有针对不同类型网络服务提供者进行具体规定。

2. 出发点不同

可以看出，美欧国家的"避风港规则"的出发点是对网络服务商的责任进行限制，以保护言论自由和促进互联网产业的发展；而我国的《侵权责任法》第三十六条则是大陆法系的归责原则，从中看不出保护言论自由和促进互联网产业发展的目的。

3. 规定的主观要件不同

如上所述，针对不同类型的网络服务提供者的责任限制，"避风港规则"规定了不同的主观要件：如"不明知"是针对网络存储服务提供者③，"不明知或没有理由知道"是针对网络链接或搜索服务提供者④。而《侵权责任法》第三十六条第二款并没有这种区分，而是规定了一种主观要件——"接到权利人的通知后仍然没有采取必要措施"（即"明知"），且未区分网络服务提供者的类型。

4. 有无规定客观要件不同

除主观要件之外，针对不同类型的网络服务提供者，"避风港规则"

① 《侵权责任法》第三十六条第二款规定："网络用户利用网络服务实施侵权行为的，被侵权人有权通知网络服务提供者采取删除、屏蔽、断开链接等必要措施。网络服务提供者接到通知后未采取必要措施的，对损害的扩大部分与该网络用户承担连带责任。"

② 17 U.S.C., §512.

③ 17 U.S.C., §512(b)(2).

④ 17 U.S.C., §512(c)(1)(A)(i)–(ii).

还规定了其他客观免责条件：如"未选择并且未改变所传输的内容"①是针对网络自动接入服务提供者，"未从侵权行为中直接获利"②是针对网络链接或搜索服务提供者。而《侵权责任法》第三十六条第二款并没有规定这些客观要件的内容。

（二）《侵权责任法》第三十六条第三款对"避风港规则"的吞噬

《侵权责任法》第三十六条第二款与第三款③结合起来理解，与美欧国家的"避风港规则"相比，也有一个重大区别：后者是一种反向责任认定的逻辑模式。根据反面解释的方法，网络服务提供者不符合相关免责条件时方需承担赔偿责任。而我们则不能根据反面解释的方法，对第二款的规定做出只要满足通知后及时删除这一条件，网络服务提供者即可免除赔偿责任的结论。究其原因，学者认为："首先是我国继承了大陆法系国家的立法传统，遵循概念出发型的抽象逻辑推理，对侵权责任的归责必须以有过错或法律的特殊规定为基础，因此，上述反向责任认定逻辑在我国并不适用；其次是根据《侵权责任法》第三十六条第三款的规定，如果权利人能够证明网络服务提供者知道网络用户的侵权行为，则其不必经过通知程序即可直接追究网络服务提供者的责任。"④——所谓借鉴的"避风港规则"的影子也被第三款这种大陆法系或成文法系侵权责任的归责原则完全吞没。

另外，无论从法解释学角度来讲，还是从立法者的解释来看，《侵权责任法》第三十六条第三款规定的"知道"可以包括"明知"和"应知"两种主观状态，这与《条例》规定的网络服务提供者的主观过错要件是一致的。

所以，自《侵权责任法》实施后，"避风港规则"可以提供的过错抗辩作用被侵蚀一空。

总之，我国《侵权责任法》第三十六条的内容，本质上是对网络服务提供者侵权责任构成要件的规定，形式上是归责条款，与本质上属抗辩理由、形式上是免责条款的"避风港规则"有根本不同。所以，那种认为

---

① 17 U. S. C. ，§512（a）（3）．
② 17 U. S. C. ，§512（c）（1）（B）．
③ 《侵权责任法》第三十六条第三款规定："网络服务提供者知道网络用户利用其网络服务侵害他人民事权益，未采取必要措施的，与该网络用户承担连带责任。"
④ 刘晓. 避风港规则：法律移植的败笔[J]. 齐齐哈尔大学学报，2011（4）：76.

我国在包括网络人格权在内的所有民事领域引进了"避风港规则",而且在世界立法史上属首创的观点①,是根本错误的。

当然,应该承认的是:《侵权责任法》第三十六条第二款中的"通知"与"删除、屏蔽、断开链接"的内容,参考了"避风港规则"的内容,但在强大的归责原则的照射下,其只是一个"影子"。

另外,需要指出的是,《侵权责任法》效力位阶高于国务院制定的《条例》,所以这里不能适用特别法优于普通法,我国著作权领域规定的"避风港规则"的主要功能已然无效。

四、《信息网络传播权保护条例》中的"避风港规则"的其他部分

如前所述,《条例》第 22 条规定的第(三)和第(五)项及第 23 条,发挥着"避风港规则"的主要功能,而 22 条规定的第(二)和第(四)项的规定,在当时并非毫无可取之处:①可将第(二)项中的"未改变服务对象所提供的作品、表演、录音录像制品"作为网络服务提供者不承担直接侵权责任的证据;当然,如果其对相关作品进行了改变,则是应承担直接侵权责任的证据。②将第(四)项中的"未从服务对象提供作品、表演、录音录像制品中直接获得经济利益"作为认定其履行注意义务的衡量因素②。

但是,自 2013 年最高人民法院《信息网络传播权规定》生效后:①《规定》第三条明确了作品提供行为的内涵与侵权信息网络传播权的概念;②《规定》第十一条规定了从相关作品传播中获取经济利益的,应承担较高的注意义务;③《规定》第十二条规定了对作品的主题、内容主动进行选择、编辑、整理、推荐的,"认定提供信息存储空间服务的网络服务提供者应知网络用户侵害信息网络传播权"。自此,《条例》规定的"避风港规则"的第 22 条规定的第(一)、第(二)和第(四)项的内容,也被完全扫荡干净,"避风港规则"的功能被完全取代。

---

① 陈昶屹.论避风港规则扩张适用网络人格权案件之困境及消解[J].人民司法·应用,2012(1):81.

② 王迁.《信息网络传播权保护条例》中避风港规则的效力[J].法学,2010(6):136.

第七节　深层链接侵害著作权的认定问题

深层链接主要涉及与复制权、发行权和信息网络传播权三种权利的关系。对其是否构成侵权,世界各国基本上倾向于否定,这涉及对网络本质特征的认识。

一、深层链接的分类

深层链接又称超文本链接、超链接,指"设链网站所提供的链接服务使得网络客户在未脱离设链网站页面的情况下,即可获得被链接网站上的内容,此时在网页地址栏里显示的是设链网站的网址,而非被链网站的网址。但该内容并非存储于设链网站,而是存储于被链接网站"[①]。

网络链接按不同标准有不同分类:以链接对象和目标为标准,可分为普通链接和深度链接;以链接标志为标准,可分为文字链接、图像链接、视框链接[②]、商标链接等。

不易发生侵权的链接是普通链接,又称浅层链接,指用户点击链接后浏览器显示网址是被链接者的网页地址。深度链接又称深层链接,指"避开被链网站主页、直接链接其分页的链接方式。此时,如果具体内容页上没有任何被链网站的标志,那么用户可能以为还停留在设链网站内,会导致使用者对网站所有者的误判,易引起著作权、不正当竞争方面的侵权纠纷"[③]。

另外,超链接还可分为直接链接与间接链接:前者指链接者与被链接者之间未通过第三方而进行的链接;后者指链接者与被链接者之间通过第三方进行的链接。

当然,还有一种搜索链接,指其他网站将其网站中愿意被搜索到的

---

① 芮松艳.深层链接行为直接侵权的认定——以用户标准为原则,以技术标准为例外 [J].中国专利与商标,2009(4):81.

② 视框链接允许网页制作者以视框将页面分为几个独立的区间,每个区间可以同时呈现不同来源以及不同内容的资料,并且可以单独滚动。网页制作者可以用此技术将他人网站上的资料显现在自己网页的某一视框内,而本身网站的其他内容(如广告、菜单等)仍然不变,访问用户可能根本不知道他在视框内看到是另一个网站的资料。

③ 江清云.从德国司法判决比较超链接的著作权侵权认定[J].德国研究,2008(2):53.

内容的关键字提供给搜索网站,形成数据库;当访问者提供相应的数据后,搜索网站通过搜索引擎将检索数据列出,由访问者决定是否登录。这种搜索有的是给出相关网址,有的是给出具体内容①。

互联网本身意味着互相连接。链接是网站存在的基本方式。互联网的基础在于三项基本协议,网站建立即基于该三项协议,这意味着所有加入互联网的网站均接受此三项协议。而链接即属于协议内容。也就是说:网站之间的链接有法律依据,是"天然合同",其在原则上是合法的,无须特别约定。链接的本质是一种传播技术或传播辅助技术,本身是否侵权,还需具体分析。

深层链接主要涉及与以下三种权利的关系:

二、深层链接与复制权、发行权的关系

(一)深层链接与复制权的关系

我国《著作权法》列举的以印刷、复印、翻录等方式将作品制作一份或者多份的权利,都是以有形物质形式呈现的复制方式,即复制首先要固定在有形载体上,但并不排除无形复制,尤其是随着现代网络传播技术的发展,临时性复制在网络传播中普遍存在。

然而,链接本身是合法的,是互联网存在的基本方式;而且,链接本身并不是复制,作品在提供链接服务的网站并没有复制件,最多,其有助于网络临时复制。但是,这种复制应该属于合理使用。欧盟1997年《信息社会有关版权和相关权利协调的指令草案》第5条第1款也规定:"暂时性复制的目的是为了使作品或其他客体能够被使用并且没有独立的经济利益的,例如暂时的和偶然的,技术过程中必要的能使运输系统有效运转的复制行为,不应受到过多的限制。"

当然,临时性复制如果超出合理使用范围,也可能构成侵权。但其即使构成侵权,也与链接本身没有关系,除非链接者与复制者是共谋。

链接本身不能被认定为复制的观点,收入在《最高人民法院公报》的"11家唱片公司诉雅虎"案中,被法院精确地阐释为:"通过试听和下载向互联网提供歌曲本身的是第三方网站,而非被告网站。雅虎网站通过其搜索引擎服务,只是为网民的试听和下载提供了便利。因此,雅虎网

---

① 张新宝.互联网上的侵权问题研究[M].北京:中国人民大学出版社,2003:353.

站的涉案行为并不构成复制行为。"①同样,在博库股份有限公司诉北京讯能网络有限公司案中,法官也持相同观点②。

（二）深层链接与发行权的关系

根据我国《著作权法》第九条第（六）项之规定,发行权指以出售或者赠予方式向公众提供作品的原件或者复制件的权利。可见,发行权的基础是有固定有形形式的复制件的产生,而如前所述,链接本身并不产生复制件,所以不侵犯发行权。

从链接过程进行分析,是被链方而不是设置链方的服务器在提供作品原件,控制作品传播。而学界认为:"用户浏览作品必须依赖用户计算机中的临时复制件,即使用户将被链材料永久储存下来,那也仅仅是用户自行操作的结果,设置链接者其实没有直接侵犯发行权。"③

三、深层链接与信息网络传播权

（一）深层链接是否属于信息网络传播的认定标准

链接是否侵权,还有关键的一点:链接是否属于传播? 解决该问题需要用户识别标准和明确服务器标准。

用户识别标准说认为:"某一行为属于直接的信息网络传播行为,还是属于网络服务行为,不以所传播的客体是否存在于该网站的服务器上为标准,而应以其外在表现形式所带给网络用户的认知或用户是否可以直接在该网站上获得内容为标准……如果网络用户认为其是从该网站上获得信息或者虽然意识到了该网站仅仅提供链接服务,但仍可以在不脱离该网站的前提下获得信息,那么该网站的行为就属于'信息网络传播行为',在未经许可且不存在合理使用或法定许可的情况下,就构成对'信息网络传播权'的直接侵权。"④

服务器标准说认为:"只有将作品上传至向公众开放的服务器的行

---

① 刘家琛. 最高人民法院公报案例评析民事卷(知识产权案例)[M]. 北京:人民法制出版社,2004:405.

② 该案中,原告拥有周洁茹作品使用于互联网的权利,被告所开设网站所设栏目中可以看到上述侵权作品,内容链接自中国作家网。参见:北京市第二中级人民法院(2001)二中知初字第 13 号民事判决书。

③ 杨讯,李凤华. 超链接的法律问题探析[J]. 法学,2000(9):55 - 58.

④ 芮松艳. 深层链接行为直接侵权的认定——以用户标准为原则,以技术标准为例外[J]. 中国专利与商标,2009(4):82.

为,才是受'信息网络传播权'控制的'信息网络传播行为',也才有可能构成对'信息网络传播权'的直接侵权。"①

　　上述两种观点的根本区别在于对"提供作品"的理解不同:用户识别标准遵从用户主观认知;服务器标准遵从客观事实,认为搜索链接服务不属"信息网络传播行为",只在相关情况下构成间接侵权,而不构成直接侵权。

　　(二)我国司法实践中对深层链接性质的认定

　　2005 年以来,唱片公司和音乐著作权人连续以相似的事实背景对百度、雅虎和搜狐等提供 MP3 音乐搜索与链接的网络服务提供者提起了诉讼。在这些诉讼②中,权利人均提出"百度未经许可提供深层链接,使用户可以在线收听或者下载,因此百度等未经许可可传播了其享有录音制作者权的录音,或者享有著作权的音乐作品,构成了对其信息网络传播权的直接侵权。"

　　一些案例中,法官认为网站提供链接服务既不是复制行为,也不是传播行为③。但在博库股份有限公司诉北京讯能网络有限公司案中,法官虽然认为被告设置链接的行为不构成复制,而且"设置链接行为本身不同于直接传播",但认为"其客观表现更近似于帮助传播"④。

　　在步升诉百度案一审中,尽管是百度系统自动生成了"MP3"栏目中的全部 MP3 歌曲的链接,但法院认为百度的行为还是构成了间接侵权,原因是:百度人为对未经授权的 MP3 歌曲进行全面搜索下载、分析比较

---

① 王迁. 网络环境中版权直接侵权的认定[J]. 东方法学,2009(2):13.

② 诉讼包括:正东唱片有限公司等七大唱片公司诉百度案,一审判决见北京市第一中级人民法院民事判决书(2005)一中民初字第 7978 号,二审判决见北京市高级人民法院民事判决书高民终字第 594 号;上海步升音乐文化传播有限公司诉百度案,一审判决见北京市海淀区人民法院民事判决书(2005)海民初字第 14665 号,二审调解结案;浙江泛亚电子商务有限公司诉百度案,一审判决见北京市第一中级人民法院民事判决书(2006)一中民初字第 6273 号,二审判决见北京市高级人民法院民事判决书(2007)高民终字 118 号;水星唱片有限公司等十一大唱片公司诉雅虎案,一审判决见北京市第二中级人民法院民事判决书(2007)二中民初字 02629 号,二审判决见北京市高级人民法院民事判决书(2007)民终字第 1184 号;浙江泛亚电子商务有限公司诉百度案(第二次"泛亚诉百度"案),一审判决见北京市高级人民法院民事判决书(2007)商民初字第 1201 号;华纳第三大唱片公司诉百度案,一审判决见北京市第一中级人民法院民事判决书(2008)一中民初字第 5026 号和华纳第三大唱片公司搜狐案,一审判决见北京市第一中级人民法院民事判决书(2008)一中民初字 5030 号。

③ 参见:北京市第二中级人民法院(2000)二中知初字第 128 号民事判决书。

④ 参见:北京市第二中级人民法院(2001)二中知初字第 13 号民事判决书。

后进行分门别类的栏目结构排版,而且百度的经营管理人员明知或应知这些链接所指向的 MP3 歌曲都是侵权内容①。

在七大唱片公司诉百度案中,北京市高级人民法院在判决书中指出:"将作品上传至或以其他方式将其置于向公众开放的网络服务器中的行为构成信息网络传播行为,其后果是使公众可以在其个人选定的时间和计算机上通过访问作品所在的网站而获得作品。因此判断被控侵权行为是否构成侵犯信息网络传播权,应该以被控侵权行为是否属于上传等方式提供作品的行为进行判定。"②而在七大唱片公司诉百度案中原告败诉的原因是其错误地选择了诉求:起诉被告"直接侵权"。

在十一大唱片公司诉雅虎案③中,原告先起诉被告的链接服务构成"通过网络传播原告享有录音制作者权的歌曲",又诉称被告"即使不构成上述侵权行为,亦未尽到合理注意义务,构成诱使、参与、帮助他人实施侵权的行为"。诉因既有直接侵权又有间接侵权。诉因不同,导致了诉讼结果的不同。

在被链接内容是影视作品的情况下,设置链接的网站大多以间接侵权终局。北市高级人民法院一些判决也明确否认过网站此类行为构成传播行为。2008 年,北京市高级人民法院审理的浙江泛亚电子商务公司诉百度案中,原告诉称被告百度公司提供音乐搜索服务,以及"音乐盒"在线播放音乐过程中显示歌词的行为构成直接侵权。北京市高院在判决书中再次指出:"百度网讯公司提供的搜索引擎服务仅起到了查询并定位的作用,并没有上载或存储涉案歌曲的音频数据格式文件,涉案作品来自于未被禁链的即开放的网络服务器,包括浙江泛亚公司的网站及

---

① 参见:北京市海淀区人民法院(2005)海民初字第 14665 号民事判决书。

② 2005 年,环球、华纳、EMI 在内的七家知名唱片公司将百度诉至北京市第一中级人民法院,认为对方提供的 MP3 搜索下载服务侵犯其"信息网络传播权",原告公司均诉称,被告构成对其"信息网络传播权"的直接侵权,请求法院判令其停止侵害并公开赔礼道歉,并进行相应经济损失的赔偿。本案经两审,法院认为百度不构成直接侵权,原告最终败诉。参见:北京市高级人民法院民事判决书(2007)高民终字第 594 号。

③ 北京阿里巴巴公司作为雅虎网站的经营者,提供搜索引擎服务,并设置专门的音乐网页提供"雅虎音乐搜索"服务;进行了不同标准的分类信息整合,主要依据歌手的性别和歌曲的流行程度等进行的;被告的"音乐盒"服务为网络用户提供链接地址的网络空间。十一大国际知名唱片公司是涉案歌曲的录音制作者权人,唱片公司认为被告的行为侵犯了其对涉案歌曲所享有的录音制作者权中的复制权、信息网络传播权以及相应的获得报酬权,认为其复制并通过网络传播涉案歌曲;诱使、参与、帮助他人实施上述行为,是显而易见的侵权行为。本案原告最终胜诉。参见:北京市第一中级人民法院(2005)一中民初字第 7978 号民事判决书。

第三方网站。下载涉案歌曲的行为发生在用户与上载作品的网站之间，百度网讯公司没有从事复制和传播涉案歌曲的行为。"①

但作为北京高院的下级法院，在华纳唱片公司诉音乐极限网案中，北京市一中院认为：网络用户在不脱离搜索网站的情况下，即可获得相关歌曲的下载，足以使网络用户误认为提供下载服务的是该网站；搜索网站对第三方网站的歌曲设置链接，构成向公众传播的行为。

（三）域外司法实践中对深层链接性质的认定

1. 德国

德国联邦最高法院在 Paperboy 网站侵权案中，鲜明地表达了链接不构成侵权的态度②。其支持被告的两大理由是：第一，不存在著作权法上和数据库上的侵权。搜索服务通过"深度链接"绕过原告网站首页，直接地找到用户所要的文章，该行为并非《德国著作权法》第17条意义上的传播行为，因为相关作品复制权和传播权并未因此而受到侵害。第二，Paperboy 网站没有从中获取利益，也没有进行不公平（不诚实）的行为，故不存在不正当竞争行为。

2. 美国

美国判例早已认定"链接本身并不构成版权侵犯行为"。美国《版权法》方面公认的权威著作《Nimmer 论版权》明确指出"提供指向有侵权文件站点的链接并非直接侵权"③。

2006 年，美国 Perfect 10 公司诉 Google 案再次涉及提供链接是否构成"直接侵权"的问题。一、二审法院均拒绝承认根据"用户感知标准"，而支持"服务器标准"，并指出："虽然内置的加框链接可能导致计算机用户以为他们正在观看 Google 网页（中的图片），但与商标法不同，版权法并不帮助版权人制止导致消费者混淆的行为……Google 传播的并非图片本身，而是可以引导用户浏览到存储和展示图片的第三方网站的网

---

① 参见：北京市高级人民法院（2007）高民终字第 118 号民事判决书。
② 原告公司旗下拥有《商报》和杂志《德国市场》，在自己拥有和经营的因特网上也提供其刊物上的文章。被告在自己的"报童网站"上从事搜索引擎和创建"个人日报"服务，涉及《商报》和《德国市场》杂志。原告起诉。德国最高法院 2003 年 7 月 17 日判决：被告不构成侵权。参见：德国最高法院 2003 年 7 月 17 日的终审判决（该判决在德国最高法院网站判决公布，见：http://www.jurpc.de/rechtspr/20030274.html）。
③ 王迁. 网络环境中的著作权保护研究［M］. 北京：法律出版社，2011：344.

络地址。该行为不可能构成(对图片版权的)直接侵权,只能构成间接侵权。"①

3. 澳大利亚

澳大利亚《版权法》第10条规定:"传播意味着在线提供作品或其他客体,或者以电子手段传播作品或其他客体。"据此,"在线提供行为"是"传播行为"中的一类行为。而澳大利亚《版权法》又规定:"除广播之外的传播是由负责决定传播内容的人进行的。"

与我国同时期连续发生的"七大唱片公司诉百度案"非常类似的是,2005年7月14日澳大利亚高等法院判决的"环球音乐公司诉Cooper案"。在该案终审中,澳大利亚高等法院主审法官强调:"我不认为对存在录音制品的其他网站提供链接的网站所有者、管理者或经营者决定了传播的内容。当一个人或者一个机构提供了从一个网站访问另一远端网站的便利,并提供使录音制品得以被从该端网站下载的机制时,认为其要为从远端网站传播的内容负责的观点是极端武断的。事实上,根据证据,Cooper并没有'决定''设计'或'创建'传播发生地——远端网站中的内容。"②

(四)结论

自2013年1月1日最高人民法院《信息网络传播权规定》实施以来,超链接是否属于信息网络传播的认定标准问题得到解决:首先,该规定第三条强调,网络用户、网络服务提供者未经许可,通过信息网络"提供"权利人享有信息网络传播权的作品、表演、录音录像制品,方构成侵权。其次,根据该规定第四条,网络服务提供者能够证明其仅提供包括搜索、链接等网络服务,主张不构成共同侵权行为的,人民法院应予支持——显然,司法解释采纳了服务器标准。

事实上,根据我国《著作权法》和前述司法解释对"向公众提供权""信息网络传播权"的定义,"提供作品"应当能够导致作品可为公众在其个人选定的时间和地点获得。因此,作品"为公众所获得的状态"仅由上传行为导致,设链行为只是一种辅助行为。链接本身不是传播行为。如果非要将链接定性为传播,则网站传播所有作品均需得到允许,这不仅是不现实的,也会破坏互联网存在的基础——连接,宣告深层链接这

---

① 王迁.网络环境中的著作权保护研究[M].北京:法律出版社,2011:349 – 352.
② 王迁.网络环境中的著作权保护研究[M].北京:法律出版社,2011:353.

一技术的死刑。

需要强调的是:《信息网络传播权规定》只是排除了链接的直接侵权责任,即故意侵权责任,而并未排除其间接侵权责任。至于其应该承担的注意义务,仍然不能放弃。对于明显的侵权作品,其应该受到"红旗规则"的制约。

第八节　云传播中流媒体临时复制技术产生的著作权问题及应对

在中国裁判文书网上传的 2014—2017 年著作权纠纷裁判文书中,未查到侵害作品出租权纠纷;在 764 起判决的侵害作品复制权纠纷中,没有一起涉及(由云传播和流媒体技术引发的)临时复制;有关云服务商侵害信息网络传播权的纠纷,则不在少数[①]。侵害作品复制权、出租权纠纷的"萧条"与侵害信息网络传播权纠纷的"暴发"形成鲜明对比,而叠加了流媒体(Stream Media)技术的云传播"临时复制"对我国现行著作权上述三项权能的挑战,是关键原因之一。本节研究这些挑战及其应对思路,并结合正在进行的我国《著作权法》的第三次修订,提出相关建议。

一、云传播与流媒体的关系

(一)云传播

在云计算环境下,产生了各种相关的应用,包括云物联、云存储、云游戏、云传播等。其中云传播指的是人们传递和分享信息的一种方式,本质的内涵包括了三个方面:传播机制是"共享"、传播媒介是"云服务"、传播过程主要在云端完成[②]。

对于个人用户而言,对云传播的理解可以从传播机制、传播媒介、传播过程三方面进行理解和把握[③]:①传播机制——共享。在云传播中,传播内容存储在云端,传播网络由传播节点构成。受众能够通过传播节点

---

① 检索于中国裁判文书网,统计截止日为 2018 年 1 月 31 日。因 2014—2017 年信息网络传播权纠纷数量庞大(约 35000 起),难以统计因云传播引发的此类纠纷的具体数字。
② 李卫东,张昆.云传播的概念模型和运行机制[J].当代传播,2016(1):63.
③ 李卫东,张昆.云传播的概念模型和运行机制[J].当代传播,2016(1):65.

访问相同的内容,也能够通过创建传播节点扩大信息网络,继续扩大信息传播的规模。云传播的共享性使信息传播的效率大大提高。②传播媒介——云服务。云计算主要提供了多种服务模式,对于普通个人用户而言,接触和使用最多的就是 SaaS,如谷歌的 Gmail、百度云盘等应用。③传播过程主要发生在云端。用户通过云终端,创作、上传、下载和分享传播内容。相比网络传播时代,云传播通过云终端进行,对于电子设备的性能没有过高的要求,这打破了对电子设备性能的依赖,即使价格低廉、性能较低的设备也能顺利运行软件,传播内容。用户也可以通过终端在多设备中实现信息的灵活操作,解决了大多数用户都有多种设备带来的信息转移的不便,更加适应移动网络时代的需要。

(二)流媒体技术

作为网络传输技术,在第四代 P2P 技术上产生的流媒体技术,是"指流媒体服务器按照一定的实时传输协议,把连续影像和声音信息封装成一个个独立的媒体数据包,向客户端连续、实时地发送;客户端创建并且维护一个缓冲区,一边将收到的媒体数据包放入缓冲区,一边读取缓冲区内的媒体数据进行播放,简单来说,流媒体技术就是一种'边下载,边播放'的网络传输技术"①。在线用户通过媒体播放器向流媒体服务器发送诸如播放、暂停、回放等指令,流媒体服务器会依照该指令执行。所以流媒体技术的特性表现为实时性、非复制性、互动性。

流媒体的产生主要是为传输音视频(作品)数据,其对信息传播技术的影响主要体现在"数字化的信息跨越传统传播媒介,实现如广播电视、电话、因特网等三者之间的无障碍流转,尤其对广播与因特网相结合的网络广播技术的产生具有奠基作用。"②另外,由于流媒体传输数据的实时性、连续性和缓冲的不断刷新,其给娱乐业带来增长点就是网络视频和音频点播服务的出现③。

(三)流媒体技术及其与云传播的关系

流媒体技术与云传播的关系是:云传播好比高速公路,而流媒体好比适合其高速行驶的"运输"作品数据的车辆。虽然仍有文字数据可以

---

① 马杰,田金文,柳键. 流媒体技术及其文件格式[J]. 计算机工程与应用,2014(23):49.
② 赵双阁,艾岚. 流媒体技术对我国广播组织权制度的挑战[J]. 当代传播,2017(5):55.
③ Baoding Hsieh Fan. When Channel Surfers Flip to the Web:Copyright Liability for Internet Broadcasting[J]. Federal Communications Law Journal,2000,52(622).

采用非流媒体技术服务器传输,但在音视频播放、实时转(直)播和点播中,数据传输普遍采用流媒体服务器进行。

二、云传播中流媒体技术产生的临时复制

传统信息网络中的临时复制是指用户在网络中阅读、浏览及传输作品过程中,作品临时存入计算机随机存储器(RAM)中,并自动出现复制件,当计算机关闭或在运行过程中,该复制件消失或被其他信息替代的现象。而云传播中的临时复制则受到云计算和流媒体技术的叠加影响,有自己的特点。

(一)云传播加流媒体技术中临时复制的原理及特点

与普通网络传播不同,在云传播服务模式下,串联在一起的超大服务器集群共同完成数据处理。用户使用和欣赏作品、向云端流媒体服务器调用有关数据时,数据的传输是以其他云端服务器为媒介进行中转。当数据通过网络进入"云"中,首先要进入作为主缓存(系统随机选取的云端中的若干服务器组成的虚拟存储空间)的流媒体服务器中进行排队。之后,云端利用其分布式计算系统、网格计算等算法将数据或指令任务切割成多个数据包,并随机将这些"碎片化"的数据包分配给各个服务器处理,处理完毕之后再发回到主缓存中,重新排队。排好队的数据以数据包的形式,从作为主缓存的流媒体服务器持续进入用户终端设备。在这一过程中,数据包会在主缓存流媒体服务器和用户终端内存中存在短暂时间,这就是云传播中的临时复制[1]。在云传播,大量的数据在云端和用户终端之间流动,服务器则处于不关闭状态,因此临时复制在云传播服务器中时刻都在发生。

在流媒体技术产生之前的网络传输中,音视频作品是以整个文件的形式进行传输的,整个作品文件下载完成后用户才能使用、欣赏,而较大内容文件需要相当长的时间下载(当然也取决于带宽)[2]。相比之下,云传播中流媒体技术产生的临时复制具有不完整性(存储在主缓存中的数据并不能构成一部完整的作品,只是作品被"分割"成的数据包)、瞬间

---

[1] 杨柯巍.云计算环境下存储云复制行为的法律性质分析[J].中国高新技术企业,2012 (2):58.

[2] Sakthivel M. Webcasters' protection under copyright—A comparative study[EB/OL].[2016 – 12 – 10]. http://papers.ssrn.com/sol3/papers.cfm? abstract_id = 1933412.

性与动态性。

（二）云传播中流媒体技术产生的临时复制的类型

在云传播叠加流媒体中，产生的临时复制行为有下几种：①数据传输。作品在云端流媒体服务器和用户终端之间传输时，必然会经过不同层级的中转服务器，形成缓冲性复制件，该复制件在传输完成后即自动消失。②浏览。用户浏览作品时，作品的数据（包）片段会在终端内存中形成临时复制，当计算机关闭或其他信息进入时，临时复制件自动消失。③重复登录（浏览）。有些流媒体服务器具有记忆功能，当登记了相关个人信息及密码、交费的用户重复登录同一网页，其会自动对该网页内容进行存储，形成临时复制，其不会伴随着关机而立即消失；用户下次登录同一站点，该临时复制件会被云服务器直接从缓存区中调出。但并非所有重复登录都会产生这种复制件①。

三、云传播中流媒体产生的临时复制对著作权的挑战

如果说流媒体技术的诞生，直接产生了影响传播格局的网络广播，那么云传播加流媒体，传播速度大幅度提高的同时，也催生了非法使用音视频作品的行为。而此类行为无可避免地对目前的著作权方面的法律规定产生挑战，这些挑战主要针对复制权、信息网络传播权和出租权。

（一）对复制权的挑战

根据我国《著作权法》第十条第（五）项"复制权，是指以印刷、复印、录音、录像、翻录、翻拍等方式将作品制作成一份或多份的权利"的规定，法律意义上的复制必须满足三个要件：作品内容的再现性；作品须"固定"在有形的载体上；为使作品能够被感知、复制或传播，"固定"必须具有持续性。但云传播与流媒体技术对复制权产生了冲击：

从技术原理上看，在云传播临时复制中，并未产生《著作权法》规定的复制件。首先，在云传播中，用户在使用完音视频作品的数据包之后，终端中不会留存这些数据，故并不存在长久复制行为。其次，学界认为，"临时复制"是一种客观技术现象，其自动产生、消灭于计算机系统执行任务的过程中，而法律上的"复制行为"是人意志控制下的自觉行为，

---

① 宋雨轩.探析云计算中的版权问题［J］.互联网法律通讯,2011（3）:21.

"临时复制"与之并不相匹配①。

从用户使用过程看,云传播中作品复制行为在技术上相当于被直接省略。①关于软件作品的使用,在云传播的 SaaS 服务类型中,用户使用但不复制软件,软件使用具有一次性,再使用还需申请,即:在技术上相当于用户直接省略了复制行为。所以,有学者认为,复制权的地位在云环境下也许将成为空有其名的权利②。②关于非软件作品的浏览中,用户终端内存中进出的只是作品的片断性数据,而用户对作品的使用是直接体验而无复制行为。③关于作品的云存储。在云(计算)传播中,用户可以将数据、信息、图片等存储到云服务器中,并随时随地取用、更改和传播。但云服务器与以往的计算机内存、硬盘及移动存储设备不同:首先,云计算采用的是分布式存储,所以用户所存储的数据可能被分割成许多部分并存储在不同的云服务器中,而且,这种存储还可能随时发生变化。其次,为保障数据安全,一份数据通常不只存在一个服务器,而有可能备份存储在几个服务器当中。由此产生两个方面的问题:一是云计算环境中的分布式存储模式中能否形成作品的复制件;二是云服务商为提升数据的安全性而未经作者同意的作品复制行为是否构成著作权法意义上的复制。

另外,从经济价值看,云传播临时复制中的相关数据包(片)不能被再次复制,所以不具备"复制件"所要求具有的经济上的可流通性和可利用性。

《著作权法》中的复制权不能控制云传播与流媒体叠加产生的临时复制,这直接影响此类纠纷数量:2014 年至 2017 年四年间,复制权纠纷中判决案件数量分别为 308 起、112 起、251 起和 93 起③,总体上呈递减趋势,而且全部是有形"硬拷贝",不涉及临时复制。

(二)对出租权的挑战

云传播出租服务在客体方面与《著作权法》中出租权有本质不同。就出租权客体而言,国际上通行规定是有形载体。《与贸易有关的知识产权协议》和《世界知识产权组织版权公约》均强调出租权的客体必须

---

①　王迁.著作权法学[M].北京:北京大学出版社,2007:103.

②　刘晓玲.云环境下复制权面临的挑战及其应对[J].湖南工程学院学报(社会科学版),2015(3):85.

③　检索于中国裁判文书网 http://wenshu.court.gov.cn/,统计截止日为 2018 年 1 月 31 日。

是"原件或复制件"。在我国《著作权法》第十条第七款"出租权是有偿许可他人临时使用电影作品和以类似摄制电影的方法创作的作品、计算机软件的权利……"的规定中,"计算机软件"也通常被理解为必须附有载体。然而,值得注意的是:我国《著作权法(修订草案送审稿)》第十三条第二款第三项却明确规定:"出租权,即有偿许可他人临时使用视听作品、计算机程序或者包含作品的录音制品的原件或者复制件的权利……"此规定说明了在此问题上的立法方向,因此,我国立法者确定:出租权的客体应当是作品的"原件或复制品。"

但在云传播中,用户只是暂时"占有"由流媒体传输的瞬间而逝的数据包,表现为直接体验和使用作品(包括软件作品和音视频作品),根本不存在有形复件,也不存在对复制件的"占有",因为根本就没有发生过有形音视频作品载体从云服务商到用户的转移——即使软件代码和内存可视为复制件有形载体,也不能说用户在此期间对软件形成一种临时租用行为,因为内存是用户本人的而非云服务商的。

面对云传播与流媒体叠加产生的临时复制,传统著作权法中的出租权也面临无法适用的困境,因此造成此类纠纷的踪影难觅。

(三)对信息网络传播权的挑战

我国《著作权法》第十条第一款第十二项规定:"信息络传播权,即以有线或者无线方式向公众提供作品,使公众可以在其个人选定的时间和地点获得作品的权利。"其中,"获得作品"一词也来源于《世界知识产权组织版权条约》(*World Intellectual Property Organization Copyright Treaty*,下称《WIPO 版权公约》)第 8 条[1]中的"access the works",其中 access 包含"获得"和"接触访问"两层意思,即与作品的接触可视为"获得作品"。这种解释对云传播中作为非软件的音视频作品可适用,因为虽然是以流媒体传输的数据包的形式,但用户已接触或得到作品"内容",可视为"获得作品"[2]。

但就软件作品而言,云传播环境下的"接触"的原理与信息网络传播行为中的"接触"不同。软件是由目标代码和源代码组成,其分别是软件

---

① 该条规定为:"文学和艺术作品的作者应享有专有权,以授权将其作品以有线或无线方式向公众传播,包括将其作品向公众提供,使公众中的成员在其个人选定的地点和时间可获得这些作品(access the works)。"

② 鲍征烨.云计算著作权问题探析——以 SaaS 模式为例[J].暨南学报,2013(4):11.

的"功能"和作者思想的外在表达——软件作品的"内容"。云传播 SaaS 模式下,用户直接"接触"到作品目标代码即(欣赏其他文学,艺术、科学作品的)功能即可,而无须"接触"作品的源代码即"内容"。因此,信息网络传播权 access 的扩大解释不适用于 SaaS 模式下的软件传播。

相比之下,云传播中流媒体产生的临时复制,对复制权与出租权的挑战是刚性的,对信息网络传播权的挑战则是柔性的:对于非软件作品中,该权利还可使用;而软件作品可使用性处于模糊状态。因此,软件作品之外的作品著作权人只能求助于信息网络传播权的保护,这在此类案件数量上也可得到说明:2014 年至 2017 年四年间,侵害作品复制权纠纷中判决案件数量分别为 308 起、112 起、251 起和 93 起,总体上呈递减趋势;而信息网络传播权纠纷则相反,四年间分别为 4483 起、5077 起、10 639 起和 14 054 起,呈暴发式增长趋势①。在我国,以云服务商为被告的此类诉讼,原告胜诉消息频传:2015 年中文在线公司诉阿里云公司案,以被告赔偿 12 万元结案;2016 年乐视网诉百度(云网盘)案中,原告乐视网以赢得 1.4 万元赔偿而胜诉;2016 年北京盛世骄阳文化传播公司诉阿里云公司案,也以被告进行赔偿结案②。

四、云传播流媒体临时复制法律定性的比较研究

(一)国际条约对云(计算)传播临时复制的法律定性

作为国际版权保护领域的"基本法",《WIPO 版权公约》草案第 7 条规定:"《保护文学和艺术作品的伯尔尼公约》(下称《伯尔尼公约》)第 9 条第 1 款赋予文学艺术作品作者许可复制其作品的专有权利,应包括许可以任何手段或形式,直接和间接复制其作品,而无论是永久还是临时复制。除《伯尔尼公约》第 9 条第 1 款的规定之外,当临时复制的唯一目的是使作品可以被感知或该复制具有转瞬即逝或附带性质时,对于是否应对复制权进行限制的问题,应由缔约国国内法解决。但(对复制权进行限制的)条件是该复制发生在由作者或法律许可的使用作品过程

---

① 检索于中国裁判文书网 http://wenshu.court.gov.cn/,统计截止日为 2018 年 1 月 31 日。

② 案号分别为:北京市东城区人民法院(2015)东民(知)初字第 11286 号民事判决书;北京市海淀区人民法院(2015)海民(知)初字第 8413 号民事判决书;北京知识产权法院(2015)京知民终字第 2431 号民事判决书。

中。"——其中由于"无论是永久还是临时复制"的表述,"临时复制"已落入复制权的控制范围。

许多国家对上述条款持反对立场,但美国提出关于《伯尔尼公约》中复制权范围的"议定声明"作为《WIPO版权公约》草案第7条的替换,也就是现行《WIPO版权公约》第1条第4款的附件,该附件规定:"《伯尔尼公约》第9条所规定的复制权及其所允许的例外,完全适用于数字环境,尤其是以数字形式使用作品的情况。不言而喻,在电子媒体中以数字形式存储受保护的作品,构成《伯尔尼公约》第9条意义下的复制。"①对于《WIPO版权公约》第1条第4款的附件规定的"存储"一词究竟是否包含"临时复制",我国学界有观点认为:"《WIPO版权公约》第1条第4款的'议定声明'的表述和《WIPO版权公约》草案第7条所使用的表述似同非同,这实际上给了条约成员国依本国情况自行以立法或司法解释回答该问题的权利。'议定声明'中虽规定了以数字形式在电子介质中存储作品,应属于《伯尔尼公约》第9条意义下的复制,却没强调必须把'临时复制'包含在复制权的控制范围中。"②国外也有与我国学界相同的观点,澳大利亚官方《数字议程报告》指出:"应当注意的是,该'议定声明'对于一国确定复制权的范围并无帮助,因为其没有明确临时复制是否受复制权控制这一关键问题。"③

总之,《WIPO版权公约》对云(计算)传播临时复制的法律定性没有给出明确答案。

(二)美国对云传播临时复制的法律定性

美国DMCA第101条规定:"'复制品'是指以现在已知的或以后出现的方法固定作品的除录音制品以外的物体,通过该物体可直接或借助于器械或装置感知、复制或以其他方式传播作品。'复制品'一术语包括作品首次固定于其中的物体,但录音制品除外。"④对"固定"一词的含义,DMCA第101条也进行了明确,要求长期、稳定地体现在有形载体

① 约格·莱茵伯特,西尔克·冯·莱温斯基.WIPO因特网条约评注[M].万勇,相靖,译.北京:中国人民大学出版社,2008:50.

② 郑成思.两个新的国际版权条约评介[J].外国法译评,1997(4):67.

③ Attorney General's Department and the Department of Communications and the Arts of Australia:Copyright Reformand the Digital Agenda,note3.41[R].Canberra:Attorney General's Department and the Department of Communications and the Arts of Australia,1997.

④ 美国版权法[M].孙新强,于改之,译.北京:中国人民大学,2002:4.

上,能够被感知、复制或再次传播时,而且须经作者同意即合法。总之,美国版权法没有对"临时复制"进行法律定性,而以是否满足"固定"要件作为判断是否属于复制行为的标准。

在著名的 Cablevision 案二审中,美国第二巡回上诉法院认为:本案中,任一缓冲器中每一小片段数据都被后来进入的数据快速自动覆盖,数据在缓冲器中的存在时间都不超过 1.2 秒,其不符合"持续性要件",因此被告的系统在缓冲过程未创造出复制件①。

然而,在数年后的 AEREO(阿瑞欧)案中,临时复制问题已经不是问题的核心,原告以"向公众转播权"和"展出权"(对应于我国的信息网络传播权)为诉由,赢得诉讼②。

需要指出的是:无论是美国的《版权法》还是 DMCA,均未明确规定诸如《WIPO 版权公约》第 8 条中的"向公众传播权"或者我国《著作权法》第十条第(十二)款中规定的"信息网络传播权"。但学界认为,"美国《版权法》中既有的复制权、发表(行)权、表演权和展览(出)权,已可包容作品在网络上的传播。例如,上传和下载作品,以及作品在网络上的传播,会发生一系列的复制。又如,将作品的复制件从一台计算机发送到多台计算机,可以看作是发行。至于表演权和展览权,更是与作品在网络上的传播密切相关。"③而根据美国《版权法》第 101 条的定义,作为发表内容的公开展出指"(1)在对公众开放的场所,或者在超出家庭及其社交关系正常范围的相当数量人的任何聚集地点表演或展出作品;或(2)利用任何装置或方法向(1)项规定之地点或向公众传送或以其他方式传播作品的表演或展出,无论公众是否可以在同一地点或不同地点以及是否可以在同一时间或不同时间接收到该表演或展出。"④学界认为,上述规定中的第(2)项,"似乎就是为作品在交互式的网络上传播而规定的",美国《版权法》"充分考虑了大众传播技术和有可能在近期产生的传播技术,制订了一些具有很强的弹性和前瞻性的条款,为包容新的传播技术留下了一定的余地。与此相应,美国也就可以利用既有的

① Cartoon Network LP v. CSC Holdings, Inc. (Cablevision II), 536 F. 3d 129 - 130. (2dCir. 2008).

② American Broadcasting Cos., Inc., Etal. v. Aereo, Inc., Fka Bamboomlabs Labs, Inc(2014) 106 IPR 643 at 647.

③ 李明德. 美国知识产权权法[M]. 北京:法律出版社,2014:414.

④ 美国版权法[M]. 孙新强,于改之,译. 北京:中国人民大学出版社,2002:6.

复制权、发行权、表演权和展览权,应对数字技术和网络技术的挑战,而不必规定向公众传播权一类的概念。"①

（三）澳大利亚 Optus 案对云传播中临时复制的处理思路:合理使用除外与复制的主体的双重性②

2004 年修订的澳大利亚《版权法》,将在各种设备内存中形成的具有临时性质的电子复制件均纳入"复制"的范围内③。但根据《数字议程报告》:数据传输、浏览与欣赏是不能归为复制的,而传播则要受到限制——这种原则与美国 AEREO(阿瑞欧)案的主旨似有内在一致。但与美国不同,澳大利亚司法实践中,云传播环境下的临时复制针对服务商还有适用的空间,这在类似于美国 Cablevision 案的 SingTel Optus Pty Ltd 公司(下称 Optus 公司)案中得到体现:该案中,对 Optus 公司推出的"TV now"远程电视录像服务(和 Cablevision 公司提供了云计算服务行为类似),澳大利亚联邦法院认为:"Optus 公司提供的服务中确实在用户一系列操作后产生了节目复制件,Optus 公司和用户应当分别对各自的行为负责,但用户可因法律中关于 Time-shifting 的例外条款而免责,因为用户的录制行为没有超过个人使用的合理适用范围。"④

（四）欧盟对云传播中临时复制的处理思路:纳入加限制

1. 欧盟《版权指令》中的复制权

2001 年,欧盟颁布了《关于协调信息社会版权和相关权的指令》(下称《版权指令》),其第 2 条对复制权如此规定:"成员国应规定(权利人享有)授权或禁止直接地或间接地、临时地或永久地通过任何方法和任何形式全部或部分复制的专有权。"⑤从字面上理解,《版权指令》当然包括在网络传播中的临时复制。但其在第 5 条列举了 21 种限制与例外,临时复制是唯一的强制性例外,即:"对于符合条件的临时复制,欧盟各

---

① 李明德. 美国知识产权法[M]. 北京:法律出版社,2014:415.
② Singtel Optus Pty Ltd v National Rugby League Investments Pty Ltd(No 2)[2012] FCA 34.
③ 王迁. 网络环境中的著作权保护研究[M]. 北京:法律出版社,2011:34.
④ Time-shifting(时移),是对正在直播的节目实现的一种回看,这种方式对于查找、观看直播过后不久(数小时内)的节目内容较为便利。而"回看"功能则能借助 IPTV 提供的日期、频道分类和节目单,帮助观众直接定位至错过的数天前的节目。两者均便于不能及时观看直播节目的观众回头看,且看后即删除而不存储。National Rugby League Investments Pty Ltd and Another v Singtel Optus Pty Ltd andOthers,[2012]FCAFC 59,at 75.
⑤ Directive2001/29/EC of European Parliament and of the Council of 22 May 2001 on the harmonisation of certain aspect of copyright and related rights in the information society,Article2.

成员国版权法必须将其排除出复制权的控制范围。"①《版权指令》第5条第1款规定:"第2条所指的临时复制行为如果是转瞬即逝的或附带性的,以及是技术过程中必要的、不可分割的组成部分,而且其唯一目的是:(1)使作品或其他客体在网络中通过中间网络服务提供者在第三方之间传输成为可能,或(2)使作品或其他客体的合法使用成为可能,并且该行为没有独立经济意义,应不受复制权的控制。"②据此,临时复制免责任有三个要件:信息传播中必不可少;合法;无独立经济意义。

2.《德国著作权与邻接权法》对复制的定义

《德国著作权与邻接权法》第1章第15条规定:"著作人有实体形式使用其著作的专有权,尤指:复制权、传播权、展览权。"同时,该法第16条规定:"复制权指无论复制的方式及复制的数量制作著作复制物的权利。无论将著作之再现录制到音像载体上还是将音像载体上的著作转移到另一件载体上,这种为反复再现音像序列(音像载体)而在设备上将著作进行的转移也属于复制。"由上述规定可看出:《德国著作权与邻接权法》中概括性规定的复制方法和条件具有极强的包容性,但载体是必需的——作品的内容应当通过载体得以再现或感知③。

(五)日本对云传播中临时复制的处理思路:排除在复制之外

1971年1月1日实施的《日本著作权法》坚持最为传统的复制概念,至今仍在扩张复制权的范围。而且,2009年《日本著作权法》进行修改时,增加了第四十条之八,其规定:"在电子计算机中,以使用作品的复制品的方式利用该作品的情况下,或者接收无线通信或有线电信传播的作品的方式利用该作品的情况下(限于该作品或者其复制品的使用不侵害著作权的情况下),在使用作品而进行计算机信息处理的过程中,为了更加顺利并且有效率地进行信息处理,在必要的限度内,可将该作品存入该电子计算机的存储媒介内。"④该规定明确将网络传播中的临时复制排除出了复制权的控制范围。

(六)比较分析

综上所述,除了日本,其他国家和地区均未明确将临时复制排出复

①　李明德,闫文军,黄晖等.欧盟知识产权法[M].北京:法律出版社,2010:294.
②　Directive2001/29/EC of European Parliament and of the Council of 22 May 2001 on the harmonisation of certain aspect of copyright and related rights in the information society,Article5.1.
③　雷纳德.著作权法[M].张恩民,译.北京:法律出版社,2010:91.
④　李杨.日本著作权法[M].北京:知识产权出版社,2011:38.

制权的规制范围,但没有经济意义的临时复制很难受到复制权的规制。

由于云传播本身技术原理决定的临时复制的特点,是已经相对固定的传统复制概念的内涵与外延不可能完全包容的,因此,靠有限扩展其内涵不仅不能妥善解决该问题,反而可能会对著作权人的合法权益造成侵害;而且,将临时复制纳入复制的各国制度本身也存在抽象、模糊而难以操作的问题。因此,解决其给著作权制度带来的冲击,需要另寻思路。

五、处理云传播中流媒体产生的临时复制问题的思路

云传播中流媒体技术下临时复制行为无时无刻不在出现,使复制权陷入法律困境。在此情况下,若坚守复制权的基础地位,并扩张其控制范围,那么必然侵害公众正常获取作品的权利,也与著作权法促进文化繁荣的目的背道而驰。所以,我国有学者认为应对困境的思路是取消复制权①。然而,取消复制权显然不是明智之举,其必将导致有形物理世界中的著作权得不到应有保护②。因此,解决其给著作权制度带来的冲击,需要结合正在进行的《著作权法》第三次修改,从宏观思路调整和微观制度完善着手。

(一)宏观上,完善著作权法律体系,减轻"复制权"的"压力"

1. 区分不同技术环境,分别构建以复制权为核心的有形著作权保护制度和以信息网络传播权为中心的网络著作权保护机制

以复制权为基础而构建起来的著作权利体系,仍将是有形物理世界中著作权保护的主要支撑;而在数字网络环境中,尤其是云传播中,传播权的重要性越来越超过复制权的重要性。有学者认为:"传播权是与复制权相对应的一组权利的总称,是指以无形的、不转移作品复制件的方式利用作品的任何行为。"③对于网络用户而言,通过作品的无形再现,即可实现使用、浏览、欣赏,而作品复制件功能日渐式微;对于云服务商而言,也非要得到复制件。所以,在云计算环境中,应适当弱化复制权的基础地位,建立以信息网络传播权为中心的网络著作权保护机制④。

① 陈琛.论作品复制权的取消:来自美国著作权法实践的启示[J].学术论坛,2011(5):60.
② 马丽萍.云计算环境中的复制权问题研究[J].中国版权,2016(1):41.
③ 张今.版权法中私人复制问题研究:从印刷机到互联网[M].北京:中国政法大学出版社,2009:82-83.
④ 马丽萍.云计算环境中的复制权问题研究[J].中国版权,2016(1):42.

虽然信息网络传播权已成为保护网络环境著作权人的利剑,但鉴于前述云传播及流媒体技术对该权利提出的挑战,我国《著作权法》第十条第十二款中关于信息网络传播权的规定应修订为:"以有线或者无线方式向公众提供作品、作品内容,使公众可以在其个人选定的时间和地点获得、使用、浏览、欣赏作品的权利。"

2. 构建电子出租制度

电子出租是随着云计算技术的发展而产生的一种软件在线租赁服务模式,软件即服务(SaaS)模式是其最典型,即只租赁无载体的软件功能。对此,我国现行《著作权法》第十条第七款可修改为"出租权是有偿许可他人临时使用电影作品和以类似摄制电影的方法创作的作品、计算机软件及其功能代码的权利。"

(二)微观上,对临时复制分类调整

2014年6月,国务院法制办公布的我国《著作权法(修订草案送审稿)》第十三条第三款第一项规定:"复制权,即印刷、复印、录制、翻拍及数字化等方式将作品固定在有形载体上的权利。"该项规定在复制的行为手段方面,增加了"数字化"方式。但该规定仍不足以解决云传播流媒体技术产生的临时复制问题。笔者建议,可对临时复制进行分类处理:

1. 数据传输和浏览不受复制权控制

数字化的音视频作品在云端和用户终端之间传输过程中并由用户浏览时,必然会在中转流媒体服务器和用户终端内存中形成缓冲性复制件。但其只是作品的数据(片段)包,当用户调取其他信息或关闭计算机时,该数据(片段)包即信息流会自动消失,而且我国《著作权法》规定为个人欣赏是合理使用,故浏览不宜受复制权控制。

2. 重复登录应受复制权控制

由于部分用户重复登录形成的临时性复制件会在服务器缓存区中留存一段时间,可被云服务商后续利用,具有独立的经济价值,所以这部分重复登录宜受复制权控制——需要强调:这里受复制权控制的仍是云服务商,而不是无法利用复制件的用户。所以,《著作权法(修订草案送审稿)》第十三条第三款第一项规定的"数字化",应改为"有经济价值的数字化"。

第十六章　传播侵害个人信息权

　　市场经济的发展,使人格权制度勃兴;而信息传播科学技术的发展,使人格利益的范围、表现形式及保护方式不断发展,其表现之一就是个人信息权的产生及确立,这也是人格权在网络信息环境下呈现的新特点。

　　网络传播科技催生了个人信息权,但网络传播也以各种方式侵害着个人信息权。本章在阐述个人信息权的人格权性质的基础上,对我国个人信息权民事保护及相关立法问题进行研究。

第一节　个人信息权概述

　　个人信息内涵丰富,对其侵害已是社会"毒瘤"。目前,个人信息权的民事法律属性已得到承认,但在我国,其具体人格权地位尚未确定。

一、个人信息概述

（一）个人信息抑或个人资料

　　个人信息(Personal Information)是指可以直接识别和间接识别特定自然人的具有可识别性的符号系统。

　　对个人信息的另一表述是个人资料(Personal Data)。大陆法系国家多以"个人资料"称之,如欧盟《个人数据保护指令》。但在欧洲,也有国家提出"个人信息"概念,如奥地利1978年《信息资料保护法》、英国1984年《自动化处理个人信息与个人信息采集利用公务规范法》,是正式提出"个人信息"的法律。但在英美法系,则将个人信息置于隐私权下进行保护。

在我国对个人信息进行研究的学者中,王利明教授分别将其称之为"个人信息"①和"个人信息资料"②;周汉华称之为"个人信息"③;齐爱民早年称之为"个人资料"④,近年称之为"个人信息"⑤。

从语义上分析,信息与资料(Data)有别。信息的含义主要包括:①音讯、消息;②通信系统传输和处理的对象,泛指消息和信号的具体内容和意义⑥。资料则是一种符号序列,它必须具有一定的载体,所以,个人资料是以个人信息为内容的、以一定的符号表现出来的数据⑦。也就是说,个人资料主要是"指以文字、数据等特定符号等有形形式表现出来的个人信息,是个人信息的物化形式"⑧。

虽然信息与资料含义有别,但从人格权的研究角度,二者的客体相同,所以通常个人信息与个人资料可以等义使用⑨。

我国法律领域或行业规范中,多采用"个人信息"概念。在正式法律中,2009 年《刑法修正案(七)》开始采"个人信息"概念,2015 年《刑法修正案(九)》延续此概念;2016 年的《网络安全法》规定"网络信息安全"的第四章在规定相关民事权利与义务时,也采"个人信息";2017 年通过的《民法总则》第一百一十一条,在民法领域正式确立了"个人信息"概念。

综上,"个人信息"而非"个人资料"的采用已在我国法律制度与学术研究中占主流。故本研究以个人信息称之。

(二)个人信息的内涵与外延

狭义的个人信息指可以直接识别个人身份的信息,包括姓名、性别、

---

① 王利明.论个人信息权在人格权法中的地位[J].苏州大学学报,2012(6):68 – 75;王利明.论个人信息权的法律保护——以个人信息权与隐私权的界分为中心[J].现代法学,2013(4):62 – 72.

② 王利明.个人信息资料权是一项独立权利[EB/OL].[2017 – 07 – 12].http://www.007cn.cn/sfks/sfcl/2013/0129/188.html.

③ 周汉华.个人信息保护法(专家建议稿)及立法研究报告[M].北京:法律出版社,2006:28.

④ 齐爱民.个人资料保护法原理及其跨国流通法律问题研究[M].武汉:武汉大学出版社,2004:3.

⑤ 齐爱民.拯救信息社会中的人格:个人信息保护法总论[M].北京:北京大学出版社,2009.

⑥ 夏征农.辞海[M].上海:上海辞书出版社,2000:299.

⑦ 齐爱民.个人资料保护法原理及其跨国流通法律问题研究[M].武汉:武汉大学出版社,2004:5.

⑧ 王利明.人格权法研究[M].北京:中国人民大学出版社,2012:611.

⑨ 范江真徵.政府信息公开与个人隐私之保护[J].法令月刊,2004,52(5).

年龄、婚姻、家庭、教育程度、种族、职业、住址、健康状况、个人经历、社会活动、电子邮箱等，以及信用卡、交易账号等。广义的个人信息包括以直接识别个人身份的狭义个人网络信息和可以间接识别个人身份的个人网络活动(网上搜索及通信等)信息。有学者定义："个人信息包括人之内心、身体、身份、地位及其他关于个人之一切事项之事实、判断、评价等之所有信息在内。换言之，有关个人信息并不仅限于与个人之人格或私生活有关者，个人之社会文化活动、为团体组织中成员之活动及其他与个人有关联性之信息，全部包括在内。"①据此定义，个人网络信息既包括可以直接识别特定主体的信息即狭义的个人网络信息，也包括与特定主体相关联的网络活动。

域外立法中，个人信息的法律内涵有不同的表述。欧盟《个人数据保护指令》(Directive 95/46/EC)采用了概括描述的形式，该指令第2(a)条规定：个人数据是指任何与已经确认的或者可以确认的自然人有关的信息②。德国《联邦数据法》也有类似的规定：个人信息是指任何与个人有关的信息或者任何关于特定个体的物质详情。而美国《隐私法案》认为，个人信息指由任何机关保有的有关个人情况的单项、集合或组合，包括但不限于其教育背景、金融交易、医疗病史、犯罪前科、工作履历以及其姓名、身份证号码、代号或者其他属于该人的身份标记。

2017年6月1日生效的《网络安全法》第七十六条则明确界定了个人信息，"是指以电子或者其他方式记录的能够单独或者与其他信息结合识别自然人个人身份的各种信息，包括但不限于自然人的姓名、出生日期、身份证件号码、个人生物识别信息、住址、电话号码等。"此规定中，个人信息仅包括"信息"，但早在我国工信部2013年7月发布的《电信和互联网用户个人信息保护规定》第四条规定中，就有"及网络用户使用服务的时间、地点等信息"。作为部门规章，工信部的规定明确将网络用户的网上活动的习惯如使用网络服务的时间、地点等也作为个人信息来进行保护，扩大了保护范围。

(三)个人信息的特点

学者经对个人信息内涵与外延的研究，认为个人信息的特征有：

---

① 范江真微.政府信息公开与个人隐私之保护[J].法令月刊,2004,52(5).

② Directive 95/46/EC 2(a)："Personal data shall mean any information relating to an identified or identifiable natural person；……"

①个人信息是自然人的数据信息。个人信息只能指向自然人,法人和其他社会组织的信息不属于个人信息的范围。②个人信息形式上是客观实在的。首先,个人信息独立于主体之外,可以被包括信息主体在内的其他不特定人所认知。其次,它的存在不以载体的存在为前提,它的转移也不一定是依靠载体的物理转移而实现的。③个人信息具有明显的非物质特征。④个人信息是可以"识别"出特定主体的信息。个人信息与其主体之间存在着特定的关联性与确定性,通过这些个人信息可以直接或者间接地将信息主体给辨别出来。⑤个人信息并不必然为信息主体所知晓。一些个人信息本人却未必知道,譬如网络服务商通过 cookies 和特殊用户电脑指示行为采集程序,收集的电脑用户浏览历史、用户习惯等个人行为信息①。

笔者认为,个人信息的本质特性是:①自然主体的识别性或关联性。首先,只有自然人才是个人信息的主体,法人或其他社会组织不是。其次,个人网络信息可以用来识别个人身份,"可以以此直接或者间接地识别本人"②。也就是说:这些信息有特定的权利主体,与特定的自然人相关联;而没有归属的网络信息则不是个人信息,与特定主体没有关联的网络信息也不是个人信息。②隐私性。个人信息是一个宽泛的概念,包括了个人愿意与不愿意公开的信息,而与隐私相关的个人信息具有隐秘性,因此才可能成为权利即隐私权。这里,个人的"合理期待"是个人信息成为隐私的关键,正如美国学者 Raymond Wacks 所言:"被合理地期待为私密的或敏感的有关个人的事实、通讯或观点,因而对于它们的收集、使用或流转会想加以阻止或限制。"③③信息性。个人信息具有信息属性,表示个人网络身份与活动的内容,具有客观性、可复制性或固定性。信息性使其与个人网络资料区别开来,后者指以一定符号排列、以一定载体固化的记载个人网络信息的物。

（四）个人信息侵害问题的凸显

自古以来,有关个人的信息就在社会的不同层面上收集、处理、使用及传递。"私人信息的收集同社会本身一样古老。它可能不是最古老的

---

① 张涛.个人信息权的界定及其民法保护[D].长春:吉林大学,2012:27-28.

② 齐爱民.个人资料保护法原理及其跨国流通法律问题研究[M].武汉:武汉大学出版社,2004:5.

③ Raymond Wacks. Personal Information[M]. Oxford University Press,1989:26.

职业,但却是最古老的习惯之一。"①在进入信息社会以前,在行政管制下,个人信息的非法收集、处理和利用可完全控制,所以个人信息保护并不成为问题。

进入信息社会后,人的任何社会活动均要使用个人信息和家庭信息,其生老病死可说是一条信息链。而计算机信息处理技术使得收集、储存、处理、传播和利用个人信息更加高效,成本降低,个人信息的收集、传播与利用在政府管理与商业运行方面呈现几何级发展趋势,极大地提高了行政管理效率与市场经济效益,甚至有学者断言:"个人信息已经成为现代商业和政府运行的基础动力。"②然而,与此同时,个人信息遭到不当收集、恶意使用、篡改乃至扰乱个人生活安宁的隐患随着信息社会的发展也日益凸显,"人们愈加觉得自己的私人生活有可能被他人严重、深刻、广泛和快速地侵犯"③。个人信息危机带来的"信息阴影"已经日渐扩散,不仅个人尊严、正常的商业秩序受到损害与侵犯,甚至公共安全与国家安全都因此受到威胁。据统计,78.2%的网民个人身份信息都被泄露过;一个名为"shenfenzheng"的推特用户甚至将李彦宏、马云、马化腾等国内众多大佬,包括政府、银行界、科技界和工商界等多位名人的身份证号、家庭住址等私密信息窃取并曝光④。

个人信息的泄露与贩卖,已成了社会公害。而2016年震惊全国的"徐玉玉事件"⑤,则直接促使立法者在《民法总则》中加入个人信息保护一条。

公民个人的合法权益受到无时无刻的威胁,正常的社会秩序因此而面临严峻的考验,个人信息权的问题进入公众与社会的视野。

---

① 戴思·罗兰德,伊丽莎白·麦克唐纳.信息技术法[M].宋连斌,等,译.武汉:武汉大学出版社,2004:297.

② Perri. The Future of Privacy(Volume I):Private Life andPublic Policy[M]. London:Demos, 1998:23.

③ 孙冉.个人信息的权利期待[J].中国新闻周刊,2005(15):60.

④ 马进彪.媒体评马云马化腾个人信息遭窃取曝光:细思恐极[N].检察日报,2016-05-25(7).

⑤ 2016年高考,徐玉玉以568分的成绩被南京邮电大学录取。19日下午4点30分左右,她接到了一通陌生电话,对方声称有一笔2600元助学金要发放给她,但要求其将学费存入一个账号。在此之前,徐玉玉曾接到过教育部门发放助学金的通知。按照对方要求,徐玉玉将准备交学费的9900元打入了骗子提供的账号……发现被骗后,徐玉玉当晚就和家人去派出所报了案。在回家的路上,徐玉玉因难过突然晕厥,后死亡。徐玉玉生前身体健康,但家庭贫困,全家人靠父亲在外打工挣钱,交学费的这9900元,也是一家人省吃俭用大半年才凑出来的。参见:http://baike.baidu.com/link,浏览时间:2017年3月24日。

二、个人信息权的民事属性

个人信息权保护的基础在于其法律属性的确定,即对其保护首先应该在何种部门法内进行。"在德国,个人信息权通过联邦宪法法院的判例不断完善,因此,学者们也往往从宪法而非民法的角度来讨论这一权利。"①从法律规定上看,对个人信息权的保护的确不仅有民事法律,还有其他如行政法、刑法等部门法进行调整,而且,世界各国尤其是大陆法系国家的个人信息法往往是一部对该权利进行综合法律部门调整的法律。

在个人信息权属民事权利的学说中,还有以下观点:①一般人格权说。瑞士学者认为,《瑞士民法典》第 28 条保护人格尊严的原则是对个人信息提供保障的依据②。②隐私权说。在美国,主流观点认为个人信息是一种隐私,因为信息涉及人格尊严与隐私问题③。③财产权说。在美国,也有观点认为个人信息是一种财产,因关于个人的收入状况、信用状况、爱好、社会保障号等的信息可被利用、转让,具有财产属性,故属于财产权④。④隐私权与财产权综合说。该说认为,个人信息一方面具有隐私权属性;另一方面,个人信息资料可以作为财产进行交易,且具有巨大的商业价值。故在侵犯个人信息资料的情况下,受害人既可以侵害隐私权起诉,也可以侵害财产权起诉⑤。

个人信息权的法律属性的确定,应从以下方面考虑:

(一)个人信息权的民事属性

1.作为自然人精神性人格要素的个人信息

人格要素是保障人作为自然的存在和社会的存在所需要的各种因素,可以分为物质要素和精神要素两类:物质要素包括生命、身体、健康等,保障自然人的自然存在;精神要素包括名誉、荣誉、自由、隐私、肖像、姓名等,保障自然人的社会存在。

自然人的人格要素范围随着社会的发展而扩展。虽然物质人格要

---

① Maunz/Duerig, Grundgesetz-Kommentar 64. Ergaenzungslieferung, Verlag C. H. Beck Muenchen, 2012, s. 174 ff.
② 张新宝. 信息技术的发展与隐私权保护[J]. 法制与社会发展, 1996(5):21.
③ Rosen J. The Eroded Self[J]. New York Times, 1996(5).
④ Samuelson P. Priacy as Intellectual Property? [J]. Standford Law Review, 2000, 52:1126.
⑤ 王利明. 人格权法研究[M]. 北京:中国人民大学出版社, 2012:622.

素可能相对固定,但是精神人格要素的范围却伴随着人类认识自我、认识世界能力的提高而不断扩充:从罗马法时期被人们深入了解的自由,到近代立法中被普遍关注的姓名、肖像、名誉,直至现代被广泛确认的隐私、信用等,均说明了此判断。

进入信息社会以后,个人信息已经成为当今社会人们生存必不可少的重要组成部分,其与人的精神利益密切相关:①首先,个人信息涉及人的安全感。个人信息犹如一个人镜中的自我,如果被不愿意掌握其内容的人了解、掌握,人便如同光天化日之下的裸露人;其次,"在信息化社会里,一个人的信息存在集中体现为在政府及各个机构的信息系统里储存的关于这个人的一组组信息。如果这些信息丢失,就意味着这个人失去了信息存在,这个人可能在这个现实社会里也无法生存"①。而安全需要是健康人格塑造的必要因素之一,对自身处于安全环境的认同所产生的心理宁静是人社会存在的重要保障。②个人信息还涉及人的自决权。在现代社会,自然人进行社会活动可在法律与伦理范围内依照自己的意志和利益进行,对于个人信息本身是否公开、向谁公开、公开的程度和范围、公开的时间等事项的自决权也是自然人意志与自决权的体现。③个人信息还涉及人的尊严。"个人尊严也是一种社会的、历史的伦理表现,在不同的社会历史阶段,会有与此相适应的衡量尊严的价值尺度。"②受社会和他人尊重是人的基本需要,是人作为法律关系主体所享有的最重要的人格价值。自然人维护个人信息的准确性、控制自己个人信息的利用范围等正是保证自身的个人尊严得到社会认可的表现,因为被与自己无关的他人掌握并利用个人信息,会使信息主体感到尊严被侵害。如果违反信息主体的意志,公开、买卖其个人信息,甚至进行人肉搜索,就使人本身成为他人的利用对象,侵害乃至剥夺了信息主体的基本人格尊严。

2. 与财产要素有密切关系的个人信息

①个人信息具有商业利用价值。商家可以根据个人信息数据库里记载的个人信息,有选择性和针对性地开展宣传和促销活动即定向广告,更加有效地拓展市场,获取商业利润。②加工后的个人信息具有稀缺性。虽然未经加工、分类、处理的个人信息可能不具稀缺性,但一旦经

---

① 陆小华.信息财产权——民法视角中新财富保护模式[M].北京:法律出版社,2009:67.
② 马俊驹.人格和人格权理论讲稿[M].北京:法律出版社,2009:49.

过加工处理,成为个人数据库,便成为稀缺资源,具有稀缺性。重要的是,当下,个人信息不仅已经被用于广泛的商业领域,给信息主体带来利益,同时也给社会经济发展带来利益,符合社会发展需要。

　　法律为保障民事主体的特定利益而将民事权利类型化。个人信息具有精神性和物质性人格利益,是人格权的客体;虽然个人信息受到包括宪法、行政法和刑法等部门法在内的保护,但并不能改变其民事属性。重要的是:我国 2017 年通过的《民法总则》第一百一十一条确立了个人信息的民事权益属性,当然,该规定并没有确认其"权利"地位,这说明立法者在此方面的犹豫。

　　(二)个人信息权的人格权属性

　　个人信息权是一项新型的民事权益,但其究竟属于"财产权益"还是"人格权益",学界有不同的观点。主流观点认为,该权利应属人格权益,原因是:①个人信息具有可识别性,体现了人格特征。无论是直接还是间接识别,个人信息均可指向特定自然人。②许多政府机构或者非私益组织收集个人信息,是基于非经济的公益考虑,并非出于经济目的。所以,学者认为:"从这个意义上,不能将个人信息完全界定为一种财产权。"①③个人信息如果被视为单纯的财产,其受到侵害时则难以衡量计算实际损害,也难以确定具体赔偿数额。由于每个人的职业、收入都不同,损害的计量标准难以统一规定。④个人信息权既非物权,也非债权,至多可归为无形财产权,而很难归于传统财产权体系。而无形财产权概念本身模糊而不确定。所以,学界认为:"个人信息权就其主要内容和特征而言,在民事权利体系中应属于人格权的范畴。"②

　　综上,个人信息兼具精神价值和财产价值,精神价值和财产价值的在个人信息中的叠加,"造就了个人信息独特的法律属性:第一,个人信息是自然人人格要素之一,是人格权客体。第二,个人信息不仅承载着精神利益,还承载着财产利益。第三,个人信息承载的财产利益,归根结底仍是对人格要素财产价值维度的考察,财产利益也是从人格要素中发挥出来的"③。个人信息和姓名、名誉、隐私、肖像等人格要素一样,承载着平等、自由、尊严等人的伦理价值,是自然人之所以为社会人的重要组

---

① 孔令杰.个人资料隐私权的法律保护[M].武汉:武汉大学出版社,2009:87.
② 王利明.论个人信息权在人格权法中的地位[J].苏州大学学报,2012(6):70.
③ 张涛.个人信息权的界定及其民法保护[D].长春:吉林大学,2012:27-28.

成部分。所以,个人信息具有强烈的人格属性,是人格权的客体。①

三、个人信息权成为具体人格权的法理基础

个人信息权不仅是人格权,而且从法理及其自身的内涵及特征来看,其可以独立于一般人格权,与名誉权、隐私权等权利平行,成为一种具体的人格权。

（一）个人信息权不同于一般人格权

所谓一般人格权,是"相对于具体人格权而言,概括了人格尊严、人格自由和人格平等等一般人格利益"②。它是"对人格权概括性的规定,是一种兜底性或弹性的权利"③。从学者的定义可见,其属精神性人格权。《精神损害赔偿解释》第 1 条中"人格尊严"在理论上被称为"一般人格权"。我国《民法总则》第一百零九条"自然人的人身自由、人格尊严受法律保护"的规定,属于一般人格权条款。

作为具体人格权的"母权",一般人格权是可弥补具体人格权的不足。然而,一般人格权过于抽象,指向不明确,不利于司法裁判的明确和可预期。所以,"如果无视个人信息权作为具体人格权的特殊性,将其作为一般人格权来保护,它就会更加抽象和不确定,也不利于人格权体系的完整性"④。

一般人格权过于模糊抽象,需要法官补充解释,而我国法官无权释法。这不仅会浪费立法、司法资源,而且即使如此,法官自由裁量权仍然很大,可能导致大量侵犯个人信息权的行为逃脱处罚,个人信息权仍然不能得到充分保护。当年,隐私权的立法过程就是如此,从无法可依到隶属于名誉权,再到最终确定为具体人格权。在这一立法过程中,许多侵犯隐私权的行为至今没能得到处罚,耗费了大量的司法资源。

不仅如此,个人信息权客体主要包括自然人之姓名、出生年月日、身份证统一编号、特征、指纹、婚姻、家庭、教育、职业、健康、病历、财务状况、社会活动等足以识别该个人相关的内容,这些内容不仅有精神利益,

---

① 马俊驹.从人格利益到人格要素——人格权法律关系客体之界定[J].河北法学,2006(10):43.
② 王利明.人格权法研究[M].北京:中国人民大学出版社,2012:148.
③ 尹田.论一般人格权[J].法律科学,2002(4):49.
④ 王利明.论个人信息权在人格权法中的地位[J].苏州大学学报,2012(6):72.

也有财产价值。如果以传统的具体人格权等民事权利来解释，其可能涉及名誉权、隐私权、姓名权、名称权、荣誉权、身体健康权、受教育权、财产权等，表现出一种"综合权"。如武汉女大学生受淘宝店主威胁案①，该案中，女大学生小付受到威胁的个人信息权，如果以传统的民事权利来说明，可能就会涉及姓名权、名誉权、隐私权、人身自由权、财产权等。由此可见，一般人格权与个人信息权在客体与内容上差异很大，有明显的不同。

（二）围绕个人信息权的法律关系有独有的特征

第一，个人信息权产生于信息社会，是随着信息科技的发展、人与人之间的交往程度的加深而产生的，这与其他具体人格权不同。

第二，因个人信息权所产生的法律关系的主体总是信息主体：在侵权行为法律关系中，被侵权者总是信息主体；在合同法律关系中，标的物（信息）所有方也总是信息主体。

第三，因个人信息权所产生的法律关系的内容也有其规律：在侵权行为法律关系中，侵权行为总是非法收集、使用、处理、买卖、传播前述信息内容；在合同法律关系中，违约行为总是逾期、超范围使用前述信息内容，或者未按合同约定支付对价。从权利内容上看，个人信息权有其特定的内涵，如个人信息查阅权、知情权、删除权、更正权与收益权等，都是其他人格权所不具备的。从权利客体上看，其广泛性也是其他具体人格权所不能比拟的。

第四，个人信息权的保护与救济方法有自身特色。针对前述个人信息权的五大内容，有不同的保护方法，而这些方法也迥异于其他具体人格权的保护方法。

第五，社会生活中涉及个人信息的利益冲突反复出现，产生了利益保护的一致性需求。"作为法律权利，从形式上看它来自于法律规定，但根据马克思主义法学的基本观点，法律权利从根本上说是来自于客观社

① 在武汉读大学的女大学生小付4月15日在淘宝网上花费50元，购买了一件女式短袖。收货后，感觉衣服质量很差，就给了店家一个差评。随后，店家给小付发来留言，要求她删除差评。4月18日晚上，她收到店家发来的一条威胁短信，内容为："再不删除评价，就把你个人信息卖入各种色情网站，让你手机支付宝植入病毒。愿你自行删除，否则后果自负。"她随后登录淘宝网，看到了店家留言，要求店家先道歉，但对方不道歉，就是要删差评。她没有立即删除差评，接着，手机上就收到了第二条威胁短信，内容为："今日之内没有删除，我说到做到。不信的话那就等着瞧，一定会让你后悔一辈子。"参见：刘孝斌.女大学生网购遭威胁：不删差评就把信息卖给色情网站［N］.楚天都市报，2016－05－20(5).

会关系中人们已形成某种行为方式以及人们对这种方式的认可性态度。"①在此方面,对个人信息作为权利的需要已经得到社会普遍认同:①个人信息及其重要性已经被人们所普遍认识,越来越意识到流失个人信息对自身的不利与存在的潜在威胁。②个人信息的性质、归属、控制、利用、保护等内容,不仅仅是法学界、传播学界的热点,也成为社会学、伦理学、计算机科学、信息学等领域的新焦点。③围绕个人信息而产生的交易关系越来越频繁而不可或缺。

第六,对于个人信息所体现之利益的理论评价趋于一致,在相同的条件下它们受到了法律的同等对待②。这在许多国家的立法中表现出相当的一致性,这些法律围绕个人信息,从权利、义务到法律保护,都有成熟的经验,在许多方面都有一致性;理论研究中,从框架到概念表述,形成体系并有一致性。

四、个人信息权与隐私权的关系

个人信息权与隐私权有许多共通、关联之处,这也是二者容易被混淆的原因。但二者还是有根本区别的。

(一)个人信息权与隐私权的关联

1. 二者的权利主体都仅限于自然人③

隐私权的内容主要是个人私生活的秘密与安宁,所以其主体当然是自然人而非法人或其他组织;个人信息权客体是可以直接或间接识别该自然人的相关内容,所以其主体也当然是自然人而非法人或其他组织。从各国立法来看,也都把自然人而非法人作为该权利主体。

2. 二者都体现了个人自决

关于隐私权,其体现的是对其私人生活秘密的坚守与私人生活安宁不受侵害的意志;关于个人信息权,无论对于精神价值或财产价值,也同样体现了自我掌控、不受他人非法打扰的意志——两者都体现了个人尊严与人格自由。例如,个人信息权常常被称为"信息自决权"(informational self-determination right),体现了对个人自决等人格利益的保护④。

---

① 张恒山.义务先定论[M].济南:山东人民出版社,1999:94.

② 张涛.个人信息权的界定及其民法保护[D].长春:吉林大学,2012:26.

③ 王利明.论个人信息权的法律保护[J].现代法学,2013(4):64-65.

④ Jasper M C. Privacy and the Internet:Your Expectations and Rights under the Law[M]. New York:Ox-ford University Press,2009:52.

德国有学者认为："侵害个人信息实际上都侵害了个人的自由,因而需要法律的保护,通过保护个人信息不受信息数据处理等技术的侵害,就可以发挥保护个人人格尊严和人格自由的效果。"①

3．二者在客体上有重合性

首先,一些隐私可以经过信息化处理而成为信息权的客体,如个人通讯。其次,许多未予公开的个人信息也是隐私权的客体,如电话号码、银行账户。第三,一些隐私如个人住址、电话等一经公开,便不再成为隐私,但可以成为个人信息。

4．二者在被侵害手段上的相似性

在权利侵害方式上,隐私权侵害方式除了跟踪、窥视、电话打扰、电子邮件骚扰外,主要的方式是传播;而个人信息权侵害方式,除了非法收集、拒绝查阅、更正、封存、删除及不当处理外,一个重要的侵害方式也是传播(包括买卖)。

5．二者在侵害后果上具有竞合性

由于个人信息权与隐私权在客体上有重合,所以,当侵权者侵害某一权利客体(如传播他人电话号码、公开他人病历资料),可同时侵害他人的两种权益。

6．二者在英美法系国家均作为隐私权保护

在美国法律中,隐私权承担了一般人格权的功能,内涵非常开放,包括名誉权、肖像权、姓名权等具体人格权的内容②,因此,在隐私中包含个人信息也是逻辑上的必然。美国在 1974 年制定了《隐私法》,通过隐私权对个人信息加以保护。而该法也产生了另一个效果是:许多学者将隐私权解释为对个人信息的控制③。如此,个人信息作为隐私的一种来保护,而隐私在一定场合也作为个信息来界定。

(二)个人信息权与隐私权的不同

1．权利性质不同

①个人信息权与隐私权同属人格权,但两者在性质上是有区分的。

---

① Henry M. International Privacy, Publicity and Personality Laws[M]. London: Reed Elsevier (UK),2001:164.

② 参见:《美国侵权法重述》(第二版)第652C 条和652E 条。

③ Breckenridge A C. The Right to The Privacy[M]. Nebraska: University of Nebraska Press, 1970:1.

前者虽然也主要突出个人人格尊严与精神价值,但也很强调财产价值,尤其是在信息社会,个人信息可以成为无形资产;侵权人侵害他人个人信息权的主要原因之一是为获取利益,而法律也赋予信息主体以个人信息收益权。在隐私权中,主要强调的是精神性人格权,起码至今尚未发现隐私权的财产属性,而且各国法律也没有赋予隐私要以财产利益。②个人信息权是主动性比较突出的权利,在查阅权、更正权、封存权、删除权及收益权方面,都体现出一种积极性即信息主体掌控个人信息的自决意志。作为以保守个人私生活秘密及保持私生活安宁不受打扰的隐私权,其在被侵害之后方享有请求他人排除妨害、赔偿损失等救济权,在被侵害之前则没有积极、主动的权能①,体现出被动、消极性。如有学者所指出的,"普通的隐私权主要是一种消极的、排他的权利,但是资讯自决权则赋予了权利人一种排他的、积极的、能动的控制权和利用权"②。

2. 权利客体不同

①两者客体内容不同。个人信息权的客体广泛,包括自然人之姓名、出生年月日、身份证统一编号、特征、指纹、婚姻、家庭、教育、职业、健康、病历、财务状况、社会活动等;虽然其中一部分内容具有隐私性,但大部分内容不具备隐私性,如个人姓名、被公开的办公电话号码等。可以说,"凡是必须在一定范围内为社会特定人或者不特定人所周知的个人信息,都难以归入到隐私权的范畴"③。隐私权的客体除与个人信息重叠的部分外,还有个人生活安宁和自决,凡个人不愿意公开且不涉公共利益的个人秘密或个人生活,都可成为隐私权客体。②两者形式不同。个人信息,"顾名思义,需以信息的形式表现出来,因此,个人信息通常需要记载下来,或者以数字化的形式表现出来"④,其通常需具备一定的物质实体,如光盘、数据库等;部分隐私也需以个人信息形式表现,但其可以个人活动、思想、感情等表现,无须记载,更无须数字化。③两者客体侧重点不同。个人信息可以直接或间接地识别自然人,强调的是"身份识别性";隐私强调的是私密性。正因为客体侧重点不同,个人信息多涉及商业开发、社会管理或公共安全,而隐私极少涉及这些内容。

---

① 美国法对隐私权进行了宽泛的解释,包含了对隐私的利用,并逐渐形成了公开权。

② 杨立新.侵权法热点问题法律应用[M].北京:人民法院出版社,2000:419.

③ 齐爱民.拯救信息社会中的人格:个人信息保护法总论[M].北京:北京大学出版社,2009:79.

④ Coppel P. Information Rights[M]. London:Sweet & Maxwell,2004:257.

3. 权利内容不同

个人信息权与隐私权都体现了自然人私生活的自决,但前者主要强调信息主体对信息的支配,其权能包括知情权(查阅权)、更正权、封存权、删除权与收益权,尤其收益权是隐私权所不具备的权能。而隐私权强调的是使个人秘密不被传播和个人生活不被打扰的自决性。

4. 权利侵害方式不同

对个人信息权与隐私权的侵害与权利的内容密切相关。侵害个人信息权的方式主要为非法搜集、非法存储、利用、传播、篡改、加工或倒卖个人信息等;侵害隐私权,则表现为非法传播他人隐私,或打扰、骚扰他人私人生活安宁或自决。

5. 权利救济方式不同①

①对个人信息的保护应注重预防,而隐私的保护则应注重事后救济。作为强调支配与控制的主动性权能,又涉及社会管理与公共安全,个人信息权既有可能也有必要事先救济;而作为保守私密的被动性权利,隐私权只能在受到侵害后进行救济。②在侵害个人信息权时,除采用精神损害赔偿的方式外,也可以采用财产救济的方法;侵害隐私权的主要救济方式是精神损害赔偿。③个人信息的保护方式既可以通过民事法律进行保护,也可通过行政手段、刑事法律进行保护,呈现多样性和综合性;侵害隐私权则主要通过法律,尤其是民法进行保护。

个人信息权与隐私权的不同,使其不仅在理论有具备立法的理由,在司法实践中,也显示出必要性。例如,深圳市罗湖区人民法院审理的皮某非法获取公民个人信息案②,该案例是深圳判决的首例,也是国内较早的非法获取公民个人信息案件。根据当时《刑法修正案(七)》增设的出售、非法提供公民个人信息罪和非法获取公民个人信息罪,皮某虽受到刑事惩罚,但当时我国民法体系并无对受害者进行相应救济的条款,

---

① 王利明. 论个人信息权的法律保护[J]. 现代法学,2013(4):68.

② 皮某自2009年始借助QQ群广泛发布消息称,可提供他人航班信息、户籍资料、出入境信息、个人信用资料等。谢某等人看到后,向皮某购买,皮某再通过QQ群向其他人员购买上述信息,转卖给谢某等人,从中牟利数千元。2009年11月,公安机关将皮某抓获,发现其电脑主机中存储约6.7万人次车主信息资料,某通信品牌VIP客户信息资料约6万人次、贵宾VIP数据客户信息约6.5万人次。罗湖区人民法院判决皮某犯非法获取公民个人信息罪,处有期徒刑9个月并处罚金。参见:叶巧赢. 深圳判决首例非法获取转卖公民个人信息案件[EB/OL]. [2016 - 12 - 05]. http://sz. bendibao. com/news/201045/189759. htm.

与个人信息权相近的是保护自然人隐私权条款,然而,航班信息、出入境信息、户籍资料、个人信用信息、车主资料、通信客户信息等个人信息难以被认定为自然人隐私,故受害者未能得到民事赔偿。而如果在民法中确立"个人信息权"概念,明确责任方式与形态等,将前述航班信息等内容作为个人信息权加以保护,人格权的体系会更加完备,人格权的保护会更加周延。

总之,围绕个人信息的法律关系有其独有的特征,个人信息权与隐私权等人格权也有本质的不同,围绕个人信息的法律关系的调整积累了丰富经验,可将个人信息权从一般人格权中脱离出来;关于个人信息的理论研究也相对成熟,可以为个人信息权提供理论支撑;作为成文法国家,将个人信息权直接确立为一种具体人格权,符合立法及司法习惯……上述种种,说明个人信息权作为一种具体人格权的立法,既有合理性,也有必要性和可能性。

第二节　传播侵害个人信息权方式及其特征

截至目前,侵害个人信息权的主要方式是传播及收集、买卖。收集主要是为了传播及买卖,而买卖也是一种传播,且多通过现代网络媒介进行,所以,对个人信息的侵害方式本质上都是传播。

一、未经许可传播他人信息

通常,未经信息权人许可公开他人个人信息的主体,既包括合法采集他人信息的国家权力机关,也包括公共组织和特定人群,如权利人微信朋友圈中的"朋友"。

未经许可公开他人信息又可根据不同标准,分为以下几类:

(一)国家权力机关未经许可传播个人信息给信息权人造成损害

1. 国家权力机关工作人员未经许可私自传播他人个人信息

国家权力机关向外公开传播他人个人信息,在许多情况下是其工作人员既未经机关批准,也未经信息权人许可,将工作中接触到的他人个人信息进行网络传播,导致他人个人信息权受到侵害,如青岛市房管局工作人员泄露李晨、范冰冰个人信息①。此案中，虽然相关人员被辞退，但李、范二人有权向责任人和机关请求民事权益。

2.国家权力机关未经许可传播他人个人信息

政务公开是现代社会对国家权力机关的要求，权力运行透明化是保证公民知情权与监督权的基本条件。在网络时代，通过网络进行政务公开已经成为常态。而在网络政务公开中，虽然权力机关对个人信息都会采取一定的保护措施，但由于保护意识并不一定到位，相关保护的制度设计也并不一定周延（如信息权人的哪些信息可以公开，哪些不宜公开，不同的权力部门的理解与规定都会有不同），经常会出现个人信息被公开传播的现象，导致信息权人的权利受到损害。然而，在这种情况下，国家权力机关的行为是否构成对信息权人的侵权，是一个尚待研究的问题。

（二）非权力机关的法人、非法人组织或自然人未经许可传播个人信息给信息权人造成损害

1.网络服务提供者未经许可传播他人个人信息

网络服务提供者具备掌握自然人个人信息的天然优势，无论是注册个人邮箱还是注册个人交易账户，网络用户均需向网络服务提供者提供相关个人信息。而出于各种原因，这些信息很可能从网络服务提供者处被传播出去而给信息权人带来损害。

2.其他企业法人、非法人组织未经许可传播他人个人信息

自然人在接受服务类法人如医院、商场、宾馆等服务时，也需向其提供一定的个人信息，掌握了这些个人信息的法人或非法人组织也可能出于各种原因而传播这些信息。一些服务类法人在公共场所安装的电子监控系统所记录的个人信息屡屡被传播或泄露，也"可能会给信息主体的生活带来非常不利的影响"②。

---

① 2016年3月14日，某专注娱乐新闻的微信公众号发文，率先曝光了李晨、范冰冰两人"在青岛购置近千万豪宅"的消息。该公众号文章援引内部爆料人的消息称房产证写两人名字，还附有两人购房的房屋产权信息图片。图片中，房屋产权编号、产权价值等信息清晰可见；"权利人姓名"一栏中，"范冰冰"和"李晨"名字赫然在列，还有被打上马赛克的身份证号。3月18日下午，青岛市房管局官微通报了调查结果，称该市不动产登记中心一名工作人员违反工作纪律，擅自查询当事人购房信息并发送到个人微信亲友群，导致当事人购房信息被泄露。后，该工作人员被辞退。参见：杨锋，孙一.范冰冰房产信息泄露　青岛房管局道歉［N］.新京报，2016－03－19（A09）.

② 郭瑜.个人数据保护法研究［M］.北京：北京大学出版社，2012：307.

3. 自然人未经许可传播他人个人信息

在自媒体时代,自然人创建媒体、利用媒体的能力比大众传播时代及之前有质的飞跃,而如果其未经许可传播、泄露他人个人信息,如在微信朋友圈发布他人个人信息,也可能会给信息权人带来损害。当然,对于某些个人信息,如信息权人在微信朋友圈内发布的信息是否为"个人信息",也尚待结论。对于此类信息,信息权人可能仅愿意在"朋友圈"内进行传播,而不愿意被更广泛地传播,因为相关信息在"朋友圈"外的传播也可能会给其带来不利。

二、非法收集及买卖他人个人信息

如前所述,我国民法未规定个人信息权,但刑法作为后置法对此却有了规定。全国人大常委会在 2009 年 2 月《中华人民共和国刑法修正案(七)》增设了侵犯公民个人信息犯罪,其第二百五十三条规定:"国家机关或者金融、电信、交通、教育、医疗等单位的工作人员,违反国家规定,将本单位在履行职责或者提供服务过程中获得的公民个人信息,出售或者非法提供给他人,情节严重的,处三年以下有期徒刑或者拘役,并处或者单处罚金。窃取或者以其他方法非法获取上述信息,情节严重的,依照前款的规定处罚。单位犯前两款罪的,对单位判处罚金,并对其直接负责的主管人员和其他直接责任人员,依照各该款的规定处罚。"该条规定两个罪名:出售、非法提供公民个人信息罪和非法获取公民个人信息罪;犯罪主体包括国家机关或者金融、电信、交通、教育、医疗等单位的工作人员,因此是特殊主体。2015 年 11 月 1 日开始施行的《中华人民共和国刑法修正案(九)》加大了对公民个人信息的保护力度,将侵犯公民个人信息的犯罪主体从特殊主体扩大为一般主体,因此,任何具备刑事责任能力的个人或单位均可成为侵犯公民个人信息的犯罪主体。目前,非法买卖个人信息受到刑法打击,但相关刑事诉讼程序中,被侵害者个人的民事权益却未见有受到保护的案例。

三、个人信息侵权的特征

(一)个人信息侵权行为的网络技术性及成本的低廉性

侵害个人信息权多通过互联网进行。而作为结合多媒体和数字化技术构建而成的一个信息传递平台,侵害个人信息权行为本身就在这一平台上发生,所以更加依赖于技术手段如 cookie 搜索软件进行所谓的"个性化推荐服务"。而这种跟踪、收集他人网络信息的技术,已经成为一个公开的网络技术手段。此类技术一经形成,可无限使用,成本低廉,而收益巨大。对于不以营利为目的而仅仅是小规模传播他人个人信息的传播者而言,几乎没有成本负担。

（二）个人信息侵权发生地点的特殊性

正如学者指出,网上侵权"最主要的特征就是加害行为是在网络空间上实施的"①。这有以下几层含义:其一,个人信息侵权发生的地点可以说是"无地点",也即处处都是侵权地,只要有网络信号及网络终端的存在,一个人在沙漠中也能对万里之遥的他人个人信息进行侵害。其二,有别于其他人格权纠纷,此类侵权行为以网络作为载体的概率更高。作为一个由最新的信息和电子技术构造出来的空间,网络空间具有数字化、虚拟性、开放性、匿名性等特征,这决定了网络侵权行为的方式、样态和后果,以及在侵权行为的归责原则、责任方式及责任形态上,都会与发生在现实世界中的侵权行为不同。

（三）个人信息侵权行为的隐蔽性及认定的困难性

1. 主体确认的困难性

在大部分国家,网络实施非实名制,即网络用户的网络身份是虚拟的,这就给个人信息权侵权主体的认定带来很大的困难。虚拟身份成为侵权主体保护自己的屏障,甚至可以变换不同的身份,因此,侵权主体的确认成为此类侵权行为救济中的一个难点。

2. 网络侵权行为技术手段的隐秘性

许多网络技术手段,如 Cookies 软件、其开发本身就以窃取网络用户信息为目的,而且,由于网络技术的飞速发展,一些掌握了此类技术的网络用户如"黑客",其在侵犯用户信息时,可以做到"悄无声息",不留痕迹。在使用这种技术手段过程中,个人信息主体一般根本不知道自己的信息被盗取、篡改或使用、传播。即使是专业网络机构,以网络技术发展之快,网络信息更新速度之快,等发现被侵权时,证据早已"灭失"。

（四）个人信息侵权对象的规模性、影响的广泛性及后果的严重性

针对个人信息侵权行为所开发的技术及软件,绝不是仅仅针对个别网

---

① 张新宝.互联网上的侵权问题研究[M].北京:中国人民大学出版社,2003:25.

络用户,而是针对网络用户群体。任何一个网络服务商的用户,都在其信息收集的范围之内。可以说,只要注册为网络用户,就是信息收集的对象,因此,全球亿万网民,都可能是信息侵权的对象。在我国已判决的相关非法获取、买卖个人信息的案件中,被非法收集和买卖的个人信息动辄上万条。因此,在这个意义上,个人信息侵权是一种典型的现代型侵权。

而由于网络国际性,个人信息侵权行为一旦发生,就可能具有全球性影响。网络的高度开放性、流动性和交互性,也决定了个人信息一旦在网络上传播,其扩散速度之快、范围之广将变得无法控制,可造成极为严重的后果。"徐玉玉"事件已说明侵害个人信息权可以危及他人生命,而安徽约6000名新生儿视频被挂到商业网站事件更说明此类侵权的严重性①。(下图为泄露视频画面,图片源于《新京报》2016年7月12日A13版)

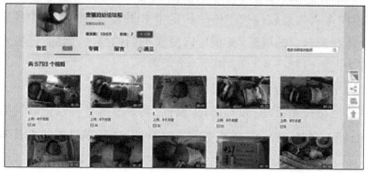

---

① 2016年7月,安徽约6000名新生儿视频被挂到商业网站上,部分孩子样貌和症状描述均没有打马赛克。《新京报》记者经调查发现,这些视频来自56网,上传者名为"安徽妇幼论坛视",该账号共上传了5793个(新生儿)视频,总播放量达到13.9万。这些视频均以"某某"之子、"某某"之女等形式标注。点开这些视频后,孩子"除了眼睛被蒙着之外,其他信息非常清晰,就连诊断症状黄疸、早产等也一览无余"。《新京报》记者还发现,这些新生儿视频,均经一家名为"安徽妇幼网"的私人网站流出。而安徽省妇幼保健院在其官方网站发布情况说明称,视频来源系该院"新生儿视频探视"系统,原本均进行了加密处理,但受到黑客攻击。鉴于此,院方已经报警,公安机关也已责令涉事网站删除视频。参见:王煜.安徽六千新生儿视频泄露 医院致歉[N].新京报,2016-07-12(A13).

（五）损失及因果关系认定即救济的困难性

1. 损害认定的困难性

个人信息泄露后，会给信息主体带来什么后果，带来何种程度的后果，很难有预先立法预判，而只能在司法实践中根据具体案情进行裁判。学界也认为，这种情况会造成损害赔偿标准的不确定①。

2. 因果关系认定的困难性

与在虚拟空间中的取证本身就有与现实不一样的困难，而且，网络活动的跨国界性，各国在证据法规定上的不同，都使个人信息侵权的取证极其困难。

在 2013 年我国发生的"2000 万开房信息泄露案"②中，上述问题暴露无遗。法院认为，原告王金龙被泄露的信息，其扩散渠道不具有单一性和唯一性，难以仅凭部分信息的一致判断网上流传的信息就是被告汉庭酒店留存的信息，故驳回原告王金龙的诉讼请求。

由于个人信息侵权对象的规模性，使对侵权对象的救济非常困难。而且，此类侵权行为发生后，由于"损失很小"、损失并不明显或者损失尚未产生，许多侵权对象并不诉诸法律、寻求救济，这也使得救济无从谈起。尤其在没有退出制集团诉讼的国家，由于诉讼的昂贵及程序的烦琐，侵权对象往往被挡在司法救济大门之外。在上述"2000 万开房信息泄露案"中，只有一人向法院提起诉讼，且败诉。而据 2009 年中国社会科学院法学所主持的一项研究，在 4 个城市调研，结果发现：在因个人信息泄露而导致被犯罪分子侵害的被调查者中，仅有 4% 左右的人进行过投诉或提起过诉讼③。

---

①③　王峰. 艰难维权：五起个人信息泄露案件分析[N]. 二十一世纪经济报道，2015 - 01 - 19（5）.

②　2013 年 10 月，酒店数字客房服务商浙江慧达驿站公司，因安全漏洞问题导致包含 2000 万条在酒店开房的个人信息泄露。据该公司官网显示，该公司业务覆盖除西藏外的 31 个省、自治区、直辖市的 110 多个城市，为 4500 多家星级和经济连锁酒店提供各种服务。受害人之一的王金龙随后将汉庭星空（上海）酒店管理有限公司、浙江慧达驿站网络有限公司诉至法院，诉称出差广州时入住汉庭快捷酒店，"开房数据泄露"事件爆发后，自己的隐私受到侵害，饱受广告短信的骚扰，要求两被告立即采取补救措施消除危险，确保其信息安全，立即消除影响，浙江慧达驿站网络公司删除其个人电子信息，并立即停止收集、保存或者使用其入住信息；以书面形式向自己道歉，并赔偿精神损害抚慰金等损失 20 万元。参见：王巍. 2000 万条开房信息泄露案：被告愿奖 20 万查找真凶[N]. 法制晚报，2014 - 02 - 15（1）.

第三节　我国个人信息权民事立法与司法保护的问题

我国法律对个人信息权规定了一些保护内容,但由于个人信息权没有明确的具体人格权的法律定位,在民事诉讼中,其尚未开始得到有效保护。

一、我国个人信息权民事立法问题:缺乏系统性与可操作性

目前,我国的行政法律和部门规章中也已制定了一些相关个人信息权的内容,但在这些规定中,大都是宣示性、禁止性条款。如《中华人民共和国计算机信息网络国际联网管理暂行规定实施办法》第 18 条①、《计算机信息网络国际联网安全保护管理办法》第 9 条②、《电信条例》第 58 条③、信息产业部 2000 年 10 月 8 日通过的《互联网电子公告服务管理规定》第 12 条④。

此后,全国人大常委会 2012 年 12 月 28 日出台《关于加强网络信息保护的决定》,该《决定》第十一条内容事实上从行政法、刑法和民法角度对个人信息权的保护进行了初步原则性规定,第二条涉及个人信息权民事保护方面的相关内容,即"网络服务提供者和其他企业事业单位在业务活动中收集、使用公民个人电子信息,应当遵循合法、正当、必要的原则,明示收集、使用信息的目的、方式和范围,并经被收集者同意,不得违反法律、法规的规定和双方的约定收集、使用信息。网络服务提供者和其他企业事业单位收集、使用公民个人电子信息,应当公开其收集、使用规则"。可见,该规定也只能作为个人信息权民事保护的原则。

2010 年生效的《侵权责任法》对个人信息权也提供了间接保护,其

---

① 该条规定:"用户应当服从接入单位的管理,遵守用户守则;不得擅自进入未经许可的计算机系统,篡改他人信息,不得在网络上散发恶意信息,冒用他人名义发出信息,侵犯他人隐私。"

② 该条规定:"用户的通信自由和通信秘密受法律保护,任何单位和个人不得违反法律规定,利用国际互联网侵犯用户的通信自由和通信秘密。"

③ 该条规定:"任何组织或者个人不得利用电信网从事窃取或者破坏他人信息、损害他人合法权益的活动。"

④ 该条规定:"电子公告服务提供者应当对上网用户的个人信息保密,未经上网用户同意不得向他人泄露,但法律另有规定的除外。"

第 36 条第二款规定:"网络用户利用网络服务实施侵权行为的,被侵权人有权通知网络服务提供者采取删除、屏蔽、断开链接等必要措施。网络服务提供者接到通知后未及时采取必要措施的,对损害的扩大部分与该网络用户承担连带责任。"该规定中的责任方式及责任形态也适用于侵害个人信息权案件。

2014 年,最高人民法院发布的《信息网络侵害人身权益规定》第 12 条①则直接针对了个人信息权(和隐私权),是有关抗辩理由的规定,其他规定并不适用于侵害个人信息权的案件②。

2017 年 6 月 1 日生效的《网络安全法》虽说是"行政本位",事实上却是我国所有法律制度中关于个人信息权规定最丰富、最具体的法律,而且是全国人大通过的正式法律。其第四十一条还规定了信息主体的控制权(同意权)③;第四十二条规定了信息主体的控制权和知情权④;第四十三条规定了信息主体的删除权和更正权⑤。

2017 年 3 月通过的《民法总则》第一百一十一条虽然确立了个人信

---

① 该条规定:"网络用户或者网络服务提供者利用网络公开自然人基因信息、病历资料、健康检查资料、犯罪记录、家庭住址、私人活动等个人隐私和其他个人信息,造成他人损害,被侵权人请求其承担侵权责任的,人民法院应予支持。但下列情形除外:(一)经自然人书面同意且在约定范围内公开;(二)为促进社会公共利益且在必要范围内;(三)学校、科研机构等基于公共利益为学术研究或者统计的目的,经自然人书面同意,且公开的方式不足以识别特定自然人;(四)自然人自行在网络上公开的信息或者其他已合法公开的个人信息;(五)以合法渠道获取的个人信息;(六)法律或者行政法规另有规定。网络用户或者网络服务提供者以违反社会公共利益、社会公德的方式公开前款第四项、第五项规定的个人信息,或者公开该信息侵害权利人值得保护的重大利益,权利人请求网络用户或者网络服务提供者承担侵权责任的,人民法院应予支持。国家机关行使职权公开个人信息的,不适用本条规定。"

② 如其第 9 条和第 10 条关于网络服务商过错的认定。

③ 该条规定:"网络运营者收集、使用个人信息,应当遵循合法、正当、必要的原则,公开收集、使用规则,明示收集、使用信息的目的、方式和范围,并经被收集者同意。网络运营者不得收集与其提供的服务无关的个人信息,不得违反法律、行政法规的规定和双方的约定收集、使用个人信息,并应当依照法律、行政法规的规定和与用户的约定,处理其保存的个人信息。"

④ 该条规定:"网络运营者不得泄露、篡改、毁损其收集的个人信息;未经被收集者同意,不得向他人提供个人信息。但是,经过处理无法识别特定个人且不能复原的除外。网络运营者应当采取技术措施和其他必要措施,确保其收集的个人信息安全,防止信息泄露、毁损、丢失。在发生或者可能发生个人信息泄露、毁损、丢失的情况时,应当立即采取补救措施,按照规定及时告知用户并向有关主管部门报告。"

⑤ 该条规定:"个人发现网络运营者违反法律、行政法规的规定或者双方的约定收集、使用其个人信息的,有权要求网络运营者删除其个人信息;发现网络运营者收集、存储的其个人信息有错误的,有权要求网络运营者予以更正。网络运营者应当采取措施予以删除或者更正。"

息的民事权益属性①,但是,并没有确认其"权利"属性,也未具体规定包括归责原则、责任形态、责任方式等在内的保护规范。

目前,在我国已经通过和实施的法律法规有如下问题:第一,行政保护色彩深厚,民事保护薄弱。以宣示性、禁止性条款居多,可操作性不强。第二,在民事法律制度中,对个人信息权的规定虽以侵权内容为主,但在其"权利"身份未明确的情况下,侵权归责原则、责任构成、责任方式与责任形态均无明确规定,这将导致法律适用的困难。

总体上看:个人信息作为一类独立权益的地位正在逐步确立,但是对于个人信息权的具体权利内容没有明确,不利于个人信息权的保护。2017 年 8 月 16 日,北京大学互联网法律中心发布的《互联网企业个人信息保护抽样测评报告(2017)》(下称《报告》)显示,被抽样测评的 79 个国内外主流互联网产品中,以隐私政策所体现对个人信息的保护打分,超过 80 分(满分 100 分)的仅 4 家,34 个应用产品综合表现低于 50 分。根据测评结果,职业社交网站中智联招聘、大街网得分均低于 40 分,支付理财类别网站京东金融和婚恋社交类网站世纪佳缘低于 30 分,所有 5 家受测快递网站得分均低于 50 分②。

二、我国个人信息权民事司法保护现状与问题

由于缺乏个人信息权益保护的明确、具体的民事法律规定,最高人民法院也尚未将个人信息权益纠纷作为案由进行规定,我国个人信息主体在权利遭受侵害而向人民法院起诉时,有两种方式:

(一)以隐私权纠纷为案由起诉

事实上,2015 年 5 月 6 日南京中级人民法院判决的朱某诉百度侵害隐私权案,并非第一起个人信息权益受侵害后以隐私权纠纷案由判决生效的此类案例。2014 年 9 月 23 日,杭州市中级人民法院就终审判决了

---

① 该条规定:"自然人的个人信息受法律保护。任何组织和个人需要获取他人个人信息的,应当依法取得并确保信息安全,不得非法收集、使用、加工、传输他人个人信息,不得非法买卖、提供或者公开他人个人信息。"

② 据了解,其测评标准通过个人信息保护政策形式、信息处理周期、用户申诉机制和安全维等几个维度进行评价,设置 19 个可以执行的评价体系,测评重点为对互联网企业个人信息保护政策与产品服务的一致性评价。参见:张瑶,刘小米.北大发布个人信息保护测评报告,互联网企业得分普遍偏低[J].财经,2017(33).

一例此类案件①。在司法实践中,此类案例暴露出两大问题:

1. 法院认为网络服务商跟踪、收集的信息主体的网络活动信息难以被认定隐私权客体

在前述杭州中院终审判决的此类案件案中,法院认为:"隐私权是指自然人享有的对其个人的、与公共利益无关的个人信息、私人活动和私有领域进行支配的一种人格权,根据现有证据,顾俊对其上述软件安装信息的隐私属性举证说明尚不充分。该类软件均为计算机使用过程中的常见软件,并不具有一般的人格或身份属性,故即使顾俊证明了360安全浏览器5.0正式版软件确实存在上述收集并上传的行为,360安全浏览器也无从判断顾俊的真实身份及其人格特性,顾俊的隐私权并未因此受到侵害。"需要注意的是,对于本案中相关个人信息是否属隐私,一审法官的表述是"难以认定",二审法官是"举证说明尚不充分",当然判决结果相同。

总之,在此类案件中,个人信息均未被法院认定为隐私,故不能受到有关隐私权法律制度的保护。

2. 法院认可网络服务商关于信息主体网络活动信息跟踪、收集的"默示同意"条款

上案中,法官认为:"根据已查明的事实,360安全浏览器5.0正式版软件已在安装许可协议进行了相关事项的告知,在安装过程中亦有'用户隐私保护'提示,并对用户体验计划做了相关说明。顾俊下载安装360安全浏览器5.0正式版软件,并加入用户体验计划,表明其已接受了该软件的安装许可协议,对参加用户体验计划的事项亦是明知和同意的,故顾俊实际上已授予360安全浏览器5.0正式版软件收集其相关网页浏览数据的权利。"而事实上,类似360安全浏览器设置的这种默示同意条款,与《网络安全法》第四十一条规定的"明示"条款即"明示收集、使用信息的目的、方式和范围,并经被收集者同意"的规定背道而驰(当然,案例是在《网络安全法》生效之前判决)。

(二)以名誉权纠纷为案由起诉

目前,直接以名誉权侵害为由起诉的案例,国内可查的仅有一例,即

①　此案中,原告顾某主张其下载安装的360安全浏览器5.0正式版软件收集其计算机中安装软件信息和浏览网页记录信息并上传服务器,侵害了其隐私权。法院一审和二审均驳回顾某诉讼请求。参见:杭州市中级人民法院(2014)浙杭民终字第1813号民事判决书。

任某诉百度案①。但在案件诉讼中,任某认为百度公司的相关行为还侵犯其一般人格权(因不良的搜索结果会影响任某的就业、工作交流、日常生活)和"被遗忘权"问题。因此,在国内第一起以个人信息权中的某项权能作为诉讼请求的理由,该案也为首例。

在此案中,法官从一般人格权和人格利益的角度对案件进行考量。该案判决后,法官认为:"虽然该判决并未支持原告提出的有关保护其所谓的被遗忘权的诉讼请求,但是其提出'非类型化权利涵盖利益'、'利益正当性'、'保护必要性'三大裁判规则必将为被遗忘权的形成和案件裁判标准的完善奠定有力的实践基础。"②事实上,如果当时有法律规定了个人信息权中的删除权,法官在此简单的问题上就不会陷入所谓"三大裁判规则"的迷宫。

显然,司法实践中,法官对个人信息权益作为一类独立的人格权尚无清晰的认识,而2017年3月通过的《民法总则》第一百一十一条虽然尚未确立个人信息的民事权利地位,但其作为一类独立的民事权益已经没有疑问,这为最高法院规定个人信息权益纠纷为一类独立的案由提——为此类纠纷发放"诉讼通行证"提供了法律依据,将对相关司法实践产生巨大影响。

第四节　个人信息权的民事立法问题

民法是一种"技术性法律"。个人信息权的民事立法,不仅应确定保护的基本原则,更重要的是要规定其具体权能、责任方式等。

---

① 任某于2014年7月1日起在江苏无锡某公司从事过相关的教育工作(下称"某氏教育")。2014年11月,双方解除了双方劳动关系。2015年4月8日,任某进入百度公司搜索页面,键入"任某"后在"相关搜索"处显示有"无锡某氏教育任某""国际超能教育任某""美国潜能教育任某""香港跨世纪教育任某";另外,在搜索框内键入"某氏教育",在"相关搜索"处显示有"无锡某氏教育""某氏教育骗局"等内容。任某请求百度公司删除相关信息,但百度公司未予配合。任某诉至北京市海淀区人民法院,称百度公司在搜索页面中公开其与某氏教育有关的个人信息侵犯其名誉权、姓名权及作为一般人格权的"被遗忘权",要求百度公司断开涉案关键词的搜索链接、赔礼道歉、赔偿经济损失。该案一审和二审均判决驳回任某诉讼请求。参见:北京市海淀区人民法院(2015)海民初字第号判决书;北京市第一中级人民法院(2015)一中民终字第09558号判决书。

② 文海宣.北京一中院审结一起被遗忘权案[N].人民法院报,2016-05-05(3).

一、在《民法典·侵权责任编》中确立个人信息权

在欧洲,将个人信息作为一项独立的权利系通行的观点[①]。在美国,也有学者认为个人信息可以作为一项个人基本权利而存在。因此,个人信息作为一种独立的权利,是现代社会生活和法律制度发展的一种趋势[②]。

在我国,如前所述,刑法及行政规章率先对个人信息权进行了法律保护。《民法总则》第一百一十一条将其作为一类独立的民事权益和隐私权初步并列,表明立法者已经认识到个人信息权益与隐私权的不同。

个人信息权的具体人格权地位,本来应该在人格权立法中确立。但目前全国人大的立法计划中,《民法典》编纂中分编包括物权编、合同编、侵权责任编、婚姻家庭编和继承编,并没有明确"人格权法"一编[③],而考虑到"个人信息保护法"并未纳入全国人大立法近期计划,所以关于个人信息权的立法,目前现实的选择只能是在"侵权责任编"中规定。

二、侵害个人信息权的归责原则

如本研究在第二章第四节中所述,与侵害其他人格权诉讼不同,在掌握了网络信息技术的信息控制者侵害个人信息权的行为中,由于以下原因,使个人信息主体证明个人信息控制者的侵权行为基本不可能:对有无过错,个人信息控制者的举证成本负担较轻,应实行过错推定归责原则;个人信息控制者对个人信息的处理和利用,可在不被个人信息主体知道的情况下秘密进行;侵权人大多受过相关的专门训练,手段隐蔽;对个人信息的侵犯往往有较宽广的时间和空间跨度。从法律体系角度,此规定应该在《侵权责任法》中规定,而不是在人格权法中规定。当然,如果像丹麦、瑞典等国家和地区有单列的个人信息保护法,也可在此类法律中规定。

需强调:适用过错推定的对象并非普通网络用户,而从实践来看,其适用对象基本上是掌握网络信息技术的信息控制者——网络服务提

[①] Rule J B, Greenleaf G. Global Privacy Protection [M]. Cheltenham: Edward Elgar Publishing, 2008.

[②] 王利明. 论个人信息权的法律保护 [J]. 现代法学, 2013(4): 70.

[③] 杨维汉,罗沙. 中国民法总则诞生 开启"民法典时代" [EB/OL]. [2017 - 03 - 25]. http://www.npc.gov.cn/.

供者。

三、个人信息权保护的基本原则

个人信息保护的基本原则,是个人信息保护的本质和规律及立法者在个人信息保护领域所行政策的集中反映,是保护个人信息的根本规则。世界各国及相关组织对个人信息保护基本原则的规定,有列举式(如经合组织指南)或揉合式(如美国)两种。

对个人信息保护法基本原则的立法概括,最权威、最具影响力的立法是经济合作与发展组织 1980 年通过的《隐私保护与个人数据跨国流通指南》(下称"经合组织指南"),其确立的国内个人信息保护的基本原则以及确保个人信息国际自由流通的原则,已成为当今世界各国相关立法的重要参考。该指南所规定的个人信息保护法的主要基本原则包括:

(一)限制收集原则

限制收集原则是指法律应该限制信息控制者等主体对他人个人信息的收集。经合组织指南第 7 条规定:"个人数据的收集应该受到限制,任何此类数据的获得都应该通过合法和公正的方法,在适当的情况下,要经过数据主体的默示或明示同意。"①上述规定,提及默示或明示同意,但目前许多网络服务商均利用默示原则,大肆收集信息主体的个人信息,所以,明示应为原则。

(二)目的特定原则

目的特定原则与限制收集原则有关联,指信息控制者等主体应当依据特定的、明确的目的收集、处理与利用个人信息,而一切超目的范围收集、处理或利用个人信息均属违法。经合组织指南第 9 条规定:"收集个人信息的目的应该在信息收集之前列明,并且随后的使用应限于实现这些目的,或者那些和前述目的并非不相容的目的,这些情况应当在其目的改变时列明。"根据经合组织指南《解释性备忘录》的精神,目的特定原则还包括"当信息不再服务于一个目的,如果可行的话,删除该信息或对该信息进行匿名处理是必要的"②。

---

① 经合组织《隐私保护与个人数据跨国流通指南》之《解释性备忘录》,参见:周汉华. 域外个人数据保护法汇编[M]. 北京:法律出版社,2006:27 – 28.
② 经合组织《隐私保护与个人数据跨国流通指南》之《解释性备忘录》,参见:周汉华. 域外个人数据保护法汇编[M]. 北京:法律出版社,2006:29.

（三）使用限制原则

使用限制原则是与目的特定原则紧密相关的原则,指信息利用人应当在信息收集的目的范围内使用个人信息。经合组织认为,"数据有可能通过一个又一个计算机传递,在这种情形下,它们可能被用于没有核准的或未经授权的从而未经严格披露的目的作为通例,最初和随后列明的目的,对数据可能被投放的用途来说应该是决定性的",所以,"如果不是依据第 9 条(目的特定原则)载明的目的,个人数据不应该被披露和公开使用,除了:(a)经过数据主体的同意;或者(b)经过法律的授权"①。

（四）公开原则

公开原则指个人信息的收集、处理、利用及提供等程序性信息之公开。经合组织指南第 12 条规定,公开原则是指:"应该制定关于个人数据的开发、实践和政策的一般的公开政策;应该确立便利的措施,以确定个人数据的存在和性质、它们使用的主要目的,以及数据控制者的身份和通常住所。"

根据美国相关经验,公开原则的实施方式有向不特定的对象公告和向本人的告知两种。

而关于公开的内容,我国台湾地区"电脑处理个人资料保护法"根据公开的义务主体,有详细规定,可资借鉴。该法第十条规定:"公务机关保有或变更个人资料档案的,应在政府公报,或以其他适当方式公告下列事项:个人资料档案名称,保有机关名称,个人资料利用机关名称,个人资料档案保有之依据及特定目的,个人资料之类别,个人资料之收集方法,个人资料通常传递之处及收受者,受理查询、更正或阅览等申请之机关名称及地址。"该法第二十一条进规定:"非公务机关为收集、处理及利用个人资料而经目的事业主管机关登记并发给执照的,应当将下列事项于'政府公报'公告并登载于当地新闻纸:申请登记的非公务机关的基本信息,个人资料档案名称,个人资料档案保有之特定目的,个人资料之类别,个人资料之范围,个人资料档案之保有期限,个人资料之收集方法,个人资料档案之利用范围;国际传递个人资料之直接接收者,个人资

---

① 经合组织《隐私保护与个人数据跨国流通指南》之《解释性备忘录》,参见:周汉华.域外个人数据保护法汇编[M].北京:法律出版社,2006:29.

料档案维护人之姓名。"

当然,台湾地区"电脑处理个人资料保护法"也规定了公开原则的例外,其第十一条规定:"左列各款之个人资料档案,得不适用前条规定(即公开原则之规定):一、关于国家安全、外交及军事机密、整体经济利益或其他国家重大利益者;二、关于司法主管部门大法官审理案件、公务员惩戒委员会审议惩戒案件及法院调查、审理、裁判、执行或处理非讼事件业务事项者;三、关于犯罪预防、刑事侦查、执行、矫正或保护处分或更生保护事务者;四、关于行政罚及其强制执行事务者;五、关于出入境管理、安全检查或难民查证事务者;六、关于税捐稽征事务者;七、关于公务机关之人事、勤务、薪给、卫生、福利或其相关事务者;八、专供试验性电脑处理者;九、将于公报公告前删除者;十、为公务上之联系!仅记录当事人之姓名、住所、金钱与物品往来等必要事项者;十一、公务机关之人员专为执行个人职务,于机关内部使用而单独作成者;十二、其他法律特别规定者。"

(五)责任原则

责任原则指在信息控制人违反信息保护法的规定进行个人信息的收集、处理与利用情况下,应当依法承担相应的责任。

除此之外,个人信息保护原则还包括信息质量原则(个人信息应保持精确、完整和新颖状态)、安全保障原则(个人信息应不被泄露、丢失或非法使用)和个人参与原则(指信息主体有权向信息控制者确认其个人信息是否被该控制者掌握,以及要求该控制者修改、删除、合法合理使用该信息的权利)。

四、个人信息权的权能

(一)个人信息查阅权

个人信息查阅权,"指信息主体可以查阅与个人信息的收集、处理及利用等有关的信息的权利,是个人信息权的基本表现形式和核心权能,是信息主体维护个人信息利益的最重要手段,也是增强信息主体对信息流转中对个人信息资料控制力的必要方式"[①]。此权利被一些学者称为"信息保护的大宪章""关键性之权利",认为该权利是确保信息保护特

---

① 张涛.个人信息权的界定及其民法保护[D].长春:吉林大学,2012:29.

别重要之前提要件,同时亦有保护与监督权利之特征①。总之,该权利是个人信息权的基础性权利,是其他权利的行使保障。

在我国台湾地区的个人信息保护方面的有关规定中,个人信息查阅权在形式上表现为查询、阅览以及请求提供复制文本的权利。经济合作与发展组织的《资料保护指导原则》中,该权能表现为信息主体有权确认信息控制人是否持有与其相关的个人信息资料,并要求控制者提供该个人信息资料及与持有个人信息相关其他信息。

在权利内容上,信息主体能够查阅个人信息资料的名称、收集方法、范围、类别、持有人、利用人、存储的依据和目的、通常的传递之处及收受人、受理查询更正或阅览等申请之主体等内容。

关于查阅程序,主要有两种:①信息主体申请查阅。个人信息经合法采集后,只有个人信息主体本人有权对该项个人信息进行查询,他人未经个人信息主体许可不得随意查询个人信息主体的个人信息。通常,查阅应该书面提出,一般不应接受口头或电话提出,目的是保证信息安全。②信息控制人的公告。是个人信息查阅权实现的例外方式,经常出现在有权公告部门依照信息公开法律要求的情形下。

（二）个人信息更正权

个人信息更正权,指个人信息经合法采集后发生变化的情况下,信息主体要求信息控制主体进行修改,以保证信息质量原则下的精确性、完整性和新颖性,他人未经权利主体的许可不得任意修改权利主体的个人信息。正如学者所说,"信息存储机构和个人必须在严格审查信息变化证据的基础上予以配合,对该项个人信息进行修改更正"②。

个人信息更正方式有变更、删除和补充。其中补充即在信息已过时或不完整时追加记录,使个人信息保持新颖、完整。

个人信息更正权存在例外情形③:①当可能影响原始资料(历史资料)的正确性时,信息主体能否行使更正权,将以正当性为据。②个人信息更正的对象仅限于事实陈述(如年龄、民族或家庭),而不涉及价值判断。③经权力机关等已产生法律效力的信息,不得行使更正权。

需要强调的是,根据信息质量原则,信息控制人也有义务保持个人

---

① 许文义.个人资料保护法中当事人权利之探讨[J].华冈法粹,1999(27):184.
② 许文义.个人资料保护法论[M].台北:三民书局股份有限公司,2001:121.
③ 许文义.个人资料保护法中当事人权利之探讨[J].华冈法粹,1999(27):196.

信息的准确性。

（三）个人信息封存权

个人信息封存权，指个人信息采集和利用达到合法目的或不能达到目的，以及因相关机构撤并、解散或停业，信息主体有要求信息控制人停止个人信息处理、利用等行为的权利。

德国《联邦数据保护法》将此权利称为个人信息封锁权。根据德国《联邦数据保护法》的规定，封锁是指为限制继续处理或利用而对已保存之个人信息附加符号。该法第20条第3项的规定："有下列情形之一的，应以封锁代替删除：（1）因法律、自治法规或契约所规定之保管期限，不得删除者；（2）有理由足认删除将侵害当事人值得保护之利益者；（3）因储存方式特殊不能或需费过巨始能删除者。"

另外，若当信息主体与信息控制人围绕信息的准确性发生争议，双方无法完成对自己主张有利的举证，此时则应当停止对该个人信息的处理与利用，将此个人信息予以封存。这种类型的封存是在信息主体与信息控制人之间寻求利益衡平与妥协。

被封存的个人信息，除非得到信息主体同意或法律授权，原则上不得被处理或利用。德国《联邦数据保护法》第20条第6项规定："被封锁的数据，限于具备下列条件，方能在未经当事人同意的情况下而为传递或利用：（1）基于学术目的，解决目前证据上之需要或储存机关或第三者之重大利益而有绝对必要；（2）如未予封锁，将可基于上述理由而为传递或处理。"

（四）个人信息删除权

个人信息删除权，又称个人信息消除权，指信息主体在具备法定理由的情形下，得请求数据控制人删除其个人信息的权利。

通常，个人信息主体在利用个人信息的目的消失、期限届满和不具备合法性的情况下，可行使该权[①]。未经信息主体同意而使用、超期限超范围使用、不具使用主体资质等情况，均为不合法性的情形。例如，在德国，非国家机构无权私自收集他人个人信息，"私人行业中的资料控制者应当……删除资料……资料涉及种族、民族本源、政治观点、哲学或者宗

---

① 齐爱民. 个人资料保护法原理及其跨国流通法律问题研究［M］. 武汉：武汉大学出版社，2004：134.

教信仰、工会关系、健康、性生活、刑事犯罪或者行政违法,而且控制者不能证明其准确性"①。

所谓删除,是指使已储存之个人信息不得复认。所谓"不得复认",指任何可以产生使已储存之信息无法再提供信息的行为②。信息最显著的特点在于其共享性与表现形式多样性,所以,学界认为,在删除个人信息时应该注意③:①应该全部删除,不能部分删除。②已无法理解其真正意义的符号也应删除。

关于删除权,谷歌诉西班牙数据保护局案是最典型的案例④。欧洲法院在该案中的预先裁决,宣告公民对搜索引擎服务商的搜索引擎中的个人信息享有删除权⑤。该案例中,在个人信息权与信息自由、表达自由、知情权之间,欧洲法院的预先裁决显然最终站在了捍卫个人信息权利的立场上。而有观点认为,该案有如下影响:①欧洲法院在该案创造了"数字遗忘权"的司法先例;②该案的判决结果将会对表达自由、信息自由以及公众知情权产生消极影响⑥。

德国、美国和加拿大的一些学者都表达了同样的担忧⑦。而2014年10月,日本东京地方法院以"在搜寻结果上刊登的报道标题和摘录侵害人权,搜寻网站的管理者有义务删除"为由,支持原告请求,要求谷歌删除搜索引擎相关结果⑧。

（五）个人信息收益权

个人信息收益权指针对基于商业目的而收集、处理、利用其个人信

---

① 孔令杰.个人资料隐私权的法律保护[M].武汉:武汉大学出版社,2009:227.

② 洪海林.个人信息的民法保护研究[M].北京:法律出版社,2010:163.

③ 许文义.个人资料保护法中当事人权利之探讨[J].华冈法粹,1999(27):202.

④ 2014年5月13日,欧洲法院对本案做出预先裁决:一、谷歌公司是数据控制者。二、《指令》适用于本案中的谷歌西班牙公司。三、原告考斯特加有权要求谷歌公司删除这些数据。参见:Judgement of The Court Google Spain SL, Google Inc. v Agencia Española de Protección de Dato(AEPD), Mario Costeja González,13 May 2014[EB/OL].[2015 – 10 – 16]. http://curia. europa. eu/juris/document/document. jsf.

⑤ 周丽娜.大数据背景下的网络隐私法律保护:搜索引擎、社交媒体与被遗忘权[J].国际新闻界,2015(8):144 – 145.

⑥ 郑文明.新媒体时代个人信息保护的里程碑[J].新闻界,2014(23):78 – 79.

⑦ Härting N. Can a Search Engine be"Private byDefault"? [J/OL]. (2014 – 05 – 14)[2017 – 06 – 16]. http://www. cr-online. de/blog/2014/05/14/can-a-search-engine-be-private-by-default/.

⑧ Kageyama, Yuri(2014). Google gets right to be forgotten' order in Japan[EB/OL].[2015 – 10 – 19]. http://www. ctvnews. ca/sci-tech/google-gets-right-to-be-forgotten-order-in-japan-1. 2048172 htm.

息的信息控制人,信息主体有权要求信息控制人支付相应对价的权利,以及以其他方式获取收益的权利。

个人信息收益权产生于"信息有价"的社会观念①。个人信息是人格权的客体,而通常认为人格权主要与精神价值联系,无财产内容。但现代商业社会中,部分人格权客体已成为经济活动的客体。王泽鉴教授认为:"依传统见解,人格权乃存在于权利人自己人格上的权利,因出生而取得,因死亡而消灭,在权利关系存续中不得让与或抛弃,系属于所谓的非财产权。值得注意的是,因社会经济活动的扩大,科技的发展,特定人格权既已进入市场而商业化,具有一定经济利益的内涵,应肯定其兼具有财产权的性质……"②个人信息也如此,因其具备商业利用价值和稀缺属性,从而具备了财产属性。

需强调:上述相关权利必须让位于社会公共利益。但公权力机关收集、处理、利用个人信息的原则、程序、范围、目的等,是有待研究的课题。

五、侵害个人信息权的责任方式

传播侵权责任方式主要包括停止侵害、赔偿损失、赔礼道歉、消除影响、恢复名誉。关于传播侵害个人信息权的责任方式,这里主要探讨几个特殊问题:

1. 权力机关的赔偿问题

在个人信息权确立后,权力机关侵害信息主体的个人信息权,依照我国的诉讼制度,应该走行政附带民事诉讼的方式,也即行政机关对信息主体的赔偿应该是一种民事赔偿。但我国台湾地区"电脑处理个人资料保护法"第二十七条规定:"公务机关违反本法规定,致当事人权益受损害者,应负损害赔偿责任,但损害因天灾、事变或其他不可抗力所致者,不在此限。被害人虽非财产上之损害,亦得请求赔偿相当之金额……"而依照该法第三十条规定,权力机关的此种损害赔偿适用国家赔偿法之规定。当然,权力机关基于不可抗力的事由,对其承担赔偿责任的请求行使抗辩权。

---

① 卡尔·夏皮罗,哈尔·瓦里安.信息规则[M].张帆,译.北京:中国人民大学出版社,2000:17.

② 王泽鉴.民法总则[M].增订版.北京:中国政法大学出版社,2001:134.

2.关于非财产损害赔偿问题

作为一种具体人格权,个人信息权被侵害的后果与名誉权、隐私权被侵害的后果相似,也会造成非财产损害如精神损害,自然会有精神损害赔偿问题。如前所述,我国台湾地区"电脑处理个人资料保护法"第二十七条规定的权力机关侵害个人信息权的"被害人虽非财产上之损害,亦得请求赔偿相当之金额",当然包括精神损害赔偿;对于非权力机关侵害个人信息权,根据其第二十八条规定,"非公务机关违反本法规定,致当事人权益受损害者,应负损害赔偿责任。但能证明其无故意或过失者,不在此限。依前项规定请求赔偿者,适用前条(第二十七条关于公务机关侵害个人信息的赔偿责任)第二项至第五项之规定",非权力机关同样须对精神损害承担赔偿责任。

3.惩罚性赔偿的适用问题

有学者建议,根据我国的实际情况,我国对个人信息侵权责任应适用惩罚性赔偿[①]。

2016年欧洲议会通过的《欧盟数据保护通用条例》第48条规定,对于不太严重的违法,即未采取充分的信息技术安保措施、未提供全面透明的隐私政策、未签订书面数据处理协议等,罚款上限是1000万欧元或前一年全球营业收入的2%(两值中取大者);对于严重的违法,即无法说明如何获得用户同意、违反数据处理的一般原则、侵害数据主体的合法权利、拒绝执行监管机构的执法命令等,罚款上限是2000万欧元或前一年全球营业收入的4%(两值中取大者)[②]。可见,对个人信息权益的侵害在欧盟被认为是可以适用惩罚性赔偿的严重侵权,此观点应为我国立法所借鉴。

① 王兵,郭垒.网络社会个人信息侵权问题研究[J].西南交通大学学报,2011(2):15.
② 王融.《欧盟数据保护通用条例》详解[J].大数据,2016(4):101.

第十七章　虚假传播侵害财产权益

传播对他人财产权益的侵害,主要是虚假新闻、虚假广告和(证券市场)虚假陈述引发的对他人财产权益的损害,其中有直接侵害,也有间接侵害。需要指出的是:虚假新闻传播侵权是一般侵权,但由于虚假新闻也属"虚假传播",故合为一章。

第一节　虚假新闻侵害财产权益

所谓虚假新闻,指"不是部分真实、部分虚假的新闻,而是完全虚假、不存在客观事实的新闻。其因没有采访对象和与采访对象相关者,因此损害的不是他们的合法权益,而是作为不特定的新闻消费者即新闻受众的合法权益"①。简而言之,虚假新闻是故意捏造的新闻。

不实新闻,则是在一则新闻中部分真实、部分虚假或失实的新闻,其有可能是故意的结果,也可能是过失的结果,或是故意与过失结合的产物。

一、虚假、不实新闻侵害财产权益责任的法律依据

新闻真实的法律要求

追究虚假新闻民事法律责任的依据,除侵权法上的一般规定,还需特别法上的规定:对虚假新闻有无法律的禁止性规定,或者说,对新闻的真实性有无法律上的明确要求。

事实上,即使世界上对"新闻"的定义达百种之多,即使对新闻本质

---

① 罗斌,宋素红.虚假新闻的法律责任[J].中国记者,2005(10):45.

的看法见仁见智,但真实性要求却是中外新闻业界与学术界的共识,也是新闻消费者对新闻的共同要求。所以,对新闻产品的质量并非没有统一的认识。早在 1991 年 1 月通过的《中国新闻工作者职业道德准则》第四条就提出要求:"真实是新闻的生命。新闻工作者……不得弄虚作假,不得为追求轰动效应而捏造、歪曲事实。"

　　事实上,我国对新闻真实性的要求,除了以新闻职业道德约束为行业惯例外,20 世纪末已有法律规制:一是对一般题材的新闻报道真实性的规定。1995 年,新闻出版署发布的《报纸质量管理标准(试行)》第 5 条规定:"报纸所载内容必须真实、准确……"《广播电视管理条例》第 34 条规定:"广播电视新闻必须真实、公正……"二是对特殊题材即证券信息与新闻报道真实性的规定。1994 年 12 月 9 日,新闻出版署发布的《关于对证券、期货专业报纸和期刊加强管理的通知》中要求"证券期货报刊的办报办刊宗旨及报道内容必须做到:……客观、及时、准确地传播有关证券、期货市场的信息……"1997 年 12 月 12 日,中国证券监督管理委员会、新闻出版署等六部委(局)联合发布的《关于加强证券期货信息传播管理的若干规定》第 4 条规定:"禁止任何单位和个人制造和传播证券期货市场虚假信息。"1999 年 7 月 1 日起施行的《中华人民共和国证券法》第 72 条第三款规定:"各种传播媒介传播证券交易信息必须真实、客观,禁止误导"。

　　虚假新闻的民事侵权责任有明确法律规定。除《报刊刊载虚假、失实报道处理办法》及《出版管理条例》第 27 条对刊载虚假、失实报道的新闻媒体的上述民事责任和当事人的民事权利进行确认外[①],2002 年 6 月 27 日新闻出版总署、信息产业部联合发布的《互联网出版管理暂行规定》第十九条也进行了明确规定[②]。

　　需要强调的是,上述法律规定的新闻媒体的民事责任既非仅适用于部分虚假的新闻,也没有局限于民事侵权领域,完全虚假的新闻同样在

[①]　该条规定:"出版物的内容不真实或者不公正,致使公民、法人或者其他组织的合法权益受到侵害的,其出版单位应当公开更正,消除影响,并依法承担其他民事责任。报纸、期刊发表的作品内容不真实或者不公正,致使公民、法人或者其他组织的合法权益受到侵害的,当事人有权要求有关出版单位更正或者答辩,有关出版单位应当在其出版的报纸、期刊上予以发表;拒绝发表的,当事人可以向人民法院提起诉讼。"

[②]　该条规定:"互联网出版的内容不真实或不公正,致使公民、法人或者其他组织合法权益受到侵害的,互联网出版机构应当公开更正,消除影响,并依法承担民事责任。"

其范围之内。

二、虚假、不实新闻对他人财产权益的直接侵害

截至目前,在我国,虚假、不实新闻对他人财产权益的直接侵害,主要是侵害他人的投资权益。2008 年 9 月 11 日,《京华时报》刊载题为《招行投资永隆浮亏百亿港元》虚假消息①。2009 年 4 月,新闻出版总署在通报中认定:"由于该报记者对香港永隆银行的股价数据采集有误,得出招商银行浮亏逾百亿港元的错误结论,造成报道严重失实。该报道成为招商银行当日股价暴跌的诱因之一,并带动银行股板块整体下跌,当日招行 A 股流通市值损失 127.5 亿元,H 股下跌 5.16%。"②在该案中,虽然很难界定招商银行的名誉权还是信用权受到了损害,但其财产权(市值)及股民的股权受到直接侵害是不争的事实。

2013 年 5 月,《新快报》记者陈永洲在该报发表《一年花掉 5.13 亿元广告费 中联重科畸形营销高烧不退》和《中联重科再遭举报财务造假 记者暗访证实华中大区涉嫌虚假销售》两篇虚假消息,被网络广泛传播,引发重大社会影响。司法鉴定结果表明,公司 A 股、H 股在 5 月 29 日超过行业平均跌幅而减少的股价市值为 13.69 亿余元人民币,致使广大股民损失惨重③。对此案例,有观点认为《新快报》及其记者的行为侵害了中联重科的信用权。笔者认为,中联重科的信用权受到侵害属自然,但信用权主要是人格权,信用权受到侵害可能会使公司的财产权益间接遭受损失,而中联重科的股价为此遭受不应有的"暴跌",上市公司与股民即投资人遭受的是直接的财产损失——股权损失。

三、虚假、不实新闻对他人财产权益的间接侵害

虚假、不实新闻对他人财产权益的间接侵害,主要是因侵害他人人

① 该消息称"受恒指大幅下挫影响,昨天,招行表示要在 9 月底完成收购的永隆银行股价一路下跌至 72.15 港元/股。根据招行上半年与永隆签署的协议,该行将以 156.51 港元/股的价格收购后者 1.23 亿股,据昨天永隆的收盘价计算,此次收购将给招行带来约 101 亿港元的浮亏,超出其投资本金 193 亿港元的一半。"陈琰. 招行投资永隆浮亏百亿港元[N]. 京华时报,2008 – 09 – 11(1).
② 刘声.《新快报》等六家报纸刊载严重虚假失实报道被通报[N]. 中国青年报,2009 – 04 – 15(1).
③ 丁文杰. 新快报记者收人钱财发表失实报道[N]. 羊城晚报,2013 – 10 – 25(8);贺信,于宁. 陈永洲案关键人物仍在逃[EB/OL]. [2017 – 10 – 08]. http://china.caixin.com/2014-10-18/100740064.html.

格权益,引发对他人财产权益的侵害。

（一）虚假、不实新闻因侵害企业法人或其他非法人组织名誉权、信用权而导致其财产权益损失

虚假、不实新闻侵害企业法人或其他非法人组织名誉权、信用权,既可使企业的融资能力受到损害,也可使其商品名誉、服务信誉受到侵害,而导致其财产权益损失。此类案例在前述传播侵害名誉权及信用权部分均有阐述,此不赘述。

（二）虚假、不实新闻因侵害自然人人格权益而导致其财产权益损失

因侵害自然人名誉权等人格权益而导致其财产权益损失,又以造成自然人预期可得利益的损害为主。如本研究第一章第四节所述,间接经济损失即因传播行为侵犯人格权,进而导致被侵权人的经济损失,主要有三种:一是被侵权人出现身体健康问题导致的支出;二是被侵权人预期利益的损失;三是被侵权人因维护合法权益而支出的诉讼费用等。

第二节　虚假广告侵害财产权益

虚假广告既可能侵害他人财产权益,也可能侵害他人身体健康权甚至生命权,本节主要研究的是虚假广告对他人财产权益的侵害。

一、虚假广告的界定

研究虚假广告的侵权责任,首先需要界定虚假广告的含义。而由于虚假广告的多种表现形式,要运用法律手段进行规制,首先要明确虚假广告的认定标准。

（一）域外对虚假广告的界定

在美国,有关广告的法律法规重点规制的一个对象就是虚假广告。美国学者巴茨对虚假广告概念做过这样一个解释:"如果广告传达给了受众,并且广告内容与实际情况不符,同时,广告影响到消费者的购买行为并损害了其利益,我们就认为这是欺骗行为。"①

---

① 巴茨,等.广告管理[M].赵平,等,译.北京:清华大学出版社,1999:399.

在美国,《美国联邦贸易委员会法》第 15 条规定:"虚假广告是指在主要方面是欺骗性的广告,不是标签。而决定广告的欺骗性时,既要考虑广告说明、词、句及设计、声音或其组合本身,还要考虑其对相关事实的表述程度。"美国联邦贸易委员会 1983 年给虚假广告的定义是:"广告中有容易误导的成分;消费者可能做出反应;有可能会损害消费者的利益。"美国联邦贸易委员会对欺骗性广告的解释是:"任何具有曲解、省略,或其他可能对大批理性消费者造成误导假象等情形的,并使消费者受到损害的广告,不需要任何证据来证明消费者受到欺骗,其表现既可以是明确的也可以是隐晦的,判断的关键在于广告是否传递了虚假印象——即使其文字上无可挑剔。"①简而言之,若某一部分消费者因不实广告的宣传造成误解并受到损害,即构成虚假广告。根据美国法律规定,这里的"一部分消费者"采纳之数据比例是 20% 至 25%②。可见,美国在认定虚假广告时,采用的是一种偏向主观且综合的判断标准,其判断依据主要是围绕"印象"和"欺骗"两个方面展开的。

在英国,《电视广告业行为标准准则》第 24 条规定:"1. 电视广告不得在可知其任何描述、诉求或者图表说明中明确地或含蓄地对所宣传的商品或者服务进行误导,或处于推荐目的在该商品的适合性方面进行误导。2. 电视广告对于任何重要的限制性因素或者条件,必须予以清楚的说明,否则可能使公众对有关商品或者服务产生误解。3. 在受理电视广告之前,电视机构必须使自己确信,广告主对于其广告中的任何描述、诉求或者图表说明所提供的根据都是充分的。"可见,英国关于虚假广告的界定是根据广告主特定行为的禁止和消费者认知这两个方面的内容。

澳大利亚对虚假广告的认定也是在广告相对引人误解的基础上判定,其 1974 年《贸易行为法》第 51A 条如此规定引人误解:"如果有人做出一个有关将来任何事项(包括作为或不作为)的表示,没有据以做出该表示的合理根据,该表示即被认为是引人误解的。"依此规定,误解可作法律推定,因此澳大利亚对虚假广告界定是极为严格的。

德国关于虚假广告的规定相对其他国家来说是比较严厉的,只要使

---

① 李德成. 网络广告法律制度初论[M]. 北京:中国方正出版社,2000:20.
② 文森特·R. 约翰逊. 美国侵权法[M]. 赵秀文,等,译. 北京:中国人民大学出版社,2004:157.

交易相对让人产生误解即构成虚假广告。德国 1896 年的《反不正当竞争法》第一条规定："禁止行为人从事引人误解的商业广告。"第三条明确规定："在商业交易中以竞争为目的,对商业的情况,特别是对各种商品或者工业给付或者全部要约的特征、来源、制作方法或者定价,对货物的承购方式或者订购资料来源、获奖、销售的动机或目的,或者对于仓储的数量故意进行引人误解的陈述,可以向上述行为的实施人请求停止行为。"在德国司法实践中,消费者要根据"一般交易见解"来判断是否为误导广告。当然,广告相对人要达到一定的比例:若 10%—15% 之间的相对人因广告产生误解,则属误导广告①。在举证责任的问题上,德国采用的是倒置的方法,广告相对人不需要证明自己因广告的宣传产生了损害,也不需要证明购买行为与广告宣传具有因果关系②。

综合域外法律及实践,主要是从两个方面认定虚假广告:一是广告本身的虚假描述;二是对消费者可能误导,并不一定是造成了损失。

（二）我国对虚假广告的规定

我国现行立法关于虚假广告的规制,主要见于《广告法》和《广告管理条例》等专门性法律法规以及一些涉及广告问题的特别法和相关法规。

我国《广告法》第三条规定:"广告应当真实、合法,以健康的表现形式表达广告内容,符合社会主义精神文明建设和弘扬中华民族优秀传统文化的要求。"第四条要求:"广告不得含有虚假或者引人误解的内容,不得欺骗、误导消费者。"

《广告法》第二十八条不仅对虚假广告进行了定义,还进行了列举:"广告以虚假或者引人误解的内容欺骗、误导消费者的,构成虚假广告。广告有下列情形之一的,为虚假广告:（一）商品或者服务不存在的;（二）商品的性能、功能、产地、用途、质量、规格、成分、价格、生产者、有效期限、销售状况、曾获荣誉等信息,或者服务的内容、提供者、形式、质量、价格、销售状况、曾获荣誉等信息,以及与商品或者服务有关的允诺等信息与实际情况不符,对购买行为有实质性影响的;（三）使用虚构、伪造或者无法验证的科研成果、统计资料、调查结果、文摘、引用语等信息作证明材料的;（四）虚构使用商品或者接受服务的效果的;（五）以虚假

① 邵建东.德国反不正当竞争法研究［M］.北京:中国人民大学出版社,2001:159.
② 邵建东.德国反不正当竞争法研究［M］.北京:中国人民大学出版社,2001:162.

或者引人误解的内容欺骗、误导消费者的其他情形。"

从《广告法》第二十八条的规定来看,虚假广告包括两项标准:

1. 客观标准

客观标准的虚假广告是指虚伪不实的广告,不具有真实性。广告的真实性包括广告传播信息的真实性和广告形式的真实性。首先广告所传达的商品或服务的信息应该与该商品或服务本身相符,根据《广告法》第八条、第十一条、第十二条的规定,广告中对商品的性能、产地、用途、质量、价格、生产者、有效期限,或者对服务的内容、形式、质量、价格、允诺有表示的,应当清楚、明白;广告使用数据、统计资料、调查结果、文摘、引用语,应当真实、准确,并表明出处;广告中涉及专利产品或者专利方法的,应当标明专利号和专利种类。

2. 主观标准

主观标准指广告宣传的商品、服务与受众所理解的广告传播信息内容是否一致。国外主观标准主要有两种:一是愚人标准,即"如果连一位不善思考的、轻信且无知的人都不会被某一广告所欺骗,那么该广告就不是虚假广告"①。二是合理人标准,即"只要所做陈述有可能使当时情况下的合情合理的消费者对所做广告产品或服务的某一重要内容产生误解,就能认为它是虚假广告"②。这两种标准对于广告的真实性要求是不同的:采用愚人标准,有利于消费者的保护,但可能会在很大程度上限制广告业的发展;而合理人的标准,广告发布只需尽到一般注意义务即可,目前,大多数国家和地区都采用此标准。

根据考我国市场经济发展的实际状况,我国对虚假广告应采用双重主观标准:对一般的商品和服务以合理人标准为主,在特殊商品或服务上采取愚人标准。如对于老年人和儿童用品,应采取愚人标准,广告的发布需要较高的注意义务,而广告的受众负有较低的注意义务。

总之,只要符合"虚假"的标准,即使没有造成损害也属虚假广告,即不能仅将客观标准即已经侵害消费者合法权益作为虚假广告的判断标准,需结合主观标准。所以,根据我国相关法律法规,结合实际,以下对虚假广告定义比较合理:"虚假广告是指广告主、广告经营者、广告发布者以及广告推荐者为牟取非法利益而在广告中采用欺诈性的手段,对商品或服务的主要内容做不真实的或引人误解的表示,导致或足以导致消

①② 于林洋.虚假广告侵权研究[M].北京:中国检察出版社,2007:22.

费者对其产生高期望值从而做出错误判断的广告。"①

二、虚假广告传播侵权的特征

虚假广告侵权具有一般侵权的特征,然而,虚假广告侵权因为其是通过广告这一特殊载体实施的,所以又具有一定的特殊性②:

(一)侵权主体多重性

虚假广告侵权的行为主体包括广告主、广告经营者、广告发布者和广告推荐者等多重主体,而且,一则虚假广告,往往由上述多个主体行为的结合才能完成。

(二)侵害对象的不确定性与侵权客体的多重性

虚假广告的侵害对象主要指向不确定的广大消费者,在受害人未起诉之前,侵害对象并不确定。一些虚假广告,直接侵害传播对象的财产权;另一些虚假广告的侵权客体,则既包括受害者的财产权、人身权,也包括市场秩序。

(三)侵权主观要件上多为故意

虚假广告行为多以牟利为目的,采用欺诈、误导、暗示等手段,除个别情况下侵权主体是过失外,加害人主观多为故意。

(四)危害的严重性

现代虚假广告行为,往往借助于传统大众传媒与网络新媒体,传播速度快,覆盖面广,其导致的损害比一般侵权要严重许多。

(五)责任竞合性

虚假广告在侵害消费者合法权益需承担民事责任的同时,往往也需行政责任甚至刑事责任。

三、虚假广告侵权诉讼的特征

(一)虚假广告侵权诉讼充分体现了其侵权特征

虚假广告诉讼中体现出的特征,与上述虚假广告侵权特征高度一

---

① 于林洋,孙学华.关于"虚假广告"与"虚假宣传"关系的法律思考[J].山西高等学校社会科学学报,2004(6):62.

② 冀蓉.虚假广告之侵权责任研究[D].太原:山西大学,2011:7.

致。以浙江省杭州市江干区人民法院判决的"全国首例虚假医疗广告案"为例,该案案情充分说明了上述虚假广告侵权的特征:①主体多重性。侵权主体不仅有法人组织即医院,还有自然人即"医生"等。②侵害对象的不确定性与客体的多重性。该案侵害多名患者;侵权客体不仅有病人的身体健康权和财产权益,还有医疗市场秩序。③侵权者主观上构成故意。该案已构成刑事案件,侵权主体主观上是故意。④侵权后果的严重性。侵权造成 14 名患者构成九级伤残,后果严重。⑤侵权责任的竞合性。相关责任人不仅承担了民事赔偿责任(就侵权即民事赔偿问题在刑事诉讼之前达成调解协议),还承担了刑事责任,而且浙江省工商局立案后,做出封杀华夏医院虚假广告等行政处罚①。

(二)虚假广告侵权诉讼中的赔偿请求多指向财产损害

虽然在虚假广告传播中,侵害客体既有财产权益,也有人身权益(涉及人的生命、健康的商品与服务的广告),但在我国此类诉讼中,当事人的赔偿请求大都指向财产损害,鲜有指向身体、健康损害的。其原因主要是:

1. 在诉讼中,被害人尚未造成健康损害或难以证明健康损害

如消费者田峰诉"五叶神"卷烟厂虚假宣传案中,其难以证明一条卷烟给其带来的健康损害,因此,其赔偿请求并未指向健康权益②。

---

① 该案中,被告人即杭州华夏医院的黄元敏、杨文秀、杨国坤、杨元其违反《医疗广告管理办法》关于广告范围的规定,在未取得有效医疗广告证明情况下通过媒介发布医疗广告;广告内容就医疗服务的技术来源、医疗效果、医生资历作虚假宣传,涉案患者基本未能达到广告宣传的医疗效果,并致使 14 名患者构成九级伤残,其行为均已构成虚假广告罪,故分别被判刑。杭州华夏医院与杜玉生等 29 名患者在江干区法院主持下,就医疗事故达成一致协议,合计支付款项人民币 150 余万元,其中杭州华夏医院支付 27 万余元、被告人杨文秀支付 82 万元、杨国坤家属支付 45 万元、杨元其家属支付 3 万元。参见:李骏,辛成.全国首例虚假医疗广告案昨宣判　受害者获赔百万[N].现代金报,2007 – 11 – 10(5).

② 2013 年 2 月末,田峰在"五叶神"品牌官方网站看到对五叶神香烟的"五叶神属于中国低危害卷烟,获得中国毒理学会授权认证"推广介绍,于同年 3 月 22 日在北京联健家美商贸有限公司购买了五叶神网站宣传的"五叶神"卷烟一条,支付购烟款 120 元,并开具了发票。买回烟后,田峰在中国毒理学会官方网站看到声明,确认五叶神品牌的卷烟并未取得毒理学会的认证。田峰向深圳市盐田区人民法院法院起诉,请求法院判令五叶神退还购烟款 120 元并赔偿 500 元;五叶神赔偿田峰交通费、误工费、邮寄费、通信费等共 9315 元。盐田法院审理后认为,中国毒理学会于 2002 年确实向神农烟科公司出具授权书,故驳回田峰诉求。田峰又向深圳市中级人民法院提起上诉。二审中双方达成调解:五叶神支付田峰 9935 元,一、二审诉讼费亦由被告承担。参见:王国平.全国首例消费者状告烟企　获赔万元[N].华西都市报,2015 – 07 – 17(7).

2.此类诉讼中,精神损害赔偿请求难以得到保护

由于此类案例中,要么健康损害尚未形成,要么难以证明,在此情况下,传播侵害对象提出的精神损害也难以得到证明,更难以得到法官认可[①]。

（三）虚假广告侵权诉讼与不正当竞争案同列为"虚假宣传"案由进行诉讼

在我国,虚假广告传播侵权诉讼没有独立的案由,而是以"虚假宣传"案由进行诉讼,并与不正当竞争案列为同一案由。在最高人民法院《民事案由规定》中,"虚假宣传"作为第三级案由,属于第一级案由"知识产权与竞争纠纷"和第二级案由"不正当竞争纠纷"之下,而不正当竞争在我国属于知识产权部门法下研究的问题。从司法实践来看,同为"虚假宣传"案由下的不正当竞争纠纷案,原告多为与被告有竞争关系的同行业者,且较单一即多为一个原告,诉因多为假冒原告的名称等;虚假广告侵权,原告多为自然人（偶有法人）,侵害客体为财产权益和健康权益,侵害对象众多——二者存在本质不同。将本质不同的两类诉讼同列为一类,也是虚假广告传播侵权诉讼数量不多的原因之一,而且,此类诉讼中,原告消费者败诉率较高。

四、网络虚假广告侵权问题

网络传播中的虚假广告,其侵权除具备前述特征外,还出现了新的形态。

---

① 丛李松从某媒体上看到题为"晚期肿瘤治疗新突破"的"神麒口服液"广告,该广告称这种药物的吸收利用率可达传统中药的几倍以上。丛李松当日即在广告中所称的慈铭健康体检管理集团股份有限公司北京潘家园门诊部（下称"潘家园门诊部"）购买了1盒售价450元的"神麒口服液（消癌平口服液）",上面标有国家药准字Z20050778字样。后丛李松发现,北京市药品监督管理局于2012年4月至6月期间发布的《违法药品广告公告》中所附《违规药品广告情况汇总表》包括"神麒口服液"。丛李松向法院起诉,要求其退还货款450元,赔偿450元,支付误工费9099元,赔偿精神损失费1元。终审法院判决潘家园门诊部退还丛李松货款450元,并增加赔偿丛李松450元,驳回丛李松的其关于精神损害的诉讼请求。参见:北京市第二中级人民法院（2013）二中民终字第14088号民事判决书。

（一）网络虚假广告新形态

1. 百度贴吧中的虚假、不实广告

2016年1月中旬，沸沸扬扬的百度血友病贴吧事件[①]，将网络虚假、不实广告问题再次推向社会大众面前。

百度贴吧上有两种典型的医疗商业广告：①直接在某种疾病吧头像中植入某广告。②在某种疾病吧页面提供用以广告咨询的QQ号[②]。百度疾病吧的商业化运作模式中，售卖贴吧事实上出售的是贴吧的管理权和运营权，购买者可删除负面信息、发广告，让贴吧成为自己产品或形象的公关舆情平台。而所谓的传情平台，就是利用贴吧的运营权，左右贴吧的舆论，删除负面信息，扩大正面宣传[③]。

百度疾病吧的商业化运作模式自然会招来虚假、不实医疗广告。这会侵害网络用户以下权益：①财产权益。当网络用户或患者被百度贴吧上的虚假广告欺骗而购买药品或医疗服务时，首先被侵害的是财产权益。②生命权、健康权。网络用户或患者被百度贴吧上的虚假广告欺骗而购买药品或医疗服务时，还可能会因病情误诊、误治而被侵害生命权与健康权。③知情权。学者认为："如果百度贴吧本身的定位就是一个大家表达意见、信息交流的平台，不能以交流的名义做商业平台，则转让经营权就涉嫌以非商业名义进行了广告行为，侵害公众知情权。"[④]至于民事责任，在百度与吧主的关系中，百度是网络服务提供者，与贴吧吧主签订有协议：出现广告欺诈等现象，由吧主承担责任，但作为平台提供者，百度有监管职责，也须视具体情况承担相应的民事责任。

2. 竞价排名中的虚假广告

此类虚假广告的侵权路径是：网友在百度搜索上寻问治病方法→百

---

① 2016年1月上旬，百度贴吧血友病吧一吧主"蚂蚁菜"（张建勇）通过网络发布了求助声明，称百度单方面撤除了吧主职务，空降官方吧主并撤换了吧务组成员，将医疗贴吧商业化运作，其多方反馈未果，便在网上发布消息。消息引发社会强烈反响，36家公益组织联名举报百度涉嫌发布虚假医疗广告，要求工商部门介入调查。数日后，百度宣布，百度贴吧所有病种类吧全面停止商业合作，只对权威公益组织开放；专注血友病防治的NGO组织"血友之家"已经接受百度贴吧的邀请，成为血友病吧的新吧主。国家卫计委1月15日的新闻发布会上，该委宣传司长表示高度关注此事件，并表示：贴吧应提供权威疾病资讯，精准进行健康知识传播。参见：林斐然，等.卫计委：贴吧就提供权威疾病资讯[N].新京报，2016-01-16（A13）.

②④ 林斐然，等.百度疾病贴吧仍存在"承包"现象[N].新京报，2016-01-13（A14）.

③ 涂重航，张伟.贴吧利益调查：删贴业务与广告共生[N].新京报，2016-01-13（A15）.

度竞价排名机制推荐医院或医生→网友到百度推荐的医院接受治疗→财产权益和生命健康权益受到侵害。而引发公众和政府对百度搜索上的虚假广告高度关注的事件是"魏则西事件"①。在该事件中,由国家网络信息管理办公室、国家工商总局、国家卫生计生委联合成立的调查组给出的结论是:"相关关键词竞价排名结果客观上对魏则西选择就医产生了影响,竞价排名机制影响了搜索结果的公正性和客观性,必须整改。"②

（二）竞价排名的广告属性

1.竞价排名广告法律属性的确定

在 2015 年 9 月 1 日我国新《广告法》实施之前,网络能否作为广告传播的媒介尚没有法律定论,无论在 1987 年《中华人民共和国广告管理条例》第二条或是 2001 年《广告法实施细则》第二条罗列的广告传播媒介中,都没有"网络"。真正将网络作为广告传播媒介的是新《广告法》,其第四十四条明确规定:"利用互联网从事广告活动,适用本法的各项规定",如此,互联网在法律上成为一种广告传播媒介。

根据我国《广告法》第二条"在中华人民共和国境内,商品经营者或者服务提供者通过一定媒介和形式直接或者间接地介绍自己所推销的商品或者服务的商业广告活动,适用本法"的规定,并不能得出竞价排名不是广告的结论,在 2016 年 7 月 4 日国家工商行政管理总局令第 87 号公布《互联网广告管理暂行办法》之前,竞价排名是否属于广告,在法律上仍是一个灰色地带。

---

① 魏则西是西安电子科技大学计算机系学生,一次体检后得知罹患"滑膜肉瘤"晚期。在通过百度搜索和央视得知武警北京总队第二医院有美国斯坦福引进的生物免疫疗法,该院声称保 10 年/20 年生命没有问题。魏则西在该院经 4 次治疗,花费 20 多万后于2016 年 4 月 12 日去世。在一则"魏则西怎么样了?"的知乎帖下,魏则西父亲用魏则西的知乎账号回复称:"我是魏则西的父亲魏海全,则西今天早上八点十七分去世,我和他妈妈谢谢广大知友对则西的关爱,希望大家关爱生命,热爱生活。"网友找出魏则西在 2016 年 2 月 26 日一则题为"你认为人性最大的恶是什么?"的回答,魏则西在该帖中写道:"……后来我知道了我的病情,在知乎上也认识了非常多的朋友,其中有一个在美国的留学生,他在 Google 帮我查了,又联系了很多美国的医院,才把问题弄明白,事实是这样的,这个技术在国外因为效率太低,在临床阶段就被淘汰了,现在美国根本就没有医院用这种技术,可到了国内,却成了最新技术,然后各种欺骗。写这么多,就是希望大家不要再受骗了。"该贴引发了网络热议,百度搜索和百度推广被推上风口浪尖。http://baike.baidu.com/link? url,浏览时间:2017 年 4 月 1 日。

② 佚名.魏哲西事件调查处理结果[EB/OL].[2017 - 04 - 01].http://www.lc123.net/xw/rd/2016-05-10/363340.html.

在司法实践中曾有两种处理方法：①广告成立说。在北京市第一中级人民法院判决的一起案件中，其认定："本案涉及的百度推广服务是推广用户设置关键词和推广链接后，通过百度推广的关键词定位技术，当网络用户搜索该关键词时，推广结果将以标题、描述、网络链接的形式显示在搜索结果左侧上方或各页面右侧的'推广链接'位置，该服务是一种有偿服务并按效果收费，由于是否出现在推广链接位置不完全取决于标题、描述或链接的页面是否出现该关键词，百度推广服务与纯基于信息定位服务的自然搜索服务存在一定区别，涉案推广链接符合《广告法》关于广告的定义。"①在北京市海淀区人民法院审理的原告盛世公司诉被告走秀网络公司、搜狗公司、达闻公司不正当竞争纠纷一案中，其观点也是如此②。②广告否定说。原告田某某诉被告百度公司虚假宣传纠纷案③和"大众搬场"诉百度侵犯商标专用权与不正当竞争纠纷案④，虽然认定被告百度公司向购买其"竞价排名"服务的第三方网站，提供网络链接服务且所链接的网页侵犯原告注册商标专用权和含有虚假宣传内容，未尽合理注意义务，从而构成帮助他人实施商标侵权和虚假宣传不正当竞争的侵权行为，但同时认为"百度网站作为搜索引擎，其实质性功能是提供网络链接服务，其既不属于网络内容的提供者，也不属于专门进行广告发布的网络传媒"；北京高院2016年4月发布《涉及网络知识产权案件审理指南》也支持这一观点，规定"搜索引擎服务提供者提供的竞价排名服务，属信息检索服务"。

在"魏则西事件"压力下，2016年7月4日国家工商行政管理总局令第87号公布《互联网广告管理暂行办法》，其第三条规定："本办法所称互联网广告，是指通过网站、网页、互联网应用程序等互联网媒介，以文字、图片、音频、视频或者其他形式，直接或者间接地推销商品或者服务的商业广告。前款所称互联网广告包括：（一）推销商品或者服务的含有链接的文字、图片或者视频等形式的广告；（二）推销商品或者服务的电子邮件广告；（三）推销商品或者服务的付费搜索广告；（四）推销商品或者服务的商业性展示中的广告，法律、法规和规章规

---

① 参见：北京市第一中级人民法院（2012）一中民终字第9625号民事判决书。
② 参见：北京市海淀区人民法院（2010）海民初字第23795号民事判决书。
③ 参见：北京市海淀区人民法院（2013）海民初字第1147号民事判决书。
④ 参见：上海市第二中级人民法院所作（2007）沪二中民五（知）初字第147号民事判决书。

定经营者应当向消费者提供的信息的展示依照其规定;(五)其他通过互联网媒介推销商品或者服务的商业广告。"百度竞价排名自此纳入广告管理。

2.确定竞价排名广告法律属性的侵权法意义

自2016年9月1日起《互联网广告管理暂行办法》生效,竞价排名再也不能逃脱"广告"的法律"紧箍咒"。在侵权法上,这有以下意义:①在归责原则上,对搜索服务商可适用无过错责任原则。因为产品侵权责任适用的是无过错责任原则,而根据《广告法》第五十六条第一款"违反本法规定,发布虚假广告,欺骗、误导消费者,使购买商品或者接受服务的消费者的合法权益受到损害的,由广告主依法承担民事责任。广告经营者、广告发布者不能提供广告主的真实名称、地址和有效联系方式的,消费者可以要求广告经营者、广告发布者先行赔偿"的规定,广告传播者即网络服务商"先行赔偿"的责任,表明其与广告主即产品生产者或销售者同样承担无过错责任。②在责任形态上,与广告主承担连带责任。根据《广告法》第五十六条第二款和第三款的规定,这又分为两种情形,一是无过错时的连带责任,二是过错情况下的连带责任(参见本研究第七章第四节)。③在责任方式上,如第五章所述,网络服务商可能因与广告主即产品生产者承担连带责任,而承担惩罚性赔偿。

第三节　虚假陈述侵害财产权益

虚假陈述(misrepresentation)的内涵有广义与狭义之分:广义的虚假陈述指一个人对另一个人所做的与事实不相符合的表述①,其既能引起他人经济损失,也能造成他人人身损害(如甲将一辆坏车卖给他人,使其在车祸中受伤)。然而,即使是广义的虚假陈述,一般情况下也主要研究在商业领域中给他人经济利益造成的损害。而狭义的虚假陈述,则指证券市场中信息披露义务人违反法律规定、进行虚假陈述,致使投资人遭受损失的行为。

现代证券市场,信息披露义务人对信息的披露主要通过传统大众传播媒体及网络媒体进行。而由于各种原因,虚假陈述的传播已成为我国

---

① 李亚虹.美国侵权法[M].北京:法律出版社,1999:185.

证券市侵害投资者权益的主要方式之一,即:虚假陈述不仅是一种金融领域的侵权行为,而且是一种传播侵权行为,因此在传播侵权领域中应该得到重视。

本节主要研究狭义虚假陈述即证券市场虚假陈述传播引发的侵权行为。

一、证券市场的虚假陈述的本质:传播

(一)证券市场虚假陈述的传播本质

证券市场虚假陈述可从以下两种角度理解:

一是动态即行为角度。《虚假陈述案审理规定》第十七条的规定即从此角度定义,认为证券市场虚假陈述是指"信息披露义务人违反证券法律规定,在证券发行或者交易过程中,对重大事件做出违背事实真相的虚假记载、误导性陈述,或者在披露信息时发生重大遗漏、不正当披露信息的行为",该定义即归结到"行为"上。从此角度理解,虚假陈述主要包括以下几种类型:①虚假记载,是指信息披露义务人在披露信息时,将不存在的事实在信息披露文件中予以记载的行为。②误导性陈述,是指虚假陈述行为人在信息披露文件中或者通过媒体,做出使投资人对其投资行为发生错误判断并产生重大影响的陈述。③重大遗漏,是指信息披露义务人在信息披露文件中,未将应当记载的事项完全或者部分予以记载。④不正当披露,是指信息披露义务人未在适当期限内或者未以法定方式公开披露应当披露的信息。

二是静态即信息的角度,将虚假陈述理解为一种虚假信息,则虚假陈述为名词。

需要强调,根据《虚假陈述案审理规定》第二十条规定,"虚假陈述实施日"与"虚假陈述揭露日"的确定,也均与媒体传播密不可分:前者是指"虚假陈述在全国范围发行或者播放的报刊、电台、电视台等媒体上,首次被公开揭露之日";后者是指"虚假陈述行为人在中国证券监督管理委员会指定披露证券市场信息的媒体上,自行公告更正虚假陈述并按规定履行停牌手续之日"。

无论从上述哪种角度理解,证券市场虚假陈述都是一种传播。

(二)证券市场虚假陈述传播的特征

需要指出的是,证券市场虚假陈述传播,与一般传播类型有所不同:

1. 传播主体(侵权主体)

证券市场虚假陈述的传播主体多为上市公司及其发起人、控股股东等实际控制人、发行人、证券承销商、证券上市推荐人、会计师事务所、律师事务所、资产评估机构等专业中介服务机构及相关单位中负有责任的董事、监事和经理等高级管理人员,可能包括新闻传媒或记者。

2. 传播对象(侵权对象)

证券市场虚假陈述的传播对象虽也有不确定性,但也有确定性:相关上市公司的股东及受虚假陈述影响的潜在投资者。

3. 传播渠道

目前,证券市场虚假陈述事实上主要通过上海证券交易所或深圳证券交易所的证券交易系统,或是上市公司的官方网站进行传播,当然,也可能同时经由传统大众传媒进行传播。

4. 传播内容及形式

证券市场虚假陈述的传播内容主要是上市公司的经营信息,而且必须具备"重大"性[①];形式上也不以新闻体裁为主,而以公告形式为主。

5. 传播目的

证券市场虚假陈述传播目的主要是"欺诈",即误导投资者。因此,在侵权主观构成上以故意为主,以过失为辅。

6. 传播后果

证券市场虚假陈述传播后果主要是投资者的经济损失,而且是直接经济损失,而并不以侵害他人人身权益为目的;当然,其后果也包括证券市场秩序的破坏。

二、证券市场虚假陈述传播侵权案件中侵权主体与对象的确定

在我国,证券市场虚假陈述传播侵权诉讼是传播侵权诉讼中唯一一类不适用过错归责原则的诉讼。本研究在第二章中已有论述,此不

---

① 在应忠明等人与华闻传媒投资集团股份有限公司(下称"华闻公司")证券虚假陈述责任纠纷申请再审案中,最高人民法院从所涉信息披露的财务会计报告的涉及金额、事件性质、影响力等方面综合判断,认定华闻公司在 2008 年年报中对相关数据进行调整,除归属于母公司所有者的净利润(增减 13.18%)和利润总额(增减 5.16%)调整的幅度较大以外,其余科目调整幅度均很微小,并不能对股票市场产生实质性影响,其所披露的信息不构成"重大错报",其信息披露行为不构成虚假陈述。参见:最高人民法院(2013)民申字第 1836 号裁定书。

赘述。

根据《虚假陈述案审理规定》第七条的规定,虚假陈述传播侵权主体即证券民事赔偿案件的被告,"应当是虚假陈述行为人,包括:(一)发起人、控股股东等实际控制人;(二)发行人或者上市公司;(三)证券承销商;(四)证券上市推荐人;(五)会计师事务所、律师事务所、资产评估机构等专业中介服务机构;(六)上述(二)(三)(四)项所涉单位中负有责任的董事、监事和经理等高级管理人员以及(五)项中直接责任人;(七)其他做出虚假陈述的机构或者自然人"。

证券市场虚假陈述传播的侵权对象,既有确定性,也有不确定性:在虚假陈述进行当时,相关上市公司的股东是确定的;而当虚假陈述进行之后,相关上市公司的股东可能发生变化,因为一些股东会受该虚假陈述的影响进行交易,从而取消或获得股东资格。

而在虚假陈述传播引发的相关诉讼中,根据《虚假陈述案审理规定》第6条的规定,对原告资格则有如下要求:"投资人以受到虚假陈诉侵害为由提起诉讼,除须符合《民事诉讼法》第一百零八条规定以外,须提交行政处罚决定或者人民法院的刑事裁判文书,并须提交以下证据:身份证明文件(不能提供原件的,应提交经过公证证明的复印件);进行交易的凭证等投资损失证据材料。"

上述规定系以与实体相关的适格当事人标准来要求起诉原告,加大了原告举证难度,提高了起诉门槛,缩小了原告范围。

三、证券市场虚假陈述传播侵权诉讼中因果关系的证明

在我国,与其他传播侵权诉讼不同:证券市场虚假陈述传播侵权诉讼中,投资人即原告无须证明侵权主体传播的虚假陈述与投资人的损失之间的因果关系,而在满足一定条件下直接由法官认定。

美国证券集团诉讼中,为满足集团确认中共同性问题占优越性的要求,联邦最高法院确立了"欺诈市场理论",以解决信赖推定问题。但该理论仅仅针对交易因果关系的认定问题。与之相比,最高人民法院《虚假陈述案审理规定》的相关条款对投资者更为有利,该规定第十八条规定:"投资人具有以下情形的,人民法院应当认定虚假陈述与损害结果之间存在因果关系:(一)投资人所投资的是与虚假陈述直接关联的证券;(二)投资人在虚假陈述实施日及以后,至揭露日或者更正日之前买入该

证券;(三)投资人在虚假陈述揭露日或者更正日及以后,因卖出该证券发生亏损,或者因持续持有该证券而产生亏损。"该规定的意义在于:首先,在证明环节上,其跳过了交易因果关系的认定问题(更不用说信赖推定),而直接认定损失因果关系,根本不需原告对损失因果关系进行证明,在侵权责任的成立中,比美国的相关规定与实践少了两个环节。其次,在性质上,依最高人民法院的规定,虚假陈述侵权责任不再是经过"推定"的结果,而是"认定"的结果,而且是"应当"认定,是不可推翻的。但在司法实践中,许多法院并未依照此规定进行裁判①。

当然,根据《虚假陈述案审理规定》第十八条和第十九条,只有在虚假陈述实施日及以后至揭露日或者更正日之前买入证券,在揭露日或者更正日及以后卖出或持续持有该证券而产生亏损的,虚假陈述与损害结果之间才具有因果关系。然而,在虚假陈述实施日至揭露日或者更正日期间买进又卖出该证券的投资人的损失,与虚假陈述之间也存在因果关系,比如投资者因相信被告的虚假陈述或因被告隐瞒信息而买入某一证券,后自己判断该陈述为虚假而卖出并导致损失,仍然应该认定欺诈行为与损失之间存在因果关系。《虚假陈述案审理规定》前述规定必然使许多投资人因虚假陈述行为遭受的损失无法挽回。所以,对证券诉讼因果关系认定范围方面制约应予取消。

四、证券市场虚假陈述传播侵权诉讼中的责任范围与形态

我国证券集团中,赔偿标准是实际损失,因为《虚假陈述案审理规定》第三十条规定:"虚假陈述行为人在证券交易市场承担民事赔偿责任的范围,以投资人因虚假陈述而实际发生的损失为限。"但是,对非因虚假陈述行为人行为导致的损失,法律并未规定证明责任的承担者。

---

① 在王春燕等个人与宝安鸿基地产集团股份有限公司(下称"鸿基公司")证券虚假陈述责任纠纷案中,广东省高级人民法院认为,若要考量鸿基公司的虚假陈述行为与王春燕的损失之间是否存在因果关系,要分析鸿基公司股票是否因虚假陈述行为被揭露而出现较大幅度的涨跌异常。为此,法院选取了同期万科 A、金地集团等与鸿基公司同类的企业的个股,以及上证指数、深证指数、地产板块指数等变化情况,与鸿基公司股票在虚假陈述行为实施日、揭露日和基准日的涨跌进行对比分析。经分析,其认为股票市场对鸿基公司虚假陈述行为反应有限,没有证据表明其虚假陈述行为导致了鸿基公司股价出现异常波动、严重背离其市场价值。鸿基公司股价产生波动的原因应当是除了虚假陈述以外、同样影响着其他个股的宏观因素、产业因素、市场因素等多重因素。故法院认为,包括王春燕在内的投资者的损失,与鸿基公司虚假陈述行为没有因果关系。参见:广东省高级人民法院(2015)粤高法民二终字第 1028 号判决书。

证券市场虚假陈述传播侵权诉讼中,不仅在责任方式上与其他类型的传播侵权诉讼不同,即只有经济赔偿而没有赔礼道歉等方式,而且在责任形态上也与其他类型的传播侵权诉讼不同。侵权主体之间普遍适用连带责任,其分别是:①《虚假陈述案审理规定》第二十一条规定的发行人、上市公司对实际控制人承担的连带责任。②第二十三条规定的董事、监事和经理等高级管理人员对证券承销商、证券上市推荐人承担的赔偿责任负连带责任。③第二十六条规定的发起人(对发行人信息披露提供担保的)对发行人的连带责任。④第二十七条规定的证券承销商、证券上市推荐人或者专业中介服务机构(知道或者应当知道发行人或者上市公司虚假陈述,而不予纠正或者不出具保留意见的)对发行人或者上市公司承担的连带责任。⑤第二十八条则规定,发行人、上市公司、证券承销商、证券上市推荐人负有责任的董事、监事和经理等高级管理人员有下列情形之一的,应当认定为共同虚假陈述,分别与发行人、上市公司、证券承销商、证券上市推荐人对投资人的损失承担连带责任:参与虚假陈述的;知道或者应当知道虚假陈述而未明确表示反对的;其他应当负有责任的情形。

第三编　传播侵权特殊问题

第十八章　公众人物制度研究

公众人物与适用现代媒介的传播关系密不可分,可以说:没有传播,就没有公众人物。

公众人物制度是源于美国的纯粹"舶来品",虽然我国在法律上并未确立该制度,但司法裁判中,尤其在名誉权纠纷中,法官对"公众人物"的"容忍义务"的表述已经非常普遍。因此,公众人物制度的源起、内涵、理论依据,该制度在我国司法实践中的"适用",以及其在我国法律确认的可能性等,都是值得深入探讨的问题。

第一节　公众人物制度的确立及域外司法实践

"公众人物"制度滥觞、确立于美国,美国的相关典型判例中对公众人物的内涵及类型均进行了表述。但其他英美法系及大陆法系国家并没有确立该制度。

一、公众人物制度的确立

（一）公众人物制度的滥觞:New York Times Co. 诉 Sullivan 案

20 世纪 60 年代以前,美国法在名誉保护问题即诽谤诉讼中统一适用普通法规则,并不区分普通民众与公众人物。在普通法规则下,诽谤诉讼中需适用"严格责任"①,即"传统上,诽谤诉讼中的原告无须证明被告明知或应该知道诽谤言论的不实性。故意地、严重不负责任地或过失地将言论传达给第三人,如果事后证实该言论是虚假的,被告都要为不

---

① 一般责任是未尽到合理注意义务而应承担责任。而严格责任指即使当事人尽到最高注意义务,只要损害发生,即必须承担责任。

实的言论承担严格责任"①。

然而,自 1964 年美国联邦最高法院判决 New York Times Co. 诉 Sullivan 一案后,诽谤诉讼中的过错证明发生了根本的变化。在该案中,"公众人物"制度得以初步确立。

美国联邦最高法院认为:①该案实际是一起煽动诽谤案。该案中,Sullivan 和他的共同原告试图通过民事诽谤诉讼来复兴反煽动法。而最高法院的判例严厉地限制了政府利用煽动反诽谤法来惩罚批评者。②美国拥有一种源远流长的信念,即关于公共问题的讨论应当是充分的、广泛的、不受限制的。关于公共问题的讨论是民主进程的基本内容之一,应鼓励全体公民参与讨论。③公共官员应该预料到其工作会受到公众的细致审查,甚至遭到批评。政府官员可以利用大众媒介来反驳这类批评,甚至可以攻击批评者,这也是民主社会中重要争论的组成部分。

美国联邦最高法院对此案的判决是:美国宪法第一修正案赋予了公民言论自由和出版自由权,从而对名誉权诉讼中的损害赔偿构成了限制;在政府官员就他人对其公务行为的批评而提起的侵害名誉权之诉中,原告无权要求被告损害赔偿,除非原告能证明被告明知广告失实而刊登,或者被告完全无视所发表材料的真伪②。

在 New York Times Co. 诉 Sullivan 一案判决中,布伦南大法官将明知失实而刊登或无视所发表材料真伪概括为"实际恶意"(Actual Malice)原则:证明被告明知陈述虚假,或证明被告漠视事实真相。由此,判决确立了一条原则:"实际恶意"原则适用于所有被法院称为公共官员的当事人。

虽然本案的核心是阐述美国宪法第一修正案的主要内容——表达自由,但此案对公众人物人格权的发展具有两大重要意义:一是美国最高法院已经开始引导人们注意公共官员的特殊身份,这成为公众人物这一概念形成的基础;二是法院在判决中认为为了保障公共利益(人民批

---

① 文森特·R. 约翰逊. 美国侵权法[M]. 赵文秀,等,译. 北京:中国人民大学出版社,2004:294.

② 1960 年 3 月 29 日,美国《纽约时报》登载了一整版为被捕的黑人领袖马丁·路德·金声援的政治广告。该广告有一些非实质性错误。包括原告沙利文在内的许多官员纷纷对《纽约时报》提起诽谤之诉。该案前两审,《纽约时报》被判决赔偿沙利文 50 万美元。《纽约时报》上诉到美国联邦最高法院,最终胜诉。New York Times Co. v. Sullivan, 376 U. S. at 254(1964).

评政府的权力）而应容忍人们对公共官员的一些错误陈述，即隐约地提出了倾斜保护的原则①。

两年后，美国最高法院在"罗森布拉特诉贝尔案"中对"公共官员"做出了扩张性解释，提出界定公共官员的重要因素即公职（职权）、责任和控制力（影响力）。布伦南大法官宣称："'政府官员'这个称谓最低限度应当适用于那些在政府体制中对于政府运作负有或在公众看来应负实质责任的雇员……以免针对政府的批评受到处罚。"道格拉斯大法官则认为："什么人属于'政府官员'并不是此类案件的中心问题，其关键在于被讨论的是否属于公共事务。"②

（二）公众人物制度的确立

《纽约时报》案判决三年后，在"柯蒂斯出版公司诉巴茨"案和"联合出版社诉沃尔克"案中，美国联邦最高法院指出：那些不属于政府官员的"公众人物"如果试图领导有关公共问题的公共讨论，在提起名誉权诉讼时也应受到美国宪法第一修正案的限制，即：要么证明被告明知陈述虚假，要么证明被告漠视事实真相。自此，"公众人物"的概念首次出现在美国诽谤案的司法实践中③。

首次明确"公众人物"概念，是首席大法官沃伦在"柯蒂斯出版公司诉巴茨"案中的界定："公众人物是指其在关系到公共问题和公共事件的观点与行为上涉及公民的程度，常常与政府官员对于相同问题和事件的态度和行为上涉及公民的程度相当。"④但是哈兰大法官认为："公众人物是卷入被证明为正当和重要的公共利益问题的人。"

沃伦与哈兰最大区别在于他们对公众人物认识的视角不同：沃伦既想遵循先例，又要做出变通，所以就在公共官员的基础上来界定公众人物的概念，即非公共官员的人要想成为公众人物，就必须与公共官员一

---

① 李新天,郑鸣.论中国公众人物隐私权的构建[J].中国法学,2005(5):94.

② Rosenblatt v. Baer. 383 U. S. 75(1966)

③ 在"柯蒂斯出版公司诉巴茨"案中,原告巴茨受雇于一家私人公司,在佐治亚大学任橄榄球教练。该案中,柯蒂斯出版公司所属的报纸在报道中称巴茨在佐治亚州和亚拉巴马州的球队进行比赛时搞非法交易,巴茨对柯蒂斯出版公司提起侵害名誉权之诉。而在"联合出版社诉沃尔克"案中,原告沃尔克是一名退休军官,因被告刊登的一篇文章称其领导并参与了一场旨在反对政府实施反种族隔离政策的暴力事件,而提起名誉权诉讼。参见:Curtis Publishing Co. v. Butts; Associated Press v. Walker, 388 U. S. 130 (1967).

④ Curtis Publishing Co. v. Butts;388 U. S. 130(1967).

样对社会、对公众产生相同程度的影响。哈兰则完全抛开公共官员的阴影,明确强调公共利益是确定公众人物的关键性因素。由此可见,这两种视角不同的观点都肯定了公众人物应当与公共利益密切相关,对社会有重要的影响力。

(三)私性人物须证明过失:诽谤诉讼过错制度的完整确立

1974 年,在"格茨诉韦尔奇"案中,美国联邦最高法院宣称:即使是非政府官员及不想影响公共舆论的私性人物,在对大众传媒发表或播放诽谤报道的行为提起诉讼时,也必须证明大众媒介的过错,至少须证明大众传媒在准备和传播新闻时,未能做到必要的谨慎,或者在工作中有疏忽大意①。

在该案中,联邦最高法院的法官在对公众人物进行分类的同时,再次强调了决定公众人物的关键性因素——公共利益。但联邦最高法院在本案中的重要贡献是更加明确地指出公众人物对公众、对社会的影响力可以从多方面理解,这种影响力既可以是较为持久的、也可以是比较短暂的;公众人物既可以涉及全方位的公共利益,也可以是在某一个特定方面、特定事件、特定时间具有公共利益。

至此,美国诽谤诉讼中过错原则即证明责任制度得以被联邦最高法院完整地确立:①对大众传媒提起诽谤诉讼的私性人物至少得证明:该诽谤材料是媒介因工作疏忽而公开的。在诽谤法中,疏忽大意的定义就是未能做到合理的谨慎。②被视为公众人物的个人在对大众媒介提起诽谤诉讼时,必须证明被告在发表材料时怀有实际恶意。在美国诽谤法中,实际恶意的定义是:在发表某诽谤性陈述时,媒介明知该陈述虚假或不计后果地漠视真伪②。

二、美国公众人物的界定及类型

在"格茨诉韦尔奇"案中,美国联邦最高法院将公众人物分为两类:

(一)完全意义上的公众人物(public figure for all purpose)

在"格茨诉韦尔奇"案中,刘易斯·鲍威尔大法官如此定义"完全意义上的公众人物":"这些人占据着具有如此广泛的权力和影响的地位,

---

① Gertz v. Robert Welch,Inc. ,418 U. S. 323,1974.
② 唐·R. 彭伯. 大众传媒法[M]. 张金玺,赵刚,译. 北京:中国人民大学出版社,2005:164.

因此他们被认为是完全意义上的公众人物。"①至于什么是"如此广泛的权力和影响的地位",法官解释为"此类人往往声名显赫、家喻户晓,从而在各种情形下均可被认定为公众人物"。

然而,鲍威尔大法官对"完全意义上的公众人物"的定义并不让人容易理解。而学者则如此解释:"法院的意思似乎是说,原告必须完全暴露在持续的关注之下,才能被认定为完全意义上的公众人物……问题的关键是全国公众能否即刻辨认出原告,以及原告是否持续暴露于媒介的关注之下。"②

在司法实践中,美国的法官并未将"完全意义上的公众人物"局限于在全国范围内有巨大影响的人物,即一个公众人物,只要在诽谤传播的特定区域有广泛的知名度,就是"完全意义上的公众人物"。例如,在一个有 6000 多名人口的社区,一名曾经当选为市长职务、多年担任家长—教师协会会长、是镇上最大的房地产公司总裁、当地银行董事会主席的人物,一出现在当地大街上,民众马上能认出来,如果其被当地报纸(该报局限于该镇发行)诽谤,则可认定其为完全意义上的公众人物③。

当然,美国联邦最高法院还认为:"如果原告为某出版物的很大一部分读者所知,那么我们便有充分理由认为,原告具有公众人物的地位。"④

（二）有限意义上的公众人物（Limited Purpose Public Figure）

在"格茨诉韦尔奇"案中,刘易斯·鲍威尔大法官在判决意见中将"有限意义上的公众人物"定义为:"在更通常的情况下,那些被归为公众人物的人将自己推到特定的公共论战的前台,试图影响有关问题的解决……因为其为影响关于某问题的公众舆论所采取的行动,而被认为是公众人物。"在 20 世纪 70 年代中期,美国联邦最高法院通过一系列案例,确立了判断"有限意义上的公众人物"的三条标准⑤:①其必须在重要的公共问题或社会问题的解决中扮演一定角色。这些问题应该是社会问题（堕胎、歧视）、经济问题（纳税人的决定、市政预算）、教育问题

---

① Gertz v. Robert Welch, Inc., 418 U. S. 323, 1974.
② Barron, Jerome, C. Thomas Dienes. Handbook of Free Speech and f Free Press[M]. Boston: Little, Brown, 1979.
③ Steere v. Cupp, 602P. 2d 1267(1979)
④ Martin v. Robert Welch, Inc., 418 U. S. 323, 1974.
⑤ 唐·R. 彭伯. 大众传媒法[M]. 张金玺, 赵刚, 译. 北京:中国人民大学出版社,2005: 164.

（校车、老师能力的最低要求）、政府制度（新闻审查制度、军械管制）及类似问题的讨论。这些问题的解决会影响普通公众，或者至少影响很大一部分人，而不仅仅是影响与争议直接相关的几个人。②其通常必须自愿走进公众关注的焦点。美国联邦最高法院认为，人们在不自愿的情况下成为公众人物的可能性很小。但一些州法院未将自愿参与争议作为"有限意义上的公众人物"的标准①。③为在解决上述争议问题的过程中影响公共舆论，其必须进行一定努力。这一标准包含着此类公众人物有一定使用大众媒介的能力。

（三）几种特殊的公众人物

由上述分析可见，美国司法界与学界对公众人物的分类主要有三种：政府官员、完全意义上的公众人物和有限意义上的公众人物。但在美国司法实践中，还有以下几种特殊的公众人物：

1. 非自愿的公众人物（Public Figures Involuntarily）

指本身并非公众人物，不会也不愿引起公众兴趣，其身份也涉及公共利益，但因偶然事件的发生而卷入其中，从而成为暂时性、不固定性的"公众人物"，但事件过后又回归为普通人。可见，在美国法中"公众人物可以是偶然的，他们由于莫名的运气偶然地卷入某公共事件，这些人通常是很少的"②。

2. 作为公众人物的企业

在美国，如果企业试图影响涉及公共问题的舆论，则其可能被法院认定为有限意义上的公众人物。当然，其与作为自然人的公众人物的判定标准不同③：①看该企业是否使用了某种极不寻常的广告手段或促销活动来吸引受众对其关注。②该企业是否受政府管理。③关于该企业的诽谤性言论是否聚焦于公众极为关注的问题。

3. 曾经的公众人物

如果一个人在20年前是公众人物，那么今天其是否仍然是公众人物？美国的司法实践普遍认为，答案是肯定的，但前提是：诽谤性内容必

---

① Erdmann v. SF Broadcasting of Green Bay Inc. ,599 N. W. 3d1(1999).

② Damerson v. Washington Magazine,Inc,779F. 2d(D. C. Cjr.)1985,P736.

③ 唐·R.彭伯. 大众传媒法［M］. 张金玺，赵刚，译. 北京：中国人民大学出版社，2005：164.

须与该公众人物成为公众人物的职务工作有关①。但也有案例判决不同。1979 年,美国联邦最高法院在 Wolston v. Reader's Digest Assn Inc. 一案中认为,因过去了 16 年的时间,上诉人不必再被考虑是公众人物。布莱克姆法官在该案中指出:"一个人有可能由于同期报道其活动而成为公众人物,然而出于对同一活动和事件的历史评论目的,它并不是公众人物。"②

三、公众人物制度在其他国家的实践

美国为保护言论自由而从宪法层面对人格权进行限制的公众人物制度并没有在其他国家得到直接效仿,但有些国家也在司法实践中对言论自由与公众人物人格权进行了平衡。

（一）大陆法系

1. 德国

在处理公众人物名誉、隐私保护与言论自由关系时,作为传统大陆法系国家,德国并未将其视为宪法问题,而仍坚守其为民法问题,并在侵权法体系内由法官协调两者之冲突,通过利益衡量寻求个案公正。

首先,在民法制度层面,德国并未将名誉、隐私作为具体人格权,而是作为一般人格权保护,其法律性质介于权利与利益之间。《德国民法典》第 823 条第 1 款(a)保护的是生命权、身体权,而对名誉之保护,适用第 823 条第 1 款(b),即名誉的法律地位高于利益而低于权利,原因就是受制于言论自由。

而一般人格权的内容与保护方式都不同于前述的绝对性人格权。"一般人格权在其受保护的范围内承载了什么内容,是一个无法用一个统一的公式,甚至是根本无法创立一个可以用于归入法的公式来表达的。"③至于一般人格权的保护方式,"在依照第 823 条第 1 款受保护的权利(a)中,权利人被赋予的追求和实现特定利益的权能的排他性程度如此之高,以至于只要是因故意或过失所致的对此种利益的损害本身就足以构成侵权行为。与此相反,其他的利益(b)则只针对特定的损害方式

---

① Little Rock Newspapers v. Fitzhugh,954 S. W. 2d187(1997).
② T. 巴顿·卡特等. 大众传播法概要[M]. 黄列,译. 北京:中国社会科学出版社,1997:62.
③ 马克西米利安·福克斯. 侵权行为法[M]. 齐晓琨,译. 北京:法律出版社,2006:52.

才受保护"①。而这种损害方式即须证明行为的违法性,"对违法性进行积极的判断,这可以通过证明被告的行为不符合适用于所涉情形的特殊的强制规则所施加的行为标准来达成。或者说,被告的行为在违反了施加给所有人的应采取注意不对他人造成损害的一般注意义务时才具有违法性"②。所以,即使从此角度上看,德国似乎也无必要引进美国的公众人物制度。

但德国也有学者认为:"与普通人不同,公众人物须对他人言论承担忍受义务。在对公众关心的热门话题发表言论时,只有在例外的情况下,这种言论才可被理解为诽谤性批评;毋宁说,诽谤性批判仅局限于对私人的人身进行攻击。"③

在摩洛哥公主卡罗琳娜诉德国媒体案中,人权法院否认公主属于绝对公众人物,因为她被拍摄时并未履行公职。有学者指出,本案的核心是公众的信息利益和公众人物对其私人空间的权利的权衡问题④。

总体上看,德国学界虽注意到了公众人物问题,但法律制度层面尚未进行改变,原因是:在德国,名誉、隐私等人格权益不比言论自由的地位高。

2. 日本

日本学界认为,涉及政府官员等公众人物名誉问题时,言论自由的尺度应当更大一些。"当批评的对象为公务员时,即使经由批评行为降低了社会对该公务员的评价,如果批评的目的是为了公益且可以证明作为前提的事实在主要方面属实时,只要不具备具有人身攻击性质的评论,因欠缺违法性,以上行为不构成名誉毁损。"⑤

然而,作为继受性的大陆法系国家,日本将名誉作为一种利益进行保护。而关于利益则根据基于违法性的相关学说来判断。

作为继生的大陆法系国家,在侵权法上,日本依据判例形成的基本规则是,"以某种事实为基础发表意见或评论的名誉损害,该行为涉及与

① 迪特尔·施瓦布.民法导论[M].郑冲,译.北京:法律出版社,2006:216.
② 转引自:李昊.交易安全义务论——德国侵权行为法结构变迁的一种解读[M].北京:北京大学出版社,2008:258-259.
③ 霍尔斯特·埃曼.德国民法中的一般人格权制度———论从非道德行为到侵权行为的转变[M]//梁慧星.民商法论丛(第23卷).香港:金桥文化出版(香港)有限公司,2002:435.
④ 张红.基本权利与私法[M].北京:法律出版社,2010:213.
⑤ 田山辉明.日本侵权行为法[M].顾祝轩,丁相顺,译.北京:北京大学出版社,2011:64.

公共利益有关的事实并且其目的完全是为了公益的场合,作为该意见或者评论的前提的事实,如果重要部分被证明是真实的,只要没有人身攻击等超出作为意见或者评论的限度的,该行为应该说不具有违法性;假设即使以此为基础的事实不能证明是真实的,但是行为者有正当理由相信该事实的重要部分是真实的,则否定行为人的故意或者过失。"①

需强调:法律上,公众人物在日本也没有作为一项"制度"进行规定。

(二)英美法系

20世纪90年代以来,英美法系的英国、澳大利亚、新西兰都先后受理了政府官员起诉新闻媒体诽谤的案件,但在诉讼中,美国的公众人物制度并未被采纳,其主要采用特权抗辩解决此类问题。显然,抗辩并非只针对公众人物。

英国上议院在雷诺兹案的判决中认为,为保障言论自由,可扩展特权抗辩。然而,也应注重对个人名誉权的保护,以防止避免新闻媒体的不负责任和对自身商业利益的追求。可见:英国上议院并不主张模仿美国公众人物制度,而是主张仍然在侵权法领域内个案处理,来平衡言论自由与名誉权保护②。

1997年,因澳大利亚广播公司在其播放的纪录片中将时任新西兰首相Lange描述为一个不称职的和滥用职权的官员,Lange在澳大利亚起诉。澳大利亚高等法院认为,言论自由是保障公民行使投票权和表达意见所必需的宪法上的权利,但也是受到限制的。而新闻媒体在此类诉讼中可援引特权抗辩③。

Lange在新西兰也因上述类似问题提起过诽谤诉讼即Lange诉Atkinson案,其诉称被告发表的一篇文章及漫画插图对其构成文字诽谤。新西兰上诉法院在该案中创设了一类新的有条件的特权作为抗辩事由,但认为此特权主要适用于涉及相关公共利益的政治性言论,但须排除被告出于恶意的情况。

---

① 圆谷峻. 判例形成的日本新侵权行为法[M]. 赵莉,译. 北京:法律出版社,2008:70.
② Reynolds v. Times Newspapers Ltd. [1999]4 All ER 609,[1999]3 WLR 1010. Judgment By &1:Lord Nicholls of Birkenhead.
③ Lange v. Australian Broadcasting Corporation,p. 189(1997).

第二节　关于公众人物制度的理论

公众人物制度源自于美国,但对其理论的阐述,大陆法系国家可能更为热衷。我国作为成文法国家,学界从公众人物制度的本质、分类、运行机理等方面,进行了探索。

一、公众人物制度的本质、机理及特征

(一)公众人物制度的本质与机理

民法学者认为:"源自美国的公众人物并不是一个政治概念,而是一个为了保护言论自由、限制名誉权和隐私权而创设的概念。"①公众人物的人格权问题,本来是一个民法即私法领域的问题,而自沙利文案后,宪法介入了这个领域,所以,美国法上的公众人物制度主要处理公众人物人格权保护与言论自由之关系,而其从宪法(第一修正案)层面予以考量,确立了言论自由优先于人格权保护的原则——这种制度,超出了私法领域即普通法中诽谤法的范围,在世界法律体系内独树一帜。

公众人物制度是通过过错证明来发挥其功能的:即对公众人物,法律加重其证明责任,强制性要求其承担证明被告的"实质性恶意"而不是一般过失的责任,方能请求赔偿。这是一种刚性保障、机制性保障,而不是一种平衡。

(二)公众人物的特征

1.公众人物的"公众性"

指其因身份、地位、财富等带来的知名度,也可指其因涉及公共利益导致的被关注,还可指其因偶发事件成为社会焦点。

2.公众人物与大众传媒关系密切

许多公众人物之所以成为公众人物,本身与大众传媒的传播密不可分;成为公众人物后,因其言行总涉及公共利益或能激发公众兴趣而具备新闻价值,更加受到大众传媒的关注,其接触、利用大众传媒的机会与手段更多。在受到他人或传媒抨击时,其利用大众传媒反击的能力也

---

① 王利明.公众人物人格权的限制和保护[J].中州学刊,2005(2):94.

越强。

3.公众人物既可是自然人,也可是企业

从美国的司法实践来看,自然人是公众人物的主体,但企业在特殊情况下也可被"拟制"为公众人物,当然,其属于有限意义上的公众人物,而不是完全意义上的公众人物。

需要说明的是:即使在美国,公众人物仍然是一个抽象的概念,其内涵和外延并非很明确,而是具有相当的模糊性;在司法实践中,虽然美国联邦最高法院对公众人物有过界定,但标准仍不十分清晰,判例的解释也各不相同。

(三)公众人物的界定

虽然公众人物制度在美国几十年司法实践中已有丰富的积累,但其主要指出公众人物与公共利益的紧密联系,在界定公众人物这一概念时试图从公共事务、公众影响力角度来着手。显然,想给公众人物一个完整清晰、科学严谨的定义,或者明确列举所有能够成为公众人物的主体是不可能的,因为公共利益有明显的时空特征,不同的时代、不同的国家对公共事务、公众影响力和公众人物会有不同的认识,当然,普遍认为"公众人物的一个基本特征就是必须对社会意见的形成、社会成员的言行有重大影响力"①。

二、我国对公众人物的界定与分类

(一)从职业角度的分类

前述美国从实际案例的判决需要出发,对公众人物进行的分类标准,并不完全符合社会生活和诉讼实际情况。王利明从我国的实际情况出发,将公众人物分为两类:政治公众人物和社会公众人物,前者主要指政府公职人员等国家官员,后者主要包括公益组织领导人、"明星"等知名人士。王利明认为:"这种分类的意义在于:前者更多地涉及国家利益、公共利益和舆论监督的问题;后者则是因为其具有一定的知名度而在社会生活中引人注目,主要涉及公众兴趣的问题。"②

还有研究者认为,除了上述类型,公众人物还应该包括:在涉及公益

---

① 李新天,郑鸣.论中国公众人物隐私权的构建[J].中国法学,2005(5):95.
② 王利明.公众人物人格权的限制和保护[J].中州学刊,2005(2):94.

的组织担任重要职务、地位相当于公务人员的人;代表公共道德和社会基本价值的著名人物(如李素丽);在特定时期、特定领域内的公众广泛关注的人或涉及公共利益的事件中被证实确有关联的人(如钟南山)①。

(二)从主观意愿角度的分类

1. 自愿型公众人物

指自己主动参与公共活动与公共事务、暴露于公众之下的人,如政府公务人员、运动员、演员、歌手、艺术家、社会活动家等。

2. 非自愿型公众人物

详见本章第一节。

(三)综合角度的分类

也有研究者综合上述分类,将公众人物分为:政府公职人员或国家官员、社会知名人士和偶然性公众人物②。

三、公众人物制度的理论依据

(一)传统大陆法系中名誉与隐私属于可以克减的一般人格权

如前所述,在《德国民法典》中,名誉与隐私为一般人格权,"虽然也是一个高位阶的法益,但由于它可能和他人的人格权在同一层面上发生冲突,所以,一般人格权的问题所涉及的都是不确定的事实要件。也就是说,单纯是损害一般人格权的事实,并不指示出损害行为的违法性。"③就是说:名誉和隐私如果被侵害,侵权人并不一定违法,故不一定承担侵权责任,在这个意义上,名誉和隐私的重要性低于其他法律明确规定的"权利",当然也包括言论自由。所以,在判断是否构成对特定主体名誉权和隐私权的侵害时,应依具体案件中的特定事实并加以判定。

在民法理论上,权利被分为可克减与不可克减两类,名誉权和隐私权属于前者,《欧洲人权公约》有条件地采纳了这一立场,其第8条规定:"(1)人人享有私生活和家庭生活、住所和通信受尊重的权利。(2)公共权力当局对行使上款规定的权利的干涉仅得在法律规定的情况下进行,并且该干涉构成民主社会中所必需的、为了国家安全、公共安全、国家经

① 郭兴利.公众人物名誉权的制衡机理解读[J].求索,2007(10):104.

② 谢慧.私权平等与身份限制[J].现代法学,2010(3):154.

③ 马克西米利安·福克斯.侵权行为法[M].齐晓琨,译.北京:法律出版社,2006:57.

济福利的利益,为了防止社会无序或者犯罪、保护健康或道德,或保护他人权利和自由而采取的必要措施。"因此,公众人物人格权益弱化保护的理论基础就是名誉权和隐私权的可克减性。

我国民法学界也有学者明确指出"名誉权在一定的条件下可以受到限制"①,即名誉权有可克减性。

然而,这一理论也有问题:在法律并没有给出明确限制的情况下,如何对作为具体人格权的名誉权、隐私权加以限制?

(二)从权利主体的特殊性考虑

从公众人物所具主体特殊性予以考虑。有学者认为:"公众人物名誉权进行适当弱化保护的利益平衡基础,是因为他们已经从自己的角色中得到了足够的报偿:社会的普遍尊重;实现抱负;成就感;物质待遇。"②也就是说:公众人物应当考虑到自己应该承担相对多的社会责任,因为他们占有相对多的社会资源③。

这个观点也有其难以自圆其说的地方:其能够将公众人物与普通人做有效区分,但却不能解决为什么公众人物的精神性人格权可以受到限制,而物质性人格权如生命权、身体权而不须受到限制的问题,即无法解决同是一样的权利,为什么主体是公众人物时要区别对待。

(三)权利人通过权利运动实现权利利益化

有学者从权利运动的角度研究公众人物权利克减的依据,认为:法律对权利类型的设定、权利客体与主体的限定,是落实权利分配思路,实现了社会资源在法律调整层面的初次配置。学者认为:"权利人为实现单纯权利拥有之外的利益最大化,即以权利运动的形式将权利客体重新投入社会参与交易,使其成为其他主体追求并可被交易的发展要素,在交易过程中通过要素流转、聚合,实现权利人利益最大化,这一过程就是权利的利益化过程。在权利利益化的过程中,必然以减弱权利的伦理性为代价,尤其以人身权最为明显,作为权利原型因其所具伦理性而无法以金钱衡量之,但利益化过程中其权利客体———人格身份利益被释放

---

① 王利明.人格权法研究[M].北京:中国人民大学出版社,2012:214,505;张新宝.名誉权的法律保护[M].北京:中国政法大学出版社,1997:32.

② 张新宝.名誉权的法律保护[M].北京:中国政法大学出版社,1997:107.

③ 杨帆.公众人物隐私限制与保护的法理分析与立法完善[J].法学杂志,2011(3):99.

出来,在权利运动中便具有了交易性而可被价格予以衡量。"①名誉权、隐私权等具体人格权是第一层次资源配置意义上的权利,即使基于公共利益,也不能加以限制,故普通人的人格权应受无保留的保护。但普通人一旦成为公众人物,其第一层次资源配置意义上的权利客体,在权利运动中被交易致利益化,与新闻自由之客体产生冲突;而物质性人格权等仍然处于第一层次权利分配状态。

(四)社会公共利益的需要

社会公共利益依据主要针对行政官员,尤其是政治家等。一方面,民众需要了解公众人物,以进行监督。另一方面,公众对公众人物的批评监督有可能损害其名誉权,而此时,如果所涉事项是公众人物执行公务领域,则其应该有相当的容忍度。

事实上,公共利益作为限制公民基本权利的依据,也是各国通例②。公共利益意味着"在分配和行使个人权利时绝不可以超越的外部界限"③。所以,作为一种"天然内在理由",其构成对任何一项私权利克减的基础,并可针对在法律上享有权利的任何人,无论是普通人还是公众人物。

关于人格权的克减,恩格斯曾指出:"个人隐私一般应受到保护,但当个人私事甚至隐私与最重要的公共利益——政治生活发生联系的时候,个人的私事就已经不是一般意义上的私事,而属于政治的一部分,它不受隐私权的保护,应成为历史记载和新闻报道不可回避的内容。"④

有美国法学学者对此问题的阐述很充分,其认为,"保护隐私权并不禁止公开任何与公众利益有关的事件或任何涉及普遍利益的事项""许多人可能会要求扩大自己受保护的隐私范围,不愿成为媒体产业的受害者,但是也有一些人由于自己所处的地位或所从事的事项,在某种程度上却不得不放弃使自己的生活免受公众注视的权利。公民所关注的可能是与自己密切相关的事项,但如果这些事项不涉及公共利益并且又是

① 王福友,张雅萍.从权利利益化视角谈公众人物名誉权保护[J].国家检察官学院学报,2013(2):134.
② 赵杨.公众人物隐私权的经济分析[J].黑龙江社会科学,2008(4):166.
③ E.博登海默.法理学:法律哲学与法律方法[M].邓正来,译.北京:中国政法大学出版社,1999:298-316.
④ 中共中央马克思恩格斯列宁斯大林著作编译局.马克思恩格斯全集(第18卷)[M].北京:人民出版社,2006:591.

他人合法利益,在一般情况下,这些事项应当免受公众评论,但如果是有关竞选政府职位的候选人的特别事项,这可能对公众很重要,公民有权知道并有权加以评论""如果媒体公开报道某一普通人有口吃的毛病或拼写能力很差,就有可能侵犯此人的隐私权,但是,如果报道一个国会议员具有同样的情形就不会被视为侵权"①。

在我国,学者认为,公众人物往往与公共利益密切相关,"可以说公众人物的事业不仅是他们自己的,也是社会的、公众的,公众有权了解他们的事业及与他们事业有关的个人情况。"②所以,甚至有学者主张对国家公务员和其他公众人物提起名誉权诉讼的资格应加以限制。

(五)保障公民知情权的需要

保障公民的知情权,事实上就是为了社会公共利益。公民知情权与特定自然人隐私权具有天然的对抗性,所以"要保障公众的知情权,在很大程度上就要限制公众人物的隐私权,因为这是保障公民知情权的重要手段。而要保障公民知情权,就要保障其最大限度地从新闻媒体中获取真实信息的自由"③。

(六)公众兴趣或新闻价值的需要

公众兴趣是新闻价值的重要组成部分。只要满足公众合理兴趣的新闻,即使含有公众人物的隐私信息,媒体或记者也不承担侵权责任。公众人物对人们的广泛关注本身就应该有容忍度和心理预期。在某种情况下,如果公众人物的言行或满足公众兴趣,或具有新闻价值,则对其隐私权进行限制是合理的。

美国法律也认可新闻的公众兴趣原则。在著名的美国"神童案"——西迪斯诉 F-R 出版公司案中,法官就以新闻价值和公众兴趣为由,对公众人物的隐私权进行了限制④。国内也有学者认为,如果符合新闻价值和公众利益这两个要求,即使披露的是与社会无关的个人情况,也不构成侵权⑤。

①　阿丽塔·L.艾伦,理查德·C.托克音顿.美国隐私法:学说、判例与立法[M].冯建妹,等,译.北京:中国民主法制出版社,2004:278-279.

②　王利明.人格权法研究[M].北京:中国人民大学出版社,2012:219.

③　王利明.公众人物人格权的限制和保护[J].中州学刊,2005(2):94.

④　Murphy R S. Property Rights in Personal Information:An EconomicDefense of Privacy[J]. Georgetown Law Journal,1996,1(84):2393-2394.

⑤　王利明,杨立新.人格权与新闻侵权[M].北京:中国方正出版社,1995:426.

当然,公众人物隐私权保护的限制不是没有底线的,这一底线就是人格尊严。2002 年,《东周刊》超越媒体伦理底线,在封面迸发了影星刘嘉玲早年被虐裸照。刊物主办者——新传媒被罚款 10 万元,总编辑被判刑 6 个月①。

但是,也有观点认为公众兴趣不足以成为公众人物的理论依据,因为什么是公众兴趣,以及如何判断公众兴趣的合理性,是无标准答案的问题,另外,公众兴趣与公共利益可能并无关系,甚至有矛盾。在 2012 年 3 月 28 日我国香港个人隐私专员公署裁定《FACE》杂志拍偷并刊发两名演艺界明星在住所中亲密的照片的行为,严重侵犯其隐私权。公署表示,该行为只是满足公众兴趣,事件不涉及公众利益②。

第三节　公众人物制度在我国司法实践中的适用现状

我国立法及司法解释并未明确公众人物制度,但司法实践中许多法官热衷于该制度内涵。本节主要定量分析该制度我国司法实践中的适用现状。

一、公众人物制度在我国的引进

源于美国的公众人物制度被介绍到中国,是从 20 世纪 90 年代初介绍沙利文案开始的。最初,学界探究将此案原则"引进"中国,目的是"借以减轻媒体面对侵权诉讼压力,增大表达自由和舆论监督的空间"③。

至于司法实践中引用公众人物概念,许多人认为是从范志毅诉文汇新民联合报业集团侵犯名誉权纠纷案开始④,但事实上,目前可考的相关

① 甄增水. 论公众人物隐私权[J]. 河北大学学报,2014(3):89.
② 由于香港个人隐私专员公署没有司法权,因此,它只能要求相关媒体进行纠正,不能做出任何惩罚,受害艺人只能通过民事诉讼索偿。此外,对于这两起个案能否适于其他人,如政治人物,公署指出:案件各有不同,必须视每起个案的性质而做出不同判决。王晓易. 港媒偷拍明星家居亲密照被私隐署裁定违规[EB/OL]. [2017－10－08]. http://ent.163.com/12/0329/08/7TOH63L200031H2L.html.
③ 魏永征. 公众人物权益"克减"论可以休矣[J]. 新闻记者,2015(3):63.
④ 王利明. 公众人物人格权的限制和保护[J]. 中州学刊,2005(2):92;靳羽."公众人物"理论实证考察与名誉侵权过错判断路径检讨[J]. 政治与法律,2013(8):129;王福友,张雅萍. 从权利利益化视角谈公众人物名誉权保护[J]. 国家检察官学院学报,2013(2):139.

案例,最早应是赵忠祥诉《新华日报》名誉权纠纷案①。当然,赵忠祥诉《新华日报》名誉权纠纷案的判决中只是使用了"公众人物"概念,但并未适用其制度:既未让原告赵忠祥对媒体的故意承担证明责任,也未因此让赵忠祥承担更多的"容忍义务"。

而目前有据可考的最早让原先承担更多"容忍义务"的案例的确是范志毅诉文汇新民联合报业集团侵犯名誉权纠纷案②。但严格来说,该案也未适用真正的公众人物制度,因为该案中法官并未让其对媒体的故意承担证明责任。

二、公众人物制度在我国司法实践中适用现状的统计分析

笔者以"公众人物""二审""判决书"为关键词,对中国裁判文书网2014年1月1日至2017年12月31日的案例进行搜索,共得到150起结果案例。排除其中提到"公众人物"概念而实际上不涉及公众人物、被告为公众人物而原告并非公众人物等不符合条件的案件,共得到98起有效案例,涉及的权利为肖像权、名誉权、隐私权,其中有12起案件同时涉及肖像权与名誉权。据统计分析,目前,公众人物制度在我国司法实践中的适用现状如下:

（一）关于公众人物身份

本研究将98起案件中涉及的公众人物身份分为以下五种:影视明星、歌手、学者、其他知名人士、普通人。影视明星是指身份为演员、模特,具有较高知名度、曝光度的人士;其他知名人士指在一定领域内具有较高知名度的人士,如编剧、导演、企业家等;局部性公众人物指是由于某些事件成为公众人物或因为其在所在的地区有一定的知名度的人士。

---

① 张淋用"长弓"的笔名撰写《买一双鞋才能得到签名　赵忠祥泉城卖书遭冷遇》(下称《冷遇》)一文,发表在2000年1月3日新华日报社所属的《扬子晚报》上,把签名赠书说成是签名售书,称这个活动是"闹剧""草草收场",编造出"购书签名者必须先在该商场内购买一双价格不菲的几个牌号的皮鞋与旅游鞋,方可获得签名"等不实之词。该文发表后,全国多家媒体广为转载,造成恶劣影响。赵忠祥起诉要求张淋和新华日报社:停止侵权、在媒体上公开赔礼道歉、恢复名誉、消除影响赔偿直接经济损失5万元;赔偿精神损失30万元人民币。法院认定:由张淋撰写,由《扬子晚报》刊载的严重失实的文章已对赵忠祥作为社会公众人物的人身名誉造成贬损,社会评价也由此降低。法院判决:两被告分别赔偿赵忠祥精神损失费2000元和1000元,并要在报刊上共同向赵忠祥致歉。而赵忠祥提出的5万元经济损失被驳回。参见:北京市海淀区人民法院(2000)海民初字第7230号民事判决书。
② 参见:上海市静安区人民法院(2002)静民一(民)初字第1776号民事判决书。

（单位：起）

公众人物类型 年度	影视明星	歌手	学者	基层政府官员、 知名企业等	偶然性 公众人物
2014 年	11	1	1	8	0
2015 年	6	0	2	4	0
2016 年	24	2	0	3	2
2017 年	26	1	2	4	1
总计	67	4	5	19	3

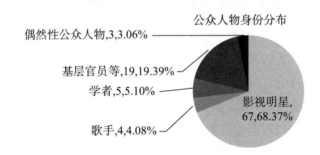

公众人物身份分布

偶然性公众人物,3,3.06%

基层官员等,19,19.39%

学者,5,5.10%

歌手,4,4.08%

影视明星,67,68.37%

由上述统计图表可见：在公众人物中，68.37%的公众人物身份为影视明星，这与其高知名度、高曝光度息息相关。同时，在统计的98起案件中，只有3起案件中的公众人物为偶然性公众人物，说明此类公众人物涉案较少。

（二）涉公众人物案例所使用媒介

涉公众人物的98起案例中，人际传播侵权案只有一例，其余均为媒体传播侵权。

（单位：起）

媒介类型 年度	报刊	广播	线下 广告	人际	网络			
					文章	视频	微博	公众号
2014 年	2	0	0	0	16	1	2	0
2015 年	1	1	0	0	7	1	2	0
2016 年	2	0	0	1	19	0	4	5
2017 年	0	0	1	0	22	0	1	10
总计	5	1	1	1	64	2	9	15

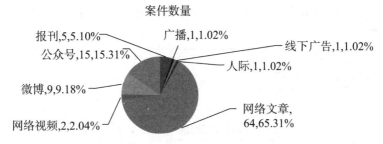

（说明：因同一案件可能涉及多种侵权媒介，上述统计主要以侵权媒介为标准）

由上统计可见：网络传播成为侵害公众人物权益的最主要途径，占91.84%；并且，随着社交媒体的发展，微信公众号对公众人物侵害案件逐年增加；而传统大众媒介已经不是此类案件中的主要侵权途径。

（三）涉公众人物案例所侵害的各种人格权

可见：在所统计的涉公众人物案例中，隐私权纠纷极少，名誉权纠纷最多，其次是肖像权纠纷①。

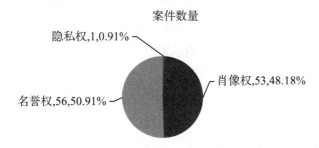

（四）涉公众人物肖像权案例判决情况

在涉及肖像权的53起案件中，多数案件内容为医院、美容院等机构未经公众人物同意，通过网站、公众号等方式进行宣传。在这些案件中，①有37起案件是由原告提出本人的公众人物身份。②在由法院提出原告公众人物身份的14起案件中，只有2件法院认为原告应有一定容忍义务②；剩余的12起案件中，法院认为被告的行为已经构成了侵权。③在53件涉及肖像权的案件中，由被告将原告的公众人物身份作为抗辩事由提出的案件仅有2件，提出的方式基本相同且法院都没有进行回应。在所有53件涉及肖像权的案件中，公众人物制度对法院判决产生影响的只有2件，而且依然是被告败诉。而在原告败诉的两起案件中，

---

① 因为有12起案件同时涉及肖像权与名誉权，故对其统计总数会多于实有98起案例。
② 参见：浙江省宁波市中级人民法院（2017）浙02民终1954号判决书。

原因是原告提供的证据不充分,并非原告的公众人物身份。

(单位:起)

年度 \ 胜败原因	原告声明 法院认可构成侵权	法院提出			被告提出 法院未回应	判决结果	
		构成侵权原因 超出容忍范围	其他	不构成侵权原因:证据不充分		构成侵权	不侵权
2014 年	7	0	1	0	2	10	0
2015 年	6	0	0	0	0	6	0
2016 年	12	0	0	0	0	12	0
2017 年	12	2	9	2	0	23	2
总计	37	2	10	2	2	51	2
		14				53	

在上述案件中,法院的判决依据主要是"未经本人同意""以营利为目的"。在原告声明自己是公众人物的 37 起案件中,全部胜诉;虽然两件中被告将原告的公众人物身份作为抗辩事由提出,但都未得到法院的回应。这说明公众人物制度在以营利为主要问题的肖像权纠纷的判决中,没有产生实质作用。

(五)涉公众人物名誉权案例判决情况

涉及公众人物名誉权的案件共 56 起。判决情况如下(括号内数字为判决构成侵权案件数量):

(单位:起)

年度 \ 胜败原因	原告声明 侵权与未侵权	法院提出				被告提出		判决结果	
		受公众人物影响 超出容忍范围构成侵权	可容忍未构成侵权	其他原因不构成侵权	其他原因构成侵权	法院未回应	法院回应	确认侵权	否认侵权
2014 年	9(1)	0	2	2	2	2(2)	0	5	12
2015 年	0	0	0	1	0	2(2)	2(2)	4	2

续表

公众人物提出 ＼ 年度	原告声明	法院提出				被告提出		判决结果	
胜败原因	侵权与未侵权	受公众人物影响 超出容忍范围构成侵权	可容忍未构成侵权	其他原因不构成侵权	其他原因构成侵权	法院未回应	法院回应	确认侵权	否认侵权
2016 年	10(1)	1	2	3	0	1(1)	1(1)	12	6
2017 年	2(2)	2	2	4	3	1(1)	1(0)	8	7
总计	21(4)	3	7	10	5	6(6)	4(3)	29	27
		10		15				56	
		25				10			

与涉及肖像权的案件相比,涉及名誉权的案件对于公众人物制度的运用多于肖像权案件:法院主动提出原告的公众人物身份并影响判决的案件有 10 起,包括法院认定"超出容忍范围构成侵权" 3 起和"可容忍不构成侵权" 7 起;同时法院对被告的抗辩事由进行回应的有 4 起(最后认定侵权 3 起)。

需要强调:在涉及名誉权的 56 起案件中,有 21 起案件是由原告主动声明自身的公众人物身份:与涉及肖像权的案件类似,原告认为被告未经同意使用原告肖像或被告对原告的评论会造成原告社会评价的降低,但法院均未予以回应。

三、公众人物制度对我国司法实践的影响

尽管我国司法实践中许多案例引用了"公众人物"概念,但绝大部分案件并未触及该制度的核心:作为公众人物的原告须对被告的"实质恶意"(故意)承担证明责任;有些案件,该制度根本未产生真正效果。

(一)公众人物制度一定程度影响判决结果

中国是成文法国家,任何法律理论和学说,只有按照法定程序入法方能生效。然而,在名誉权诉讼中,被告的抗辩理由之一时常即原告是公众人物,而且法院常常认可此抗辩。显然,公众人物制度在我国尽管未入法,但是的确在司法实践中发挥着作用。

有学者从北大法意案例数据库中,将案由设定为"名誉权纠纷",然后以"公众人物"为关键词,检索到有效案例有21起。经过对这些案例从内容、"公众人物理论"的运用、判决结果等方面进行研究、归纳,学者发现:"公众人物理论"已近浸入审判名誉侵权案件的法官裁判思维中——即使在被告未以"公众人物"作为抗辩理由的情况下,也有法院主动运用其理论,增强判决理由的说服力和整个判决的学理性①。例如,在张靓颖作为原告的一起案例中,法官基于原告身份,给予媒体被告宽容②。

而笔者前述统计的98起案件中,由法院主动提出原告公众人物身份并对判决结果产生影响的案件共有12起,其中肖像权2起、名誉权10起;由被告提出原告公众人物身份且法院做出回应的共有3起:共有15起案件不同程度地适用了公众人物制度,占据统计案件总数的15.31%。但公众人物制度的要素,除公众人物身份认定外(此类案件中,法官对原告公众人物身份的认定,往往从知名度考虑。由于该15起案件中原告均被认定为公众人物,故在"法院对公众人物制度要素的适用"中不再统计),还包括原告对"实质恶意"即故意的证明责任、公共利益的认定、媒体监督批评权的认定及原告的一定限度的容忍义务。以下将15起实际适用公众人物制度的案例具体适用情况统计如下:

原告	权利	被告观点	法院对公众人物制度要素的适用	原告胜败
周冬雨③	肖像权	无	未经本人同意;营利目的;超出容忍范围	胜
张培萌④	肖像权	无	同上	胜
郭国松⑤	名誉权	无	涉及公共利益;人格利益保护应当克减,在容忍范围内	败
胡觉照⑥	名誉权	无	涉及公共利益;批评、评论在容忍范围内	败

① 刘迎霜.名誉权中"公众人物理论"省思[J].社会科学,2014(6):98.
② 该案中,原告认为被告所属的《东方早报》刊登的《揭秘明星要大牌,晃点慈善活动张靓颖酒店要客服》侵害了其名誉权。参见:上海市静安区人民法院(2006)静民一(民)初字第2845号民事判决书。
③ 参见:北京市第一中级人民法院(2017)京01民终4101号判决书。
④ 参见:北京市第一中级人民法院(2016)京01民辖终64号判决书。
⑤ 参见:广东省广州市中级人民法院(2014)穗中法民一终字第4258号判决书。
⑥ 参见:广东省广州市中级人民法院(2014)穗中法民一终字第2209号判决书。

续表

原告	权利	被告观点	法院对公众人物制度要素的适用	原告胜败
孔庆东①	名誉权	无	涉及公共利益;应当对批评质疑容忍,人格利益保护应当克减	败
汪　峰②	名誉权	无	应当对评论加以容忍理解;批评、评论在容忍范围内	败
封　顶③	名誉权	无	涉及公共利益;原告应证明被告有恶意;媒体有监督批评权;原告有容忍义务	败
王正敏④	名誉权	无	部分行为无法认定存在恶意;超出容忍范围	胜
田朴珺⑤	名誉权	无	涉案文章内容不实,超出容忍范围	胜
谭　晶⑥	名誉权	无	超出公众人物人格权利限制的限度	胜
绿瘦公司⑦	名誉权	知名企业对负面舆论评价的忍耐度更高	对于质疑、批评以及监督应当具有一定的容忍度;对于媒体报道过程中产生的误会,亦有资源与能力采取方法予以澄清	败
方是民⑧	名誉权	原告作为公众人物自身可以消除影响,不构成实际损害	涉及公共议题;存在侮辱言论,存在恶意,超出容忍范围	胜

① 参见:北京市第一中级人民法院(2015)一中民终字第 02203 号判决书。
② 参见:北京市第三中级人民法院(2016)京 03 民终 2764 号判决书。
③ 参见:江苏省南京市中级人民法院(2017)苏 01 民终 1384 号判决书。
④ 参见:上海市第一中级人民法院(2016)沪 01 民终 10822 号判决书。
⑤ 参见:北京市第三中级人民法院(2017)京 03 民终 7480 号判决书。
⑥ 参见:北京市第一中级人民法院(2017)京 01 民终 500 号判决书。
⑦ 参见:广东省广州市中级人民法院(2016)粤 01 民终 14346 号民事判决书。
⑧ 参见:北京市第一中级人民法院(2015)一中民终字第 07485 号判决书。

续表

原告	权利	被告观点	法院对公众人物制度要素的适用	原告胜败
英 达①	名誉权	公众人物对媒体监督应当有更大的容忍义务	不属于限于公共利益相关的真实信息;超出公众人物容忍范围	胜
叶静怡②	名誉权	公众人物对负面舆论评价的忍耐度更高	被告行为存在恶意,超出容忍范围	胜
兰越峰③	名誉权	公众人物有更大的容忍义务	公共利益;被告言论属于"意见表达"范畴,无主观恶意;在容忍范围内	败

而根据笔者前述梳理的 15 起案例,公众人物制度对我国司法的影响有以下特点:

(1)法院普遍认为公众人物对轻微损害应该有适当的容忍义务。从上表可见,在所有受公众人物制度影响的案例中,都有适当的容忍义务的不同表述。当然,轻微损害的适当容忍义务出现在我国司法判决中是范志毅案,但对于"适当容忍"的边界,是唐季礼案进行了阐述——"内容基本属实且确实属于社会公众利益所应关切的内容"④。

(2)公共利益的判断往往成为影响诉讼结果的关键问题。法院通常认为,公众人物之所以应该对侵害其名誉权的行为承担轻微容忍义务,是因为被告的言论涉及公共利益。法院的判决书也着重阐述涉讼言论与公共利益的相关性。

(3)被告故意情况下才能构成侵权,过失情况不能构成侵权。在范志毅案中,法院判决原告败诉,理由之一就是"本案争议报道的消息来源

① 参见:北京市第一中级人民法院(2015)一中民终字第 03108 号判决书。
② 参见:上海市第一中级人民法院(2016)沪 01 民终 10435 号判决书。
③ 参见:北京市第一中级人民法院(2017)京 01 民终 5729 号判决书。
④ 参见:上海市第一中级人民法院(2004)沪一中民一民(初)字第 13 号判决书。

并非被告主观臆造,且从其文章的结构和内容来看,旨在连续调查'赌球传闻'的真实性,故被告主观上并不存在过错。争议报道中没有对原告进行批判、诽谤,不存在恶意"。也就是说,只要被告没有故意,就不构成侵权,这等于排除了过错中的"过失"。在文化名人余秋雨起诉肖夏林(《北京文学》编辑)案例中,一审法院判决余秋雨败诉,理由之一是主观要件不成立,"不能基于此认定此部分内容是故意凭空捏造,无中生有的"①。而法院的观点是因为"听取了被告代理人浦志强律师关于采用美国法上的公众人物限制保护和'实际恶意'原则(即明知内容虚假或者毫不顾忌内容的真假却轻率予以发表)的意见,甚至判决书还借鉴了被告代理词里的措辞"②。

(二)公众人物制度完全影响或左右裁判结果

公众人物制度的适用毕竟已经相当程度地影响了法官的裁判思维,但真正完全得以适用,是在近年的极个别案例中。

在 2017 年南京中院判决的封顶与南京广播电视集团有限责任公司、林敏等名誉权纠纷③中,法院认为:"封顶以南京广电集团为被告的名誉权诉讼,封顶应当证明南京广电集团发表的有损其名誉的言论出于真正的恶意,即明知其言论是虚假的,但并不在乎它是虚假的而不计后果的发表,且侮辱性言辞成为整个视频的本旨或主要用意,只有这时南京广电集团才承担侵权责任。……林敏、孙勤'意见表达'是对公共事件中封顶的善意规劝,南京广电集团对业委会管理乱象的监督批评,其本身并无诽谤或侮辱封顶人格的主观恶意,该行为系对公共事件及公众人物的正当批评监督,即使节目中披露了封顶的住址与私人电话,也不构成对封顶的侵权。"

不仅如此,在该案中,法官还对公众人物制度的其他要素进行了典型适用:①认定原告封顶属于公众人物。法院认为:"自愿进入公众视野、借助媒体宣传在公众中获取知名度以影响社会意见的形成、社会成员的言行并以此获利的社会主体……其在所在小区有一定知名度,

---

① 该案中,原告余秋雨认为被告的《文化中的文化》中陈述的"深圳奉送其一套豪华别墅"的报道失实,侵犯其名誉权。参见:北京市东城区人民法院(2003)东民初字第1807 号判决书和北京市第二中级人民法院(2003)二民中字第 9452 号判决书。

② 黄卉.关于判例形成的观察和法律分析[J].华东政法大学学报,2009(1):117.

③ 参见:江苏省南京市中级人民法院(2017)苏 01 民终 1384 号判决书。

其该知名度高于一般社区居民"，而且，"其对小区意见的形成、小区议题的解决、小区成员的言行有一定影响"。②认定原告封顶的相关行为涉及公共利益。法院认为："案涉节目中反映的资金管理这一公共议题的讨论事关公共利益，而该公共利益发言内容关系到小区不特定多数人利益，且以维护不特定多数人的利益为目的。公众关心、满足公众知情权也是一种广义上的公共利益。"③认定公众对公众人物的知情权是媒体舆论监督权的来源，而且认为媒体舆论监督权是一种责任。法院认为："新闻媒体有正当进行舆论监督和新闻批评的权利，对自愿进入公众视野、借助媒体宣传在公众中获取知名度以影响社会意见的形成、社会成员的言行并以此获利的社会主体，一般社会公众对其来历、背景和幕后情况享有知情权，新闻媒体进行揭露使得报道符合公众利益的需要，由此形成了新闻媒体的批评监督责任。"④认定原告封顶对公众的质疑和批评有一定容忍义务。法院认为："鉴于业主委员会工作的公益属性，担任主任一职的封顶，既然享有比一般人更多的名望和社会资源，就应受到更多的监督，对于在监督中可能出现的令人不悦的情形应有一定的预见性和容忍度……封顶对于公众和媒体行使言论自由及舆论监督权利时妨害其人格权益的行为负有一定限度的容忍义务，依法依规处理业委会事务。"最终，法院认定该案中媒体传播内容"虽个别用语令人不快，但仍属于法律上要求当事人保护适当宽容度的言论"。

封顶与南京广播电视集团有限责任公司、林敏等名誉权纠纷是目前发现的我国唯一一例完全、典型适用公众人物制度的案例，当然，案中公共人物并非政府官员，但并未影响其制度适用的完整性。

（三）公众人物制度未影响裁判结果

在一些案例中，"公众人物"只是一个"噱头"，并未影响裁判结果。如在唐季礼案中，法院认为作为公众人物的唐季礼应当容忍媒体报道对其个人名誉造成的负面影响，但是容忍的界线并非是美国公众人物制度所要求的"实质恶意"，即要求唐季礼对被告的实质恶意进行证明，而是要求"报道内容须基本属实"且"为公共利益所应关切"①，即：唐季礼的公众人物身份与过错（实质恶意）认定没有关联，对裁判结果也没有本质

---

① 参见：上海市第一中级人民法院（2004）民一初字第13号民事判决书。

影响。

在张艺谋作为原告的一起案例中,二审法院认为:"虽然张艺谋系公众人物,对于其私人生活的披露应负有一定程度容忍义务,但涉案内容涉及张艺谋私人感情问题,且张艺谋本人并未明确认同《往事悠悠》一书中的相关内容……现《印象中国:张艺谋传》一书中,对上述内容多以'他说'或'张艺谋说'形式进行表述,且未说明信息来源,足以使读者产生该内容为张艺谋本人表述或认可之错觉……不可避免地会使社会公众对其人格形象产生误读,进而对张艺谋的人格做出错误评价。故本院认定华夏出版社及黄晓阳侵害了张艺谋的名誉权。"[1]可见,法院虽认定张艺谋属公众人物,且"对于其私人生活的披露应负有一定程度容忍义务",但与唐季礼案中如出一辙:并未要求原告承担被告对于报道有"真实恶意"的证明责任,而是以被告未说明报道内容来源并足以误导公众为由认定侵权成立,实际上是要求被告承担证明讼争内容真实性的证明责任。显然,裁判结果与公众人物制度风马牛不相及。

四、公众人物制度在我国的畸变

(一)畸变的"实际恶意"原则

在美国的公众人物制度中,公众人物须证明被告的"实际恶意"方能获得赔偿[2],公众人物制度创设的目的与功能必须通过证明责任机制方能实现。在我国的司法案件中,虽然被告常常以其无实际恶意进行抗辩,但法院并不要求原告就被告的"实际恶意"进行举证(仅有一例要求)。也就是说:在我国涉及公众人物的人格权案件中,"实际恶意"只是被告的抗辩理由,而不是案件的归责原则,原告没有被要求承担被告有"实际恶意"的证明责任;有无"实际恶意"通常是由法院认定的。这与在美国的公众人物制度的核心要素有本质区别。

(二)不一样的公众人物主体身份

我国法学界在介绍和主张引进公众人物制度时,对公众人物主体身份的界定中,不仅有政府官员,也有演艺、体育界等"名人"。但在司法实

---

① 参见:北京市第一中级人民法院(2009)一中民初字第 1030 号民事判决书。

② New York Times Co. v. Sullivan,376 U. S. at 254(1964).

践中,政府官员很少作为公众人物①,也少有知名企业②,主要是演艺、体育、学术界人士,至多包括企业家。

(三)制度适用的不统一

由于没有法律支撑,公众人物制度的适用在我国并无刚性标准,法院、法官在适用时表现出凌乱而无序,甚至是任性。对同样类型的案件,同一法院,甚至同一法官,在前后案件中的判决导向和判决结论完全不同③。

五、小结

自 2002 年"范志毅案",公众人物制度被"引进"我国以来,其的确对我国司法实践产生了一定影响,并在相当程度上左右了法官在处理此类案件时的裁判思维,同时也对社会生活、大众观念产生了影响。然而,在我国的司法实践中,公众人物制度的适用还存在以下问题:

(1)关于公众人物身份的判断,缺乏明确的标准和分类,因而大多数的公众人物案件还是被当作普通案件进行处理。

(2)关于公众人物的容忍义务,缺乏明确的判断标准。对于被告行为是否在原告容忍范围内的标准,但在所统计的案件中,不同法院有不同的标准,给司法实践及当事人预判带来了不确定性。

(3)由于没有制度支撑,公众人物制度的核心要素即原告需对被告的实质恶意即故意承担证明责任、公共利益的认定等,在我国的相关案例中,尚未充分适用。

总之,公众人物制度的目的与功能在于限制政府官员适用民事诉讼等司法程序对言论自由的打击,而其功能发挥的机理在于给原告施加加

---

① 即使是政府官员作为公众人物,也只是基层低级政府官员如街道办事处主任。参见:四川省攀枝花市中级人民法院(2017)川 04 民终 1395 号民事判决书。

② 企业被法院比照为公众人物的案例,在我国也有发生。如在广东绿瘦健康信息咨询有限公司诉湖南新万阳传媒有限公司名誉权纠纷中,法院认为"相关企业或公众人物应对公众的批评、检验、监督具有一定的容忍度"。参见:广东省广州市中级人民法院(2016)粤 01 民终 14346 号民事判决书。

③ 2003 年余秋雨起诉肖夏林案,与 2004 年李晓华诉《21 世纪经济报道》案(被告于 2003 年 6 月 19 日在第一版和第三版刊登了《"北京首富"李晓华涉案》一文,原告以该文歪曲事实、蓄意诽谤提起名誉诉讼,北京东城区人民法院最后认定被告报道"严重失实"并构成名誉损害,判决侵权成立)。参见:北京市东城区人民法院(2003)东民初字第 3716 号判决书;北京市第二中级人民法院(2004)二中民终字第 5596 号判决书,都由相同的一审、二审法院审理,而且一审还是同一位主审法官,但判决导向与结果完全相反。

重的证明责任,即让原告承担被告"实质恶意"的证明责任。既然这两条在我国的司法实践中都发生了本质变化,则很难说我国司法实践真正引入了公众人物制度,或者说,我们进行了"本土化改造"。

第四节 公众人物制度的理论困境

公众人物制度虽然的确对我国司法实践产生了一定影响,但由于成文法的强大传统、民法及民事诉讼法的基本法理及现实国情,其在我国也面临理论上的质疑。

一、没有法律依据

自从范志毅案后,公众人物理论的一些观点在以后相关案例中得到了参照,所以有学者认为其"大致可以判断为正在判例形成的途中"①。但有学者认为,"公众人物的忍受义务"和"名誉权案件不能忽略公共利益"等法院据以判决的理由却没有法律根据②。也就是说,公众人物理论具有一定程度学理依据,但其在合法性方面却无任何依据。

的确,我国人格权侵权责任构成须具备主观过错、违法行为、客观损害结果、因果关系四个构成要件,过错包括故意与过失,但没有任何法律要求公众人物起诉须证明被告故意,当然也根本没有任何法律规定什么是"公众人物"。因此,至今所有的以公众人物理论为据进行裁判的案例,要么是制造一个"噱头",要么是违法裁判。

二、违背私权平等精神与原则

人格权具有公权利和私权利两个维度,宪法上的人格权和私法中的人格权,并非相互排斥的权利,学者认为"那不过是单一的权利在对一般人时和对国家时所表现的差异,即不外同一的权利兼备有公权和私权的两方面"③。在民法上,基于人格平等的价值理念,民事主体资格一律平

---

① 黄卉.关于判例形成的观察和法律分析——以我国失实新闻侵害公众人物名誉权案为切入点[J].华东政法大学学报,2009(1):119.

② 李正春.公众人物名誉权与言论自由的冲突与救济[EB/OL].[2015-06-06].htps://www.chinacourt.org/index.shtml.

③ 美浓部达吉.公法与私法[M].黄冯明,译.北京:中国政法大学出版社,2003:165.

等,权利能力一律平等。而公众人物制度除人为制造"一个模糊而有争议的概念从而增加了司法解释的困难之外",还可能"动摇人格平等这一基本私法理念"①。

三、违背诉讼权利平等精神与原则

民事诉讼的基本原则之一就是诉讼权利平等,这在任何国家都是明确不二的原则。当然,美国联邦最高法院创造性地发展了公众人物制度,其作为公众人物的原告须证明被告有实质恶意的制度,事实上在此角度改变了民事诉讼的这一基本原则。

作为案例法国家的美国可以改变民事诉讼基本原则,创造这种制度,但作为成文法国家的我国,则不可能。我国《民事诉讼法》第八条明确规定:"民事诉讼当事人有平等的诉讼权利。人民法院审理民事案件,应当保障和便利当事人行使诉讼权利,对当事人在适用法律上一律平等。"此规定的内含是:在民事诉讼中,当事人享有平等的诉讼权利,承担平等的诉讼义务。其在承担证明责任时也是平等的,不能因为原告是公众人物,就强加于其证明被告实质恶意的责任;而原告是普通人,就只证明被告的过失即可。

虽然诉讼权利平等指的是"同等"或"对等",而不是"相同",但公众人物制度下的不同身份的原告承担不同等证明责任的规定,显然超越了诉讼权利平等的真实内涵。

四、在我国,言论自由与名誉权等人格权都是法律明确规定的基本权利

公众人物理论强调言论自由的重要性,认为基于公共利益和保障民主政治,言论自由的保护优越于名誉权等具体人格权的保护,但是,没有理由认为言论自由当然优于名誉权保护,因为言论自由并不是法律所维护的唯一价值,也不是立法者所要维护的最终目的。

言论自由的目的是达到"公众知情",进而实现公众的参与权与舆论监督权。然而,"当作为原告的公众人物在名誉权诉讼中败诉的时候,社会公众往往无法判断原告败诉究竟是由于无法满足举证责任的技术要求,还是被告的陈述属实。在言论的真实与虚假难以辨别的时候,言论

---

① 谢慧. 私权平等与身份限制[J]. 现代法学,2010(3):157.

自由又怎能为公众提供有意义的知情服务呢"①。

五、"公众人物"概念本身及"合理容忍"的模糊性

即使在公众人物制度的发源地美国,对区分公众人物,尤其是有限意义上的公众人物,在司法实践中一直争议不断。虽然在"格茨诉韦尔奇"案中,鲍威尔大法官在"格茨"案自信地宣称,"只要小心谨慎,区分名誉权诉讼中的原告身份并不困难"②。然而,事实并非如此。在低级行政官员或者偶然成为名人的情况下,究竟是否适用公众人物制度,在美国也没有统一的答案。例如,"格茨诉韦尔奇"案提出了认定有限意义公众人物的两个标准:是否具有"自救能力"和是否属于"自愿承担风险"。但这两个标准依然模糊:不同的法官有不同的理解,从而有不同的裁判结果。

在我国的此类案件中,一些判决认为公众人物应当对轻微损害"合理容忍",但这个"合理"的内涵与外延是什么,也没有任何法律规定。

将一个基本概念都有模糊性的制度引进作为成文法的我国,不仅会给立法带来巨大困难,也会在司法实践中导致混乱,并提高司法成本:因为法官与当事人要花很大精力去证明与认定原告究竟是否属于那个模糊的"公众人物"。

结论:一个难以消化的制度

虽然沙利文案中,美国联邦最高法院适用《宪法第一修正案》的相关规定处理民事诽谤诉讼,将一个民事问题转变成了宪法问题,但这种在成文法国家看起来不可思议的做法,在美国没有"是否合法"的问题,因为美国联邦最高法院的判例即是"法律"。而对于法官无权直接适用《宪法》条文,而且人格权与言论自由在《宪法》中平等规定的我国而言,这种转换毫无现实可能性。

公众人物制度的运行机理在于加重原告的证明责任,其必须对被告的"实质恶意"承担证明责任,但其与我国侵权责任中过错证明与认定的机理格格不入。我国侵权责任中过错证明的情况有二:①对待一般案

---

① 周学锋. 名誉权与言论自由的制衡:"公众人物"理论解析[J]. 山东师范大学学报,2005 (4):43.

② Gertz v. Robert Welch,Inc. ,418 U. S. 323,1974.

件,根据《侵权责任法》的相关规定,过错包括故意与过失,而且没有其他法律规定名誉权等人格权纠纷案件中被告的过错只表现为故意,即被告的过失也可能导致侵权责任;②对于新闻报道严重失实引发的侵权案件,根据最高人民法院《解答》及第七条"因新闻报道严重失实,致他人名誉受到损害的,应按照侵害他人名誉权处理"的规定,无须证明被告的过错。

在美国,公众人物主要包括政府官员,而且该制度源于对政府官员的监督,这是由美国的政治、法律、文化等背景决定的。在我国,国情决定了政府官员很难被列入"公众人物"而被特别课以加重的证明责任。

总之,因政治制度、法律文化、宪法秩序迥然不同,"自由至上"与"私权平等"两种理念格格不入,故公众人物制度并非合适的借鉴对象。如果立法勉强引进,则会破坏目前的相关人格权的私法制度;而如果立法不予规定,而司法实践中"引入",结果是要么该制度成为一个"噱头",要么畸变。

第四编　传播侵权立法

第十九章 传播侵权立法体例研究

自 1987 年《民法通则》实施至今,从"新闻侵权"到"媒体(介)侵权",再到"传播侵权"①(本研究采此概念),我国法学界和新闻法学界以上述核心概念为基础,对通过媒体传播侵害他人人格权等权益行为是否需要立法规制及如何立法规制的研究已经有 30 年的历程。在 21 世纪初至 2010 年《侵权责任法》生效前后,对此问题的研究达到了一个高潮,虽然学界有分歧,但同时社会各界也形成了主流观点:针对人格权益的媒体传播行为侵权需入法规制②。

媒体传播行为侵权最终未进入《侵权责任法》进行规制,除了"新闻侵权""媒体(介)侵权"概念本身的问题,从立法技术的角度,困难主要集中于立法体例③上,而体例问题的核心在于此类侵权的单列规制上:其能否作为一类侵权进行单独规定(其中三个立法障碍详见本章第一节)、在《侵权责任法》中如何排列、包括哪些内容。

根据全国人大常委会的立法计划,包含"侵权责任编"在内的《民法典》各分编已于 2018 年整体提请全国人大常委会审议,经全国人大常委会审议后,并于同年 9 月公布了《民法典(草案)》,但其中并未规定"传

---

① 参见:王利明.新闻侵权法律辞典[M].长春:吉林人民出版社,1994;孙旭培.新闻传播法学[M].上海:复旦大学出版社,2008:196 - 241,347;张新宝."新闻(媒体)侵权"否认说[J].中国法学,2008(6):183 - 189;徐迅.新闻(媒体)侵权研究新论[M].北京:法律出版社,2009;杨立新.我的媒体侵权责任与媒体权利保护[J].中国法学,2011(6);魏永征.从"新闻侵权"到"媒介侵权"[J].新闻与传播研究,2014(2);罗斌."新闻侵权"、"媒体(介)侵权"抑或"传播侵权"[J].国际新闻界,2016(10).
② 最典型的说明是:2008 年 5 月 16 日,全国人大法工委就"新闻侵权责任"问题召开研讨会,与会的法学家、新闻法专家和新闻机构官员中,除 1 人反对外,其他都支持在《侵权责任法》中规定"媒体侵权"。杨立新.我的媒体侵权责任与媒体权利保护[J].中国法学,2011(6):186.
③ 所谓立法体例,指立法中的结构安排及其标准、规模(即章、节、条)等形式与内容的关系问题。

播侵权"。若错过这一趟立法"班车",传播侵权入法规制将遥遥无期。

本章从传播侵权单列规制的合理性、必要性和重要性三个方面,探讨解决上述问题的方法,并提出传播侵权立法内容的建议。在此之前,本章将对上述问题的研究进行简单回顾。

第一节 传播侵权立法体例问题研究的历史与现状

在《侵权责任法》立法过程中,以"新闻侵权"或"媒体侵权"概念的立法建议未得到采纳,在技术上是立法体例及重要性的问题。

一、传播侵权立法体例的两种思路

（一）传播侵权立法体例的两种思路

在制订《侵权责任法》时,对于媒体传播行为侵权的规制,法学界的主流观点中有两点需要强调:第一,不仅是肯定,而且是以"新闻侵权"或"媒体侵权"概念进入全国人大通过的正式法律中进行规制。第二,不仅是要进入全国人大通过的正式"法律"中进行规制,而且是以专节的规模进行规制。

新闻法学界虽然在《侵权责任法》的立法中未拿出立法建议稿,但对媒体传播行为侵权的规制,由徐迅教授领衔,进行了课题研究,并提出了关于媒体侵权责任认定的司法解释草案建议稿,共 13 条①。

自此,对媒体传播行为侵权的规制,形成了以《侵权责任法》进行规制的"立法说"和以司法解释进行规制的"司法解释说"两种方案。笔者统称之为媒体传播行为侵权的"法律规制说"②。

需要解释:当时以司法解释进行规制,是新闻法学界在"多年来在全国人大立法计划中占有一席之地的《新闻法》在本届人大立法规划中已不见踪影,正在讨论的《民法典（草案）》中也没有新闻侵权的专节"③背

---

① 新闻侵害名誉权、隐私权新的司法解释建议稿[M]//徐迅.新闻（媒体）侵权研究新论.北京:法律出版社,2009:331-340.
② 此处的"法律"为广义的法律,不仅包括全国人民代表大会或其常委会通过的正式"法律",还包括其他法律规范。
③ 徐迅.新闻（媒体）侵权研究新论[M].北京:法律出版社,2009:332.

景下的无奈选择。而新闻法学者曾经向最高人民法院提出过相关"新闻侵权"司法解释建议稿,被最高人民法院以"没有上位法"为由予以拒绝①。

（二）媒体传播行为侵权"法律规制说"下的立法体例

1."立法说"的体例

媒体传播行为侵权规制的"立法说",在体例上安排如下:①"新闻侵权"和"网络侵权"概念的采用者王利明,其《中国民典学者建议稿及立法理由·侵权行为编》第二章即"特殊的自己责任"第四节中,专门规范"新闻侵权",共7条,内容分别是新闻侵权的概念、形式、抗辩事由、公众人物、责任主体、侵害人格权的补救、文学作品侵权准用;第五节"网络侵权"5条,内容分别是网络侵权的概念、网络侵权的责任、网络经营者侵权的责任、网络服务提供者的连带责任、拒绝提供网络证据（的责任认定)②。②"媒体侵权"概念的采用者杨立新,其主持编写的《中华人民共和国侵权责任法草案建议稿及说明》第二章即"过错的侵权行为"中,也专设"媒体侵权"一节,共9条,内容与王利明教授的建议大致相同③。

而王利明与杨立新侵权法草案的立法体例有共同点,即对适用过错责任的部分重要或特殊的一般侵权也进行列举,每种侵权行为占一节规模,而"新闻侵权""网络侵权"或"媒体侵权"都只是其中的一节。

2."司法解释说"的体例

媒体传播行为侵权规制的"司法解释说"即徐迅主持的建议稿,在体例上采问答形式,内容依序为:国家机构（第1条）和"对号入座"者（第2条）的诉权,连续性报道中阶段性事实与最终结论不符情况下的责任认定（第3条）,读者来信、来电或直播引发纠纷时的责任认定（第4条）,媒体审核责任（第5条）,新闻传播特许权（第6条）,公共人物的认定（第7条）和公共人物提起的相关诉讼中被告主观恶意的认定（第8条）,媒体公正评论免责（第9条）,转载者责任的认定（第10条）,媒体采取更正或答辩情况下的责任减免（第11条）,责任方式（第12条）,赔

---

① 杨立新.我国的媒体侵权责任与媒体权利保护[J].中国法学,2011(6):183.
② 王利明.中国民典学者建议稿及立法理由·侵权行为编[M].北京:法律出版社,2005:79 – 95.
③ 杨立新.中华人民共和国侵权责任法草案建议稿及说明[M].北京:法律出版社,2007:17.

偿责任的范围及认定(第 13 条)。

二、传播侵权"法律规制说"下的传播内容与侵权客体

(一)"立法说"和"司法解释说"中传播侵权的客体主要是精神性人格权

需要强调的是:无论是法学界还是新闻学界,无论是"立法说"还是"司法解释说",无论是"新闻侵权"还是"媒体(介)侵权"概念的建议者,其对媒体传播行为侵权中传播内容的界定,主要是新闻、文学和个人信息(在杨立新教授的侵权责任法草案建议稿中称为"网络用户信息"),从传播内容上分类,其建议规制的对象限于新闻传播、文学传播、个人信息传播①。

至于侵权客体,当时学界的主流观点认为:"新闻侵权"或"媒体(介)侵权"的客体主要是人格权,如杨立新将媒体侵权定义为"媒体机构或者个人利用媒体作品损害他人人格权的行为"②,后再次定义为"报纸、杂志、电视、广播、互联网、手机报等传统媒体和新媒体或者他人,在利用大众传媒进行传播行为时,故意或者过失非法侵害自然人或者法人的名誉权、隐私权、肖像权、姓名权及其他人格权益的侵权行为"③;徐迅所定义的媒体侵权,是指"媒体,包括报刊、图书、广播、电视、互联网、手机等任何一种可以广泛影响大众的传播中介的主办者以及它的作者、信息提供者及其他相关人通过内容传播侵犯公民、法人名誉权、隐私权、肖像权的诉讼"④。魏永征不赞成前述"立法说",但他对"媒介侵权"的定义即"对媒介传播中发生的损害人格权益行为的简称;指各种传播媒介组织或者其他行为人通过媒介进行传播信息活动中损害他人人格权益的行为"⑤,也将此类侵权的客体局限于人格权益。

事实上,上述定义在侵害客体方面主要针对的是精神性人格权;对

---

① 杨立新的《中华人民共和国侵权责任法草案建议稿》中,第六十九条即"侵害网络用户信息"一条规定"以非法收集、披露、传播网络用户信息等方法,侵害隐私或商业秘密的,应当承担侵权责任。"但此规定将侵害个人信息归属于过错原则。

② 杨立新.中华人民共和国侵权责任法草案建议稿及说明[M].北京:法律出版社,2007:172.

③ 杨立新.我国的媒体侵权责任与媒体权利保护[J].中国法学,2011(6):185.

④ 徐迅.新闻(媒体)侵权研究新论[M].北京:法律出版社,2009:4.

⑤ 魏永征.从"新闻侵权"到"媒介侵权"[J].新闻与传播研究,2014(2):16.

知识产权、财产权益,则未予以考虑。

(二)"新闻侵权"和"媒体侵权"概念下客体超越人格权的迹象

事实上,"新闻侵权"和"媒体侵权"概念下,侵权客体也出现超越人格权的情况。

王利明早年对"新闻侵权"的定义即"所谓新闻侵权,是指新闻单位和新闻从业人员以及其他组织和个人违反新闻法规和其他法律规范,在新闻采访、写作、编辑、发表过程中侵犯公民和社会组织的人格权和其他权利,造成他人损害的行为"[1]中,即已意识到新闻传播侵害的不只是人格权,只是由于时代和司法实践局限,其未对"其他权利"进行列举。

杨立新在上述对"媒体侵权"的定义中,界定侵权客体为人格权,但在其《中华人民共和国侵权责任法草案建议稿》中的"媒体侵权"一节下的第六十九条即"侵害网络用户信息"一条中,侵害客体不仅有隐私权,还包括了属于知识产权、具有财产权益属性的"商业秘密"[2];另外,其主持的中国人民大学民商法律科学研究中心"中欧完善媒体法律保护项目"(欧盟资助)研究成果《中国媒体侵权责任案件法律适用指引》第二十条第三款规定:"媒体、作者、新闻材料提供者、网络服务提供者、网络用户等媒体侵权行为人因其过错侵害他人著作人身权或者著作财产权的,构成媒体侵害著作权责任。"虽然特别强调"本指引的其他条文,如无特殊说明,一般适用于媒体侵害人格权的侵权行为",但其第八章却是"侵害著作权责任"[3],即:在杨立新教授定义的"媒体侵权"概念下,侵权的传播内容已不限于新闻和文学,侵权客体也超出了人格权。

三、反对"新闻侵权"或"媒体侵权"单列规制的主要理由

制订《侵权责任法》过程中,反对媒体传播行为侵权入法单列规制的主要理由,除"新闻侵权"或"媒体(介)侵权"概念本身不科学外(参见第一章第二节),重点集中于:

(一)与传统立法体例不合

该观点认为,侵权行为在立法上的分类,对一般侵权行为(责任),原

---

① 王利明.新闻侵权法律辞典[M].长春:吉林人民出版社,1994:1.
② 此条规定:"以非法收集、披露、传播网络用户信息等方法,侵害隐私或商业秘密的,应当承担侵权责任。"
③ 杨立新等.中国媒体侵权责任案件法律适用指引[J].河南财经政法大学学报,2012(1):19.

则上应坚持以受到侵害的不同性质的民事权益作为划分标准的逻辑基础,在此方面,以人格权为主要侵害客体的"新闻侵权"或"媒体(介)侵权"与其他侵权行为(人际传播和组织传播导致的相关侵权)并没有什么不同;而支持"新闻侵权"或"媒体侵权"进入《侵权责任法》的主张,"与近现代民法的发展趋势和基本技术方法背道而驰"①。而传播法学界也有学者认同此观点②。

(二)案件数量少和《侵权责任法》不应保护作为侵权主体的新闻传播者

有观点认为:"这类案件不多,专门规定不是很合适""媒体侵权案件的数量在民事案件总量中所占比例极小,在这些案件中媒体如果受到偏袒,成为妨碍民事权利的主要因素。新闻界自身的职业道德建设也大大减少了媒体侵权的发生。侵权责任法主要侧重于保护民事主体的民事权利,想通过该法达到保护媒体权利的目的不现实"③。此意见事实上包含了案件数量少和侵权责任法不应保护作为侵权主体的新闻传播者这两种理由。

(三)针对传播侵权已经有许多法律规范

有观点认为,对于传播侵权,"可以采取立法解释、司法解释和案例指导相结合的方式进行规范"④。当时,我国关于传播侵权的法律涉及6部全国人大通过的正式法律、10余个批复性司法解释、5个规范性司法解释、1部行政法规,这些法律规定分别从实体和程序角度,对传播侵权进行了规定(下文详述)。这种情况下,是否还有必要对传播侵权在侵权法中进行单列规制,也成为一个问题。

鉴于上述反对理由,梁慧星主持的中国民法典立法研究课题组在研究中,并未对包括"新闻侵权"或"媒体侵权"在内的特殊的一般侵权进行列举式规定⑤,2010年生效的《侵权责任法》最终没有采纳媒体传播行为侵权入法规制的建议,学界围绕此问题的争议与研究仍在持续,民法

---

① 张新宝."新闻(媒体)侵权"否认说[J].中国法学,2008(6):189.
② 魏永征.从"新闻侵权"到"媒介侵权"[J].新闻与传播研究,2014(2):12-15.
③④ 全国人民代表大会常务委员会法制工作委员会民法室.侵权责任法立法背景与观点全集[M].北京:法律出版社,2010:1027-1028.
⑤ 梁慧星.中国民法典草案建议稿附理由·侵权行为编[M].北京:法律出版社,2013:58-111.

学界和新闻法学界在权威期刊上仍不断有重磅文章抛出①。遗憾的是：赞同媒体传播行为侵权入法规制的学者，对上述三大问题未予以正面回应。

第二节　传播侵权由《民法典·侵权责任编》单列规制的合理性

如果从我国《侵权责任法》现行体例来看，传播侵权进入的合理性，主要考虑其规制的内容与客体，及在此类侵权中适用的归责原则。

一、近现代侵权法建构规律与趋势

（一）近现代侵权法体系的建构规律与趋势：归责原则统领下一般化与类型化的结合

侵权法的体系，指"将侵权责任法中的各项规则、制度加以有机结合时所依据的科学、合理的逻辑结构"②。近代以来，各国侵权法逐步构建、完善，体系各有不同，但学界普遍认为，为保持体系完整性、系统性同时兼顾高度的逻辑性和简约性，现代侵权法体系的建构遵循以下规律：一般化与类型化相结合是侵权法的发展趋势③。

而一般化与类型化相结合是指：根据不归责原则，将侵权行为分为过错责任、过错推定、无过错责任和适用不同归责原则的事故责任侵权行为；对适用过错责任的一般侵权，由侵权法的一般条文所规定；对适用其他归责原则的特殊侵权，由侵权法进行特殊列举式规定④。申言之，对一般侵权，原则上以受到侵害的权利客体作为划分标准；对于特殊侵权之列举，则需要有归责原则、构成要件、免责事由等方面的特别事由⑤。上述两种角度，事实上都是在归责原则的统领下再进行具体侵权"行为"或"责任"的划分，并殊途同归于一般化与类型化相结合。

---

① 杨立新. 我国的媒体侵权责任与媒体权利保护[J]. 中国法学,2011(6)；魏永征. 从"新闻侵权"到"媒介侵权"[J]. 新闻与传播研究,2014(2).
② 王利明. 侵权责任法研究(上)[M]. 北京：中国人民大学出版社,2011：115.
③ 王利明. 侵权责任法研究(上)[M]. 北京：中国人民大学出版社,2011：114.
④ 杨立新. 类型侵权行为法研究[M]. 北京：人民法院出版社,2006：33.
⑤ 张新宝. "新闻(媒体)侵权"否认说[J]. 中国法学,2008(6)：189.

（二）我国《侵权责任法》体系符合近现代侵权法建构规律与趋势

我国《侵权责任法》体系的建构，符合上述规律与趋势，具体为①：①基于归责原则来构建体系。我国《侵权责任法》根据过错责任、过错推定责任和无过错责任，构建了完整的体系：即过错归责原则适用一般侵权；过错推定适用于机动车交通事故责任、部分医疗损害责任、物件损害责任、部分监护责任；无过错责任适用于产品损害责任、用工责任、监护人责任、部分医疗损害责任、环境污染损害责任、高度危险责任和动物损害责任。②采用一般条款与类型化相结合的方式对侵权行为或责任进行列举。我国《侵权责任法》第六条第一款即是高度抽象的、适用于所有一般侵权的一般条款，第二款和第三款规定了过错推定责任和无过错责任；在第五章到第十一章，则对各种特殊侵权行为进行类型化规定。③有效衔接侵权一般法（即《侵权责任法》）与侵权特别法（有关侵权的单行法）。我国有关侵权法的规定散见于近 40 部法律法规中，而规定归责原则、构成要件、责任方式与形态、减责免责事由的《侵权责任法》与其之间的关系，就是一般与特殊、抽象与具体的关系，在《侵权责任法》第 5 条"其他法律对侵权责任另有特别规定的，依照其规定"的规定中，对这种关系进行了明确。

在不同归责原则下对具体侵权"行为"或"责任"进行划分时，必然要涉及此类行为法律概念的界定，我国侵权法上，这个"任务"是由法律和司法解释共同完成的：对于一般侵权，最高人民法院《民事案件案由规定》是以权利名称 + "纠纷"二字，如"名誉权纠纷"；对于特殊侵权，《侵权责任法》以不同的侵权行为或工具 + "责任"二字，前者如"医疗损害责任""环境污染责任"，后者如"产品责任"。所以，与学界对侵权行为的概念界定以"侵权"二字为重心不同，法律概念是以"纠纷"或"责任"二字为重心。

考虑到立法传统的延续性和立法时间的紧迫性，我国未来的《民法典·侵权责任编》依然会大致延续《侵权责任法》的立法体例，所以，"传播侵权"有无可能进入《民法典·侵权责任编》单列规制的前提：一是这一（大）类侵权行为中有无适用特殊归责原则的侵权类型；二是传播侵权的客体是否仅限于人格权。

---

① 王利明.侵权责任法研究（上）[M].北京：中国人民大学出版社,2011；117－119.

二、新媒体环境下传播侵权内容与客体的复杂性

《侵权责任法》实施之前，学界探讨的"新闻侵权"或"媒体（介）侵权"主要是新闻传播、文学传播中侵害他人人格权的行为；而本研究界定的传播侵权的内涵与外延，与其有本质区别：

（一）就传播内容而言，不局限于新闻传播和文学传播

如本研究第一章第四节所述，笔者界定的传播侵权包括事实类和观点类信息传播、个人信息传播、广告信息传播、投资信息传播、文学等艺术作品传播等，涵盖但不局限于"新闻侵权"或"媒体（介）侵权"概念中的传播内容。

（二）就传播侵权客体而言，不限于人格权

从司法实践看，由于新媒体生态下传播侵权内容的丰富及多种类型，其侵害客体也远超传统大众传播侵权的客体：不仅包括传统的一般性人格权即人格尊严和具体精神性人格权如名誉权、隐私权、荣誉权、姓名权、名称权、肖像权、健康权，也包括新型人格权如个人信息权；不仅包括精神性人格权，也包括物质性人格权，如生命权、健康权；不仅包括人格权，也包括财产权益，以及著作权、商标专用权、地理标志权、商业秘密权等其他知识产权和利益，还有股权等其他投资权益——占《民法总则》第一百零九条至一百二十五条所规定所有权益的一半以上。

三、传播侵权中特殊侵权和归责原则的存在

新闻传播和文学传播活动引发的侵权是适用过错归责原则的一般侵权（个别为著作权纠纷）——对此普遍认可，没有异议。但是，在传播侵权下，存在四种适用特殊归责原则的侵权行为：

（一）适用过错推定原则的著作权纠纷

如本研究第二章第四节所述，根据我国《著作权法》第五十三条规定、2002年《著作权司法解释》第20条和《信息网络传播权规定》第三条、第八条的规定，我国传播侵害著作权的归责原则是：一是依照侵权责任方式，对损害赔偿采过错（推定）原则，对损害赔偿以外的责任认定采无过错责任原则；二是依照侵权方式或形态，对直接侵权采无过错责任原则，对间接侵权采过错责任原则。

（二）适用过错推定原则的侵害个人信息权责任纠纷

如本研究第二章第四节所述,在已经制定了对个人信息权进行保护的专门法律的国家,过错推定归责原则已经成为主流趋势,这以大陆法系国家或地区为代表。德国《联邦数据保护法》第 8 条第 1 款对公共机构甚至规定了无过错责任①。

我国《民法总则》第一百一十一条并未确定侵害个人信息权益的归责原则,但考虑此类侵权的发展趋势及国外立法趋势,我国《民法典·侵权责任编》规定侵害个人信息的责任时,对个人信息收集、使用者（主要是网络服务商）也应采纳此归责原则。

（三）适用过错推定和无过错责任的证券市场虚假陈述侵权责任纠纷

证券市场虚假陈述,迄今尚未进入传播法学界的视野②,但它是一种典型的利用大众传媒进行的传播侵权,其与一般传播类型有所不同:①传播主体即证券民事赔偿案件的被告。②传播侵权对象虽也有不确定性,但也有确定性。③传播内容主要是上市公司的经营信息;形式上也不以新闻体裁为主,而以公告形式为主。④传播目的主要是"欺诈",即误导投资者。⑤侵权客体主要是财产权益,即投资者的经济损失,而且是直接经济损失;当然,其后果也包括证券市场秩序的破坏（详见第十七章第三节）。可见,这些大量发生的侵权行为,作为传播侵权行为进入传播学与传播法学,符合学科规律。

关于证券市场虚假陈述传播侵权诉讼中的归责原则,如本研究第二章第四节中所述,其有两种:无过错责任原则和过错推定责任,此不重复。

（四）适用无过错责任原则的虚假广告侵权纠纷

根据我国《广告法》第五十六条第二款"关系消费者生命健康的商品或者服务的虚假广告,造成消费者损害的,其广告经营者、广告发布者、广告代言人应当与广告主承担连带责任"的规定,针对关系消费者生命

---

① 该款规定:"如公共机构采取本法或其他数据保护条款规定不允许或认为不正确的自动方式收集、处理或使用个人数据而给数据主体造成了损害,则公共机构的支持组织应赔偿由此造成的损失,而不论其过错如何。"

② 罗斌在《国际新闻界》2016 年第 10 期（第 153 页）《"新闻侵权"、"媒体（介）侵权"抑或"传播侵权"》一文中曾提及。

健康的商品或者服务的虚假广告,即适用无过错归责原则。

四、传播侵权可适用一般侵权与特殊侵权混合规定模式

如果从近现代侵权法和我国侵权法建构的总体规律和规则而言,传统大众传播活动引发的"新闻侵权"或"媒体(介)侵权"既然属于一般侵权,未能进入立法特别规制,也属正常。而从我国《侵权责任法》的构架上看,表面上似乎也确实没有适用过错责任、作为一般侵权的"新闻侵权"或"媒体(介)侵权"的"容身之地"。

然而,在我国《侵权责任法》特别列举的特殊侵权行为与责任中,并非绝对全部适用特殊归责原则,即存在一(大)类侵权行为混合适用过错归责原则与过错推定或无过错责任原则的情形,而且,这一(大)类侵权行为中,主要适用的是过错归责原则。最典型的就是规定"医疗损害责任"的第七章第五十四条明确规定了司法实践中数量最多的、适用过错归责原则的一般性的医疗损害行为,即"患者在诊疗活动中受到损害,医疗机构及其医务人员有过错的,由医疗机构承担赔偿责任";而在第五十八条和第五十九条中,才分别规定了适用过错推定和无过错责任的医疗损害。总之,由于无法将同属一(大)类的医疗损害分别规定在《侵权责任法》各个章节中,同时,鉴于鼓励积极医疗、保护医方权益,又要维护作为"弱势方"患者的合法权益的立法平衡的考虑[①],所以对大部分医疗侵权行为强调属于适用过错归责原则而特别予以明确,但并未因此引发人们对于《侵权责任法》有"体系错乱"的议论。

综上所述,传播侵权中存在著作权侵权纠纷、虚假陈述侵权纠纷、部分虚假广告侵权纠纷和侵害个人信息权纠纷四种特殊侵权,侵害客体并不限于精神性人格权,而且《侵权责任法》又有对混合型侵权即医疗侵权单列规制的先例,则传播侵权仿效医疗侵权的规定,自然具备合理性。

---

① 有观点认为,2002年最高人民法院实施的《关于民事诉讼证据的规定》第4条第8款"因医疗行为引起的侵权诉讼,由医疗机构就医疗行为与损害结果之间不存在因果关系及不存在医疗过错承担举证责任"的规定,对医疗损害纠纷适用过错推定和证明责任倒置,导致医方对患者过度检查、以避免有纠纷时被认定存在过错的后果。参见:全国人民代表大会常务委员会法制工作委员会民法室. 侵权责任法立法背景与观点全集[M].北京:法律出版社,2010:785.

第三节　传播侵权由《民法典·侵权责任编》
单列规制的重要性

考虑传播侵权在《民法典·侵权责任编》中单列规制的重要性,首先要明确此类诉讼的数量,其次是其侵权后果即社会影响,还要结合信息时代的需要。

一、传播侵权纠纷数量庞大,可与其他特殊侵权并列

传播侵权是否有必要在未来的《民法典·侵权责任编》中单列规制,关键之一是其案件数量。

如果从最高人民法院《民事案件案由规定》中列举的案件类型来看,传播侵权事实上包括众多类型的侵权行为:主要涉及人格权的纠纷有名誉权纠纷、隐私权纠纷、肖像权纠纷、姓名权纠纷、名称权纠纷、荣誉权纠纷、商业诋毁纠纷;涉及知识产权的纠纷有侵害著作权纠纷、侵害商标权纠纷、侵害网络域名纠纷,擅自使用知名商品特有名称、包装、装潢纠纷,擅自使用他人企业名称、姓名纠纷,伪造、冒用产品质量标志纠纷,侵害商业秘密纠纷,侵害技术秘密纠纷,侵害经营秘密纠纷;涉及财产权益和投资权益的纠纷有证券虚假陈述责任纠纷、虚假宣传纠纷。

这里以最高人民法院的中国裁判文书网的统计为据,将传播侵权中的三类纠纷即名誉权纠纷、信息网络传播权纠纷、证券虚假陈述责任纠纷的数量,与其他特殊侵权案件数量进行对比[①]。

名誉权诉讼中包括了人际传播、组织传播引发的侵权,而本研究定义的传播侵权不包括这部分案件。如本研究在第九章第二节中对中国裁判文书网2014—2017年三年间的2078起二审名誉权案件进行的统计分析:报刊、电台、电视台、书籍、商业网站新闻栏目、金融征信、新闻网站新闻栏目、博客、微信朋友圈群、微信公众号、QQ群、电子邮件(群发10人以上)、手机短信(群发10人以上)和电话传播引发的14类名誉权诉讼数量,其在同年度样本数量中的比例分别为49.60%、52.96%、

[①] 对中国裁判文书网2014—2017年名誉权纠纷、信息网络传播权纠纷和证券虚假陈述纠纷总数的统计日期为2018年3月8日。

51.66% 和 55.86% ,而如果以此比例计算 2014—2017 年间传播侵害名誉权纠纷(此四年包括一审、二审、再审及判决与裁定在内的所有名誉权纠纷数量分别为 3291 起、3254 起、5798 起和 7056 起)数量,应分别约为 1646 起、1725 起、3015 起和 3944 起。由此可见,传播侵害名誉权的数量非常庞大,其在整个名誉权纠纷中的比重也在逐步上升。

在并未将其他传播侵权纠纷统计进去的情况下,传播侵权案件数量与其他特殊侵权案件相比,仅低于机动车交通事故责任纠纷。需要指出的是:在与其他特殊侵权并列规定的医疗损害纠纷中,适用过错责任原则、属于一般侵权的纠纷数量,远高于适用过错推定原则的侵害患者知情权同意权纠纷和适用无过错归责原则的医疗产品损害纠纷;而传播侵权中,适用过错责任原则的名誉权纠纷数量,则远低于属于特殊侵权的、适用过错推定和无过错归责原则的信息网络传播权纠纷、证券虚假陈述纠纷(如下表)。由此可以得出结论:基于案件数量和类型结构,传播侵权完全有理由、有必要进入未来的《民法典·侵权责任编》中单列规制。

(单位:起)

案件类型 / 年度	产品损害责任纠纷	机动车交通事故责任纠纷	医疗损害纠纷			环境污染责任纠纷	高度危险责任	饲养动物损害责任纠纷	物件损害责任纠纷	传播损害纠纷	
			一般侵权	特殊侵权						一般侵权	特殊侵权
			医疗损害责任纠纷	侵害患者知情同意权纠纷	医疗产品责任纠纷					名誉权损害责任纠纷(推定数)	虚假陈述和信息网络传播权责任纠纷
2017 年	7136	548186	15208	35	45	1190	211	1652	996	4816	4878 / 16725
2016 年	7012	532986	13671	34	45	1991	306	1621	793	3180	2459 / 10415
2015 年	3025	294554	7062	12	38	517	168	926	530	1800	388 / 4013
2014 年	1827	401244	8702	33	42	699	222	1329	518	1701	1285 / 3951

二、传播侵权后果的严重性：触及生命权

近年来，（媒体）传播侵权对社会生活和民事主体的侵害程度，远超人际传播、组织传播；网络传播对社会生活和民事主体的侵害程度，又远超传统大众传播侵权，甚至触及侵害对象的生命权。

（一）因网络传播内容侵害他人精神性人格权或财产权，导致被侵权人自杀或死亡

其一，因侵害传统的精神性人格权即名誉权、隐私权而致他人自杀死亡，如"花季少女不堪'人肉'投河身亡"案。其二，因侵害新型人格权益即个人信息权益，导致他人财产权的损失，继而导致他人死亡，如"徐玉玉案"①。

（二）虚假网络医疗广告传播影响患者正常就医治疗，从而侵害他人生命权

如魏则西案中，由行政权力机关经调查给出的结论是："相关关键词竞价排名结果客观上对魏则西选择就医产生了影响，竞价排名机制影响了搜索结果的公正性和客观性……"②在此类案件中，传播内容是导致侵害他人生命权的原因之一。

（三）传播内容诱导被侵权人自杀

在此类案件中，传播内容并未直接侵害他人人格权或财产权，而且诱导他人自杀的行为也可能不构成犯罪，但是侵害他人生命权的原因之一。如浙江丽水"QQ 相约自杀案"中，张某在不同 QQ 群向不特定对象发出自杀邀请，范某与其一起自杀③。

即使对于不涉及生命权的媒体传播侵害人格权行为，由于其有媒介为载体，传播速度快、影响大，保存久远、不易磨灭，学界认为造成损害通常比不使用媒介的"侵权行为严重，其责任承担的原则、方式、形态等也比前者复杂，所以需要单独加以研究"④。

总之，传播侵权随着网络媒体的普及而日益广泛、严重，已经与传统的"新闻侵权"和"媒体（介）侵权"下的后果不可同日而语。

---

① 沈寅飞.徐玉玉案调查［N］.检察日报，2016－10－12（3）.
② 黄筱菁.调查组公布"魏则西事件"调查结果［N］.北京青年报，2016－05－10（A06）.
③ 参见：浙江省丽水市中级人民法院（2011）浙丽民终字第 40 号判决书.
④ 魏永征.从"新闻侵权"到"媒介侵权"［J］.新闻与传播研究，2014（2）：16.

三、传播侵权普遍性、严重性的根源

（一）侵权主体的广泛性——数量最多的潜在侵权主体：新媒体用户

学者反对"新闻侵权"和"媒体（介）侵权"进入《侵权责任法》，理由之一是民法上"人"的抽象性，其认为，"民法将其调整的法律关系的主体设定为'人'，这个'人'是法律确认其有人格却不带有任何特殊标记的'抽象人'……这种'人'的一般性，决定了民法的普通法（或者说基本法）的地位。忽视或破坏这个'一般性'，就会将民法降格为特别法。而'新闻侵权'或'媒体侵权'之肯定者，将新闻媒体或者新闻媒体的从业人员作为一类特别的侵权行为（责任）主体，在这个民法上的'人'之上加上职业符号，其结果必将否定民法的基本法或普通法地位"①。

但是，传播侵权概念下的"人"，其数量也远非昔比。根据中国互联网络信息中心发布第 39 次《中国互联网络发展状况统计报告》，截至 2016 年 12 月，中国网民规模达 7.31 亿，相当于欧洲人口总量②。在网络传播中，虽然网络服务提供者对网络用户的传播行为有一定控制力，但传播主体已经由过去传统大众传播中的媒体组织扩充为媒体组织与亿万网络用户。"新媒体的传播行为，有一对一的方式，即通信，而更多的是一对多的方式，它可以收到传统大众传播同样的效果，但是没有传统大众传播必须建立一定组织方可进行的特征，向公众传播信息和意见已经不再必须是专业行为，而是人人都可以实施，人人都可以成为记者、评论员、出版者……"③所以，新媒体环境下的亿万传播者，可以满足民法抽象的"人"的要求。

（二）新媒体内容监管的事后性

网络传播的技术特征与优势不仅决定其精神的自由性，还决定了其在工作程序上的非把关性，即在网络社会，我们无法苛求网络服务提供者对海量信息进行事先审查，因为这是其不堪承受之重。网络传播的这种特征，即说明传播内容侵权在某种程度上的不可避免，也说明民法事

---

① 张新宝."新闻（媒体）侵权"否认说［J］.中国法学,2008(6):188.
② 中国互联网信息中心.中国互联网络发展状况统计报告［EB/OL］.［2017－03－13］. http://www.cnnic.net.cn/hlwfzyj/hlwxzbg/hlwtjbg/201701/t20170122_66437.htm.
③ 魏永征.从"新闻侵权"到"媒介侵权"［J］.新闻与传播研究,2014(2):11.

后救济的必要性。

四、传播侵权单列规制系《民法典·侵权责任编》适应信息社会的需要

截至目前,我国《侵权责任法》是一部典型的工业社会的侵权法,这有其深厚的社会背景。

近代以来,随着工业化和社会化大生产的发展,工业及交通事故对社会造成严重损害,因此,为保护工业社会中的受害者,各国民法开始采用过错推定或无过错责任原则。

《法国民法典》具有典型的工业社会色彩,源于过错推定原则的采用。1804 年的《法国民法典》第1384 条规定:"任何人不仅对自己行为所造成的损害,而且对应由其负责的他人的行为或在其管理下的对象所造成的损害,均应负赔偿责任。"另外,民法学界常将其第 1385 条对动物所有人因动物造成损害责任的规定和第 1386 条对建筑物所有人因建筑物保管等造成损害责任的规定,解释为过错推定责任①。此后,法国最高法院采纳学者建议,将《法国民法典》第1384 条适用于产品损害责任、雇主责任等领域②,从 19 世纪末到 20 世纪,法国侵权法发生了重大变化:过错推定、无过错责任的适用范围已经非常广泛,在人身损害赔偿领域内适用范围已超过过错责任③。

《德国民法典》虽然没有明确制定过错推定原则,但其相关规定在解释中仍然被解释为过错推定原则,如第 831 条规定的雇主责任、第 832 条规定的监护人责任、第 833 和 834 条规定的动物保有人责任、第 836 条规定的工作物占有人责任、第 837 条规定的建筑物占有人责任,都采纳了过错推定责任④。在产品责任和医疗侵权责任中,法官经常采证明证明责任倒置对受害人提供保护,这种做法也常常被理解为一种过错推定⑤。1909 年,德国《汽车法》也明确了过错推定责任。而如前所述,无过错责任原则也是在工业社会在背景下最先诞生于普鲁士王国的《铁路企业法》《矿业法》等法律,随后被法国、英国、美国等国采纳⑥。

---

① 王利明.侵权责任法研究(上)[M].北京:中国人民大学出版社,2010:236.
② 张民安.过错侵权责任制度研究[M].北京:中国政法大学出版社,2002:131.
③ 王利明.侵权责任法研究(上)[M].北京:中国人民大学出版社,2010:237.
④⑤ 马克西米利安·福克斯.侵权行为法[M].5 版.齐晓琨,译.北京:法律出版社,2006:171－190.
⑥ 杨立新.侵权法论[M].北京:人民法院出版社,2005:144.

至于英美法系,普通法本身就有采用"严格责任"传统①。虽然19世纪英美法系逐渐朝着过错责任发展,但到20世纪,又逐渐采用严格责任,在产品责任、高度危险致人损害责任、环境污染等领域,均已广泛采用严格责任②。

总之,在现代侵权法体系中,虽然适用于一般侵权行为的过错责任原则仍是主要的归责原则,过错推定、无过错原则是人类进入工业化社会后针对特殊类型案件的补充性原则,但其适用领域的广泛性,使现代侵权法在整体上深深打上工业社会的烙印。

我国《侵权责任法》也是如此:从第六条第二款规定的过错推定原则到第七条规定的无过错责任原则,从第三十四条规定的用工单位责任、第三十五条规定的雇主责任到第三十七条规定的安全保障管理人责任,都带有工业社会的色彩;而从第五章开始,产品责任、机动车交通事故责任、医疗损害责任、环境污染责任、高度危险责任、饲养动物损害责任、物件损害责任七种适用过错推定和无过错责任的工业社会的特殊侵权,占整个《侵权责任法》篇幅的一半,因此,可以说我国的《侵权责任法》是典型的"工业社会侵权法"。

然而,《侵权责任法》并非绝对没有体现信息社会的"气息",其第三十六条关于网络服务提供者责任的规定,就是信息社会的一声"汽笛",但其被全法92条内容淹没。在51条关于七种特殊侵权内容的笼罩下,整部《侵权责任法》并没摆脱工业社会侵权法的色彩。也就是说:人类社会的一只脚已迈进信息社会,而我国的《侵权责任法》只是往信息社会探了一下头。

而本研究的"传播侵权",其侵权工具迥异于工业社会的机器,而是传统大众传播媒体和信息社会的网络媒体(包括自媒体);其侵权主体也不是以工业社会的媒体组织为主,而是包括了亿万网络用户;其侵权客体从传统的精神性人格权到物质性人格权和财产权、知识产权,其侵权对象从零散的个体到大规模的消费者或网络用户,其侵权内容从传统的新闻信息到当代的投资信息、广告信息和网络时代的"个人信息"。如此一种侵权行为,其进入未来的《民法典·侵权责任编》,是适应信息社会的需要,是自然、必然的结果。

---

① Charles Gregory. Trepass Negligence Absolute Liability, 1975, 37:361 – 370.
② 王利明.侵权责任法研究(上)[M].北京:中国人民大学出版社,2011:239 – 240.

第四节　传播侵权由《民法典·侵权责任编》单列规制的必要性

考虑传播侵权进入《民法典·侵权责任编》的必要性,主要是请求权基础的完整性、立法体系的完整性、法官适用法律的统一性和稳定性以及当事人起诉、应诉的便利性。

一、从侵权请求权基础完整性看传播侵权单列规制的必要性

如前所述,我国《侵权责任法》体系建构采纳的是一般条款加类型化模式,即在第六条第一款规定了过错责任的一般条款,在五章以下采取类型化列举。之所以采取这种模式,是吸取了法国和德国在侵权法方面的立法经验教训:《法国民法典》主要依赖抽象的过错责任一般条款即第1382条来规范侵权案件①,未对一般侵权行为进行列举式规定,对特殊侵权行为的类型化列举也仅限于被管理人或物致害责任(第1384条)、动物致害责任(第1385条)、建筑物致害责任(第1386条)。不久之后的19世纪后半期,工业革命发生,这种立法的弊端就已暴露:机械的广泛使用导致工伤事故频发,雇员很难证明其雇主存在过错②,法官面对大量侵权案件也难以找到裁判依据。面对此种窘境,"法院只有不断发展过错概念的内容,并限制可赔偿的具体范围,才使侵权法得以妥当适用……而由于过错概念的扩大,法院即刻获得了某种权力:是法院而不是立法者在每次判决中决定哪种行为是侵权的"③。而《德国民法典》未规定一般条款,而对被侵害的权益采列举模式,结果需要不断扩张法定保护范围。可以说,我国《侵权责任法》规定了过错责任的一般条款后,其留下的主要问题就在于是否科学、完善进行类型化列举。

---

① 该条规定:"因过错致人损害者,应对他人负赔偿之责。"《法国民法典》除总则外,分为三编,共2281条:第一编是人法,包含关于个人和婚姻家庭法的规定;第二编是物法,包含财产及所有权、物权的规定;第三编内容庞杂,包括所有权取得方法、债法等内容编。而规定侵权内容的条款即安排在第三编第四章(非因合意之债)第二节(侵权行为与准侵权行为)中。

② 石佳友.法国民法典过错责任一般条款历史演变[J].比较法研究,2014(6):21.

③ 冯·巴尔.欧洲比较侵权行为法(上)[M].焦美华,译.北京:法律出版社,2001:20.

我国侵权法可从两个层次进行理解：一是狭义的《侵权责任法》，二是广义的包括《侵权责任法》和规范所有侵权行为的其他法律、法规、司法解释。从广义的侵权法来看，《侵权责任法》或者未来的《民法典·侵权责任编》是一般法，其他法律、法规和司法解释是特别法，这有两层含义：相对于分则部分和其他法律、法规和司法解释，《侵权责任法》的总则部分是一般法；相对于其他法律、法规和司法解释规定的侵权特别法，主要规定特殊侵权、以类型化列举的《侵权责任法》分则部分则是一般法。

《民法典·侵权责任编》对特殊侵权的类型化列举不仅关系到法典本身体系的完整性问题，更重要的是还涉及司法实践，因为这里有一个重大问题：《侵权责任法》中的第六条第一款可以作为适用过错责任归责原则侵权责任的请求权基础，但仅凭第六条第二款和第三款，不能作为适用过错推定和无过错归责原则侵权责任的请求权基础，而必须与分则部分特殊侵权行为的有关规定结合起来，构成请求权基础。因此，就传播侵权而言，如果未来的《民法典·侵权责任编》不规定作为特殊侵权的传播侵权，则会产生两大问题：其一，《民法典·侵权责任编》体系有缺失，相对于其他法律、法规或司法解释中的传播侵权，也不能起到侵权一般法的作用；其二，《民法典·侵权责任编》的实践价值受到影响，不仅影响法官裁判的统一性和稳定性，更影响当事人起诉、应诉的便利性，因为两者均需要在零散的单行法律、法规或司法解释中去寻找请求权依据，而侵权法的法典化本身就是为了实现司法统一性、权威性和法的稳定性。

二、从相关法律规范凌乱与矛盾看传播侵权单列规制的必要性

我国传播侵权的法律规范，散见于正式法律、司法解释和行政法律中。

（一）法律①中关于传播侵权的规定及其主要问题

1. 关于责任形态的规定

传播侵权责任形态主要是《侵权责任法》第三十六条中关于网络传播侵权责任形态的规定。该规定有以下问题：其一是绕过了上一级概念"媒体（介）"的突兀性；其二是只规定网络侵权主体责任形态的局限性；

---

① 此处的"法律"指全国人大通过的正式法律。

其三是第一款给人以无过错责任感觉的误导性①，因为该内容规定在第四章"关于责任主体的特殊规定"中，属于分则的内容，而学者认为："关于特殊侵权的规定，属于分则的内容……过错责任是一般的侵权责任，也可以说，其是总则的内容。而《侵权责任法》的分则实际上是根据特殊的归责原则来构建的，其所规定的特殊侵权责任基本上都是采特殊的归责原则。"②

2. 关于著作权损害纠纷的相关规定

虽然著作权损害纠纷越来越多地源于传播侵权行为，但我国《著作权法》未专门规定传播行为对著作权的侵权责任，而且，如前所述，在此方面还存在以下明显漏洞：我国《著作权法》并未明确著作权损害纠纷的归责总原则；对出版者适用过错推定原则并不是十分明确的规定；在信息网络传播权侵权方面对网络服务提供者之外的主体适用何种归责原则并未明确。

3. 关于个人信息权益民事保护的规定

在2016年11月通过以行政管理为主要特色的《网络安全法》，其第四章对关于个人信息的民事权益保护的相关原则与个人信息主体的自决权、删除权、更正权进行了规定，对查阅权、封存权和收益权并未明确③。2017年10月1日生效的《民法总则》第一百一十一条中，个人信息权益并未与名誉权等具体人格权并列从而得到"权利"的身份，而是作为一种利益进行的规定④。虽然最高人民法院也意识到个人信息权与隐

---

① 该款规定："网络用户、网络服务提供者利用网络侵害他人民事权益的，应当承担侵权责任。"

② 王利明. 侵权责任法研究（上）[M]. 北京：中国人民大学出版社，2011：120 - 121.

③ 《网络安全法》第四十一条"网络运营者收集、使用个人信息，应当遵循合法、正当、必要的原则，公开收集、使用规则，明示收集、使用信息的目的、方式和范围，并经被收集者同意。网络运营者不得收集与其提供的服务无关的个人信息，不得违反法律、行政法规的规定和双方的约定收集、使用个人信息，并应当依照法律、行政法规的规定和与用户的约定，处理其保存的个人信息"，系网络运营者收集、使用个人信息的原则和个人信息主体自决权的规定；第四十三条"个人发现网络运营者违反法律、行政法规的规定或者双方的约定收集、使用其个人信息的，有权要求网络运营者删除其个人信息；发现网络运营者收集、存储的其个人信息有错误的，有权要求网络运营者予以更正。网络运营者应当采取措施予以删除或者更正"，规定了个人信息主体的删除权和更正权。

④ 其规定："自然人的个人信息受法律保护。任何组织和个人需要获取他人个人信息的，应当依法取得并确保信息安全，不得非法收集、使用、加工、传输他人个人信息，不得非法买卖、提供或者公开他人个人信息"

私权存在不同①,但立法者、法学界目前对个人信息能否作为一种权利、能否作为一种与名誉权、隐私权并列的具体人格权,尚未达成一致;其具体内容包括哪些、有关个人信息侵权责任究竟适用何种归责原则,有待《民法典·侵权责任编》明确。

4.关于网络隐私权的零散、个别规定

《消费者权益保护法》第二十九条第三款"经营者未经消费者同意或者请求,或者消费者明确表示拒绝的,不得向其发送商业性信息"的规定,事实上规定的是作为"消费者"的网络用户的网络隐私权:不受打扰的安宁权。此款规定与第一和第二款对经营者收集使用个人信息原则的规定并列,并不妥当,原因是对网络隐私与个人信息的性质没有清晰界定。

5.关于广告传播侵权中归责原则与责任形态的规定

如前所述,关系消费者生命健康的商品或者服务的虚假广告的责任认定,见于《广告法》第五十六条,《食品安全法》第一百四十条也规定了相关内容②。另外,《食品安全法》第一百四十一条第二款"媒体编造、散布虚假食品安全信息的……使公民、法人或者其他组织的合法权益受到损害的,依法承担消除影响、恢复名誉、赔偿损失、赔礼道歉等民事责任"的规定,对媒体适用何种归责原则,并不清晰。

6.关于特殊人格权侵权对象的规定

主要见于《民法总则》第一百八十五条"侵害英雄烈士等的姓名、肖像、名誉、荣誉,损害社会公共利益的,应当承担民事责任"的规定。虽然此条并非专门针对传播侵权,但此条款由《炎黄春秋》杂志刊发的文章侵害"狼牙山五壮士名誉案"引发,而且此类侵权涉及媒体居多。对此规定,虽然最高人民法院进行了初步解释③,但该解释毕竟不是正式司法解释,而且对"英雄"的界定,"损害社会公共利益"是此类侵权的结果还是条件、本条是否适用公益诉讼,均有待《民法典·侵权责任编》解决。

---

① 沈德咏.《中华人民共和国民法总则》条文理解与适用[M].北京:人民法院出版社,2017:763.

② 该条规定:"广告经营者、发布者设计、制作、发布虚假食品广告,使消费者的合法权益受到损害的,应当与食品生产经营者承担连带责任。社会团体或者其他组织、个人在虚假广告或者其他虚假宣传中向消费者推荐食品,使消费者的合法权益受到损害的,应当与食品生产经营者承担连带责任。"

③ 沈德咏.《中华人民共和国民法总则》条文理解与适用[M].北京:人民法院出版社,2017:1221－1224.

上述规定中,个人信息权(益)与传播侵权密不可分,其具体内容、即其能否作为一种具体人格权入法,相关侵权的归责原则、责任构成要件、规模规制、排列位序,都必须在2020年完成的《民法典·侵权责任编》中得以体现。而《侵权责任法》第三十六条已经规定了网络(传播)侵权。因此,《民法典·侵权责任编》必须面对的传播侵权就有两种,单从此角度考虑,也应该将媒体传播行为侵权进行集中、系统规定,否则,其将因对传播侵权零散无序的规定而留下明显瑕疵。

(二)司法解释中关于传播侵权的规定及其主要问题

1. 调整媒体侵权责任认定的规范性司法解释及其主要问题

如前,最高人民法院1993年《解答》、1998年《解释》、2000年《网络著作权司法解释》、2002年《著作权司法解释》和《虚假陈述案审理规定》、2013年《信息网络传播权规定》、2014年《信息网络侵害人身权益规定》和国务院2002年《著作权法实施条例》、2006年《信息网络传播权保护条例》分别针对传统媒体侵害名誉权、著作权、财产权(投资权)、网络传播中的信息网络传播权和人身权益损害纠纷的责任认定,进行了系统规定。然而,这七部司法解释和两部行政法规存在两大问题:①自相矛盾问题。前两部司法解释中,最高人民法院《解答》第七条第一款"是否构成侵害名誉权责任,应当根据受害人确有名誉被损害的事实、行为人行为违法、违法行为与损害后果之间有因果关系、行为人主观上有过错来认定"的规定,不仅明确了侵害名誉权案件的四个构成要件,而且确定了此类案件适用过错归责原则,但其第4款的"因新闻报道严重失实,致他人名誉受到损害的,应按照侵害他人名誉权处理"的规定、第八条第三款的"文章的基本内容失实,使他人名誉受到损害的,应认定为侵害他人名誉权"的规定和《解释》第九条第二款第二项"主要内容失实,损害其名誉的,应当认定为侵害名誉权"的规定,与第七条第一款确立的过错归责原则自相矛盾。②适用范围问题。《解答》和《解释》针对传统大众传媒侵害名誉权纠纷制订,《信息网络传播权规定》和《信息网络侵害人身权益规定》针对网络传播侵害人身权益制订,其有关内容(如《信息网络侵害人身权益规定》第十二条对隐私权的限制)是否适用传统媒体传播侵权,并不清晰。

2. 批复性司法解释

批复性司法解释即最高人民法院对具体案件的法律适用问题做出有

针对性的批复、复函及其存在的问题,主要涉及以下问题:①关于共同被告及其追加问题、管辖问题,有 1988 年 1 月 5 日做出的法民复(1988)11 号《关于侵害名誉权案件有关报刊杂志社应否列为被告和如何适用管辖问题的批复》。②关于死者人格权益应受保护和原告资格问题,有 1989 年 4 月 12 日(1988)民他字第 52 号《关于死亡人的名誉权应受法律保护的函》和(1990)民他字第 30 号《关于范应莲诉敬永祥等侵害海灯法师名誉权案有关诉讼程序问题的复函》。③关于媒体未经核实刊发严重失实文章应承担侵权责任的认定问题,有 1989 年 12 月 12 日(1989)民他字第 28 号《关于徐良诉上海文化艺术报社等侵害名誉权一案的复函》。④关于文学作品未指名道姓时侵权对象的认定问题,有 1991 年 5 月 13 日《关于胡骥超、周孔昭、石述成诉刘守忠、遵义晚报社侵害名誉权一案的函》、1995 年 1 月 9 日《关于胡秋生、娄良英等八人诉彭拜、漓江出版社名誉权纠纷案的复函》和 1995 年 6 月 1 日《关于邵文卿与黄朝星侵害名誉权案的函》。⑤关于媒体刊登侵权作品后未及时采取必要措施,其不作为行为构成媒体侵权责任的问题,有 1992 年 8 月 14 日做出的(1992)民他字第 1 号《关于朱秀琴、朱良发、沈珍珠诉〈青春〉编辑部名誉权纠纷案的函》和 2000 年 7 月 31 日(2000)民他第 8 号《关于广西高院请示黄仕冠、黄德信与广西法制报社、范宝忠名誉侵权一案请示的复函》。⑥关于侵权责任抗辩事由问题,有(1990)民他字第 28 号《关于上海科技报社和陈贯一与朱虹侵害肖像权上诉案的函》、1996 年 12 月 10 日《关于都兴久、都兴亚诉高其昌、王大学名誉权纠纷一案的请示报告的复函》和 1999 年 11 月 27 日(1999)民他第 32 号《关于刘兰祖诉陕西日报社、山西省委支部建设杂志社侵害名誉权一案的复函》,其分别涉及公共利益抗辩、真实性抗辩和权威消息来源抗辩。⑦关于名誉权判决执行方式问题,有 1993 年 1 月 8 日《关于李谷一诉〈声屏周报〉社记者汤生午侵害名誉权案执行问题请示的复函》。

因上述批复性司法解释全部针对传统媒体传播引发的名誉权纠纷,其同样存在适用范围问题。

综上,6 部全国人大通过的正式法律、7 个规范性司法解释、1 个国务院行政法规、10 余个批复性司法解释,分别从归责原则、构成要件、责任方式、责任形态、责任范围、抗辩事由等实体角度,到当事人追加、管辖以及执行的程序角度,对传播侵权进行规范。且不论这些法律规定内容的特殊性,如此庞大、凌乱的法律规范,单单其数量就说明由未来的《民法典·侵权责任编》统一规定从而保证法典体系统一、完整及当事人诉讼便利的必要性,其本身的矛盾更说明由《民法典·侵权责任编》单列规制的必要性。

第五节　传播侵权立法体例(建议)

传播侵权立法,从宏观上应考虑立法规模、立法位序,同时要考虑其与网络侵权的协调问题。在具体内容上,归责原则、损害与因果关系证明、责任主体、责任方式、责任形态、抗辩事由等,应尽可能具体、明确。

一、传播侵权立法规模

传播侵权立法规模取决于未来《民法典·侵权责任编》的体例安排,其无非就是两种模式:其一是目前的《侵权责任法》对一般侵权的概括性条文加特殊侵权的具体列举模式;其二是采纳王利明和杨立新的建议,即对一些特别一般侵权也进行列举。2018 年 9 月公布的《民法典·侵权责任编(草案)》延续了《侵权责任法》的立法模式并进行局部、细节性调整。

鉴于以上因素,传播侵权立法规模应该是:以一章的规模与其他特殊侵权并列。如此,"网络传播侵权"和"新闻传播侵权"不应也没有必要单独规定,原因:作为一般侵权的传播侵权,二者没有本质区别;"新闻传播侵权"单独规定过于敏感;而主要规定网络服务提供者责任范围与责任形态(连带责任)的《侵权责任法》第三十六条的内容,可以保留。

二、传播侵权的立法位序

《侵权责任法》对各类特殊侵权行为的排列位序的参照标准,自然是各类侵权行为对社会生活的影响和案件数量,从上文表 B 对 2014—2017 年三年的统计来看,前三类特殊侵权即产品损害、机动车交通事故损害和医疗损害的案件数量的确总体上处于前三甲。当然,此标准并非绝对,如案件数量第一的机动车交通事故损害在特殊侵权的法律位序中并未排第一;而 2016 年传播侵权案件数量已超过医疗损害案件数量。

既然《民法典·侵权责任编》延续了目前《侵权责任法》的立法模式,鉴于传播侵权类似医疗侵权,是混合了过错归责原则和特殊归责原则、包含了数种子类型侵权的一大类侵权行为,其应与其他特殊侵权并列;但鉴于其侵权客体种类远超过其他特殊侵权行为,(即使仅统计了名誉权纠纷和证券虚假陈述、信息网络传播权侵权纠纷)案件数量目前已排在第二,为适应信息社会的需要,其位序应居特殊侵权行为之首。

三、传播侵权的立法内容

无论以章还是节的规模入法,传播侵权都需要解决概念问题。本研究建议:在延续目前《侵权责任法》立法模式下,以"传播侵权(损害)责任"为章节名称①。

（一）关于适用过错归责原则的一般传播侵权的立法内容

从立法体系的完整、司法及当事人诉讼的便利性,以及在责任主体、责任形态、责任方式与抗辩事由方面的特殊性而言,一般传播侵权立法内容应当包括:

1.归责原则

包括以传播在内的手段侵害精神性人格权益的行为,均适用过错归责原则,这是侵权法的原则,无论《民法典·侵权责任编》对一般侵权行为类型是否进行单独列举,这条原则均应强调,原因在于司法实践曾经的教训:《解答》第7条第4款、第8条第3款和《解释》第9条第2款第2项的规定,使司法界对于名誉侵权诉讼中"过错"的认定采取结果判断即"失实即有过错"路径,导致过错推定、甚至无过错责任,从而与过错责任原则的要求南辕北辙②。错误的认识在司法实践中导致传播者不应有的败诉结果。虽然《侵权责任法》2010年既已生效,但至今这一规定的影响并未完全消除。

因此,立法可以参照对医疗侵权中第一条的规定,对过错归责原则以单独一条进行强调。这条原则可表述为:"利用传统大众媒体或网络媒体,通过侮辱、诽谤、非法使用、非法收集、披露、修改、跟踪、侵入、骚扰等传播行为,损害他人人身权益,有过错的,应当承担侵权责任。法律另

---

① 目前的《侵权责任法》中,各类特殊侵权的章名是以"损害责任"为基准词的,而未来的《民法典·侵权责任编》以"侵权责任"还是以"损害责任"为基准词,目前不得而知。另,在对一般侵权行为也进行特别列举规定的立法模式下,可分别以"一般传播侵权(损害)责任"和"特殊传播侵权(损害)责任"对传播侵权进行规定。

② 罗斌,宋素红.我国新闻传播诽谤诉讼的历史演进[J].新闻与传播研究,2017(1):52.

有规定的,依照其规定。"

2. 损害与因果关系的证明

关于传播侵害精神性人格权的损害及因果关系的证明,民法学界和司法界有两种观点:一种认为应采取降低证明标准的方法,对损害受害人只需提供证据证明针对自己的诽谤和侮辱性内容已经传播并为第三人所知,对因果关系只要受害人能够证明相关传播行为指向其本人即可[①];二是采推定方法,对一般性精神损害无须受害人证明[②]。对于重大精神损害和损害赔偿,通说认为需受害人证明。

因此,此条内容可表述为:"受害人要求经济赔偿的,须对传播者造成的重大精神损害或财产损害的范围、程度予以证明;对一般性精神损害,受害人无需证明。但受害人需证明相关信息已经传播并指向其本人。"

3. 责任主体和责任形态

关于传播侵权责任的主体与形态,目前法律已做特别规定的问题是:新闻传播机构对其工作人员因履行职务而承担的替代责任和网络服务提供者与网络用户之间的连带责任。而学理上的焦点问题是:①网络服务提供者对网络用户承担的连带责任是真正连带责任还是补充连带责任? ②转载传播者与被转载传播者之间是承担连带责任还是按份责任? 如果是按份责任,如何分配责任?

根据法理,适用过错归责原则的一般侵权,除非法律有特别规定,侵权行为人对自己因过错而导致的损失承担侵权责任,即承担按份责任,适用过错归责原则的传播侵权当然也应如此。对于网络服务提供者对网络用户承担的连带责任,学界则普遍认为是补充的连带责任[③]。

因此,关于传播侵权的责任主体与责任形态,具体可以单独一条表述如下:"传播行为人侵害他人合法权益,对其所造成的损害承担民事责任。传播行为构成侵权,传播行为人与传播机构有隶属关系并系执行职务要求的,由其所在的传播机构承担责任。对他人传播内容进行再次传

---

① 王利明,杨立新.人格权与新闻侵权[M].北京:中国方正出版社,2010:317-324.

② 梁慧星.中国民法典草案建议稿附理由·侵权行为编[M].北京:法律出版社,2013:16.

③ 杨立新.侵权法论[M].北京:人民法院出版社,2011:428;周友军.论网络服务提供者的侵权责任[J].信息网络安全,2010(3):58;李永军.连带责任的性质[J].中国政法大学学报,2011(2):88.

播造成侵权的,受害人可要求再传播行为人承担相应的连带责任或按份责任。网络服务提供者对网络用户承担连带责任后,可向网络用户追偿。法律另有规定的除外。"

需要说明的是,再传播行为人承担连带责任还是按份责任,需根据其与网络用户有无意思联络而定;如承担按份责任,需与原传播行为人依照损害的原因力承担责任。但这是侵权法总则部分应该规定的条款,这里不必规定。网络服务提供者"对网络用户承担连带责任后,可向网络用户追偿",就是承担的补充连带责任。

4.责任方式

传播侵权的大部分责任方式,在《侵权责任法》第十五条中都有规定。但这些规定大都为侵权责任确定后的事后救济,而许多涉侵权的传播都是持续性或连续性传播,受害者在诉前或诉中都有权利向法院提出禁令,以减轻损害。故对于此类诉讼,可特别规定禁令这一临时救济方式。具体可表述为:"因传播行为受到侵害的,除适用《侵权责任法》第十五条规定的相关责任方式外,受害人可向人民法院申请禁令;人民法院也可依职权向侵权人发出禁令。相关法律对责任方式有特别规定的,依照其规定。"

5.抗辩事由

目前,我国相关法律及司法解释中对于传播侵权的抗辩事由,主要针对(有新闻采访资质的新闻机构的)新闻传播侵权或涉及知识产权传播侵权,但随着新媒体的普及,传播生态的变化,所有传播者的相关民事权益都应得到相同保护,均可适用相关抗辩事由。传播侵权抗辩事由应专门规定一条,可表述为:"传播行为中有下列情形之一的,传播者不承担相关损害赔偿责任,法律另有规定的除外:传播内容真实,或连续传播,最终传播内容真实、合法;为社会公共利益的需要;评论基本公正;正当行使舆论监督权;传播内容具有权威性来源;当事人同意传播相关内容;在必要情况下,已对个人隐私、个人信息或著作权进行必要的保护处理;正当使用;法律规定的其他情形。"

(二)关于适用无过错原则的传播侵害著作权侵权责任立法内容

传播侵害著作权损害责任,因有著作权法律制度的规范,而且著作权法律制度在民法中是一个独立的部门法,故《民法典·侵权责任编》可仅对其归责原则做原则性、链接性规定,为单独一条。具体可表述为:

"传播侵害著作权,造成损害,应当承担相关责任。行为人能证明无过错的,不承担损害赔偿责任。"

（三）关于适用过错推定原则的传播侵害个人信息权（益）责任立法内容

有关个人信息权益保护的规定,应当是传播侵权章节下的重点内容之一,原因如前所述,关于该权益的内容,目前在我国相关法律中并未完整、系统地进行明确,而目前关于《民法典》的编纂工作计划,也未考虑人格权法作为单独一编,所以,在未来的《民法典·侵权责任编》中,对个人信息权的权利地位、权能内容进行完整规定,是势所必然。此类侵权行为立法内容应当包括:

1. 归责原则

如本研究第二章第四节所述,目前,大陆法系国家对个人信息收集、处理和使用等"控制者"即网络服务提供者侵害人他人个人信息权益的损害责任,普遍适用过错推定归责原则,民法学界主流也持该观点[①]。故可借鉴我国台湾地区"个人资料保护法"第二十九条第一款的规定,单独规定一条,具体表述为:"个人信息收集、处理、使用者违反法律规定,致个人信息被非法公开、收集、处理、利用、买卖或其他后果,应当承担损害赔偿责任。能证明无过错者,可免除责任。"

2. 个人信息权权能（内容）

个人信息权权能应该紧随此类侵权的归责原则之后,以一条的规模进行规定,包括查阅权、更正权、封存权、删除权和收益权,具体可表述为:"个人信息主体可向信息控制人要求查阅个人信息、更正个人信息、封存个人信息、删除个人信息、获取相关收益。"

3. 网络服务提供者收集、处理、使用个人信息的原则

此内容可以一条的规模进行规定,具体可表述为:"网络服务提供者收集、使用个人信息,应当遵循合法、正当、必要的原则,公开收集、使用规则,明示收集、使用信息的目的、方式和范围,并经个人信息主体明示同意。网络运营者不得收集与其提供的服务无关的个人信息,不得违反法律、行政法规的规定和双方的约定收集、使用个人信息,并应当依照法律、行政法规的规定和与用户的约定,处理其保存的个人信息。"

---

① 王利明.中国民典学者建议稿及立法理由·侵权行为编[M].北京:法律出版社,2005:80;张涛.个人信息权的界定及其民法保护[D].长春:吉林大学,2012:83.

4.网络服务提供者的对个人信息安全保障等民事责任

网络服务提供者对个人信息主体不仅有个人信息安全责任,还有损害赔偿责任,所以,此责任应以一条规模进行规定,可表述为:"网络服务提供者不得泄露、篡改、毁损其收集的个人信息;未经被收集者同意,不得向他人提供个人信息。但是,经过处理无法识别特定个人且不能复原的除外。网络服务提供者应当采取技术措施和其他必要措施,确保其收集的个人信息安全,防止信息泄露、毁损、丢失。在发生或者可能发生个人信息泄露、毁损、丢失的情况时,应当立即采取消除、补救等措施;给个人信息主体造成损害的,应予以赔偿。"

5.其他民事主体对个人信息主体的民事责任

除网络服务提供者外,国家机关或其工作人员也可能为行使职权而收集、处理、使用个人信息,其不仅因此承担行政义务和责任,也可能因泄露、毁损个人信息而承担民事责任。另外,包括自然人、法人和非法人组织在内的其他民事主体,也都有可能是侵害他人个人信息权益的主体。因此,对网络服务提供者之外的其他民事主体的相关侵权行为,也应该予以明确,但此类主体的此类侵权行为应适用过错归责原则。对此类主体相关责任的规定也应是一条的规模,具体可表述为:"国家机关或其工作人员为行使职权而收集、处理、使用个人信息,因违反法律规定,泄露、毁损个人信息,致他人损害者,应承担赔偿责任。任何个人和组织不得窃取或者以其他非法方式获取个人信息,不得非法买卖、毁损、披露或者向他人提供个人信息,因上述行为致他人损害者,应承担赔偿责任。"

（四）关于适用过错推定和无过错原则的证券虚假陈述侵权责任立法内容

证券市场虚假陈述损害责任,因有《证券法》和司法解释的规范,故《民法典·侵权责任编》可仅对其归责原则做原则性、链接性规定,并作为单独一条。具体可表述为:"证券市场虚假陈述造成损害,发起人、发行人或者上市公司对其虚假陈述给投资人造成的损失,应当承担民事赔偿责任。发行人、上市公司负有责任的董事、监事、经理等高级管理人员、证券承销商、证券上市推荐人、专业中介服务机构及其直接责任人,对前款的损失承担连带赔偿责任;但有证据证明无过错的,应予免责。"

（五）关于适用无过错原则的虚假广告或虚假宣传侵权责任立法内容

此立法主要针对关系消费者生命健康的商品或者服务的虚假广告或虚假宣传信息，此类损害因有《广告法》和《食品安全法》的规范，《民法典·侵权责任编》可仅对其做原则性、链接性规定，并作为单独一条。具体可表述为："关系消费者生命健康的商品或者服务的虚假广告，造成消费者损害的，其广告经营者、广告发布者、广告代言人应当与广告主承担连带责任。利用媒体编造、散布关系消费者生命健康的商品或者服务的虚假宣传信息，造成公民、法人或者其他组织的合法权益损害的，依法承担消除影响、恢复名誉、赔偿损失、赔礼道歉等民事责任。"

四、"传播侵权"与"网络侵权"的体例协调问题

"网络侵权"最初只是学术概念，仍以中国知网中的核心期刊和CSSCI 期刊为搜索范围，发现其最早出现在 1999 年①。在《侵权责任法》第三十六条中规定网络传播侵权责任归责原则及构成要件之后（当然在该法中并未出现"网络侵权"的概念），全国人大常委会法制工作委员会民法室对《侵权责任法》第三十六条进行解释时，使用了"网络侵权"概念，考虑到此书是立法者的权威性解释②，则"网络侵权"已有法律概念的意味；而 2011 年 4 月 1 日起施行的新的《民事案件案由规定》第三级案由规定了"网络侵权责任纠纷"（第 346 条），从而确认了"网络侵权"这一法律概念。可见，从学术概念→立法→司法解释，"网络侵权"经过三部曲成为法律概念，最终"修成正果"。

事实上，"网络侵权"也存在前述的语义问题，但并未引发争议，原因是最高人民法院《案由规定》没有向学界征求意见的刚性要求。

然而，"网络侵权"并非只是传播意义上的侵权，因为依据立法者的解释，它是"指发生在互联网上的各种侵害他人民事权益的行为，它不是指侵害某种特定权利（利益）的具体侵权行为，也不属于在构成要件方面具有某种特殊性的特殊侵权行为，而是指一切发生于互联网空间的侵权

---

① 《瞭望新闻周刊》1999 年第 24 期的《网络传播带来法律新难题》一文中，作者使用了"网络侵权"。

② 全国人民代表大会常务委员会法制工作委员会民法室.《中华人民共和国侵权责任法》条文说明、立法理由及相关规定[M].北京:北京大学出版社,2010:141.

行为"①。也就是说,《侵权责任法》第三十六条规定的"网络侵权"中,侵权客体还包括在网络领域得到拓展的传统权利客体,如网络领域新产生的虚拟财产等权益——这些内容并非专门媒体传播行为侵权的研究领域。

而如果"传播侵权"的内容要进入未来的《民法典·侵权责任编》,而且该编仍保留目前的《侵权责任法》第三十六条关于"网络侵权"的规定,就存在一个立法体例上的协调问题,即:如何处理该条内容与"传播侵权"一章的关系?

事实上,《侵权责任法》第三十六条第二款和第三款主要强调的是网络服务提供者在接到网络用户通知及知道网络用户侵害他人合法权益两种情况下应采取删除、屏蔽、断开链接的必要措施(或者说是责任方式),以及应该承担连带责任这种责任形态,这些内容可以在"传播侵权"中保留;至于该条第一款针对网络服务提供者及网络用户自己直接侵权的规定,只是为了该条体系完整,并无特别意义。所以,该条可为规定媒体传播行为侵权的一条所吸纳。

另外,如果规范网络传播的"网络侵权"需要在侵权责任法中特殊列举,则"报刊侵权""电视侵权"与"广播侵权"似乎也应该有"同等待遇",因为其同样有连带责任形态的问题,在具体责任方式上与"网络侵权"也有明显不同(如其在停止侵权方面只能是停止报道、播出,在消除影响方面都不可能以"删除"方式进行)。所以,在"传播侵权"的内容中应该有相应的考虑。

总之,如果《民法典·侵权责任编》规定了传播侵权,目前《侵权责任法》第三十六条就只调整网络传播侵权之外的其他网络侵权。当然,《案由规定》应规定"传播侵权责任纠纷",而原来的"网络侵权责任纠纷"案由也相应不再包括网络传播活动引发的侵权纠纷。

结　论

从立法史来看,立法服务于社会矛盾的解决、形式服务于内容是一

---

① 全国人民代表大会常务委员会法制工作委员会民法室.《中华人民共和国侵权责任法》条文说明、立法理由及相关规定[M].北京:北京大学出版社,2010:141.

条基本原则,任何立法传统和所谓的立法体例都应该服从于这条原则。如果无视一种大量发生的社会纠纷,置诉讼需要于不顾,则立法的价值将大打折扣。目前,网络信息技术的发展、自媒体的普及,传播生态的变化,使传播侵权更为猖獗、泛滥,因此,其入法规制,比《侵权责任法》立法阶段显得更为迫切。

如果将(利用传统大众媒体或网络媒体进行的)传播侵权的侵害客体局限于人格权,那么在遵循近现代立法体例的《侵权责任法》中,的确没有其容身之地。然而,无论是"新闻侵权""媒体(介)侵权"还是"传播侵权",其侵害客体不只是人格权,这是客观现实。从学术的角度,不应对这种现实视而不见;从立法的角度,如果承认其侵害客体包括财产权、著作权、个人信息权等,可以很清楚地得出此类侵权是一种类似于医疗侵权、包括一般侵权和特殊侵权在内的混合型侵权的结论,而"传播侵权"与其他特殊侵权并列规定,同样不会引起侵权责任法体系的"紊乱"。

以一章的规模单列规制,也可以解决传播侵权现有法律规范凌乱与矛盾的问题,使传播侵权请求权基础更为统一、明晰,并使《民法典·侵权责任编》的体系更为完整,真正与时俱进、适应信息社会的需要。

参考文献

一、中文著作

1. 白绿钝. 美国民事诉讼法[M]. 北京:经济日报出版社,1999.

2. 毕玉谦. 证据法要义[M]. 北京:法律出版社,2003.

3. 卞建林,焦洪昌. 传媒与司法[M]. 北京:中国人民公安大学出版社,2006.

4. 曹瑞林. 新闻法制学初论[M]. 北京:解放军出版社,1998.

5. 昌柏. 知识产权经济学[M]. 北京:北京大学出版社,2003.

6. 常怡. 比较民事诉讼法[M]. 北京:中国政法大学出版社,2002.

7. 陈朝璧. 罗马法原理(上)[M]. 北京:商务印书馆,1937.

8. 陈刚. 证明责任法研究[M]. 北京:中国人民大学出版社,2000.

9. 陈桂明. 民事审判模式改革与发展[M]. 北京:中国法制出版社,1998.

10. 陈现杰. 中华人民共和国侵权责任法条文释义与案例解析[M]. 北京:中国法制出版社,2010.

11. 陈志武. 媒体、法律与市场[M]. 北京:中国政法大学出版社,2005.

12. 程合红. 商事人格权论——人格权的经济利益内涵及其实现与保护[M]. 北京:中国人民大学出版社,2002.

13. 程啸. 侵权行为法总论[M]. 北京:中国人民大学出版社,2008.

14. 党跃臣,曹树人. 网络出版知识产权导论[M]. 北京:北京理工大学出版社,2006.

15. 丁德山. 当代媒介文化[M]. 北京:新华出版社,2005.

16. 杜景林,卢谌. 德国民法典全条文注释[M]. 北京:中国政法大学出版社,2015.

17. 冯晓青. 著作权侵权专题判解与学理研究:第2分册·网络空间著作权[M]. 北京:中国大百科全书出版社,2010.

18. 甘惜. 新闻学大辞典[M]. 郑州:河南人民出版社,1993.

19. 高圣平. 中华人民共和国侵权责任法立法争点、立法例及经典案例[M]. 北京:北京大学出版社,2010.

20. 高一飞. 媒体与司法关系研究[M]. 北京:中国人民公安大学出版社,2010.

21. 顾培东. 社会冲突与诉讼机制[M]. 北京:法律出版社,2004.

22. 郭卫华. 新闻侵权热点问题研究[M]. 北京:人民法院出版社,2000.

23. 郭瑜. 个人数据保护法研究[M]. 北京：北京大学出版社,2012.

24. 何孝元. 损害赔偿之研究[M]. 台北：台湾"商务印书馆",1982.

25. 何志. 侵权责任判解研究与适用[M]. 北京：人民法院出版社,2009.

26. 洪海林. 个人信息的民法保护研究[M]. 北京：法律出版社,2010.

27. 胡长青. 中国民法债编总论[M]. 北京：商务印书馆,1946.

28. 胡智锋. 电视节目策划学[M]. 上海：复旦大学出版社,2008.

29. 贾国飚. 媒介营销——整合传播的观点[M]. 长沙：湖南人民出版社,2003.

30. 江平,王家福. 民商法学大辞书[M]. 南京：南京大学出版社,1998.

31. 江平. 民法学[M]. 北京：中国政法大学出版社,2000.

32. 江伟. 民事诉讼法[M]. 北京：高等教育出版社,北京大学出版社,2003.

33. 江伟. 民事诉讼法学[M]. 上海：复旦大学出版社,2005.

34. 江伟. 民事诉讼法学原理[M]. 北京：中国人民大学出版社,1999.

35. 江伟. 证据法学[M]. 北京：法律出版社,1999.

36. 蒋波. 国际信息政策法律比较[M]. 北京：法律出版社,2001.

37. 孔令杰. 个人资料隐私权的法律保护[M]. 武汉：武汉大学出版社,2009.

38. 匡文波. 网络传播技术[M]. 北京：高等教育出版社,2003.

39. 李承鹏,刘晓新,吴策力. 中国足球黑幕[M]. 南京. 江苏人民出版社,2010.

40. 李德成. 网络广告法律制度初论[M]. 北京：中国方正出版社,2000.

41. 李国光. 最高人民法院《关于民事诉讼证据的若干规定》的理解与适用[M]. 北京：中国法制出版社,2002.

42. 李昊. 交易安全义务论——德国侵权行为法结构变迁的一种解读[M]. 北京：北京大学出版社,2008.

43. 李浩,刘敏. 新编民事诉讼法学[M]. 北京：中国人民公安大学出版社,2003.

44. 李浩. 民事举证责任研究[M]. 北京：中国政法大学出版社,1993.

45. 李浩. 民事证明责任研究[M]. 北京：法律出版社,2003.

46. 李建华,彭诚信. 民法总论[M]. 长春：吉林大学出版社,2000.

47. 李伦. 网络传播伦理[M]. 长沙：湖南师范大学出版社,2007.

48. 李明德,许超. 著作权法[M]. 北京：法律出版社,2003.

49. 李深. 知识产权片论[M]. 北京：中国方正出版社,1997.

50. 李响. 美国版权法：原则、案例及材料[M]. 北京：中国政法大学出版社,2004.

51. 李亚虹. 美国侵权法[M]. 北京：法律出版社,1999.

52. 李瞻. 传播法——判例与说明[M]. 台北：黎明文化事业公司,1992.

53. 李震山. 人性尊严与人权保障[M]. 台北：台北元照出版公司,2000.

54. 李子坚. 纽约时报的风格[M]. 长春：长春出版社,1999.

55. 梁慧星. 民法解释学[M]. 北京：中国政法大学出版社,1995.

56. 梁慧星. 民商法论丛:第23卷[M]. 香港:金桥文化出版(香港)有限公司,2002.

57. 梁慧星. 中国民法典草案建议稿附理由·侵权行为编著[M]. 北京:法律出版社,2013.

58. 梁慧星. 中国民法典草案建议稿附理由(总则篇)[M]. 北京:法律出版社,2004.

59. 刘春田. 知识产权法[M]. 北京:中国人民大学出版社,2000.

60. 刘春田. 著作权法的保护对象[M]. 北京:法律出版社,1991.

61. 刘迪. 现代西方新闻法制概述[M]. 北京:中国法制出版社,1998.

62. 刘家琛. 最高人民法院公报案例评析民事卷·知识产权案例[M]. 北京:中国民主法制出版社,2004.

63. 刘明华,徐弘,张征. 新闻写作教程[M]. 北京:中国人民大学出版社,2002.

64. 柳阙林. 技术创新经济学[M]. 北京:中国经济出版社,1993.

65. 龙显铭. 私法上人格权之保护[M]. 北京:中华书局,1948.

66. 陆小华. 信息财产权——民法视角中新财富保护模式[M]. 北京:法律出版社,2009.

67. 吕光. 大众传播与法律[M]. 2版. 台北:台湾"商务印书馆",1985.

68. 马俊驹. 人格和人格权理论讲稿[M]. 北京:法律出版社,2009.

69. 马特,袁雪石. 人格权法教程[M]. 北京:中国人民大学出版社,2007.

70. 梅仲协. 民法要义[M]. 北京:中国政法大学出版社,2007.

71. 潘维大,刘文琦. 英美法导读[M]. 北京:法律出版社,2000.

72. 彭万林. 民法(修订本)[M]. 北京:中国政法大学出版社,1999.

73. 普降兴. 详解损害赔偿法[M]. 北京:中国政法大学出版社,2004.

74. 齐爱民. 个人资料保护法原理及其跨国流通法律问题研究[M]. 武汉:武汉大学出版社,2004.

75. 齐爱民. 拯救信息社会中的人格:个人信息保护法总论[M]. 北京:北京大学出版社,2009.

76. 齐树洁. 美国证据法专论[M]. 厦门:厦门大学出版社,2011.

77. 秦珪. 新闻评论写作[M]. 武汉:武汉大学出版社,2000.

78. 邱聪智. 从侵权行为归责原理之变动论危险责任之构成[M]. 北京:中国人民大学出版社,2006.

79. 邱聪智. 民法研究[M]. 台北:台湾五南图书公司,2000.

80. 邱联恭. 程序制度机能论[M]. 北京:三民书局,1996.

81. 邱小平. 表达自由——美国宪法第一修正案研究[M]. 北京:北京大学出版社,2005.

82. 全国人大常委会法制工作委员会民法室. 侵权责任法立法背景与观点全集[M]. 北京:法律出版社,2010.

83. 全国人民代表大会常务委员会法制工作委员会民法室.《中华人民共和国侵权责任法》条文说明、立法理由及相关规定[M].北京:北京大学出版社,2010.

84. 饶传平.网络法律制度[M].北京:人民法院出版社,2005.

85. 邵建东.德国反不正当竞争法研究[M].北京:中国人民大学出版社,2001.

86. 邵培仁,陈兵.媒介战略管理[M].上海:复旦大学出版社,2003.

87. 沈达明.衡平法初论[M].北京:对外经济贸易大学出版社,1997.

88. 沈仁干.知识产权研究:第八卷[M].北京:中国方正出版社,1999.

89. 史尚宽.债法总论[M].北京:中国政法大学出版社,2000.

90. 寿步,张慧,李健.信息时代知识产权教程[M].北京:高等教育出版社,2003.

91. 宋克明.美英新闻法制与管理[M].北京:中国民主法制出版社,1998.

92. 宋献晖,李少慧,郭献朝.肖像权与名誉权维权法律通[M].北京:法律出版社,2006.

93. 宋哲.网络服务商注意义务研究[M].北京:北京大学出版社,2014.

94. 苏力.法治及其本土资源[M].北京:中国政法大学出版社,1996.

95. 孙长永.日本刑事诉讼法导论[M].重庆:重庆大学出版社,1994.

96. 孙旭培.新闻传播法学[M].上海:复旦大学出版社,2008.

97. 陶东风.大众文化教程[M].桂林:广西师范大学出版社,2008.

98. 佟柔.民法[M].北京:法律出版社,1990.

99. 童兵.比较新闻传播学[M].北京:中国人民大学出版社,2002.

100. 王保树.经济法原理[M].北京:社会科学文献出版社,2004.

101. 王家福.民法债权[M].北京:法律出版社,1991.

102. 王利明,杨立新.侵权行为法[M].北京:法律出版社,1996.

103. 王利明,杨立新.人格权与新闻侵权[M].北京:中国方正出版社,1995.

104. 王利明.民法典·侵权责任法研究[M].北京:人民法院出版社,2003.

105. 王利明.侵权行为法归责原则研究[M].北京:中国政法大学出版社,1991.

106. 王利明.侵权行为法研究[M].北京:中国人民大学出版社,2004.

107. 王利明.侵权责任法研究(上)[M].北京:中国人民大学出版社,2011.

108. 王利明.人格权法研究[M].北京:中国人民大学出版社,2012.

109. 王利明.人身损害赔偿疑难问题[M].北京:中国社会科学出版社,2004.

110. 王利明.新闻侵权法律辞典·前言[M].长春:吉林人民出版社,1994.

111. 王利明.中国民法典学者建议稿及立法理由·侵权行为篇[M].北京:法律出版社,2005.

112. 王迁,王凌红.知识产权间接侵权研究[M].北京:中国人民大学出版社,2008.

113. 王迁.网络环境中的著作权保护研究[M].北京:法律出版社,2011.

114. 王卫国.过错责任原则:第三次勃兴[M].杭州:浙江人民出版社,1988.

115. 王泽鉴.民法学说与判例研究:第二册[M].北京:中国政法大学出版社,1998.

116. 王泽鉴.民法学说与判例研究:第五册[M].北京:中国政法大学出版社,1998.

117. 王泽鉴.民法学说与判例研究:第一册[M].北京:中国政法大学出版社,1987.

118. 王泽鉴.民法总则[M].增订版.北京:中国政法大学出版社,2001.

119. 王泽鉴.侵权行为法:第一册[M].北京:中国政法大学出版社,2001.

120. 王泽鉴.人格权法——法释义学、比较法、案例研究[M].北京:北京大学出版社,2013.

121. 魏永征,张鸿霞.大众传播法学[M].北京:法律出版社,2007.

122. 魏永征.新闻传播法教程[M].北京:中国人民大学出版社,2015.

123. 魏振瀛.民法学[M].北京:北京大学出版社,2001.

124. 吴庚,苏俊雄,王仁宏等.月旦六法全书[M].台北:台北元照出版公司,2001.

125. 吴汉东.著作权合理使用制度研究[M].北京:中国政法大学出版社,2005.

126. 奚晓明.《中华人民共和国侵权责任法》条文理解与适用[M].北京:人民法院出版社,2010.

127. 夏征农.辞海[M].上海:上海辞书出版社,2000.

128. 徐国栋.绿色民法典草案[M].北京:社会科学文献出版社,2004.

129. 徐敬宏.网络传播中的隐私权及其保护[M].北京:北京燕山出版社,2010.

130. 徐显明.人权研究:第二卷[M].济南:山东人民出版社,2002.

131. 徐迅.新闻(媒体)侵权研究新论[M].北京:法律出版社,2009.

132. 徐迅.中国新闻侵权纠纷的第四次浪潮[M].北京:中国海关出版社,2002.

133. 徐子沛.大数据[M].桂林:广西师范大学出版社,2012.

134. 许文义.个人资料保护法论[M].台北:三民书局股份有限公司,2001.

135. 薛波.元照英美法词典[M].北京:法律出版社,2003.

136. 薛虹.网络时代的知识产权法[M].北京:法律出版社,2000.

137. 杨伯淑.因特网与社会——论当代西方社会及国际传播的影响[M].北京:华中科技大学出版社,2002.

138. 杨立新,朱呈义,薛东方.精神损害赔偿[M].北京:人民法院出版,2004.

139. 杨立新.类型侵权行为法研究[M].北京:人民法院出版社,2006.

140. 杨立新.侵权法论[M].北京:人民法院出版社,2011.

141. 杨立新.侵权法热点问题法律应用[M].北京:人民法院出版社,2000.

142. 杨立新.侵权法总则[M].北京:人民法院出版社,2009.

143. 杨立新.人格权法专论[M].北京:高等教育出版社,2005.

144. 杨立新.人身权法论[M].北京:人民法院出版社,2002.

145. 杨立新.中国媒体侵权责任案件法律适用指引[M].北京:人民法院出版社,2013.

146. 杨立新. 中华人民共和国侵权责任法草案建议稿及说明[M]. 北京:法律出版社,2007.

147. 杨立新. 中华人民共和国侵权责任法精解[M]. 北京:知识产权出版社,2010.

148. 杨良宜,杨大明. 禁令[M]. 北京:中国政法大学出版社,2000.

149. 姚辉. 人格权法论[M]. 北京:中国人民大学出版社,2011.

150. 于林洋. 虚假广告侵权研究[M]. 北京:中国检察出版社,2007.

151. 于敏. 日本侵权行为法[M]. 北京:法律出版社,1998.

152. 曾世雄. 损害赔偿法原理[M]. 北京:中国政法大学出版社,2001.

153. 张凤翔. 连带责任的司法实践[M]. 上海:上海人民出版社,2006.

154. 张恒山. 义务先定论[M]. 济南:山东人民出版社,1999.

155. 张红. 基本权利与私法[M]. 北京:法律出版社,2010.

156. 张建华. 信息网络传播权保护条例释义[M]. 北京:中国法制出版社,2006.

157. 张俊浩. 民法学原理[M]. 北京:中国政法大学出版社,1991.

158. 张民安. 现代法国侵权责任制度研究[M]. 北京:法律出版社,2007.

159. 张民安. 信息性隐私权研究[M]. 广州:中山大学出版社,2014.

160. 张平. 网络法律评论·第十卷[M]. 北京:北京大学出版社,2009.

161. 张卫平. 民事诉讼法教程[M]. 北京:法律出版社,2003.

162. 张卫平. 诉讼构架与程式[M]. 北京:清华大学出版社,2000.

163. 张卫平. 最高人民法院民事诉讼法司法解释要点解读[M]. 北京:中国法制出版社,2015.

164. 张新宝. 互联网上的侵权问题研究[M]. 北京:中国人民大学出版社,2003.

165. 张新宝. 名誉权的法律保护[M]. 北京:中国政法大学出版社,1997.

166. 张新宝. 侵权责任法[M]. 北京:中国人民大学出版社,2006.

167. 张新宝. 侵权责任法[M]. 2 版. 北京:中国人民大学出版社,2010.

168. 张新宝. 侵权责任原理[M]. 北京:中国人民大学出版社,2005.

169. 张新宝. 隐私权的法律保护[M]. 北京:群众出版社,1997.

170. 张新宝. 中国侵权行为法[M]. 北京:中国社会科学出版社,1998.

171. 张永泉. 司法审判民主化研究[M]. 北京:中国法制出版社,2007.

172. 章武生. 民事诉讼法新论[M]. 北京:法律出版社,2002.

173. 章武生等. 司法现代化与民事诉讼制度的建构[M]. 北京:法律出版社,2003.

174. 郑成思. 版权法[M]. 北京:中国人民大学出版社,1997.

175. 郑玉波. 民法债编总论[M]. 北京:中国政法大学出版社,2004.

176. 中共中央马克思恩格斯列宁斯大林著作编译局. 马克思恩格斯全集·第一卷[M]. 北京:人民出版社,2006.

177. 中国人民大学民商事法律科学研究中心. 中国民法典·侵权行为法编[M]. 北

京:法律出版社,2005.

178. 中国社会科学院语言研究所. 现代汉语词典[M]. 5 版. 北京:商务印书馆,2005.

179. 中国新闻侵权案例精选与评析课题组. 中国新闻(媒体)侵权案件精选与评析 50 例[M]. 北京:法律出版社,2009.

180. 周光权. 注意义务研究[M]. 北京:中国政法大学出版社,1998.

181. 周汉华. 个人信息保护法(专家建议稿)及立法研究报告[M]. 北京:法律出版 社,2006.

182. 周汉华. 个人信息保护前沿问题研究[M]. 北京:法律出版社,2006.

183. 周汉华. 域外个人数据保护法汇编[M]. 北京:法律出版社,2006.

184. 周宪. 视觉文化的转向[M]. 北京:北京大学出版社,2008.

185. 朱岩. 侵权责任法通论(上册)[M]. 北京:法律出版社,2011.

186. 最高人民法院民一庭. 民事诉讼证据司法解释的理解与适用[M]. 北京:中国法 制出版社,2002.

187. 最高人民法院侵权责任法研究小组. 中华人民共和国侵权责任法条文理解与适 用[M]. 北京:人民法院出版社,2010.

188. 最高人民法院修改后民事诉讼法贯彻实施工作领导小组. 最高人民法院民事诉 讼法司法解释理解与适用(上)[M]. 北京:人民法院出版社,2015.

二、中文译著

1. B. 格里巴诺夫,等. 苏联民法(下册)[M]. 中国社会科学院法学所民法经济法室, 译. 北京:法律出版社,1986.

2. E. 博登海默. 法理学:法律哲学与法律方法[M]. 邓正来,译. 北京:中国政法大学 出版社,1999.

3. H. 考茨欧. 侵权法的统一:违法性[M]. 张家勇,译. 北京:法律出版社,2009.

4. John G. Fleming. 民事侵权法概论[M]. 何美欢,译. 香港:香港中文大学出版 社,1992.

5. M. 雷炳德. 著作权法[M]. 张恩民,译. 北京:法律出版社,2005.

6. Stephen N. Subrin,等. 美国民事诉讼的真谛[M]. 蔡彦敏,徐卉,译. 北京:法律出版 社,2002.

7. T. 巴顿·卡特,等. 大众传播法概要[M]. 黄列,译. 北京:中国社会科学出版 社,1997.

8. 阿丽塔·L. 艾伦,理查德·C. 托克音顿. 美国隐私法:学说、判例与立法[M]. 冯建 妹,等,编译. 北京:中国民主法制出版社,2004.

9. 阿瑟·R. 米勒,迈克尔·H. 戴维斯. 知识产权法概要[M]. 周林,孙建,张擑,等, 译. 北京:中国社会科学院出版社,1997.

10. 埃乐温·多伊奇,汉斯－于尔根·阿伦斯.德国侵权法[M].叶名怡,温大军,译.北京:中国人民大学出版社,2016.

11. 艾德加·莫兰.社会学思考[M].阎素伟,译.上海:上海人民出版社,2001.

12. 巴茨,等.广告管理[M].赵平,等,译.北京:清华大学出版社,1999.

13. 伯纳德·施瓦茨.美国法律史[M].王军,等,译.北京:中国政法大学出版社,1990.

14. 戴思·罗兰德,伊丽莎白·麦克唐纳.信息技术法[M].宋连斌,等,译.武汉:武汉大学出版社,2004.

15. 戴维·M.沃克.牛津法律大辞典[M].北京社会与科技发展研究所,译.北京:光明日报出版社,1988.

16. 丹尼尔·沙勒夫.隐私不保的年代[M].南京:江苏人民出版社,2011.

17. 迪特尔·施瓦布.民法导论[M].郑冲,译.北京:法律出版社,2006.

18. 弗里德里希·冯·哈耶克.立法与自由·第二卷[M].邓正来,译.北京:中国大百科全书出版社,2002.

19. 高桥宏志.民事诉讼法制度与理论的深层分析[M].林剑锋,译.北京:法律出版社,2003.

20. 汉斯·普维庭.现代证明责任问题[M].吴越,译.北京:法律出版社,2000.

21. 吉村良一.日本侵权行为法[M].张挺,译.北京:中国人民大学出版社,2013.

22. 卡尔·夏皮罗,哈尔·瓦里安.信息规则[M].张帆,译.北京:中国人民大学出版社,2000.

23. 卡斯东·斯特法尼,等.法国刑事诉讼法精义[M].罗结珍,译.北京:中国政法大学出版社,1999.

24. 克劳斯·布鲁恩·延森.媒介融合:网络传播、大众传播和人际传播的三重维度[M].刘君,译.上海:复旦大学出版社,2015.

25. 克雷斯蒂安·冯·巴尔.欧洲比较侵权行为法(下卷)[M].焦美华,译.北京:法律出版社,2001.

26. 肯尼斯·S.亚伯拉罕,阿尔伯特·C.泰特.侵权法重述——纲要[M].许传玺,等,译.北京:法律出版社,2006.

27. 莱奥·罗森贝克.证明责任论[M].庄敬华,译.北京:中国法制出版社,2002.

28. 勒内·达维.英国法与法国法:一种实质性比较[M].潘华仿,等,译.北京:清华大学出版社,2002.

29. 理查德·欧文.侵权法基础(第三版)[M].武汉:武汉大学出版社,2004.

30. 罗伯特·霍思,等.德国民商法导论[M].楚建,译.北京:中国大百科全书出版社,1996.

31. 罗斯科·庞德.通过法律的社会控制[M].沈宗灵,译.北京:商务印书馆,1984.

32. 马克西米利安·福克斯. 侵权行为法[M]. 齐晓琨,译. 北京:法律出版社,2006.

33. 马特维也夫. 苏维埃民法中的过错[M]. 彭篮瑾,等,译. 北京:法律出版社,1958.

34. 梅迪库斯. 德国债法总论[M]. 邵建东,译. 北京:法律出版社,2004.

35. 美国法学会. 美国法律整编·侵权行为法[M]. 刘兴善,译. 台北:台北司法周刊杂志社,1986.

36. 美浓部达吉. 公法与私法[M]. 黄冯明,译. 北京:中国政法大学出版社,2003.

37. 尼葛洛庞蒂. 数字化生存[M]. 胡冰,范海燕,译. 海南:海南出版社,1997.

38. 欧洲侵权法小组. 欧洲侵权法原则:文本与评注[M]. 于敏,谢鸿飞,译. 北京:法律出版社,2009.

39. 萨莉·斯皮尔伯利. 媒体法[M]. 周文,译. 武汉:武汉大学出版社,2004.

40. 唐·R. 彭伯. 大众传媒法[M]. 张金玺,赵刚,译. 北京:中国人民大学出版社,2005.

41. 唐纳德·M. 吉尔摩,杰罗姆·A. 巴龙,托德·F. 西蒙. 美国大众传播法:判例评析[M]. 梁宁,等,译. 北京:清华大学出版社,2002.

42. 田山辉明. 日本侵权行为法[M]. 顾祝轩,丁相顺,译. 北京:北京大学出版社,2011.

43. 望月礼二郎. 英美法[M]. 郭建,王仲涛,译. 北京:商务印书馆,2005.

44. 韦恩·R. 拉费弗,等. 刑事诉讼法(下)[M]. 卞建林,沙丽金,等,译. 北京:中国政法大学出版社,2003.

45. 维克托·迈尔-舍恩伯格,肯尼思·库克耶. 大数据时代[M]. 盛杨燕,等,译. 浙江:浙江人民出版社,2013.

46. 魏德士. 法理学[M]. 丁晓春,译. 北京:法律出版社,2005.

47. 文森特·R. 约翰逊. 美国侵权法[M]. 赵秀文,等,译. 北京:中国人民大学出版社,2004.

48. 五十岚清. 人格权法[M]. 铃本贤,葛敏,译. 北京:北京大学出版社,2009.

49. 伊恩·C. 巴隆. 电子商务与互联网法(下卷)[M]. 张平,译. 北京:中国方正出版社,2005.

50. 圆谷峻. 判例形成的日本新侵权行为法[M]. 赵莉,译. 北京:法律出版社,2008.

三、中文论文(包括学位论文)

1. 白洋. 网络不正当竞争行为的法律规制研究[D]. 湖北:中南民族大学,2012.

2. 彩蕙,江南. 江苏卫视《非诚勿扰》侵权案始末[J]. 民主与法制,2016(1).

3. 蔡立东. 法人名誉权侵权法保护的实证研究[J]. 社会科学辑刊,2012(4).

4. 曹三明. 新闻纠纷的法律思考[J]. 新闻记者,1991(7).

5. 陈兵. 强势媒介品牌的构成因素和特征分析[J]. 当代传播,2002(3).

6. 陈昶屹.论避风港规则扩张适用网络人格权案件之困境及消解[J].人民司法·应用,2012(1).

7. 陈华,刘会民.网络新闻报道侵权诉讼的应对措施及风险防范[J].中国广播,2013(1).

8. 陈力丹.马克思恩格斯的"隐私权"观念[J].新闻法通讯,1986(1).

9. 陈年冰,李乾.论网络环境下人格权侵权的惩罚性赔偿[J].深圳大学学报,2013(3).

10. 陈年冰.大规模侵权与惩罚性赔偿[D].西安:西北大学学报,2010(11).

11. 陈实,马忆南.在消费者的言论自由与经营者的名誉权之间[J].南京大学法律评论,2000(春季).

12. 成晓娜.论网络侵权行为的特殊性与立法对策[D].北京:中国政法大学,2009.

13. 程春华,洪秀娟.论民事诉讼举证责任转移的正当性及其制度构建[J].法律适用,2008(1).

14. 程德安.论电视版式(模版)的法律保护[J].新闻界,2005(6).

15. 程啸,张发靖.现代侵权行为法中过错责任原则的发展[J].当代法学,2006(1).

16. 程啸.论《侵权责任法》第八条中"共同实施"的涵义[J].清华法学,2010(2).

17. 程啸.论意思联络作为共同侵权行为构成要件的意义[J].法学家,2003(4).

18. 程艳.电视模式节目的媒介知识产权[J].电视研究,2011(2).

19. 崔明峰,欧山.英美法上的惩罚性赔偿制度研究[J].河北法学,2000(3).

20. 戴孟勇.连带责任制度论纲[J].法制与社会发展,2000(4).

21. 邓河.论肖像的界定与肖像使用的法律规制[J].山西高等学校社会科学学报,2006(1).

22. 邓社民.网络服务提供者侵权责任限制问题探析[J].甘肃政法学院学报,2011(5).

23. 邓社民.严厉的法律 举步维艰的网络产业——对《侵权责任法》第36条的质疑[J].时代法学,2011(4).

24. 邸红旗.网络"避风港规则"何以转化为"风暴眼"[J].法制与社会,2011(11).

25. 董炳和.死者姓名的民法保护[J].法学,1997(12).

26. 冯小光.侵犯法人名誉权的司法认定[J].人民司法,2009(6).

27. 冯小青.网络环境下著作权保护、限制及其利益平衡[J].社会科学,2006(11).

28. 高一飞,祝继萍.英国微博庭审直播的兴起[J].新闻与传播研究,2012(3).

29. 高一飞.美国法上"记者"的含义[J].现代法学,2010(2).

30. 高一飞.美国庭审直播录播的历史发展与改革实验[J].法律适用,2012(8).

31. 高一飞.庭审直播的根据与规则[J].南京师大学报(社会科学版),2007(3).

32. 顾理平.论新闻侵权的构成要件[J].当代传播,2001(3).

33. 郭然,梁永文.隐私权的法律保护:立法心中的痛[J].中国律师,2004(2).

34. 郭寿康,马宁.网络服务提供者侵权责任的思考[J].知识产权,2012(11).

35. 郭晓霞.连带责任制度探微[J].法学杂志,2008(5).

36. 郭兴利.公众人物名誉权的制衡机理解读[J].求索,2007(10).

37. 韩朝伟,朱瑞.裁判文书上网与当事人隐私权保护的冲突与平衡[J].法律适用,2012(4).

38. 何四海,王奕森.论证明责任在新闻侵权中的适用[J].湖南人文科技学院学报,2008(1).

39. 何文杰.论连带责任制度从绝对主义向相对主义的转变[J].兰州大学学报,2003(6).

40. 贺卫方.传媒与司法三题[J].法学研究,1998(6).

41. 洪伟,郑兴.试论人格权的商品化[J].浙江社会科学,2008(12).

42. 侯健.法的冲突及其调整之美国有关法律实践评述[J].比较法研究,2001(1).

43. 胡海容.美国侵权法上连带责任的新发展及其启示[J].法商研究,2008(3).

44. 胡建生.从全国首例网络著作权纠纷案谈起[J].中国工商管理研究,2000(3).

45. 胡铭,梁斌.网络庭审直播视野中的刑事审判[J].浙江大学学报(人文社会科学版),2011(4).

46. 胡学军.法官分配证明责任:一个法学迷思概念的分析[J].清华法学,2010(4).

47. 胡震远.网络传播帮助者的侵权责任认定[J].法律适用,2009(3).

48. 胡正强.新闻传播中的更正与更正制度[J].新闻爱好者,2002(4).

49. 黄卉.关于判例形成的观察和法律分析——以我国失实新闻侵害公众人物名誉案为切入点[J].华东政法大学学报,2009(1).

50. 黄忠.隐私权视野下的网上公开裁判文书之限[J].北方法学,2012(6).

51. 江清云.从德国司法判决比较超链接的著作权侵权认定[J].德国研究,2008(2).

52. 蒋惠岭,龙飞.香港澳门地区的司法公开制度与启示[J].法律适用,2013(4).

53. 靳羽."公众人物"理论实证考察与名誉侵权过错判断路径检讨[J].政治与法律,2013(8).

54. 康守玉.新闻侵权的民事责任[D].北京:中国人民大学,1995.

55. 孔祥俊,杨丽.侵权责任要件研究(下)[J].政法论坛,1993(2).

56. 匡敦校.新闻名誉侵权中的新闻报道失实研究[J].法商研究,2005(2).

57. 李大元.新闻报道侵害名誉权案件的受理问题[J].新闻与传播研究,1995(3).

58. 李广森,雷振刚.明星代言:真实的谎言[J].检查风云,2007(6).

59. 李汉琴.论民事诉讼中的举证责任[J].法学研究,1990(4).

60. 李浩.民事判决中的举证责任分配[J].清华法学,2008(6).

61. 李建华,管洪博.大规模侵权惩罚性赔偿制度的适用[J].法学杂志,2013(3).

62. 李建星.影视作品网络著作权侵权法定赔偿研究[J].中山大学研究生学刊(社会科学版),2011(1).

63. 李可眉.论网络服务提供者的间接侵权责任[J].邵阳学院学报,2010(5).

64. 李升.德国法中精神抚慰金的惩罚性辨析[J].时代法学,2010(12).

65. 李石山,彭欢燕.从连带之债案件的执行谈我国连带责任制度之完善[J].人民司法,1995(11).

66. 李伟文.论著作权客体之独创性[J].法学评论,2000(1).

67. 李新天,郑鸣.论中国公众人物隐私权的构建[J].中国法学,2005(5).

68. 李秀芬.论隐私权的法律保护范围[J].当代法学,2004(4).

69. 李奕霏."人肉搜索"引发的隐私权侵权及其法律规制[J].西北大学学报,2010(9).

70. 李永军.连带责任的性质[J].中国政法大学学报,2011(2).

71. 李友根.裁判文书公开与当事人隐私权保护[J].法学,2010(5).

72. 李玉梅,孙可兴.我国企业信息公开法定民事责任制度的构建[J].郑州大学学报,2010(1).

73. 梁静.公开审判与隐私权保护之平衡[J].广西社会科学,2010(9).

74. 梁琦果,张光杰.网络服务商侵犯他人隐私权的责任研究[J].湖北社会科学,2015(6).

75. 梁晓茂.新闻舆论监督的本质特征及社会责任[J].西南电视,1999(4).

76. 廖焕国.侵权法上的注意义务比较研究[D].武汉:武汉大学,2005.

77. 林欣苑.网络上隐私权保护途径之分析[D].台北:东吴大学法学院,2003.

78. 刘波林.关于《信息网络传播权保护条例》的几点感悟[J].电子知识产权,2005(6).

79. 刘春田.商标与商标权辨析[J].知识产权,1998(1).

80. 刘德良.论网络服务者在侵权法中的地位与责任[J].法商研究,2001(5).

81. 刘德良.论网络服务者在侵权法中的地位与责任[J].法商研究,2001(5).

82. 刘洪华.论微博上不法言论行为的规制[J].中国出版,2012(11).

83. 刘家瑞.论我国网络服务商的避风港规则——兼评十一大唱片公司诉雅虎案[J].知识产权,2009(2).

84. 刘开国.红旗标准在认定网络服务提供者侵权责任中的适用[J].新闻世纪图书馆,2007(5).

85. 刘满达,孔昱.关于网络环境下的名誉权保护初探[J].浙江社会科学,2007(3).

86. 刘士国.论侵权责任中的因果关系[J].法学研究,1992(2).

87. 刘文杰.论新闻侵权的归责原则[J].环球法律评论,2010(4).

88. 刘小鹏.庭审网络直播与当事人隐私权保护的冲突与平衡[J].法律科学,2015

（3）.

89. 刘晓. 避风港规则: 法律移植的败笔[J]. 齐齐哈尔大学学报, 2011（8）.

90. 刘迎霜. 名誉权中"公众人物理论"省思[J]. 社会科学, 2014（6）.

91. 刘颖, 黄琼. 论《侵权责任法》中网络服务提供者的责任[J]. 暨南学报, 2010（3）.

92. 龙飞. 美国联邦法院试点"摄像机进法庭"[J]. 人民法院报, 2011 – 11 – 11（8）.

93. 龙飞. 台湾地区裁判文书上网制度[J]. 人民法院报, 2013 – 09 – 27.

94. 龙飞. 域外法院裁判文书上网制度比较研究[J]. 人民司法, 2014（9）.

95. 陆萍. 新闻报道侵权构成要件的探讨[J]. 政治与法律, 1991（6）.

96. 罗斌, 宋素红. 我国新闻传播诽谤诉讼的历史演进[J]. 新闻与传播研究, 2017（1）.

97. 罗斌, 宋素红. 新闻诽谤归责原则与证明责任研究[J]. 国际新闻界, 2011（2）.

98. 罗斌, 宋素红. 虚假新闻的法律责任[J]. 中国记者, 2005（10）.

99. 罗斌, 宋素红. 中美新闻诽谤诉讼比较[J]. 新华文摘, 2007（2）.

100. 罗斌. 网络服务提供者侵权责任形态研究[J]. 法律适用, 2013（8）.

101. 罗斌. "新闻侵权"、"媒体（介）侵权"抑或"传播侵权"[J]. 国际新闻界, 2016（10）.

102. 罗东川. 论名誉权的概念和特征[J]. 政治与法律, 1993（2）.

103. 罗莉. 电视节目模板的法律保护[J]. 法律科学, 2006（4）.

104. 罗施福. 侵害著作权之损害赔偿责任比较研究[J]. 北方法学, 2014（5）.

105. 马俊驹. 从人格利益到人格要素——人格权法律关系客体之界定[J]. 河北法学, 2006（10）.

106. 蒙晓阳. 论公众人物隐私权的受限程度[J]. 求索, 2014（3）.

107. 彭桂兵"避风港"规则与网络服务商合理注意义务的确立[J]. 当代传播, 2017（3）.

108. 彭熙海. 论连带责任制度立法价值取向之调整[J]. 湘潭大学学报, 2009（6）.

109. 皮纯协, 刘杰. 知情权与情报会开制度[J]. 山西大学学报（哲学社会科学版）, 2000（8）.

110. 浦增平. 肖像权保护模式的比较研究[J]. 法律科学, 1992（2）.

111. 戚海龙, 阳小芳. 我国新闻民事侵权借鉴惩罚性赔偿之探究[J]. 新闻记者, 2004（7）.

112. 齐爱民, 李仪. Cookie 第一案: 界定精准营销信息权属[J]. 法治周末, 2015（7）.

113. 齐喜三. 论大规模侵权的多元化救济模式[J]. 河南师范大学学报, 2014（5）.

114. 秦绪栋. 英国的超级禁令制度[N]. 人民法院报, 2012 – 07 – 27（8）.

115. 邱平荣, 朱明飞. 新闻侵权及其归责原则初探[J]. 政治与法律, 2003（6）.

116. 屈茂辉. 论民法上的注意义务[J]. 北方法学, 2007（1）.

117. 屈学武. 因特网上的犯罪及其限制[J]. 法学研究,2006(4).

118. 任向东,焦泉. 网络临时复制法律问题研究[J]. 南京邮电大学学报,2008(2).

119. 芮松艳. 深层链接行为直接侵权的认定——以用户标准为原则,以技术标准为例外[J]. 中国专利与商标,2009(4).

120. 邵明. 侵权证明责任分配释论[J]. 人民司法·应用,2010(19).

121. 石东洋,马章元. 论新闻媒体侵害隐私权的抗辩事由[J]. 南京政治学院学报,2014(5).

122. 宋红波. 网络服务商的侵权责任分析[J]. 苏州科技学院学报,2003(5).

123. 宋素红,罗斌. 个人网络信息的隐私性及侵害方式[J]. 当代传播,2016(2).

124. 宋素红,罗斌. 新闻作品著作权的保护原则[J]. 新华文摘,2005(6).

125. 宋素红,尹淑洁. "新闻侵权":是否进入法律?[J]. 现代传播,2010(11).

126. 宋伟. 网络服务提供者间接侵权问题研究[D]. 上海:上海交通大学,2008.

127. 宋小卫. 试析媒介消费中的民事合同关系[J]. 新闻与传播研究,2003(4).

128. 苏力. 关于对抗制的几点法理学和法社会学思考[J]. 法学研究,1995(4).

129. 苏醒. 知识产权侵权的惩罚性赔偿研究[D]. 开封:河南大学,2011.

130. 孙旭培. 规范举证责任,保障舆论监督[J]. 新闻大学,2002(夏季).

131. 唐德华. 谈谈审理损害赔偿案件中的几个问题[J]. 人民司法,1989(20).

132. 唐慧俊. 论消费者个人信息权的法律保护[J]. 消费经济,2013(6).

133. 滕金芳. 新闻侵害肖像权若干问题探讨[J]. 理论学习,2006(5).

134. 汪洋. 新闻侵权的构成[J]. 新闻前哨,1995(6).

135. 王兵,郭垒. 网络社会个人信息侵权问题研究[J]. 西南交通大学学报,2011(2).

136. 王成. 侵犯肖像权之加害行为的认定及肖像权的保护原则[J]. 清华法学,2008(2).

137. 王春燕. 作品中的表达与作品之间的实质相似[J]. 中外法学,2000(5).

138. 王福友,张雅萍. 从权利利益化视角谈公众人物名誉权保护[J]. 国家检察官学院学报,2013(2).

139. 王福友,张雅萍. 从权利利益化视角谈公众人物名誉权保护[J]. 国家检察官学院学报,2013(2).

140. 王晋闽. 新闻侵权的责任分担[J]. 新闻记者,1991(7).

141. 王军,王轩. 英国法上的名誉权保护[J]. 法学杂志,2008(3).

142. 王俊. 侵权责任法中确立注意义务原因探究[J]. 学术论坛,2010(7).

143. 王利明. 公众人物人格权的限制和保护[J]. 中州学刊,2005(2).

144. 王利明. 论个人信息权的法律保护[J]. 现代法学,2013(4).

145. 王利明. 论个人信息权在人格权法中的地位[J]. 苏州大学学报,2012(6).

146. 王利明. 论网络环境下人格权的保护[J]. 中国地质大学学报(社会科学版),

2012(4).

147. 王利明. 美国惩罚性赔偿制度研究[J]. 比较法研究,2003(5).

148. 王琳,关正义. 建立我国民事诉讼禁令制度的思考[J]. 求是学刊,2015(3).

149. 王崛. 从比较法角度看人格标识商品化的法律保护[D]. 兰州:兰州大学,2010.

150. 王迁. 论 BBS 的法律管制制度[J]. 法律科学,1999(1).

151. 王迁. 论版权间接"间接侵权"及其规则的法定化[J]. 法学,2005(12).

152. 王迁. 论"网络传播行为"的界定及其责任认定[J]. 法学,2006(5).

153. 王迁. 搜索引擎提供"快照"服务的著作权侵权问题研究[J]. 东方法学,2010(3).

154. 王迁. 网络环境中版权直接侵权的认定[J]. 东方法学,2009(2).

155. 王迁.《信息网络传播权保护条例》中避风港规则的效力[J]. 法学,2010(6).

156. 王钦杰. 英美侵权法上注意义务研究[D]. 山东:山东大学,2009.

157. 王珊珊. 网页快照著作权侵权问题研究[D]. 北京:北京邮电大学,2015.

158. 王生智. 新闻侵害公民与法人名誉权之比较[J]. 新闻记者,2005(10).

159. 王泽鉴. 人格权保护的课题与展望(三)——人格权的具体化及保护范围[J]. 台湾本土法学,2006(87).

160. 王众. 隐私权若干法律问题初探[J]. 云南大学学报(法学版),2004(4).

161. 王竹. 论连带责任分摊请求权[J]. 法律科学,2010(3).

162. 魏永征,白净. 从沙利文原则到雷诺兹特权[J]. 新闻记者,2007(8).

163. 魏永征. 从"新闻侵权"到"媒介侵权"[J]. 新闻与传播研究,2014(2).

164. 魏永征. 公众人物权益"克减"论可以休矣[J]. 新闻记者,2015(3).

165. 魏永征. 名誉权案事实真伪的举证责任及相关问题[J]. 国际新闻界,2008(2).

166. 魏永征. 新闻侵害名誉权的主观要件[J]. 新闻大学,1993(3).

167. 魏永征. 新闻侵权的归责原则和举证责任[J]. 青年记者,2014(3).

168. 魏永征. 中国大陆新闻侵权法与台港诽谤法之比较[J]. 新闻大学,1999(冬季).

169. 吴汉东. 论信用权[J]. 法学,2001(3).

170. 吴京,韩笑梅. 电视节目模板的著作权法保护困境及出路[J]. 黑龙江政法管理干部学院学报,2010(2).

171. 吴永臻,肖望南. 网络信息环境的隐私权保护问题[J]. 河北大学学报,2003(1).

172. 吴圆妹. 裁判文书上网的界限[J]. 人民法院报,2010 – 03 – 03(6).

173. 夏南,林娜. 欧洲各国司法—媒体—社会关系报告[N]. 人民法院报,2013 – 05 – 31(6).

174. 肖婷婷. 网络名誉权的法律保护研究[D]. 武汉:华中科技大学,2013.

175. 谢慧. 私权平等与身份限制[J]. 现代法学,2010(3).

176. 谢晓琳. 论民商立法中连带责任的膨胀[J]. 商业时代,2004(4).

177. 徐桂芹. 关于信用权的法律保护[J]. 政法论丛,2002(6).

178. 徐尚青. 汉德公式和传媒侵权行为的经济分析[J]. 新闻记者,2004(10).

179. 徐寿松. 虚假报道侵害读者的人格权[J]. 新闻爱好者,2001(2).

180. 徐晓. 过错推定论——一种实在法到法哲学的分析方法[D]. 长春:吉林大学,2014.

181. 徐英荣,冯建华. "无特定指向"虚假新闻的法律规制[J]. 新闻爱好者,2001(5).

182. 薛虹. 再论网络展务提供者的版权侵权贵任[J]. 科技与法律,2000(1).

183. 闫宏宇. 侵权法过错判断新论[J]. 西部法学评论,2013(3).

184. 阳庚德. 普通法国家惩罚性赔偿制度研究[J]. 环球法律评论,2013(4).

185. 杨敦和. 论妨害名誉之民事责任[J]. 辅仁法学,(3).

186. 杨帆. 公众人物隐私限制与保护的法理分析与立法完善[J]. 法学杂志,2011(3).

187. 杨建文. 韩国的文书公开制度[N]. 人民法院报,2013 – 08 – 31(5).

188. 杨立新,杨清. 客观与主观的奏:原因力与过错[J]. 河南政法干部管理学院学报,2009(2).

189. 杨立新,尹艳. 论信用权及其损害的民法救济[J]. 法律科学,1995(4).

190. 杨立新. 不具名媒体报道侵权责任的认定[J]. 江苏行政学院学报,2011(3).

191. 杨立新. 论中国新闻抗辩及体系与具体规则[J]. 河南省政法管理学院学报,2008(5).

192. 杨立新. 侵权责任形态研究[J]. 河南省政法管理干部学院学报,2004(1).

193. 杨立新. 我国的媒体侵权责任与媒体权利保护[J]. 中国法学,2011(6).

194. 杨临萍等.《最高人民法院关于审理利用信息网络侵权人身权益民事纠纷案件适用法律若干问题的规定》的理解与适用[J]. 法律适用,2014(12).

195. 杨路,鞠晓红. 法官分配举证责任的实质性思考[J]. 法律适用,2002(10).

196. 杨明.《侵权责任法》第36条释义及其展开[J]. 华东政法大学学报,2010(3).

197. 杨西玲. 论法官在民事证明中的司法裁量权[J]. 山西省政法管理干部学院学报,2007(12).

198. 杨讯,李凤华. 超链接的法律问题探析[J]. 法学,2000(9).

199. 姚泽金,张艳红. 美国司法与传媒的冲突与协调——以刑事案件审判与媒体报道为例[J]. 当代传播,2009(6).

200. 尹田. 论人格权的本质——兼评我国民法草案关于人格权的规定[J]. 法学研究,2003(4).

201. 于林洋,孙学华. 关于"虚假广告"与"虚假宣传"关系的法律思考[J]. 山西高等学校社会科学学报,2004(6).

202. 余寅同,冯忠明. 论我国网页著作权的保护[J]. 经济研究导刊,2008(3).

203. 袁雪石.从"艳照门"事件看网络侵权民事法律规则的完善[J].政治与法律,2008(4).

204. 张楚.网上侵权　法律不容——俞某网上侵犯他人名誉权被判赔偿案[J].计算机安全,2004(11).

205. 张红.法人名誉权保护中的利益平衡[J].法学家,2015(1).

206. 张红.事实陈述、意见表达与公益性言论保护——最高法院1993年《名誉权问题解答》第8条之检讨[J].法律科学,2010(3).

207. 张红.一项新的宪法上基本权利——人格权[J].法商研究,2012(1).

208. 张红."以营利为目的"与肖像权侵权责任认定[J].比较法研究,2012(3).

209. 张鸿霞.新闻侵犯名誉权案实行过错责任原则质疑[J].国际新闻界,2010(10).

210. 张鸿霞.新闻侵犯名誉权的过错判断标准[J].法制与社会,2015.

211. 张建波.关于完善新闻名誉侵权及其责任的立法思考[J].政法论丛,2005(4).

212. 张金玺.论美国诽谤法之类型化归责体系[J].国际新闻界,2012(8).

213. 张金玺.论美国诽谤法之类型化归责体系[J].国际新闻界,2012(8).

214. 张灵敏.论我国网络著作权法律保护之缺陷及其完善[J].企业经济,2012(7).

215. 张玲玲.网页快照提供行为的著作权侵权判定[J].知识产权,2014(4).

216. 张榕.事实认定中的法官自由裁量权[J].法律科学,2008(4).

217. 张涛.个人信息权的界定及其民法保护[D].长春:吉林大学,2012.

218. 张铁薇.共同侵权的法理基础和类型化分析[J].北方论丛,2004(4).

219. 张维迎.信息、激励与连带责任[J].中国社会科学,2003(3).

220. 张维迎.信息、激励与连带责任[J].中国社会科学,2003(3).

221. 张卫平.证明责任概念解析[J].郑州大学学报,2000(6).

222. 张卫平.转制与应变[J].学习与探索,1994(4).

223. 张翔.基本权利冲突的规范结构与解决模式[J].法商研究,2006(3).

224. 张新宝,李倩.惩罚性赔偿的立法选择[J].清华法学,2009(4).

225. 张新宝,唐青林.经营者对服务场所的安全保障义务[J].法学研究,2003(3).

226. 张新宝.侵害名誉权的损害后果及其民事救济方式探讨[J].法商研究,1997(6).

227. 张新宝."新闻(媒体)侵权"否认说[J].中国法学,2008(6).

228. 张志培.人民法院对网络环境下著作权的司法保护[J].中国版权,2004(2).

229. 赵博.网络环境下信用权民法保护研究[D].黑龙江:黑龙江大学,2014.

230. 赵小南,刘军义.新闻采访侵权问题的法律探讨[J].广播电视大学学报(哲学社会科学版),2008(2).

231. 赵杨.公众人物隐私权的经济分析[J].黑龙江社会科学,2008(4).

232. 甄增水.论公众人物隐私权[D].河北:河北大学学报,2014(3).

233. 郑文明. 新媒体时代个人信息保护的里程碑[J]. 新闻界,2014(23).

234. 郑智军."人肉搜索"的法律与道德思考[J]. 法制与社会发展,2011(4).

235. 钟静宜. 浅析网络不正当竞争行为及其法律规制[J]. 法制与社会,2009(1).

236. 周丽娜. 大数据背景下的网络隐私法律保护:搜索引擎、社交媒体与被遗忘权[J]. 国际新闻界,2015(8).

237. 周学锋. 名誉权与言论自由的制衡:"公众人物"理论解析[J]. 山东师范大学学报,2005(4).

238. 周友军. 论网络服务提供者的侵权责任[J]. 理论探究,2010(3).

239. 周悦丽. 我国隐私权保护立法模式的选择与体系的构建[J]. 南都学坛,2004(9).

240. 朱广新. 惩罚性赔偿制度的演进与适用[J]. 中国社会科学,2014(3).

241. 最高人民法院司改办. 裁判文书公开的域外经验[J]. 人民法院报,2015 - 10 - 21(5).

四、外文文献

(一)英文著作

1. Alderman E, Kennedy C. The Right to Privacy [M]. New York:Random House Inc. ,1997.

2. Breckenridge A C. The Right to The Privacy [M]. Nebraska:University of Nebraska Press,1970.

3. Coppel P. Information Rights[M]. London:Sweet & Maxwell,2004.

4. Dobbs D B,Hayden P T. Torts and Compensation:Personal Accountability and Social Responsibiliby for Injury[M]. Minnesota:West Academic Press Group,2001

5. Fleming J G. The Law of Torts[M]. 9th ed. Sydney:Law Book Company,1998.

6. Garner B A. Black's Law Dictionary[M]. 8th ed. Minnesota:West Group,2004.

7. Henry M. International Privacy, Publicity and Personality Laws [M]. london:Reed Elsevier(UK),2001.

8. Homes O W. The Common Law[M]. Boston:Little,Brown And company,1881,

9. Jasper M C. Privacy and the Internet:Your Expectations and Rights under the Law[M]. New York:Oxford University Press,2009.

10. Johnson V R. Mastering Torts[M]. New York:Ceroline Academic Press,1995.

11. Keeton W P. On Torts[M]. 5th ed. Minnesota:West Group,1984.

12. Kionka E J. Torts[M]. Minnesota:West Publishing Co,1977.

13. Lawson F H,Markesinis B S. Tortious Liability for Unininternational Harm in The Common Law and The Civil Law[M]. London:Cambridge University Press,1982.

14. Markesinis B S, Unberath H. The German Law of Torts: A Comparative Treatise[M]. London: Hart Publishing Oxford and Portland Oregon, 2002.

15. Mullis A, Oliphant K. Torts[M]. Beijing: Law Press China, 2003.

16. Perri. The Future of Privacy(Volume I): Private Life and Public Policy[M]. London: Demos. 1998.

17. Pound R. An Introduction to the Philosophy of Law[M]. New Haven: Yale University Press, 1955.

18. Price D, Duodu K. Defamation Law, Procedure and Practice[M]. London: Sweet & Marxwell, 2004.

19. Prosser W L. Law of Torts[M]. 4th ed. Minnesota: West Publishing Co, 1971

20. Robertson G, Nicol A. MediaLaw[M]. 5th ed. Blyford, Suffolk: Penguin Books, 2008.

21. Rogers W V H. Winfield and Jolowicz On Tort [M]. 16th ed. London: Sweet & Maxwell 2002.

22. Rule J B, Greenleaf G. Global Privacy Protection[M]. Cheltenham: Edward Elgar Publishing, 2008.

23. Wacks R. Personal Information[M]. Oxford: Oxford University Press, 1989.

24. Westin A F. Privacy and Freedom[M]. New York: Athenum, 1967.

25. Widmer P. Unification of Tort Law: Fault [M]. Amsterdam: Kluwer Law International, 2005

26. Zelezn J D. Communications Law: Liberties, Restraints, & the Modern Media[M]. 4th ed. San Francisco: Wadsworth Pub. Co., 2010.

(二) 英文论文

1. Green L. For First Time Justices Reject Punitive Award[N]. The New York Times, 1996 - 05 - 21(8).

2. Harting N. Can a Search Engine be "Private by Default"? [J/OL]. [2017 - 06 - 16]. http://www. cr-online. de/blog/2014/05/14/can-a-search-engine-be-private-by-default/.

3. Janger E J. Privacy Property, Information and the Anticommons[J]. Hastings Law Journal, 2003, 54(4).

4. Kenefick A M. Note, The Constitutionality of Punitive Damage under The Excessive Fines Clauses of The Eighth Amendment[J]. Michigan Law Review, 1987, 85.

5. Lemley M A. Privacy Property: A Comment on Professor Samuelson 's Contribution[J]. Stanford Law Review, 2000, 52.

6. Liebman B L. Innovation Through Intimidation: An Empirical Account of Defamation Litigation in China[J]. Harvard International Law Journal, 2006, 47(1).

7. Litman J. Information Privacy/ Information Property[J]. Stanford Law Review,2000,52.

8. Malhotra N K ,Kim S S,Agarwal J. Internet users' information privacy concerns(IUIP):The construct,the scale,and a causal model[J]. Information Systems Research,2004,15(4).

9. Mckoom J R. Punitive Damage States Trends and Developments[J]. Litigation Review,1995,Spring,14.

10. Michalos C. Copyright and Punishment:the Nature of Additional Damages[J]. E. I. P. R. 2000,22(10).

11. Murphy R S. Property Rights in Personal Information:An Economic Defense of Privacy[J]. Georgetown Law Journal,1996,1(84).

12. Oven D C. Punitive Damage:in Products Liability Litigation[J]. Michigan Law Review,1976,74.

13. Partlett D F. Punitive Damage:Legal Hot Zones[J]. La. L. Rev,1996,56.

14. Paulsen W. CBS loses lawsuit:ABC's/"I. m A Celebrity,Get Me Out of Here!"[N/OL]. (2015 – 07 – 30)[2017 – 03 – 04]. http://www. realitytvworld. com/index/articles/story. php? s = 872/2015-07-30. html.

15. Petersen C. "Google and money!"[N]. New York Review of Books,2010 – 12 – 09(9).

16. Prosser W. Privacy[J]. California Law Review,1960,48.

17. Rosen J. The Eroded Self[N]. New York,Times,2000 – 04 – 30(6).

18. Samuelson P. Privacy as Intellectual Property? [J]. Stanford Law Review,2000,52.

19. Schwartz P M. Property, Privacy and Personal Data [J]. Harvard LawReview,2004,117.

20. Sloane L A. The Split Award Statute:A Move toward Effectuating The True Purpose of Punitive Damage[J]. Valpuraiso University Law Review,1993∣1994(28).

21. Warnner R. Surveillance and The Self,Privacy Dignity and Technology[J]. DePaul Law Review,2005,54.

22. Warren S,Brandeis L D. The Right to Privacy[J]. Harvard Law Review,1890,15(4).

23. Winfield. The History of Negligence in the Law of Torts[J]. Law Quarterly Review,1926,42.

24. Youn S. Determinants of online privacy concern and its influence on privacy protection behaviors among young adolescents[J]. The Journal of Consumer Affairs,2009,43(3).

25. Zimmer M. The externalities of search 2. 0:The emerging privacy threats when drive for the perfect searchengine meets web 2.0[J]. First Monday,2008,13(3).

五、判决书案号

（一）名誉权纠纷判决书案号（第九章第二节所取 200 个样本案例案号）

安徽省阜阳市中级人民法院（2017）皖 12 民终 2787 号

安徽省合肥市中级人民法院（2014）合民一终字第 03454 号

安徽省淮北市中级人民法院（2014）淮民一终字第 00167 号

安徽省铜陵市中级人民法院（2014）铜中民一终字第 00027 号

安徽省芜湖市中级人民法院（2014）芜中民一终字第 00102 号

北京市第二中级人民法院（2014）二中民终字第 06286 号

北京市第二中级人民法院（2014）二中民终字第 06729 号

北京市第二中级人民法院（2014）二中民终字第 08641 号

北京市第二中级人民法院（2014）二中民终字第 09013 号

北京市第二中级人民法院（2015）二中民终字第 01903 号

北京市第二中级人民法院（2016）京 02 民终 127 号

北京市第二中级人民法院（2016）京 02 民终 9012 号

北京市第二中级人民法院（2017）京 02 民终 2597 号

北京市第二中级人民法院（2017）京 02 民终 2895 号

北京市第三中级人民法院（2014）三中民终字第 07694 号

北京市第三中级人民法院（2014）三中民终字第 13261 号

北京市第三中级人民法院（2014）三中民终字第 6013 号

北京市第三中级人民法院（2015）三中民终字第 10947 号

北京市第三中级人民法院（2016）京 03 民终 1685 号

北京市第三中级人民法院（2017）京 03 民终 11548 号

北京市第三中级人民法院（2017）京 03 民终 12296 号

北京市第三中级人民法院（2017）京 03 民终 2839 号

北京市第一中级人民法院（2014）一中民终字第 06843 号

北京市第一中级人民法院（2014）一中民终字第 06844 号

北京市第一中级人民法院（2015）一中民终字第 03108 号

北京市第一中级人民法院（2015）一中民终字第 08708 号

北京市第一中级人民法院（2015）一中民终字第 09185 号

北京市第一中级人民法院（2016）京 01 民终 3512 号

北京市第一中级人民法院（2016）京 01 民终 6047 号

北京市第一中级人民法院（2016）京 01 民终 6224 号

北京市第一中级人民法院（2016）京 01 民终 6225 号

北京市第一中级人民法院（2017）京 01 民终 5483 号

北京市第一中级人民法院（2017）京 01 民终 559 号

北京市第一中级人民法院（2017）京 01 民终 8998 号

北京市第一中级人民法院（2017）京 01 民终 9025 号

北京市第一中级人民法院（2017）京 01 民终 9404 号

重庆市第二中级人民法院（2013）渝二中法民终字第 01728 号

重庆市第五中级人民法院（2016）渝 05 民终 2208 号

重庆市第五中级人民法院（2016）渝 05 民终 3349 号

重庆市第一中级人民法院（2014）渝一中法民终字第 03078 号

福建省福州市中级人民法院（2016）闽 01 民终 3069 号

福建省龙岩市中级人民法院（2015）岩民终字第 719 号

福建省龙岩市中级人民法院（2016）闽 08 民终 1681 号

福建省龙岩市中级人民法院（2017）闽 08 民终 1020 号

福建省莆田市中级人民法院（2017）闽 03 民终 930 号

福建省厦门市中级人民法院（2014）厦民终字第 2537 号

福建省厦门市中级人民法院（2014）厦民终字第 3257 号

福建省厦门市中级人民法院（2016）闽 02 民终 1858 号

福建省厦门市中级人民法院（2016）闽 02 民终 1858 号

福建省漳州市中级人民法院（2017）闽 06 民终 2140 号

甘肃省兰州市中级人民法院（2014）兰民三终字第 789 号

广东省佛山市中级人民法院（2014）佛中法民一终字第 3758 号

广东省佛山市中级人民法院（2017）粤 06 民终 5158 号

广东省广州市中级人民法院（2015）穗中法民一终字第 2342 号

广东省广州市中级人民法院（2015）穗中法民一终字第 4309 号

广东省广州市中级人民法院（2016）粤 01 民终 12088 号

广东省广州市中级人民法院（2016）粤 01 民终 13501 号

广东省广州市中级人民法院（2016）粤 01 民终 13501 号

广东省广州市中级人民法院（2016）粤 01 民终 16737 号

广东省广州市中级人民法院（2016）粤 01 民终 16775 号

广东省广州市中级人民法院（2016）粤 01 民终 9781 号

广东省广州市中级人民法院（2017）粤 01 民终 21789 号

广东省广州市中级人民法院（2017）粤 01 民终 3587 号

广东省广州市中级人民法院（2017）粤 01 民终 5061 号

广东省广州市中级人民法院（2017）粤 01 民终 7166 号

广东省广州市中级人民法院（2017）粤 01 民终 8245 号

广东省惠州市中级人民法院（2014）惠中法民一终字第 930 号

广东省茂名市中级人民法院(2017)粤 09 民终 199 号

广东省梅州市中级人民法院(2015)梅中法民一终字第 266 号

广东省深圳市中级人民法院(2016)粤 03 民终 15710 号

广东省深圳市中级人民法院(2017)粤 03 民终 328 号

广西壮族自治区贵港市中级人民法院(2016)桂 08 民终 819 号

贵州省贵阳市中级人民法院(2015)筑民三终字第 336 号

海南省第二中级人民法院(2017)琼 97 民终 813 号

河北省邯郸市中级人民法院(2015)邯市民一终字第 586 号

河北省衡水市中级人民法院(2017)冀 11 民终 377 号

河北省石家庄市中级人民法院(2014)石民二终字第 00341 号

河北省石家庄市中级人民法院(2017)冀 01 民终 4689 号

河北省邢台市中级人民法院(2017)冀 05 民终 2714 号

河南省安阳市中级人民法院(2014)安中民三终字第 1888 号

河南省开封市中级人民法院(2017)豫 02 民终 686 号

河南省南阳市中级人民法院(2014)南民二终字第 00327 号

河南省南阳市中级人民法院(2017)豫 13 民终 4615 号

河南省南阳市中级人民法院(2017)豫 13 民终 651 号

河南省商丘市中级人民法院(2014)商民终字第 63 号

河南省商丘市中级人民法院(2016)豫 14 民终 3480 号

河南省信阳市中级人民法院(2017)豫 15 民终 3692 号

河南省许昌市中级人民法院(2017)豫 10 民终 292 号

河南省郑州市中级人民法院(2014)郑民一终字第 644 号

河南省郑州市中级人民法院(2016)豫 01 民终 4517 号

河南省郑州市中级人民法院(2017)豫 01 民终 12566 号

河南省周口市中级人民法院(2014)周民终字第 962 号

黑龙江省哈尔滨市中级人民法院(2014)哈民二民终字第 23 号

湖北省武汉市中级人民法院(2016)鄂 01 民终 1860 号

湖北省武汉市中级人民法院(2016)鄂 01 民终 3690 号

湖北省武汉市中级人民法院(2017)鄂 01 民终 5020 号

湖北省襄阳市中级人民法院(2015)鄂襄阳中民二终字第 00608 号

湖南省长沙市中级人民法院(2015)长中民一终字第 02137 号

湖南省长沙市中级人民法院(2015)长中民一终字第 05910 号

湖南省长沙市中级人民法院(2016)湘 01 民终 4442 号

湖南省长沙市中级人民法院(2017)湘 01 民终 2693 号

湖南省郴州市中级人民法院(2014)郴民一终字第 1011 号

湖南省郴州市中级人民法院（2017）湘 10 民终 366 号

湖南省衡阳市中级人民法院（2014）衡中法民四终字第 74 号

湖南省娄底市中级人民法院（2016）湘 13 民终 1207 号

湖南省湘潭市中级人民法院（2017）湘 03 民终 423 号

湖南省永州市中级人民法院（2017）湘 11 民终 2309 号

湖南省岳阳市中级人民法院（2016）湘 06 民终 1858 号

江苏省淮安市中级人民法院（2015）淮中民终字第 00334 号

江苏省连云港市中级人民法院（2017）苏 07 民终 2028 号

江苏省南京市中级人民法院（2016）苏 01 民终 8566 号

江苏省南京市中级人民法院（2017）苏 01 民终 1384 号

江苏省南京市中级人民法院（2017）苏 01 民终 3592 号

江苏省南京市中级人民法院（2017）苏 01 民终 4915 号

江苏省南京市中级人民法院（2017）苏 01 民终 8678 号

江苏省南通市中级人民法院（2014）通中民终字第 0801 号

江苏省南通市中级人民法院（2014）通中民终字第 1881 号

江苏省南通市中级人民法院（2014）通中民终字第 2126 号

江苏省泰州市中级人民法院（2017）苏 12 民终 413 号

江苏省无锡市中级人民法院（2017）苏 02 民终 386 号

江苏省徐州市中级人民法院（2014）徐民终字第 03077 号

江苏省盐城市中级人民法（2014）盐民终字第 1888 号

江苏省扬州市中级人民法院（2017）苏 10 民终 675 号

江苏省镇江市中级人民法院（2016）苏 11 民终 2601 号

江苏省镇江市中级人民法院（2017）苏 11 民终 2707 号

江西省南昌市中级人民法院（2014）洪民一终字第 719 号

江西省南昌市中级人民法院（2017）赣 01 民终 1044 号

辽宁省鞍山市中级人民法院（2015）鞍民二终字第 135 号

辽宁省本溪市中级人民法院（2015）本民三终字第 00483 号

辽宁省本溪市中级人民法院（2017）辽 05 民终 1037 号

辽宁省大连市中级人民法院（2014）大民一终字第 1404 号

辽宁省大连市中级人民法院（2015）大民一终字第 01918 号

辽宁省大连市中级人民法院（2015）大民一终字第 723 号

辽宁省大连市中级人民法院（2017）辽 02 民终 1057 号

辽宁省丹东市中级人民法院（2015）丹民一终字第 00295 号

辽宁省丹东市中级人民法院（2016）辽 06 民终 1715 号

辽宁省葫芦岛市中级人民法院（2017）辽 14 民终 222 号

辽宁省葫芦岛市中级人民法院(2017)辽 14 民终 81 号

辽宁省沈阳市中级人民法院(2015)沈中民一终字第 00468 号

辽宁省沈阳市中级人民法院(2016)辽 01 民终 10722 号

辽宁省沈阳市中级人民法院(2016)辽 01 民终 11703 号

辽宁省沈阳市中级人民法院(2017)辽 01 民终 5794 号

内蒙古自治区巴彦淖尔市中级人民法院(2016)内 08 民终 125 号

内蒙古自治区呼和浩特市中级人民法院(2017)内 01 民终 1430 号

内蒙古自治区呼和浩特市中级人民法院(2017)内 01 民终 706 号

内蒙古自治区呼和浩特市中级人民法院(2017)内 01 民终 716 号

宁夏回族自治区银川市中级人民法院(2015)银民终字第 1184 号

山东省滨州市中级人民法院(2014)滨中民一终字第 594 号

山东省高级人民法院(2015)鲁民一终字第 3 号

山东省济南市中级人民法院(2014)济民四终字第 193 号

山东省济南市中级人民法院(2016)鲁 01 民终 5915 号

山东省济南市中级人民法院(2017)鲁 01 民终 1383 号

山东省济南市中级人民法院(2017)鲁 01 民终 2230 号

山东省济南市中级人民法院(2017)鲁 01 民终 3369 号

山东省济南市中级人民法院(2017)鲁 01 民终 4717 号

山东省济南市中级人民法院(2017)鲁 01 民终 4978 号

山东省济南市中级人民法院(2017)鲁 01 民终 7034 号

山东省济宁市中级人民法院(2015)济民终字第 2623 号

山东省青岛市中级人民法院(2016)鲁 02 民终 3027 号

山东省威海市中级人民法院(2017)鲁 10 民终 2046 号

山东省烟台市中级人民法院(2017)鲁 06 民终 505 号

山西省大同市中级人民法院(2016)晋 02 民终 566 号

山西省太原市中级人民法院(2014)并民终字第 1026 号

山西省太原市中级人民法院(2017)晋 01 民终 253 号

山西省阳泉市中级人民法院(2016)晋 03 民终 350 号

陕西省西安市中级人民法院(2016)陕 01 民终 9290 号

上海市第二中级人民法院(2014)沪二中民一(民)终字第 1709 号

上海市第二中级人民法院(2014)沪二中民一(民)终字第 1709 号

上海市第二中级人民法院(2014)沪二中民一(民)终字第 1826 号

上海市第二中级人民法院(2016)沪 02 民终 3535 号

上海市第二中级人民法院(2016)沪 02 民终 5075 号

上海市第二中级人民法院(2016)沪 02 民终 5076 号

上海市第二中级人民法院(2016)沪02民终5077号

上海市第二中级人民法院(2016)沪02民终8673号

上海市第一中级人民法院(2014)沪一中民四(商)终字第2186号

上海市第一中级人民法院(2015)沪一中民一(民)终字第4058号

上海市第一中级人民法院(2015)沪一中民一(民)终字第422号

上海市第一中级人民法院(2015)沪一中民一(民)终字第924号

上海市第一中级人民法院(2016)沪01民终12327号

上海市第一中级人民法院(2016)沪01民终2154号

上海市第一中级人民法院(2016)沪01民终3368号

上海市第一中级人民法院(2016)沪01民终3588号

上海市第一中级人民法院(2016)沪01民终8339号

上海市第一中级人民法院民事判决书(2015)沪一中民一(民)终字第751号

四川省成都市中级人民法院(2014)成民终字第6547号

四川省成都市中级人民法院(2015)成民终字第686号

四川省成都市中级人民法院(2015)成民终字第6878号

四川省成都市中级人民法院(2017)川01民终3711号

天津市第二中级人民法院(2016)津02民终5065号

天津市第一中级人民法院(2017)津01民终6297号

新疆维吾尔自治区乌鲁木齐市中级人民法院(2014)乌中民一终字第1345号

云南省昆明市中级人民法院(2016)云01民终5295号

浙江省杭州市中级人民法院(2017)浙01民终1040号

浙江省杭州市中级人民法院(2017)浙01民终5611号

浙江省金华市中级人民法院(2016)浙07民终1399号

浙江省绍兴市中级人民法院(2017)浙06民终3211号

浙江省台州市中级人民法院(2014)浙台民终字第517号

浙江省台州市中级人民法院(2017)浙10民终1526号

浙江省温州市中级人民法院(2017)浙03民终3216号

浙江省舟山市中级人民法院(2016)浙09民终703号

(二)隐私权纠纷判决书案号(第十章第二节所取165个样本案例案号)

北京市朝阳区人民法院(2014)朝民初字第17121号

北京市朝阳区人民法院(2014)朝民初字第42352号

北京市朝阳区人民法院(2015)朝民初字第26222号

北京市朝阳区人民法院(2015)朝民初字第60370号

北京市大兴区人民法院(2017)京0115民初1958号

北京市第二中级人民法院(2014)二中民终字第08046号

北京市第二中级人民法院(2016)京 02 民终 6143 号

北京市第二中级人民法院(2016)京 02 民终 6654 号

北京市第二中级人民法院(2016)京 02 民终 9248 号

北京市第二中级人民法院(2017)京 02 民终 194 号

北京市第二中级人民法院(2017)京 02 民终 7437 号

北京市第三中级人民法院(2015)三中民终字第 16388 号

北京市第三中级人民法院(2016)京 03 民终 8138 号

北京市第三中级人民法院(2016)京 03 民终 9992 号

北京市第一中级人民法院(2015)一中民终字第 06880 号

北京市第一中级人民法院(2015)一中民终字第 07724 号

北京市第一中级人民法院(2016)京 01 民终 3257 号

北京市第一中级人民法院(2016)京 01 民终 3862 号

北京市第一中级人民法院(2016)京 01 民终 4488 号

北京市第一中级人民法院(2017)京 01 民终 509 号

北京市东城区人民法院(2015)东民初字第 16036 号

北京市东城区人民法院(2016)京 0101 民初 14458 号

北京市东城区人民法院(2016)京 0101 民初 16379 号

北京市东城区人民法院(2016)京 0101 民初 5059 号

北京市东城区人民法院(2016)京 0101 民初 5060 号

北京市东城区人民法院(2016)京 0101 民初 5060 号

北京市房山区人民法院(2015)房民初字第 02124 号

北京市房山区人民法院(2017)京 0111 民初 11912 号

北京市房山区人民法院(2017)京 0111 民初 14952 号

北京市丰台区人民法院(2014)丰民初字第 06974 号

北京市丰台区人民法院(2015)丰民初字第 14881 号

北京市丰台区人民法院(2017)京 0106 民初 11344 号

北京市海淀区人民法院(2015)海民初字第 43665 号

北京市海淀区人民法院(2016)京 0108 民初 8187 号

北京市西城区人民法院(2013)西民初字第 08478 号

北京市西城区人民法院(2015)西民初字第 15973 号

北京市西城区人民法院(2016)京 0102 民初 33254 号

重庆市合川区人民法院(2015)合法民初字第 04069 号

重庆市永川区人民法院(2016)渝 0118 民初 11256 号

福建省龙岩市中级人民法院(2016)闽 08 民终 1426 号

福建省宁德市蕉城区人民法院(2016)闽 0902 民初 2139 号

福建省三明市梅列区人民法院(2017)闽 0402 民初 959 号

福建省武平县人民法院(2016)闽 0824 民初 1493 号

福建省厦门市湖里区人民法院(2014)湖民初字第 1614 号

福建省厦门市思明区人民法院(2016)闽 0203 民初 18421 号

甘肃省白银市中级人民法院(2017)甘 04 民终 956 号

广东省恩平市人民法院(2017)粤 0785 民初 1016 号

广东省佛山市禅城区人民法院(2016)粤 0604 民初 8607 号

广东省佛山市南海区人民法院(2017)粤 0605 民初 12312 号

广东省广州市南沙区人民法院(2016)粤 0115 民初 463 号

广东省广州市中级人民法院(2016)粤 01 民终 10793 号

广东省江门市新会区人民法院(2016)粤 0705 民初 2901 号

广东省江门市中级人民法院(2017)粤 07 民终 2531 号

广东省深圳市福田区人民法院(2015)深福法民一初字第 4278 号

广东省深圳市福田区人民法院(2016)粤 0304 民初 24741 号

广东省深圳市福田区人民法院(2016)粤 0304 民初 24741 号

广东省深圳市罗湖区人民法院(2016)粤 0303 民初 8412 号

广东省深圳市罗湖区人民法院(2017)粤 0303 民初 1374 号

广东省深圳市中级人民法院(2016)粤 03 民终 19606 号

广东省深圳市中级人民法院(2016)粤 03 民终 4854 号

广东省深圳市中级人民法院(2017)粤 03 民终 7378 号

广东省中山市第二人民法院(2016)粤 2072 民初 15246 号

广东省中山市第一人民法院(2015)中一法民一初字第 204 号

广东省中山市第一人民法院(2016)粤 2071 民初 21508 号

广东省珠海市中级人民法院(2014)珠中法民一终字第 125 号

广西壮族自治区百色市右江区人民法院(2015)右民一初字第 930 号

广西壮族自治区百色市中级人民法院(2015)百中民一终字第 1199 号

广西壮族自治区柳州市鱼峰区人民法院(2017)桂 0203 民初 2961 号

海南省三亚市城郊人民法院(2017)琼 0271 民初 2015 号

浙江省杭州市下城区人民法院(2017)浙 0103 民初 5646 号

河北省石家庄市桥西区人民法院(2016)冀 0104 民初 4134 号

河北省石家庄市裕华区人民法院(2014)裕民一初字第 00079 号

河北省石家庄市中级人民法院(2016)冀 01 民终 9923 号

河南省郑州市管城回族区人民法院(2016)豫 0104 民初 2106 号

河南省驻马店市中级人民法院(2015)驻民三终字第 00588 号

湖北省通城县人民法院(2017)鄂 1222 民初字第 1529 号

湖北省通城县人民法院(2017)鄂 1222 民初字第 1530 号

湖北省武汉市中级人民法院(2016)鄂 01 民终 7257 号

湖北省孝感市中级人民法院(2015)鄂孝感中民一终字第 00465 号

湖南省郴州市北湖区人民法院(2014)郴北民二初字第 947 号

湖南省祁阳县人民法院(2017)湘 1121 民初 676 号

湖南省邵阳市中级人民法院(2017)湘 05 民终 573 号

吉林省白河林区基层法院(2017)吉 7503 民初 128 号

吉林省白河林区基层法院(2017)吉 7503 民初 129 号

江苏省东台市人民法院(2015)东民初字第 1887 号

江苏省连云港市连云区人民法院(2015)港民初字第 2344 号

江苏省连云港市中级人民法院(2014)连民终字第 0006 号

江苏省南京市秦淮区人民法院(2013)秦民初字第 3994 号

江苏省南京市秦淮区人民法院(2014)秦民初字第 1783 号

江苏省南京市玄武区人民法院(2016)苏 0102 民初 1119 号

江苏省南京市玄武区人民法院(2016)苏 0102 民初 1120 号

江苏省南京市玄武区人民法院(2016)苏 0102 民初 1123 号

江苏省南京市中级人民法院(2017)苏 01 民终 9238 号

江苏省苏州市虎丘区人民法院(2017)苏 0505 民初 180 号

江苏省苏州市吴江区人民法院(2017)苏 0509 民初 1283 号

江苏省泰州市中级人民法院(2017)苏 12 民终 2111 号

江苏省无锡市滨湖区人民法院(2014)锡滨民初字第 02113 号

江苏省无锡市滨湖区人民法院(2016)苏 0211 民初 2386 号

江苏省无锡市中级人民法院(2015)锡民终字第 1363 号

江苏省盐城市中级人民法院(2016)苏 09 民终 1159 号

江西省共青城市人民法院(2014)共民一初字第 353 号

江西省九江市浔阳区人民法院(2014)浔民一初字第 1088 号

辽宁省本溪市平山区人民法院(2015)平民初字第 01920 号

辽宁省本溪市中级人民法院(2016)辽 05 民终 1372 号

辽宁省大连市西岗区人民法院(2016)辽 0203 民初 1952 号

辽宁省西丰县人民法院(2017)辽 1223 民初 640 号

江苏省南京市鼓楼区人民法院(2017)苏 0106 民初 3250 号

内蒙古自治区呼和浩特市回民区人民法院(2017)内 0103 民初 627 号

宁夏回族自治区固原市中级人民法院(2017)宁 04 民终 165 号

青岛市市南区人民法院(2015)南民初字第 10740 号

山东省青岛市黄岛区人民法院(2015)黄民初字第 1955 号

山东省青岛市中级人民法院(2015)青民五终字第 2123 号

山东省郯城县人民法院(2017)鲁 1322 民初 5717 号

山东省滕州市人民法院(2015)滕民初字第 2799 号

山东省滕州市人民法院(2015)滕民初字第 2800 号

山东省枣庄市中级人民法院(2015)枣民一终字第 540 号

山东省枣庄市中级人民法院(2015)枣民一终字第 541 号

山西省太原市迎泽区人民法院(2014)迎民初字第 2064 号

陕西省西安市长安区人民法院(2016)陕 0116 民初 4989 号

陕西省西安市中级人民法院(2017)陕 01 民终 3122 号

陕西省紫阳县人民法院(2015)紫民初字第 00809 号

上海市第二中级人民法院(2014)沪二中民一(民)终字第 2589 号

上海市第二中级人民法院(2014)沪二中民一(民)终字第 2590 号

上海市第二中级人民法院(2014)沪二中民一(民)终字第 335 号

上海市第二中级人民法院(2015)沪二中民一(民)终字第 1841 号

上海市第二中级人民法院(2016)沪 02 民终 7204 号

上海市第二中级人民法院(2016)沪 02 民终 7247 号

上海市第二中级人民法院(2017)沪 02 民终 10779 号

上海市第一中级人民法院(2015)沪一中民一(民)终字第 2620 号

上海市第一中级人民法院(2015)沪一中民一(民)终字第 3450 号

上海市虹口区人民法院(2014)虹民一(民)初字第 3369 号

上海市虹口区人民法院(2014)虹民一(民)初字第 3370 号

上海市黄浦区人民法院(2013)黄浦民一(民)初字第 6216 号

上海市黄浦区人民法院(2016)沪 0101 民初 11365 号

上海市闵行区人民法院(2015)闵民一(民)初字第 224 号

上海市浦东新区人民法院(2014)浦民一(民)初字第 501 号

上海市普陀区人民法院(2016)沪 0107 民初 7291 号

上海市普陀区人民法院(2017)沪 0107 民初 17447 号

上海市徐汇区人民法院(2015)徐民一(民)初字第 3430 号

上海市徐汇区人民法院(2015)徐民一(民)初字第 9563 号

上海市闸北区人民法院(2013)闸民一(民)初字第 5854 号

上海市闸北区人民法院(2015)闸民一(民)初字第 511 号

沈阳市沈河区人民法院(2016)辽 0103 民初 1379 号

四川省华蓥市人民法院(2017)川 1681 民初 1072 号

四川省仪陇县人民法院(2017)川 1324 民初 508 号

天津市滨海新区人民法院(2014)滨功民初字第 1696 号

天津市第二中级人民法院(2015)二中保民终字第65号

天津市第二中级人民法院(2017)津02民终3193号

天津市河东区人民法院(2017)津0102民初233号

天津市南开区人民法院(2016)津0104民初12347号

天津市南开区人民法院(2016)津0104民初799号

天津市宁河区人民法院(2016)津0117民初1907号

天津市宁河区人民法院(2016)津0117民初754号

陕西省西安市高陵区人民法院(2016)陕0117民初3号

新疆维吾尔自治区高级人民法院伊犁哈萨克自治州分院(2017)新40民终1360号

浙江省慈溪市人民法院(2017)浙0282民初6483号

浙江省杭州市拱墅区人民法院(2014)杭拱民初字第281号

浙江省杭州市中级人民法院(2014)浙杭民终字第1813号

浙江省杭州市中级人民法院(2014)浙杭民终字第975号

浙江省杭州市中级人民法院(2017)浙01民终3053号

浙江省杭州市中级人民法院(2017)浙01民终5359号

浙江省嘉善县人民法院(2014)嘉善民初字第1350号

浙江省临安市人民法院(2016)浙0185民初7325号

浙江省绍兴市中级人民法院(2017)浙06民终2264号

浙江省余姚市人民法院(2015)甬余民初字第3632号

(三)肖像权纠纷判决书案号(第十一章第二节所取 234 个样本案例案号)

安徽省合肥市中级人民法院(2017)皖01民终6806号

安徽省合肥市中级人民法院(2017)皖01民终6807号

安徽省淮北市中级人民法院(2015)淮民一终字第00146号

安徽省六安市中级人民法院(2016)皖15民终1898号

北京市第二中级人民法院(2014)二中民终字第05178号

北京市第二中级人民法院(2014)二中民终字第08050号

北京市第二中级人民法院(2014)二中民终字第10771号

北京市第二中级人民法院(2015)二中民终字第7827号

北京市第二中级人民法院(2015)二中民终字第8938号

北京市第二中级人民法院(2016)京02民终11092号

北京市第二中级人民法院(2016)京02民终5463号

北京市第二中级人民法院(2016)京02民终6022号

北京市第二中级人民法院(2016)京02民终6202号

北京市第二中级人民法院(2016)京02民终6389号

北京市第二中级人民法院(2016)京02民终6797号

北京市第二中级人民法院(2016)京 02 民终 7189 号

北京市第二中级人民法院(2016)京 02 民终 7889 号

北京市第二中级人民法院(2016)京 02 民终 8096 号

北京市第二中级人民法院(2016)京 02 民终 8241 号

北京市第二中级人民法院(2016)京 02 民终 8965 号

北京市第二中级人民法院(2016)京 02 民终 9256 号

北京市第二中级人民法院(2017)京 02 民终 10443 号

北京市第二中级人民法院(2017)京 02 民终 12426 号

北京市第二中级人民法院(2017)京 02 民终 1704 号

北京市第二中级人民法院(2017)京 02 民终 597 号

北京市第二中级人民法院(2017)京 02 民终 6053 号

北京市第二中级人民法院(2017)京 02 民终 6425 号

北京市第三中级人民法院(2014)三中民终字第 06672 号

北京市第三中级人民法院(2014)三中民终字第 07054 号

北京市第三中级人民法院(2014)三中民终字第 14466 号

北京市第三中级人民法院(2015)三中民终字第 07256 号

北京市第三中级人民法院(2015)三中民终字第 13787 号

北京市第三中级人民法院(2015)三中民终字第 14711 号

北京市第三中级人民法院(2015)三中民终字第 16028 号

北京市第三中级人民法院(2015)三中民终字第 6032 号

北京市第三中级人民法院(2016)京 03 民终 08072 号

北京市第三中级人民法院(2016)京 03 民终 10982 号

北京市第三中级人民法院(2016)京 03 民终 10984 号

北京市第三中级人民法院(2016)京 03 民终 11263 号

北京市第三中级人民法院(2016)京 03 民终 11264 号

北京市第三中级人民法院(2016)京 03 民终 1159 号

北京市第三中级人民法院(2016)京 03 民终 12070 号

北京市第三中级人民法院(2016)京 03 民终 12530 号

北京市第三中级人民法院(2016)京 03 民终 12540 号

北京市第三中级人民法院(2016)京 03 民终 12549 号

北京市第三中级人民法院(2016)京 03 民终 13024 号

北京市第三中级人民法院(2016)京 03 民终 13402 号

北京市第三中级人民法院(2016)京 03 民终 13441 号

北京市第三中级人民法院(2016)京 03 民终 13782 号

北京市第三中级人民法院(2016)京 03 民终 1959 号

北京市第三中级人民法院（2016）京 03 民终 589 号

北京市第三中级人民法院（2016）京 03 民终 6854 号

北京市第三中级人民法院（2016）京 03 民终 7966 号

北京市第三中级人民法院（2016）京 03 民终 8261 号

北京市第三中级人民法院（2016）京 03 民终 8389 号

北京市第三中级人民法院（2016）京 03 民终 8392 号

北京市第三中级人民法院（2016）京 03 民终 9324 号

北京市第三中级人民法院（2016）京 03 民终 9682 号

北京市第三中级人民法院（2017）京 03 民终 10194 号

北京市第三中级人民法院（2017）京 03 民终 10387 号

北京市第三中级人民法院（2017）京 03 民终 10446 号

北京市第三中级人民法院（2017）京 03 民终 10540 号

北京市第三中级人民法院（2017）京 03 民终 10543 号

北京市第三中级人民法院（2017）京 03 民终 10559 号

北京市第三中级人民法院（2017）京 03 民终 10848 号

北京市第三中级人民法院（2017）京 03 民终 11137 号

北京市第三中级人民法院（2017）京 03 民终 11570 号

北京市第三中级人民法院（2017）京 03 民终 11693 号

北京市第三中级人民法院（2017）京 03 民终 11843 号

北京市第三中级人民法院（2017）京 03 民终 11844 号

北京市第三中级人民法院（2017）京 03 民终 12044 号

北京市第三中级人民法院（2017）京 03 民终 12277 号

北京市第三中级人民法院（2017）京 03 民终 12491 号

北京市第三中级人民法院（2017）京 03 民终 125 号

北京市第三中级人民法院（2017）京 03 民终 13802 号

北京市第三中级人民法院（2017）京 03 民终 13857 号

北京市第三中级人民法院（2017）京 03 民终 13980 号

北京市第三中级人民法院（2017）京 03 民终 163 号

北京市第三中级人民法院（2017）京 03 民终 1756 号

北京市第三中级人民法院（2017）京 03 民终 221 号

北京市第三中级人民法院（2017）京 03 民终 2440 号

北京市第三中级人民法院（2017）京 03 民终 2519 号

北京市第三中级人民法院（2017）京 03 民终 2553 号

北京市第三中级人民法院（2017）京 03 民终 298 号

北京市第三中级人民法院（2017）京 03 民终 3217 号

北京市第三中级人民法院（2017）京 03 民终 3810 号

北京市第三中级人民法院（2017）京 03 民终 3935 号

北京市第三中级人民法院（2017）京 03 民终 397 号

北京市第三中级人民法院（2017）京 03 民终 4229 号

北京市第三中级人民法院（2017）京 03 民终 4230 号

北京市第三中级人民法院（2017）京 03 民终 4231 号

北京市第三中级人民法院（2017）京 03 民终 4241 号

北京市第三中级人民法院（2017）京 03 民终 4302 号

北京市第三中级人民法院（2017）京 03 民终 4312 号

北京市第三中级人民法院（2017）京 03 民终 4492 号

北京市第三中级人民法院（2017）京 03 民终 4569 号

北京市第三中级人民法院（2017）京 03 民终 5188 号

北京市第三中级人民法院（2017）京 03 民终 5591 号

北京市第三中级人民法院（2017）京 03 民终 7446 号

北京市第三中级人民法院（2017）京 03 民终 764 号

北京市第三中级人民法院（2017）京 03 民终 7739 号

北京市第三中级人民法院（2017）京 03 民终 7882 号

北京市第三中级人民法院（2017）京 03 民终 7901 号

北京市第三中级人民法院（2017）京 03 民终 8167 号

北京市第三中级人民法院（2017）京 03 民终 8169 号

北京市第三中级人民法院（2017）京 03 民终 8181 号

北京市第三中级人民法院（2017）京 03 民终 886 号

北京市第三中级人民法院（2017）京 03 民终 8985 号

北京市第三中级人民法院（2017）京 03 民终 90 号

北京市第三中级人民法院（2017）京 03 民终 91 号

北京市第三中级人民法院（2017）京 03 民终 9403 号

北京市第三中级人民法院（2017）京 03 民终 9404 号

北京市第三中级人民法院（2017）京 03 民终 9778 号

北京市第三中级人民法院（2017）京 03 民终 9785 号

北京市第三中级人民法院（2017）京 03 民终 9922 号

北京市第一中级人民法院（2015）一中民终字第 00160 号

北京市第一中级人民法院（2015）一中民终字第 1728 号

北京市第一中级人民法院（2016）京 01 民终 4733 号

北京市第一中级人民法院（2016）京 01 民终 496 号

北京市第一中级人民法院（2016）京 01 民终 5536 号

北京市第一中级人民法院（2016）京 01 民终 5853 号

北京市第一中级人民法院（2016）京 01 民终 5866 号

北京市第一中级人民法院（2017）京 01 民终 2715 号

北京市第一中级人民法院（2017）京 01 民终 4101 号

重庆市第五中级人民法院（2014）渝五中法民终字第 03397 号

重庆市第一中级人民法院（2015）渝一中法民终字第 05038 号

福建省福州市中级人民法院（2015）榕民终字第 1084 号

福建省福州市中级人民法院（2017）闽 01 民终 2774 号

福建省福州市中级人民法院（2017）闽 01 民终 2775 号

福建省福州市中级人民法院（2017）闽 01 民终 4643 号

福建省福州市中级人民法院（2017）闽 01 民终 4660 号

广东省广州市中级人民法院（2014）穗中法民一终字第 2377 号

广东省广州市中级人民法院（2014）穗中法民一终字第 3651 号

广东省广州市中级人民法院（2014）穗中法民一终字第 6598 号

广东省广州市中级人民法院（2014）穗中法民一终字第 968 号

广东省广州市中级人民法院（2015）穗中法民一终字第 2946 号

广东省广州市中级人民法院（2015）穗中法民一终字第 5485 号

广东省广州市中级人民法院（2015）穗中法民一终字第 5867 号

广东省广州市中级人民法院（2016）粤 01 民终 10798 号

广东省广州市中级人民法院（2016）粤 01 民终 11394 号

广东省广州市中级人民法院（2016）粤 01 民终 12021 号

广东省广州市中级人民法院（2016）粤 01 民终 12785 号

广东省广州市中级人民法院（2016）粤 01 民终 15026 号

广东省广州市中级人民法院（2016）粤 01 民终 5908 号

广东省广州市中级人民法院（2016）粤 01 民终 6720 号

广东省广州市中级人民法院（2016）粤 01 民终 6721 号

广东省广州市中级人民法院（2016）粤 01 民终 6927 号

广东省广州市中级人民法院（2017）粤 01 民终 1391 号

广东省江门市中级人民法院（2014）江中法民一终字第 108 号

广东省清远市中级人民法院（2017）粤 18 民终 694 号

广东省深圳市中级人民法院（2014）深中法民终字第 135 号

广东省深圳市中级人民法院（2014）深中法民终字第 1409 号

广东省深圳市中级人民法院（2016）粤 03 民终 13126 号

广东省深圳市中级人民法院（2016）粤 03 民终 15521 号

广东省深圳市中级人民法院（2016）粤 03 民终 17303 号

广东省深圳市中级人民法院（2016）粤 03 民终 18948 号

广东省深圳市中级人民法院（2016）粤 03 民终 21802 号

广东省深圳市中级人民法院（2016）粤 03 民终 21803 号

广东省深圳市中级人民法院（2016）粤 03 民终 21804 号

广东省深圳市中级人民法院（2016）粤 03 民终 22201 – 22205 号

广东省深圳市中级人民法院（2016）粤 03 民终 22257 号

广东省深圳市中级人民法院（2016）粤 03 民终 9542 号

广东省深圳市中级人民法院（2017）粤 03 民终 1308 号

广东省深圳市中级人民法院（2017）粤 03 民终 15317 号

广东省中山市中级人民法院（2014）中中法民一终字第 1285 号

广东省中山市中级人民法院（2014）中中法民一终字第 1350 号

广东省中山市中级人民法院（2014）中中法民一终字第 946 号

广东省中山市中级人民法院（2015）中中法民一终字第 422 号

广西壮族自治区贵港市中级人民法院（2017）桂 08 民终 1075 号

广西壮族自治区贵港市中级人民法院（2017）桂 08 民终 1076 号

广西壮族自治区桂林市中级人民法院（2015）桂市民一终字第 387 号

广西壮族自治区南宁市中级人民法院（2017）桂 01 民终 467 号

贵州省黔西南布依族苗族自治州中级人民法院（2015）兴民终字第 87 号

河北省石家庄市中级人民法院（2014）石民二终字第 01398 号

河南省焦作市中级人民法院（2016）豫 08 民终 2074 号

河南省洛阳市中级人民法院（2014）洛民终字第 3182 号

河南省洛阳市中级人民法院（2015）洛民终字第 316 号

河南省郑州市中级人民法院（2015）郑民三终字第 956 号

河南省郑州市中级人民法院（2017）豫 01 民终 4049 号

黑龙江省哈尔滨市中级人民法院（2017）黑 01 民终 4009 号

内蒙古自治区呼和浩特市中级人民法院（2014）呼民四终字第 00003 号

湖南省长沙市中级人民法院（2014）长中民一终字第 03173 号

湖南省长沙市中级人民法院（2014）长中民一终字第 03174 号

湖南省长沙市中级人民法院（2016）湘 01 民终 589 号

湖南省永州市中级人民法院（2015）永中法民三终字第 465 号

吉林省长春市中级人民法院（2016）吉 01 民终 4038 号

吉林省四平市中级人民法院（2015）四民一终字第 279 号

江苏省南京市中级人民法院（2014）宁民终字第 4971 号

江苏省南京市中级人民法院（2015）宁民终字第 5236 号

江苏省无锡市中级人民法院（2014）锡民终字第 0532 号

江苏省徐州市中级人民法院(2015)徐民终字第 04744 号

辽宁省大连市中级人民法院(2017)辽 02 民终 5274 号

辽宁省大连市中级人民法院(2017)辽 02 民终 5670 号

辽宁省抚顺市中级人民法院(2014)抚中民一终字第 00292 号

辽宁省沈阳市中级人民法院(2013)沈中民一终字第 2330 号

辽宁省沈阳市中级人民法院(2015)沈中民一终字第 00500 号

辽宁省沈阳市中级人民法院(2015)沈中民一终字第 00669 号

辽宁省沈阳市中级人民法院(2015)沈中民一终字第 01311 号

辽宁省沈阳市中级人民法院(2015)沈中民一终字第 01377 号

辽宁省沈阳市中级人民法院(2016)辽 01 民终 11216 号

辽宁省沈阳市中级人民法院(2017)辽 01 民终 1605 号

辽宁省铁岭市中级人民法院(2014)铁民一终字第 000297 号

辽宁省铁岭市中级人民法院(2014)铁民一终字第 00590 号

山东省济南市中级人民法院(2015)济民四终字第 308 号

山东省潍坊市中级人民法院(2015)潍民一终字第 494 号

山西省太原市中级人民法院(2016)晋 01 民终 2791 号

陕西省咸阳市中级人民法院(2017)陕 04 民终 55 号

上海市第二中级人民法院(2016)沪 02 民终 568 号

上海市第二中级人民法院(2017)沪 02 民终 2403 号

上海市第二中级人民法院(2017)沪 02 民终 8309 号

上海市第二中级人民法院(2017)沪 02 民终 9580 号

上海市第一中级人民法院(2014)沪一中民一(民)终字第 126 号

上海市第一中级人民法院(2014)沪一中民一(民)终字第 292 号

上海市第一中级人民法院(2015)沪一中民一(民)终字第 1521 号

上海市第一中级人民法院(2015)沪一中民一(民)终字第 4124 号

上海市第一中级人民法院(2015)沪一中民一(民)终字第 4146 号

上海市第一中级人民法院(2016)沪 01 民终 1227 号

上海市第一中级人民法院(2017)沪 01 民终 7491 号

上海市第一中级人民法院(2017)沪 01 民终 8543 号

四川省成都市中级人民法院(2014)成民终字第 473 号

四川省成都市中级人民法院(2014)成民终字第 5530 号

四川省成都市中级人民法院(2014)成民终字第 570 号

四川省成都市中级人民法院(2017)川 01 民终 10947 号

四川省绵阳市中级人民法院(2016)川 07 民终 888 号

天津市第二中级人民法院(2015)二中民一终字第 0982 号

天津市第一中级人民法院(2016)津01民终5042号

天津市第一中级人民法院(2016)津01民终5467号

新疆维吾尔自治区喀什地区中级人民法院(2015)喀中法民一终字第280号

新疆维吾尔自治区乌鲁木齐市中级人民法院(2015)乌中民一终字第980号

浙江省杭州市中级人民法院(2013)浙杭民终字第3483号

浙江省杭州市中级人民法院(2016)浙01民终6362号

浙江省湖州市中级人民法院(2015)浙湖民终字第648号

浙江省宁波市中级人民法院(2017)浙02民终1953号

浙江省宁波市中级人民法院(2017)浙02民终1954号

(四)涉公众人物人格权益纠纷判决书案号(第十八章第三节所取98个样本案例案号)

北京市第二中级人民法院(2014)二中民终字第02936号

北京市第二中级人民法院(2014)二中民终字第05602号

北京市第二中级人民法院(2014)二中民终字第05845号

北京市第二中级人民法院(2014)二中民终字第06728号

北京市第二中级人民法院(2014)二中民终字第06729号

北京市第二中级人民法院(2016)京02民终6797号

北京市第二中级人民法院(2016)京02民终7189号

北京市第二中级人民法院(2016)京02民终8096号

北京市第二中级人民法院(2017)京02民终12426号

北京市第二中级人民法院(2017)京02民终597号

北京市第三中级人民法院(2014)三中民终字第00187号

北京市第三中级人民法院(2014)三中民终字第00355号

北京市第三中级人民法院(2014)三中民终字第01975号

北京市第三中级人民法院(2014)三中民终字第02429号

北京市第三中级人民法院(2014)三中民终字第04779号

北京市第三中级人民法院(2014)三中民终字第06672号

北京市第三中级人民法院(2014)三中民终字第08033号

北京市第三中级人民法院(2015)三中民终字第14711号

北京市第三中级人民法院(2015)三中民终字第15799号

北京市第三中级人民法院(2015)三中民终字第16028号

北京市第三中级人民法院(2015)三中民终字第5243号

北京市第三中级人民法院(2016)京03民终10984号

北京市第三中级人民法院(2016)京03民终11263号

北京市第三中级人民法院(2016)京03民终11264号

北京市第三中级人民法院（2016）京 03 民终 2764 号

北京市第三中级人民法院（2016）京 03 民终 6854 号

北京市第三中级人民法院（2016）京 03 民终 8261 号

北京市第三中级人民法院（2016）京 03 民终 8389 号

北京市第三中级人民法院（2016）京 03 民终 8392 号

北京市第三中级人民法院（2016）京 03 民终 9319 号

北京市第三中级人民法院（2017）京 03 民终 11843 号

北京市第三中级人民法院（2017）京 03 民终 125 号

北京市第三中级人民法院（2017）京 03 民终 297 号

北京市第三中级人民法院（2017）京 03 民终 298 号

北京市第三中级人民法院（2017）京 03 民终 397 号

北京市第三中级人民法院（2017）京 03 民终 4229 号

北京市第三中级人民法院（2017）京 03 民终 4230 号

北京市第三中级人民法院（2017）京 03 民终 4302 号

北京市第三中级人民法院（2017）京 03 民终 4571 号

北京市第三中级人民法院（2017）京 03 民终 4895 号

北京市第三中级人民法院（2017）京 03 民终 5188 号

北京市第三中级人民法院（2017）京 03 民终 7480 号

北京市第三中级人民法院（2017）京 03 民终 7594 号

北京市第三中级人民法院（2017）京 03 民终 7882 号

北京市第三中级人民法院（2017）京 03 民终 8213 号

北京市第三中级人民法院（2017）京 03 民终 91 号

北京市第三中级人民法院（2017）京 03 民终 9406 号

北京市第一中级人民法院（2014）一中民终字第 7538 号

北京市第一中级人民法院（2015）一中民终字第 02203 号

北京市第一中级人民法院（2015）一中民终字第 03108 号

北京市第一中级人民法院（2015）一中民终字第 03108 号

北京市第一中级人民法院（2015）一中民终字第 07485 号

北京市第一中级人民法院（2016）京 01 民辖终 64 号

北京市第一中级人民法院（2016）京 01 民终 3862 号

北京市第一中级人民法院（2016）京 01 民终 4081 号

北京市第一中级人民法院（2016）京 01 民终 5536 号

北京市第一中级人民法院（2016）京 01 民终 561 号

北京市第一中级人民法院（2017）京 01 民终 2715 号

北京市第一中级人民法院（2017）京 01 民终 4101 号

北京市第一中级人民法院(2017)京 01 民终 500 号

北京市第一中级人民法院(2017)京 01 民终 5729 号

福建省福州市中级人民法院(2016)闽 01 民终 3329 号

福建省福州市中级人民法院(2016)闽 01 民终 3331 号

福建省福州市中级人民法院(2016)闽 01 民终 3334 号

福建省福州市中级人民法院(2016)闽 01 民终 3336 号

福建省莆田市中级人民法院(2016)闽 03 民终 100 号

广东省广州市中级人民法院(2014)穗中法民一终字第 2209 号

广东省广州市中级人民法院(2014)穗中法民一终字第 2377 号

广东省广州市中级人民法院(2014)穗中法民一终字第 4258 号

广东省广州市中级人民法院(2015)穗中法民一终字第 5273 号

广东省广州市中级人民法院(2016)粤 01 民终 14346 号

广东省广州市中级人民法院(2016)粤 01 民终 5908 号

广东省广州市中级人民法院(2016)粤 01 民终 7850 号

广东省江门市中级人民法院(2016)粤 07 民终 1035 号

广东省深圳市中级人民法院(2016)粤 03 民终 18948 号

广东省深圳市中级人民法院(2016)粤 03 民终 9542 号

广西壮族自治区贵港市中级人民法院(2017)桂 08 民终 1075 号

广西壮族自治区贵港市中级人民法院(2017)桂 08 民终 1076 号

河南省郑州市中级人民法院(2017)豫 01 民终 319 号

湖北省恩施土家族苗族自治州中级人民法院(2014)鄂恩施中民终字第 00058 号

江苏省南京市中级人民法院(2017)苏 01 民终 1384 号

江西省南昌市中级人民法院(2016)赣 01 民终 120 号

辽宁省沈阳市中级人民法院(2015)沈中民一终字第 00500 号

青海省海南藏族自治州中级人民法院(2014)南民一终字第 54 号

山东省青岛市中级人民法院(2015)青民五终字第 845 号

上海市第二中级人民法院(2016)沪 02 民终 4412 号

上海市第一中级人民法院(2016)沪 01 民终 10435 号

上海市第一中级人民法院(2016)沪 01 民终 10822 号

上海市第一中级人民法院(2016)沪 01 民终 10822 号

上海市第一中级人民法院(2016)沪 01 民终 10822 号

上海市第一中级人民法院(2016)沪 01 民终 2154 号

四川省成都市中级人民法院(2014)成民终字第 473 号

四川省成都市中级人民法院(2014)成民终字第 570 号

四川省成都市中级人民法院(2015)成民终字第 2947 号

四川省攀枝花市中级人民法院(2017)川 04 民终 1395 号

浙江省湖州市中级人民法院(2015)浙湖知终字第 3 号

浙江省宁波市中级人民法院(2017)浙 02 民终 1953 号

浙江省宁波市中级人民法院(2017)浙 02 民终 1954 号

后　记

正如笔者在前言中所言,作为传播法体系建设的一部分,本研究的目的是通过对媒体传播行为侵权这种兼具一般侵权和特殊侵权的混合性侵权、"软侵权"的系统研究,在侵权法体系内,构筑一个立足于"传播"的分体系,探讨媒体传播行为侵权的总体特征、规律及侵害各种权益时在归责原则、构成要件、证明责任、侵权方式、责任主体、责任形态、责任方式与抗辩事由等方面的不同,从而为此类侵权进入《民法典·侵权责任编》提供理论支撑。但由于国内意识到这个问题的学者极少,笔者并不对"传播侵权"可以作为一类侵权进入《民法典·侵权责任编》抱有奢望。且不说民法学界对《民法典·侵权责任编》的体例有很大争议,在传播法学界能认识此问题重要性的学者同样寥若晨星,甚至一些传播法学者还反对"传播侵权"进入《民法典·侵权责任编》。

然而,整体而言,本研究及相关成果还是得到相当广泛的理解与接受:在申请国家社科基金后期资助项目过程中,5名匿名评审专家中有4名给予支持;迄今笔者已在核心期刊发表了7篇与本研究直接相关的文章,其中两篇发表于学科顶级期刊《新闻与传播研究》,一篇发表于权威期刊《国际新闻界》;发表于《新闻与传播研究》的《我国新闻传播诽谤诉讼的历史演进——基于证明责任分配角度的研究》一文还获得第六届"中国新闻法治学术峰会"年度评选一等奖、《新闻与传播研究》2017年度优秀论文、中国新闻史学会第四届年度优秀论文奖;发表于《学术论坛》的《传播侵害公共利益维度下的"英烈条款"——〈民法总则〉第一百八十五条的理解与适用》一文,被《社会科学文摘》转载。

因此,笔者坚信:传播法的研究将会继续在并不平坦的路上前行。

在项目研究过程中,中国社会科学院新闻与传播研究所的宋小卫研究员提出重要建议,《新闻与传播研究》副主编刘瑞生、《国际新闻界》编辑部主任刘晓燕、《学术论坛》编辑周青给予大力支持,在此特别感谢;在本研究出版过程中,国家图书馆出版社高爽编辑认真负责,在此也特别感谢。

本研究第九章第二节、第十章第二节、第十一章第二节和第十八章第三节二部分相关内容的统计工作分别由中国社会科学院研究生院2017级硕士研究生石晨钊、龙敏、唐文静和陈狄欣承担,这里一并向他们表示感谢。

罗 斌

2018 年 11 月